见证

改革开放40周年老交通人访谈录

中国交通报社
交通运输部离退休干部局 编

人民交通出版社股份有限公司
北 京

内 容 提 要

本书为《中国交通报》纪念改革开放40周年“见证40年主题访谈”合集，通过对40多位老一辈交通人的访谈、调研，请亲历者谈历史、找规律、见精神、启后人，为交通运输改革开放事业留下珍贵的资料。

本书可供从事交通运输行业的人员，以及相关人员参考。

图书在版编目（CIP）数据

见证：改革开放40周年老交通人访谈录／中国交通报社，交通运输部离退休干部局编. — 北京：人民交通出版社股份有限公司，2020.6

ISBN 978-7-114-16413-2

Ⅰ.①见… Ⅱ.①中… Ⅲ.①交通运输业—先进工作者—访问记—中国—现代 Ⅳ.①K826.16

中国版本图书馆CIP数据核字（2020）第044411号

Jianzheng Gaige Kaifang 40 Zhounian Laojiaotongren Fangtanlu

书　　名：见证　改革开放40周年老交通人访谈录
著 作 者：中国交通报社
　　　　　交通运输部离退休干部局
责任编辑：林春江　石　遥
责任校对：赵媛媛
责任印制：张　凯
出版发行：人民交通出版社股份有限公司
地　　址：（100011）北京市朝阳区安定门外外馆斜街3号
网　　址：http：//www.ccpress.com.cn
销售电话：（010）59757973
总 经 销：人民交通出版社股份有限公司发行部
经　　销：各地新华书店
印　　刷：北京市密东印刷有限公司
开　　本：787×1092　1/16
印　　张：20.75
字　　数：520千
版　　次：2020年6月　第1版
印　　次：2020年6月　第1次印刷
书　　号：ISBN 978-7-114-16413-2
定　　价：80.00元

见证
改革开放40周年老交通人访谈录

编委会

总策划： 张晓冰　蔡玉贺　李咏梅

主　编： 刘兴增　林　芬　王成涛

编　辑： 曹文娟　马士茹　吴守恒　孔艳华

设　计： 张　涵

前言

交通文化与交通精神，是交通运输软实力的重要组成部分，是交通运输治理体系和治理能力现代化的重要指标，也是交通强国建设的重要支撑。新中国成立以来，特别是改革开放以来，在一代代交通人的奋力拼搏下，交通运输事业从小到大、从线到网、从单一交通方式到综合交通全面发展，实现了历史性的跨越，发生了翻天覆地的变化，实现了交通大国的历史目标，开启了建设交通强国新的伟大征程。公路成网、铁路密布、高铁飞驰、巨轮远航、飞机翱翔、快递遍布的背后，是交通人和他们塑造的文化与精神在闪光。

时光荏苒，老一辈交通人逐渐离开工作岗位，步入离退休生活，并逐步进入高龄，把他们所承载的交通文化与交通精神记录下来、传播出去、传承下去，具有“等不起”的紧迫感。2018 年，在改革开放 40 周年之际，交通运输部离退休干部局与中国交通报社共同推出了“见证 40 年主题访谈”报道，通过对老一辈交通人的访谈、调研，请亲历者谈历史、找规律、见精神、启后人，为交通运输改革开放事业留下珍贵的资料。

40 年风雨同舟，40 年披荆斩棘，40 年砥砺奋进，交通运输行业始终把自身发展与国家民族命运紧密相连，把握历史发展大势，抓住历史变革时机，奋发有为，锐意进取，取得了举世瞩目的成就。无数交通人凭着“逢山开路、遇水架桥”的奋斗精神，创造了一个又一个人间奇迹。

“见证 40 年主题访谈”报道，回顾交通历史、守望交通梦想、推动交通发展。交通运输部离退休干部局与中国交通报社 2018 年共同组织召开了 5 次“见证 40 年主题访谈”咨询座谈会，详细征求老部长、老专家的意见、建议。主题访谈从 2018 年年初开始，一直持续到年底，共采访了 40 多位交通运输改革开放事业的“有故事的人”，为开拓者、参与者、亲历者留下珍贵的文字、照片、视频资料，为接续奋斗的交通人提供精神食粮，为建设交通强国鼓舞士气、启发思路。

历史，总是在一些特殊年份给人们以汲取智慧、继续前行的力量。主题访谈意义重大，得到了黄镇东、李盛霖、钱永昌等老领导的鼎力支持。黄镇东老部长参加访谈咨询会，主持访谈沟通会，并亲自带领《中国交通报》记者与《中国水运史》《中国水运工程建设实录》综合编撰工作委员会成员一起到深圳召开座谈会。李盛霖、钱永昌等老领导系统梳理了亲历的重大事件，认真回顾总结规律、经验，推心置腹地通过记者与行业广大读者分享。

报社本部参与采访、写作、照相、编辑、摄像及视频制作、新媒体产品制作的人员众志成城，还发动了记者站记者、特约记者参与。交通运输部离退休干部局、水运“一史一录”综合编撰工作委员会也全力相助。采访地点涵盖北京、上海、深圳、南京、大连、西安、珠海、武汉、海口、三亚共10个城市。

独特视角下的交通运输改革开放史，以文字、图片和视频的融媒体报道形式，通过报纸、微信、微博、网站、手机客户端发布，协调全网推广，引起广泛关注。各新媒体平台的总阅读量超过1000万。读者纷纷留言，礼赞“了不起的交通人”。

2019年，在“见证40年主题访谈”的基础上，交通运输部离退休干部局与中国交通报社共同开展“交通文化与交通精神传承及机制研究”，将主题访谈作为传承交通文化与交通精神的典型个案列入研究范畴。

研究项目以“见证40年主题访谈”作为实证基础和珍贵案例，系统梳理，深入挖掘，将其上升为理论成果，提出关于交通文化与交通精神传承长效机制的政策建议，致力于推动交通文化与交通精神在全行业持久传播、有效传承，助力交通强国建设。本书为主题访谈合集，是“交通文化与交通精神传承及机制研究”的重要成果之一。

谨以本书向勇立潮头、奋勇搏击的交通人致敬！祝新时代的交通人，一棒接着一棒跑下去，创造让世界刮目相看的新的更大奇迹！

编　者

2019年12月

目录

注：本书收录的访谈文章按见报时间排序。

港通天下兴

——访原交通部部长黄镇东

本报记者　林　芬　马士茹

见报日期　2018年7月17日

偌大的码头装卸现场，只见吊车和自动导引运输车忙碌，一个个集装箱被准确无误地吊起和安放，操作控制中心里只有寥寥数人在用计算机指挥控制着这一切。

这是原交通部部长黄镇东日前参加部离退休部长党支部活动时，在全球单体最大、综合自动化程度最高的智能码头——上海港洋山港区四期码头看到的场景。“什么是港口现代化？洋山港区四期工程就是港口现代化的标志之一，也是党的十九大提出的交通强国建设的重要体现。”黄镇东说。

今昔对比、感慨万千，在港口工作了22年的黄镇东记忆翻涌。

20世纪六七十年代的秦皇岛港码头，一位戴着眼镜的文弱青年，体重只有120多斤，吃力地扛起150斤到200斤的麻袋。“那是多么沉重的负担！我们的前辈是这么扛过来的，我们还这么扛下去吗？祖祖辈辈就这么扛下去，祖国的面貌怎么能改变得了？我当时只是一个机关干部，这些好像不该是我想的。但想到一代代港口工人的艰辛，就激发我们这些有知识、有技术的人要去改变这种局面，鼓舞我们振兴港口的激情。一旦有了机会，比如后来走上领导岗位，就有一股劲儿，要改变这种落后状态。”黄镇东在接受本报记者专访时动情地回忆初心。

洋山港区四期全自动化码头是上海国际航运中心建设崭新的里程碑，而上海国际航运中心是我国经济融入全球经济的重要象征，是我国扩大开放的重要窗口。从上海国际航运中心的话题开始，黄镇东向记者述说了改革开放40年我国港口发展解放思想、实事求是，摆脱“条框”、突破“禁区”的传奇。

上海国际航运中心让中国加速融入全球经济

如今，上海港已连续8年保持世界港口集装箱吞吐量第一的位置，它的发展是我国港口改革开放的缩影。

黄镇东回忆，20世纪90年代中叶，面对船舶大型化、经营联盟化、运输干线网络化的国际集装箱运输发展趋势，党中央、国务院作出了建设上海国际航运中心的重大战略部署。

1996年1月16日，李鹏总理在上海主持召开了两省一市和国务院有关部门主要负责人参加的会议，就建设上海国际航运中心问题进行了研究，正式宣布建设上海国际航运中心。建设上海国际航运中心是开发开放浦东和使上海成为国际经济、金融、贸易中心之一的重要条件，对我国对外开放和长江经济带的发展意义重大。

为什么要提出国际航运中心的概念？黄镇东说，当时，党中央、国务院在对外开放上作出了一个重大战略部署——加入世界贸易组织（WTO），加入经济全球化，进入国际竞争的环境。“各个领域都要改革开放，建设上海国际航运中心是我国水运行业开放的重要标志，也是参与地区和国际竞争的重要举措，目标是向我国香港地区、新加坡、德国汉堡、英国伦敦等较早的国际航运中心看齐。当时东北亚集装箱主要在韩国釜山和日本神户中转，我国南方集装箱运输在香港中转。这几个地区在竞争谁能成为亚太地区的航运中心，甚至台湾当局都提出了要把高雄港建设成为亚太境外转运中心，都看中了中国大陆经济发展的潜在市场。我们认为，上海是最具备条件的。尽管1996年上海港集装箱吞吐量只有100多万标箱，但是上海处在长江的龙头位置，腹地纵深辽阔，有着得天独厚的地缘优势。”

上海港的缺陷是缺少深水岸线。无论是黄浦江还是外高桥，航道和港口建设都受到了水深的制约，这是上海港的一个短板。“1997年我们还提出一个组合港的概念，弥补上海港深水岸线不足、缺少深水泊位的问题。组合港就是以上海港为核心，以苏浙港口为两翼。浙江的宁波北仑和舟山深水岸线要充分利用起来。江苏是集装箱箱源的主要产生地。”黄镇东说，上海国际航运中心的基础设施建设关键就在于深水航道和深水码头。

“打开长江口”，实施长江口深水航道工程，势在必行。当时长江口的自然水深只有六七米，但是集装箱船舶大型化的趋势很明显。“我记得当时去丹麦访问，在马士基公司的船坞里，已经看到8000标箱的船舶。我心里一惊，很显然，长江口水深如果只有六七米肯定是不行，如果定到15米成本又很高，而且航道也不具备稳定性。反复论证，最后定的目标是12.5米。”黄镇东回忆，“整个长江口深水航道工程论证了30年，前期工作做得比较充分。施工过程中，紧紧抓住科技创新这个关键，攻克了一个又一个难关，成为世界河口整治的典范工程。”

针对上海国际航运中心的港口布局，黄镇东形象地用“三级跳”来形容：从中华人民共和国成立到改革开放初期，上海的港口码头都集中在黄浦江沿线，20世纪90年代酝酿跳出黄浦江到长江（罗泾、外高桥码头），然后就是向海上跳到现在的杭州湾洋山港区。在洋山建设深水港，由于涉及上海和浙江两个省市，交通部做了大量的协调工作，前前后后用了几年时间。最后党中央、国务院“一锤定音”，上海国际航运中心终于有了超过15米水深的集装箱码头——历经10年的论证和建设，洋山深水港区于2005年正式开港。

如今，上海港集装箱年吞吐量突破4000万标箱，进出长江黄金水道的货物占比达四分之一以上。洋山深水港区成为国际一流的现代化集装箱港区，长江口12.5米深水航道延伸至南京，组合港作用充分发挥，集装箱船队规模跻身世界前列。特别是第一个国家级交易市场——上海航运交易所的系列航运指数发出“上海声音”，成为国际国内航运市场的“晴雨表”和“风向标”……上海国际航运中心建设“软硬兼施”，企业成群、产业成链、要素成市。

世界各大班轮公司在上海港开设了通航200多个国家和地区的600多个航班。上海港每月的国际航班数超过1300班，是世界上航线密度最大的港口，覆盖了亚欧航线、美洲航线、中东航线、非洲航线、东南亚航线。

“上海国际航运中心的地位在亚太地区是难以撼动的，这标志着我国已向海运强国迈出了重要的一步。”说到这里，黄镇东非常欣慰。

港口拥抱市场经济　自我革新突破“禁区”

今天，在全球港口货物吞吐量和集装箱吞吐量排名前10的港口中，我国港口占有7席。中国港口已与世界上200多个国家和地区、600多个主要港口建立了航线联系，成为经济往来的重要纽带。

然而，20世纪70年代末，中国的港口普遍受“压船压港”困扰。

“在改革开放前，只要经济稍有恢复和发展，交通运输全面紧张状况就凸现出来。

港口压船压货司空见惯，船舶在港停留少则几天、十几天，多则几个月，港口经常要组织疏港运输的‘会战’。外轮船长嘲笑我们的港口是黄金向海里扔。”黄镇东回忆。当时他在我国最大的能源输出港秦皇岛港工作。

1985年9月14日《中国交通报》头版头条曾刊发了一则消息——《秦皇岛港积极抓疏导和协调工作 今年以来没有严重压船现象》，没有严重压船就是令人欣喜的新闻事件。“今天看起来是难以置信的，但当时的事实就是如此。”黄镇东感叹。

为破除经济社会发展的“瓶颈”制约，改革开放以来，党中央、国务院把交通建设作为国民经济发展的战略重点。在港口建设方面，1985年国务院决定对进出口沿海主要港口的货物征收港口建设费，作为港口建设资金的一项主要来源；结合港口管理体制改革，对下放地方领导为主的港口实行以收抵支的“以港养港”政策；支持货主单位自建专用码头，实行“谁建、谁用、谁受益”的政策；鼓励港口腹地各省市集资建港；鼓励港口利用外资，让世界银行贷款、日本协力基金等进入港口，不仅解决了港口建设资金的燃眉之急，而且引进了先进工程管理模式和先进的港口装卸设备，提高了港口装卸效率。这些政策和措施，调动了多层次、多方面的积极性，大大加快了港口建设速度。

“只有解放思想，实事求是，才能突破‘禁区’，从那些不符合国情实际和交通经济发展客观规律的条条框框中解放出来，从根本上改革束缚运输生产力发展的原有经济体制，建立新的经济体制和运行机制，解放和发展运输生产力。”回顾梳理港口改革开放的发展经验时，黄镇东如是说。

突破“禁区”，表现在观念的改变、体制机制的创新。

“改革开放前，无论是运输生产还是基本建设，都是实行高度集中的指令性计划管理，有的甚至是半军事化的管理，企业以完成指令性计划目标为任务，没有经营自主权，缺乏改善经营管理、提高服务质量的内在动力。”黄镇东回忆。

例如，港口建设在计划经济年代是分区域的。4个航务工程局分别负责华北、东北、华东、长江沿线的港口建设。因为地区发展不平衡，有的地区港口投资少，则这些地区的航务工程局就很困难。“部里决定，二航局不能老是守着长江，也可以到沿海参与竞争；不仅可以搞水工，还可以搞桥梁。它现在最有活力、生机勃勃。这就是思想观念上的变化，如果它不想跳出来，或者不让它跳出来，这些都是实现不了的。”黄镇东说。

在体制机制创新方面，黄镇东介绍，党的十一届三中全会以前，沿海和内河主要港口都是由交通部直接领导和管理的。20世纪80年代初期开始，交通部就对港口管理体制改革进行试点。从80年代中期开始，对沿海和内河重要港口的管理体制分期分批地进行了改革，先后将沿海13个港口和长江25个港口下放给所在城市，实行双重领导、以地方为主的管理体制，并相应地扩大了港口企业的经营自主权。港口面向社会开放，一视同仁地为所有船舶提供服务。

“港口下放说深一点，就是利益格局的调整。宏观上有中央和地方的利益，微观上有港口干部的级别待遇，观念上、体制机制上的‘禁区’突破了，港口发展就突破了。”黄镇东说。

建立社会主义市场经济体制是一项艰巨的开创性工作。1992 年邓小平南方谈话和党的十四大明确提出了建立社会主义市场经济体制。此后，港口管理体制改革步步深入。港口实现政企分开，港口企业成为市场的主体，是港口管理体制改革的关键。1996 年，国务院批准《深化水运管理体制改革方案》，提出将政企合一的港务局改组为企业；交通部《港口管理体制改革试点方案》部署港口管理体制、港口财务管理体制、港口资产管理体制、港口投资体制、港口公安体制、港口引航和港口理货体制 7 个方面的改革。2001 年，国务院办公厅发出通知，所有中央直属和双重领导的港口全部下放地方管理，同时实行政企分开。截至 2003 年年底，秦皇岛港、大连港等 34 个港口基本实现政企分离。

“从 20 世纪 80 年代中期到最后一个秦皇岛港 2003 年下放完毕、政企分开，经过了十几年的过程，我们坚决贯彻党中央、国务院的决策，彻底地调整港口的体制。部、省、市的积极性都充分调动了起来，才有了现在中国港口的大好局面。”黄镇东说。

长远战略规划　让港口发展能持续有后劲

“制定科学的发展战略、发展目标和长远规划，是推进交通事业持续快速健康发展的前提。保持交通事业持续快速健康发展，必须要有明确的战略目标、科学的长远规划和可行的战略步骤作指导，并坚持不懈地组织实施。”黄镇东说，港口的发展也受益于长远战略和科学规划的引领。

改革开放的总设计师邓小平同志不仅在宏观上强调要重视交通建设，而且对交通发展规划和前期工作等具体问题也作了许多重要指示。他在 1989 年 6 月同中央负责同志谈话时说：“我建议组织一个班子，研究下一个世纪前五十年的发展战略和规划，主要是制定一个基础工业和交通运输的发展规划。要采取有力的步骤，使我们的发展能够持续、有后劲。”（《邓小平文选》第三卷）。

黄镇东回忆，根据邓小平同志讲话指示精神，交通部十分重视交通发展战略的研究和规划的制定工作，厘清交通发展战略与规划的关系。

交通部在充分研究论证的基础上，在 20 世纪 80 年代后期提出了我国公路、水运交通“三主一支持”的长远发展战略构想。即从“八五”开始，用 30 年左右的时间，建成公路主骨架、水运主通道、港站主枢纽和交通支持保障系统。

党的十五大后，交通部在 1998 年 1 月初召开的全国交通工作会议上提出三步走发展战略。从社会主义初级阶段公路、水路交通实际来看，大致需要经历三个发展阶段：第一阶段，从“瓶颈”制约、全面紧张走向“两个明显”（交通运输紧张状况明显缓解，对国民经济的制约明显改善），这个目标到21世纪初可以实现。第二阶段，从“两个明显”到基本适应，这个目标到2020年左右实现。第三阶段，从基本适应到基本实现现代化，进入中等发达国家的行列，这个目标到21世纪中叶即新中国成立100周年实现。

会议提出，要完成上述交通发展任务，必须从建设全国统一的综合运输体系出发，研究公路、水路交通发展战略和产业政策。一是认真研究公路、水路交通在综合运输体系中的地位和作用。二是研究其结构调整变化中的影响和对策。三是研究国际航运市场发展趋势和科技进步对公路、水路交通的影响和对策。在此基础上提出发展战略和产业政策，适时调整发展的部署和规划。

“20世纪90年代以来，我们着力加强了交通发展总体目标、长远规划和战略步骤的研究，特别是在我国公路水运交通‘三主一支持’发展长远规划的基础上，对建设公路主骨架、水运主通道、港站主枢纽和支持保障系统进行了深化和细化。其中，港站主枢纽最有代表性的就是建设上海国际航运中心、沿海主枢纽港和45个公路主枢纽。”黄镇东说。

有了长远战略、科学规划的引领，进入21世纪，我国港口发展突飞猛进。

《全国沿海港口布局规划》于2006年获国务院原则通过，布局环渤海、长三角、东南沿海、珠三角和西南沿海5个现代化港口群，建设包括集装箱、煤炭、石油、铁矿石、粮食、商品汽车、陆岛滚装和旅客运输等在内的综合性、立体式运输系统。2007年经国务院批准公布的《全国内河航道与港口布局规划》布局建设“两横一纵两网十八线”1.9万公里内河高等级航道。

“用接地气的话来说，我国港口经历了一个蜕变。”黄镇东从5个维度概括了40年港口翻天覆地的变化。

第一，港口布局的加密。“谈到港口开放，就必须提到蛇口打响的第一炮，这第一炮就是蛇口工业区的码头建设。”改革开放以来，我国陆续新建了深圳港、日照港、唐山港、盐城港等，港口无论从密度还是对腹地经济服务的能力上，都比较均衡。

第二，港口规模的巨变。从1978年到2017年，港口年吞吐量从2.8亿吨增长到140.07亿吨，集装箱吞吐量从0增长到2.38亿标箱，泊位从735个增长到27578个。“这样的速度前所未有、世界罕见，我们用短短的几十年时间，实现了从追赶发达国家到引领世界港口的发展。”

第三，港口生产工艺的创新。中国港口的集装箱、干散货、液体散货的装卸形成了成套的工艺，可以接卸世界最大的2万多标箱集装箱船、40万吨级矿石船、40万吨级油轮，装卸效率、质量位居世界前列。

第四，筑港技术的进步。无论是岩质、软土质、淤泥质还是沙质，中国的筑港技术均为世界一流。

第五，港容港貌的焕然一新。许多港口搬出了老城区，还市民以公共生活岸线的同时，实现了港口结构的调整，形成了世界先进的新港区。

港口改变闭塞，磨砺开明之人，滋养富庶之地。改革开放40年来，从南到北，多少渔村因为港口脱胎换骨成为生机勃勃的新城，甚至崛起为国际大都市。例如南海边的诗篇——深圳，1980年还是一个贫穷落后的小镇，仅有3万多人口、两三条小街道；今天，深圳已是拥有2000万人口、人均GDP突破2万美元的现代化大都市，成为新经济环境下创新创业的热土。

“没有社会主义制度的优越性就不能办成这么大的事情，没有改革开放就没有交通运输发展的大好局面，没有广大人民群众的支持和期盼就没有交通运输发展的巨大动力。”黄镇东说，“这些成绩来之不易，它归功于党中央、国务院的正确领导，得益于各级党委和政府的高度重视，来自广大群众实实在在的支持，同时也是广大交通职工勇于奉献、忘我奋斗的结果。改革开放的路还长，一定要把改革开放贯穿于交通强国建设的整个过程中！”

中国交通报

CHINA TRANSPORT NEWS

2018年7月17日 星期二 http://www.zgjtb.com | 第6775期 今日8版 | 邮发代号:1-72 国内统一刊号:CN11-0122 交通运输部主管 中国交通报社主办

湖北年内完成长江汉江港口岸线清理

本报讯 （特约记者 赵冠 通讯员 张瑶）据湖北省政府印发的《湖北省长江段和汉江沿线港口岸线资源清理整顿工作方案》(简称《方案》)，7月至12月，湖北将进行市、州、县专项整顿，完成港口岸线资源清理工作，对不符合要求的坚决取缔。明年，湖北将建立长效机制，制定长江湖北段和汉江湖北段沿线港口岸线资源管理办法，促进岸线资源高效集约利用。

《方案》提出，此次行动包括岸线资源清查、资源整顿、生态修复、资源管控、资源整合五大重点任务，全面清理长江湖北段和汉江湖北段沿线已建或在建的生产性泊位、航道、海事等公务用非生产性泊位等设施；解决长期占而不建、建而不用、多占少用、通过占用陆域变相占用岸线资源以及占用岸线手续不完备等问题。

根据《方案》，湖北将因地制宜做好非法码头取缔后恢复岸滩原貌和滩地补植复绿工作，确保已取缔的非法码头岸线复绿率达到100%，复绿成活率达到100%。进一步加强岸线利用指标控制，严格非生产性泊位使用港口岸线的审批管理，避免无序占用优质港口深水岸线资源。

一条心 一盘棋 深入推动长江经济带发展

见证40年 主题访谈

港通天下兴

——访原交通部部长黄镇东

开栏的话：

今年是改革开放40周年。40年来，交通运输行业勇立潮头，以思想大解放推动事业大发展，逢山开路、遇水架桥，走出了改革开放和创新发展之路。一批批有志之士，坚持解放思想、实事求是，勇于自我革命、自我革新，敢闯敢试、敢为人先，谱写了浓墨重彩的交通运输篇章。

本报联合交通运输部离退休干部局、永远"一吏一亲"编审委员会等单位共同开展了"见证40年主题访谈"，采访交通运输改革开放事业的重要推动者、参与者、见证者，通过往事、故事，史实、史记，呈现独特视角的交通运输改革开放史，展现交通运输人"艰苦奋斗、顽强拼搏，上下求索、锐意进取，与时俱进、一往无前，敞开胸襟、拥抱世界"的精神世界，为建设交通强国凝聚智慧与力量。

今日起，本报开辟《见证40年主题访谈》专栏，敬请关注。

交通运输部老领导黄镇东（左五）、王展意（左四）、林祖乙（右五）、刘松金（右四）、洪善祥（左三）、胡希捷（左二）、杨利民（右三）日前参加部离退休干部党支部活动，考察上海港洋山港区四期码头。 特约记者 黄京雨 摄

本报记者 林芬 马士英

偌大的码头装卸现场，只见吊车和自动导引运输车忙碌，一个个集装箱被准确无误地吊起和安放，操作控制中心里只有寥寥数人在用电脑指挥控制着这一切。

这是原交通部部长黄镇东日前参加部离退休干部党支部活动时，在全球单体最大、综合自动化程度最高的智能码头——上海港洋山港区四期码头看到的场景。"什么是港口现代化？洋山港区四期工程就是港口现代化的标志之一，也是党的十九大提出的交通强国建设的重要体现。"黄镇东说。

今昔对比、感慨万千，在港口工作了22年的黄镇东记忆翻涌。

上世纪六七十年代的秦皇岛港码头，一位戴着眼镜的文弱青年，体重只有120多斤，吃力地扛起150斤到200斤的麻袋。"那是多么沉重的负担！我们的前辈是这么扛过来的，我们还这么扛下去吗？祖祖辈辈就这么扛下去，祖国的面貌怎么能改变得了？"我当时只是一个机关干部，好像不该是我想的。但想到一代代港口工人的艰辛，就激发我们这些有知识、有技术的人要去改变这种局面，鼓舞我们振兴港口的激情。一旦有了机会，比如后来走上领导岗位，有一点权力，要改变这种落后状态。"黄镇东在接受本报记者专访时动情地回忆起。

洋山港区四期全自动化码头是上海国际航运中心建设崭新的里程碑，而上海国际航运中心是我国经济融入全球经济的重要象征，是我国扩大开放的重要窗口。从上海国际航运中心的话题开始，黄镇东向记者述说了改革开放40年港口发展解放思想、实事求是，摆脱"条框"、突破"禁区"的传奇。

上海国际航运中心 让中国加速融入全球经济

如今，上海港已连续8年保持世界港口集装箱吞吐量第一的位置，它的发展是我国港口改革开放的缩影。

黄镇东回忆，上世纪90年代中叶，面对船舶大型化、经营联盟化、运输干线网络化的国际集装箱运输发展趋势，党中央、国务院作出了建设上海国际航运中心的重大战略部署。

1996年1月16日，李鹏总理在上海主持召开了两省一市和国务院有关部门主要负责人参加的会议，就建设上海国际航运中心问题进行了研究，正式宣布建设上海国际航运中心。上海国际航运中心是开发开放浦东、使上海成为国际经济、金融、贸易中心之一的重要条件，对我国对外开放，对长江经济带的发展意义重大。

（下转4版）

扫一扫 观看专访视频！

美丽色达的特别礼物

特约记者 周显仁 本报记者 李洁心

骑马上学是什么体验？这个问题，让卓巴吉来回答。她的家，位于四川省甘孜藏族自治州色达县泥朵乡东然村。东然村有美丽的湿地，也是全县最偏远的村落。虽然距县城仅180公里，但是他们出门要先骑马2个小时到镇上，再换乘摩托车，颠簸六七个小时才能到达县城的二完小学。

这样的体验将成为历史。今年年底，454省道色达至泥朵（川青界）公路改建工程将完工，客运班车也将开通，卓巴吉上学时间会缩短一半。更值得期待的是，道路联通后，她的家乡将凭借得天独厚的旅游资源，有望成为这条交通主干线上的一颗明珠。

在卓巴吉就读的二完小学里，学生全部来自农牧区，出行几乎靠骑马或步行。近5年来，学校里的学生人数从100人增加到1005人，越来越多的孩子进入学校学习。目前，色达县小学入学率达99%。农村客运班车和招牌摩托车，成为越来越多孩子上学的出行工具。

孩子们懂得，不久自己也能坐上汽车、飞机和高铁去看外面的世界。于是，二完小学的孩子们将自己目睹的这些变化和对未来的畅想，绘成了一副长达15米的画卷，取名为《美丽的色达》。7月12日，师生们把这幅画作为一份特殊的礼物，转交到了交通运输部驻甘孜州色达县扶贫干部、色达县委副书记丁凯的手里，请他把画卷交给交通运输部的叔叔阿姨们，以表达他们对交通人的感恩和敬意。

"交通建设给孩子们带来的变化，他们能感受到。过去由于交通闭塞，父辈甚至一辈子都没能去到外面的世界看看。现在我们每年送40名老师到成都温江培训，当天就能到。"色达县教育局局长陈虎告诉记者，到当地任教最终选择留下的教师人数大幅上升。

据了解，色达县属于国家艰苦边远六类地区，是全国592个扶贫开发工作重点县和四川省45个深度贫困县之一，贫困发生率高达32.5%。2016年，交通运输部将色达县纳入定点扶贫县，助力色达县破解交通瓶颈制约。

定点扶贫的树苗正茁壮成长。到今年年底，色达县可实现134个建制村通村通畅全覆盖，公路通车里程达2260公里，"四纵四横七联"的交通网络格局基本形成。色达县，正由两省、三州毗邻地区的"交通难县"向"交通枢纽"转变。

助力打造国际陆海贸易新通道

——广西海事服务"一带一路"建设纪实

开栏的话：

新时代，开启交通强国建设新征程。作为交通运输的重要执法力量和支持保障系统，广西海事局及其分支机构按照治理体系和治理能力现代化建设的要求，找准新定位、确立新目标，奋进在打造人民满意海事的征途中。

本报今日起开设《广西海事助力交通强国建设》栏目，敬请关注。

广西海事 助力交通强国建设

蒋家乐 特约记者 莫卫华

2000多年前，广西便是中外通商往来的重要门户，大量的丝绸、陶瓷、茶叶等商品经由这里运往东南亚，交换来玛瑙、琥珀、香料等奇石异物，一条繁忙的海上丝绸之路悄然形成。

一时千载，千载一时。如今，广西壮族自治区着力提升服务国家周边合作能力，成为我国面向东盟开放的前沿窗口，奋力续写"21世纪海上丝路"新篇章。作为广西水上交通安全和通关口岸的管理机关，广西海事局以建设壮美广西、共圆复兴梦想为己任，积极发挥交通海事关键作用，对内夯实基础，提升服务区域发展能力，对外加强与东盟国家海事合作，全力助推广西有机衔接"一带一路"沿线重要门户建设，为中国—东盟拓展合作平台、构建全方位开放发展格局保驾护航。

（下转3版）

近日，商合杭高铁湖州段项目的千余名建设者，战高温，抢晴天，提速项目建设（如图）。该项目总投资26.49亿元，目前已完成总投资的78%。

据了解，今年1月至6月，湖州交通累计完成投资92.22亿元，同比增长57.3%。

特约记者 张梓国 摄

广东海事联合多部门 共建平安北江

本报讯 （吴森垚 特约记者 周明缘 记者 姜西子）7月16日，广东北江流域"共建平安北江"活动启动，广东海事局牵头联合交通运输部南海航海保障中心、广东省交通运输厅等部门，以及北江流域的清远市、韶关市、肇庆市、佛山市，将开展为期3年的"共建平安北江"活动，全面提升北江水上安全和水资源治理能力。

在启动仪式上，共建各方签署了《"平安北江"共建协议书》，启用"平安北江航运综合服务系统""北江航路信息服务App""交通运输部服务船员口袋工程（远程考试系统）""港建费自助缴费系统"等系统。

广东海事局局长陈毕伍表示，"共建平安北江"活动将坚持以生态优先和绿色发展为引领，切实推动水上安全由一元管理向多元治理转变，做到安全发展共商、安全生态共创、安全风险共治、安全成果共享，实现北江流域高质量发展。

据介绍，北江是珠江流域第二大水系，是粤北地区连接珠三角的重要水上通道。今后，共建各方将在智慧北江、安畅北江、绿色北江、共享北江和和谐北江建设上加强合作，建设北江水上高速公路，提升水运效能，全面提升北江水上交通安全监管信息化水平；建立健全北江绿色发展的保障机制，预警、监控与应急体系，推进绿色北江发展；建立健全全方位沟通协调机制，实现北江流域数据、建设、服务共享。

今日看点

更多资讯，请关注中国交通报微博、微信、客户端！

App安卓版

App苹果版

微信公众平台

中国交通通信信息中心与中海石油气电集团有限责任公司携手战略合作

推进产业资源融合 服务蓝天工程战略 致力美丽中国建设

本报讯 （记者 孟庆丰）7月15日，中国交通通信信息中心（简称部通信中心）与中海石油气电集团有限责任公司（简称中海石油气电集团）签署战略合作协议，聚焦现代通信信息技术、卫星定位导航、大数据、天地一体综合通信网络和天然气物流运输、能源大通道、多式联运、远程运输监控、O2O（线上到线下）业务等领域，挖掘各自资源，发挥领域优势，更好地满足民生服务需要，推进经济社会发展，服务生态文明建设。

在国内LNG（液化天然气）市场方面，双方将本着"资源共享、优势互补、互利互惠、合作共赢"的原则展开合作。部通信中心将基于气电集团LNG供应能力和行业经验，利用自身交通大数据优势，通过对LNG槽车行驶轨迹等数据的挖掘和分析，为LNG冬季保供调控，特别是华北地区保供提供数据支持。同时，双方将借助数据挖掘获取LNG市场动态信息，实现交通大数据在能源行业的跨域应用，为用户提供更高效的LNG供给服务，为交通运输部门精准调控天然气运力提供技术支撑。

双方将共同打造业内领先的LNG物流运输及交易系统。中海石油气电集团将利用其在LNG行业占有率优势，结合部通信中心全国交通大数据，共同建设LNG行业物流配送交易系统；针对交通运输车辆、船舶等主要行驶通道，开展"能源交通大通道"的建设。拟依托"能源交通大通道"，开展精准投资。依托部通信中心正在推进建设的国家物流公共信息平台，通过车船加注站建设及对LNG燃料车船改造等方式，更好地调配天然气供应，助力提升物流大通道能源服务能力。

LNG多式联运及国际贸易船舶运输监控等产品技术研发和应用也是双方合作的重点。双方将共同打造LNG多式联运物联网软硬件产品，推动多式联运物联网标准规范化，构建LNG行业内多式联运体系。针对国际贸易LNG船舶运输监控业务，合作开展LNG罐箱船舶、LNG运输船舶的远洋运输实时定位和LNG贸易转运的全程监控，提升国际贸易的管理效率。针对天然气O2O市场领域展开合作，基于部通信中心的国家交通运输物流平台、便民服务平台等，进一步推进LNG、CNG销售及相关衍生服务的研发推广。

据悉，协议的签署标志双方正式开启全方位、深层次战略合作。目前，双方已就天然气供需预测监控及能源交通大通道数据分析系统等成立联合工作组，积极推进各项工作的开展。下一步，双方将坚持发挥各自政策、资源、技术、平台等优势，打破传统单一产业结构，带动创新力量和服务体系集聚，促进资源要素高效流动，实现产业功能互补，开创行业发展新局面。

□值班编委 刘兴增　本版副主编 卢枫　责编 马士若　□E-mail:xw1b@zgjtb.com　□新闻热线:(010)64255441　□发行热线:(010)64256206　□广告热线:(010)64250642　□培训热线:(010)65299681

2018年7月17日 星期二 | 4版
主编 王旭光 责编 子淼 实习编辑 张芮涵 | 电话：010-65293632 64252864 E-mail：zgjtb@126.com
见证40年 主题访谈
中国交通报 CHINA TRANSPORT NEWS

原交通部部长黄镇东接受本报记者采访。 本报记者 孙芙利 摄

港通天下兴

——访原交通部部长黄镇东

（上接1版）

为什么要提出国际航运中心的概念？黄镇东说，当时，党中央、国务院在对外开放上作出的一个重大战略部署——加入世界贸易组织（WTO），加入经济全球化，进入国际竞争的环境。"各个领域都要改革开放，建设上海国际航运中心是我国水运行业开放的重要标志，也是参与地区和国际竞争的重要举措，目标是向香港地区、新加坡、德国汉堡、英国伦敦等较早的国际航运中心看齐。当时东北亚集装箱主要在韩国釜山和日本神户中转，我国南方集装箱运输在香港中转，都在竞争谁能成为亚太地区的航运中心，甚至台湾当局都提出了要把高雄港建设成为亚太境外转运中心，都看中了中国大陆经济发展的潜在市场。我们认为，上海是最具备条件的。尽管1996年上海港集装箱吞吐量只有100多万标箱，但是上海处在长江的龙头位置，腹地纵深辽阔，有着得天独厚的地缘优势。"

上海港的缺陷是缺少深水岸线。无论是黄浦江还是外高桥，水深都受到了航道和港口水深的制约，这是上海港的一个短板。"1997年我们还提出一个组合港的概念，弥补上海港深水岸线不足、缺少深水泊位的问题。就是以上海港为核心，以苏浙港口为两翼。浙江的宁波北仑和舟山深水岸线要充分利用起来，江苏是集装箱箱源的主要产生地。"黄镇东说，上海国际航运中心的基础设施建设关键就在于深水航道和深水码头。

"打开长江口"，实施长江口深水航道工程，势在必行。当时长江口的自然水深只有六七米。但是集装箱船舶大型化的趋势很明显。"我记得当时去丹麦访问，在马士基公司的船坞里，已经看到8000标箱的船舶。我心里一惊，很显然，长江口水深如果只有六七米肯定是不行，如果定到15米成本又很高，而且航道的稳定性也不具备。反复论证，最后定的目标是12.5米。"黄镇东回忆，"整个长江口深水航道工程论证了30年，前期工作做得比较充分。施工过程中，紧紧抓住科技创新这个关键，攻克了一个又一个难关，成为世界河口整治的典范工程。"

针对上海国际航运中心的港口布局，黄镇东形象地用了"三级跳"来形容：从中华人民共和国成立到改革开放初期，上海的港口码头都集中在黄浦江沿线，上世纪90年代酝酿跳出黄浦江到长江（罗泾、外高桥码头），然后就是向海上跳到在杭州湾洋山港区。在洋山建设深水港，由于涉及到上海和浙江两个省市，交通部做了大量的协调工作，前前后后用了几年时间。最后党中央、国务院"一锤定音"，上海国际航运中心终于有了超过15米水深的集装箱码头——历经10年的论证和建设，洋山深水港区于2005年正式开港。

如今，上海港标箱集装箱年吞吐量突破4000万标箱，进出长江黄金水道的货物占比达四分之一以上。洋山深水港区成为国际一流的现代化集装箱港区，长江口12.5米深水航道延伸至南京，组合港作用充分发挥，集装箱船队规模跻身世界前列，特别是第一个国家级交易市场——上海航运交易所的系列航运指数发出"上海声音"，成为国际国内航运市场"晴雨表"和"风向标"……上海国际航运中心建设"软硬兼施"，企业成群、产业成链、要素成市。

世界各大班轮公司在上海港开设了通航200多个国家和地区的600多个航班。上海港每月的国际航班数超过1300班，是世界上航线密度最大的港口，覆盖了亚欧航线、美洲航线、中东航线、非洲航线、东南亚航线。

"上海国际航运中心的地位在亚太地区是难以撼动的，迈出了海运强国的重要一步。"说到这里，黄镇东非常欣慰。

上世纪80年代秦皇岛港工人为自燃煤堆灭火。

1991年上海港新一代码头工人劳动情景。

本版图片除署名外为 本报资料片

港口拥抱市场经济 自我革新突破"禁区"

今天，在全球港口货物吞吐量和集装箱吞吐量排名前10名的港口中，我国港口占有7席。中国港口已与世界200多个国家、600多个主要港口建立了航线联系，成为经济往来的重要纽带。

然而上世纪70年代中，中国的港口普遍受"压船压港"困扰。

"在改革开放前，只要经济稍有恢复和发展，交通运输全面紧张状况就凸现出来。港口压船压货司空见惯，船舶在港停留少则几天、十几天，多则达几个月，港口经常要组织疏港运输的'会战'。外轮船长嘲笑我们的港口是黄金向海里扔。"黄镇东回忆。当时他在我国最大的能源输出港秦皇岛港工作。

1985年9月14日《中国交通报》头版头条曾刊发了一则消息——《秦皇岛港积极抓疏导和协调工作 今年以来没有严重压船现象》，没有严重压船就是令人欣喜的新闻事件。"今天看起来是难以置信的，但当时的事实就是如此。"黄镇东感叹。

为破除经济社会发展的"瓶颈"制约，改革开放以来，党中央、国务院把交通建设作为国民经济发展的战略重点。在港口建设方面，1985年国务院决定对进出口沿海主要港口的货物征收港口建设费，作为港口建设资金的一项主要来源；提出"以港养港"政策；支持货主单位自建专用码头，实行"谁建、谁用、谁受益"的政策；鼓励港口腹地各省市集资建港；鼓励港口利用外资，世界银行贷款、日本协力基金等进入港口，不仅解决港口建设资金的燃眉之急，而且引进了先进工程管理模式和先进的港口装卸设备，提高港口装卸效率。这些政策和措施，调动了多层次、多方面的积极性，大大加快了港口建设速度。

"只有解放思想，实事求是，才能突破'禁区'，从那些不符合国情实际和交通经济发展客观规律的条条框框中解放出来，从根本上改革束缚运输生产力发展的原有经济体制，建立新的经济体制和运行机制，解放和发展运输生产力。"回顾梳理港口改革开放的发展经验时，黄镇东如是说。

突破"禁区"，表现在观念的改变、体制机制的创新。

"改革开放前，无论是运输生产还是基本建设，都是实行高度集中的指令性计划管理，有的甚至是半军事化的管理，企业以完成指令性计划目标为任务，没有经营自主权，缺乏改善经营管理、提高服务质量的内在动力。"黄镇东回忆。

例如，港口建设在计划经济年代是分区域的。4个航务工程局分别负责华北、东北、华东、长江沿线的港口建设。因为地区发展不平衡，有的地区港口投资少，有的航务工程局就很困难。"部里决定，二航局不能光是守着长江，也可以到沿海参与竞争；不仅可以搞水工，还可以搞桥梁。它现在最有活力、生机勃勃。这就是思想观念上的变化，如果它不想跳出来，或者不让它跳出来，这些都是实现不了的。"黄镇东说。

在体制机制创新方面，黄镇东介绍，党的十一届三中全会以前，沿海和内河主要港口都是由交通部直接领导和管理的。上世纪80年代初期开始，交通部就对港口管理体制改革进行试点。从80年代中期开始对沿海和内河重要港口的管理体制分期分批地进行了改革，先后将沿海13个港口和长江25个港口下放给所在城市，实行双重领导、以地方为主的管理体制，并相应地扩大了港口企业的经营自主权。港口面向社会开放，一视同仁地为所有船舶提供服务。

"港口下放说深一点，就是利益格局的调整。宏观上有中央和地方的利益，微观上有港口干部的级别待遇，观念上、体制机制上的'禁区'突破了，港口发展就突破了。"黄镇东说。

建立社会主义市场经济体制是一项艰巨的开创性工作。1992年邓小平南巡讲话和党的十四大明确提出了建立社会主义市场经济体制。此后，港口管理体制改革步步深入。港口实现政企分开，港口企业成为市场的主体，是港口管理体制改革的关键。1996年，国务院批准《深化水运管理体制改革方案》，提出将政企合一的港务局改组为企业；交通部《港口管理体制改革试点方案》部署港口管理体制、港口财务管理体制、港口资产管理体制、港口投资体制、港口公安体制、港口引航和港口理货体制7个方面的改革。2001年，国务院办公厅发出通知，所有中央直属和双重领导港口全部下放地方管理，同时实行政企分开。截至2003年年底，秦皇岛港、大连港等34个港口基本实现政企分离。

"从上世纪80年代中期到最后一个秦皇岛港2003年下放完毕，政企分开，经过了十几年的过程，我们坚决贯彻党中央、国务院的决策，稳妥地调整港口的体制。部、省、市多个积极性都充分调动了起来，才有了现在中国港口的大好局面。"黄镇东说。

2007年11月28日，中国大陆港口当年第一亿个集装箱缓缓在天津港五洲国际码头起吊。

长远战略规划 让港口发展能持续有后劲

"制定科学的发展战略、发展目标和长远规划，是推进交通事业持续快速健康发展的前提。保持交通事业持续快速健康发展，必须要有明确的战略目标、科学的长远规划和可行的战略步骤作指导，并坚持不懈地组织实施。"黄镇东说，港口的发展也受益于长远战略和科学规划的引领。

改革开放的总设计师邓小平同志不仅在宏观上强调要重视交通建设，而且对交通发展规划和前期工作等具体问题也作了许多重要指示。他在1989年6月同中央负责同志谈话时说："我建议组织一个班子，研究下一个世纪前五十年的发展战略和规划，主要是制定一个基础工业和交通运输的发展规划。要采取有力的步骤，使我们的发展能够持续、有后劲。"（《邓小平文选》第三卷）。

黄镇东回忆，根据邓小平同志讲话指示精神，交通部十分重视交通发展战略的研究和规划的制定工作，厘清交通发展战略与规划的关系。

交通部在充分研究论证的基础上，在上世纪80年代后期提出了我国公路、水运交通"三主一支持"的长远发展战略构想。即从"八五"开始，用三十年左右的时间，建成公路主骨架、水运主通道、港站主枢纽和交通支持保障系统。

党的十五大后，交通部在1998年1月初召开的全国交通工作会议上提出三步走发展战略。从社会主义初级阶段公路、水路交通实际来看，大致需要经历三个发展阶段：第一阶段：从"瓶颈"制约、全面紧张走向"两个明显"（交通运输紧张状况明显缓解，对国民经济的制约明显改善），这个目标到21世纪初可以实现。第二阶段：从"两个明显"到基本适应，这个目标到2020年左右实现。第三阶段：从基本适应到基本实现现代化，这个目标到21世纪中叶即新中国成立100周年达到，进入中等发达国家的行列。

会议提出，要完成上述交通发展任务，必须从建设全国统一的综合运输体系出发，研究公路、水路交通发展战略和产业政策。一是认真研究公路、水路交通在综合运输体系中的地位和作用。二是研究其结构调整变化中的影响和对策。三是研究国际航运市场发展趋势和科技进步对公路、水路交通的影响和对策。在此基础上提出发展战略和产业政策，适时调整发展的部署和规划。

"上世纪90年代以来，我们着力加强了交通发展总体目标、长远规划和战略步骤的研究，特别是在我国公路水运交通'三主一支持'发展长远规划的基础上，对建设公路主骨架、水运主通道、港站主枢纽和支持保障系统进行了深化和细化。其中，港站主枢纽最有代表性的就是建设上海国际航运中心、沿海主枢纽港和45个公路主枢纽。"黄镇东说。

有了长远战略、科学规划的引领，进入21世纪，港口发展突飞猛进。

《全国沿海港口布局规划》于2006年获国务院原则通过，布局环渤海、长三角、东南沿海、珠三角和西南沿海5个现代化港口群，建设包括集装箱、煤炭、石油、铁矿石、粮食、商品汽车、陆岛滚装和旅客运输等在内的综合性、立体式运输系统。2007年经国务院批准公布的《全国内河航道与港口布局规划》布局建设"两横一纵两网十八线"1.9万公里内河高等级航道。

"用接地气的话来说，我国港口经历了一个蜕变。"黄镇东从五个维度概括了40年港口翻天覆地的变化。

第一，港口布局的加密。"谈到港口开放，就必须提到蛇口打响的第一炮，这第一炮就是蛇口工业区的码头建设。"改革开放以来，我国陆续新建了深圳港、日照港、唐山港、盐城港等，港口无论从密度还是对腹地经济服务的能力上，都比较均衡。

第二，港口规模的巨变。从1978年到2017年，港口年吞吐量从2.8亿吨增长到140.07亿吨，集装箱吞吐量从0增长到2.38亿标箱，泊位从735个增长到27578个。"这样的速度前所未有、世界罕见，我们用短短的几十年时间，实现了从追赶发达国家到引领世界港口的发展。"

第三，港口生产工艺的创新。中国港口的集装箱、干散货、液体散货的装卸形成了成套的工艺，可以接卸世界最大的2万多标箱集装箱船、40万吨级矿石船、40万吨级油轮，装卸效率、质量位居世界前列。

第四，筑港技术的进步。无论是岩质、软土质、淤泥质还是沙质，中国的筑港技术世界一流。

第五，港容港貌的焕新。许多港口搬出了老城区，还市民以公共生活岸线的同时，实现了港口结构的调整，形成了世界先进的新港区。

港口改变闭塞，磨砺开明之人、滋养富庶之地。改革开放40年来，从南到北，多少渔村因为港口脱胎换骨成为生机勃勃的新城，甚至崛起为国际大都市。例如南海边的诗篇——深圳，1980年还是一个贫穷落后的边陲小镇，仅有3万多人口、两三条小街道。今天，深圳已成为拥有2000万人口、人均GDP突破2万美元的现代化大都市，成为新经济环境下创新创业的热土。

"没有社会主义制度的优越性就不能办成这么大的事情，没有改革开放就没有交通运输发展的大好局面，没有广大人民群众的支持和期盼就没有交通运输发展的巨大动力。"黄镇东说，"这些成绩来之不易，它归功于党中央、国务院的正确领导，得益于各级党委和政府的高度重视，来自于广大群众实实在在的支持，同时也是广大交通职工勇于奉献、忘我奋斗的结果。改革开放的路还长，一定要把改革开放贯穿于交通强国建设的整个过程中！"

地址：北京市朝阳区安华西里三区13号楼 邮编：100011 总编室：(010)65293633 通联部：(010)65293561 (010)64252114(传真) 采编中心：(010)64255441 公路中心：(010)65293615 水运中心：(010)64255824 运输中心：(010)65293641
新媒体中心：(010)64255469 培训中心：(010) 65299681 广告部：(010)64250642 (010)64255452(传真) 北京中通广告公司：(010)64252934 广告经营许可证：京朝工商广字0142号 每年定价：460元 每月定价：38.34元 零售每份：1.92元 中国青年报印刷厂印刷

峥嵘岁月稠

——访原交通部部长钱永昌

本报记者　林　芬

见报日期　2018 年 7 月 24 日

“航海，是一部历史书、一部地理书。”原交通部部长钱永昌船长意味深长地说。

“航海新时代，丝路再出发”的蓝色宣传旗帜，在上海一些主干道的两侧迎风飘扬。“见证 40 年”人物主题访谈采访组来到上海时，正值 2018 年中国航海日活动期间。

“当你在印度洋航行，你会感受到 15 世纪我国伟大航海家郑和的足迹。当你在英吉利海峡航经法国北部诺曼底沿岸时，你能想起二战十五万盟军跨过海峡惊天地、泣鬼神的决战。地理的轮廓、山脉的起伏、海洋的深浅都会深深印在心中……”85 岁的钱永昌满头白发梳理得整整齐齐，神情清明爽朗，用诗意的语言描绘出航海的时空卷轴。

《轻舟已过万重山》是钱永昌往事回想的书名。在两个多小时的采访中，记者仿佛乘坐时间的航船回溯波澜壮阔的交通运输改革开放史。其中，1988 年、1978 年有两个重要的历史坐标：交通部首个跨越几个五年计划的长远发展规划——“三主”规划的诞生，我国第一条集装箱航线的开辟。“回顾往事，有很多‘故事’，而这些故事能够填补交通史中的具体史料空白。”钱永昌说。

“三主”规划着眼长远凝聚共识

“三主”规划即“公路主骨架、水运主通道、港站主枢纽”长远发展规划的简称，是1988年夏天交通部主持制定的中国交通发展长远规划。这个规划是新中国成立以来，交通部第一次制定的需要经过长达数十年努力，跨越几个五年计划才能实现的长远发展规划。

（编者注：1990年“三主”规划增加了支持保障系统，报国务院批准后开始实施。）

3个片区会开了3周

1988年，国务院布置各部委为制定国民经济发展“八五”计划做准备。7月16日至8月中旬，在交通部黄寺招待所，先后分3个片区召开了全国各省（区、市）交通厅（局）长座谈会。座谈会时间为每片区约一个星期，由交通厅（局）长汇报本省的发展计划。汇报不限制时间，让各省各单位充分发表意见，把话讲透。交通部部长钱永昌详细听取了各片区会的汇报。

“1988年，经过10年改革开放，交通运输事业虽然取得了很大成就，但由于历史欠账很多，还属于‘还账’和‘补课’的性质。而此时，改革开放开始进入快车道，国民经济迅猛发展，经济建设带来了人流物流的成倍增长，给交通运输带来了巨大的压力。”钱永昌回忆，“那时，公路通车里程短，省际‘断头路’普遍，全国人均公路长度不到8厘米，约合1根火柴棒。沿海港口超负荷运转，内河航道码头十分落后。”

同时，在国家以经济建设为中心的方针指引下，交通运输被置于国民经济建设的先行位置。1985年前后，国务院相继出台了征收车购费、提高养路费征收标准、贷款修路收费还贷，征收港口建设费，国际金融组织和政府优惠贷款优先用于港口、公路建设等一系列优惠政策，拓展了资金来源。大家对加快解决“瓶颈”问题，实现交通状况从紧张到缓解，有了希望和信心。

在这样的大好形势下，面对改变交通滞后状况的需要和人民群众对交通发展的期望，在“八五”计划实施之前，制定一个适应要求的规划成为重大课题。这次持续了3周的片区会，就是要为交通部研究制定“八五”计划提供参考。钱永昌说：“厅（局）长们的发言都是精心准备的，并且都向本省政府汇报过，经常闪现出可供制定全国性规划借鉴的火花。”

长远战略规划防止临渴掘井

钱永昌回忆，在听取汇报时，他一直在思考几个问题：一个是交通建设特点，一个是历史的经验与教训，一个是国外可借鉴的经验。如何总结借鉴以上几方面的经验，同时又结合各地提出的具体的林林总总的项目，归纳出一个宏观的、全局性的、简明的纲领性意见？

交通建设项目一般都投资大、周期长、回收慢，而且与周边关联度大，往往是跨越五年计划的。尤其是大江大河的治理，港口群的开辟，高等级、长距离公路网的建设，需要几十年的时间。要使之贯通成网、发挥最佳效益，绝非一个省的事，要与邻省协调一致才能见效。因此，不能从一个省的五年计划去思考全局的长远规划。

在这方面，历史上有不少教训。由于运动或者经济工作中的失误，建设计划中途调整、整顿、中断、延迟甚至下马，造成了很多“胡子工程”“癞痢头”工程，导致了严重的浪费和损失。而偏重于以五年的跨度来安排的规划，容易缺乏战略视野。缺乏远谋，往往会带来临渴掘井的近虑和仓促上马的结果。同时，有的规划缺乏立法保障，容易受到人事变动的影响。

对此问题，国外经济建设有许多可借鉴之处。钱永昌举例说，美国密西西比河100年的治理计划，通过国会立法程序决议，由总统签署法令下达。法国塞纳河的整治也有一项长达50年的计划。

“这都说明了，长远的、战略性的、具有立法性的规划具有重要作用。”钱永昌说。

走群众路线凝聚共识

“思索中，我突然想到，应该归纳来自干部群众的意见，充分利用干部群众的语言，把目标归纳为建设公路大骨架、水运大通道。但是用什么来概括港口和车站的目标呢？”钱永昌回忆，“我清楚地记得，最后一天上午听取发言时，我在笔记本上划过来、写过去，终于豁然开朗地写出了‘港站大枢纽’五个字。总结讲话时，我就以这三句话开场——我们要制定一个长远的形成公路大骨架、水运大通道、港站大枢纽的规划……”

这次会议，提出了总的奋斗目标——在总结分析我国交通建设的历史经验、从交通建设的特点出发、借鉴国外经验的基础上，从“八五”计划开始，用30年至50年的时间，在发展以综合交通运输体系为主轴的总方针下，完成公路大骨架、水运大通道、港站大枢纽的建设，以适应国民经济和社会发展的需要。同时，会议在大目标下阐述了具体的内涵。

公路大骨架——重点建设“五纵七横”12 条国道主干线，将全国重要城市、工业中心、交通枢纽、对外口岸连接起来，逐步形成一个与国民经济发展格局相适应，与其他运输方式相协调，由高速公路和一、二级汽车专用公路组成的快速安全的国道主干线系统。

水运大通道——按照我国生产力布局和水运资源“T”形分布的特点，重点强化贯通沿海经济发达地区的海上南北运输大通道，以长江、珠江干线及其主要支流为重点，发展三江两河航运，形成沿海、长江、珠江、京杭运河等水运主通道，并以千吨级航道为骨干，三五百吨级航道为基础，改善航道 3 万公里，建成干支直达、江海相通、水陆联运的航运体系。

港站大枢纽——重点建设与水运大通道、公路大骨架相连接的沿海、内河港口和公路交通枢纽，形成多功能的对内、对外辐射扇面。继续发展 18 个沿海枢纽港，开发建设大连大窑湾、宁波北仑、福建湄洲湾、深圳大鹏湾 4 个国际深水中转港；建设长江的重庆、武汉、南京的内河枢纽港；分层次发展中小港口，沿海港口泊位要达到 2000 个，深水泊位 1200 个；在中心城市建设客货集散枢纽和服务中心，形成设施配套完善的中转换装系统。

1989 年 2 月，交通部在召开全国交通工作会议前夕，将长远规划设想向当时分管交通的国务委员邹家华汇报，得到了充分肯定。邹家华建议，为避免“冒进”“好大”之嫌，将大骨架、大通道、大枢纽改为主骨架、主通道、主枢纽。

回顾“三主”诞生记，钱永昌认为，“三主”长远规划的制定，有利于建设的连续性与系统性，避免随意性；有利于从全局的宏观视角统筹安排，避免地区的局限性；有利于建设大格局的运输网络；有利于广大交通运输干部职工在一个统一的战略目标下锲而不舍地为之奋斗。

如今，“三主”规划早已提前实现。例如，“五纵七横”国道主干道已于 2007 年贯通，比原计划提前了十多年。目前，我国高速公路已超过 13 万公里。

对此，钱永昌非常欣慰：“制定‘三主’长远规划的过程，使我获得了一次工作中必须走群众路线的深刻教育。毛泽东同志关于群众路线的理论以及实践论‘知和行’的论述，对我启发很大。倾听干部、广大群众的意见，把他们的意见和意志集中起来，加以提升、概括，形成统一的意志再去指导工作，这就有了群众基础，也一定能为干部、广大群众所接受，成为大家的自觉行动，更好地推动事业发展。”

怀着“奋起直追的心”发展集装箱运输

“20世纪70年代我当船长的时候，有一次去日本神户港，代理公司人员对我讲：‘船长，如果今后再不以集装箱船运货的话，日本没有这么多工人为你们卸货了。卸货会用很长的时间，只能把你们系泊到港口边缘的泊位去了。’”钱永昌回忆，“我听后非常生气，可是当时我们没有足够的经济力量发展集装箱船队。”

1978年9月，上海远洋运输公司将多用途船“平乡城”轮改造成集装箱船，首航澳大利亚悉尼港，这是我国集装箱运输的开端。当时，钱永昌任上海远洋运输公司总经理，怀着一颗“奋起直追的心”发展集装箱运输。其中，与宝隆洋行的合作是富有意义的一笔。

1977年交通部部长叶飞赴北欧四国访问，在丹麦考察了老牌跨国公司宝隆洋行，回国之后提出“只要我们的所有制不变，其他的都能学”，要加速发展集装箱船队，改变中国远洋运输状况。根据交通部的决定，1978年中国远洋运输总公司与宝隆洋行签订了技术帮助协议。上海远洋运输公司指定钱永昌担任组长，全面负责与宝隆洋行的合作。

“那个时候人们满脑子都是政治，让几个外国人混在一起，会不会涉及泄密的问题?”钱永昌介绍，这是当时的顾虑，为专家们准备办公室成了一个难题。而且办公楼拥挤、陈旧，职工中午会拿着搪瓷盆、筷子，边走边敲，从办公楼上上下下。“我们只好在一楼进门处腾出两个房间，让专家们一进办公楼就进办公室。这就是我们在改革开放之初的心态和难堪。后来，专家们搬到了外滩的中国银行大楼12楼办公。”钱永昌说。

1978年10月，宝隆洋行的专家们运来了计算机、打字机、复印机等一整套现代化办公用具。“两种不同社会制度导致观念的碰撞，合作小心推进，他们提供的有关集装箱运输及管理的知识、经验对后来集装箱船队的建设确实起了作用。”钱永昌说。

“集装箱是运输方式上的革命，对我们这些初次接触的人来说，也是一场认识上的革命。”钱永昌介绍，由于集装箱运输刚开始，设施仍未健全，费用比件杂货要高。为了使货主、港口都能接受，上海远洋运输公司决定对超出的费用进行补差，这才打通货主关、港口关。“我们的补贴，实际上就是今天的‘推销成本’，就是活广告，这笔钱是值得的。”他说。

此前开辟首条集装箱航线的“平乡城”轮，由多用途船改造，岸吊使用的是传统的鹰嘴吊式起重机，吊起箱子后摇摇晃晃，需要人工对准位置后才放下。上海远洋运输公司的调度部门，用人工制作的卡片跟踪记录每一个箱子的动态。钱永昌说：“‘土法’上马了。但丹麦专家说，运用这种原始的手工操作，最多只能管理4000个集装箱，再多就要乱套了。形势逼迫我们第一个在货运业引进计算机管理系统，把复旦大学刚毕业的十多名计算机专业人才全部挖来。”

“改革开放使我们看到了与世界先进水平的差距，使我们产生了学习追赶的愿望。和宝隆洋行的合作中，我们既从实际出发坚持了原则，也学到了管理知识和技术，顺利地开辟了自己管理的集装箱航线。减少思想上的羁绊和束缚，去除精神上的各种桎梏，让思想飞扬起来，我们就能做得更好。”钱永昌感叹。今天，我国的远洋船队已在全球航运界名列前茅，集装箱船队航行于世界各大港口，为推进经济全球化发挥着举足轻重的作用。

“航海，使生命充满挑战”

“我一生引以为荣的是，我既是吴淞商船学校的最后一届学生，也是大连海事大学的首届毕业生，承前启后。”钱永昌在《航海者的情怀》一文中写下深情告白，“航海，使生命充满挑战，而不是处在每天周而复始的平淡中。”

钱永昌 1953 年大学毕业后经历了 22 年的海上生涯。谈到对青年海员的期待，他从 3 个方面分享了体会：一是知识与修养，二是理论与实践，三是现代化技术与基本功。

“要有知识，更要有修养。不能只懂开船，还要多懂一点历史，多看一点文艺书籍，多了解一点音乐，知识更广泛一些，把自己培养成有修养的人。到了国外港口，人家港长、验船师或者修船总工程师，来找你聊天。一杯咖啡，海阔天空，天南地北。不要一问三不知。”钱永昌说。

至于有人说航海是枯燥的，钱永昌说：“这么想是不行的！要‘随遇而安’，把海上生活‘寂寞’的不利条件变为有利条件。”钱永昌每次出航前，都为自己制定读书计划，学外语、看小说，或者钻研一门科目。而航海，本身就是一部历史书、一部地理书。“航海，可以周游列国，亲眼所见的古迹遗迹，可以带你进入历史的回顾中。当你再回头去阅读世界历史地理的书籍时，就会有更多的感性认识和亲近感。”

此外，航海者还要处理好理论与实践、现代化技术与基本功的关系。“理论，要通过实践丰富它。理论也不一定完全对，海上太复杂。例如，印度洋的环流，我航行经过的时候，每天记录，过后总结，发现与书本上的理论不太一样。而空船、重船、半船，不同状态下的航行规律又不一样。又例如，看云识天气，要靠经验积累。按照气象报告画出气象图，什么时候会遇到冷锋面，一画一算清清楚楚。”说起航海实践，钱永昌精神抖擞，仿佛又站在了轮船的驾驶室。

他语重心长地叮嘱道：“有了现代化、智能化的仪器设备，基本功一定不能丢掉。一旦断电，还是要靠基本功。”

“航海者，需要意志坚强、勇敢坚定，反应敏捷、处事果断，胆大心细、沉着镇定，刻苦耐劳、豁达乐观。这种性格与精神只有在常年的航海实践中，在风浪洗礼中，才能得到磨炼与塑造。”钱永昌说，“在豪迈、浪漫、多彩的诱惑后面，是航海生活的艰难。美好的理想，远大的抱负，绝不是诗情画意的奢望。只有坚定信念、百折不挠、不畏艰险，才能驶达理想的彼岸！”

CHINA TRANSPORT NEWS

2018年7月24日 星期二 http://www.zgjtb.com | 第6780期 今日8版 | 邮发代号:1-72 国内统一刊号:CN11-0122 交通运输部主管 中国交通报社主办

第十届全国交通运输职业技能大赛即将启动

本报讯 日前，交通运输部、人力资源和社会保障部、中华全国总工会和共青团中央联合印发通知，决定举办2018年中国技能大赛——第十届全国交通运输行业职业技能大赛（简称技能大赛），加强交通运输行业高技能人才队伍建设。

据了解，本届技能大赛为国家级一类大赛，四部门将共同组建技能大赛组委会，交通运输部职业资格中心、交通运输部科学研究院、中国交通报社、江苏省交通运输厅、湖南省交通运输厅、广东省交通运输厅、江苏省港口集团将共同承办。今年的比赛将在技能人员中积极开展技能培训和赛前训练，鼓励和支持更多的从业人员参赛。

技能大赛分为预赛和全国总决赛两个阶段。竞赛职业（工种）为筑路工、城市轨道交通列车司机、城市轨道交通行车值班员、水路危险货物运输员4个。筑路工、城市轨道交通列车司机和城市轨道交通行车值班员3个竞赛除面向行业组织职工组比赛外，还将面向职业院校在校学生设置学生组比赛。

竞赛分别以筑路工、城市轨道交通列车司机、城市轨道交通行车值班员和水路危险货物运输员国家职业标准高级工（国家职业资格三级）的知识和技能要求为基础，适当增加相关新知识、新技术、新技能等内容。竞赛采取理论知识和技能操作相结合的方式。在竞赛成绩中，理论知识占30%，技能操作占70%。 （赵鹏飞）

见证40年 主题访谈

原交通部部长钱永昌。

峥嵘岁月稠
——访原交通部部长钱永昌

本报记者 林芬 文/图

“航海，是一部历史书、一部地理书。”原交通部部长钱永昌船长意味深长地说。

“航海新时代，丝路再出发”的蓝色宣传旗帜，在上海一些主干道的两侧迎风飘扬。“见证40年”人物主题访谈采访组来到上海时，正值2018年中国航海日活动期间。

“当你在印度洋航行，你会感受到15世纪我国伟大航海家郑和的足迹。当你在英吉利海峡航经法国北部诺曼底沿岸时，你能想起二战十五万盟军跨过海峡惊天地、泣鬼神的决战。地理的轮廓、山脉的起伏、海洋的深浅都会深深印在心中……”85岁的钱永昌满头白发梳理得整整齐齐，神情清明爽朗，诗意的语言描绘出航海的时空卷轴。

《轻舟已过万重山》是钱永昌往事回想的书名。在两个多小时的采访中，记者仿佛乘坐时间的航船回溯波澜壮阔的交通运输改革开放史。其中，1988年、1978年有两个重要的历史坐标：交通部首个跨越几个五年计划的长远发展规划——“三主”规划的诞生，我国第一条集装箱航线的开辟。“回顾往事，有很多‘故事’，而这些故事能够填补交通史中的具体史料空白。”钱永昌说。

“三主”规划着眼长远凝聚共识

“三主”规划即“公路主骨架、水运主通道、港站主枢纽”长远发展规划的简称，是1988年夏天交通部主持制定的中国交通发展长远规划。这个规划是新中国成立以来，交通部第一次制定的需要经过长达数十年努力，跨越几个五年计划才能实现的长远发展规划。（编者注：1990年“三主一支持”增加了支持保障系统，报国务院批准后开始实施。）

3个片区会开了3周

1988年，国务院布置各部委为制定国民经济发展“八五”计划做准备。7月16日至8月中旬，在交通部黄寺招待所，先后分三片区召开了全国各省（区、市）交通厅局长座谈会。座谈会时间为每片区约一个星期，交通厅局长汇报本省的发展计划。当时，汇报不限制时间，让各省各单位充分发表意见，把话讲透，时间不够可以延长。时任交通部部长钱永昌详细听取了各片区会的汇报。

“1988年，经过10年改革开放，交通运输事业虽然取得了很大成就，但由于历史欠账很多，只属于‘还账’和‘补课’的性质。而此时，改革开放开始进入快车道，国民经济迅猛发展，经济建设带来了人流物流的成倍增长，给交通运输带来了巨大的压力。”钱永昌回忆，“那时，公路通车里程短，省际‘断头路’普遍，全国人均公路长度不到8厘米，约合1根火柴棒。沿海港口超负荷运转，内河航道码头十分落后。” （下转4版）

扫一扫
观看专访视频

杨传堂李小鹏在2018年交通运输半年工作会上强调
以更加饱满的精神状态更加务实的工作作风
新时代新担当新作为加快推进交通强国建设

在习近平新时代中国特色社会主义思想指引下——新时代新作为新篇章

本报讯 （记者 毛刘 特约记者 孙文剑 李俊燕）7月23日，交通运输部召开2018年交通运输半年工作会，总结上半年工作，部署下半年重点工作。部党组书记杨传堂、部长李小鹏出席会议并强调，要以习近平新时代中国特色社会主义思想为指导，深入贯彻落实党的十九大和十九届二中、三中全会精神，认真落实党中央、国务院各项决策部署，以更加饱满的精神状态、更加务实的工作作风，在新时代有新担当展现新作为，加快推进交通强国建设，为服务决胜全面建成小康社会、实现中华民族伟大复兴的中国梦作出新的更大贡献。

会议指出，今年上半年，各单位认真落实党中央、国务院决策部署，围绕深化供给侧结构性改革、打好三大攻坚战、谋划交通强国、加强党的建设等开展了大量卓有成效的工作，交通运输经济运行总体平稳、稳中有进，稳中有优，主要指标保持增长，运输结构持续优化，质量效益不断提升。这是以习近平同志为核心的党中央坚强领导的结果，是习近平新时代中国特色社会主义思想特别是经济思想生动实践的结果，也是行业上下砥砺奋进、团结奋斗的结果。

会议强调，下半年，要进一步提高政治站位，强化责任担当，加强组织领导，既要立足当前，问题导向，又要着眼长远，久久为功，切实推动交通运输高质量发展，开启建设交通强国新征程。一是高度重视安全生产工作，着力提升安全治理能力，严格落实安全生产责任，突出重点领域安全管理，特别是要做好城市轨道交通安全工作，全力确保安全生产形势稳定。二是着力打好三大攻坚战，防范化解金融风险，坚决打赢交通运输脱贫攻坚战，打好污染防治攻坚战。三是深化交通运输供给侧结构性改革，持续降成本、补短板、强服务、优环境、增动能，研究制定交通运输产业政策指导目录。四是加快“四好农村路”建设，服务乡村振兴战略，加快推进剩余乡镇和建制村通硬化路建设，确保完成全年目标。五是积极服务国家三大战略和雄安新区综合交通运输体系规划建设。六是深化收费公路制度改革，降低过路过桥费用。七是加快推进运输结构调整，推进基础设施建设，加快转变发展多式联运，深化超限超载治理工作。八是深化“放管服”改革，优化营商环境，加快转变政府部门职能，进一步清理交通罚款、检查和涉企收费，规范交通执法行为，推进交通运输治理体系和治理能力现代化。九是推进货运行业转型升级高质量发展，坚决维护行业稳定大局。十是按照包容审慎监管的原则，进一步加强新业态新问题监管，鼓励规范发展。十一是扩大交通运输有效投资，加快推动项目落地，夯实项目储备，争取做到储备一批、开工一批、建设一批。十二是加快起草完善交通强国建设纲要，坚持深化改革、创新驱动、扩大开放，为交通强国建设开好局、起好步。

会议提出，要加快推进现代综合交通运输体系建设，优化基础设施网络布局，加快运输服务一体化进程，健全综合交通运输法规标准统计体系。要打造过硬干部队伍，全面提高业务素质，切实加强作风建设，进一步调动广大干部积极性、主动性和创造性，新时代新担当新作为，以钉钉子精神狠抓工作落实。

在京部领导，部总师出席会议。部机关处级以上领导干部，长航局、珠航局主要负责同志，部属在京单位党政主要负责同志参加会议。

何建中在秦皇岛督察暑期交通运输安全保障工作时要求
强化责任意识突出工作重点
确保交通运输安全畅通

本报讯 7月23日，交通运输部副部长何建中到河北省秦皇岛市督察暑期交通运输安全保障工作。河北海事局、河北省交通运输厅、秦皇岛市政府有关负责同志参加督察。

督察组在秦皇岛交通应急指挥中心检查了秦皇岛市交通运行监测工作情况和应急指挥调度保障情况；在北戴河海事应急值守点实地查看海上溢油应急反应防备情况，了解旅游船艇监管工作开展情况，慰问了海事工作人员，并到西港区老码头现场调研了旅游客船管理情况。

随后，何建中主持召开座谈会，听取河北省交通运输厅、河北海事局、河北港口集团工作汇报，对各单位暑期各项工作表示肯定，并对暑期交通运输安全保障工作作出进一步部署和要求。他强调，部党组高度重视北戴河暑期安保工作，各部门、各单位要在已有部署的基础上，进一步加大工作力度，确保交通运输安全畅通。一是强化责任意识。要提升政治站位，及时有效应对新情况、新问题，以最高的安全标准、最充分的安全准备、最严格的安全监管确保暑期安保工作责任落实到位。二是突出工作重点。要将社会面管控、海域管控、城市公共交通、道路保通保畅、整体面上交通运输安全、维护行业稳定、落实应急预案、保障信息通畅等8个方面工作作为暑期工作的重点，落实企业安全生产主体责任和有关部门的监管责任。三是切实抓好落实。各单位要进一步再检查、再部署、再落实，在本次督导后再进行一次全面自查，并将发现的安全隐患清零，形成管理闭环。要加强应急值守，保证第一时间处置得当，控制局面。同时，要在地方党委、政府的统一组织协调下做好工作。

（赵塔建）

陕西发行80亿元收费公路专项债券

本报讯 （特约记者 黄金峰）近日，陕西省今年第一笔80亿元收费公路专项债券在上海证券交易所政府债券发行系统成功发行。这是自交通运输部、财政部印发《地方政府收费公路专项债券管理办法（试行）》后，在上海证券交易所市场发行的全国单次最大规模收费公路专项债券，对降低陕西省公路建设融资成本、拓宽渠道破解资金难题具有重要意义。

据了解，此次发行的债券对应陕西省5个高速公路建设项目，分别为：西安外环高速公路（南段）、银百高速公路安康至岚皋段、太凤高速公路、子长至姚店高速公路、西乡至镇巴高速公路。这5个项目均计划在2020年全部建成通车，项目实施单位为陕西省高速公路建设集团公司和省交通建设集团。

陕西省交通运输厅厅长杨育生在发行仪式上表示，省交通运输厅将在省委、省政府的领导下，力争实现“六通”目标，“以打造交通升级版、当好发展先行官”为主线，以服务民生为根本，以改革创新为动力，深化“科学办交通、合力办交通、勤俭办交通”发展理念，为陕西经济社会发展提供坚实的交通运输保障。

深化“三化”建设 锁住昔日“老虎口”
江苏海事站好长江水上交通第一岗

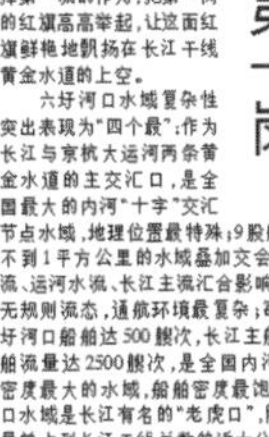

特约通讯员 刘玉宣

去年6月到今年6月，江苏六圩河口水域发生9起小的水上交通事故，同比下降了近7成。作为长江与京杭大运河两条黄金水道的主交汇口，六圩河口水域交通安全历来是海事监管的重中之重。

近日，交通运输部党组书记杨传堂来到“长江水上交通第一岗”——六圩河口海事执法基地，调研水上安全监管情况。杨传堂表示：“管与不管不一样，怎么管不一样，管得好管得不好不一样，江苏六圩河口海事执法基地很正规，身处海事监管一线，是‘长江水上交通第一岗’，可以用最短的时间进行现场处置。”

杨传堂说，江苏海事局要继续深化海事“三化”建设，继续完善科学安全监管体系，在长江与大运河交汇水域，履行好第一岗的责任、争创第一流的业绩、发挥第一流的作用，把第一岗的红旗高高举起，让这面红旗鲜艳地飘扬在长江干线黄金水道的上空。

六圩河口水域复杂性突出表现为“四个最”：作为长江与京杭大运河两条黄金水道的主交汇口，是全国最大的内河“十字”交汇节点水域，地理位置最特殊；9股船流在这个不到1平方公里的水域叠加交会，同时受洄流、运河水流、长江主流汇合影响，水流呈现无规则流态，通航环境最复杂；每天进出六圩河口船舶达500艘次，长江主航道日均船舶流量达2500艘次，是全国内河船舶流量密度最大的水域，船舶密度最饱和；六圩河口水域是长江有名的“老虎口”，险情事故数量曾占到长江干线总数的近十分之一，事故险情最多发。

（下转2版）

◀日前，南水北调水源地的湖北省丹江口市汉江江面晨雾缭绕，即将贯通的沧浪洲生态湿地步行桥横卧其间，整个画面宛若人间仙境。

该桥全长1313米，主桥为削竹式大跨径空间桁架，由56个红色钢环连接而成，象征56个民族紧密团结。建设过程中，丹江口市交通运输局加强施工质量监督、安全监管，确保把该桥建设成为群众满意的民心工程。

本报记者 潘庆秀 文
通讯员 牟华斌 图

□值班编委 林芬 本版副主编 卢锐 责编 赵鹏飞 □E-mail:xw1b@zgjtb.com □新闻热线:(010)64255441 □发行热线:(010)64256206 □广告热线:(010)64250642 □培训热线:(010)65299681

2018年7月24日 星期二 | 4版
主编 王岩岩 责编 子点 | 电话：010-65293632 64252864 E-mail：zgjtb@126.com
见证40年 主题访谈
中国交通报 CHINA TRANSPORT NEWS

说起航海实践，钱永昌老部长精神抖擞，仿佛又站在了轮船的驾驶室。
本报记者 张大方 摄

峥嵘岁月

——访原交通部部长钱永昌

（上接1版）

同时，在国家以经济建设为中心的方针指引下，交通运输被置于国民经济建设的先行位置。1985年前后，国务院相继出台了征收车购费、提高养路费征收标准、贷款修路收费还贷、征收港口建设费，国际金融组织和政府优惠贷款优先用于港口、公路建设等一系列优惠政策，拓展了资金来源。大家对加快解决“瓶颈”问题，实现交通状况从紧张到缓解，有了希望和信心。

在这样的大好形势下，面对改变交通滞后状况和人民群众对交通发展的期望，在“八五”计划实施之前，如何制定一个适应要求的规划成为重大课题。这次持续了三周的片区会，就是要为交通部研究制定“八五”计划提供参考。钱永昌说：“厅局长们的发言精心准备，并且都向本省政府汇报过，经常闪现出可供制定全国性规划借鉴的火花。”

长远战略规划防止临渴掘井

钱永昌回忆，在听取汇报时，他一直在思考几个问题：一个是交通建设特点，一个是历史的经验与教训，一个是国外可借鉴的经验。如何总结借鉴以上几方面的经验，同时又结合各地提出的具体的林林总总的项目，归纳出一个宏观的、全局性的、简明的纲领性意见？

交通建设项目一般都投资大、周期长、回收慢，而且与周边关联度大，往往是跨越五年计划的。尤其是大江大河的治理，港口群的开辟，高等级、长距离公路网的建设，需要几十年的时间。要使之贯通成网，发挥最佳效益，绝非一个地区的事，要与邻省协调一致才能见效。因此，不能从一个省的五年计划中去思考全国的长远规划。

在这方面，历史上有不少教训。由于运动或者经济工作中的失误，建设计划中途调整、整顿、中断、延迟甚至下马，造成了很多“胡子工程”“癞痢头”工程，导致了严重的浪费和损失。而偏重于以五年的跨度来安排的规划，容易缺乏战略视野。缺乏远谋，往往会带来临渴掘井的近虑和仓促上马。同时，有的规划缺乏立法保障，容易受到人事变迁的影响。

对此问题，国外经济建设有许多可借鉴之处。钱永昌举例说，美国密西西比河100年的治理计划，通过国会立法程序决议，由总统签署法令下达。法国塞纳河的整治也有一项长达50年的计划。

“这都说明了，长远的、战略性的、具有立法性的规划具有重要作用。”钱永昌说。

走群众路线凝聚共识

“思索中，我突然想到，应该归纳来自干部群众的意见，充分利用干部群众的语言，把目标归纳为建设公路大骨架、水运大通道。但是用什么来概括港口和车站的目标呢？”钱永昌回忆，“我清楚地记得，最后一天上午听取发言时，我在笔记本上划过来、写过去，终于豁然开朗地写出了‘港站大枢纽’五个字。总结讲话时，我就以这三句话开场——我们要制定一个长远的形成公路大骨架、水运大通道、港站大枢纽的规划……”

这次会议，提出了总的奋斗目标——在总结分析我国交通建设的历史经验，从交通建设的特点出发，借鉴国外经验的基础上，从“八五”计划开始，用30年至50年的时间，在发展以综合交通运输体系为主轴的总方针下，完成公路大骨架、水运大通道、港站大枢纽的建设，以适应国民经济和社会发展的需要。同时，会议在大目标下阐述了具体的内涵。

公路大骨架——重点建设“五纵七横”12条国道主干线，将全国重要城市、工业中心、交通枢纽、对外口岸连接起来，逐步形成一个与国民经济发展格局相适应，与其他运输方式相协调，由高速公路和一、二级汽车专用公路组成的快速安全的国道主干线系统。

水运大通道——按照我国生产力布局和水运资源“T”形分布的特点，重点强化贯通沿海经济发达地区的海上南北运输大通道，以长江、珠江干线及其主要支流为重点，发展三江两河航运，形成沿海、长江、珠江、京杭运河等水运主通道，并以千吨级航道为骨干，三五百吨级航道为基础，改善航道3万公里，建成干支直达、江海相通、水陆联运的航运体系。

港站大枢纽——重点建设与水运大通道、公路大骨架相连接的沿海、内河港口和公路交通枢纽，形成多功能的对内、对外辐射层面。继续发展18个沿海枢纽港，开发建设以大连大窑湾、宁波北仑、福建湄洲湾、深圳大鹏湾4个国际深水中转港；建设长江的重庆、武汉、南京的内河枢纽港；分层次发展中小港口，沿海港口泊位要达到2000个，深水泊位1200个；在中心城市建设客货集散枢纽和服务中心，形成设施配套完善的中转换装系统。

1989年2月，交通部在召开全国交通工作会议前夕，将长远规划设想向当时分管交通的国务委员邹家华汇报，得到了充分肯定。邹家华建议，为避“冒进”“好大”之嫌，将大骨架、大通道、大枢纽改为主骨架、主通道、主枢纽。

回顾“三主”诞生记，钱永昌认为，“三主”长远规划的制定，有利于建设的连续性与系统性，避免随意性；有利于从全局的宏观视角统筹安排，避免地区的局限性；有利于建立相关的运输网络；有利于广大交通运输干部职工在一个统一的战略目标下锲而不舍地为之奋斗。

如今，“三主”规划早已提前实现。例如，“五纵七横”国道主干道已于2007年贯通，比原计划提前了十多年。目前，我国高速公路已超过13万公里。

对此，钱永昌非常欣慰：“制定‘三主’长远规划的过程，使我获得了一次工作中必须走群众路线的深刻教育。毛泽东同志关于群众路线的理论以及实践论‘知和行’的论述，对我启发很大。倾听干部、广大群众的意见，把他们的意见和意志集中起来，加以提升、概括，形成统一的意志再去指导工作，这就有了群众基础，也一定能为干部、广大群众所接受，成为大家的自觉行动，更好地推动事业发展。”

1978年9月26日，“平乡城”轮装载162个集装箱从上海港驶向澳大利亚，开启了我国国际集装箱运输的纪元。

1985年集装箱船靠泊上海港。

2004年首航的“中海亚洲”轮，可装载8500标箱。

扫一扫
观看专访视频！

怀着“奋起直追的心”发展集装箱运输

“上世纪70年代我当船长的时候，有一次去日本神户港，代理公司人员对我讲：‘船长，如果今后再不以集装箱船运货的话，日本没有这么多工人为你们卸货了。卸货会用很长的时间，只能把你们系泊到港口边缘的泊位去了。’”钱永昌回忆，“我听后非常生气，可是当时我们没有足够的经济力量发展集装箱船队。”

1978年9月，上海远洋运输公司将多用途船“平乡城”轮改造成集装箱船，首航澳大利亚悉尼港，这是我国集装箱运输的开端。当时，钱永昌任上海远洋运输公司总经理，怀着一颗“奋起直追的心”发展集装箱运输。其中，与宝隆洋行的合作是富有意义的一笔。

1977年交通部部长叶飞赴北欧四国访问，在丹麦考察了老牌跨国公司宝隆洋行，回国之后提出“只要我们的所有制不变，其他的都能学”，要加速发展集装箱船队，改变中国远洋运输现状。根据交通部的决定，1978年中国远洋运输总公司与宝隆洋行签订了技术帮助协议。上海远洋运输公司指定钱永昌担任组长，全面负责与宝隆洋行的合作。

“那个时候人们满脑子都是政治，让几个外国人混在一起，会不会涉及到泄密的问题？”钱永昌介绍，这是当时的顾虑，为专家们准备办公室成了一个难题。而且办公楼拥挤、陈旧，职工中午就会拿着搪瓷盆、筷子，边走边敲地从办公楼上上下下。“我们只好在一楼进门处腾出两个房间，让专家们一进办公楼就进办公室。这就是我们在改革开放之初的心态和难堪。后来，专家们搬到了外滩的中国银行大楼12楼办公。”钱永昌说。

1978年10月，宝隆洋行的专家们运来了电脑、打字机、复印机等一整套现代化办公用具。“两种不同社会制度导致观念的碰撞，合作小心推进，他们提供的对集装箱运输及管理的知识、经验对后来集装箱船队的建设确实起了作用。”钱永昌说。

“集装箱是运输方式上的革命，对我们这些初次接触的人来说，也是一场认识上的革命。”钱永昌介绍，由于集装箱运输刚开始，设施没有健全，费用比件杂货要高。为了使货主、港口能接受，上海远洋运输公司决定对超出的费用进行补差，这才打通货主关、港口关。“我们的补贴，实际上就是今天的‘推销成本’，就是活广告，这笔钱是值得的。”他说。

此前开辟首条集装箱航线的“平乡城”轮，由多用途船改造，岸吊使用的是传统的鹰嘴吊式起重机，吊起箱子后摇摇晃晃，需要人工对准位置后才放下。上海远洋运输公司的调度部门，用人工制作的卡片跟踪记录每一个箱子的动态。钱永昌说：“‘土法’上马了。但丹麦专家说，运用这种原始的手工操作，最多只能管理4000个集装箱，再多就要乱套了。形势逼迫我们第一个在货运业引进电脑管理系统，把复旦大学刚毕业的十多名电脑专业人才全部挖来。”

“改革开放使我们看到了与世界先进水平的差距，使我们产生了学习追赶的愿望。和宝隆洋行的合作中，我们既从实际出发坚持了原则，也学到了管理知识和技术，顺利地开辟了自己管理的集装箱航线。减少思想上的羁绊和束缚，去除精神上的各种桎梏，让思想飞扬起来，我们就能做得更好。”钱永昌感叹。今天，我国的远洋船队已在全球航运界名列前茅，集装箱船队航行于世界各大港口，为推进经济全球化发挥着举足轻重的作用。

上世纪90年代，中远集团的集装箱船航向五洲。

2018年6月，中国远洋海运集团2.1万标箱超大型集装箱船“中远海运宇宙”轮命名交付。

“航海，使生命充满挑战”

“我一生引以为荣的是，我既是吴淞商船学校的最后一届学生，也是大连海事大学的首届毕业生，承前启后。”钱永昌在《航海者的情怀》一文中写下深情告白，“航海，使生命充满挑战，而不是处在每天周而复始的平淡中。”

钱永昌1953年大学毕业后经历了22年的海上生涯。谈到对青年海员的期待，他从三个方面分享了体会：一是知识与修养，二是理论与实践，三是现代化技术与基本功。

“要有知识，更要有修养。不能只懂开船，还要多懂一点历史，多看一点文艺书籍，多了解一点音乐，知识更广泛一些，把自己培养成有修养的人。到了国外港口，人家港长、验船师或者修船总工程师，来找你聊天。一杯咖啡，海阔天空，天南地北。不要一问三不知。”钱永昌说。

至于有人说航海是枯燥的，钱永昌说：“这么想是不行的！要‘随遇而安’，把海上生活‘寂寞’的不利条件变为有利条件。”钱永昌每次出航前，都为自己制定读书计划，学外语、看小说，或者钻研一门科目。而航海，本身就是一部历史书、一部地理书。“航海，可以周游列国，亲眼目睹的古迹遗迹，可以带你进入历史的回顾中。当你再回头去阅读世界历史地理的书籍时，就会有更多的感性认识和亲近感。”

此外，航海者还要处理好理论与实践、现代化技术与基本功的关系。“理论，要通过实践丰富它。理论也不一定完全对，海上太复杂。例如，印度洋的环流，我航行经过的时候，每天记录，过后总结，发现与书本上的理论不太一样。而空船、重船、半船，不同状态下的航行规律又不一样。又例如，看云识天气，要靠经验积累。按照气象报告画出气象图，什么时候会遇到冷锋面，一画一算清清楚楚。”说起航海实践，钱永昌精神抖擞，仿佛又站在了轮船的驾驶室。

他语重心长地叮嘱道：“有了现代化、智能化的仪器设备，基本功一定不能丢掉。一旦断电，还是要靠基本功。”

“航海者，需要意志坚强、勇敢坚定，反应敏捷、处事果断，胆大心细、沉着镇定，刻苦耐劳、豁达乐观。这种性格与精神只有在常年的航海实践中，在风浪洗礼中，才能得到磨练与塑造。”钱永昌说，“在豪迈、浪漫、多彩的诱惑后面，是航海生活的艰难。美好的理想，远大的抱负，绝不是诗情画意的奢望。只有坚定信念、百折不挠、不畏艰险，才能驶达理想的彼岸！”

本版图片除署名外为 本报资料片

宁波集装箱码头

地址：北京市朝阳区安华西里三区13号楼 邮编：100011 总编室：(010)65293633 通联部：(010)65293561 (010)64252114(传真) 采编中心：(010)64255441 公路中心：(010)65293615 水运中心：(010)64255824 运输中心：(010)65293641 新媒体中心：(010)64255469 培训中心：(010) 65299681 广告部：(010)64250642 (010)64255452(传真) 北京中通广告公司：(010)64252934 广告经营许可证：京朝工商广字0142号 每年定价：460元 每月定价：38.34元 零售每份：1.92元 中国青年报印刷厂印刷

重大政策的实施促进公路现代化

——访原交通部副部长王展意

本报记者　马士茹

见报日期　2018 年 7 月 31 日

“2018 年是改革开放 40 年。40 年来，我国公路建设突飞猛进，发生了翻天覆地的变化。作为一个老交通，看到这种情况，十分高兴。这是政策的作用，也是人努力的结果。”88 岁的原交通部副部长王展意欣慰地说。

40 年的巨大变迁化作了他笔下清晰的一组组数字——“2017 年和 1978 年相比，公路里程从 89 万公里发展到 477 万公里；高速公路从无到有，达到 13.6 万公里；干线公路的标准和质量普遍提高，农村公路和旅游公路蓬勃发展，全国 99% 的建制村已经通了公路，而且大部分铺上了沥青或水泥路面。”

王展意 1950 年起投身公路事业，公路是他一生的追求与奉献。1982 年至 1992 年任交通部副部长期间，他参与和见证了多项公路建设重大政策的制定与实施。“公路交通事业成绩的取得，是几项重要政策的制定与实施发挥了十分重要的作用。”交通人逢山开路、遇水架桥的韧劲和巧劲，在王展意的记忆中如此鲜活、生动。

公路落后，制约了经济的发展

新中国成立前，我国公路基础很差，王展意形象地将其比喻为“一棵枯树的枝”。新中国成立后，为巩固国防，开发边疆，发展经济，国家投资建设了川藏公路、青藏公路等一批干线公路，组建了约10万人的公路测设、施工队伍，公路建设开始进入健康发展的轨道。

“但1958年‘大跃进’时，在平原地区有些县，县委书记挂帅，发动群众，半个月就修成简易公路数百公里（这些公路征地不花钱，也不讲标准，没铺路面，未建桥梁），从而使一些人产生错觉，认为修公路很容易。于是，1958年以后国家计划就不再安排一般公路建设投资。”王展意回忆。

后来因备战需要，虽然投资修建了少量国防边防公路，各地也发动群众修建了部分乡村公路，交通部门还依靠养路费对部分公路进行了技术改造，但公路发展十分缓慢，经济干线建设基本处于停滞状态。

1978年，我国公路总里程只有89万公里，高等级路、沥青路和大江大河上的桥都很少，公路标准低、质量差。当时，世界上已有约50个国家有了高速公路，而我国的高速公路建设还没有起步。“干线公路虽然有些铺上了渣油路面，但因标准低，平均行车时速只有30公里。”王展意回忆，“晴天一身灰，雨天一身泥”是那时乘车出行的真实写照。

公路差、交通事故多，王展意对此记忆犹新：“以北京—塘沽公路为例，虽然经过多次改建，不少路段宽度已达10米以上，但长172公里的路程，穿过16个村镇，7处与铁路、21处与公路、100多处与农村道路平面交叉，加上汽车、马车、自行车、拖拉机都在一条路上行驶，相互干扰、阻拦，平均行车时速只有30多公里，一年发生交通事故1300多起，死伤1100多人。”

而著名的川藏公路，当时有些路段还是单车道，加上经常发生泥石流和塌方，每年都有几个月不能通车。同时，全国还有1个县、4000多个乡镇（公社）、近20万个建制村不通公路，运输仍然是人背、肩挑、畜驮。

“救护车进不了村，电影队下不了乡。有些山区，水利资源丰富，要建小型水电站，设备运不进，拖拉机也无法使用。这严重影响了经济社会发展，广大群众迫切要求改变公路落后的局面。”王展意说。

1984年国务院作出三项重大决策

1978年，党的十一届三中全会召开，沐浴着改革的春风，国民经济蓬勃发展，公路通行不畅与经济发展的矛盾日益突出。

王展意回忆，为尽快改变公路落后的面貌，交通部门一方面宣传公路建设的必要性，说明公路运输可以实现“门到门”运输，减少中转装卸环节，是铁路车站、水运港口、民航机场人员和货物集散的重要手段。同时，用国外资料和国内典型事例，说明修建公路对发展国民经济、实现现代化和建设社会主义新农村都有重要意义。另一方面，交通部门积极向国务院、国家计划委员会（现在的国家发展改革委）建议，希望编制每年的发展计划时，能把公路建设纳入其中，安排一定的建设资金。

“当时国家财力有限，已经列入国家计划的项目都存在资金不足的问题。蛋糕已经分了，从哪里切下一块给公路都有困难。分管交通的国务院领导同志要我们研究，提出其他筹集公路建设资金的办法。”王展意告诉记者，“当时我在部里分管公路和道路运输等工作。部长要我组织人员，研究提出加快公路建设的方案和措施。于是我请公路局、计划司、财务司和公路科学研究所经济研究室的同志，参照国外及我国山东省和广东省的一些做法，提出了一系列措施。”

经反复研究并报部党组讨论，交通部确定在国家缺少公路建设资金的情况下，建议国务院采取征收车辆购置附加费等三项政策措施。

“在向国务院主管副总理汇报及与国家计委、财政部协商后，钱永昌部长和我于1984年12月在国务院第54次常务会上作了汇报。”王展意回忆，经过讨论，会议认为：加快公路建设，对扭转交通运输的紧张状况、加快“四化”建设具有十分重要的意义，强调公路建设要制定严格的等级标准和质量要求。对公路建设的资金来源，确定了3点：第一，适当提高养路费征收标准，一般为运费的10%至12%，个别还要提高的也不要超过15%，允许各省有所不同。第二，为使公路建设有长期稳定的收入来源，除征收养路费外，对所有购买车辆的单位和个人，一律征收车辆购置附加费，费率是车价的10%，进口车15%（后也改为10%），这笔钱只能用于公路建设，不得挪作他用。第三，集资或贷款修建的高速公路和大桥、隧道，建成后可收过路费和过桥费。

“在我国公路发展史上，这是一次具有重要历史意义的会议，它为以后几十年我国公路建设和养护事业的快速发展，从政策和资金上创造了有利条件，打下了良好基础。”与这次会议有关的细节，深深印刻在王展意的记忆中，“我们向国务院汇报时，还拿广东和山东的例子作说明。”

1980年以前，从广州到珠海要过4次渡口，120公里的路程时常走上半天还到不了，有时候遇到刮大风或者洪水，道路几天不能通行。1981年，广东引进外资，贷款在渡口修建了4座大桥，建成后收费还贷。“桥修好后，广州到珠海只要2个小时。一辆汽车顶两辆汽车用，效率提高了好几倍。”王展意说。

“当时国家规定，养路费的征收标准一般是运费的6%至8%，最多不得超过10%。但山东省1972年就经省政府批准，养路费按照运费的12%征收。表面上看是增加了有汽车单位的负担，但山东把公路搞得比较好，结果汽车运输的效率提高了，运输企业的利润反而在全国最高。”王展意介绍，山东的运输企业，那时每辆车一年创造的利润，一般可再购买一辆汽车，实际上是增加了财政收入。

国务院发布的《车辆购置附加费征收办法》于1985年5月1日开始实行。交通部、财政部以及各省、自治区、直辖市政府也均于1985年上半年，对提高养路费、征收车辆购置费和车辆通行费等作出具体规定。

以上几项政策的实施，为公路建设和养护改造，提供了长期较为稳定的资金来源，使广大公路从业人员受到极大的鼓舞，工作积极性空前高涨。在各级党委和政府的领导下，交通部门积极组织协调，公路的新建和改建工程很快就在全国铺开。

王展意说，在一些高速公路和特大型桥梁、隧道的建设实践中，交通人团结奋斗，努力工作。遇到新的情况、新的问题，不断研究探索，创造出不少新设计、新工艺、新办法，从而使我国的公路设计和施工技术很快赶上了世界先进水平。

变化翻天覆地　任务仍很艰巨

1992年卸任交通部副部长之后，王展意先后当选第八届全国人大代表、第九届全国政协委员，还担任过中国公路学会理事长。2004年离休之后，他依然通过每天阅读《中国交通报》等报纸，参加研讨会和实地考察等方式，关注着交通运输事业的发展。

“大规模的公路、桥梁和隧道的建设，为钢材、水泥、沥青和筑路机械等提供了广阔的市场，同时创造了很多就业机会。随着我国经济发展，人民生活水平日益提高，许多人具备了购买自用汽车的能力。公路多了、好了，人们购买汽车的积极性空前高涨，近几年全国汽车的年销售量均在2000万辆以上。在道路运输方面，长期困扰国民的乘车难和货物运输难的问题，已经基本得到解决。”王展意说，习近平总书记提出建设“四好农村路”后，各地积极行动，使全国农村公路的建设、管理、养护和汽车营运又上了一个新的台阶，为建设社会主义新农村作出了贡献。

近两年，王展意在浙江和山东参观过一些公路，2018年6月又参加了一次离退休部长党支部的联学活动。老部长们顶着烈日，考察了北京山区的农村公路，看到公路的标准、质量、服务水平都有了提高。“村村通沥青或水泥路，村里到县城、村与村之间还通了公交车，走一次用不了几块钱。”王展意笑道。

“作为一个老交通，看到如今公路翻天覆地的变化，十分高兴。这是政策的作用，也是人努力的结果。但是我们还应该看到，我国的公路网还不完善，不少公路抗击自然灾害的能力还很差，每年都有一些公路和桥梁因洪水、塌方、泥石流遭到破坏，导致交通中断。改革开放前修的一些桥，大多载重标准低，不能适应重型车通行的需要，有些已经成了危桥。管理水平、服务水平还需要进一步提高，摆在公路人面前的任务仍很艰巨。”肯定成绩，也要正视不足，寄语新时代的公路人还要努力奋斗，王展意如是说。

中国交通报
CHINA TRANSPORT NEWS
2018年7月31日 星期二 http://www.zgjtb.com | 第6785期 今日8版 | 邮发代号:1-72 国内统一刊号:CN11-0122 交通运输部主管 中国交通报社主办

广东海事高质量推进安全发展

本报讯 （特约记者 吴珂瑶）据广东海事局7月26日召开的新闻通气会消息，今年上半年，广东辖区进出港船舶178万艘次、货物吞吐量11亿吨、客运量5900万人次，同比分别增长0.1%、2.6%、3.5%。其中，进出港危险品船舶3.8万艘次、危险品货物吞吐量2.3亿吨。上半年，广东辖区没有发生重特大水上交通安全事故，没有发生涉客类船舶和危险品船舶水上交通事故，水上交通安全管理基础不断筑牢，安全形势总体平稳。

广东海事局副局长曾毅辉表示，上半年，广东海事局重点围绕广东水上交通安全发展中的不平衡不充分问题，开展了一系列探索实践，突出做好扩优势的加法和补短板的减法，全面实施风险管控和隐患排查治理，开展了中小型船舶安全管理专项整治、防范船舶碰撞桥梁专项治理、"平安西江"创建和"安全生产月"等活动，广东水上交通安全形势总体稳定趋好，有效推动了水上交通安全高质量发展。

据介绍，广东海事局牵头联合交通、水利、环保、旅游、渔业、气象等部门，以及西江流域的肇庆、云浮、佛山、江门、中山、珠海六市和澳门海事机构，开展了共建"平安西江"活动，取得良好成效。目前，西江安全发展共商、安全生态共创、安全风险共治、安全成果共享的局面正在形成。据统计，上半年，西江水域仅发生1起小水上交通事故，同比下降50%，船舶违章行为明显减少。

庆祝改革开放四十周年全国公路建设高峰论坛开幕

以"先行"为主题 公路交通重大主题宣传启动

本报讯 （驻安徽首席记者 吴钦 记者 李玲 实习生 李家辉）7月30日，由中国公路建设行业协会主办，中国交通报社、安徽省交通控股集团有限公司协办的庆祝改革开放40周年全国公路建设高峰论坛在合肥开幕。本次论坛旨在弘扬改革创新精神，传承工匠精神，助力打造品质工程，推动公路建设行业高质量发展。

原交通部部长黄镇东，原交通部副部长胡希捷，交通运输部总工程师周伟，以及各省（区、市）交通运输厅相关负责人、各企业代表等近800人出席会议。

周伟在论坛开幕式致辞中表示，在当前经济转型升级、交通运输结构调整、质量安全要求更高、交通要从大国向强国迈进的大背景下，公路工程建设和质量要求不断提升，[illegible]

胡希捷在主旨演讲中表示，交通运输是基础性、先导性、战略性产业，是经济社会发展的重要支撑和强力保障。40年来，我国坚持改革开放的基本国策，无论是在交通基础设施规模、运输服务质量、技术装备等方面，还是在发展理念转变、体制创新、市场化发展等方面，都取得了前所未有的成就，在世界交通运输史上创造了举世瞩目的"中国速度"和"中国模式"。

交通运输部综合规划司原巡视员于胜英表示，在今后一个相当长的时期，公路交通发展要构建"四张网"（高速公路网、普通国道网、省道网、农村公路网），主动对接机场、火车站、港区等，加强综合运输通道资源统筹利用。与此同时，要加快美丽公路建设，实现公路、人文、环境协调可持续发展，推进公路安保工程建设，不断提升公路交通安全水平，并加快数字化、网联化、智能化建设，大幅度提高断面交通量。

为隆重庆祝改革开放40周年，论坛启动了庆祝改革开放40周年公路交通重大主题宣传活动。由中国交通报社牵头制定的公路交通重大主题宣传活动方案，以"先行"为主题，通过报纸、网站、微信、微博、手机客户端、今日头条交通发布等多媒体平台，集中展示改革开放40年来公路交通发展成就，讲好公路建设人、公路企业的改革故事，为庆祝改革开放40周年奉上公路建设的精神盛宴。

论坛还围绕"鼎新革故 科创未来"主题，安排了公路建设科技创新宣讲，表彰了在公路建设科技创新领域取得优异成绩的领军企业、科技创新英才，颁发了一批优秀公路工程工法、优秀科技成果奖。

浙江综合交通建设主攻整体效率和质量提升
勇立潮头续写"八八战略"交通新篇章

驻浙江首席记者 贾刚 通讯员 于文亮

城乡居民收入位居全国前列，脱贫攻坚任务最先完成……在"八八战略"指引下，浙江打开了一扇高质量发展的"大门"。2003年7月，时任浙江省委书记习近平在省委十一届四次全会上，全面系统地阐释了浙江发展的八个优势，提出了指向未来的八项举措——"八八战略"，这个着眼发展大局、指引浙江改革发展和全面小康建设的宏图大略应运而生。

7月26日，浙江省召开交通运输系统半年专题务虚会。省交通运输厅党组书记、厅长陈利来表示，全省交通运输系统将认真学习贯彻习近平总书记对浙江工作的重要指示精神，按照中共浙江省委十四届三次全体（扩大）会议部署，以"八八战略"再深化、改革开放再出发为主线，深入推进交通运输系统"大学习大调研大抓落实"活动，全力推动交通运输工作再有新作为、再上新台阶、再创新业绩，继续走在全国前列。

推进海陆空网高效联通 为构建全面开放新格局当好先行

15年来，在"八八战略"指引下，浙江坚持一张蓝图绘到底，一任接着一任干，推动经济社会发展取得了历史性成就。截至2017年年底，全省铁路营业里程2587公里，公路里程12万公里，拥有民航机场7座；宁波舟山港货物吞吐量突破10亿吨，居全球第一位；快递业务量达到79.3亿件，集仓储、运输、配送、采购等于一体的现代化智能物流基地相继建成，物流配送能力持续提升。

"八八战略"给浙江带来了全面深刻、影响深远、鼓舞人心的变化。"八八战略"不是管一届一摊的，不是管五年十年的，而是管全局、管长远、管未来。面向新时代，交通运输行业如何为"八八战略"再深化、改革开放再出发当好先锋，打好头阵？

陈利来表示，结合交通运输发展实际，浙江将通过大学习借高招、借真经、借真心，进一步解放思想、提高站位、创新理念；通过大调研找短板、摸实情、谋实策，进一步统揽全局、登高望远、精准施策；通过大抓落实见成效、见实效、见产效、见长效，进一步强化担当、突破重点、干成干好。

浙江将把综合交通作为今后发展的主攻方向，实现各种运输方式多元立体、无缝衔接，提升整体效率和发展质量；以"最多跑一次"改革为引领，以数字化、智能化为手段，推动体制重构、流程再造、职能转变，实现理念、制度、科技、管理、服务等全方位多层次的大改革、大创新；跳出交通发展交通，拓展全球视野，对标国际一流，推进海上、陆上、天上、网上"四位一体"高效联通，为构建全面开放新格局当好先行；坚持以人民为中心的发展思想，努力破解老百姓最关心关注的问题，着力提升交通运输服务品质，进一步增强群众的获得感、幸福感、安全感。

（下转2版）

刘小明在雄安新区调研时指出
部省合力推进雄安新区综合交通运输高质量发展

本报讯 7月27日至28日，交通运输部副部长刘小明一行到河北雄安新区，就雄安新区综合交通运输规划建设、运输服务等重点工作开展调研和座谈。

刘小明在雄安新区市民服务中心观看了新区规划建设专题片，调研了综合交通运输规划建设情况，并了解了自动驾驶、地下管廊、生态绿化等有关情况。

刘小明指出，建设高质量的综合交通运输体系，对打造"雄安质量"和高质量发展全国样板意义重大。交通运输部将与河北加强合作，充分发挥综合交通运输体系建设的先行作用，为服务雄安新区建设提供有力支撑。

刘小明要求，要突出一体化发展，加快推进建设快速便捷的区域综合交通网络，确保如期完成雄安新区对外骨干交通路网建设目标。要合理布局交通枢纽节点，按照总体规划要求，协调各种交通运输模式，构建便捷安全绿色智能的大交通格局。要深入贯彻以人民为中心的发展思想，坚持人民交通为人民，人民城市人民建，建设多层次交通运输基本公共服务体系。要在支持政策创新上下功夫，优化完善投融资政策，坚持以人民为中心的发展理念，积极构建快捷高效的交通体系。要加强探索创新，做好城市交换中心（CEC）规划建设工作。

河北省领导陈刚、张古江，部总工程师周伟，部机关有关司局及河北省交通运输部门、雄安新区管委会有关负责同志参加有关调研和座谈。 （谭晶）

近日，河北省高速公路管理局在2022年冬奥会举办地——张家口市崇礼区举行"迎冬奥，提品质"微笑服务观摩会，就张承高速公路张家口管理处微笑服务先行经验进行观摩和交流。河北将在涉奥、涉冀管理处的重点站区推广"微笑服务"，打造首批示范站点，把服务水平切换为冬奥会标准，以真诚服务展示国家形象。 田军 文 李忱 图

调整运输结构要做好『加减法』

朱国平

煤炭、矿石等大宗物资运输，明明用铁路、水运更经济，但是现实中公路运输的比例却很高。延绵几十公里的高速公路大堵车经常见诸报端，汽车消耗"高级能源"运输"低级能源"也广受诟病。应当说，公路承担了本该由铁路和水运承担的大宗货物长途运输任务，既不经济，也不安全，还会带来环境污染。这是运输结构不合理的突出表现。

运输结构产生这些问题，与我国产业布局、产业结构深度相关，也与我国交通运输发展过程密不可分。由于铁路、水运发展相对滞后，部分区域铁路运输能力不足，港口和大型企业铁路专用线建设滞后，公路运输成为部分企业唯一的选择。另一方面，公路运输不同程度地存在着车辆非法改装、超限超载以及过度竞争的问题，造成公路和铁路运价倒挂，降低了铁路的竞争力。这些问题如果不加快解决，运输结构调整将难以取得实效，推动交通运输高质量发展也将成为空谈。

调整运输结构，要以推进大宗货物运输"公转铁、公转水"为主攻方向，综合施策、系统推进，打好"组合拳"。要做好铁路、水运的"加法"，着力实施铁路运能提升行动、水运系统升级行动，加快补齐交通基础设施、运输服务、管理制度等方面的短板，推动大宗货物运输向铁路和水运转移。要实施多式联运提速行动，大力发展集装箱铁水联运、江海直达运输和江海联运等，提高综合运输服务水平。要在整治公路货运违法违规方面做好"减法"，实施公路货运治理行动，加强货运超限超载治理，加快老旧货车、不合规车辆更新淘汰，大力推进货运车型标准化，重塑公路货运行业生态，推进公路货运行业转型升级发展。

"弹筝奏日月，步鼎度关山"。行业主管部门必须要加大政策支持力度，出实招、用巧劲，让各种运输方式充分发挥它们的优势，该公路运的由公路运、该铁路运的由铁路运，让综合交通运输体系更加合理，支撑经济社会更加高效、更加顺畅地运行。企业要勇于探索创新模式，把运输结构调整作为转变发展方式、提升竞争力的重大机遇，实现高质量发展，为经济社会发展作出积极贡献，让人民群众有更多的获得感。

辽宁交通运输事业单位改革落地
事业发展和事务服务两大中心同日挂牌

本报讯 （记者 肖春亮）7月27日，辽宁省交通运输行业事业单位改革落地，新组建的辽宁省交通运输事业发展中心、辽宁省交通运输事务服务中心同日挂牌成立。

辽宁省交通运输事业发展中心由省交通运输厅所属辽宁省交通运输厅公路管理局、省高速公路路政管理局及其所属20个管理处、省公路路政管理局及其所属14个管理局、省交通运输厅运输管理局、省交通工程质量与安全监督局、省滨海公路辽河大桥管理处、中朝鸭绿江界河公路大桥管理处，省海洋渔业厅所属辽宁省渔业船舶检验处整合组建。

据辽宁省交通运输事业发展中心主任王金鼎介绍，该中心将加快做好内部机构设置和建章立制工作，确保职责定位清晰、工作流转高效。扎实做好中心承担的各项工作，充分调动干部职工的积极性、主动性，共同推进辽宁省交通运输事业持续健康发展。

辽宁省交通运输事务服务中心由省交通运输厅所属辽宁省交通运输厅港航管理局、辽宁省地方铁路管理局、省交通运输厅通信信息总站、省交通运输厅预算编审中心、省交通工程造价管理中心、省交通建设前期工作办公室整合组建。

据辽宁省交通运输事务服务中心主任吴松介绍，该中心主要职责是贯彻执行国家、省有关交通运输发展战略、方针政策、法律法规，为全省港口航道、水路运输、地方铁路、智能交通、工程造价行业政策标准的拟订和实施提供技术支持和服务保障。参与协调国家、省水路重点战备物资运输和紧急客货运输工作，为水路、地方铁路运输安全生产监管和应急以及港口危险化学品安全监管提供技术支持和服务保障。

重大政策的实施促进公路现代化
——访原交通部副部长王展意

本报记者 马士莉

"今年是改革开放40年。40年来，我国公路建设突飞猛进，发生了翻天覆地的变化。作为一个老交通，看到这种情况，十分高兴。这是政策的作用，也是人努力的结果。"88岁的原交通部副部长王展意欣慰地说。

40年的巨大变迁化作了他笔下清晰的一组组数字——"2017年和1978年相比，公路里程从89万公里发展到477万公里；高速公路从无到有，达到13.6万公里；干线公路的标准和质量普遍提高，农村公路和旅游公路蓬勃发展，全国99%的建制村已经通了公路，而且大部分铺上了沥青或水泥路面。"

王展意1950起投身公路事业，公路是他一生的追求与奉献。1982年至1992年任交通部副部长期间，他参与和见证了多项公路建设重大政策的制定与实施。"公路交通事业成绩的取得，几项重要政策的制定与实施，发挥了十分重要的作用。"交通人逢山开路、遇水架桥的韧劲和巧劲，在王展意的记忆中如此鲜活、生动。

公路落后，制约了经济的发展

新中国成立前，我国公路基础很差，王展意形象地将其比喻为"一棵枯树的枝"。新中国成立后，为巩固国防、开发边疆、发展经济，国家投资建设了川藏公路、青藏公路等一批干线公路，组建了约10万人的公路测设、施工队伍，公路建设开始进入健康发展的轨道。

"但1958年'大跃进'时，在平原地区有些县，县委书记挂帅，发动群众，半个月就修简易公路数百公里（这些公路征地不花钱，也不讲标准，没铺路面，未建桥梁），从而使一些人产生错觉，认为修公路很容易。于是，1958年以后国家计划就不再安排一般公路建设投资。"王展意回忆。

后来因备战需要，虽然投资修建少量国防边防公路，各地也发动群众修建了部分乡村公路，交通部门还依靠养路费对部分公路进行了技术改造，但公路发展十分缓慢，经济干线建设基本处于停滞状态。

1978年，我国公路总里程只有89万公里，高等级路、沥青路和大江大河上的桥都很少，公路标准低、质量差。当时，世界上已有约50个国家有了高速公路，而我国的高速公路建设还没有起步。"干线公路虽然有些铺上了渣油路面，但因标准低，平均行车时速只有30公里。"王展意回忆，"晴天一身灰，雨天一身泥"是那时乘车出行的真实写照。 （下转4版）

原交通部副部长王展意。 吴东明 摄

扫一扫观看专访视频

□值班编委 林莎　本版副主编 卢锐　责编 曹文娟　实习编辑 王俊君　□E-mail:xw1b@zgjtb.com　□新闻热线:(010)64255441　□发行热线:(010)64256206　□广告热线:(010)64250642　□培训热线:(010)65299681

2018年7月31日 星期二 | 4版 | 见证40年 主题访谈 | 中国交通报 CHINA TRANSPORT NEWS
电话:010-65293632 64252864 E-mail:zgjtb@126.com

重大政策的实施促进公路现代化

——访原交通部副部长王展意

本报记者 [illegible]

1985年，王展意老部长在青藏公路唐古拉山山口。

（上接1版）

公路差、交通事故多，王展意对此记忆犹新："以北京一塘沽公路为例，虽然经过多次改建，不少路段宽度已达10米以上，但长172公里的路程，穿过16个村镇，7处与铁路、21处与公路、100多处与农村道路平面交叉，加上汽车、马车、自行车、拖拉机都在一条路上行驶，相互干扰、阻拦，平均行车时速只有30多公里，一年发生交通事故1300多起，死伤1100多人。"

而著名的川藏公路，当时有些路段还是单车道，加上经常发生泥石流和塌方，每年都有几个月不能通车。同时，全国还有1个县、4000多个乡镇（公社）、近20万个建制村不通公路，那里的运输仍然是人背、肩挑、畜驮。

"救护车进不了村，电影队下不了乡。有些山区，水利资源丰富，要建小型水电站，设备运不进，拖拉机也无法使用。严重影响了经济社会发展，广大群众迫切要求改变公路落后的局面。"王展意说。

上世纪50年代筑路缺少压路机，靠人力拉着大石滚，进行路面压实。

上世纪70年代川藏公路抗灾保通场景。[illegible]

1984年国务院作出三项重大决策

1978年，党的十一届三中全会召开，沐浴着改革的春风，国民经济蓬勃发展，但公路运行不畅与经济发展的矛盾日益突出。

王展意回忆，为尽快改变公路落后的面貌，交通部门一方面宣传公路建设的必要性，说明公路运输可以实现"门到门"运输，减少中转装卸环节，又是铁路车站、水运港口、民航机场人员和货物集散的重要手段。同时，用国外资料和国内典型事例，说明修建公路对发展国民经济，实现现代化和建设社会主义新农村都有重要意义。另一方面，交通部门积极向国务院、原国家计划委员会（现在的国家发展改革委）建议，希望编制每年的发展计划时，能把公路建设纳入其中，安排一定的建设资金。

"当时国家财力有限，已经列入国家计划的项目，都存在资金不足的问题。蛋糕已经分了，从哪里切下一块给公路都有困难。分管交通的国务院领导同志要我们研究，提出其他筹集公路建设资金的办法。"王展意告诉记者，"当时我在部里分管公路和道路运输等工作。部长要我组织人员，研究提出加快公路建设的方案和措施。于是我请公路局、计划司、财务司和公路科学研究所经济研究室的同志，参照国外和我国山东省和广东省的一些做法，提出了一系列措施。"

1988年，我国大陆第一条高速公路——沪嘉高速公路建成通车。

经反复研究并报部党组讨论，交通部确定在国家缺少公路建设资金的情况下，建议国务院采取征收车辆购置附加费等三项政策措施。

"在向国务院主管副总理汇报及与国家计委、财政部协商后，钱永昌部长和我于1984年12月在国务院第54次常务会上作了汇报。"王展意回忆，经过讨论，会议认为：加快公路建设，对扭转交通运输的紧张状况、加快"四化"建设具有十分重要的意义，强调公路建设要制定严格的等级标准和质量要求。对公路建设的资金来源，确定了三点。第一，适当提高养路费征收标准，一般为运费的10%至12%，个别还要提高的也不要超过15%，允许各省有所不同。第二，为使公路建设有长期稳定的收入来源，除征收养路费外，对所有购买车辆的单位和个人，一律征收车辆购置附加费，费率是车价的10%，进口车15%（后也改为10%），这笔钱只能用于公路建设，不得挪作他用。第三，集资或贷款修建的高速公路和大桥、隧道，建成后可收过路费和过桥费。

"在我国公路发展史上，这是一次具有重要历史意义的会议，它为以后几十年我国公路建设和养护事业的快速发展，从政策和资金上创造了有利条件，打下了良好基础。"与这次会议有关的细节，深深印刻在王展意的记忆中，"我们向国务院汇报时，还拿广东和山东的例子作说明。"

1980年以前，从广州到珠海要过4次渡口，120公里的路程时常走上半天还不到，有时候遇到刮大风或者洪水，道路几天不能通行。1981年，广东引进外资，贷款在渡口修建了4座大桥，建成后收费还贷。"桥修好后，广州到珠海只要2个小时。一辆汽车顶两辆汽车用，效率提高了好几倍。"王展意说。

"当时国家规定，养路费的征收标准一般是运费的6%—8%，最多不得超过10%。但山东省1972年就经省政府批准，养路费按照运费的12%征收。表面上看是增加了有汽车单位的负担，但山东把公路搞得比较好，结果汽车运输的效率提高了，运输企业的利润反而在全国最高。"王展意介绍，山东的运输企业，那时每辆车一年创造的利润，一般可再购买一辆汽车，实际上是增加了财政收入。

国务院发布的《车辆购置附加费征收办法》于1985年5月1日开始实行。原交通部、财政部以及各省、直辖市、自治区政府也均于1985年上半年，对提高养路费、征收车辆购置费和车辆通行费等作出具体规定。

以上几项政策的实施，为公路建设和养护改造，提供了长期较为稳定的资金来源，使广大公路从业人员受到极大的鼓舞，工作积极性空前高涨。在各级党委和政府的领导下，交通部门积极组织协调，公路的新建和改建工程很快就在全国铺开。

王展意说，在一些高速公路和特大型桥梁、隧道的建设实践中，交通人团结奋斗，努力工作。遇到新的情况、新的问题，不断研究探索，创造出不少新设计、新工艺、新办法，从而使我国的公路设计和施工技术很快赶上了世界先进水平。

变化翻天覆地 任务仍很艰巨

1992年卸任交通部副部长之后，王展意先后当选第八届全国人大代表、第九届全国政协委员，还担任过中国公路学会理事长。2004年离休之后，他依然通过每天阅读《中国交通报》等报纸，参加研讨会和实地考察等方式，关注着交通运输事业的发展。

"大规模的公路、桥梁和隧道的建设，为钢材、水泥、沥青和筑路机械等提供了广阔的市场，同时创造了很多就业机会。随着我国经济发展，人民生活水平日益提高，许多人具备了购买自用汽车的能力。公路多了、好了，人们购买汽车的积极性空前高涨，近几年全国汽车的年销售量均在2000万辆以上。在道路运输方面，长期困扰国民的乘车难和货物运输难的问题，已经基本得到解决。"王展意说，习近平总书记提出建设"四好农村路"后，各地积极行动，使全国农村公路的建设、管理、养护和汽车营运又上了一个新的台阶，为建设社会主义新农村作出了贡献。

近两年，王展意在浙江和山东参观过一些公路，今年6月又参加了一次离退休部长党支部的联学活动。老部长们顶着烈日，考察了北京山区的农村公路，看到公路的标准、质量、服务水平都有了提高。"村村通沥青或水泥路，村里到县城、村与村之间还通了公交车，走一次用不了几块钱。"王展意笑道。

"作为一个老交通，看到如今公路翻天覆地的变化，十分高兴。这是政策的作用，也是人努力的结果。但是我们还应该看到，我国的公路网还不完善，不少公路抗击自然灾害的能力还很差，每年都有一些公路和桥梁因洪水、塌方、泥石流遭到破坏，交通中断。改革开放前修的一些桥，大多载重标准低，不能适应重型车通行的需要，有些已经成了危桥。管理水平、服务水平还需要进一步提高，摆在公路人面前的任务仍很艰巨。"肯定成绩，也要正视不足，寄语新时代的公路人还要努力奋斗，王展意如是说。

2003年6月8日，杭州湾跨海大桥开工现场，数万群众站满了数里长堤。
杭州湾大桥工程指挥部 供图

2007年6月，作为国家高速公路网重要组成部分的杭州湾跨海大桥胜利合龙全线贯通。

本文图片除署名外为 本报资料片

[illegible]

浙江"四好农村路"助力乡村振兴"百乡千村"系列（八）

新建社区 修好通村路 游子"燕归来"

特约记者 黄鑫磊

在浙江省舟山市定海区干览镇南洞水库堤坝上远眺，长南公路和库堤相衔一体；走进新建社区村里，长南公路又穿行于民居之间。因为一条路，打通一个村，发现一片景……在舟山的小山坳里，一幅美丽乡村画卷徐徐展开。

无需穿行 直达美景

在外漂泊了30年的周国兴终于动了落叶归根的念头。2016年，他辞去餐饮公司高管的职务，携妻小回到新建社区，刚一到家，就被美丽公路旁的火车休闲广场、村里的渔人码头所惊艳。"小时候去城里要40分钟，家家户户都离不开菜园子，现在不仅交通方便了，村里还开起了农家乐和民宿。"周国兴感叹道。

"新建社区每年接待游客超过35万人次，但制约游客活动空间和来访数量的还是路。"新建社区党支部书记余金红表示，新建社区从2015年开始就发展农家乐、民宿和文创等产业，大力推动长南公路沿线破除产业局限，合理布局休闲项目，创造经济价值，服务乡村振兴。"长南公路通车前，大多数游客都是穿过好几个乡镇过来，时常有游客在外面迷了路，找不到新建社区的位置。"余金红说。

2016年8月，全长约4.2公里的长南公路开工建设，沿线还增设了观景平台、避暑凉亭和南洞驿站等设施。从定海长春水库到南洞终于摆脱了泥土路，也让新建社区有了一条新的通村路。干览镇党委书记徐君芬说："长南公路不仅是交通要道，更是美丽景观道，叠加了南洞景区的优势，这里设置的1.5米宽的骑行绿道，为游客观光、运动提供了便利条件。"

旅游形式丰富 发展道路拓展

游客的活动空间拓展了，新建社区的旅游发展路也相应拓宽了。最近一段时间，新建社区开展的夏令营和大学生艺术基地采风正如火如荼，200多名学生在这里训练、学习。每年7月到9月，新建社区都能迎来一波接一波的骑行队伍、背包客、徒步旅客。

看到家乡变化如此大，周国兴在村里开了一家名叫"燕归来"的咖啡吧。"我干了20多年餐饮，别的也不会，就开了个咖啡馆。"由于原材料取自天然，"燕归来"颇受游客青睐，周国兴笑着说，"本来想着保本，没想到去年一年营业收入就有十几万元。"据了解，2017年，新建社区集体年收入3500万元，村民年人均收入将近3.5万元，远超周边乡镇收入水平，而2006年时村民年人均收入仅7600元。

只有村民的幸福感和满意度提升了，乡村振兴才算落到了实处。下一步，新建社区将结合长南公路沿线景观效益和生态效益，大力发展绿色经济。村民渐渐发现，路通带来的不仅是出行的便利，还能为村里带来人气和财富。

地址:北京市朝阳区安华西里三区13号楼 邮编:100011 总编室:(010)65293633 通联部:(010)65293561 (010)64252114(传真) 采编中心:(010)64255441 公路中心:(010)65293615 水运中心:(010)64255824 运输中心:(010)65293641
新媒体中心(010)64255469 培训中心:(010)65299681 广告部:(010)64250642 (010)64255452(传真) 北京中通广告公司:(010)64252934 广告经营许可证:京朝工商广字0142号 每年定价:460元 每月定价:38.34元 零售每份:1.92元 中国青年报印刷厂印刷

激荡改革创新的时代力量

——访原交通部副部长林祖乙

本报记者　卢　锐　实习记者　赵鹏飞

见报日期　2018 年 8 月 7 日

新中国自己培养的第一位船长，原中远总公司总经理，原交通部副部长……林祖乙推动和见证了中国水运改革开放史上的许多“第一次”。

细至船舶分线制、“五定”班轮、集装箱工业性试验，大到国际海事组织 A 类理事国地位的争取与维护，他锐意改革、开拓创新。

“改革是一个系统工程，不是简单的事，因为有很多思想上的问题要解决，有很多细节问题要处理。但不要一直放在争论上，看准了就要下决心做，用实践来检验。”87 岁的林祖乙脑海中清晰地装着改革开放 40 年来水运业改革发展的大局、大势、大事。

“五定”班轮用实践消除争论

对事物发展趋势保持敏锐洞察力，是开拓者的特质。30 多年前，正是这种洞察力推动了“五定”班轮的诞生。

我国1978年正式开展海上国际标准集装箱运输，到1985年已经有集装箱船38艘、滚装船13艘、箱位4万多个标箱，先后开辟了中日、中美、中欧等集装箱运输航线。林祖乙回忆：“然而由于往往要等待货物集中、等泊位以及经营管理理念的差异，一直无法开辟正规的班轮运输，严重地影响了航运信誉，削弱了我国在国际航运市场上的竞争力。”

1985年年初，我国尝试开辟中欧集装箱班轮航线，但因为压港严重、货物未能按时集中等原因，班期不能保证。

“国务院要求我国远洋运输部门要开好班轮。就是赔钱，跑几次空船也要坚持下去，下决心创出信誉。”林祖乙回忆。

当时争论得很厉害，有人认为多装两三百箱货，多等一天有什么关系？

在国务院有关领导的关心支持下，多方协调，港航签约，把争论作为学术问题继续研究，但运作上坚决按照“宁可甩货也要保班期”原则按时开航，创诚信品牌。1986年年初，交通部印发通知，将美加线、欧洲线、澳洲线、地中海线、波斯湾线的部分航班定为“五定”（定航线、定船舶、定货种、定泊位、定时间）核心班轮，按照班期表按时运行。

船员调配、伙食供应、物料供应、航次修理等一系列后勤服务和调度跟踪等都相应进行改革，以适应班轮的快速运转。

各港务局、远洋运输公司、外轮代理公司都建立了专人负责制。港口对班轮指定泊位。远洋公司固定了班轮船舶，并实行运行跟踪，发现船舶不能按时返回时，及时调整船舶。为确保班轮准班开航，各港务局还建立了定期联系制度，由船公司、外代、外运以及货主等单位共同参加，统一安排和落实运输计划。

“实行半年，效果很好，在国际上引起强烈反响，原来只有发达的航运大国才能开出的准期的班轮航线，中国也能做到了。”林祖乙说。

外贸厂商纷纷按照班轮班期表组织生产，效益大为提高，甚至一些工厂因此摆脱了因为无法按时交货而濒临倒闭的困境。因为班期有保障，货源也不断增加，中国至美国东部航线从原来6艘船90天一个往返，改为5艘船75天一个往返。

“大家也不争了。如果一直停留在争论中，则一事无成。看准了，以实践检验其是非，不断完善，争论自然消失。”说到这儿，林祖乙笑了。

集装箱工业性试验首创联合办公

集装箱运输需要软硬件配套，需要社会大协作，是整体性很强的综合运输系统工程。20世纪80年代末，我国虽然已开辟了一些集装箱班轮和不定期集装箱船运输，但许多方面仍在沿用传统的散货运输管理方法，有许多环节还不配套。

船长出身的林祖乙特别关注海运管理水平的提升。1989年年底，林祖乙领导了一场国际集装箱多式联运的管理变革，首创的许多方法获得广泛应用，为我国国际集装箱运输的正规化、现代化开辟了道路。

“以运输系统为对象的工业性试验，在我国尚属首次。”林祖乙回忆，当年，在国家计委的批准和支持下，由交通部主持，交通部水运所和上海港、上海市政府交通办公室承担，在上海港启动了“国际集装箱运输系统（多式联运）工业性试验”（简称“工试”），由交通、铁道、经贸等部门所属的50多个单位参加。

“这次‘工试’用了1年半时间，国家计委验收时表示‘工试’取得了巨大的成功，对其给予了充分肯定。”回想起来，林祖乙流露出欣慰之情。

工业性试验的成功，提高了生产力，实现了各方多赢，建立起了一个具有推广、应用价值的较好的示范模式。“联合办公，现在不稀奇了，很多地方都有联合办公，但是这是由我们首创的。”林祖乙说，“工试”之前跟集装箱运输有关的单位有30多家，分散在全市很多地方，办这些手续要跑3天。“工试”过程中，30多家单位在一个两层楼的房子里都设了办公点，集装箱进出口业务半天就办完了所有手续。

不仅如此，“工试”还确定了多式联运各个环节的作业程序和业务手续；改变了集装箱运输沿用传统件杂货运输单证的做法，推行了集装箱运输单证；整顿了乱收费行为……

“工试”使以上海港为枢纽港的国际集装箱运输系统发生了深刻变化，迈上了一个新台阶，为上海浦东开发开放和长三角外向型经济发展，提供了有效的运输保证和有力支持。随后，“工试”积累的经验在全国各港推广实施。

让世界认同海运大国的地位

在林祖乙的心中，1989年还有一个意义非凡的突破令他难以忘怀。因为在这一年，我国正式走上世界海运舞台中央，跻身于国际海事组织当时仅有的8个A类理事国行列。林祖乙是这一里程碑事件的主要推动者之一。

国际海事组织成立于1959年，成立初期有24个理事国，1983年这一数字扩大为32个。我国1973年正式加入国际海事组织，仅在1977年、1979年、1981年、1985年当选为B类理事国。20世纪80年代末，我国海运船队运力规模已经达到世界第七八位，拥有竞选A类理事国的实力基础。

“A类理事国只有8个席位，有国家新当选，就意味着有国家落选，而这8个国家中每一个都有不凡的海运实力。”林祖乙回忆，1989 年 3 月，我国向国际海事组织提交了竞选 A 类理事国的申请。但受当年国内政治风波影响，初期只有 40 多个国家对我国表示支持，在当时 150 多个成员国中声音相当微弱。

国际海事组织 A 类理事国的竞选，是国家实力的较量，也是竞选团队集体和个人智慧的比拼。面对竞选的被动局面，林祖乙和他率领的中国代表团力挽狂澜。

“为了国家荣誉，不能退，一定要争。”林祖乙回忆，当时他们与尽可能多的国家沟通意见，全力以赴做好每一项工作，不放弃任何一个可能带来转机的机会。就在投票前一天，出现了一个重大转折。林祖乙抓住机会，决定调整竞选对手，最终赢得了国际海事组织 8 个 A 类理事国之一的宝贵席位，使我国能够在参与世界海事事务方面逐步发挥更大的作用。

“竞选成功，标志着我国海运大国的地位正式得到国际认同，为我国在国际海运界赢得了十分珍贵的话语权。我国总是本着平等互利、公平公正的原则，从广大发展中国家的角度出发，积极为发展中国家争取权益。”林祖乙说，从 1989 年至今，我国已连续 15 次当选为国际海事组织 A 类理事国，成为无可争议的世界海运大国。

不忘初心　向着光荣与梦想

“前天我看了一个报道，2 万吨矿砂船‘江海直达 1’轮从浙江宁波直接开到安徽马鞍山港……”

“昨天我看了一个报道，中远海运又一艘 20197 标箱集装箱船交付了……”

采访过程中，林祖乙常常穿插“新闻”，这样今昔巨变的对比，让交流在 40 年的跨度中轻松穿越。

“中国远洋是对外开放的先驱，因为国际运输一定要按照国际规则来办。远洋运输是对外贸易的压舱石。我们的船队拥有国际上最先进的各种类型船舶：2 万标箱的集装箱船，30 万吨级的油轮和 40 万吨级的矿石船……世界上最先进的船舶由中国人驾驶，中国的引航员可以引航任何一艘超级巨轮，我国海运事业的迅猛发展和航海教育的持续进步培养了世界上最优秀的高级船员！”林祖乙自豪地说。

林祖乙还特别关注“21 世纪海上丝绸之路”建设，认为在推动“一带一路”沿线国家互联互通的进程中，交通人责任重大、使命光荣。

“海运是经济的生命线。我国外贸运输量的 90% 依靠海运来完成。‘一带一路’不仅为我国经济发展开辟新的路径，而且要秉持共商共建共享的理念，为世界经济发展创造条件。”林祖乙说，当前，在全球港口货物吞吐量和集装箱吞吐量排名前十的港口中，中国港口占有七席，全自动码头等新技术大大提高了装卸效率。同时，沿着“一带一路”，巴基斯坦、斯里兰卡、希腊……港口合作大棋局正一步步落子。

展望未来，林祖乙信心满满。

CHINA TRANSPORT NEWS

2018年8月7日 星期二 | 第6790期 | 邮发代号:1-72 国内统一刊号:CN11-0122
http://www.zgjtb.com | 今日8版 | 交通运输部主管 中国交通报社主办

160余支专业队伍、55个省级交通应急物资储备中心随时待命

云南力保汛期交通动脉安全畅通

本报记者 王兴栋

"5时，247国道景泰至昭通公路发生塌方造成交通中断。""13时30分，德宏州境内234省道保瑞线发生塌方造成交通中断。""16时30分，怒江州境内357国道强降雨引发泥石流造成交通中断。"……7月30日，云南省交通运输厅应急办值班室的电话不断响起，道路水毁、塌方和抢通的信息不断汇集于此。

进入雨季以来，云南省交通运输系统干部职工面临繁重而艰巨的汛期抢险保通应急任务。战水毁、清塌方、排险患，他们确保了一条条交通动脉的安全、畅通，更为人民群众的生命财产上好了"安全锁"。

应急系统建设不断完善

今年以来，受强降雪、地震及强降雨引发山洪、泥石流、滑坡等重大自然灾害的叠加破坏，云南省公路灾毁损失十分严重。玉溪、红河、怒江、文山、德宏、临沧、曲靖、昭通等地的高速公路、国省干线公路、农村公路均出现灾毁塌方，导致交通中断。

云南省交通运输厅厅长王云山介绍，云南省政府制定了《云南省公路水路交通运输安全生产和应急管理工作"十三五"发展纲要》，提出了"一般灾害情况下，公路应急救援2小时到达，除特殊地质、气象条件外，受灾干线公路路段抢通平均时间不超过12小时，水上交通应急救助系统覆盖重点水域"的工作目标。目前，全省抗震救灾汛期安全生产应急系统建设正不断完善。

据悉，云南省交通运输系统已成立了160余支专业性较强的公路抢险保通队伍，应急救援相关工作人员达1万余人，建立了25人组成的水上交通应急专家队伍；建立了55个省级交通运输应急物资储备中心，配备了交通运输部统一建造的应急指挥车2辆。全系统共配备了海事卫星通信设备33套、"一机三屏"应急通信平台75套、应急助手App3000个、可视电话80余台、无人机83架。

日渐完善的应急系统，正持续发挥作用。云南省交通运输厅先后多次组织人员前往受灾地区进行现场勘查，快速、有效组织开展抢险保通工作。在各管养单位，他们成立了以单位第一负责人为组长的防汛工作领导小组，制定应急预案，全面落实防汛工作的部署。

（下转2版）

杨传堂在河北海事局调研时强调

忠诚履行海事职责 抓实抓好暑期水上交通安全保障工作

本报讯 （记者 毛剑）8月6日，交通运输部党组书记杨传堂到河北海事局，就暑期保障及水上交通安全监管工作开展调研，并听取工作汇报。杨传堂强调，要以习近平新时代中国特色社会主义思想为指导，深入贯彻落实党中央、国务院决策部署，提高政治站位，加强队伍建设，忠诚履行海事职责，牢固树立红线意识和底线思维，抓实抓好暑期水上交通安全保障工作。

在北戴河海事处，杨传堂现场听取了暑期安保、监管工作汇报，了解了海事处建设情况，并慰问了一线工作人员。在河北海事局应急指挥中心，杨传堂调研和了解了安全监管情况。

杨传堂指出，多年来，河北海事局以"三化"建设为统领，发挥区位优势，在服务京津冀协同发展和河北雄安新区建设、维护辖区水上交通安全等方面作出了积极贡献，连续多年保持辖区水上交通安全形势稳定。

杨传堂强调，党的十九大提出了建设交通强国的战略目标，包括直属海事系统在内的交通人肩负着建设交通强国的新使命，要锐意进取、埋头苦干，切实把党中央、国务院各项决策部署落到实处。

一是始终把政治建设摆在首位。要深入系统学习领会习近平新时代中国特色社会主义思想，特别是习近平总书记关于交通运输工作的重要指示精神，坚决维护习近平总书记的核心地位，坚决维护党中央权威和集中统一领导，努力成为习近平新时代中国特色社会主义思想的忠实学习者、实践者。

二是忠诚履行海事职责。要认真学习习近平总书记关于安全生产工作的重要指示精神，坚守安全红线，时刻紧绷安全生产这根弦，不断健全安全监管体系，履行好安全监管责任，打好安全监管"组合拳"，把工作做得准之再准、细之再细、实之再实，坚决防范遏制重特大事故发生。要优化海事服务，提升行政审批和服务效率，全力服务国家战略。要以钉钉子精神狠抓工作落实，找准弱项，补齐短板，加快进度，确保各项工作取得实实在在的成效。

三是切实加强队伍建设。要从严从实抓好党风廉政建设，发挥"头雁效应"，坚持以上率下、以身作则，强化正向引导，搭建干事创业的平台，调动干部队伍的积极性、主动性，建设忠诚干净担当的高素质干部队伍，为建设交通强国作出更大贡献。

杨传堂要求，暑期工作进入关键时期，要把安全保障工作作为一项重要政治任务抓实抓好，坚决排除安全隐患，严格执行24小时值班和领导带班制度，严格落实岗位责任制，完善应急预案，加强应急处置，切实做好北戴河暑期水上安保工作，确保万无一失；要对暑期工作勤于总结、善于总结，不断提升工作水平，争取每年都能更上一层楼；要切实关爱基层干部职工，关注大家的身心健康，让大家时刻都能以饱满的精神状态投入到工作中去。

河北海事局领导班子成员和机关有关处室负责同志参加会议。

"这个飞机好大，可以坐多少人呀？""这个飞机有多重啊？"日前，国航天津分公司地服部携手天津伴你成长青少年发展中心和中国民航大学，举办了"温暖流动儿童"主题公益活动。

图为志愿者在停机坪向小朋友们介绍飞机知识。 特约记者 郝娟 文 郝诗涵 供图

激荡改革创新的时代力量

——访原交通部副部长林祖乙

本报记者 卢锐 实习记者 赵腾飞

新中国自己培养的第一位船长，原中远总公司总经理，原交通部副部长……林祖乙推动和见证了中国水运改革开放史上的许多"第一次"。

细至船舶分线制、"五定"班轮、集装箱工业性试验，大到国际海事组织A类理事国地位的争取与维护，他锐意改革、开拓创新。"改革是一个系统工程，不是简单的事，因为有很多思想上的问题要解决，有很多细节问题要处理。但不要一直放在争论上，看准了就要下决心做，用实践来检验。"87岁的林祖乙脑海中清晰地装着改革开放40年来的水运业改革发展的大局、大势、大事。

"五定"班轮用实践消除争论

对事物发展趋势保持敏锐洞察力，是开拓者的特质。30多年前，正是这种洞察力推动了"五定"班轮的诞生。

原交通部副部长林祖乙。 吴泰祥 摄

我国1978年正式开展海上国际标准集装箱运输，到1985年已经有集装箱船38艘、滚装船13艘，箱位4万多个标准，先后开辟了中日、中美、中欧等集装箱运输航线。林祖乙回忆："然而由于往往要等待货物集中、等泊位以及经营管理理念的差异，一直无法开辟正规的班轮运输，严重地影响了航运信誉，削弱了我国在国际航运市场上的竞争力。"

1985年年初，我国尝试开辟中欧集装箱班轮航线，但因为压港严重、货物未能按时集中等原因，班期不能保证。

"国务院要求我国远洋运输部门要开好班轮，就是赔钱，跑几次空船也要坚持下去，下决心创出信誉。"林祖乙回忆。

当时争论得很厉害，有人认为多装两三百箱货，多等一天有什么关系？

在国务院有关领导同志的关心支持下，多方协调，港航签约，把争论作为学术问题继续研究，但运作上坚决按照"宁可甩货也要保班期"原则按时开航，创诚信品牌。1986年年初，交通部印发通知，将美加线、欧洲线、澳洲线、地中海线、波斯湾线的部分航班定为"五定"（定航线、定船舶、定货种、定泊位、定时间）核心班轮，按照班期表按时运行。

船员调配、伙食供应、物料供应、航次修理等一系列后勤服务和调度跟踪等都相应进行改革，以适应班轮的快速运转。

各港务局、远洋运输公司、外轮代理公司都建立了专人负责制。港口对班轮指定泊位。远洋公司固定了班轮船舶，并实行跟踪，发现船舶不能按时返回，及时调整船舶。为确保班轮准班开航，各港务局还建立了定期联系制度，由船公司、外代、外运以及货主等单位共同参加，统一安排和落实运输计划。

（下转4版）

扫一扫观看专访视频▶

上半年广东交通建设投资同比增长17.4%

本报讯 （特约记者 林健彦 记者 林建东 通讯员 林旭坤）记者从广东省交通运输厅获悉，今年上半年，广东省交通基础设施建设共完成投资690.4亿元，占年度计划的57.5%，同比增长17.4%。高速公路建设领域持续推行标杆、标准化管理模式，全面提升了工程项目质量。

上半年，广东省交通运输部门着力解决了高速公路项目资本金、用地报批、征地拆迁、社会资本投资项目等难题，深中通道、虎门二桥等重大工程顺利推进。为保证高速公路建设质量，广东推行了高速公路标杆、标准化管理，在勘察设计、工地建设、施工作业与安全管理和业主管理行为的标准化管理基础上，树立标杆标段、标杆工程、标杆人物，通过标杆的示范作用，全面提升高速公路的工程质量。

作为标杆工程，惠清高速公路等项目全程采用绿色技术，全寿命实现绿色效益，全方位进行绿色管理，总结出了可操作性强、便捷有效的资源节约设计手段、绿色施工管理技术、环保节能技术组合模式等一整套可推广复制的操作模式，为以后的公路建设提供了经验。

据了解，1月至6月，广东高速公路完成投资494.5亿元，为年计划的56.2%，同比增长15.7%。港珠澳大桥已全线贯通，深中通道、虎门二桥等重大工程顺利推进。

在投融资体制机制创新方面，广东进一步完善和推广"BOT""BOT+EPC"建设模式，推行"省市合建"模式，统筹省、市两级政府的筹资和建设能力。加大财政资金投入力度，省财政5年安排超过500亿元用于粤东西北欠发达地区的高速公路建设。成立新的融资平台——南粤交通建设有限公司，加大高速公路项目的融资力度。

交通基础设施建设
共完成投资690.4亿元，为年度计划的57.5%，同比增长17.4%。

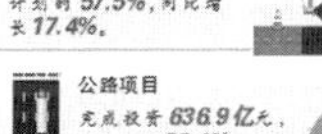

公路项目
完成投资636.9亿元，同比增长22.1%，为年计划的57.9%

公路客货站场项目及其他
完成投资18.2亿元，为年计划的121.1%，同比增长57.7%。

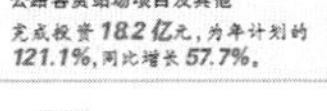

公路货运量 完成13.87亿吨 同比增长4.7%
货物周转量 完成1732.5亿吨公里 同比增长5.6%

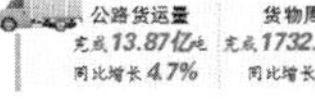

水路货运量 完成4.79亿吨 同比增长5.3%
货物周转量 完成11922.75亿吨公里 同比增长1.9%

何言 制图

福建建立轨道交通安全保障厅际联席会议制

本报讯 （记者 沈舒婕）日前，福建省政府办公厅印发《贯彻落实国务院办公厅关于保障城市轨道交通安全运行意见的通知》（简称《通知》）提出，在省级层面建立城市轨道交通安全运行工作厅际联席会议制度，构建综合治理体系，强化公共安全防范，提升应急处置能力，确保城市轨道交通安全运行。

根据《通知》，福建省交通运输厅为厅际联席会议制度牵头单位，省发展改革委、公安厅、财政厅、住建厅、安监局等为成员单位，联席会议办公室设在省交通运输厅。

《通知》明确，福建省交通运输厅负责指导城市轨道交通运营，贯彻执行运营管理政策法规和标准规范并监督实施，承担运营安全监管职责，负责运营突发事件应对工作的指导协调和监督管理。同时，指导地方交通运输主管部门建立运营重大隐患治理督办制度，并监督指导城市轨道交通运营单位做好反恐防范、安检、治安防范和消防安全管理相关工作。

《通知》要求，城市政府按照属地管理原则，对辖区内城市轨道交通安全运行负总责。要加大城市轨道交通财政扶持力度，建立与运营安全和服务质量挂钩的财政补贴机制，科学确定财政补贴额度。

扫一扫
看视频

《己亥年》特种邮票开机印刷

韩美林时隔36年再度创作

本报讯 8月6日，中国邮政集团在北京邮票印制局举行《己亥年》特种邮票印刷开机仪式。该套邮票设计者、著名艺术家韩美林，中国邮政集团董事长刘爱力、副总经理李丕征出席仪式。《己亥年》生肖猪年邮票将于2019年1月5日正式发行。

第四轮生肖猪年邮票的一大亮点，就是由36年前第一轮生肖邮票的设计师再度创作。该《己亥年》特种邮票一套两枚，第一图名为"肥猪旺福"，象征着正在奔向美好的生活；第二图名为"五福齐聚"，体现出"全家福"的概念，也寄托了新春时节合家团圆、五福临门的美好祝福。

此次印刷开机仪式是"2018集邮周"主题活动日"乐邮己亥"的重要活动之一。李丕征表示，中国邮政集团坚持以工匠精神打造邮票。第四轮生肖邮票深挖文化理念，提炼出"家"的核心概念，使生肖的形象特点与中华传统家国情怀巧妙结合，赋予了生肖邮票"合家欢"的生动设定。

（赵腾飞）

今日看点

国家铁路局要求

做好抢险救灾 紧盯高铁安全

本报讯 国家铁路局日前召开安委会专题会议，传达学习习近平总书记关于防汛抢险救灾工作的重要指示精神和中央领导同志工作要求，并印发紧急通知，部署铁路汛期安全防范和抢险救灾工作。会议指出，充分认识"七下八上"防汛关键时期铁路防汛形势的严峻性，紧盯高铁和旅客列车安全，切实做好安全防范和抢险救灾。

会议强调，加大监督检查力度，在前阶段汛期监督检查的基础上，开展一次拉网式排查。深入防洪重点单位、重点线路，突出应急预案和桥梁、隧道、边坡、涵洞等重点部位监督检查，督促企业把各项行车安全措施落到实处。加强铁路工程和邻近营业线施工作业现场和宿营地的安全检查，针对危岩落石、隧道坍塌、河道堵塞等施工防洪重点处所，督促相关单位加强安全防范，确保生产安全。

会议指出，对已发生水害处所，督促相关单位有效开展抢险救灾工作，避免次生灾害并确保抢险人员安全。督促铁路运输企业对受水害影响的列车、车站组织迂回、加开、疏散客流等措施，避免大面积旅客滞留，保障旅客食品、饮水、厕所使用等需求，最大限度减少灾害影响。各地区铁路监督管理局要对辖区水害抢险、复旧加强现场督导检查。

会议要求，加强应急值班备勤，严格执行领导干部带班、24小时专人值班制度，确保遇到灾情能够有效快速处置。畅通防汛信息渠道，加强与地方各级政府防汛、气象、水利等部门的联系，对可能影响铁路运输秩序和安全的情况，及时组织开展监督检查并向企业预警。

（郭铁宣）

□值班编委 陈振东　本版副主编 卢锐　责编 马士茹　□E-mail:xw1b@zgjtb.com　□新闻热线:(010)64255441　□发行热线:(010)64256206　□广告热线:(010)64250642　□培训热线:(010)65299681

2018年8月7日　星期二　4版　电话：010-65293632 64252864 E-mail:zgjtb@126.com
见证40年 主题访谈
中国交通报 CHINA TRANSPORT NEWS

激荡改革创新的时代力量

——访原交通部副部长林祖乙

本报记者采访原交通部副部长林祖乙。　袁艳明 摄

(上接1版)

"实行半年，效果很好，在国际上引起强烈反响，原来只有发达的航运大国才能开出准期的班轮航线，中国也能做到了。"林祖乙说。

外贸厂商纷纷按照班轮班期表组织生产，效益大为提高，甚至一些工厂因此摆脱了因为无法按时交货赔偿的困境。因为班期有保障，货源也不断增加，中国至美国东部航线从原来6艘船90天一个往返，改为5艘船75天一个往返。

"大家也不争了。如果一直停留在争论中，则一事无成。看准了，以实践检验其是非，不断完善，争论自然消失。"说到这儿，林祖乙笑了。

集装箱工业性试验首创联合办公

集装箱运输需要软硬件配套，需要社会大协作，是整体性很强的综合运输系统工程。上世纪80年代末，我国虽然已开辟了一些集装箱班轮和不定期集装箱船，但许多方面仍在沿用传统的散货运输管理方法，有许多环节还不配套。

船长出身的林祖乙特别关注海运管理水平的提升。1989年年底，林祖乙领导了一场国际集装箱多式联运的管理变革，首创的许多经验获得广泛应用，为我国国际集装箱运输的正规化、现代化开辟了道路。

"以运输系统为对象的工业性试验，在我国尚属首次。"林祖乙回忆，当年，在国家计委批准和支持下，由交通部主持，交通部水运所和上海港、上海市政府交通办公室承担，在上海港启动了"国际集装箱运输系统(多式联运)工业性试验(简称'工试')，由交通、铁道、经贸等部门所属的50多个单位参加。

"这次'工试'用了1年半时间，国家计委验收时表示取得了巨大的成功，给予了充分肯定。"回想起来，林祖乙依然露出欣慰之情。

工业性试验的成功，提高了生产力，实现了各方多赢，建立起了一个具有推广、应用价值的较好的示范模式。"联合办公，现在不稀奇了，很多地方都有联合办公，但是这是由我们首创的。"林祖乙说，"工试"之前，那集装箱运输有关的单位有30多家，分散在全市很多地方，办这些手续要跑3天。"工试"过程中，30多家单位在一个两层楼的房子里都设办公点，集装箱进出口业务半天就办完了所有手续。

不仅如此，"工试"还确定了多式联运各个环节的作业程序和业务手续；改变了集装箱运输沿用传统杂货运输单证的做法，推行了集装箱运输单证；整顿了乱收费行为……

"工试"使以上海港为枢纽港的国际集装箱运输系统发生深刻变化，迈上了一个新台阶，为上海浦东开发开放和长三角外向型经济发展，提供了有效的运输保证和有力支持。随后，"工试"积累的经验在全国各港推广实施。

让世界认同海运大国的地位

在林祖乙的心中，1989年还有一个意义非凡的突破令他难以忘怀。因为在这一年，我国正式走上世界海运舞台中央，跻身于国际海事组织当时仅有的8个A类理事国行列。林祖乙是这一里程碑事件的主要推动者之一。

国际海事组织成立于1959年，成立初期有24个理事国，1983年这一数字扩大为32个。我国1973年正式加入国际海事组织，仅在1977年、1979年、1981年、1985年当选为B类理事国。上个世纪80年代末，我国海运船队运力规模已经达到世界第七八位，拥有竞选A类理事国的实力基础。

"A类理事国只有8个席位，有国家新当选，就意味着有国家落选，而这8个国家中每一个都有不凡的海运实力。"林祖乙回忆，1989年3月，我国向国际海事组织提交了竞选A类理事国的申请。但受当年国内政治风波影响，初期只有40多个国家对我国表示支持，在当时150多个成员国中声音相当微弱。

国际海事组织A类理事国的竞选，是国家实力的较量，也是竞选团队集体和个人智慧的比拼。面对竞选的被动局面，林祖乙和他率领的中国代表团力挽狂澜。

"为了国家荣誉，不能退，一定要争。"林祖乙回忆，当时我们与尽可能多的国家沟通意见，全力以赴做好每一项工作，不放弃任何一个可能带来转机的机会。就在投票前一天，出现了一个重大转折。林祖乙抓住机会，决定调整竞选对手，最终赢得了国际海事组织8个A类理事国之一的宝贵席位，在参与世界海事事务方面逐步发挥更大的作用。

"竞选成功，标志着我国海运大国的地位正式得到国际认同，为我国在国际海运界赢得了十分珍贵的话语权。我国总是本着平等互利、公平公正的原则，从广大发展中国家的角度出发，积极为发展中国家争取权益。"林祖乙说，从1989年至今，我国已连续15次当选为国际海事组织A类理事国，成为无可争议的世界海运大国。

不忘初心　向着光荣与梦想

我国首艘2万吨级江海联运散货船"江海直达1"轮开启了江海联运新时代。

"前天我看了一个报道，2万吨矿砂船'江海直达1'轮从浙江宁波直接开到安徽马鞍山港……"

"昨天我看了一个报道，中远海运又一艘20197标箱集装箱船交付了……"

采访过程中，林祖乙常常穿插"新闻"，这样的今昔巨变的对比，让交流在40年的跨度中轻松穿越。

"中国远洋是对外开放的先驱，因为国际运输一定要按照国际规则来办。远洋运输是对外贸易的压舱石。我们的船队拥有国际上最先进的各种类型船舶：2万标箱的集装箱船，30万吨级的油轮和40万吨级的矿石船……世界上最先进的船舶由中国人驾驶，中国的引航员可以引航任何一艘超级巨轮，我国海运事业的迅猛发展和航海教育的持续进步培养了世界上最优秀的高级船员！"林祖乙自豪地说。

林祖乙还特别关注"21世纪海上丝绸之路"建设，认为在推动"一带一路"沿线国家互联互通的进程中，交通人责任重大、使命光荣。

"海运是经济的生命线。我国外贸运输量的90%依靠海运来完成。'一带一路'不仅为我国经济发展开辟新的路径，而且要秉持共商共建共享的理念，为世界经济发展创造条件。"林祖乙说，当前，在全球港口货物吞吐量和集装箱吞吐量排名前十名的港口中，中国港口占有七席，全自动码头等新技术大大提高了装卸效率。同时，沿着"一带一路"，巴基斯坦、斯里兰卡、希腊……港口合作大棋局正一步步落子。

展望未来，林祖乙信心满满。

2017年12月7日，中国代表首次当选国际海事组织理事会主席。

2017年11月9日，"北部湾港—印度(中东)"远洋航线首航暨"北部湾港—新加坡"天天班公共航线开通。

本文图片除署名外为　本报资料片

郑松　内河水运的一头『金牛』

郑松正在查看航道图。
嘉兴市港航管理局　供图

诸昕爽　洪恩恩

最守秩序、最有耐心、最值得信赖，十二星座中的金牛座是这"三最"的典型代表。郑松是浙江省嘉兴市港航管理局规划建设科副科长，他就是这样一名"金牛男"。5月12日，刚过完生日的他收获了一份专属礼物——荣获"嘉兴市劳动模范"称号。

"他专业能力超强，有问必答，我们科室的工作他都要一再检查。"提起郑松，同事们你一言我一语，对他称赞连连。

1996年5月，郑松投身内河水运建设，参与浙江省内河航道改造工程，其间担任第12监理组的现场监理。1999年，他开始着手公路工程质检和监理工作。从国省道到农村公路、从海港码头到内河航道，成长的路上，郑松脚步坚定。2012年9月，郑松回到嘉兴市港航管理局，参与了嘉兴市一大批国家和省级重点水运工程的建设管理工作。

"不同的岗位，看问题的角度也不一样，从前干监理发现的大多是具体问题。现在做业主，发现和解决问题的思路也不一样了，不断地总结和反思，才能避免发生问题，做好预控。"谈起20多年来的历程，郑松十分感慨。

实现低碳环保、资源节约和可持续发展，是历史和现实赋予港航建设者们的又一使命。面对使命，必须下功夫、肯钻研。交通工程监理引入环境监理之初，郑松在湖嘉申线航道嘉兴段一期工程中开始了对环境监理的探索和实践。如今，围绕绿色和可持续发展，他组织联系或参与了多个实体研究课题，结合杭平申线和京杭运河等项目的实际情况，部分研究成果已在工程设计阶段被加以运用。

郑松就像嘉兴交通工程战线上的一头"金牛"，俯下身子，履职尽责。

朱永红　打通致富的『毛细血管』

刘其斌

朱永红是贵州省铜仁市公路处处长，自1992年参加工作以来，26年如一日坚守在农村公路建设一线。她积极探索公路建设监管新模式，尽职尽责；她巾帼不让须眉，用女人特有的坚毅和执着，在平凡的工作岗位上做出了不平凡的成绩。

"农村公路就像毛细血管，给大山深处的百姓带来发展的希望。"朱永红说。她常年在农村公路奔忙，有时在基层一待就是一个月。她爱自己的家庭，更牵挂着山区的百姓，正是这样无私的爱让她始终坚守岗位。"这么多年，要感谢家人对我的理解和包容，正是因为有了他们的支持，我才能全身心地投入到工作中。"朱永红说。

朱永红(右一)到江口县查看黄泥田至禾泥坳公路项目实施情况。
杨洲 摄

2016年，朱永红撰写的《铜仁市农村公路管理养护发展方向与对策研究》调研报告获得"2016年度铜仁市政府系统优秀调研成果二等奖"，并在铜仁市第三次(总第八次)哲学社会科学优秀科研成果奖评审中获得社会类论文三等奖。

脱贫攻坚，交通先行，道路通则百业兴。铜仁作为武陵山区脱贫攻坚的主战场，贵州脱贫攻坚的主阵地，养护好农村公路，全面提升其通行能力，是帮助当地农民改善生活水平、脱贫致富的的重要手段。朱永红深谙其道，并为之全力以赴。

为了破解农村公路建设点多面广、技术力量薄弱等难题，朱永红带领专业技术和管理人员深入基层调研，在全省率先推行通村沥青(水泥)路6个同步实施验收管理办法，全力打造平安路、便捷路、致富路、生态路，得到了贵州省交通运输厅、省公路局的充分肯定，并在全省推广。在朱永红及其同事的努力下，2017年，铜仁市农村公路建设成效显著，印江县成功创建省级"四好农村路"示范县，松桃、玉屏成为市级"四好农村路示范县"。2017年年底，铜仁市2825个建制村通畅率达100%，比全国目标所要求的提前了3年，当地百姓再也不为"出行难、运货难"而发愁。

朱永红总说自己只是一名普通的公路人，26年来，她把真情、智慧与心血融入农村公路建设，成为铜仁脱贫攻坚的开路先锋。

地址:北京市朝阳区安华西里三区13号楼　邮编:100011　总编室:(010)65293633　通联部:(010)65293561 (010)64252114(传真)　采编中心:(010)64255441　公路中心:(010)65293615　水运中心:(010)64255824　运输中心:(010)65293641
新媒体中心:(010)64255469　培训中心:(010)65299681　广告部:(010)64250642 (010)64255452(传真)　北京中通广告公司:(010)64252934　广告经营许可证:京朝工商广字0142号　每年定价:460元　每月定价:38.34元　零售每份:1.92元　中国青年报印刷厂印刷

高速“行”天下

——访原交通部副部长李居昌

本报记者　庄　妍　实习记者　王晓萌

见报日期　2018年8月14日

“我国的高速公路发展其实走了一段曲折的路。”原交通部副部长李居昌感慨地说。

时间不能逆转，距离不能缩短，只有可变的速度是创造奇迹的魔术师。1988年，我国大陆第一条高速公路——20.5公里的沪嘉高速公路建成通车。此后30年，我国高速公路建设突飞猛进，增长幅度之大世界罕见。截至2017年年底，我国高速公路通车里程已达13.6万公里。

“通车总里程世界第一，发展速度世界第一。取得了这样的成绩，我们已经进入了交通大国，但还不是强国，要为建设交通强国奋斗。”李居昌感慨。

万事开头难

“20世纪80年代初期，汽车的平均时速只有30公里左右。尽管有些公路路段加宽改造了，但公路网标准低、质量差的问题没有得到根本解决，许多路段依然车辆拥挤、通行不畅，与市场经济的迅速发展和人民生活水平的日益提高很不相称。”对30多年前的“出行难”，李居昌记忆犹新。

20世纪80年代，高速公路还仅仅是西方发达国家的一种标记，在当时出版的中国公路交通图中，高速公路是个空白。当改革开放的中国社会经济日益为“瓶颈”所困扰的时候，通车能力大、行车速度快的高速公路在美国、法国、英国、加拿大等发达国家蓬勃发展。

“让中国的汽车车轮快速跑起来!”“赶快修建中国的高速公路!”许多业内人士和普通百姓都发出呼声。

“1984年发生了两件大事，一是京津塘高速公路通过审批，二是沈大高速公路开工建设。”李居昌回忆道，当时我国改革开放已经6年，经济发展迅速，特别是车辆迅猛增加，交通制约经济发展瓶颈更加突出，改革开放呼唤改善交通条件以更好地支持经济发展。

1988年10月，我国大陆第一条冠名“高速公路”的沪嘉公路建成通车。几天后，沈大高速公路南北两段共131公里完工。

“两条高速公路通车后立即显示出了较好的经济效益和社会效益。在国内，高速公路是一个完全陌生的事物，沈大高速公路的建设是‘摸着石头过河’。”李居昌说，沈大高速公路是我国当时公路建设项目中规模最大、标准最高的艰巨工程。全部工程由我国自行设计、自行施工，开创了我国建设长距离高速公路的先河，为大规模的高速公路建设积累了经验。

沈大高速公路通车了，但是并不意味着我们已经完成由低速到高速的转变。这有待于全社会的共同努力，更艰难的跨越还在后面。

“当时社会上有两种意见。有些人以修建高速公路投资大，占地多，不符合中国国情为由反对。也有人积极主张修建高速公路。”李居昌说。

由于认识上的不一致，我国的高速公路发展不得不经历了由汽车一级专用路到高速公路的一段曲折过程。“那时候不敢叫‘高速公路’，只说是‘汽车专用路’。但是具备随时改成高速公路的必要条件。”李居昌说。

1989年7月17日至21日，交通部在辽宁省沈阳市召开了第一次全国高等级公路建设经验交流现场会。“沈阳会议创造了3个第一，第一次有中央领导参加动员修建高速公路的会议；第一次邀请部分省市分管交通的领导参加；第一次统一了思想，明确了中国必须修建高速公路。”李居昌认为，沈阳会议具有里程碑意义。

沈阳会议明确了我国必须发展高速公路，澄清了我国长时间以来要不要修建高速公路的模糊认识，为高速公路大规模发展打下了坚实的思想认识基础，使我国公路建设走进了发展高速公路的新时期。

同时，沈阳会议提出了我国今后建设高等级公路的重要政策措施：统筹规划、条块结合、分级负责、联合建设成为我国公路建设的基本方针；国家投资、地方筹资、社会融资、利用外资成为公路建设资金来源的基本政策；加强规划和前期工作成为公路建设的基本原则。

随着公路在交通运输中的作用日益突显，中国需要发展公路，需要发展高速公路，已成为不争的事实。

有志者事竟成

1993 年 6 月，为贯彻邓小平同志视察南方谈话精神，解决全国高速公路怎样建的问题，交通部、全国各省份分管交通领导、交通厅（局）长齐聚山东，召开了全国公路建设工作会议，这是高速公路发展史上迄今为止规模最大、规格最高、效果最佳、影响最深远的一次会议。

“代表们参观了山东的高等级公路和高速公路，从济南坐车，经过泰安到烟台，再从烟台到达青岛，走了 1000 多公里，路非常好。”李居昌回忆，山东会议后，各地领导络绎不绝到山东参观学习，掀起了建设高速公路的热潮。

如果说沈阳会议明确了我国需要高速公路，那么山东会议则解决了全国高速公路怎样建的问题，就是凝聚全国的力量，发挥社会主义集中力量办大事的优越性，全国一盘棋，把高速公路建设推上新的发展阶段。

从 1993 年到 1997 年的 5 年中，全国高速公路建设规模不断扩大，建设速度不断加快，工程质量不断提高，共建成高速公路 4119 公里。京津塘、济青、成渝、沪宁等一大批有重要影响的高速公路建成通车。

国运兴，交通兴。高速公路不仅仅是速度和效率的代表，而且已成为综合国力的象征，成为衡量国民经济现代化的重要标志之一。

后来者居上

20 世纪 90 年代，在解放思想的同时，国家把交通运输业作为经济发展的战略重点，我国高速公路建设用 10 多年的时间便走过了发达国家半个世纪走过的历程。

1997 年下半年，东南亚地区发生了金融危机。高速公路建设被党中央、国务院遴选出来，承担起扩大内需、拉动国民经济快速增长的“神圣使命”。1998 年 6 月，交通部在福州召开了全国加快高速公路建设工作会议。

“福州会议后，全国掀起高速公路建设高潮，我们也有决心、有信心，中央也很支持。加快基础设施建设，把高速公路确定为重中之重。”李居昌表示，在内、外部的合力推动下，高速公路建设风起云涌，迎来了它的“黄金岁月”。

“1998年，国家原计划投资1200亿元，年中追加到1600亿元，年末再加到1800亿元，实际完成投资2168亿元。”回忆起自己参与和见证过的高速公路建设，李居昌的思绪飞腾着。高速公路在为国民经济高速增长立下不朽功勋的同时，总里程在1998年增加到8733公里，跃居世界第八位。

“在亚洲金融危机的情况下，我国经济不但没有下滑，还保持8%的增长，而且对世界经济发展作出了贡献。这个发达国家、资本主义国家能做得到吗？做不到。”李居昌说。

福州会议解决了加快高速公路建设的问题，即要把公路建设进一步融入经济发展整体中，确立了公路发展在经济结构调整、扩大内需、保持经济快速发展中的战略地位。

“这是一个很光荣的任务，也是个很艰巨的任务。”李居昌说，交通职工把困难转化为激励。

福州会议后的5年，我国高速公路得到了空前发展。“要致富，先修路”成为那个时代出现频率最高的词汇。5年间，全国公路建设总投资12343亿元，扣除物价因素，是1950年到1997年全国公路建设完成总投资的1.7倍。2002年高速公路里程达到25200公里，居世界第二位。交通制约经济发展“瓶颈”得到缓解。

“后来整个社会对高速公路评价越来越高，高速公路发挥的作用也越来越大。发展过程中的坎坷，我们一个个克服。”李居昌说。

从破茧而出，到在华夏大地上蜿蜒纵横、迅猛发展的高速公路是古老的东方大国快速走向现代化、走向民族复兴的标志性丰碑。

CHINA TRANSPORT NEWS
2018年8月14日 星期二 http://www.zgjtb.com
第6795期 今日8版
邮发代号：1-72 国内统一刊号：CN11-0122
交通运输部主管 中国交通报社主办

畅行高速公路 共话改革发展

一路连半岛兴五城

——"神州第一路"沈大高速公路的黄金效应

本报记者 杨红岩

世上路太多，曲折坎坷的路令人刻骨铭心，平顺舒畅的路却容易被忽略。纵贯辽东半岛的"黄金大通道"，也是我国大陆最早开建的高速公路——沈（阳）大（连）高速公路就是一条容易被忽略的路。这条高速公路双向八车道，一路平顺，不同车辆分道行驶、快速有序，让坐车的人感觉不到道路颠簸和车辆变道的摇晃，唤醒了一方、带动振兴了一片。

老路新生焕发现代活力

沈大高速公路，是以地方自筹资金为主建设的"七五"期国家重点工程，纵贯辽东半岛，连接沈阳、辽阳、鞍山、营口、大连五大工业城市，是辽宁省重要经济干线，也是东北地区出海主通道。该路全长375公里，1984年6月开工建设，1990年9月1日全线通车，成为当时我国大陆通车里程最长的高速公路，被誉为"神州第一路"；2002年5月至2004年8月底实施改扩建，由双向四车道变为双向八车道。

8月7日早上，交通运输部组织的"畅行高速公路 共话改革发展"高速公路主题宣传活动采访团一行冒雨乘中巴从沈阳市区出发，很快便抵达沈大高速公路收费站入口。不用排队，中巴直接从ETC通道快速通过，驶向大连。

透过车窗，眼前的沈大高速公路宽阔平坦、视野开阔。单向四车道，最外侧另加了应急车道，路旁绿油油的庄稼、树林和草地连绵不断。

这条路上没有超车道。路上标志牌显示，按照行车时速和车型的不同，各种车辆分道行驶、各行其道，车辆川流不息，却不必为超车而左躲右闪。记者顺着中巴司机的视线看去，前方及路侧情况一览无余，没有大货车遮挡视线的烦恼和风险，驾驶的紧张和局促感少了许多。可能是路太舒适的缘故，车驶入高速公路不到半小时，中巴上的采访团成员中已有多人或靠或倚打起了瞌睡。

车行约50分钟，便到达了"中国第一服务区"——井泉服务区。该服务区诞生于沈大高速公路开通试运行第6天，即1988年10月25日。起初，这里只是一个仅能满足车辆加油、维修和人员吃饭、如厕的临时"驿站"，如今已转型升级为规模庞大的开放式商业综合体。

开放式、人性化、个性化是这个服务区的最大特色。服务区整体呈现欧洲田园式设计风格，整洁、简洁。停车区分类划分，客货车辆分区停放，多而不乱，进出有序。辽宁省高速公路实业公司副总经理文武介绍，井泉商业综合体不仅为行走高速公路的客人提供服务，也向另一侧的202国道开放，光停车位就有400多个。 （下转4版）

嘉峪关 荒漠戈壁筑绿道

本报记者 石琛

"这些树是我20多岁时种下的，10棵树活下来8棵，希望保护好树木，让它们护好路！"92岁高龄的郑占魁，说起这来依旧清楚有力，看着312国道甘肃嘉峪关段八棵杨树挺拔高大、枝繁叶茂，他十分高兴。

1952年，作为养路工的郑占魁与召工友们在道班工房前种了一排杨树，在一代代养路人的精心呵护下，小树苗逐渐长成了参天大树，也成了嘉峪关公路人的精神象征。岁月更替，嘉峪关公路人传承扎根戈壁、艰苦奋斗、无私奉献、甘当路石的"八棵树"精神，在荒漠戈壁上筑成绿色大道。

传承"八棵树"精神 扎根戈壁养好公路

嘉峪关市地处荒漠戈壁，风沙、盐碱、干旱相当严重，年降水量88.4毫米，蒸发量达2002毫米。没有植被保护，即使修了路，也会被砂石"吞噬"。在这"种一棵树比养一个孩子都难"的地方，八棵杨树是怎么生长壮大的？

时间追溯到1952年，初春的嘉峪关风沙倍增，郑占魁在工作之余，号召职工在简陋的道班工房前种了一排杨树，以阻挡风沙对房屋的侵害。他们用炉糟和铁勺挖开砂土，把刚刚运来的杨树枝条种埋了进去。不承想，这些枝条从那时候起，就把根系扎进了戈壁。

岁月更替，几经沧桑。如今，在嘉峪关市西郊，312国道旁边，八棵杨树一字排开，枝干粗壮，一人不能合抱，杨树面朝天下第一雄关嘉峪关，背倚祁连山脉，似哨兵、守护者，历经冰雪风雨，巍然屹立。

"八棵树"激励着一代又一代的嘉峪关公路人不忘初心，砥砺奋进。如今，每年植树节，嘉峪关公路人便自带工具，在戈壁上种植树木。

2017年，嘉峪关全市高速公路技术状况指数达94.12，优良路率保持100%；普通干线公路技术状况指数达77.81，优良路率达43.12%。四通八达、平整干净的公路，为服务地方经济社会发展提供了坚实的支撑。

一锹一锹筛到机械化养护 土坑变为现代化养管站

"七月寒飞雪，一天见四季"，描述的是嘉峪关市镜铁山的自然气候。1955年，为满足镜铁山矿石开发需求，嘉峪关公路人集中力量修建了84公里的镜铁山矿石专用公路（如今的215省道嘉峪关至二指哈拉公路）。 （下转2版）

中欧陆海快线

陆海一线牵 亚欧紧相连

特派记者 王楠 卫涛

码头边，一艘巨轮缓缓停靠，几台岸桥伸出长长的"手臂"，将船上的集装箱渐次抓起；后方堆场上，一排排五颜六色的集装箱存放整齐；堆场旁不远处，两条闪亮的铁轨笔直地伸向远方……

日前，"21世纪海上丝绸之路海外港口行"采访团来到希腊比雷埃夫斯港（简称比港）集装箱码头现场，更直观地感受作为中国和亚洲进入欧洲重要交通枢纽的比港，在"一带一路"建设中所发挥的门户作用。

依托比港打造亚欧"第三条贸易通道"

南面地中海，北临巴尔干半岛，海路上距离"苏伊士运河至直布罗陀"主航线最近，陆路上直通港区的铁路线延伸至中东欧腹地，得天独厚的地理位置和优越条件奠定了比港成为海陆联运桥头堡的坚实基础。

"远东至欧洲的贸易通道主要有两条，一条是海运航线，另一条是陆上的中欧班列，我们所做的中欧陆海快线，是以比港为枢纽，开通远东经海运至比港，再由比港铁路至欧洲内陆的海铁联运路径，将'海上丝路'和'陆上丝路'在欧洲地区完美衔接，打造亚欧'第三条贸易通道'。"中远海运集运（希腊）有限公司总经理苏旭东向采访团介绍。

据了解，中欧陆海快线南起比港，北至匈牙利、捷克、斯洛伐克、奥地利，最远至德国南部，中途经过马其顿和塞尔维亚，直接辐射区域人口达3200多万。早在2014年4月，比港就开通了通往中东欧的专列运输。通过这条路径，远东货物在比港上岸前往捷克、奥地利等中东欧国家，比传统的西北欧路径（即通过德国汉堡、荷兰鹿特丹等港口上岸后经陆路中转）缩短7至10天。这一运输线路不仅为远东至中东欧腹地的货源提供了更为便捷的通道，对于比港的集疏运系统建设、门户作用发挥更是至关重要。

为进一步打造以比港为枢纽的中欧陆海快线，从2017年起，中国远洋海运集团有限公司（简称中远海运）在中欧集装箱航线开通直挂比港的中欧快捷航线，投入30多艘7000标箱至2万标箱的集装箱船舶，定期穿行于远东与地中海之间，提供从中国基本港口以及东南亚至比港的运输服务，以市场最快船期连接中欧陆海快线。

苏旭东表示，目前，中远海运已经成立中欧陆海快线平台公司，通过与中东欧各国相关铁路运营商合作共赢举措，进一步增强中欧陆海快线的竞争力，努力拓宽、延伸这一亚欧"第三条贸易通道"。 （下转2版）

21世纪海上丝绸之路 海外港口行

陕西4900公里公路通往深度贫困村

本报讯 （特约记者 安立广）《陕西省人民政府关于加快推进"四好农村路"建设的意见》（简称《意见》）日前印发，提出建设900公里建制村通村公路、深度贫困村4900公里农村公路，新改建4000公里县乡公路和1300公里资源路旅游路产业路，全面落实县级农村公路管理监督责任，建立村道管理议事机制，到2020年，农村公路经营性养护率达到100%。

根据《意见》，陕西将建立省、市、县三级农村公路质量监督体系，加强农村公路质量监督管理；按照县统一执法、乡、村协助执法的工作方式，建立县有路政员、乡有监管员、村有专管员的路产路权保护队伍，做好农村公路路域环境治理工作。

为"护好"农村公路，陕西将推进农村公路养护市场化、社会化改革，逐步实现规范化、专业化、机械化、市场化，日常保养采取集体、家庭或个人分段承包等方式实施，优胜劣汰，逐步建立相对稳定的群众性养护队伍。

建好是基础，管好、护好是保障，运营好是目的。陕西将大力推进"路、站、运"协调发展，农村客运站点与新改建农村公路项目同步规划、同步设计、同步建设、同步交付使用，与农村公路同步养护。把农村客运纳入政府公共服务范围，推进城乡客运一体化发展，在城镇化水平较高地区推行农村客运公交化，鼓励有条件的地区在镇村内发展镇村公交。

今年起，陕西各级政府将统筹使用政府一般债券等资金，加大对"四好农村路"的支持力度，省财政每年新增1亿元，连续安排3年，重点用于"四好农村路"建管养运的奖补和安全生命防护工程。市、县（区）政府原则上按照不低于每年每公里县道10000元、乡道6000元、村道2000元的标准足额落实日常养护资金，并建立逐年增长机制。

8月12日，在四川和贵州两省交界处，无人机牵引着先导索跨越赤水河，将川黔大通道古蔺至习水段高速公路赤水河大桥两岸主塔索相连为一体（如图）。这标志着大桥工程转为桥体上部施工。

该桥全长2009米，主跨长1200米，主塔高243.5米，是古蔺至习水高速公路的控制性工程。古习高速公路建成后，将促进成都—贵州（重庆）—珠三角、北部湾出海走廊的形成和完善，增强四川与东盟、南亚等地区的经济联系。

特约记者 朱永辉 吴晓明 文 吴传明 图

高速"行"天下

——访原交通部副部长李居昌

本报记者 庄妍 实习记者 王晓莉

原交通部副部长李居昌。 龚贵明 摄

"我国的高速公路发展其实走了一段曲折的路。"原交通部副部长李居昌感慨地说。

时间不能逆转，距离不能位移，只有可变的速度是创造奇迹的魔术师。1988年，我国大陆第一条高速公路——20.5公里的沪嘉高速公路建成通车。此后30年，我国高速公路建设突飞猛进，增长幅度之大世界罕见。截至2017年年底，我国高速公路通车里程已达13.6万公里。

"通车总里程世界第一位，发展速度世界第一。取得了这样的成绩，我们已经进入了交通大国，但还不是强国，要为建设交通强国奋斗。"李居昌感慨。

万事开头难

"上世纪80年代初期，汽车的平均时速只有30公里左右。尽管有些公路路段加宽改造了，但公路网标准低、质量差的问题没有得到根本解决，许多路段依然车辆拥挤、通行不畅，与市场经济的迅速发展和人民生活水平的日益提高很不相称。"对30多年前的"出行难"，李居昌记忆犹新。

上世纪80年代，高速公路还仅仅是西方发达国家的一种标记，在当时出版的中国公路交通图中，高速公路是个空白。当改革开放的中国社会经济日益为"瓶颈"所困扰的时候，通车能力大、行车速度快的高速公路在美国、法国、英国、加拿大等发达国家蓬勃发展。

"让中国的汽车车轮快速跑起来！""赶快修建中国的高速公路！"许多业内人士和普通百姓都发出呼声。

"1984年发生了两件大事，一是京津塘高速公路通过审批，二是沈大高速公路开工建设。"李居昌回忆道，当时我国改革开放已经6年，经济发展迅速，特别是车辆迅猛增加，交通制约经济发展瓶颈更加突出，改革开放呼唤改善交通条件以更好地支持经济发展。

1988年10月，我国内地第一条冠名"高速公路"的沪嘉公路建成通车。几天后，沈大高速公路南北两段共131公里完工。

"两条高速公路通车后立即显示出了较好的经济效益和社会效益。在国内，高速公路是一个完全陌生的事物，沈大高速公路的建设是'摸着石头过河'。"李居昌说，沈大高速公路是我国当时公路建设项目中规模最大、标准最高的艰巨工程。全部工程由我国自行设计、自行施工，开创了我国建设长距离高速公路的先河，为大规模的高速公路建设积累了经验。

沈大高速公路通车了，但是并不意味着我们已经完成由低速到高速的转变。这有待于全社会的共同努力，更艰难的跨越还在后面。 （下转4版）

扫一扫观看专访视频

河北交通"双创双服"促高质量发展

上半年交通固定资产投资增长27.8%

本报讯 （特约记者 张海洋 通讯员 李季增 尚秉敏）据河北省交通运输厅消息，今年上半年，河北省交通运输固定资产投资共完成362.3亿元，同比增长27.8%，为5年来最快进度。以"双创双服"（创新、创业，服务民生、服务发展）活动为抓手，河北实行清单管理、强化监督检查，公路交通建设重点项目进展顺利。

1月至6月，河北共开工建设普通干线公路1750公里、农村公路2440公里，分别占总建设里程的92.1%和44.4%。在高速公路建设中，京秦高速公路京冀和冀津接线段已具备通车条件；太行山高速公路累计完成投资395亿元，占总投资的70.6%；延崇高速公路河北段、津石高速公路津冀界至保石界段，已分别完成总投资的18.2%和24.3%。

河北省交通运输厅派出23个工作组、70名队员驻村开展帮扶工作，精准推进交通扶贫攻坚。派出干部与1707户贫困户结对，联系贫困群众4149人。目前，贫困地区普通干线公路已建成112公里，农村公路开工1162公里。

在推进运输结构调整方面，河北积极推进"公转铁"，鼓励企业新建扩建铁路专用线，禁止港口接收柴油货车运输煤炭，现已完成多式联运集装箱班列运量12.98万标箱，建成9套港口高压岸电设施。

晒晒高质量发展成绩单

固定资产投资：共完成362.3亿元，同比增长27.8%。

公路货运量：10.07亿吨，同比增长7.3%
货物周转量：3793亿吨公里，同比增长4.8%

地方铁路货运量：1.98亿吨，同比增长18.9%
货物周转量：157亿吨公里，同比增长18.8%

港口货物吞吐量：完成5.6亿吨，同比增长5.1%。

集装箱吞吐量：完成189.6万标箱，同比增长15.7%。

机场旅客吞吐量：完成696.7万人次，同比增长36.3%。

今日看点

□值班编委 景颖来 本版副主编 卢锐 责编 赵鹏飞 □E-mail:xw1b@zgjtb.com □新闻热线:(010)64255441 □发行热线:(010)64256206 □广告热线:(010)64250642 □培训热线:(010)65299681

2018年8月14日 星期二 | 4版
主编 王旭旭 责编 子点 实习编辑 张雨涵 | 电话：010-65293632 64252864 E-mail:zgjtb@126.com
见证40年 主题访谈
中国交通报 CHINA TRANSPORT NEWS

原交通部副部长李居昌接受本报记者专访。吴聪明 摄

高速"行"天下

——访原交通部副部长李居昌

(上接1版)

"当时社会上有两种意见。有些人以修建高速公路投资大，占地多，不符合中国国情为由而反对。还有人积极主张修建高速公路。"李居昌说。

由于认识上的不一致，我国的高速公路发展不得不经历了由汽车一级专用路到高速公路的一段曲折过程。"那时候不敢叫'高速公路'，只说是'汽车专用路'。但是具备随时改成高速公路的必要条件。"李居昌说。

1989年7月17日至21日，交通部在辽宁省沈阳市召开了第一次全国高等级公路建设经验交流现场会。"沈阳会议创造了三个第一，中央领导第一次参加动员修建高速公路的会议；第一次邀请部分省市分管交通的领导参加；第一次统一了思想，明确了中国必须修建高速公路。"李居昌认为，沈阳会议具有里程碑意义。

沈阳会议明确了我国必须发展高速公路，澄清了我国长时间以来要不要修建高速公路的模糊认识，为高速公路大规模发展打下了坚实的思想认识基础，使我国公路建设走进了发展高速公路的新时期。

同时，沈阳会议提出了我国今后建设高等级公路的重要政策措施，如统筹规划、条块结合、分级负责、联合建设成为我国公路建设的基本方针；国家投资、地方筹资、社会融资、利用外资成为公路建设资金来源的基本政策；加强规划和前期工作成为公路建设的基本原则。

随着公路在交通运输中的作用日益突显，中国需要发展公路，需要发展高速公路，已成为不争的事实。

新沈大高速公路。

扫一扫
观看专访视频

有志者事竟成

1993年6月，为贯彻邓小平同志视察南方讲话精神，解决全国高速公路怎样建的问题，交通部、全国各省份分管交通领导、交通厅(局)长齐聚山东，召开了全国公路建设工作会议，这是高速公路发展史上迄今为止规模最大、规格最高、效果最佳、影响最深远的一次会议。

"代表们参观了山东的高等级公路和高速公路，从济南坐车，经过泰安到烟台，再从烟台到达青岛，走了1000多公里，路非常好。"李居昌回忆，山东会议后，各地领导络绎不绝到山东参观学习，掀起了建设高速公路的热潮。

如果说沈阳会议明确了我国需要高速公路，那么山东会议则解决了全国高速公路怎样建的问题，就是凝聚全国的力量，发挥社会主义集中力量办大事的优越性，全国一盘棋，把高速公路建设推上了新的发展阶段。

从1993年到1997年的5年中，全国高速公路建设规模不断扩大，建设速度不断加快，工程质量不断提高，共建成高速公路4119公里。京津塘、济青、成渝、沪宁等一大批有重要影响的高速公路建成通车。

国运兴，交通兴。高速公路不仅仅是速度和效率的代表，而且已成为综合国力的象征，成为衡量国民经济现代化的重要标志之一。

后来者居上

上世纪90年代，在解放思想的同时，国家把交通运输业作为经济发展的战略重点，我国高速公路建设10多年便走过了发达国家半个世纪走过的历程。

1997年下半年，东南亚地区发生了金融危机。高速公路建设被党中央、国务院遴选出来，承担起扩大内需、拉动国民经济快速增长的"神圣使命"。1998年6月，交通部在福州召开了全国加快高速公路建设工作会议。

"福州会议后，全国掀起高速公路建设高潮，我们也有决心、有信心，中央也很支持。加快基础设施建设，把高速公路确定为重中之重。"李居昌表示，在内、外部的合力推动下，高速公路建设风起云涌，迎来了它的"黄金岁月"。

"1998年，国家原计划投资1200亿元，年中追加到1600亿元，年末再加到1800亿元，实际完成投资2168亿元。"回忆起自己参与和见证过的高速公路建设，李居昌的思绪飞快地转着。高速公路在为国民经济高速增长立下不朽功勋的同时，总里程在1998年增加到8733公里，跃居世界第八位。

"亚洲金融危机的情况下，我国经济不但没有下滑，还保持8%的增长，而且对世界经济发展作出了贡献。这个发达国家、资本主义国家能做得到吗？做不到。"李居昌说。

福州会议解决了加快高速公路建设的问题，即要把公路建设进一步融入经济发展整体，确立了公路发展在经济结构调整、扩大内需、保持经济快速发展中的战略地位。

"这是一个很光荣的任务，也是个很艰巨的任务。"李居昌说，交通职工把困难转化为激励。

福州会议后的5年，我国高速公路得到了空前发展。"要致富，先修路"成为那个时代出现频率最高的词汇。5年间，全国公路建设总投资12343亿元，扣除物价因素，是1950年到1997年全国公路建设完成总投资的1.7倍。2002年高速公路里程达到25200公里，居世界第二位。交通制约经济发展"瓶颈"缓解。

"后来整个社会对高速公路评价越来越高，高速公路发挥的作用也越来越大。发展过程中的坎坷，我们一个个克服。"李居昌说。

从破茧而出，到在华夏大地上蜿蜒纵横，迅猛发展的高速公路是古老的东方大国快速走向现代化，走向民族复兴的标志性丰碑。

1988年10月31日，我国大陆首条高速公路——沪嘉高速公路建成通车。
本文图片除署名外为 本报资料片

(上接1版)

走进商业综合体，各商铺呈回廊式分布，连为一体，又各具特色。熙友独排、沟帮子熏鸡等特色餐饮琳琅满目；加上辽高快驿连锁超市、大辽佳特产连锁超市、沈阳综合保税区进口商品店及音乐故事音像店等特色店铺，让在服务区停步的旅客获得了物质和精神的双重休闲享受。

最受旅客称道的是这里的人性化服务设施。在商业综合体两侧设有两座公共厕所，仅厕位就有187个。厕所采用光触媒技术杀菌除味，每个厕位都配有绿萝、文竹等绿植和烟灰缸。进入厕所，音乐徐徐，不仅闻不到任何异味，甚至透出几分雅致。

此外，公共区域设置了母婴室、第三卫生间、免费开水间、夏季淋浴间和儿童游乐区等服务设施。"第三卫生间主要给有特殊需要的旅客提供服务，如行动不能自理的老人需要异性子女照顾，就可以使用。"井泉服务区工作人员说。

文武表示，交通运输部强调要强化服务区延伸服务功能，提升综合服务能力。2017年辽宁省高速公路实业公司组织开展了"服务质量提升年"活动，全省服务区服务供给质量明显提高；今年，重点开展了"厕所革命"和"秩序提升"活动，推进基础设施升级、卫生环境升级、服务水平升级，整治加油秩序和停车秩序，继续提升服务区服务供给质量。

服务区作为高速公路经济链条中的关键节点遍布各地，是车流、人流、物流、信息流的重要集聚地。辽宁省正在全力将其打造为交通运输与沿线区域融合发展的重要节点平台。

朝阳小米、鞍山南国梨、阜新玛瑙、岫岩玉石、桓仁稻花香米、开原榛子等众多特色产品，进入了高速公路服务区的地方特产专柜。

与大连港、营口港合作，西海、三十里堡等服务区开展车船票代售业务；与本溪水洞风景区、大连圣亚海洋世界等沿线旅游景点合作，服务区开展了门票代售业务；利用服务区宣传推介汤泉谷矿泉水、丹东黄海温泉小镇等地方品牌等。一系列举措不仅提升了服务区的综合服务功能和品质，还直接服务了沿线经济发展。

"黄金通道"展现黄金效应

路不好时，人醒着经济"犯困"；路修好了，人"犯困"经济活跃。

沈大高速公路纵贯五大工业城市，连接大连、营口、鲅鱼圈三大港口和沈阳桃仙、大连周水子两大国际机场。该路的修建不仅实现了我国高速公路从"零"起步，更成为辽东半岛经济腾飞、社会发展的重要支撑和引擎。

鞍钢汽车运输公司(简称鞍钢汽运公司)的兴起与壮大，就与沈大高速公路有着不解之缘。

过去，鞍钢汽运公司主要负责鞍钢厂内货物运输。2002年前后，迫于钢铁业下行压力，鞍钢开始研究如何降低物流成本，挖掘利润来源。当时，铁路运输占集疏港运输市场较大份额，效率低、成本大。改建后的沈大高速公路使得鞍山到营口的集疏港运输由每日一个往返变为两个往返，更加便捷。

鞍钢汽运公司敏锐捕捉到了这种变化带来的商机，2002年一次性购进50辆牵引车，投入到了鞍山到鲅鱼圈港区的集疏港运输中；之后，依托沈大高速公路的便捷高效，建成物流综合产业园，促成冷轧卷板运输"散改集"物流优化项目顺利实施，同鞍山市经济开发区政府筹划组建了德邻陆港(鞍山)有限责任公司……一系列举措使鞍钢汽运公司实现了"凤凰涅槃"，年销售收入由2002年的0.96亿元迅速攀升到2017年的近21亿元，今年前5个月就实现销售收入14.4亿元，预计全年将突破35亿元。

鞍钢汽运公司董事会秘书李贵表示："更值得欣慰的是，由于选对了'路'，在残酷的市场竞争中，18年来鞍钢汽运公司实现了持续盈利且后劲十足。"

大连港通船务有限公司是一家现代化物流企业，主营钢卷、钢板等钢材运输，产品主要应用于汽车零部件、家电、变压器、造船等领域。

该公司位于大连湾，距离沈大高速公路入口处不到5公里，且与另外3个高速公路入口临近。大连港通船务有限公司业务部经理闫莉说，由于他们经营货物的特殊性，客户对物流周期及灵活性的要求更高，如果往返沈阳发货，通过沈大高速公路用汽车半天就能运送，而铁路运输用转环节多，可能需要两三天，还很容易在周转过程中造成货损，汽运"门到门"的独特优势深受客户青睐。

以路为媒，产聚业兴。经过30多年的发展，沈阳的装备制造业、大连的石化、造船和高新技术产业，鞍山的钢铁产业，辽宁重点建设的现代装备制造业、重要原材料两大基地和高新技术、农产品加工业、现代服务业，大都密集地集中在了沈大高速公路沿线5个城市。

如全国著名的西柳服装城，坐落在沈大高速公路西柳收费站出口2公里处，以沈大高速公路为轴，先后建成西柳香雪钓东轻纺城、辽宁西柳电商产业园和西柳义乌中国小商品城，形成了东区和西区市场集群两大板块。

旅游方面，沈大高速公路沿线5市旅游风景区被陆续开发，仅鞍山市在原有千山风景区、白云山、汤岗子温泉等旅游区的基础上，就新增了玉佛寺风景区、辽宁山水庄园、汤岗子水上乐园等景点。其中，到千山风景区的游客中，沈阳、大连的占到外地总流客量的75%，几乎都是从沈大高速公路自驾而来。

"黄金通道"真正展现出了黄金效应。有评估数据显示，从沈大高速公路通车起，它所创造的经济效益和社会效益就远远超过了预期，每年仅省油、省时、减少车辆磨损等可计算的经济效益就达数亿元。它形成了沈阳—辽阳—鞍山—营口—大连的高速公路经济带，带动了辽宁省经济发展，所创造的GDP占到全省GDP的70%以上。这也使得沈大高速公路成为"要想富，先修路"的生动诠释。

地址：北京市朝阳区安华西里三区13号楼 邮编：100011 总编室：(010)65293633

厚积薄发迎来公路蝶变

——访原交通部副部长、中咨公司原总经理胡希捷

本报记者　孙英利　实习记者　梁熙明

见报日期　2018 年 8 月 28 日

从 20 世纪 80 年代投身交通运输事业，到 2009 年退休；从陕西省交通厅计划处副处长，到交通部副部长、中国国际工程咨询有限公司总经理；从全身心投入公路建设，到深度参与综合交通运输发展……胡希捷作为交通运输改革开放实践的重要参与者，见证了我国交通运输从瓶颈制约到与经济社会发展相适应的历史性变化。

“精心谋划、抓住机遇、追赶超越，交通运输改革开放的 40 年，是一个厚积薄发的过程。在这个大好时代，我作为一名工程师，将平生所学全部用上，为国家建设出了力，心里还是很高兴的。” 73 岁的胡希捷精神矍铄，谈起并肩战斗的同事、奋力攻克的难题、总结积累的经验，仿佛回到 40 年前，充满了力量。

首次利用国际金融组织贷款修路

1984 年，39 岁的胡希捷做了一件当时没人做过的事情。

西安至三原一级公路，利用世界银行贷款修建，并进行国际招标，这在我国交通项目里尚属首次。当时在陕西省交通厅工作的胡希捷，以西三公路建设指挥部副指挥长、办公室主任的身份，组织实施了这个项目。

“这在当时无先例可循，我们所有人都是第一次做国际贷款项目招标，所以必须出台一套规范的工作方案，编写国际招标范本。”胡希捷回忆，在交通部的支持下，陕西省交通厅召集了二三十位相关专家全力编制招标文件，后来成了世界银行公路建设项目招标的范本。

从1983年签订贷款协议，到1990年建成通车，其间开展了招标、培训等一系列工作。虽然历时较长，但胡希捷认为这一切都很值得，特别是学习到的国际上先进的建设理念和管理经验更被他视为无价之宝。“世界银行的专家要一户一户询问老百姓是否同意项目建设，有什么要求。可以说，他们有一套完整的建设准备办法和征地赔偿办法，这对我们后来搞工程建设和管理提供了经验。”胡希捷说。

30年无大修的西三一级公路，证明这次探索是成功的。这条路修好后，西安与陕西北部榆林、铜川、延安等重化工基地的交通距离大大缩短，西安北部城区从该市最落后的地方变成发展最快的地方。

自那以后，从世界银行等国际金融组织贷款修路，成为资金不充足但交通需求旺盛的陕西的首选。也正是西三一级公路的成功实践，让国际金融组织愿意继续贷款给中国的交通基础设施建设项目。亚洲开发银行项目、阿拉伯基金项目等纷至沓来，山东、山西等省份纷纷加入向国际金融组织贷款修路的行列。

“贷款计划基本是3年一滚动，贷款额为15亿至16亿美元，这样的贷款计划连续滚动了多年。我们勇于用国外资金修自己的公路，成为交通运输行业坚持改革开放思想的生动实践。我很高兴的是，这个办法延续了下来。”胡希捷和他的同事们完成了在我国交通建设领域前无古人的探索，更为后来者铺筑了坦途。

构建“五纵七横”公路主骨架

1989年，一次载入我国公路建设史册的会议明确了中国需要发展高速公路。1989年7月，交通部在辽宁省沈阳市召开了第一次全国高等级公路建设经验交流现场会，国务委员邹家华出席会议并明确指出，中国必须发展高速公路。

沈阳会议还提出了建设“五纵七横”国道主干线的初步设想，并明确了中央资金主要支持“五纵七横”规划中的公路建设。而这一设想，正是源于一年前交通部的一次会议。

胡希捷仍然清晰地记得，1988年夏天，交通部在北京黄寺招待所召开公路规划座谈会。时任陕西省交通厅副厅长的胡希捷与时任厅计划处处长乌小健，向钱永昌等部领导汇报了陕西“米”字形骨架公路网的构想和建设情况。三位部领导听后，非常兴奋，认为国家也应该有全国公路的主骨架。

“当时我介绍说，这个‘米’字形规划连接了陕西省70%至80%的县区，把主要的经济区域都连接起来了，把这个规划执行好，陕西省的很多问题都可以得到很好的解决。”胡希捷回忆说，几位部领导对此十分感兴趣，明确表示交通部要加强全国公路主骨架的规划工作。

这次会议后，交通部连续召开了包括水运领域在内的多个专题会议，综合全国各地交通规划的经验，于1990年提出我国公路水路建设长远规划“三主一支持”（公路主骨架、水运主通道、港站主枢纽和交通支持保障系统）的基本设想。其中，公路主骨架方面，1992年确定了总里程约3.5万公里的“五纵七横”国道主干线，其中高速公路超过2.5万公里。

资金匮乏导致的规划执行难，成了高速公路建设的拦路虎。

当时的中央资金并不多，虽然已经出台了“贷款修路、收费还贷”的政策，但在1998年之前国内银行几乎不给公路建设提供贷款。胡希捷认为，这种情况主要有两方面原因：一个是思想认识不统一；一个是国内银行希望短期收到效益，而公路建设贷款还款的周期较长。

“当时有些人认为修建高速公路投资大、占地多，不符合中国国情。更有人提出，修建高速公路的钱为什么不能用来扶贫?”面对这些质疑，胡希捷感到无奈。办法总比困难多。胡希捷一方面继续充分利用国际金融组织和外国政府的贷款，一方面尝试转让已经建好的收费公路经营权，将转让所得资金马上投入新的公路建设中，在一定程度上加快了公路建设的步伐。

抓住机遇迎来公路发展拐点

统计数据显示，1988年至1992年，我国高速公路年均通车里程约130公里；1993年至1997年，超过820公里；1998年至2007年，这一数字达到4900公里左右。1998年，成为高速公路建设加速的拐点。

1997年5月1日，升任交通部副部长的胡希捷正式履新，主管计划、审计等工作。那年七八月间，东南亚金融危机的影响已经显现，至年底更加明显。

1998年元月，农历大年二十九的晚上，胡希捷接到了交通部副部长刘松金的电话，得知当天下午朱镕基总理主持了一个应对东南亚金融危机、拉动内需的会议，中央作出了实施积极的财政政策、加快基础设施建设的决定。“国务院要求在前一年建设规模的基础上增加30%，你管计划，请安排部署。”

当时交通部的统计工作还不完善，全国公路建设规模到底是多少并不十分清楚。经过五六个昼夜的工作，终于初步摸清，1997 年公路建设投资总规模是 1200 亿元（包括新建的、技术改造的）。正月初五，交通部部长黄镇东主持会议，确定了 1998 年的公路建设规模为 1600 亿元。7 月，这个目标变成了 1800 亿元；10 月，目标又修改为 2100 亿元。1998 年，公路建设实际完成投资比 1997 年增加了 900 多亿元。

1998 年以后，交通基础设施建设，特别是高速公路建设进入了突飞猛进的发展时期。能够抓住历史的机遇，胡希捷总结为两个字——储备。

“国家推行积极的财政政策，解决了公路建设资金难题。1998 年以后，国内银行开始向公路建设贷款。加上交通部对项目前期工作的一贯重视，每个‘五年计划’都对项目储备提出要求。一旦有机会，储备的项目就可以马上启动。”胡希捷说。

后来国际金融危机爆发，2008 年中央决定实施 4 万亿元经济刺激计划，拉动国内经济平稳增长，交通运输发展同样抓住了机遇。“所以，我们从 1997 年开始直到现在，一直保持快速发展。”胡希捷告诉记者，抓住机遇关键在于有战略发展研究、有长远规划、有项目储备，这也是我国交通建设非常重要的经验。

推广经验服务大交通建设

2004 年，胡希捷调任中国国际工程咨询有限公司，他接触的领域也从公路水运拓展到了更广的范围。在这期间，胡希捷将在交通运输部门积累的经验推广出去，更好地服务大交通建设。

“我参与较多的是高铁建设，当时我给铁路部门的同志介绍了交通部修建高速公路的经验。修建高铁和修建高速公路一样，是解决铁路发展瓶颈的重要方法和途径。”胡希捷认为，高铁主要承担客运任务，而原来的旧线主要完成货运任务，这将极大释放旧线运能，缓解铁路运输紧张的问题。

恍如 40 年前，邓小平第一次访问日本，乘坐了当时全世界第一条高铁——日本“光”号新干线。日方陪同人员问他有什么感觉，邓小平说：“就感觉到快，有催人跑的意思，所以我们现在正适合坐这样的车。”

那时，全球只有两条高速铁路，都在日本。而改革开放初期的中国，铁路运营里程仅 5 万公里，绝大多数火车时速只有 40 公里。

胡希捷回忆，我国高铁从无到有的发展过程中，遇到了很多“岔路口”，作出正确的决定才有了今天高铁这张“中国名片”。

“比如 2008 年 6 月开建的京沪高铁，就遇到了技术路线选择问题，这一问题引起了激烈争论。”胡希捷说，经过专家论证，最终还是选择了目前的方案，“因为交通线路是需要网络化的，只有成网才能产生最佳效益，同样高铁也要形成网络。”

引进、吸收、消化、再创造，40 年过去，中国铁路运营里程达到 12.7 万公里，其中高铁 2.5 万公里，占全球高铁总里程的 60% 以上，并构成了四纵四横全球最大的高铁网。从望尘莫及到跟跑、并跑再到领跑，40 年间中国的高铁一路披荆斩棘直上世界顶端。

“可以说，我国高铁的发展走了一条非常好的路子。我到中咨公司任职期间，更加重视综合交通发展，重视加大站点和枢纽的建设。这些都是我在交通运输部门积累的经验。”胡希捷说。

退休后的胡希捷思维仍然紧随时代。“邓小平提出‘改革开放胆子要大一些，敢于试验’。习近平强调‘惟改革者进，惟创新者强，惟改革创新者胜’。我们交通运输发展必须要注重创新。”他认为，在 40 年改革开放实践的基础上，要始终坚定不移地深化交通运输供给侧结构性改革，着力推动交通发展质量变革、效率变革、动力变革，坚持高质量发展的道路。

“站在新的历史起点上，中国特色社会主义进入了新时代，以习近平同志为核心的党中央提出进一步深化改革。我们每一名交通人都应该抓住机遇，将改革进行到底，推动国家的强盛，奋力开启交通强国建设新篇章。”胡希捷说。

CHINA TRANSPORT NEWS

2018年8月21日 星期二 http://www.zgjtb.com | 第6800期 今日8版 | 邮发代号：1－72 国内统一刊号：CN11－0122 交通运输部主管 中国交通报社主办

河南绿色交通试点项目最高可获300万元补助

本报讯 （记者 周亚婷）河南省交通运输厅日前印发《关于开展2019年度绿色交通试点项目建设工作的通知》（简称《通知》），启动2019年绿色交通试点县、绿色公路、绿色运管、绿色港航试点、绿色交通运输重点企业试点、环保节能科技成果推广应用试点6项绿色交通试点项目申报工作。

《通知》明确，河南省交通运输厅将采取投资补助形式给予6项绿色交通试点项目资金支持，补助资金不超过每个项目的最高补助标准，并且不超过项目建设方案总投资的30%。绿色交通试点县，每个项目省补助资金不超过300万元。绿色公路试点项目，每个项目省补助资金不超过100万元；对获得交通运输部示范工程的每个补助200万元。绿色运管、绿色港航试点项目，每个项目省补助资金不超过100万元。绿色交通运输重点企业，每个项目省补助资金不超过10万元。环保节能科技成果推广应用试点项目，每个项目省补助资金不超过200万元。

根据《通知》，申报材料报送截至8月31日。申报绿色交通试点县的，不能同时申请绿色公路、绿色运输、绿色港航试点项目。

李小鹏主持召开会议，强调

真抓实干建成建好综合立体交通走廊 为长江经济带发展当好先行提供支撑

在习近平新时代中国特色社会主义思想指引下——新时代新作为新篇章

本报讯 （记者 毛健）8月20日，交通运输部部长李小鹏主持召开会议，进一步学习贯彻习近平总书记在深入推动长江经济带发展座谈会上的重要讲话精神，研究关系交通运输发展的具体要求和落实举措。他强调，要全面贯彻落实习近平总书记在深入推动长江经济带发展座谈会上的重要讲话精神，坚持生态优先、绿色发展，锐意进取、真抓实干，建成、建好综合立体交通走廊，为长江经济带发展当好先行、提供支撑。

李小鹏指出，习近平总书记在深入推动长江经济带发展座谈会上提出"实施长江经济带发展战略要加大力度"，强调"共抓大保护、不搞大开发""生态优先、绿色发展"的战略导向和指导方针，特别阐明要正确把握整体推进和重点突破等五方面关系，强调要把长江经济带建设成为生态更优美、交通更顺畅、经济更协调、市场更统一、机制更科学的黄金经济带。要准确把握习近平总书记重要讲话精神的核心要义，与学习习近平新时代中国特色社会主义思想、习近平生态文明思想、习近平新时代中国特色社会主义经济思想以及习近平总书记关于交通运输发展的系列重要论述相结合，以更大的工作力度和更有效的政策措施，努力发挥好交通运输的先行作用。

李小鹏强调，要突出重点、抓住关键，深入推进长江经济带交通运输发展。一要加快推进综合立体交通走廊建设。加快推进长江黄金水道航道区段标准统一、船舶标准统一、港口码头管理统一、通关管理统一，稳步推进交通基础设施建设，从综合运输体系全局出发解决三峡枢纽运输瓶颈。二要全面提升长江经济带综合交通运输效率。完善综合立体交通走廊规划，深化长江经济带运输结构调整，推进江海直达、江海联运和多式联运发展。三要全面做好长江生态环境保护修复工作。系统梳理和掌握各类生态隐患和环境风险，继续实施和完善污染防治重点工作，严厉打击污染长江生态行为。四要继续强化安全监管和应急能力建设。牢固树立生命至上、安全第一的理念，进一步完善安全治理体系，强化安全监管保障建设，加大风险防控和隐患排查治理力度。五要优化港口岸线使用效率。抓住规划这个牛鼻子，加强刚性约束和调控功能，进一步强化全过程监管，严格港口岸线审批、使用和退出管理，深化专项治理，严防非法码头反弹。

李小鹏要求，各部门、各单位要强化责任落实，加强统筹协调，加大有效投资力度，加强督促检查，加强宣传报道交通运输部门贯彻落实长江经济带战略取得的突出成效，真抓实干、久久为功，确保中央决策部署落实到实处。

部领导何建中、陈健，部总师出席会议。国家铁路局、中国民航局有关司局，部机关有关司局和部属有关单位负责同志参加会议。

国家高速公路网北京境内"断头路"全部消除

本报讯 （特约记者 赵正阳 祝洛燕 通讯员 张贺贺 赵春波）8月20日，首都地区环线高速公路通州至大兴段、京秦高速公路北京段正式通车，标志着国家高速公路网北京境内"断头路"全部消除。

首都地区环线高速公路通州至大兴段全长38公里，连接三路两河（三路，即京津、京沪、京哈高速公路；两河，即潮白河、北运河），通车后为京津冀区域形成主要城市之间"1小时交通圈"、主要城市与周边卫星城市间"半小时生活圈"提供有力支撑，进一步改善北京城市副中心周边路网结构和交通状况，对疏解北京东六环车流压力和过境货运交通起到积极作用。

京秦高速公路连接北京通州、天津蓟县、河北秦皇岛等地，全线通车后成为京津冀间又一交通"大动脉"，能够分流京哈高速公路近一半的交通压力，进一步带动沿线产业及旅游事业发展。京秦高速公路北京段起点位于东六环小庞各庄桥以北，终点位于京冀界，全长约6.3公里，通车后缓解了通州地区与河北燕郊地区的交通压力。

京唐城际铁路建设高效率推进

近日，施工人员在酷暑中加紧建设京唐城际铁路。

京唐城际铁路是一条服务于环渤海及京津冀地区的重要城际高速铁路，连接北京和河北唐山，线路全长148.7公里，预计2021年竣工。担负施工任务的中国铁建十二局集团坚持高标准起步、高效率推进、高质量达标。

图为京唐城际铁路四标二分部工人正在焊接钢筋笼。 刘洋 摄

今日看点

英雄花锦簇盛开 5版

厚积薄发迎来公路蝶变

——访原交通部副部长、中咨公司原总经理胡希捷

本报记者 孙芙利 实习记者 吴熙明

从上世纪80年代投身交通运输事业，到2009年退休；从陕西省交通厅计划处副处长，到交通部副部长、中国国际工程咨询有限公司总经理；从全身心投入公路建设，到深度参与综合交通运输发展……胡希捷作为交通运输改革开放实践的重要参与者，见证了我国交通运输从瓶颈制约到与经济社会发展相适应的历史性变化。

"精心谋划、抓住机遇、追赶超越，交通运输改革开放的40年，是一个厚积薄发的过程。在这个大好时代，我作为一名工程师，将平生所学全部用上，为国家建设出了力，心里还是很高兴的。"73岁的胡希捷精神矍铄，谈起并肩战斗的同事、奋力攻克的难题、总结积累的经验，他仿佛回到40年前，充满了力量。

原交通部副部长、中国国际工程咨询有限公司原总经理胡希捷。 实习记者 吴熙明 摄

首次利用国际金融组织贷款修路

1984年，39岁的胡希捷做了一件当时没人做过的事情。

西安至三原一级公路，利用世界银行贷款修建，并进行国际招标，这在我国交通项目里尚属首次。当时在陕西省交通厅工作的胡希捷，以西三公路建设指挥部副指挥长、办公室主任的身份，组织实施了这个项目。

"这在当时无先例可循，我们所有人都是第一次做国际贷款项目招标，所以必须出台一套规范的工作方案，编写国际招标范本。"胡希捷回忆，在交通部的支持下，陕西省交通厅召集了二三十位相关专家全力编制招标文件，后来成了世界银行公路建设项目招标的范本。

从1983年签订贷款协议，到1990年建成通车，其间开展了招标、培训等一系列工作。虽然历时较长，但胡希捷认为这一切都很值得，特别是学习到的国际上先进的建设理念和管理经验，更被他视为无价之宝。"世界银行的专家要一户一户询问老百姓是否同意项目建设，有什么要求。可以说，他们有一套完整的建设准备办法和征地赔偿办法，这对我们后来搞工程建设和管理提供了经验。"胡希捷说。

30年无大修的西三一级公路，证明这次探索是成功的。这条路修好后，西安与陕西北部榆林、铜川、延安等重化工基地的距离大大缩短，西安北部城区从该市最落后地区变成发展最快的地区。

自那以后，从世界银行等国际金融组织贷款修路，成为资金不充足但交通需求旺盛的陕西的首选。也正是西三一级公路的成功实践，让国际金融组织愿意继续贷款给中国的交通基础设施建设项目。亚洲开发银行项目、阿拉伯基金项目等纷至沓来，山东、山西等省份纷纷加入向国际金融组织贷款修路的行列。

"贷款计划基本是3年一滚动，贷款额为15亿至16亿美元，这样的贷款计划连续滚动了多年。我们勇于用国外资金修自己的公路，成为交通运输行业坚持改革开放思想的生动实践。我很高兴的是，这个办法延续了下来。"胡希捷和他的同事们完成了在我国交通建设领域前无古人的探索，更为后来者铺筑了坦途。

（下转4版） 扫一扫，观看专访视频

21世纪海上丝绸之路 海外港口行

扎根于斯 回报于斯

蒋家乐 特派记者 林芬

北纬6度，印度洋海风劲吹，夕阳为天空镶上金边。汉班托塔港，韩国籍滚装船以每小时120辆汽车的速度高效卸货；堆场上，5000余辆汽车等待中转到非洲、欧洲和中东等地区。200公里外的科伦坡港，南亚唯一可以停靠超大型集装箱船的科伦坡南港国际集装箱码头，作业指示灯闪烁，岸桥单机每小时装卸35个自然箱，堆场货柜林立，拖车来回穿梭。

灿烂的8月，"21世纪海上丝绸之路海外港口行"主题采访团来到了"印度洋上的明珠"——斯里兰卡，繁忙的港口生产作业场景给记者们留下深刻印象。

科伦坡国际集装箱码头有限公司（CICT）和汉班托塔国际港口集团有限公司（HIPG），是招商局港口控股有限公司与斯里兰卡港务局合资运营的两大企业。国际化的管理理念、先进的生产设备以及高标准的服务，让两大港的吞吐量屡创佳绩。成长于斯的CICT和HIPG，也在不断筑牢民心相通的根基，中斯传统友谊在务实合作中巩固发展。

沉下心 扎下根

"Brother（兄弟）……"8月17日下午，正在与记者座谈的CICT首席执行官黄鹏中接到电话，他这样称呼对方。

黄鹏说，在CICT这个团队中，同事关系好比兄弟姐妹，彼此之间的沟通真诚用心。

"在海外投资企业最关键的是要真正融入当地社会，企业要向下扎根，根更深长得更快。"今年1月刚刚接任CICT首席执行官的黄鹏曾在迪拜环球港务集团工作过，有着丰富的多元文化环境下的管理经验。每次出差回来，他一定要去员工食堂转转，"这样，整个码头都知道CEO回来了。"他还主动走进员工休息室，去倾听员工诉求。聊的问题都很细，空调是否制冷，床铺舒不舒服，菜合不合口味，年假有休如何补偿，对福利是否满意……

（下转2版）

部直属海事系统深入整改强化作风建设

本报讯 近日，交通运输部直属海事系统召开党建工作座谈会，要求直属海事系统各级党组织深刻反思，深入整改，坚持党的政治建设统领地位，咬住作风建设不放松，持之以恒正风肃纪，始终保持高压态势。

会议指出，部直属海事系统要深刻剖析和破解存在的难点和重点问题，切实从制度层面、队伍层面、机制层面、机构编制层面，不断完善党建工作格局，扎实推进全面从严治党向纵深发展。各级党组织要始终把以人民为中心的理念，贯穿于水上交通安全监管所有环节，贯穿于依法行政全过程，保障人民群众水上交通生命和财产安全。切实提升基层组织力，理顺机制，完善制度，推动海事基层党组织的全面进步、全面过硬。切实提升党建工作质量，坚决杜绝重形式轻内容、重过程轻结果、重数量轻质量、热热闹闹走过场现象的发生。

会议要求，要加强忠诚干净担当的高素质干部队伍建设，改进干部考核方式，建立有效容错机制，突出政治标准，坚持使用担当作为和政治上优秀的干部，大力选拔优秀年轻干部。要加强宣传和思想工作，抓好精神文明创建工作，发挥先进典型培树示范表率作用，推动意识形态工作考核常态化刚性化。

会议强调，要清醒看到直属海事系统党风廉政形势依然严峻复杂，遏制增量、减少存量任重道远。各级党组织要吸取教训，举一反三，深化正在开展的整治"吃拿卡要"等5个专项活动和作风建设年活动，着力强化责任担当，健全制度，完善监督，加强风险防控，坚定不移深入推进党风廉政和作风建设，履行好管党治党责任。 （徐亮松）

长沙全面启动公路治超非现场执法

本报讯 （记者 张海华 特约记者 唐孟波 通讯员 王云辉 谢志雄）日前，湖南省长沙市全面启动公路治超非现场执法，11个非现场执法点正式运行，货运车辆不再需要停车测重，在经过动态自动称重检测区域后，安装在公路上方的电子显示屏便会显示其是否超限超载的信息。若被检测出超限超载，驾驶员可根据指示就近到指定卸载场卸载。

据悉，到今年年底，湖南省将构建起"1+14+122+X"科技治超信息化平台（1个省平台、14个市平台、122个县平台及超限检测站点），实现"全过程记录、全业务上线、全路网监控、全链条管理、全方位服务"，做到全省治超一张网、一个系统、一盘棋。

□值班编委 孙宝夫 本版副主编 卢帆 责编 曹文娟 实习编辑 王佳明 □E-mail:xw1b@zgjtb.com □新闻热线：(010)64255441 □发行热线：(010)64256206 □广告热线：(010)64250642 □培训热线：(010)65299681

2018年8月21日 星期二 | 4版
电话:010-65293632 64252864 E-mail:zgjtb@126.com

中国交通报
CHINA TRANSPORT NEWS

胡希捷接受本报记者专访。 实习记者 袁秩明 摄

(上接1版)

构建"五纵七横"公路主骨架

1989年，一次载入我国公路建设史册的会议明确了中国需要发展高速公路。1989年7月，交通部在辽宁省沈阳市召开了第一次全国高等级公路建设经验交流现场会，时任国务委员邹家华出席会议并明确指出，中国必须发展高速公路。

沈阳会议还提出了建设"五纵七横"国道主干线的初步设想，并明确了中央资金主要支持"五纵七横"规划中的公路建设。而这一设想，正是源于一年前交通部的一次会议。

胡希捷仍然清晰地记得，1988年夏天，交通部在北京香寺招待所召开公路规划座谈会。时任陕西省交通厅副厅长的胡希捷与时任厅计划处处长乌小健，向钱永昌等部领导汇报了陕西"米"字形骨架公路网的构想和建设情况。三位部领导听后，非常兴奋，认为国家也应该有全国公路的主骨架。

"当时我介绍说，这个'米'字形规划连接了陕西省70%至80%的县区，把主要的经济区域都连接起来了，把这个规划执行好，陕西省的很多问题都可以得到很好地解决。"胡希捷回忆说，几位部领导对此十分感兴趣，明确表示交通部要加强全国公路主骨架的规划工作。

这次会议后，交通部连续召开了包括水运领域在内的多个专题会议，综合全国各地交通规划的经验。1990年，交通部提出我国公路水路建设长远规划"三主一支持"（公路主骨架、水运主通道、港站主枢纽和交通支持保障系统）的基本设想。其中，公路主骨架方面，1992年，确定了总里程约3.5万公里的"五纵七横"国道主干线，其中高速公路超过2.5万公里。

资金匮乏导致的规划执行难，成为了高速公路建设的拦路虎。

当时的中央资金并不多，虽然已经出台了"贷款修路、收费还贷"的政策，但在1998年之前，国内银行几乎不给公路建设提供贷款。胡希捷认为，这种情况主要有两方面原因，一个是思想认识不统一，一个是国内银行希望短期收到效益，而公路建设贷款还款的周期较长。

"当时有些人认为修建高速公路投资大、占地多，不符合中国国情。更有人提出，修建高速公路的钱，为什么不能用来扶贫？"面对这些质疑，胡希捷感到无奈，而国内银行由于有自身的商业任务，不愿放长贷，希望贷款短期内可以见到效益，这也与公路建设发展规律相悖。

办法总比困难多。胡希捷一方面继续充分利用国际金融组织和外国政府的贷款，一方面尝试转让已经建好的收费公路经营权，转让所得资金马上投入新的公路建设中，在一定程度上加快了公路建设的步伐。

胡希捷介绍陕西"米"字形公路主骨架规划情况。

抓住机遇迎来公路发展拐点

统计数据显示，1988年至1992年，我国高速公路年均通车里程约130公里；1993年至1997年，超过820公里；1998年至2007年，这一数字达到4900公里左右。1998年，成为高速公路建设加速的拐点。

1997年5月1日，升任交通部副部长的胡希捷正式履新，主管计划、审计等工作，那年七八月间，东南亚金融危机的影响已经显现，至年底更加明显。

1998年元月，农历大年二十九的晚上，胡希捷接到了时任交通部副部长刘松金的电话，得知当天下午朱镕基总理主持了一个应对东南亚金融危机、拉动内需的会议，中央作出了实施积极的财政政策、加快基础设施建设的决定。"国务院要求在前一年建设规模的基础上增加30%，你管计划，请安排部署。"

当时交通部的统计工作还不完善，全国公路建设规模到底是多少并不十分清楚。经过五六个昼夜的工作，终于初步摸清，1997年公路建设投资总规模是1200亿元（包括新建的、技术改造的）。正月初五，时任交通部部长黄镇东主持会议，确定了1998年的公路建设规模为1600亿元。7月，这个目标变成了1800亿元；10月，目标又修改为2100亿元。1998年，公路建设实际完成投资比1997年增加了900多亿元！

1998年以后，交通基础设施建设，特别是高速公路建设进入了突飞猛进的发展时期。能够抓住历史的机遇，胡希捷总结为两个字——储备。

"国家推行积极的财政政策，解决了公路建设资金难题。1998年以后，国内银行开始向公路建设贷款。加上交通部对项目前期工作的一贯重视，每个'五年计划'都对项目储备提出要求，一旦有机会，储备的项目就可以马上启动。"胡希捷说。

后来国际金融危机爆发，2008年，中央决定实施4万亿元经济刺激计划，拉动国内经济平稳增长，交通运输发展同样抓住了机遇。"所以，我们从1997年开始直到现在，一直保持快速发展。"胡希捷告诉记者，抓住机遇关键在于有战略发展研究、有长远规划、有项目储备，这也是我国交通建设非常重要的经验。

1994年，胡希捷（左二）与同事们就陕西三原到铜川公路项目，与世界银行专家代表团谈判。

本文图片除署名外为 本报资料片

◀西三公路建设场景。

▼西三公路[illegible]滩渭河特大桥。

扫一扫
观看专访视频

推广经验服务大交通建设

2004年，胡希捷调任中国国际工程咨询有限公司，他接触的领域也从公路水运拓展到了更广的范围。在这期间，胡希捷将在交通运输部门积累的经验推广出去，更好地服务大交通建设。

"我参与较多的是高铁建设，当时我给铁路部门的同志介绍了交通部修建高速公路的经验。修建高铁和修建高速公路一样，是解决铁路发展瓶颈的重要方法和途径。"胡希捷认为，高铁主要承担客运任务，而原来的旧线主要完成货运任务，这将极大释放旧线运能，缓解铁路运输紧张的问题。

恍如40年前，邓小平第一次访问日本，乘坐了当时全世界第一条高铁——日本"光"号新干线。日方陪同人员问他有什么感觉，邓小平说："就感觉到，有催人跑的意思，所以我们现在正适合坐这样的车。"

那时，全球只有两条高速铁路，都在日本。而改革开放初期的中国，铁路运营里程仅5万公里，绝大多数火车时速只有40公里。

胡希捷回忆，我国高铁从无到有的发展过程中，遇到了很多"岔路口"，作出正确的决定才有了今天高铁这张"中国名片"。

"比如2008年6月开建的京沪高铁，就遇到了技术路线选择问题，这一问题引起了激烈争论。"胡希捷说，经过专家论证，最终还是选择了目前的方案，"因为交通线路是需要网络化的，只有成网才能产生最佳效益，同样高铁也要形成网络。"

引进、吸收、消化，再创造，40年过去，中国铁路运营里程达到12.7万公里，其中高铁2.5万公里，占全球高铁总里程的60%以上，并构成了四纵四横全球最大的高铁网。从望尘莫及到跟跑、并跑再到领跑，40年间中国的高铁一路披荆斩棘直上世界顶端。

"可以说，我国高铁的发展走了一条非常好的路子。我到中咨公司任职期间，更加重视综合交通发展，重视加大站点和枢纽的建设。这些都是我在交通运输部门积累的经验。"胡希捷说。

退休后的胡希捷思维仍然紧随时代。"邓小平提出'改革开放胆子要大一些，敢于试验'。习近平强调'惟改革者进，惟创新者强，惟改革创新者胜'。我们交通运输发展必须要注重创新。"他认为，在40年改革开放实践的基础上，要始终坚定不移地深化交通运输供给侧结构性改革，着力推动交通发展质量变革、效率变革、动力变革，坚持高质量发展的道路。

"站在新的历史起点上，中国特色社会主义进入了新时代，以习近平同志为核心的党中央提出进一步深化改革。我们每一名交通人都应该抓住机遇，将改革进行到底，推动国家的强盛，奋力开启交通强国建设新篇章。"胡希捷说。

地址:北京市朝阳区安华西里三区13号楼 邮编:100011 总编室:(010)65293633 通联部:(010)65293561 (010)64252114(传真) 采编中心:(010)64255441 公路中心:(010)65293615 水运中心:(010)64255824 运输中心:(010)65293641 新媒体中心:(010)64255469 培训中心:(010)65299681 广告部:(010)64250642 (010)64255452(传真) 北京中通广告公司:(010)64252934 广告经营许可证:京朝工商广字0142号 每年定价:460元 每月定价:38.34元 零售每份:1.92元 中国青年报印刷厂印刷

任何成功都是天人合一的结果

——访上海振华重工集团原总裁管彤贤

本报记者　林　芬

见报日期　2018 年 8 月 21 日

“可乐要冰的吗?”问记者这句话的，不是餐厅服务生，而是管彤贤三结合工作室的同济大学研究生。

喝冰可乐，吃冰激凌，早晨 7 点之前就到工作室办公，周六也不例外……85 岁的管彤贤充满“热情”。7 月 14 日 8 点半，记者来到位于上海振华重工（集团）股份有限公司办公楼 21 层的管彤贤工作室时，他已经工作了 1 个多小时。同一间办公室里，10 多位同济大学机械与能源工程学院的师生，在电脑前聚精会神地忙碌着——小到创新踏步式单脚扶梯设计，大到研制世界首创 2500 吨座底式打桩船……这里是管彤贤退而不休的“创新基地”。

见到记者，管彤贤热情地打着招呼，非常慈祥，笑起来额头上、浓眉间布满了一道道深深的皱纹。

天人合一、独门武器，市场之道、诚信之基，诗词之美、知识之舟……短短 3 个多小时，管彤贤力求从多个维度解读“振华传奇”，还分享了面对磨难的人生智慧。

振华是改革开放的产物

人生不言老！1992 年，59 岁的管彤贤即将从中港总公司船机处处长的岗位上退休，毅然决定和志同道合的朋友们一起，在交通部的支持下，从零开始创办振华港机公司，用 10 年左右的时间，让振华成为世界港机业公认的“领头羊”。

如今，振华港机走进了 100 多个国家的市场，占据了世界 80% 的港机市场份额，实现了创业时的誓言：“世界上凡是有集装箱作业的码头，都应有上海振华重工生产的集装箱机械在作业。”

回顾自豪的往事，管彤贤用“天人合一”4 个字来解读——任何成功、成就，必然是两方面因素的结合，一个是“天”，一个是“人”。

“‘天’，是讲大环境大气候，是人力不能左右的社会力量，不是迷信。”管彤贤解释。振华的“天”有 4 个方面：改革开放，外贸大发展，集装箱运输改变世界，邓小平南方谈话。

“振华是改革开放的产物。没有外贸大发展提供的市场，就没有振华的乘势崛起。我国真正外贸大发展是小平同志 1992 年南方谈话之后。同时，小平南方谈话也为我创造了一个继续工作的大气候。那时，我已经 59 岁了，但没有人再挑剔从业者年龄大小了。振华 1992 年年初成立，我一气干了 18 年。”管彤贤说，小平同志提出的一系列指示：发展就是硬道理，尊重知识尊重人才，空谈误国、实干兴邦……成为振华前进的指路明灯。

“世界外贸格局发生了大变化，这也是我们后来才意识到的。”管彤贤说，“柏林墙倒塌”，世界原本分裂的两个市场合成一个统一的市场，成立了 WTO（世界贸易组织），越来越多的国家加入 WTO，消除贸易保护主义。外贸大发展为振华提供了巨大的集装箱机械市场。

“一个 20 英尺的集装箱可以装 1 万件衬衫，从中国运到美洲，最便宜时每件运费只要 0.2 美元。南美的水果运到上海来，再转运到西藏、新疆，让一生从未见过热带水果的同胞一饱口福，这是冷藏箱的功劳。现在，走进自动化集装箱码头，一个装卸工人也看不到，照常运转，当惊世界殊！”管彤贤说。集装箱用自己顽强的生命力，改变着世界的运输面貌。他归纳了集装箱的十大优点：一是比传统件杂货装卸效率高 30 至 50 倍；二是全天候 24 小时作业，不怕风雨；三是标准化的标尺；四是可派生出“冷藏箱”；五是不需要仓库；六是可多次重复使用；七是实现“门到门”运输；八是防盗；九是防止货损货差；十是可以实现自动化。

集装箱大发展，船舶大型化，导致码头原有的设备不能用了，于是就出现了超巴拿马型起重机。“上海振华一马当先，走在最前面，由于能短周期准时交货，赢得港口用户信任，订单如雪片一样飞来，逼得我们扩建再扩建，促使我们高举创新大旗，最多的时候一年生产300台集装箱岸桥（日本三菱重工一年只生产10台，其他各家也差不多）、600台场桥。”回忆起来，管彤贤的脸上洋溢着兴奋、自豪之情。

近三十项独门武器“与强争锋”

管彤贤一直没有自己的独立办公室，直到今天，工作室也是与十多人共享，接受记者采访的办公室是“借别人的”。

创业之初，振华公司的办公室非常狭小，资料柜钉在墙上，不占地。没有车间就向兄弟单位借，没钱买新设备就买二手货。1996年以前，振华没有买过一台新机床；买不起小汽车，就用借来的小汽车接送宾客……

创业艰难，振华拿什么与雄踞世界市场的制造业巨头竞争？

“有了市场，市场会帮助你招揽人才；市场会帮助你得到资金；市场会帮助你获得技术；市场会帮助你进行改革……”在管彤贤眼里，市场就是企业的天。

振华选择哪个市场打响第一炮？管彤贤说：“先敲哪扇门？先找难的进！”

当时，在国内，买进口港机产品是“天经地义”，要占领国内市场都不容易，管彤贤却毅然决定，直接去敲第一世界港口的大门。然而在新加坡，振华投标5次、5次不中，困境中，管彤贤并没有气馁。“搞企业，不会一帆风顺，要有勇气‘自强不息’。”终于，1992年振华在加拿大温哥华港成功试水，紧接着目标瞄准全球最大的集装箱机械市场——美国。国际市场有个“公平”原则，只要你“好”，就有人要，产品就是活广告，之后客户纷至沓来。同样，欧洲市场，振华首先征服起重机的故乡德国。在德国汉堡、不来梅的码头上，屹立着ZPMC的产品。“德国记者问我：德国有强大的机械制造业，为什么要买中国振华的产品？我说：问题提得好，但是我们是卖方，这个你要问买方德国的码头公司。”管彤贤的回答礼貌又幽默。

管彤贤说，振华有近30项“独门武器”：世界首创侧装式整机运输船；2800人的强大设计研发队伍；既重软实力又重硬实力（例如重型码头、重型车间、大型浮吊等），经常“离经叛道”；至于与职工分享公司蓬勃发展的成果，不断改善职工的物质文化生活更不在话下……

世界首创侧装式整机运输船是管彤贤非常得意的“作品”。“拥有整机运输船队是振华大幅度缩短交货期、保证准时交货的重要手段。这也是振华成立伊始力排众议、自主决定的首件大事。至今世界无第二家重型制造企业有自己的运输船队，殊不知，这正是他们败北的重要原因。”管彤贤说。当时可以提供集装箱起重机整机运输的只有荷兰的一家公司，价格贵，且运输时间得不到保证。振华公司运到温哥华的第一台岸桥运费要 90 万美元，第二台马上涨到 130 万美元。要进入世界市场，必须有自己的独门武器“整机运输船”，否则只能“关门大吉”。

“管理艺术”探新路革旧疾

振华员工最多时有 4.5 万人，怎么管理？“我在国企工作过，深知铁饭碗、大锅饭、铁交椅是国企的固有弊端。成立振华就是要走新路，革除这些旧毛病。”管彤贤说。

科技创新奖，英语优秀津贴，20 年长期无息贷款解决购房、买车、治病问题，蓝领家属宿舍，蓝领沐浴房、洗衣房……这些大大小小的激励措施，都是管彤贤“管理艺术”的一部分。管理之道，来自对人的了解，也来自从不知到知的探索。管彤贤举了一个小例子，当年为了丰富蓝领工人的精神生活，公司引进了电影放映，与市区电影院同步播放新片，每场电影只要一元钱。“结果没人看，后来改为一分钱也不收，还是没人看。蓝领白天工作累了，晚上希望好好休息；有余力的工人，宁愿去加班多挣钱，也不愿去看电影。这是他们的‘需要’。”此外，公司对白领（研发管理人员）实行聘用制，数万蓝领实行承包制。这在当年的国企内亦是创新。

公司还提倡见义勇为，举办职工义捐。“毫无疑问，只有具有高尚情操的人才能成为优秀工匠和优秀干部。”管彤贤说。

门口的保安，食堂的服务员，管彤贤都亲切地打招呼。结束采访，记者一行到食堂吃饭时已过中午 12 点，他对加班的服务员说了两遍“辛苦了”。

人生沉浮　知识为舟

“福祸相依，人受些折磨不一定是坏事！我的经历犹如一个掉入水中的葫芦，几次按下去，又浮起来。不是我有什么特异功能。最合理的解释是我有知识，有进取心，有壮志，很希望为社会、为国家做点有益的事。主要还是因为我尚有可作贡献的知识。”管彤贤 1955 年毕业于北京工业学院（现北京理工大学），分配到交通部任技术员。1957 年被错划为右派，开除公职，送北大荒“劳动教养”，之后农村十年、工厂十年饱经磨难，直到十一届三中全会恢复名誉。如今，回想人生沉浮，他最感慨于知识对人生的引领和塑造。

2009 年年底从上海振华重工公司总裁的位子上退下来后，管彤贤选择了传道授业，到同济大学开了一门课“现代机械工程师理论基础”。他兢兢业业，经常花 20 个小时准备一堂课，还要带学生们去十几个工厂参观，当了两个学期的大学教授。

如今，管彤贤虽85岁高龄，但退而不休，重操工程师旧业，组建了振华的产学研三结合工作室。在炎炎夏日，与即将走向社会的几位同济大学研究生一起喝着冰可乐，一起研讨攻关振华新产品中的难题，享受创新的乐趣。他说："他们都是百里挑一的高才生，不少是从农村出来的，能吃苦，肯学习，能钻研，思路活跃，经过工作室一年半的锻炼培养，前途无限。"

正在设计制造的世界首创海上风电2500吨座底式打桩船的模型，在电脑屏幕上旋转着。荧屏的光照亮学生们青春朝气的脸庞，也照亮管彤贤充满自信的笑容。

中国交通报

CHINA TRANSPORT NEWS

2018年8月28日 星期二 | 第6805期 | 邮发代号：1－72 国内统一刊号：CN11－0122
http://www.zgjtb.com | 今日8版 | 交通运输部主管 中国交通报社主办

江西2020年七成快递绿色包装

本报讯 （通讯员 刘坚 记者 黄全）近日，江西省邮政管理局印发的《江西省推进快递业绿色包装的实施方案》（简称《方案》）明确，到2020年江西快递行业可降解绿色包装材料应用比例将达70%，主要品牌快递企业实现电子运单全覆盖。

根据《方案》，江西快递行业将基本淘汰重金属等特殊物质超标的包装材料，实现符合标准要求的环保箱、环保袋和环保胶带使用率大幅上升，基本建成专门的快递包装物回收体系。大数据和智能计算等技术运用加快，进一步优化电子运单的使用和操作。

《方案》提出，开展快递绿色包装应用试点，在江西省范围内选取5家品牌企业试点推广使用环保用袋，全面替代一次性塑料编织袋，实现快递绿色包装在生产、使用、回收、废弃等各环节的应用示范和推广。选取一批有条件的邮政、快递企业和各类环卫企业、回收企业联合开展"快递业+回收业"定向合作试点，探索包装回收和循环利用。

江西省邮政管理局相关负责人介绍，江西将选取南昌、九江、吉安、上饶、新余等一批符合条件的快递示范园区建设绿色园区，指导各地新改建一批绿色网点和绿色分拨中心，使江西省快递行业绿色化、减量化、可循环取得明显效果。

《方案》明确，鼓励企业加快推广使用新能源汽车和满足更高排放标准的燃油汽车，逐步提高新能源汽车使用比例。鼓励快递企业与包装企业开展战略合作，支持快递企业和电商企业、包装企业联合组织成立快递绿色包装产业联盟。

李小鹏主持召开部务会，强调

进一步加大补短板力度 更好服务经济社会发展

在习近平新时代中国特色社会主义思想指引下——新时代新作为新篇章

本报讯 （记者 毛刘 通讯员 步蓉）8月27日，交通运输部部长李小鹏主持召开部务会，传达学习贯彻中央有关会议精神，研究审议《关于规范国家高速公路和普通国道局部路线调整工作的通知》等文件。

会议指出，日前，习近平总书记主持召开的中央政治局会议作出了"当前我国经济形势稳中有进、稳中向好。同时当前经济运行稳中有变，面临新问题新挑战，外部环境发生明显变化"等重大形势判断，提出了"稳就业、稳金融、稳外贸、稳外资、稳投资、稳预期"等一系列工作要求。上半年，交通运输经济运行稳中有进、进中有优。各部门各单位要深入学习贯彻习近平总书记关于当前经济工作的重要指示精神，认真贯彻党中央、国务院的部署要求，把补短板作为当前深化供给侧结构性改革的重点任务。要努力对接发展和民生需要，重点补齐服务国家重大战略实施、农村交通发展、运输方式发展、区域协调发展、新型城镇化发展和存量基础设施优化等短板，加快推进一批重大项目的前期工作，力争储备一批、开工一批、建设一批、竣工一批。要在铁路、公路、水路、民航、物流等领域推出一批有吸引力的项目，积极鼓励民间资本参与，加快构建综合交通基础设施网络化格局，为经济社会高质量发展提供有力支撑。

会议指出，要深入学习贯彻习近平总书记在中央全面依法治国委员会第一次会议上的重要讲话精神，系统研究交通运输法治建设规划，扎实推进交通运输领域科学立法，深化交通运输综合执法改革，强化法治工作队伍建设和法治人才培养。

会议指出，依法履行行业消防安全管理职责，对于保障交通运输行业健康稳定发展、提升行业治理能力、推进平安交通建设具有十分重要的意义。会议强调，各单位要高度重视、明确责任、狠抓落实，认清本部门在交通运输规划编制、行政审批、运营生产、工程建设、监督检查、应急管理等各项工作中应当履行的消防安全管理职责，将消防安全工作纳入行业安全管理工作范畴，与业务工作同部署、同检查、同落实，依法依规履职尽责，确保交通运输行业消防安全形势持续稳定。

会议指出，国家高速公路和普通国道局部路线调整是我国区域协调发展战略深入实施背景下的客观需要，对于持续发挥好国家高速公路和普通国道功能，支撑和引领区域经济社会发展具有重要意义。要履行好行业管理职能，指导地方稳妥有序、依法依规推进局部路线调整工作，同时做好事中事后监管，确保各项工作顺利推进。

在京部领导、部总师出席会议。国家铁路局、中国民航局有关司局，部机关有关司局负责同志列席会议。

浙江 综合交通产业培育高质量新动能

驻浙江首席记者 贾则为 通讯员 于文良 龚航 特约记者 夏丽

8月20日至21日，在浙江省政府首次举行的综合交通产业发展推进会上，加快打造万亿元交通产业、全力推动交通产业发展规划实施等一项项部署，传递出浙江抢占综合交通产业发展制高点的铿锵足音。

对于加快综合交通产业发展，浙江省委、省政府高度重视，提出抢抓交通大建设、大发展机遇，加快培育经济增长新动能，打造全国交通行业新标杆。为此，浙江省委书记车俊、省长袁家军多次专题调研，强调要培育综合交通产业发展新优势。

2022年产业总产出超3万亿元

今年2月，浙江率先出台《浙江省综合交通产业发展规划》（简称《规划》），对全省综合交通产业发展作出整体布局。如何全力推动《规划》实施？浙江省副省长高兴夫指出，要紧扣"富民强省十大行动计划"，打造九大万亿元产业，做到"统一认识、统一谋划、统一布局、合力推进"。

浙江省交通运输厅厅长陈利幸表示，综合交通产业的发展重点要坚持抓项目与抓产业并重，聚焦"新技术、新产品、新模式、新业态"，做好一个产业规划、一个扶持政策、一个博览会、一个统计体系、一个推进机制"五个一"。

根据《规划》，浙江省综合交通产业发展将从交通建筑业、交通装备制造业、交通运输业、交通关联服务业4个领域发力。力争到2022年，浙江省综合交通产业总体水平居全国前列，产业影响力、竞争力和带动力不断增强，拉动经济增长的引擎作用更为凸显，形成一批具有较强国际竞争力的领军企业和产业集群。（下转2版）

学习与实践

充分发挥水运优势 努力守护绿水青山

——学习贯彻习近平生态文明思想系列评论之二

焦莲平

交通运输是经济社会发展的先行官，也是国家节能减排和应对气候变化的重点领域。水运作为综合交通运输体系的重要组成部分，在节能减排方面有着独特优势。据相关研究估算，我国海运船舶能耗强度约为0.24千克标准煤／百吨公里，远低于载货汽车1.8千克标准煤／百吨公里的能耗水平，水运低碳比较优势可见一斑。然而目前，我国水运的节能环保优势尚未充分发挥出来，行业绿色发展理念意识还不够强，资源集约利用和综合循环利用水平还不高，污染防治依然任重道远。

推进绿色水运发展，是贯彻落实习近平生态文明思想的有力抓手，也是实现行业可持续发展的必然要求。总书记在考察长江经济带时明确提出，要共抓大保护、不搞大开发，探索出一条生态优先、绿色发展新路子。这一重要指示精神，为推进绿色水运发展指明了方向。在发展理念方面，要摒弃以往粗放式发展的传统思路，把守护绿水青山作为行业发展的重要前提，把对人民群众负责、对子孙后代负责作为推动行业发展的重要出发点。在发展基础方面，要加快完善综合交通运输网络，加强港口、码头、航道等交通基础设施生态保护，开展绿色港口创建和港口污染防治，推进资源节约集约与综合循环利用。在运输环节治理方面，要加快运输结构调整，抓实抓细抓好船舶污染排放控制区政策落实，大力推动靠港船舶使用岸电，积极推广新能源和清洁能源应用，积极引导LNG船舶新建或改造，加快船型标准化和尾气处理，着力降低污染排放水平。在行业监管方面，要加快完善绿色交通相关法规、政策、标准，健全绿色交通监管考核体系，切实使各项政策措施落地生效。

只有多管齐下、综合治理，水运行业的节能环保优势才能真正得以发挥，绿色发展理念才能真正在交通运输行业落地生根，绿水青山、永续发展目标也才能在交通运输行业逐步变为现实。

李建波在重庆调研行业科技创新工作时要求

为交通强国建设增加科技供给

本报讯 8月21日至23日，交通运输部党组成员李建波在重庆调研行业科技创新工作，先后考察了招商局重庆交通科研设计院有限公司科研平台、重庆曾家岩大桥建设工程、重庆车辆检测研究院有限公司自动驾驶封闭场地测试基地、长安汽车工业园自动驾驶技术研发等情况，听取了重庆市交通委交通运行监测与应急调度中心信息化工作汇报，就行业科技创新工作与一线科研人员进行了深入交流。

李建波强调，要深入学习贯彻党的十九大精神和习近平总书记关于科技创新的重要论述精神，立足交通强国建设的伟大实践和历史机遇，把握科技工作的战略定位，不断提升行业科技创新能力，在交通强国的广阔舞台上建功立业。

李建波希望行业科研单位和广大科技工作者，放眼未来，瞄准交通运输发展前沿，在共性关键技术方面奋力攻关，占领行业科技制高点。要切实开展协同创新，聚焦综合、智慧、绿色、安全以及运输服务、行业治理等急需科技创新突破的领域，各展所长，优势互补，多出成果，加快科技成果转化，全面增加科技供给，有力有效地支撑交通运输现代化进程。要在确保安全的前提下积极推进自动驾驶等前沿引领技术的发展应用，对于成熟可靠的智能辅助驾驶技术可加大推广应用力度；对于高级别自动驾驶技术应进行充分的场地测试，循序渐进，不断提高其成熟度。各测试基地要以场地测试为纽带，促进汽车制造、道路建设、信息通信、传感器技术等企业和科研机构的紧密合作，形成技术攻关的合力。 （闵欣）

近期，北京延庆至张家口崇礼高速公路水磁堡大桥施工正在有序推进（如图）。由贵州路桥集团承建的水磁堡大桥全长约1049米，是延崇高速公路的控制性工程，目前已完成全桥工程的45%。

据悉，延崇高速公路计划于2019年年底建成通车，对保障2022年冬奥会、推进京津冀协同发展和促进沿线地区经济发展具有重要意义。 特约记者 吴道贵 摄

贵州铁路建设完成近八成年度投资计划

本报讯 （特约记者 刘叶琳）据贵州省铁路建设办公室消息，今年1月至7月，贵州省铁路建设完成投资116亿元，占全年铁路投资计划150亿元的77.3%。目前，全省已建成铁路3550公里，其中高铁1214公里。

根据《"十三五"现代综合交通运输发展规划》，贵州"十三五"期新开建铁路项目3个，分别是贵南高铁（贵阳至南宁）、盘兴铁路（盘州至兴义）和铜吉铁路（铜仁至吉首）。其中，贵南高铁已于2016年年底开工建设；盘兴铁路可行性研究报告今年8月初已获中国铁路总公司和贵州省政府联合批复，计划今年年底前开工；铜吉铁路正同步推进工程可行性研究和设计。

根据《中长期铁路网规划（2030年）》，贵州铁路路网总规模约7500公里，其中高铁约2500公里。目前，贵州在建的铁路项目包括成贵高铁（成都至贵阳）、铜玉铁路（铜仁至玉屏）、安六铁路（安顺至六盘水）等10个项目，在贵州境内总里程约900公里，其中高铁约占640公里。

交通运输文化品牌建设与宣传培训9月成都开班

本报讯 （记者 李雪森）9月10日至15日，中国交通报社将在四川成都举办交通运输文化品牌建设与新闻宣传培训班。

培训班将邀请有关专家就交通运输行业企业文化建设、品牌战略以及新闻宣传等进行理论指导和案例分析；邀请企业代表就企业文化建设、服务品牌打造、新闻宣传与舆情应对的经验等内容进行主题演讲和经验交流；组织学员实地调研四川省交通运输系统文化品牌建设；举办汶川地震十周年"铭记·希望·重生"采访活动。

了解培训班详情，请咨询中国交通报社培训中心。联系电话：(010) 64246874、65299681；传真：(010)64250641；邮箱：peixun@zgjtb.com。

见证40年 主题访谈

任何成功都是天人合一的结果

——访上海振华重工集团原总裁管彤贤

扫一扫 观看专访视频

本报记者 林芬

"可乐要冰的吗？"问记者这句话的，不是餐厅服务生，而是管彤贤三结合工作室的同济大学研究生。

喝冰可乐，吃冰淇淋，早晨7点之前就到工作室办公，周六也不例外……85岁的管彤贤充满"热情"。7月14日8点半，记者来到位于上海振华重工（集团）股份有限公司办公楼21层的管彤贤工作室时，他已经工作了1个多小时。同一间办公室里，10多位同济大学机械与能源工程学院的师生，在电脑前聚精会神地忙碌着——小到创新踏步式单脚扶梯设计，大到研制世界首创2500吨座席式打桩船……这里是管彤贤退而不休的"创新基地"。

见到记者，管彤贤热情地打着招呼，非常慈祥，笑起来额头上、浓眉间布满了一道道深深的皱纹。

天人合一、独门武器、市场之道、诚信之基、诗词之美、知识之舟……短短3个多小时，管彤贤力求从多个维度解读"振华传奇"，还分享了面对磨难的人生智慧。

振华是改革开放的产物

人生不言老！1992年，59岁的管彤贤即将从中港总公司船机处处长的岗位上退休，毅然决定和志同道合的朋友们一起，在交通部的支持下，从零开始创办振华港机公司，用10年左右光景，让振华成为世界港机业公认的"领头羊"。

如今，振华港机走进了100多个国家的市场，占据了世界港机市场份额的80%，实现了创业时的誓言："世界上凡是有集装箱作业的码头，都应有上海振华重工生产的集装箱机械在作业"。

上海振华重工公司原总裁管彤贤。 特约记者 林芬 摄

回顾自豪的往事，管彤贤用"天人合一"4个字来解读——任何成功、成就，必然是两方面因素的结合，一个是"天"，一个是"人"。

"'天'，是讲大环境大气候，是人力不能左右的社会力量，不是迷信。"管彤贤解释。振华的"天"有4个方面：改革开放，外贸大发展，集装箱运输改变世界，小平同志南巡。

"振华是改革开放的产物。没有外贸大发展提供的市场，就没有振华的乘势崛起。我国真正外贸大发展是小平同志1992年南巡讲话之后。同时，小平南巡讲话也为我创造了一个继续工作的大气候。那时，我已经59岁了，但没有人再挑剔从业者年龄大小了。振华1992年年初成立，我一气干了18年。"管彤贤说，小平同志提出的一系列指示：发展就是硬道理，尊重知识尊重人才，空谈误国、实干兴邦……成为振华前进的指路明灯。 （下转4版）

|今日看点

续写海丝传奇
招商局港口助推"一带一路"建设纪实
3版

更多资讯，请关注中国交通报微博、微信、客户端！

App安卓版

App苹果版

微信公众平台

□值班编委 林芬 本版副主编 卢锐 责编 马士若 □E-mail:xw1b@zgjtb.com □新闻热线：(010)64255441 □发行热线：(010)64256206 □广告热线：(010)64250642 □培训热线：(010)65299681

2018年8月28日 星期二 | 4版
主编 王捷涛 责编 [illegible]
电话:010-65293632 64252864 E-mail:zgjtb@126.com
见证40年 主题访谈
中国交通报 CHINA TRANSPORT NEWS

任何成功都是天人合一的结果

——访上海振华重工集团原总裁管彤贤

（上接1版）

"世界外贸格局发生了大变化，这也是我们后来才意识到的。"管彤贤说，"柏林墙倒塌"，世界原本分裂的两个市场合成一个统一的市场，成立了WTO（世界贸易组织），越来越多的国家加入WTO，消除贸易保护主义。外贸大发展为振华提供了巨大的集装箱机械市场。

"一个20英尺的集装箱可以装1万件衬衫，从中国运到美洲，最便宜时每件运费只要0.2美元。南美的水果运到上海来，再转运到西藏、新疆，让一生从未见过热带水果的同胞一饱口福，这是冷藏箱的功劳。现在，走进自动化集装箱码头，一个装卸工人也看不到，照常运转，当惊世界殊！"管彤贤说。集装箱用自己顽强的生命力，改变着世界的运输面貌。他归纳了集装箱的十大优点：一是比传统件杂货装卸效率高30至50倍；二是全天候24小时作业，不怕风雨；三是标准化的标尺；四是可派生出"冷藏箱"；五是不需要仓库；六是可多次重复使用；七是实现"门到门"运输；八是防盗；九是防止货损货差；十是可以实现自动化。

集装箱大发展，船舶大型化，码头原有的设备不能用了，就出现了超巴拿马型起重机。"上海振华一马当先，走在最前面，由于它能短周期准时交货，赢得港口用户信任，订单如雪片一样飞来，逼得我们扩建再扩建，促使我们高举创新大旗，最多的时候一年生产300台集装箱岸桥（日本三菱重工一年只生产10台，其他各家也差不多）、600台场桥。"回忆起来，管彤贤的脸上洋溢着兴奋、自豪之情。

整机运输船。

近三十项独门武器"与强争锋"

管彤贤一直没有自己的独立办公室，直到今天，工作室也是与十多人共享，接受记者采访的办公室是"借别人的"。

创业之初，振华公司的办公室非常狭小，资料柜钉在墙上，不占地。没有车间就向兄弟单位借，没钱买新设备就买二手货，1996年以前，振华没有买过一台新机床；买不起小汽车，就用借来的小汽车接送宾客……

创业艰难，振华拿什么与雄踞世界市场的制造业巨头竞争？

"有了市场，市场会帮助你招揽人才；市场会帮助你得到资金；市场会帮助你获得技术；市场会帮助你进行改革……"在管彤贤眼里，市场就是企业的天。

振华选择哪个市场打响第一炮？管彤贤说："先敲哪扇门，先找难的进！"

当时，在国内，买进口港机产品是"天经地义"，要占领国内市场都不容易，管彤贤却毅然决定，直接去敲第一世界港口的大门！然而在新加坡，振华投标五次、五次不中，困境中，管彤贤并没有气馁。"搞企业，不会一帆风顺，要有勇气'自强不息'。"终于，1992年，振华在加拿大温哥华港成功试水，紧接着目标瞄准全球最大的集装箱机械市场——美国。国际市场有个"公平"原则，只要你"好"，就有人要，产品就是活广告，之后客户纷至沓来。同样，欧洲市场，振华首先征服起重机的故乡德国。在德国汉堡、不莱梅的码头上，屹立着ZPMC的产品。"德国记者问我：德国有强大的机械制造业，为什么要买中国振华的产品？我说：问题提得好，但是我们是卖方，这个你要问买方德国的码头公司。"管彤贤的回答礼貌又幽默。

管彤贤说，振华有近30项"独门武器"：世界首创侧装式整机运输船；2800人的强大设计研发队伍；既重软实力又重硬实力（例如重型码头重型车间、大型浮吊等），经常"离经叛道"；至于与职工分享公司蓬勃发展的成果，不断改善职工的物质文化生活更不在话下……

世界首创侧装式整机运输船是管彤贤非常得意的"作品"。"拥有整机运输船队是振华大幅度缩短交货期、保证准时交货的重要手段。这也是振华成立伊始力排众议、自主决定的首件大事。至今世界无第二家重型制造企业有自己的运输船队，殊不知，这正是他们败北的重要原因。"管彤贤说。当时可以提供集装箱起重机整机运输的只有荷兰的一家公司，价格贵，且运输时间得不到保证。振华公司运到温哥华的第一台岸桥运费要90万美元，第二台马上涨到130万美元。要进入世界市场，必需有自己的独门武器"整机运输船"，否则只能"关门大吉"。

振华重工上海长兴岛基地。

"管理艺术"探新路革旧疾

振华员工最多时有4.5万人，怎么管理？"我在国企工作过，深知铁饭碗、大锅饭、铁交椅是国企的固有弊端。成立振华就是要走新路，革除这些旧毛病。"管彤贤说。

科技创新奖、英语优秀津贴，20年长期无息贷款解决购房、买车，浴病问题，蓝领家属宿舍，蓝领沐浴房洗衣房……这些大大小小的激励措施，都是管彤贤"管理艺术"的一部分。管理之道，来自对人的了解，也来自从不拘知的探索。管彤贤举了一个小例子，当年为了丰富蓝领工人的精神生活，公司引进了电影放映，与市区电影院同步播放新片，每场电影只要一元钱。"结果没人看，后来改为一分钱也不收，还是没人看。蓝领白天工作累了，晚上希望好好休息；有余力的工人，宁愿去加班多挣钱，也不愿去看电影，这是他们的'需要'。"此外，公司对白领（研发管理人员）实行聘用制，数万蓝领实行承包制。这在当年的国企内亦是创新。

公司还提倡见义勇为，举办职工义捐。"毫无疑问，只有具有高尚情操的人，才能成为优秀工匠和优秀干部。"管彤贤说。

门口的保安，食堂的服务员，管彤贤都亲切地打招呼。结束采访，记者一行到食堂吃饭时已过中午12点，他对加班的服务员说了两遍"辛苦了"。

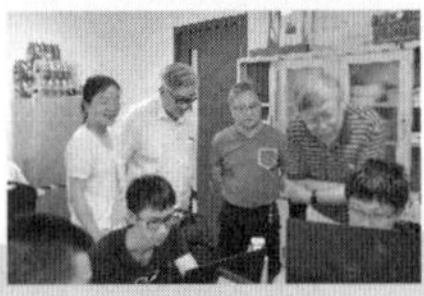

管彤贤工作室。 特约记者 韩齐 摄

人生沉浮 知识为舟

"祸福相依，人受些折磨不一定是坏事！我的经历就如一个掉入水中的葫芦，几次按下去，又浮起来。不是我有什么特异功能。最合理的解释是我有知识，有进取心，有壮志，很希望为社会、为国家做点有益的事。主要还是因为我尚有可作贡献的知识。"管彤贤1955年毕业于北京工业学院（现北京理工大学），分配到交通部任技术员。1957年被错划为右派，开除公职，送北大荒"劳动教养"，之后农村十年、工厂十年饱经磨难，直到十一届三中全会恢复名誉。如今，回想人生沉浮，他最感慨于知识对人生的引领和塑造。

2009年年底从上海振华重工公司总裁的位子上退下来后，管彤贤选择了传道授业，到同济大学开了一门课"现代机械工程师理论基础"。他兢兢业业，经常花20个小时准备一堂课，还要带学生们去十几个工厂参观，当了两个学期的大学教授。

如今，管彤贤虽85岁高龄，退而不休，重操工程师旧业，组建了振华的产学研三结合工作室。在炎炎夏日，与即将走向社会的几位同济大学研究生一起喝着冰可乐，一起研讨攻关振华新产品中的难题，享受创新的乐趣。他说："他们都是百里挑一的高材生，不少是从农村出来的，能吃苦、肯学习，能钻研，思路活跃，经过工作室一年半的锻炼培养，前途无限。"

正在设计制造的世界首创海上风电2500吨座底式打桩船的模型，在电脑屏幕上旋转着，荧屏的光照亮学生们青春朝气的脸庞，也照亮管彤贤充满自信的笑容。

本文图片除署名外为 本报资料片

地址：北京市朝阳区安华西里三区13号楼 邮编：100011 总编室：(010)65293633 通联部：(010)65293561 (010)64252114(传真) 采编中心：(010)64255441 公路中心：(010)65293615 水运中心：(010)64255824 运输中心：(010)65293641 新媒体中心(010)64255469 培训中心：(010)65299681 广告部：(010)64250642 (010)64255452(传真) 北京中通广告公司：(010)64252934 广告经营许可证：京朝工商广字0142号 每年定价:460元 每月定价:38.34元 零售每份:1.92元 中国青年报印刷厂印刷

敢于走新路　才有新路走

——访原交通部总工程师杨盛福

实习记者　赵鹏飞　本报记者　林　芬

见报日期　2018 年 9 月 4 日

第一次引入菲迪克条款，第一次大规模利用世界银行贷款，第一次实施业主负责制、招投标制、工程监理制和合同管理制……京津塘高速公路，在我国高速公路建设史上具有里程碑意义。

“向国家交一条高质量的高速公路，把国外先进技术学到手，引进科学的管理模式推动基建改革，培养一批适应高速公路建管的人才，全部实现了。”原交通部总工程师杨盛福曾是京津塘高速公路的总监理工程师。81 岁的他，精神矍铄，思路清晰。

不仅仅是高速公路。改革开放初的“探路”岁月，在这位开拓者近两个小时不间断的讲述中，仿佛一条穿越险滩并从中持续收获生命力的滔滔大河，串起了公路建设的昨天、今天和明天。

观念转变　公路运输不再“没地位”

改革开放之前的30年，我国交通运输发展以铁路为主，其他运输方式特别是公路运输未得到应有的重视，发展缓慢。到1978年年底，全国公路总里程不足90万公里，二级以上公路仅有1万公里，有三分之一以上的镇村不通公路。

“当时在部机关经常看到各地发来的电报——江西井冈山的毛竹运不出来，眼睁睁看着烂在山里；陕西安康地区木耳大量积压，老百姓拿来垫炕……有老百姓戏称，这是捧着金饭碗要饭咧。”杨盛福回忆，改革开放后农村实行包产到户，农民的积极性提高，生产发展迅猛，但公路运输不畅，山区根本就没有公路，严重影响了物资运输。

这种“窘境”还体现在压船压港等多个方面。

“大中城市出入口道路狭窄，车辆进出困难，造成了进出口拥堵严重；连接沿海主要对外贸易港口的公路标准低，加剧了压船压港；山西省有煤炭，却因道路不畅运不出来；许多外国人来长城旅游，因为难行的土路，高兴而来、扫兴而归。”杨盛福说。

“要想富，先修路”，说出了人民群众对路的需求，也引起了社会各界的关注。20世纪80年代初，国家计委、经委、建委联合召开“交通运输技术改造政策研讨会”，讨论在改革开放形势下如何缓解交通运输紧张状况和发展交通运输。会上，两种观点针锋相对——一种意见主张延续过去30多年的以铁路运输为主的“老路子”，另一种意见则主张各种交通运输方式统筹规划、协调发展，建立起我国的综合交通运输体系。

“我作为公路专业的代表参与了讨论，并在会上作了《公路在综合运输网中应有恰当的位置》的发言，分析了‘老路子’使交通运输紧张状况越来越严重的情况，并明确提出我国交通运输应走后一种发展路子。”杨盛福说，后来他又发表了《要重视公路运输事业的发展》等文章，并和综合运输研究所等开展合作，为公路运输发展献计献策。

经过几年多次专家会的反复论证，我国交通行业内要加快公路运输发展、我国交通运输应转向发展综合运输体系逐步形成基本共识，并被决策部门采纳，形成了我国“发展综合运输体系为主轴的交通运输业”的方针。从此，公路运输不再“没地位”，发展状况逐步改善。

动脑筋想办法　向政策要资金

改革开放前，公路建设资金一直由交通部向国家计划委员会申请。百废待兴的年代，各个行业都需要发展。钱从哪来？国家能给的只是杯水车薪。

“借鉴农村经济体制改革试点的成功经验，要不到钱，就要政策，政策就是钱嘛！”杨盛福介绍，当时交通部利用国家库存里的粮棉布“以工代赈”。

冬天，农民利用农闲时间修公路。修完后，交通部门就把粮食以及棉布做成的被子、棉袄，一起作为工钱支付给农民。1982 年到 1984 年，这项政策极大地调动了农民的积极性。之后两年，交通部又向国家申请用自行车、收音机等积压的轻工业品“以工代赈”，从而加快了农村公路建设。

但这只能解决农村公路的问题，干线公路的问题解决不了。与此同时，交通部不断向国家计委提出加快公路建设的政策措施建议。

1983 年年初，杨盛福在《要重视公路运输事业的发展》一文中提出：走动员各方力量来加强公路建设的路子，从各种渠道来解决建设资金的问题。经过研究，交通部向国家建议，增加公路投资，提高养路费征收比例，允许贷款修路修桥、收费还贷，征收燃油税、轮胎税……

有人质疑：修路不就是箩筐加扁担，还用国外贷款？轮船用柴油，从来不走公路，火车也不走公路，为啥要收燃油税？“当时困难重重，我们冲破了许多阻力。”杨盛福感叹道。

“买车一定要上路吧，征收车辆购置附加费来修公路应该是合理的吧。”杨盛福认为，路修好了，省油、减少车辆损耗，对购车者也算一定补偿。当时国家正在限制社会集团购车，征收车辆购置附加费对限购也有好处，是一举多得的事情，各部门都能接受。

1984 年 12 月，国务院第 54 次常务会议讨论通过了交通部提出的征收车辆购置附加费、“贷款修路、收费还贷”等几项加快公路发展的政策措施。

同时，交通部总结各地集资经验，提出了发行债券、发行股票、转让经营权等政策措施建议，并于 1995 年召开公路建设与融资国际研讨会，推动引进外资、中外合资、公路股票境外上市。有了资金，公路建设便有了底气。

“有了这些政策，才有了近几十年来我国公路建设、特别是高速公路建设的快速发展。”杨盛福对此感到十分欣慰。

菲迪克条款引发“轩然大波”

有了钱，如何把钱用好，又成了难题。如何充分发挥有限资金的效益，改变过去粗放型的管理模式，从行政命令转向科学化管理呢？杨盛福直言，当时的公路建设管理模式急需突破和创新。

1984 年，交通部利用向世界银行贷款的契机，学习、引进菲迪克条款来实施工程管理。在资本主义私有制下形成的工程管理模式，在社会主义公有制的中国能否适用？不少人对此心存疑虑。

杨盛福回忆，出于稳妥考虑，交通部在世界银行的第一批贷款中选了西安至三原一级公路和山东晏城高塘二级公路项目“摸着石头过河”。当时，部公路局设立了“世界银行项目贷款办公室”负责贷款、协调和管理，还邀请国外工程咨询公司做顾问，帮助按照国际标准编制标书，从而进行招投标工作与推行监理制度。

实践证明，这种模式的确提高了施工质量、降低了造价。因此，交通部决定在第二批世界银行贷款项目——京津塘高速公路建设中，全面实行“工程监理制”。为保证工程顺利实施，交通部和两省一市主管基建的领导组成领导小组，负责项目建设决策。两省一市抽调干部，组建京津塘高速公路联合公司。

“联合公司是改革开放后交通行业首个完全独立的法人个体，负责出面向世行贷款、修路和还贷。这就是后来的‘项目业主负责制’。”杨盛福说，交通部直接参与并组织了工程监理，还从部属设计单位及两省一市抽调工程技术人员，会同外国监理人员共同组成了总监办和3个驻地办，常驻工地监理。

然而，万事开头难，新的管理制度却出现了“水土不服”的状况。以合同形式进行管理，改变了传统行政命令的管理模式。工作干了多少、质量是否合格，都有人监理，不合格就拿不到钱，制约了交通部门的领导和承包商。

1989年4月，邹家华视察京津塘高速公路时指出：“我们利用世界银行贷款，工作就要符合他们的要求，尤其是坚持程序和通过监理这两条。”这给各级监理人员严格执行工作注入了“强心针”。“大家逐步理解适应这一条款。监理与业主、承包商之间的关系也逐步理顺，工程质量、施工进度、项目造价都得到了有效控制。”杨盛福说。

1993年9月，京津塘高速公路全线建成通车，达到了国内领先、国际先进水平，还获得了国家科技进步一等奖等殊荣。世界银行对其建设标准、质量的高度认可，为后续公路建设利用世界银行贷款打下了坚实基础。

“它改变了整个基本建设管理模式！”杨盛福依然难掩激动。“工程监理制”在京津塘高速公路中的成功实践，为公路建设和管理树立了标杆。

困难重重，化压力为动力，想办法解决难题，千方百计促进行业发展——这是开拓者们留给后人的宝贵财富。无数公路建设者将这笔财富化作奋进力量，倾注在大江南北的477万公里公路之上，并使其不断焕发新颜。

2018年9月4日 星期二 | 第6810期 | 邮发代号:1-72 国内统一刊号:CN11-0122
http://www.zgjtb.com | 今日8版 | 交通运输部主管 中国交通报社主办

湖南创建城乡客运一体化示范县

本报讯 （记者 郭立新 朱召学 李守宇）记者从湖南省交通运输厅获悉，湖南将在全省开展城乡客运一体化示范县创建工作，通过3年时间打造一批城乡客运一体化示范县，实现一县一公司、公车公营、乡村全通，提升城乡公共交通服务水平。

湖南将以县（市、区）为单位，行政区域内所有农村客运线路，原则上由一家公司经营，鼓励有条件的地区逐步实现长途客运、城市公交和农村客运由一家公司经营。农村客运车辆全部由经营公司出资购买，产权归公司所有，车辆和驾驶人统一由经营公司调配管理，杜绝挂靠经营、承包经营等模式。科学布局行政区划内农村客运线网，针对冷、热线路实施补空调控，确保实现辖区所有建制村全覆盖。

城乡客运一体化示范县创建工作为期2年。今年，湖南将选定国家级示范县2个、省级示范县6个。国家级示范县必须达到省级示范县的要求，才能申请国家级示范县验收。验收合格后，湖南省交通运输厅将给予每个国家级示范县（市、区）奖补资金1500万元、省级示范县（市、区）奖补资金1200万元，主要用于主体公司收购车辆、新开通农村公交线路以及建设与农村公交相配套的站场等。示范县建成挂牌后，湖南省交通运输厅还将给予适当的营运补助。

杭州交通"最多跑一次"改革领跑浙江

本报记者 贾刚方
通讯员 杨晓夏 张波 范栋

日前，浙江省杭州市水上公共观光巴士有限公司的高师傅带着35艘船舶的相关证书走进杭州市行政服务中心交通港航分中心，30分钟过后便拿到了第一艘水上巴士的"七合一"船舶证书。"我们公司有35艘船，每艘船有4到7本证书，以前办理新增、换证、年检等业务，要跑不同的部门提交许多材料，现在只要跑一趟就行。"高师傅拿着证书，对这项改革赞不绝口。

改革好不好，老百姓说了算。为期1个月的浙江省交通运输系统"最多跑一次"改革亮点评选活动刚刚收官，在参与评选的30项改革举措中，杭州市港航管理局多证合一、多检合一、异地供给在线支付的举措获得了1万余票，名列前茅。

群众关心什么、期盼什么，改革就抓住什么、推进什么。杭州市交通运输局局长范建军介绍，杭州市交通推动全部事项实现"最多跑一次"，推行了"六个办"，即"网上办""一证办""一窗办""移动办""自助办""轻便办"，为群众办事提供更多选择和便利。

机动车服务全程"零跑腿" 内河船舶多检合一

得益于杭州市道路运输管理局的网约车监管平台，想在杭州当一名网约车司机的安徽人余强，通过网上办证系统报名、现场考试、审核成绩，没过几天就收到了网约车驾驶员电子证件。"我跑的唯一一趟就是现场考试，其他流程都在网上进行。"余强告诉记者，他很快就可以开车上路了。

杭州市机动车服务管理局针对普通机动车驾驶员培训经营许可、机动车驾驶员培训教练场经营许可、道路运输驾驶员从业资格培训经营许可等五大事项，实施网上材料申报、网上受理、后台数据审核、服务上门、快递证件送达等措施，实现了全程"零跑腿"。

除了让办事群众、企业少跑腿或不跑腿，杭州市公路管理局创新推出"代跑"服务。过去，前来办理公路相关业务的申请人，须自行征求意见。如今，审批中心工作人员可代替申请人向公安交警部门、公路业主单位等征求意见。

8月15日起，在前期试运行的基础上，杭州航区内9个集中检验点全面同步开展内河船舶多检合一。杭州市港航管理部门在浙江率先开展多证合一、电子证照工作，将船舶证书用"一簿、一码"代替。船舶年度检验、运政经营资质年度核查、海事安全检查三项检验一次完成，原来多个船舶证件，现在由一个信息簿、二维码就轻松解决。

联通信息孤岛 重构工作体系

"最多跑一次"的背后，是杭州交通运输系统10多年信息化建设的积累，数据互联共享为构建"最多跑一次"工作体系提供了坚实保障。（下转2版）

国家重大海上溢油应急处置实兵演习今日舟山海域举行

本报讯 （记者 周钱思 特约记者 苍雷）9月3日，记者从交通运输部与浙江省政府在舟山联合召开的新闻通气会上获悉，"2018年国家重大海上溢油应急处置实兵演习"将于9月4日在舟山外海水域举行。这也是《国家重大海上溢油应急处置预案》今年3月发布以来举行的首次国家、省、市三级联合溢油应急处置实兵演习。

据了解，演习将模拟一艘外籍油船"A"轮与一艘外籍集装箱船"B"轮在舟山外海水域发生碰撞，造成"A"轮爆炸起火，12名船员落水，7名船员受困于船艏甲板区，超过1000吨原油泄漏入海，"B"轮船艏轻微受损。险情发生后，国家、省、市三级立即启动应急响应，组织力量全力救援。

此次演习分桌面推演和实兵演习两部分，桌面推演已于8月28日在北京和浙江同步成功开展，取得了良好效果。实兵演习将侧重演练重大海上溢油应急处置现场力量组织、协调、指挥、装备使用和现场处置等实操内容，重点检验现场力量指挥协调和实战能力，主要包括应急反应行动方案制定、应急力量指派、人员搜救等11个场景，将以无脚本实战模式开展。

据悉，本次演习由交通运输部、浙江省政府联合主办，中国海上搜救中心、浙江省海上搜救中心共同组织实施，国家重大海上溢油应急处置部际联席会议成员单位、浙江省海上搜救中心成员单位以及相关社会力量共同参与。

交通通信信息中心与温州市共同打造数字经济区域阵地

本报讯 （记者 孟庆丰）8月31日，浙江省温州市政府与中国交通通信信息中心在温州市签署战略合作协议，将在十大领域展开合作，落实交通强国战略部署，打造温州数字经济区域阵地。浙江省副省长、温州市委书记陈伟俊，浙江省交通运输厅厅长陈利幸，温州市市长姚高员，中国交通通信信息中心主任曹德胜出席签约仪式。

据介绍，双方合作协议包含10项内容，涵盖北斗系统应用、智慧交通建设、金融领域合作、卫星产业建设、高速公路光纤网、网络信息安全等，汇聚了中国交通通信信息中心优势资源及温州市多项政策支持。双方还针对合作内容细化制定了6项合作方案。

根据协议，双方将全力推动国家级北斗产业基地落地温州市，在温州市布局建设全国交通一卡通区域结算中心，共同建立温州智慧交通发展产业基金，利用卫星技术建立海洋经济大数据分析平台，同时将筹划国家物流公共信息服务平台浙江中心落户温州。

曹德胜表示，双方将在科技开发、成果转化、人才队伍培养等更广阔的领域深入合作，支持温州创建中国制造2025示范城市。

学习与实践

以清洁绿色装备绘就美丽交通画卷

——学习贯彻习近平生态文明思想系列评论之三

焦莲平

交通运输装备是影响交通运输发展水平的重要因素，其清洁绿色水平直接影响着交通运输绿色发展水平。近年来，交通运输行业认真贯彻落实习近平生态文明思想，绿色交通建设取得了积极成效。但总体来看，目前我国交通运输装备的清洁绿色水平还不高，交通运输行业仍是我国的能耗大户和排放大户。比如，汽车排放是雾霾的重要来源，船舶排放的二氧化硫和氮氧化物已成为港口城市主要空气污染物之一。

交通运输绿色发展，必须在推进运输装备升级上下大力气，多措并举、多方协调，实现运输装备的清洁化、绿色化发展。政策引导方面，要大力推进运输结构调整，积极推进铁、公、水集装箱多式联运发展，推进集装箱标准化，以更大力度推动城市公共交通优先发展，大力开展运输装备科技创新，鼓励企业在新能源使用、节能减排技术改进等方面加大投入，营造良好的政策环境。绿色装备制造方面，要加强既有铁路设备节能改造，淘汰技术落后的机车设备，引导LNG船舶、电动船舶新建或改造，推进船型标准化，完善公路网充电设施和内河高等级航道加气设施。清洁能源应用方面，要积极推广应用新能源和清洁能源汽车，推动靠港船舶使用岸电，积极推进航空生物燃料研发应用，扩大邮政快递中转运输和末端配送环节新能源车辆使用。

交通运输装备清洁化、绿色化发展是促进交通运输节能减排、优化能源结构、提升绿色发展水平的重要内容，必须高度重视、加快推进，以清洁绿色的交通运输装备描绘美丽的交通运输画卷，为建设美丽中国、增进民生福祉、满足人民对美好生活的向往提供坚实支撑和有力保障。（本系列评论刊发完毕）

新时代 新公交 新出行

"我的公交我的城"重大主题宣传活动再启程

嘉兴市95路省级工人先锋号公交车驾驶员黄伦标在红船学院公交首末站接受采访团采访。 特约记者 魏伟 摄

本报讯 （实习记者 赵滕飞 记者 周甸阳）9月3日，由交通运输部主办、中国交通报社承办、蚂蚁金服集团支持的2018年"我的公交我的城"重大主题宣传活动在浙江省嘉兴市正式启动。

启动仪式在南湖会景园望湖广场举行。浙江省交通运输厅和嘉兴市政府有关领导分别介绍了推进公交优先发展和建设公交都市等方面的举措和成效。嘉兴国鸿公交公司驾驶员代表庄正新向全国公交驾驶员发出了"爱岗敬业，优质服务""宣传公交，绿色出行"的倡议。

今年是交通运输部主办、中国交通报社承办"我的公交我的城"重大主题宣传活动的第三个年头。2016年以来，由中央、行业、地方媒体记者组成的采访团先后奔赴15个城市进行深度采访，广泛宣传了我国公共交通事业发展的成就，发掘传播各省（区、市）和城市推进公交优先发展的经验。

2018年"我的公交我的城"重大主题宣传活动，将重点展示改革开放40年来，各地推进公交优先、创建公交都市、提升公交服务等方面取得的成就与经验，宣传交通运输行业积极实施公交优先战略的新理念和新举措，向公众传播支持公交、参与公交的绿色出行理念，争取各级政府部门更多扶持公共交通发展、创造优质城市出行供给。

根据计划，9月3日至7日，中央主要媒体、主流新闻网站、行业媒体及地方媒体组成的采访团将先后赴浙江嘉兴、义乌、杭州，通过集中采访、专业研讨等形式，集中宣传进入新时代以来，当地公交发展成就以及加快建设人民满意的城市公共交通系统的好做法、好经验。在此期间，还将举办公交发展研讨会，启动新能源公交高品质线路推选宣传展示活动。

本报新闻宣传业务培训班9月郑州举办

本报讯 （记者 魏峰）9月下旬，中国交通报社今年第二期特约记者、通讯员业务培训班将在河南省郑州市举办。

培训班将邀请国内知名媒体、交通宣传、摄影领域专家，围绕如何做好新形势下的交通运输新闻宣传工作，提高舆论引导力；如何把握媒体格局、舆论生态、受众对象、传播技术发生的深刻变化，有效利用新媒体进行新闻传播；如何快速掌握新闻报道的基本技巧，讲好交通故事；如何把握新闻摄影特性，有效提高摄影作品的表现力等内容，进行授课和交流互动。

详情可登录中国交通新闻网"培训中心"频道查询，咨询电话：(010)65299681。

见证40年 主题访谈

敢于走新路 才有新路走

——访原交通部总工程师杨盛福

实习记者 赵滕飞 本报记者 林芬

第一次引入"菲迪克条款"，第一次大规模利用世界银行贷款，第一次实施业主负责制、招投标制、工程监理制和合同管理制……京津塘高速公路，在我国高速公路建设史上具有里程碑意义。

"向国家交一条高质量的高速公路，把国外先进技术学到手，引进科学的管理模式推动基建改革，培养一批适应高速公路建管的人才，全部实现了。"原交通部总工程师杨盛福曾是京津塘高速公路的总监理工程师。81岁的他，精神矍铄，思路清晰。

不仅仅是高速公路。改革开放初的"探路"岁月，在这位开拓者近两个小时不间断的讲述中，仿佛一条穿越险滩并从中持续收获生命力的滔滔大河，串起了公路建设的昨天、今天和明天。

观念转变 公路运输不再"没地位"

改革开放之前的30年，我国交通运输发展以铁路为主，其他运输方式特别是公路运输未得到应有的重视，发展缓慢。到1978年年底，全国公路总里程不足90万公里，二级以上公路仅有1万公里，有三分之一以上的镇村不通公路。

"当时在部机关经常看到各地发来的电报——江西井冈山的毛竹运不出来，眼睁睁看着烂在山里；陕西安康地区木耳大量积压，老百姓拿来垫炕……有老百姓戏称，这是捧着金饭碗要饭咧。"杨盛福回忆，改革开放后农村实行包产到户，农民的积极性提高，生产发展迅猛。但公路运输不畅，山区根本就没有公路，严重影响了物资运输。

这种"窘境"，还体现在压船压港等多个方面。

"大中城市入口道路狭窄，车辆进出困难，造成了进出口拥堵严重；连接沿海主要对外贸易港口的公路标准低，加剧了压船压港；山西省有煤炭，却因道路不畅运不出来；许多外国人来长城旅游，因为难行的土路，高兴而来、扫兴而归。"杨盛福说。

原交通部总工程师杨盛福。 杨蕾 摄

"要想富，先修路"，说出了人民群众对路的需求，也引起了社会各界的关注。上世纪八十年代初，国家计委、经委、建委联合召开"交通运输技术改造政策研讨会"，讨论在改革开放形势下如何缓解交通运输紧张状况和发展交通运输。会上，两种观点针锋相对——一种意见主张延续过去30多年的以铁路运输为主的"老路子"，另一种意见则是各种交通运输方式统筹规划、协调发展，建立起我国的综合交通运输体系。

"我作为公路专业的代表参与了讨论，并在会上作了《公路在综合运输网中应有恰当的位置》的发言，分析了'老路子'使交通运输紧张状况越来越严重的情况，并明确提出我国交通运输应走后一种发展路子。"杨盛福说，后来他又发表了《要重视公路运输事业的发展》等文章，并和综合运输研究所等开展合作，为公路运输发展献计献策。

经过几年多次专家会的反复论证，逐步达成了要加快公路运输发展、我国交通运输应转向发展综合运输体系的基本共识，并被决策部门采纳，形成了我国"发展综合运输体系为主轴的交通运输业"的方针。从此，公路运输不再"没地位"，发展状况逐步改善。（下转4版）

扫一扫
观看专访视频

|今日看点

App安卓版

App苹果版

微信公众平台

□值班编委 王楠 本版副主编 卢帆 责编 王晓莉 □E-mail:xwlb@zgjtb.com □新闻热线：(010)64255441 □发行热线：(010)64256206 □广告热线：(010)64250642 □培训热线：(010)65299681

2018年9月4日 星期二 | 4版 见证40年 主题访谈 中国交通报 CHINA TRANSPORT NEWS
主编 王烨炜 责编 于淼 实习编辑 张可涵 | 电话：010-65293632 64252864 E-mail:zgjtb@126.com

敢于走新路 才有新路走

——访原交通部总工程师杨盛福

（上接1版）

动脑筋想办法 向政策要资金

改革开放前，公路建设资金一直由交通部向国家计划委员会申请。百废待兴的年代，各个行业都需要发展。钱从哪来？国家能给的只是杯水车薪。

“借鉴农村经济体制改革试点的成功经验，要不到钱，就要政策，政策就是钱啊！”杨盛福介绍，当时交通部利用国家库存里的粮棉布“以工代赈”。

冬天，农民利用农闲时间修公路。修完后，交通部门就把棉布做成被子、棉袄和粮食，一起作为工钱支付给农民。1982年到1984年，这项政策极大地调动了农民的积极性。之后两年，交通部又向国家申请自行车、收音机等积压的轻工业品“以工代赈”，从而加快了农村公路建设。

但这只能解决农村公路的问题，干线公路的问题解决不了。与此同时，交通部不断向国家计委提出加快公路建设的政策措施建议。

1983年年初，杨盛福在《要重视公路运输事业的发展》一文中提出：走动员各方力量来加强公路建设的路子，从各种渠道来解决建设资金的问题。经过研究，交通部向国家建议，增加公路投资，提高养路费征收比例，允许贷款修路修桥、收费还贷，征收燃油税、轮胎税……

有人质疑：修路不就是萝筐加扁担，还用国外贷款？轮船用柴油，从来不走公路，火车也不走公路，为啥要收燃油税？“当时困难重重，我们冲破了许多阻力。”杨盛福感叹道。

“买车一定要上路吧，征收车辆购置附加费来修公路应该是合理的吧。”杨盛福认为，路修好了，省油、减少车辆损耗，对购车者也有一定补偿。当时国家正在限制社会集团购车，征收车辆购置附加费对限购也有好处，是一举多得的事情，各部门都能接受。

杨盛福（右三）在京津塘高速公路建设现场。 本文图片由 天津市交通运输委员会 提供

1984年12月，国务院第54次常务会议讨论通过了交通部提出的征收车辆购置附加费、“贷款修路、收费还贷”等几项加快公路发展的政策措施。

同时，交通部总结各地集资经验，提出了发行债券、股票、转让经营权等政策措施建议，并于1995年召开公路建设与融资国际研讨会，推动引进外资、中外合资、公路股票境外上市。有了资金，公路建设便有了底气。

“有了这些政策，才有了近几十年来我国公路建设、特别是高速公路建设的快速发展。”杨盛福对此感到十分欣慰。

菲迪克条款引发“轩然大波”

有了钱，如何把钱用好，又成了难题。如何充分发挥有限资金的效益，改变过去粗放型的管理模式，从行政命令转向科学化管理？杨盛福直言，当时的公路建设管理模式急需突破和创新。

1984年，交通部利用向世界银行贷款的契机，学习、引进菲迪克条款来实施工程管理。在资本主义私有制下形成的工程管理模式，在社会主义公有制的中国能否适用？不少人对此心存疑虑。

杨盛福回忆，出于稳妥考虑，交通部在世界银行的第一批贷款中选了西安至三原一级公路和山东晏城至禹城二级公路项目“摸着石头过河”。当时，部公路局设立了“世界银行项目贷款办公室”负责贷款、协调和管理，还邀请国外工程咨询公司做顾问，帮助按照国际标准编制标书，从而进行招投标工作与推行监理制度。

实践证明，这种模式的确提高了施工质量、降低了造价。因此，交通部决定在第二批世界银行贷款项目——京津塘高速公路建设中，全面实行“工程监理制”。为保证工程顺利实施，交通部和两省一市主管基建的领导组成领导小组，负责项目建设决策。两省一市抽调干部，组建京津塘高速公路联合公司。

“联合公司是改革开放后交通行业首个完全独立的法人个体，负责出面向世行贷款、修路和还贷。这就是后来的‘项目业主负责制’。”杨盛福说，交通部直接参与并组织了工程监理，还从部属设计单位及两省一市抽调工程技术人员，会同外国监理人员共同组成了总监办和3个驻地办，常驻工地监理。

然而，万事开头难，新的管理制度却出现了“水土不服”的状况。以合同形式进行管理，改变了传统行政命令的管理模式。工作干了多少、质量是否合格，都有人监理，不合格就拿不到钱，制约了交通部门的领导和承包商。

1989年4月，邹家华同志视察京津塘高速公路时指出：“我们利用世界银行贷款，工作就要符合他们的要求，尤其是坚持程序和通过监理这两条。”这给各级监理人员严格执行工作注入了“强心针”。“大家逐步理解应这一条款。监理与业主、承包商之间的关系也逐步理顺，工程质量、施工进度、项目造价都得到了有效控制。”杨盛福说。

1993年9月，京津塘高速公路全线建成通车，达到了国内领先、国际先进水平，还获得了国家科技进步一等奖等殊荣。世行对其建设标准、质量的高度认可，为后续公路建设利用世行贷款打下了坚实基础。

“它改变了整个基本建设管理模式！”杨盛福依然难掩激动。“工程监理制”在京津塘高速公路中的成功实践，为公路建设和管理树立了标杆。

困难重重，化压力为动力，想办法解决难题，千方百计促进行业发展——这是开拓者们留给后人的宝贵财富。无数公路建设者将这笔财富化作奋进力量，使得在大江南北的477万公里公路之上，并使其不断焕发新颜。

扫一扫 观看专访视频

京津塘高速公路监理合同签字仪式。

改扩建前的京津塘高速公路。

逝者如斯

李洪彦（左）生前在施工现场。

李洪彦 勾画爱的曲线

本报记者 刘春辉

8月22日6时许，李洪彦的心脏停止了跳动，但他的“生命”并未就此画上句号。在西藏自治区山南市人民医院医护工作人员的致敬和亲人的泪水中，李洪彦捐献出一枚肝脏、一对角膜、一对视网膜和一对肾脏，挽救了远在安徽、云南两地3个等待救治的生命，两名眼疾患者也将重见光明。

李洪彦是黑龙江省龙建路桥第六工程有限公司的一名钢筋工人。2017年，公司进藏建设S60国道琼结至错那公路项目，李洪彦主动要求参加，在工地上一待就是大半年。藏区条件艰苦，家人十分心疼，但他却说，越是条件艰苦的地方，越需要像他这样的路桥工人。

不料，今年8月13日，李洪彦突发脑溢血被送往山南市人民医院救治，后转入ICU（重症监护室）。但他病情危重，经多方努力仍无好转迹象。李洪彦的妻子和女儿了解病情之后，主动提出通过器官捐献来延续他的生命。

西藏自治区迄今没有设立器官获取组织（OPO），也没有公民去世后器官捐献的案例。山南市人民医院是中国科学技术大学附属第一人民医院的援建单位，山南市人民医院向中科大附一院OPO办公室请求技术支持，以帮家属实现心愿。

21日上午，专家组对李洪彦进行了脑损伤判定，确认患者处于临终状态，已无救治可能。

李洪彦的妻子淌含热泪说：“他生前乐于助人，谁有困难都会伸出援手，如果他知道自己的器官可以救人，一定会非常欣慰。”在安徽省红十字会协调员的见证下，李洪彦的家属签署了《中国人体器官捐献登记表》，并在捐献心脏、肝脏、肾脏等选项上都打了勾。最终，经专家组评估，李洪彦的肝脏、肾脏、角膜、视网膜均符合器官捐献条件。

器官获取手术结束后，拉萨贡嘎机场为器官转运团队开辟了绿色通道。李洪彦在雪域高原捐献的器官和组织——一枚肝脏和一枚肾脏被分配至云南昆明，另一枚肾脏、一对角膜和视网膜被运至安徽合肥。3名患者重获新生，两名眼疾患者重见光明，一对视网膜被用于临床医学科研，造福更多的人。

这是一场特殊的捐献，更是一场伟大的捐献。这次捐献跨越我国的东南西北，在中国版图上画出了一道爱的曲线。李洪彦的名字将被刻在西藏器官捐献纪念园的墓碑上，铭刻在受捐者的心里。

据中科大附一院OPO办公室主任姚自勤介绍，该例捐献是西藏自治区首例人体器官捐献，也是安徽在医疗援藏工作中首次开展器官捐献工作。李洪彦的女儿李嘉欣说：“他在建设中献出了生命，根据他生前的意愿，我们要让他的生命延续下去。”

地址：北京市朝阳区安华西里三区13号楼 邮编：100011 总编室：(010)65293633 通联部：(010)65293561 (010)64252114(传真) 采编中心：(010)64255441 公路中心：(010)65293615 水运中心：(010)64255824 运输中心：(010)65293641 新媒体中心(010)64255469 培训中心：(010)65299681 广告部：(010)64250642 (010)64255452(传真) 北京中通广告公司：(010)64252934 广告经营许可证：京朝工商广字0142号 每年定价：460元 每月定价：38.34元 零售每份：1.92元 中国青年报印刷厂印刷

从“制约瓶颈”到航运大国的巨变

——访原交通部水运司司长胡汉湘

本报记者　姜秋华

见报日期　2018 年 9 月 11 日

78 岁的胡汉湘，骑着一辆老式的“二八”自行车，如约而至。

从 1972 年进入交通部工作，到 2000 年卸任水运司司长，再到 2010 年卸任海峡两岸航运交流协会理事长，胡汉湘在交通运输行业工作了 40 多年，在 9 任部长的领导下，他见证、参与和推动了改革开放以来我国水运事业的跨越式发展。

由“制约瓶颈”到航运大国，回首我国水运事业沧海桑田般的时代巨变，胡汉湘感慨万千，娓娓道来。

压船、压港、压货曾经很常见

胡汉湘进入交通部工作时，正值计划经济时期，能源和交通是严重制约国民经济发展的两大“瓶颈”。由于港口泊位严重不足，港口存在着严重的压船、压港和压货的现象。等待进港作业的船在港外等 10 天是常态，哪个港口一出现超过 20 天的船，就要将其列为重点船，督促港口采取措施，尽可能不超过1个月，但还是无法消灭“超月船”。

“最长的在港等待纪录是183天，那是上海港的一艘成套设备船。后来，这艘船卸完货后船底全是海蛎子，根本不能走了。”谈及40年前的历史，胡汉湘记忆犹新。

在国务院开会时，一位国务院领导问他：“港口压船这么严重，你们能不能做到‘做一等一’（即在港口里作业一艘船，在外面等待一艘船）？”胡汉湘说：“目前做不到。我们只能‘做一等三’，争取‘做一等二’。”那时，还没有集装箱船，都是散货、杂货船，装卸效率很低，港口吞吐能力严重不足。

运输最紧张的时候，时任交通部海洋运输局副局长的胡汉湘曾一个月到国务院开过13次会。“国务院领导要求随叫随到。今天这儿堵了，明天那儿告急了，煤船要‘断炊’了……”胡汉湘回忆，最典型的一个例子是上海煤炭告急——在22个小时内，如果煤炭再不到就要“断炊”。时任上海市市长朱镕基给胡汉湘写信说，今年上海向中央交105亿元的任务已经相当困难，如果煤炭再“断炊”，后果不堪设想。当时，胡汉湘正在江苏开会，接到报告后，立即和铁道部领导赶到上海救急。他打破常规，急事急办，在现场调度，让秦皇岛港把给广东和江苏的2条船紧急调往上海，加上铁路的紧急调运，解决了上海的燃“煤”之急。

对于过去航运发展的低潮期，胡汉湘仍然历历在目。1991年，国务院副总理朱镕基第一次到交通部视察工作时，问：“老胡，上海的集装箱在世界排第几？”胡汉湘回答说：“不是上海的集装箱在世界排第几，而是我国大陆所有港口的集装箱吞吐量加在一起只有217万箱，还赶不上我国台湾的一个高雄港（317万箱）。”

是改革开放改变了一切

胡汉湘还清晰地记得，1978年第一次随团访问日本时内心的震撼——日本经济高度发达，市场繁荣，物资丰富，我国与日本的差距实在太大了。他出国的西服、领带、行李箱都是从部里借的，只有一套中山装和一双皮鞋是自己买的。20多人的代表团没有一个人有照相机，每人20元人民币的出国费用啥也买不起……

往事历历在目，还有一件事让他终生难忘。胡汉湘第一次率团赴瑞士日内瓦参加联合国贸易和发展会议，当时有以美国为首的发达国家集团、苏欧集团和77国集团参会。会议的所有议题都由这些国家集团主导。由于不是任何集团的成员，大会主席在每个议题最后，才征求中国代表团的意见。当时中国代表团说的话无足轻重，根本不被重视，不被采纳，也不能影响讨论的结果。在国际舞台上话语权弱，让胡汉湘的心里很不是滋味。

20年后，这一现象得到了根本性扭转。胡汉湘告诉记者，1997年由29个发达国家组成的经济合作与发展组织（OECD）邀请中国参加在法国巴黎举行的会议。经外交部和交通部批准，胡汉湘率领一个8人代表团参会。我国是发展中国家，不是OECD的成员国，此行却受到高规格的接待和热情的欢迎。为表示对中国的尊重，会议还临时改为双主席，胡汉湘被推举为大会主席之一。与20年前相比，胡汉湘的感受不可同日而语。

那届大会主题是“中国—OECD航运政策研讨会”。会上，中国代表团全面阐述的中国改革开放期间航运政策和行业翻天覆地的变化，成为各国关注的焦点和讨论的中心，反响非常热烈。散会时，各国代表团团长排队等着跟胡汉湘握手，表示感谢。胡汉湘由衷地感叹，国家富强了，地位提高了，才被尊重，才有话语权。

“没有改革开放，哪有翻天覆地的变化，哪有今天的航运大国，哪有我们的国际地位和话语权。”胡汉湘感慨道，“是改革开放改变了一切。”

1978年，我国万吨级泊位仅有133个，而到了2017年年末，全国港口万吨级及以上泊位增至2366个，位居世界第一。全国港口集装箱吞吐量也由1979年的3.29万标箱飙升至2017年的2.38亿标箱，港口货物吞吐量及集装箱吞吐量均居世界第一……全球十大集装箱港口我国占据七席。排名世界第一的除了庞大的干散货、油轮船队，还有首屈一指的中国制造品牌——上海振华港机，他们制造的集装箱桥吊占据全球80%的市场份额。

经过40年改革开放的砥砺奋进和开拓创新，我国水运事业旧貌换新颜，供给不足、制约国民经济发展的历史早已一去不复返，目前正昂首阔步迈向由航运大国向航运强国转变的新的伟大征程。

两岸海上直航是最高兴、最欣慰的事

回顾进入交通部工作后的40余年历程，胡汉湘有30多年直接参与涉台工作。从2000年卸任水运司司长至2010年的10年间，胡汉湘以海峡两岸航运交流协会理事长的身份，全身心推动两岸实现全面“三通”。

1949年之后的50多年间，海峡两岸人员往来和通邮、通航、通商全部中断，骨肉同胞“咫尺之隔，竟成海天之遥”。1979年元旦，全国人大常委会发表《告台湾同胞书》，首倡两岸尽快实现通邮、通航。多年来，党中央提出了发展两岸关系、推进祖国和平统一的一系列重大方针、政策和主张。

在党中央的领导下，两岸关系一步步向前推进，从海上互不通航到试点直航再到两岸三地间接通航，从“小三通”局部直航到全面双向直航。胡汉湘参与、见证了两岸海上往来发展的历程。

对台无小事。由于对台工作的政治性、政策性极强，胡汉湘在接任海峡两岸航运交流协会理事长后，首先在上海拜访了海峡两岸关系协会会长汪道涵，听取其就对台工作的指示。同时，胡汉湘也提出自己对台业务商谈和交往时“坚持一中”的原则和工作思路，得到了汪道涵的肯定。

根据党中央的战略决策和部署，按照“一个中国、双向直航、互利互惠”的原则，海峡两岸航运交流协会和台湾海峡两岸航运协会经过多次会谈，对试点直航和两岸三地间接通航达成了共识并付诸实施。

为了推动两岸海上尽早实现全面双向直航，做好台湾人民的工作，加深两岸同胞的感情和祖国认同感，胡汉湘积极组织台湾港航企业集团的负责人和家人到11个省（区、市）进行参访联谊活动。他还非常重视宣传，抓住每次见台湾客人或者去台湾的机会，旗帜鲜明地宣传大陆对台一贯的大政、方针、政策，阐明一个中国原则，坚决反对形形色色的“台独”分裂活动。

功夫不负有心人。2008年11月4日，海峡两岸关系协会与台湾海峡交流基金会在台北签署《海峡两岸海运协议》。根据协议，大陆方面开放63个港口，台湾方面开放11个港口，这被胡汉湘称为“海运直航一步到位”。2008年12月15日，两岸海上全面直航的首航协议在大陆6个港口和台湾3个港口同时举行，翻开了具有历史性意义的崭新一页。“这是两岸人民盼望已久的喜事、盛事，也是我一生最高兴、最欣慰的事，终生难忘。”胡汉湘兴奋地说。

2010年11月，在胡汉湘卸任海峡两岸航运交流协会理事长的大会上，交通运输部原副部长徐祖远表示：胡汉湘作为协会第二届和第三届理事长，以其成熟的政治经验、出色的工作能力、强烈的敬业精神、特有的工作作风和人格魅力，为协会的建设、发展和两岸直航的实现作出了巨大贡献，付出了大量的心血，受到两岸业界的充分肯定和赞誉。

由于多年来对台工作的突出贡献，胡汉湘获得了中共中央台办和国务院台办授予的“对台工作特别奉献奖”奖章和奖状。“这不仅是我个人的荣誉，也是党中央和国务院对交通运输部对台工作成绩的充分肯定和表彰。”胡汉湘说。

2018年9月11日 星期二 http://www.zgjtb.com | 第6815期 今日8版 | 邮发代号：1-72 国内统一刊号：CN11-0122 交通运输部主管 中国交通报社主办

交通运输部督查组深入一线考评安全生产

本报讯 （记者 毛剑 实习记者 翁霄）日前，交通运输部办公厅印发《2018年交通运输安全生产综合督查及考核评价工作方案》（简称《方案》），就深入推进"平安交通百日行动"、落实企业安全生产主体责任和部门监督管理责任、有效防控安全生产风险等工作作出部署。由部安全总监成平和相关司局负责同志带队的8个督查考核组，将在全国范围内开展安全生产综合督查考核评价。

根据《方案》，各组督查考核为期一周（9月22日前完成），督查考核内容包括贯彻落实中央领导同志关于安全生产工作的重要指示批示精神；考核评价省、部属单位安全生产总体情况、安全体系建设情况和运转有效性，发现存在的突出问题，了解安全生产工作困难，听取有关建议；督查"平安交通百日行动"开展情况。

督查考核组将在被督查考核省份抽查1个省直属单位、1个地市交通运输主管部门、1个公路（或港口）运营单位、1家客运企业、1家危险货物运输企业，在各直属海事局抽查2家分支局。督查考核组将听取总体情况汇报、查阅资料、督导交流，结合实际运用突击检查、"双随机"和"四不两直"等方式了解掌握真实情况，进行考核评价打分，并与被督查省份或海事机构交换意见。

长江经济带多式联运发展三年行动计划启动

2020年大宗散货铁路、水运集疏港比例达90%以上

深入推动长江经济带发展

本报讯 （实习记者 赵鹏飞 记者 卢锐）日前，交通运输部印发《深入推进长江经济带多式联运发展三年行动计划》（简称《行动计划》），提出着力补齐基础设施短板等5项主要任务，以江海直达、江海联运、铁水联运等为重点，加快推进长江经济带多式联运发展，构建高质量综合立体交通走廊，更好地服务长江经济带发展战略。

《行动计划》明确，到2020年，构建有机衔接、具备竞争力的铁水联运系统，基本形成长江干线、长三角地区至宁波舟山港、上海港洋山港区江海直达运输系统，进一步完善干支直达、通江达海、区域成网的水运基础设施体系，初步形成布局合理、结构优化、功能完善、互联互通的长江经济带多式联运服务体系。长江经济带主要港口铁路进港率要达到80%以上，大宗散货铁路、水运集疏港比例力争达到90%以上。

系统治理长江干线航道 大力发展江海直达运输

着力补齐联运基础设施短板是三年行动的主要任务之一。《行动计划》要求，加快畅通重要航段和重要运输通道，重点推进武汉至安庆6米水深航道等长江干线航道系统治理，加快推进汉江雅口等长江支流重要航电枢纽建设，提升干支联动能力。2019年年底前，完成长江南京以下12.5米深水航道二期工程竣工验收。2020年年底前，完成武汉至安庆段6米水深航道整治主体工程。

在联运服务模式创新方面，要大力推进江海直达运输发展，重点发展长江干线及长三角地区至宁波舟山港干散货和集装箱、长江干线及长三角地区至上海港洋山港区集装箱江海直达运输。2020年年底前，推动实现重庆、宜昌、武汉、南京等主要港口至上海港洋山港区集装箱江海直达运输班轮化。

推动形成以南京、武汉等长江干线主要港口为核心的铁水联运枢纽，优化与中欧班列、水水中转等运输模式的高效衔接。2020年年底前，依托浙赣、沪昆等铁路通道，打造宁波—义乌、连云港—西安—乌鲁木齐等一批集装箱铁水联运品牌线路，实现班列化运行。

为进一步完善大宗干散货铁水联运体系，今年年底前，主要港口煤炭集港原则上由铁路或水路运输。2019年年底前，主要港口矿石、焦炭等大宗货物中长距离运输原则上由铁路或水路运输。

加快江海直达船型研发 建立多式联运信息平台

《行动计划》对提升多式联运装备水平作出进一步要求，明确深入推进内河船型标准化，鼓励淘汰使用20年以上的内河航运船舶，继续引导淘汰、改造安全和环保性能差的船舶。2020年年底前，建立主要航线和货类的船型数据库。加快江海直达船型研发和推广应用，重点支持研发武汉至上海港洋山港区1100标箱左右江海直达集装箱船等船型，长江中下游主要港口至舟山的5000吨级至2万吨级江海直达系列散货船型。

在提升港口联运装备专业化水平方面，《行动计划》提出，加快提升码头前沿装卸设备、水平运输车辆、堆场装卸机械等关键设备的技术水平。提升联运信息化水平，强化多式联运数据交换电子报文标准应用，提高业务协同和服务效能。2020年年底前，推动国家交通运输物流公共信息平台与铁路95306平台有效对接，建立以业务为支撑、以服务为导向的具有创新示范效应的多式联运信息平台。

开启『四好农村路』高质量发展新征程

本报评论员

"推动农村公路高质量发展，是当前和今后一个时期'四好农村路'建设的重要发展方向。"在刚刚闭幕的全国"四好农村路"管理现场会上，交通运输部对"四好农村路"高质量发展明确了新任务、提出了新要求。这是交通运输行业贯彻落实习近平总书记"四好农村路"重要指示精神的具体实践。

无论在陕西梁家河、河北正定、福建宁德，还是在浙江，习近平总书记始终关心农村交通发展，亲自带领、推动各地修路筑路，以路为媒，帮助各地农民群众摆脱贫困、解决温饱、实现小康。党的十八大以来，总书记总结农村公路建设成功经验，提出要建好、管好、护好、运营好农村公路。各地迅速贯彻落实总书记重要指示精神，打出一系列组合拳，推动"四好农村路"建设取得实实在在的成效，为农村特别是贫困地区带去了人气、财气，也为党在基层凝聚了民心。

贯彻落实习近平总书记"四好农村路"重要指示精神，需要我们不懈奋斗，向高处登攀、向远方前行。站在新的历史方位上，我们要聆听时代的召唤、顺应人民的呼唤，站在实施乡村振兴、打赢脱贫攻坚战的高度，推进"四好农村路"高质量发展，努力让人民群众出行更满意。这就要求我们要着力加强"四好农村路"管理主体责任落实、推动管理举措落地、完善管理要素保障、确保管理效能发挥，加快推动农村公路从规模速度型向质量效益型转变。

推动"四好农村路"高质量发展，要坚持党委领导、政府主导、行业指导、部门联动。"四好农村路"是乡村振兴战略的重要组成部分，我们必须强化党的领导，坚持政府主导、行业指导、部门联动，特别是落实县级人民政府的主体责任，坚持深化改革，强化法制保障和绩效考核，落实资金与政策保障。 （下转2版）

『我的公交我的城』采访团走进蚂蚁金服
感受移动支付背后的科技魅力

实习记者 赵鹏飞 本报记者 张凡

9月7日，"我的公交我的城"重大主题宣传活动采访团来到位于浙江省杭州市的蚂蚁金融服务集团（简称蚂蚁金服），现场感受公共交通移动支付背后的科技魅力。

据了解，去年8月，杭州全城公交接入支付宝，支持扫码乘车。不到1年时间，移动支付在全国公交地铁领域迅速发展。目前，有120个城市的公交车、10个城市的地铁均已支持支付宝扫码乘车。

蚂蚁金服政务民生事业部总经理刘晓捷介绍，杭州市公共交通集团以前每天所收的票款一半都是硬币、零钱，有一支大约200人的团队专门负责清点。接入支付宝移动支付后，零钱的使用率下降了20%以上，运营效率提升了50%。

"公交、地铁与互联网的结合始于支付，超越支付。"刘晓捷介绍，支付宝公交码的"双离线"二维码支付技术，保证了在0.3秒内，闸机、手机双离线的情况下，市民可以顺利乘车。零钱使用率的下降，还意味着资金利用率的提升。以往需要几天时间收齐、兑换的零钱，通过移动支付不仅能实现即时到账，还避免了假币问题。

此外，支付宝可通过刷二维码对用户身份进行识别。识别成功后，用户可以先乘车、后付款。

非洲港口管理研修班开班

本报讯 （记者 马士茹）9月10日，为期3天的2018年非洲法语国家港口管理研修班暨2018年阿尔及利亚港口及保税区建设管理研修班在交通运输部管理干部学院开班。此次研修班召开于中非合作论坛北京峰会的良好背景下，交通运输部党组书记杨传堂、部长李小鹏高度重视，就开展交通运输援外培训作出重要指示。

交通运输部水运局副局长柳鹏、部管理干部学院副院长李兆良出席开班欢迎仪式并讲话。来自阿尔及利亚、毛里求斯、喀麦隆、刚果（布）、几内亚、马里、科摩罗、塞内加尔8个非洲国家的72名学员参加培训。

柳鹏表示，中国港口发展取得举世瞩目的成就，装卸效率和服务水平居世界前列，科技创新水平世界领先。港口是"一带一路"对接非洲发展的重要支点和优先发展领域，构建联通中非的港口服务网络，有利于增强港口在全球供应链的战略地位，进一步增强中非经贸交流。中国愿意与各国交流分享在港口建设、运营、管理和投融资等方面的理论和经验，复制推广港口产业城市融合发展模式，推进中非互联互通和合作共赢，更好服务构建更加紧密的中非命运共同体。

李兆良表示，此次研修班是落实中非合作论坛北京峰会精神的一项具体举措。港口是航运的重要组成部分，研修班将分享中国港口、水运发展经验，助力"一带一路"建设，协力打造合作共赢的中非命运共同体。

据悉，部水运局、国际合作司、规划研究院及中国港口管理建设领域的专家将通过专题讲座、案例教学、交流研讨等形式，讲授交通运输互联互通政策与发展、港口建设规划与投融资管理等内容。

日前，四川雅（安）康（定）高速公路大渡河兴康特大桥建设开始进入沥青路面铺设和护栏安装阶段。据悉，兴康特大桥被誉为"川藏第一桥"，目前大桥的10座隧道已进入攻坚建设关键期。雅康高速公路路线全长约135公里，是穿越芦山地震灾区的生命大通道、进入藏区的经济大动脉，预计今年年底建成通车。 特约记者 朱姜卿 文 通讯员 刘忠俊 图

见证40年 主题访谈

从"制约瓶颈"到航运大国的巨变
——访原交通部水运司司长胡汉湘

本报记者 姜秋华

78岁的胡汉湘，骑着一辆老式的"二八"自行车，如约而至。

从1972年进入交通部工作，到2000年卸任水运司司长，再到2010年卸任海峡两岸航运交流协会理事长，胡汉湘在交通运输行业工作了40多年，在9任部长的领导下，他见证、参与和推动了改革开放以来我国水运事业的跨越式发展。

由"制约瓶颈"到航运大国，回首我国水运事业沧海桑田般的时代巨变，胡汉湘感慨万千，娓娓道来。

压船、压港、压货曾经很常见

胡汉湘进入交通部工作时，正值计划经济时期，能源和交通是严重制约国民经济发展的两大"瓶颈"。由于港口泊位严重不足，港口存在着严重的压船、压港和压货的现象。等待进港作业的船在港外等10天是常态，哪个港口一出现超过20天的船，就要列为重点船，督促港口采取措施，尽可能不超过1个月，但还是无法消灭"超月船"。

"最长的在港等待纪录是183天，那是上海港的一艘成套设备船，后来，这艘船卸完货后船底全是海蛎子，根本不能走了。"谈及40年前的历史，胡汉湘记忆犹新。

在国务院开会时，一位国务院领导问他："港口压船这么严重，你们能不能做到'做一等一'（即在港口里作业一艘船，在外面等待一艘船）？"胡汉湘说："目前做不到。我们只能'做一等三'，争取'做一等二'。"那时，还没有集装箱船，都是散货、杂货船，装卸效率很低，港口吞吐能力严重不足。

运输最紧张的时候，时任交通部海洋运输局副局长的胡汉湘曾一个月到国务院开过13次会。"国务院领导要求随叫随到。今天这儿堵了，明天那儿告急了，煤船要'断炊'了……"胡汉湘回忆，最典型的一个例子是上海煤炭告急——在22个小时内，如果煤炭再不到就要"断炊"。时任上海市市长朱镕基同志给胡汉湘写信说，今年上海向中央交105亿元的任务已经相当困难，如果煤炭再"断炊"，后果不堪设想。当时，胡汉湘正在江苏开会，接到报告后，立即和铁道部领导赶到上海救急。他打破常规，急事急办，在现场调度，让秦皇岛港把给广东和江苏的2条船紧急调往上海，加上铁路的紧急调运，解决了上海的燃"煤"之急。

原交通部水运司司长胡汉湘。 实习记者 王yue宇 摄

对于过去航运发展的低潮期，胡汉湘仍然历历在目。1991年，时任国务院副总理朱镕基第一次到交通部视察工作时，问："老胡，上海的集装箱在世界排第几？"胡汉湘回答说："不是上海的集装箱在世界排第几，而是我国大陆所有港口的集装箱吞吐量加在一起只有217万箱，还赶不上我国台湾的一个高雄港（317万箱）。" （下转3版）

扫一扫 观看专访视频

坚守！筑牢海上安全防线
——河北海事暑期水上交通安全保障工作纪实

实习记者 王育丰 本报记者 姜秋华

虽然到一线连续"值暑"15天很辛苦，但是张栋很快乐。作为河北海事局船舶处船舶安检主管，他今年暑期首次到北戴河"值暑"。800客位的"长城-1"轮的每个航次他都会随船护航，现场检查及时消除安全隐患，帮助船舶解决了不少问题。

亲人生病，然而左晓强选择了在岗值守，把担心和愧疚深埋在心底。作为秦皇岛海事局副局长，他严格落实领导带班制度，忠诚守护着暑期水上交通安全。"累并快乐着。"他说，辛勤付出换来的稳定的安全让他很欣慰。

到今年12月就要退休了，年届60的董铁，依然忘我地奋战在一线。汗流浃背的他，用早已湿透的毛巾简单擦一把汗，接着干，劲头丝毫不输20多岁的年轻人。作为河北海事局秦皇岛海上溢油反应中心主任，董铁参与过多次暑期工作，但是每次他都要求自己像发动机一样，保持正常转速不降低。 （下转4版）

今日看点

更多资讯，请关注中国交通报微博、微信、客户端！

App安卓版 App苹果版

微信公众平台

□值班编委 彭鹏 本版副主编 卢锐 责编 马士茹 王晓萌 □E-mail:xw1b@zgjtb.com □新闻热线：(010)64255441 □发行热线：(010)64256206 □广告热线：(010)64250642 □培训热线：(010)65299681

2018年9月11日 星期二 | 3版 | 见证40年 主题访谈 | 中国交通报 CHINA TRANSPORT NEWS
电话:010-64252287 传真:010-64250637 E-mail:xw3b@zgjtb.com

从“制约瓶颈”到航运大国的巨变

——访原交通部水运司司长胡汉湘

本报记者 姜秋华

（上接1版）

是改革开放改变了一切

胡汉湘还清晰地记得，1978年第一次随团访问日本时，他内心的震撼——日本经济高度发达，市场繁荣，物资丰富，我国与日本的差距实在太大了。他出国的西服、领带、行李箱都是从部里借的，只有一套中山装和一双皮鞋是自己买的。20多人的代表团没有一个人有照相机，每人20元人民币的出国费用啥也买不起……

往事历历在目，还有一件事让他终生难忘。胡汉湘第一次率团赴瑞士日内瓦参加联合国贸易和发展会议，当时有以美国为首的发达国家团、苏联集团和77国集团参会。会议的所有议题，都由国家集团主导。由于不是任何集团的成员，大会主席在每个议题最后，才征求中国代表团的意见。当时中国代表团说的话无足轻重，根本不被重视，不被采纳，也不能影响讨论的结果。在国际舞台上话语权弱，让胡汉湘的心里很不是滋味。

20年后，这一现象得到了根本性扭转。胡汉湘告诉记者，1997年由29个发达国家组成的经济合作与发展组织（OECD）邀请中国参加在法国巴黎举行的会议。经外交部和交通部批准，胡汉湘率领一个8人代表团参会。我国是发展中国家，不是OECD的成员国，此行却受到高规格的接待和热情的欢迎。为表示对中国的尊重，会议还临时改为双主席，胡汉湘被推举为大会主席之一。与20年前相比，感受不可同日而语。

那届大会主题是“中国—OECD航运政策研讨会”。会上，中国代表团全面阐述的中国改革开放期间航运政策和行业翻天覆地的变化，成为各国关注的焦点和讨论的中心，反响非常热烈。散会时，各国代表团团长排队等着跟胡汉湘握手，表示感谢。胡汉湘由衷地感叹，国家富强了，地位提高了，才被尊重，才有话语权。

“没有改革开放，哪有翻天覆地的变化，哪有今天的航运大国，哪有我们的国际地位和话语权。”胡汉湘感慨道，“是改革开放，改变了一切。”

1978年，我国万吨级泊位数量仅有133个，而到了2017年年末，全国港口万吨级及以上泊位增至2366个，位居世界第一。全国港口集装箱吞吐量也由1979年的3.29万标箱飙升至2017年的2.38亿标箱，港口货物吞吐量及集装箱吞吐量均居世界第一……全球十大集装箱港口我国占据七席，排名世界第一的除了庞大的干散货、油轮船队，还有首屈一指的中国制造品牌——上海振华港机，他们制造的集装箱桥吊占据全球80%的市场份额。

经过40年改革开放的砥砺奋进和开拓创新，我国水运事业旧貌换新颜，供给不足、制约国民经济发展的历史早已一去不复返，目前正昂首阔步迈向由航运大国向航运强国转变的新的伟大征程。

◄2017年12月，在全球第一大港上海洋山港四期自动化码头的装卸现场，只见吊车和自动导引运输车忙碌。这里的生产控制只需要9个人。 本报资料片

►1985年8月17日，年吞吐量为96万吨的大连港香炉礁新建杂货码头北部正式开始使用，到年底增加接卸能力20万吨，对大连港压船压港的状况起到重要缓解作用。

图为香炉礁新建码头一角。 高德忠 摄

两岸海上直航是最高兴、最欣慰的事

回顾进入交通部工作后的40余年历程，胡汉湘有30多年直接参与涉台工作。从2000年卸任水运司司长至2010年的10年间，胡汉湘以海峡两岸航运交流协会理事长的身份，全身心推动两岸实现全面“三通”。

1949年之后的50多年间，海峡两岸人员往来和通邮、通航、通商全部中断，骨肉同胞“咫尺之隔，竟成海天之遥”。1979年元旦，全国人大常委会发表《告台湾同胞书》，首倡两岸尽快实现通邮、通航。多年来，党中央提出了发展两岸关系、推进祖国和平统一的一系列重大方针、政策和主张。

在党中央的领导下，两岸关系一步步向前推进，从海上五不通航到试点直航再到两岸三地间接通航，从“小三通”局部直航到全面双向直航，胡汉湘参与、见证了两岸海上往来发展的历程。

对台无小事。由于对台工作的政治性、政策性极强，胡汉湘在接任海峡两岸航运交流协会理事长后，首先在上海拜访了海峡两岸关系协会会长汪道涵，听取其就对台工作的指示。同时，胡汉湘也提出自己对台业务商谈和交往时“坚持一中”的原则和工作思路，得到了汪道涵的肯定。

根据党中央的战略决策和部署，按照“一个中国、双向直航、互利互惠”的原则，海峡两岸航运交流协会和台湾海峡两岸航运协会经过多次会谈，对试点直航和两岸三地间接通航达成了共识并付诸实施。

为了推动两岸海上尽早实现全面双向直航，做好台湾人民的工作，加深两岸同胞的感情和祖国认同感，胡汉湘积极组织台湾港航企业集团的负责人和客人到11个省（区、市）进行参访联谊活动。他还非常重视宣传，抓住每次会见台湾客人或者造访台湾的机会，旗帜鲜明地宣传大陆对台一贯的大政、方针、政策，阐明一个中国原则，坚决反对形形色色的台独分裂活动。

功夫不负有心人。2008年11月4日，海峡两岸关系协会与台湾海峡交流基金会在台北签署《海峡两岸海运协议》。根据协议，大陆方面开放63个港口，台湾方面开放11个港口，这被胡汉湘称为“海运直航一步到位”。2008年12月15日，两岸海上全面直航的首航仪式在大陆6个港口和台湾3个港口同时举行，翻开了具有历史性意义的崭新一页。“这是两岸人民盼望已久的喜事盛事，也是我一生最高兴、最欣慰的事，终生难忘。”胡汉湘兴奋地说。

2010年11月，在胡汉湘卸任海峡两岸航运交流协会理事长的大会上，交通运输部原副部长徐祖远表示：胡汉湘作为协会第二届和第三届理事长，以其成熟的政治经验、出色的工作能力、强烈的敬业精神、特有的工作作风和人格魅力，为协会的建设、发展和两岸直航的实现作出了巨大贡献，付出了大量的心血，受到两岸业界的充分肯定和赞誉。

由于多年来对台工作的突出贡献，胡汉湘获得了中共中央台办和国务院台办联合授予的“对台工作特别奉献奖”奖章和奖状。“这不仅是我个人的荣誉，也是党中央和国务院对交通运输部对台工作成绩的充分肯定和表彰。”胡汉湘说。

扫一扫
观看专访视频

博览

未来交通『跨界』为王？

王羽 杨晨光 文/供图

每一座办公楼和居民楼都有一个起降平台，借助手机App就可预约附近的“空中的士”……科幻电影中的场景将在不久的未来成为现实。荷兰Liberty汽车于明年正式交付，限量出售的90辆汽车有望成为全球第一批投入使用的飞行汽车。

多家企业“下注”飞行汽车

作为一种新型交通工具，飞行汽车不仅能在地面驰骋，还能实现低空翱翔。它的出现将使低空交通领域得到进一步开发，催生新的经济增长点，缓解越来越严重的交通拥堵问题。不仅如此，飞行汽车还能在消防、边境巡逻、救援和急件投递等领域大显身手，在飞机和汽车无法抵达的复杂地区凸显独特功效。

飞行汽车领域潜藏的巨大价值早在1841年就引起了人们的关注，但受技术限制，直到76年后第一辆飞行汽车Autoplane才真正诞生。这架由美国航空先驱、“飞行汽车之父”格伦·柯蒂斯研发的飞行汽车稍显稚嫩，它无法持续飞行，只能短暂腾空跳跃。近10年来，空客、优步、奥迪等数十家企业纷纷拿出看家本领，勾画以飞行汽车为蓝图的未来交通出行方案。

2009年，乔比飞机制造公司研发的原型机Joby S2速度可达每小时312公里，在当时众多飞行汽车中遥遥领先。这款纯电动飞行汽车拥有16个电动螺旋桨，其中12个用于垂直起飞与降落，4个用于巡航飞行。它完全由电池提供动力，总消耗仅有传统汽车的1/5，目前已在美国加州北部的私人机场完成飞行测试，性能还有待不断完善更新。

在飞行汽车研发队伍里备受关注的，还有掌握飞行技术“独门秘籍”的空客公司。近3年，空客公司已先后推出2款产品。一款是将于2020年推出的单乘客电动飞行汽车e-VTOL；另一款则是2017年3月推出的Pop.Up，这款产品由空客与奥迪强强联手打造而成，其外形酷似一颗胶囊，材质主要为碳纤维材料，主体由两座乘客舱和无人机两大模块组成，空中飞行最高时速可达120公里。

尽管众多对手实力强劲，但有望最早交付的是一家荷兰公司PAL-V研发的飞行汽车Liberty。该产品充分融合汽车、摩托车及旋翼机三重特征，采用双引擎、三车轮及两旋翼进行设计，并配有双推进动力系统，驾驶舱能够容纳双人乘坐。飞行时，其最高时速可达180公里，能在5至10分钟内快速转换“陆空行驶状态”，并在相当于双向八车道宽的30米跑道内完成起飞。目前，这款产品已于2012年成功试飞，5年后将在日内瓦车展上公开亮相。

外国企业摩拳擦掌，国内企业则通过资本注入实现了“弯道超车”。2017年11月13日，浙江吉利控股集团宣布与美国太力（Terrafugia）公司达成最终协议，收购太力公司的全部业务和资产，使得飞行汽车逐渐进入中国汽车圈的视野。按照计划，其首款飞行汽车、全球首台垂直起降的飞行汽车将于2019年在美国实现量产。在自主研发方面，我国一家名为酷黑科技的创业公司，在国际上首次研制了基于涵道飞行平台的空中智能机器人及陆空两栖汽车等一系列智能装备。该公司研发的飞行汽车start-up，脱胎于军方的陆空两栖智能装备项目。其研发的另一款飞行汽车Full-Mars，同空客与奥迪联合打造的Pop.Up较为相似，分为涵道式飞行模块、驾驶舱模块和底盘模块，计划在2018年珠海航展时将1:1的飞行器送上天空。此外，我国另一家工业无人机出身的创业公司亿航智能打造的亿航184原型机已在今年2月份试飞成功，并通过AS9100C国际航空航天质量管理体系认证，最终拿到中国民用航空局颁发的民用航空器特许飞行证。未来，该公司将在迪拜开展飞行出租车测试工作，并会优先将产品应用于景区等观光场景。

“跨界”结合还要闯过几道关

尽管飞行汽车研究正进行得风生水起，但要想将飞行技术与汽车技术结合在一起并不仅仅是“汽车+翅膀”这么简单。无论是总体布局、气动设计、结构设计或动力系统，都在飞行汽车前进的路上埋伏了“拦路虎”。

总体布局是飞行汽车设计的灵魂，其重要性不言而喻。飞行汽车的车轮如何既满足汽车行驶模式，同时承担飞行模式的起落架功能？如果仅考虑着陆的安全性，采用三轮布局，就会增加汽车模式的不稳定性；但若采用四轮布局，又会增加飞行模式下的气动阻力。因此，在车轮/起落架布局设计中，汽车重心与后轮位置如何设计的问题，让不少研发者为之“纠结”。

“汽车+翅膀”难以两全的难题，在空气动力和结构设计上同样存在。一般情况下，飞机采用流线型的机身来减小空气阻力，但汽车模式则需要安置底盘；而汽车模式下，随着车速增减，空气阻力将逐渐大于地面摩擦阻力，飞行状态下的机翼、尾翼和尾撑等部件会增加额外的阻力。此外，在结构设计上，汽车结构要满足高操纵性能，对刚度有较高的要求；而飞机最重要的是结构强度高，重量小。这些矛盾点，使得飞行汽车与飞机存在较大的结构差异，设计要求更为苛刻。

为更好满足飞行与驾驶状态的不同需求，研发人员综合考虑不同行驶特点，用于改善动力系统。目前，飞行汽车一般采用单动力系统和双动力系统。单动力系统只有一套动力装置，一般包括螺旋桨、变速器、传动轴、离合器和发动机等部件。飞行模式下，螺旋桨的动力直接通过离合器供给，而汽车模式下则需要离合器、变速器、传动轴以及驱动桥联合工作。双动力系统则区分开飞行模式和汽车模式，单独使用两套独立动力装置。未来，电驱动系统将成为飞行汽车的主要动力系统，其不仅环保绿色，还能降低出行成本。因此，电动化技术和先进的电池技术已成为研究重点。

除了技术，困扰行业的首要问题便是安全。陆地上发生交通事故会导致严重后果，由于飞行汽车的运行范围更大，安全隐患不可避免。升降过程中机翼和螺旋桨是否会造成附近的人受伤？一旦发生事故如何避免坠落物对地面设施和人员造成伤害？高空如果发生拥堵怎样安全“错车”？这些问题都将引起关注。

最基本的安全问题解决后，人们不禁要问，飞行汽车的价格定位普通人是否能接受？如果价格过高，飞行汽车和私人飞机的差别又在哪里？研发的意义何在？后续服务和维护设施何时能落地？除此之外，政策和法规的跟进也是一项系统严谨的工程。这些难题都让人觉得飞行汽车只是“看起来”很近而已。

王羽 中国汽车技术研究中心智能汽车研究室暨汽车软件测评中心主任，世界智能驾驶挑战赛秘书长

杨晨光 中国汽车技术研究中心智能汽车研究室暨汽车软件测评中心智能交通与共享出行主管

飞行汽车。

让文化遗产活起来

近日，故宫养心殿启动百余年来首次大修。文物保护这一专业性极强的话题，因而得到了一次有趣且有效的普及。

最好的文化遗产保护，不仅要落实安全管理责任，更要从文化遗产的收藏、研究、展示、修复、保管等多方面着力。习近平总书记多次强调，让收藏在博物馆里的文物、陈列在广阔大地上的遗产、书写在古籍里的文字都活起来。故宫养心殿研究性保护项目，摆脱了将文物修复工作视为土建工程的传统思维，在修缮文物古建的同时，开展33项研究课题，以期将保护转为记录，让研究成为常态。在国外，文化遗产保护实践已延向更广范围，不仅包括对文物古迹保护前、中、后期的调研、监测与评估工作，还包括对文物古迹周边人文、自然环境的整体性规划和保护。

更进一步说，保护文化遗产不应只局限于文物本体，还应致力于挖掘其文化价值，为社区营造、城市建设、文明养成提供营养。以日本古刹为例，其建筑虽为国家文物受到保护，但仍可用作宗教活动场所，部分区域还可作为博物馆，陈列寺庙精华，以供游客参观，既实现了活态保护，发挥了一定社会功能，也增强了城市文化底蕴。对文化遗产进行合理活化利用是一种保护，对其进行恰当数字化处理研究是一种保护，将其全面开放呈现给公众也是一种保护。

目前我国世界遗产已达53处，历史文物更不计其数。文化遗产具有时代性和民族性，既是民族精神的核心质素，也是国家软实力的重要组成部分。本着对国家、民族、子孙后代负责的态度，每个人都应担起文脉传承者的重担，让文化让文化遗产传承不绝，续写传统文化复兴的辉煌篇章。 据《人民日报》

我国首次完整回收陨石坑

在建的世界最大天文馆——上海天文馆近日宣布，我国首次完整回收陨石坑、首次获西双版纳目击陨石全记录实证。通过陨石坑，研究人员可以反演陨石陨落前的飞行速度、方向等重要信息，具有十分重要的科研价值。

据了解，今年6月1日21时45分左右，云南省西双版纳傣族自治州景洪市上空，巨大的明亮火球划过夜空，陨石母体在高速飞行中与大气层摩擦，表面温度急剧增高，最终导致母体爆裂、解体成数百块碎片，散落在东南—西北方向长约10公里、宽约1至2公里的狭长地带，面积约有20平方公里，范围覆盖勐海县勐遮镇十余个自然村。

中国科学院紫金山天文台研究员徐伟彪认为，陨石坑的完整保留并不容易：“如果陨石落在沙质土地上，很难留下清晰印记。如果陨石太大，坑也拿不出来，所以一个大小适中、土质条件合适、保留完整的陨石坑实在难得。” 据《人民日报》

从拖拉机能不能上路搞运输说起

原交通部政策法规司司长、中国交通报社原党委书记鲁勤智

见报日期　2018年9月13日

1975年，我被调至交通部政策研究室，从参与到主管政研室工作，前后17年。其间正是我国交通运输改革的起步阶段，政研室在部党组的领导下，对交通运输改革做了一些调查研究和部分综合性的文字工作。我有幸能够比较多地聆听部领导对有关问题的讨论和决策，也有较多机会接触身处改革第一线的地方交通运输部门领导和职工，亲身感受他们对改革的思考、苦恼以及在探索中取得的成绩和经验。40年了，回忆往昔，深感万事开头难。

拖拉机能不能上路搞运输

拖拉机能不能上路搞运输？现在如果有人问这个问题，会被称为笑话，但在改革开放之初，这却是一个难以回答的大问题。

党的十一届三中全会后，农村经济得到了迅速恢复和发展。农民手上有了可供出售的商品粮和农副产品，需要进入市场交换，交换就要运输。这时，农村形成的“物流”

是分散的、小批量的、短距离的，农村原有用于耕田的拖拉机正好适应这种经济水平的运输需求。于是拖拉机上路搞运输就应运而生，随之出现了一批运输专业户。我国农村早期的万元户群体，其中很多就是靠跑运输发家的。

个体运输的发展壮大，直接冲击了政府交通运输部门直属企业的经营活动和对运输实行的“统一货源、统一运价、统一调度”的“三统”管理。“三统”管理是在计划经济体制下形成的管理模式，经过20多年的摸索，已有一套规章制度和习惯的工作方式方法。以这套模式对新生的个体运输进行管理，显然行不通，于是就形成一管就死、一放就乱的局面。“乱”也不好，“死”也不好，这成为当时各级政府交通部门十分焦虑和纠结的问题。

1982年中央一号文件明确肯定“包产到户”是“社会主义农业经济的组成部分”，这个精神应该也适用于个体运输。这年，万里在接见交通部党组成员时明确表示，拖拉机可以上路搞运输。上面有指示，群众有要求，但真要动手改革，面对的困难很多、阻力很大。

古人说，风起青萍之末。交通运输改革之风，可以说是从拖拉机能不能上路搞运输引发的。

有河大家走船，有路大家走车

1983年3月，交通部召开了一年一度的全国交通工作会议，李清部长代表部党组作工作报告，明确提出：“有河大家走船，有路大家走车”。这本是两句非常普通的群众语言，却在全国引起了巨大的波澜，有人把这两句话称为“一声春雷”。

对这两句话反应最快的是新闻单位。参加这次会议的有新华社、中央人民广播电台、人民日报社、经济日报社等的记者，他们以这两句话作为突出内容，对会议进行了报道，使这两句话迅速在960万平方公里的土地上传播开来。

这两句话获得了广大群众特别是个体运输户的热烈拥护，他们感到自己得到交通运输最高主管部门的认可和支持，有了合法的身份。很快就有人以部长这篇报告为据，到政府交通部门申请办理运输手续。而在交通系统内部，一些人对自己行业最高领导讲出这样的话很不理解、不能接受。在一些地区还出现顺口溜：“新领导上了台，交通运输乱起来，国家吃了亏，个人发了财。”“辛辛苦苦30年，一夜回到解放前。”……

这年7月，按照部领导的要求，政研室的人先后到河南、湖北、湖南等省了解情况，开了一系列座谈会。一天晚上，两位县交通局局长找到我，说在白天的座谈会上有些话不好说，想找我说几句掏心窝的话。其中一位局长说，现在地方交通乱得很，人家不听你的。说句不负责任的话，只好睁一只眼闭一只眼随它去了。可是这一放，争货源、抢线路、吵嘴打架都发生了。一出事地方政府就找他们问责，他们窝着一肚子委屈没处说。而且，个体运输户个个都发了财，直属企业里的职工人心浮动，纷纷想要到社会上单干，这叫局长怎么当呢？部长说了要“有路大家走车”，这不是明摆着为单干撑腰吗，实在不明白、想不通。

说着说着，这位局长流泪了。接着他又说，当年搞合作化，是从几辆平板车起家的，硬是靠人背肩拉，慢慢攒了点积蓄，买了几辆汽车，有了一个汽车队。这一路走来，流了多少汗水，领导知道吗？但那时是走集体化道路，苦点累点，心里亮堂，一步一步走得踏实，现在领导为什么要他们往回走呢？说到这里，他竟然号啕大哭起来，同来的那位局长也跟着泪流满面。

面对他们这种真情，我也落泪了。这是我在几十年工作中唯一的一次落泪。作为交通部的工作人员，我尽量安慰他们，并以我的认识给他们解释。他们是否听得进去，很难说。

李清部长的这两句话，之所以产生如此巨大的反响，与当时交通运输改革正处于十分纠结、胶着的状态有关。这两句话鲜明表达了交通部党组对交通运输改革的坚定决心。不仅路上运输要让“大家走”，水上运输也要让“大家走”，这个“大家”当然包括个体运输户。这个宣告与当时政府交通部门部分人的认识反差很大，它从正面告诫这些人要排除对交通运输改革的忧虑、观望、迟疑的消极态度，要求交通运输系统统一认识，心往一处想，劲往一处使，坚定走改革之路。现在，大家普遍认为这两句话是我国交通运输改革的突破口和转折点。

在这期间，李清部长还根据中央指示精神和全国改革形势，提出了很多有关交通运输改革的重要观点。他说，我们要把全国的交通运输组织好、管理好，不论是直属的，还是省市的，或是其他部门的，都是中国的。我国的交通运输结构是多层次、多形式、多渠道的，既有交通部直属的又有地方各级政府交通部门的，既有国营的又有个体的、集体的，既有交通部门的专业运输企业又有大企业、大单位和社会多方面的自备运输力量。我们必须从这个实际情况出发，放宽政策，调动多方面的积极性，把交通运输搞通、搞活、搞上去。

交通运输改革向广度和深度推进

1983 年后，我国交通运输改革开始向更广的领域、更深的层次推进。

第一，政企分开，下放企业。我国交通运输企业在一段时间内，分别隶属于各级政府交通部门。这种管理体制在我国商品经济十分落后的情况下，尚可维持。随着工农业生产快速发展，商品经济日趋活跃，对交通运输的要求越来越高，这种政企不分、以政代企的模式就成为制约交通运输发展的因素。最大的弊端是，政府交通部门忙于应付企业的具体事务，疏于对交通运输行业的管理和建设；企业处于被动地位，难以发挥企业在经营上的主动性和积极性。

从1983年开始，各级政府交通部门开始酝酿下放企业，交通部将沿海大港和长江港口逐步下放到有关省市，地方政府交通部门逐渐实现了政企分开。这是一个艰难和复杂的过程，它不仅要求改变传统观念和习惯的工作方式方法，还涉及方方面面的权力和利益的分配。

第二，简政放权，加强行业管理。政府交通部门通过企业下放、简政放权，逐渐实现自身的职能转变。加强法律、条例和规章制度的制定，使交通运输的管理逐步走上法治化；研究和制定交通运输行业的发展规划，确定一定时期内交通运输的发展方向、发展重点、发展规模和速度；解放思想，利用改革开放大形势带来的机遇，通过政策拓宽交通建设的资金渠道。

第三，整顿治理运输市场，搞活运输经济。企业下放后，它们都将以市场为平台，进行经营活动。那时，我国运输市场发展水平很低，市场规划很不完善，部门所有、地区分割使各种运输力量难以各得其所、发挥各自的优势，治理整顿的任务十分繁重。为了加强对这个问题的探讨，政研室与北京市交通局共同发起，邀请部分省会城市交通局进行座谈，从1988年开始，每年办一次会，连续办了4次。

改革开放促进了交通运输的发展，交通运输的发展又对改革提出了新的要求。两者相互促进，相向而行，像两个车轮，推动着我国交通运输事业不断向新的高度攀登。

CHINA TRANSPORT NEWS

2018年9月13日 星期四 http://www.zgjtb.com | 第6817期 今日8版 | 邮发代号:1－72 国内统一刊号:CN11－0122 交通运输部主管 中国交通报社主办

广西通航水域将实现污染监测全覆盖

本报讯 （实习记者 黄某某 特约记者 李某 通讯员 某某）近日，广西壮族自治区交通运输厅联合广西海事局印发《广西壮族自治区防治船舶及其有关作业活动污染水域环境应急能力建设规划（2018—2020年）》（简称《规划》），提出完善应急体制机制，构建应急信息系统，提高装备设施水平，到2020年，监视监测力量覆盖广西管辖所有通航水域，海上溢油清除能力重点覆盖距岸50海里的海域。

加强应急信息系统建设，提升快速反应能力是重点任务之一。根据《规划》，广西将建设全区应急监视监测网络系统，形成雷达溢油监视系统、溢油等环境感知系统、船舶污染监视监测系统、无人机监视系统等多种技术相结合的全方位立体化监视系统；加强VTS、CCTV、AIS、GIS系统改造和建设，实现对港口、码头、船舶密集区、事故多发航段等全面覆盖。

广西将进一步加强各级各部门之间的协调沟通，建立健全应急联动机制，实现污染应急联动体系全覆盖；推进联合监测、联合执法、应急联动、信息共享，提高应对重大船舶污染事故的协同作战能力。到2020年，广西管辖的所有水域发生船舶污染事故时，第一批空中监视力量、水上清污力量将分别在2个小时、6个小时内到达现场。

到2020年，广西沿海港口一次最大溢油控制清除能力将达到1000吨，内河主要港口和重点港口一次最大溢油控制清除能力将达到50吨，全区目标物陆上接收处置能力将达到1万吨。

同规范受理 无差别审批 零自由裁量

福建交通:审批标准化 改革增活力

本报记者 [illegible] 实习记者 [illegible] 通讯员 [illegible]

福建省福州市晋安区运输户刘云娜将一面"全心全意为民服务"的锦旗送给了福州市交通运输委员会审批窗口工作人员，感谢工作人员多方奔走协调，使她的5辆运输车得以换发新证恢复营运。在平潭综合实验区交通与建设局驻区行政服务中心窗口，福建扬帆船务有限公司负责人送来感谢信和锦旗，感谢他们"预约申请一来、服务马上跳到"的便民服务。

企业和群众好评的背后，是福建省交通运输行政审批标准化改革的深入。今年1月，福建省正式启动全省交通运输行政审批标准化改革年行动，全面推行审批程序化、监管规范化、服务标准化，实现交通运输审批服务便民化，优化办事创业和营商环境，取得了良好成效。

简流程 提效率

今年2月，宁德市交通运输行政审批部门全面推进行政审批"一趟不用跑、最多跑一趟"，通过精简冗余审批流程，引导企业走网上办事或材料快递送达，让企业办事更便捷、更高效。

"我们有2艘船申请检验，但整个办理过程只跑了一趟。"日前，宁德福鼎市航运公司董事长许周弟顺利拿到了2本船舶检验证书。"从福鼎开车往返宁德超过3个小时，以往提交材料需要来回跑窗口，现在有了网上办事服务，可以通过网络平台办理或邮寄到窗口，简化了不少办事流程，原来需要跑两三趟的业务现在只跑一次。"许周弟说。

除了精简流程外，福建省交通运输厅明确了审批标准化中受理、审核、审批等环节的办理时限、审查内容、审查标准、审查要点、审查方式等各项要求。各级交通运输行政审批部门采取了多种形式落实要求。

在福州，交通运输部门将涉及道路运输、地方海事等企业、办件量大且较为关注的54个审批服务事项列入福州市第一批"告知承诺制"审批服务事项目录。实行"告知承诺制"后，申请人在主要条件具备的情况下，以书面形式承诺其符合办理条件，即可当场取得行政审批决定，实现"立等可取"。

为建立更加适应高效科学的行政审批体系，福建省交通运输厅新出台了3类标准化的22项标准99项操作规程，明确了每个流程及环节的规范标准。截至今年7月，福建省级交通运输行政审批和服务事项由179项减至53项，精简率达70.4%，超过省直部门平均水平20.4%。

（下转3版）

中华人民共和国交通运输部令

2018年第12号

《关于修改〈船员注册管理办法〉的决定》已于2018年8月27日经交通运输部第14次部务会议通过，现予以发布，自2018年9月1日起施行。

部长 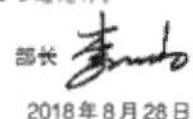

2018年8月28日

（详见3版）

河北整治超限超载乱象 杜绝办"人情案"、放"人情车"

本报讯 （特约记者 齐某 通讯员 谭某）近日，河北省交通运输厅、省公安厅连夜联合召开全省电视电话会议，深入贯彻落实河北省领导关于国务院第三督查组对河北省超限检测站暗访发现问题的指示批示精神，吸取石家庄市行唐县市网超限检测站教训，举一反三，集中利用3个月的时间，对大督查发现的公路运输领域超限超载乱象开展专项整治，维护执法权威。

8月26日，国务院第三督查组在行唐县市网超限检测站实地核查执法情况时，发现"治超站形同虚设"的问题。根据电视电话会要求，河北将聚焦突出问题，在公路运输领域是否存在"黄牛"、车托带车现象，是否存在治超执法人员不作为、乱作为，是否存在路政、交警、运政等执法人员脱岗离岗问题，是否存在组织机构设置不到位问题等5个方面，立刻开展公路运输领域超限超载乱象大督查。

河北将狠抓规范执法，着力构建良好治超环境，严格执行执法人员上岗审查制度，不符合条件的不得进入执法队伍，无执法资格的不得上路执法；执法犯法、徇私枉法的，办"人情案"、放"人情车"的，坚决清除出执法队伍，保证执法队伍的纯洁性。组织各地交通运输、公安部门全面实施路面联合执法，采取定点联合执法、流动联合执法、货运源头联合执法、高速公路入口联合执法、联动管理和失信联合惩戒等方式，严厉打击货车违法超限超载行为。

针对货运车辆"通行难"问题，河北各级公安交通管理部门将积极配合交通运输部门，规划货运通道，确定物流通道，完善安全设施，提供良好的通行环境。针对货运车辆"进城难"问题，按照"网上办、一次办、就近办、马上办"的要求，运用信息化手段，拓展多元化服务渠道方式，全面促进货车通行证办理的便利化。

胶州海陆空铁一体化 助力上合示范区建设

特约记者 王磊

在山东省青岛市胶州市，重要的南北通道九龍路正在进行沥青路面铺设，预计10月将全面通车。为了服务青岛市中国—上合组织地方经贸合作示范区创建工作，胶州市交通运输局在7月初就启动了该路段的施工。

作为中国—上合组织地方经贸合作示范区的"主阵地"，胶州市目前正在抓紧编制综合交通规划。胶州市交通运输局局长郝强表示，要坚持近期、中期、远期目标相结合，以国际一流标准加快编制规划，打造内联外畅的交通运输网络，全力服务中国—上合组织地方经贸合作示范区建设。

据了解，中国—上合组织地方经贸合作示范区按照"1个核心区+N个联动区"布局。其中，核心区包括国家级胶州经济技术开发区和示范区新区，功能联动区包括青岛胶东临空经济示范区、胶州湾国际物流园、青岛前湾保税港区、青岛出口加工区、青岛大沽河省级生态旅游度假区等功能区。

如何构建示范区内海陆空铁一体化交通体系？依托胶东国际机场、青岛港、中铁联集青岛中心站等重要交通枢纽，2019年，胶州将全面建设连接青岛主城区、胶东临空经济区、中铁联集青岛中心站、青岛港的快速路网。以12号地铁线、12号地铁支线、地铁R2、地铁R3线为基础，将示范区核心区整体纳入青岛城市轨道交通总体规划，通线设站。

在示范区核心区，胶州市交通运输局先期规划了"六横六纵"干线公路网。高速公路方面，胶州交通运输部门将推动沈海高速公路和青兰高速公路在示范区核心区构建互通立交，并增设连接线。此外，胶州交通运输部门还将促进青岛海湾大桥胶州连接线加速建成通车，并争取青连铁路在示范区洋河口设客运站。

江苏省扶贫片区关键节点工程——泗洪县濉河洼大桥即将建成通车，届时将以便利的出行条件助推泗洪全域旅游快速发展和扶贫片区乡村振兴。 濉河洼大桥全长13公里，桥长3.5公里，连接西南岗与成子湖两个重点扶贫片区，承载着两个片区40万居民的期盼。

许盛军 摄

环渤海海事部门联合整治内河船非法海上运输

本报讯 （特约记者 马继山 通讯员 朱某）近日，山东、天津、辽宁、河北海事局开展联合执法行动，严厉打击渤海水域非法从事海上运输的内河船舶。

据介绍，此次联合执法行动将持续至10月底。环渤海各海事部门将联合地方政府和有关部门，海上巡查和陆上行动齐头并进，同步开展执法行动，形成政府主导、部门联动、齐抓共管的联合治理格局，保持全面治理与重点打击相结合的高压监管态势，全面排查责任区内的非法内河船、砂石装卸点、海上砂石运输航路和主要聚集点情况。

此次联合执法行动还将检查涉水工程建设单位是否使用或变相雇用不符合安全作业条件的砂石运输船舶，取缔非法装卸作业点，从严从重处罚非法内河船舶，将涉嫌违法人员移交公安部门处理。

安徽农村公路改造 示范项目将获世行贷款

本报讯 （驻安徽首席记者 吴某）近日，财政部联合安徽省政府与世界银行在北京完成了安徽省农村公路提升改造示范项目谈判。谈判双方就《贷款协议》《项目协议》《支付信》等文件达成共识，草签了相关法律文件。至此，世界银行与我国合作的第一个交通运输领域结果导向型贷款模式项目正式启动。

据了解，安徽省农村公路提升改造示范项目拟向世界银行贷款2亿美元，在安徽省选取10个县实施基于政府规划的农村道路畅通工程、农村公路扩面延伸工程、农村公路安防工程、农村公路危桥改造工程、农村公路养护工程以及机构能力建设。该项目将构建以县道为局域骨干、乡村公路为基础的干支相连、布局合理、具有较高服务能力的农村公路网，加快安徽省农村路网建设速度，改善农村道路通行安全状况，提高县级交通运输部门农村公路建设管理能力和服务水平。

目前，安徽交通运输行业已累计协议利用国际金融组织贷款21亿美元，其中包括世界银行贷款13亿美元，使用范围覆盖交通运输行业多个领域。国际金融组织贷款不仅可缓解安徽交通运输领域投资资金不足的局面，还能通过引进国际先进的项目管理理念和方法，提升交通基础设施建设管理水平。

见证40年 我们的奋斗故事

从拖拉机能不能上路搞运输说起

原交通部政策法规司司长、中国交通报社原党委书记 鲁勤智

1975年，我被调至交通部政策研究室，从参与到主管政研室工作，前后17年。其间正是我国交通运输改革的起步阶段，政研室在部党组的领导下，对交通运输改革做了一些调查研究和部分综合性的文字工作。我有幸能够比较多地聆听部领导对有关问题的讨论和决策，也有较多机会接触身处改革第一线的地方交通运输部门领导和职工，亲身感受他们对改革的思考、苦恼以及在探索中取得的成绩和经验。40年了，回忆往事，深感万事开头难。

原交通部政策法规司司长、中国交通报社原党委书记鲁勤智。 吴兰平 摄

拖拉机能不能上路搞运输

拖拉机能不能上路搞运输？现在如果有人问这个问题，会被称为笑话，但在改革开放之初，这却是一个难以回答的大问题。

党的十一届三中全会后，农村经济得到了迅速恢复和发展。农民手上有了可供出售的商品粮和农副产品，需要进入市场交换，交换就要运输。这时，农村形成的"物流"，是分散的、小批量的、短距离的，农村原有的手扶拖拉机正好适应这种经济水平的运输需求。于是拖拉机上路搞运输就应运而生，随之出现了一批运输专业户。我国农村早期的万元户群体，其中很多就是靠跑运输发家的。

个体运输的发展壮大，直接冲击了政府交通运输部门直属企业的经营活动和对运输实行的"统一货源、统一运价、统一调度"的"三统"管理。"三统"管理是在计划经济体制下形成的管理模式，经过20多年的摸索，已有一套规章制度和习惯的工作方式方法。以这套模式对新生的个体运输进行管理，显然行不通，于是就形成一管就死、一放就乱的局面，"乱"也不好，"死"也不好，成为当时各级政府交通部门十分焦虑和纠结的问题。

1982年中共一号文件明确肯定"包产到户"是"社会主义农业经济的组成部分"，这个精神立即也适用于个体运输。这年，万里同志在接见交通部党组成员时明确表示，拖拉机可以上路搞运输。上面有指示，群众有要求，但真要动手改革，面对的困难很多、阻力很大。

有人说，风起青萍之末。交通运输改革之风，可以说是从拖拉机能不能上路搞运输刮起的。

有河大家走船，有路大家走车

1983年3月，交通部召开了一年一度的全国交通工作会议，李清部长代表部党组作工作报告，明确提出："有河大家走船，有路大家走车"。这本是两句非常普通的群众语言，却在全国引起了巨大的反响，有人将这两句话称为"一声春雷"。

对这两句话反应最快的是新闻单位。参加这次会议的有新华社、中央人民广播电台、《人民日报》《经济日报》等，他们以这两句话作为突出内容，对会议进行了报道，使这两句话迅速在960万平方公里的土地上传播开来。

这两句话获得了广大群众特别是个体运输户的热烈拥护，他们感到自己得到交通运输最高主管部门的认可和支持，有了合法的身份。很快就有人以部长这篇报告为据，到政府交通部门申请办理运输手续。而在交通系统内部，一些同志对自己行业最高领导讲出这样的话很不理解、不能接受。在一些地区甚至出现顺口溜："新领导上了台，交通运输乱起来，国家吃了亏，个人发了财。""辛辛苦苦30年，一夜回到解放前。"……

（下转2版）

今日看点

更多资讯，请关注中国交通报微博、微信、客户端!

App安卓版

App苹果版

微信公众平台

□值班编委 [illegible] 本版副主编 [illegible] 责编 [illegible] □E-mail:xw1b@zgjtb.com □新闻热线:(010)64255441 □发行热线:(010)64256206 □广告热线:(010)64250642 □培训热线:(010)65299681

2018年9月13日 星期四　要闻　2版
电话:010-64256003 传真:010-64250637 E-mail:xw2b@zgjtb.com
中国交通报 CHINA TRANSPORT NEWS

浙江：民生实事做实　城市治堵有效

特约记者 罗俊峰

在浙江杭州三墩西湖科技园上班的刘涛感到，今年以来，杭州城市治堵的效果很明显。刘涛的家与公司的直线距离约20公里，以往下班时间，想要按时回家几乎不可能，如今半个小时就能到家。"现在每天下班回家，看到2岁的女儿欢天喜地地扑到我怀里，内心的幸福感无以言说。"刘涛说道。

今年年初，浮入实施城市交通拥堵治理工作入选浙江省政府10件民生实事之一。截至6月底，浙江省共推进轨道交通建设683公里；新增停车位7.83万个，完成年度目标的78%。全省已有1.02万辆公交车增设移动支付功能，完成年度目标任务的204%。

智能交通管理系统初步建立

当城市路口发生重大交通事故时，无需等待当事人或路人打电话报警，布设在周围的摄像头、红绿灯就可迅速将现场信息及时传回"城市大脑"，并顺带传回事发地周边区域多条路段的拥堵信息，以供救援。

这些在电影中才能看到的场景，如今已在杭州实现。自2016年"城市大脑·智慧交通"系统落地杭州以来，目前已实现智能调度警力。"城市大脑"基于接收到的信息，对车辆现场及周边交通有了全局感知后，可对事件进行研判、制定合理的处置策略和警力调度策略。杭州交通充分整合交警、城管、建委、公交、地铁、铁路、民航等相关部门信息资源，有效推进了各部门间的信息共享和交互。以大数据整合为基础打造的智慧交通平台，为交通运输规划、建设、管理及安全运行提供了有力支持。

今年上半年，在推进"治堵"实事进程中，以杭州"城市大脑"为代表的智慧交通发挥了巨大作用。温州市推出个性化定制公交服务，试点微信处理事故模式；嘉兴市构建智能交通管理体系，开展"文化治堵"工程；宁波、金华等地实现了通过掌上平台"宁波通""金华行"等App实时查询公交出行信息，服务公众出行……目前，浙江城市智能交通管理系统初步建成，城市交通大数据互联、共享、利用机制基本建立，有力推动了浙江城市交通拥堵治理。

编制治堵规划　"八项行动"再升级

今年上半年，浙江深入实施城市交通拥堵治理工作，浙江省政府向各市下达《2018年度治堵工作任务书》，明确各市治堵工作各项任务。指导督促各成员单位和各市进一步细化方案，落实责任；积极开展《浙江省治理城市交通拥堵工作五年行动计划》编制工作，指导各市做好治堵规划编制；以新一轮城市总体规划修编为契机，从城市整体发展的宏观层面协调城市布局与交通的关系，强化城市交通规划对城市发展建设的综合协调；坚持月通报制度，深入开展督导工作。

如今，杭州市全面推行"双限"新政、推进停车产业化发展等成效显著；宁波市将创建公交都市与交通拥堵治理工作有机融合，尝试公交综合体建设政策引导；湖州市完善公交政策，激发企业发展活力……浙江各地正不断探索以因地制宜的方式治理城市拥堵。

下半年，浙江城市交通拥堵工作将重点抓好"三突出三强化"。突出规划引领，印发《治堵五年行动计划》；突出公交优先，深入开展杭州、宁波、湖州、金华等国家公交都市创建，积极扩面"公交优先示范城市创建"；突出科技治堵，推进杭州"交通小脑"试点运行；强化秩序管理，继续深入开展"一创一治"（创文明交通、治秩序乱象）和"礼让斑马线"活动；强化设施建设；强化统筹协调。

浙江还将重点实施"八项行动"：轨道交通建设专项行动、路网优化专项行动、立体交通专项行动、公交提升专项行动、停车设施建设专项行动、共享交通专项行动、城乡统筹治堵专项行动和"一创一治"专项行动。

福建因地制宜升级"百乡千村"路网

本报讯　（特约记者 [illegible] 通讯员 [illegible]）近日，福建省交通运输厅印发《关于因地制宜推进农村公路建设的指导意见》（简称《意见》），提出农村公路改扩建要遵循实事求是、生态环保理念，因地制宜推进"百乡千村"路网提升工程实施。

《意见》提出，农村公路改扩建要充分结合路线功能、交通需求、地形地质及地域地质条件。路基横断面可根据实际采用差异化设计，灵活确定不同路基断面形式。错车道路段的路基宽度应不小于6.5米，有效长度不得小于10米；受地形地质条件限制时，在满足车辆安全行驶要求的前提下，错车道有效长度可适当缩短。技术状况良好的桥涵构件可采用同结构拼宽和接长方式同步改造。项目中局部受地形地质及沿线建筑等限制的路段，可因地制宜采用老路技术指标，受限路段累计总长原则不超过建设规模的20%，超过规模项目宜全线降低技术标准建设。

江西明年启动LNG采砂船改造试点

本报讯　（通讯员 邹庆恒 驻江西首席记者 汤录兰）近日，江西省交通运输厅出台《鄱阳湖船舶与港口污染防治三年专项行动实施方案（2018—2020年）》（简称《方案》），将采取"以旧换新""以拆换新"等措施加快淘汰老旧液货危险品船，并将于明年启动LNG采砂船舶改造试点工作。

根据《方案》要求，江西将以减少污染物排放和强化污染物处置为核心，强化船舶污染源头管理，推进船舶污染物接收与处置船岸衔接，加强港口作业污染专项治理，优化能源消费结构，提升污染事故应急处置能力，全面推进江西船舶与港口污染防治工作，努力实现江西水运绿色、循环、低碳、可持续发展。

《方案》明确，到2020年，江西船舶与港口大气污染物、水污染物将得到有效防控和科学治理，排放强度明显降低；完成沿赣江、信江和鄱阳湖区域非法码头整治工作；实现化学品洗舱水、重点港口和船舶污水垃圾全收集全处理，船舶和港口污染防治水平与江西生态文明建设水平相适应。

《方案》提出，江西将提升船舶节能环保水平，严格执行船舶强制报废制度；积极争取国家出台资金补助政策，对提前淘汰高耗能、高污染的船舶予以补助；加快推进LNG加注码头建设，鼓励新建和改建LNG燃料动力船；提升港口节能环保水平，加快港口岸电设施和船舶岸电受电设施建设。

目前，在位于湖北枣阳火车站附近的汉十高铁五标段，工人们驾驶大型铺轨机将一对500米长钢轨平稳地铺在无砟轨道板上，标志着湖北"最美高铁"——汉十高铁开始全线铺轨。

汉十高铁是湖北省迄今为止投资最大、标准最高、里程最长的铁路项目。该高铁自汉孝城际铁路孝感东站引出，经随州、襄阳至十堰，线路全长399公里，设计时速350公里。

按照现有进度，汉十高铁将于明年12月如期通车。届时，从武汉到十堰的时间将缩短至2个小时以内、到襄阳只要1个小时、到随州只需半个小时，"武汉城市圈"与"襄十随城市群"的时空距离将拉近。

特约记者 方庆 摄

京津联动保畅服务夏季达沃斯

本报讯　（特约记者 古浩）9月18日至20日，2018天津夏季达沃斯论坛将于梅江会展中心举办。目前，天津交通运输部门服务论坛的各项保障工作已准备就绪。

天津提升改造"达沃斯"路线及重点区域道路，共完成高速公路大中修27.1万平方米、城市道路大中修150万平方米、普通公路大中修17.5万平方米、市内人行天桥大中修50座；治理非公路标志1186处，治理私搭乱建1890平方米；栽种中央隔离带绿植19.8万株，施划交通标线1.77万平方米。

城市交通方面，天津市交通运输委员会从全市4万多名出租汽车驾驶员中遴选了200名星级驾驶员，在梅江会展中心主会场和参会嘉宾下榻的万丽天津宾馆、喜来登酒店、利顺德酒店等地提供定点包保服务。天津市交通（集团）有限公司、天津市公共交通集团（控股）有限公司抽调了200余辆中旅巴士提供会议集中用车服务，目前驾驶员团队已完成专业培训。天津轨道交通集团有限公司于近日开展了反恐防暴联动应急处置演练，提升应急处置和安全服务水平。

天津市还在津蓟、京津、京沪、津沧、荣乌、津滨6条高速公路设置了10条"达沃斯"ETC专用车道，并为400余辆论坛工作用车安装了专用电子标签；在北京首都国际机场、天津滨海国际机场和铁路北京南站、天津站、天津西站、天津南站安排了200多名志愿者，提供接送站咨询引导服务。

京、津两地携手联动保通畅。在交通运输部路网监测与应急处置中心的指导支持下，首次建立了京津区域高速公路路网运行服务保障机制，通过运行协同管理和应急协调联动提高突发情况处置能力。

短信

交通环保专家研讨公路边坡生态修复技术

本报讯　9月8日至9日，中国交通运输协会交通生态环境分会与交通运输部公路科学研究院共同主办的"中国绿色交通建设论坛暨边坡生态修复与防护技术交流会"在湖南长沙召开，来自全国交通、环保等领域的300多名专家和代表参加。

会议围绕"绿色交通"与"生态修复"两大主题积极开展政策与技术研讨，推进绿色交通新理念、新技术、新产品的研究推广与应用，以学术性、专业性、创新性助力绿色交通发展。国务院发展研究中心资源与环境政策研究所副所长常纪文作了题为《新时代生态修复的政策与法律》的主题报告，中国交通运输协会交通生态环境分会会长杨洪义、交通运输部公路科学研究院院长张劲泉等人分别致辞。会后，全体代表参观了长沙市绿色交通示范项目。　（邵也阳）

大连海大两项研究获国家社科基金立项

本报讯　（特约记者 吴江涛）日前，2018年国家社科基金重大研究专项立项名单公布，大连海事大学两项研究获批国家社科基金"新时代海洋强国建设"重大研究专项立项。

据了解，大连海事大学法学院韩立新教授的项目"中国参与全球海洋生态环境治理体系研究"，旨在为我国参与全球海洋生态环境治理体系提出新理论，提升我国在全球海洋治理方面的国际话语权，为全球海洋生态环境治理提供中国模式和经验。交通运输工程学院王杰教授的项目"服务海洋强国战略的海疆管理体制创新研究"，拟在充分分析中国海疆管理体制历史沿革与发展规律的基础上，从服务海洋强国战略的视角，结合世界主要海洋国家海疆管理先进经验，创新性提出我国海疆管理体制构建方案与推进措施。

河北首家航海文化教育基地成立

本报讯　近日，由河北海事局、河北省航海学会联合评审授予的、河北省首家"青少年航海文化教育普及基地"在秦皇岛揭牌成立。

据了解，该基地建设是河北海事部门提升公众水上交通安全意识和推广海洋文化的一项重要举措，培训内容将聚焦青少年航海文化教育，积极引导少年儿童参与航海教育社会实践活动，力争向社会提供优质航海文化教育资源。

今后，河北海事部门将持续加深与具备航海文化教育优质资源的单位、企业和航海院校的合作，推动不同主题航海文化教育基地成立，推进少年儿童水上交通安全教育和航海文化普及活动不断深入。　（袁侠）

兴延高速主体工程基本完工

本报讯　（特约记者 侃海燕）随着重点控制性工程白羊城沟特大桥桥面铺装以及防水等工程的顺利结束，北京市兴延高速公路主体工程基本完工，预计今年年底建成通车。

据了解，全长约42.2公里的兴延高速公路南起西北六环路双横立交，北至京藏高速公路营城子立交收费站以北，途经昌平区、延庆区，采用双向四车道高速公路标准建设，预留远期双向六车道通行条件。其中，平原段（即六环路至白羊沟段）的设计时速为100公里，山区段（即白羊沟口至终点）的设计时速为80公里。建设中，项目部与北京工业大学联合开发了工程检测信息化管理手机App客户端软件，实现隧道围岩沉降实时掌控。技术人员还为白羊沟特大桥每根墩柱植入二维码，通过软件追溯结构物的所有数据和过程管控细节。

日喀则经西安至济南航线开通

本报讯　（记者 刘春辉）记者日前从西藏自治区日喀则和平机场获悉，日喀则经西安至济南航线正式开通。山东省是日喀则的对口援助省份之一，该航线的开通为山东和日喀则搭起一座"空中桥梁"，让来往济南和日喀则两地的旅客实现当天往返。

据了解，日喀则经西安至济南航线航班号为MU9901，在西安经停，每周四、周日各飞行一班，是继日喀则至成都、日喀则经西安至上海两条航线后，日喀则和平机场开通的第三条航线，有助于进一步丰富西藏地区的航线网络，提升日喀则内通外联水平。

日前，一场大雨过后，在青岛港前湾联合集装箱码头作业现场，从U5泊位至104泊位，"美总凤凰城""中海金星"等14艘船舶一字排开，33条作业线齐头并进，现场装卸作业有条不紊。其中，"美总凤凰城"轮空箱直取3217标准箱，创第三季度单船空箱直取作业量新高。　本报记者 李春侠 文　通讯员 刘春华 图

（上接1版）

交通运输改革向广度和深度推进

[illegible]

呼应发展需要　挺立开放潮头

——访交通运输部原总工程师蒋千

本报记者　曹文娟

见报日期　2018年9月18日

1978年，秦皇岛煤码头一期工程开工建设，成为我国第一座自行设计、施工的大型煤炭输出码头，专业化的铁路转海运码头可停泊载重5万吨级的散货船；40年后的今天，全国沿海40万吨级的矿石码头、30万吨级的油码头、全自动化集装箱码头不胜枚举……中国港口联通了全球。

1978年，长江上正在推广分节驳顶推船队，水域还没有对外轮开放；40年后的今天，长江南京以下12.5米深水航道贯通，5万吨级海轮可直达南京，长江干线成为世界上运量最大的通航河流，开放水域有1000多公里。

回顾改革开放40年来水运发展经验，长期从事规划研究的交通运输部原总工程师蒋千毫不犹豫地说，水运建设发展一直都呼应着国家战略和经济发展需要，紧紧跟随国际航运市场的发展趋势，在整个综合交通运输体系中，坚持规划先行、合理布局、科技创新、政策保障，才有了今天的成绩。

打开大门打开市场

沿海港口发展始于1973年——国务院发出“三年改变港口面貌”的号召。“那时候所有的港口设施都比较落后。”蒋千回忆，港口建设“大干快上”，以改扩建为主，新建10万吨级码头是了不起的事，当时大连、秦皇岛、日照、宁波北仑的10万吨级码头都是精心创新设计的。也是从那个时候开始，港口建设迈上了一个新台阶。

1973年至1980年，全国一共建设了81个万吨级以上的新码头，吞吐量年均增长不到2000万吨。“这已经是不小的进步了。”蒋千说，当时港口建设速度比较快，但专业化不强、吨级不高。

改革开放打开了大门，也打开了市场。沿海港口作为最早对外开放的领域，吸引了大量外资进入，也加速了港口建设的步伐。1980年至1990年，我国建设了200多个深水泊位，港口吞吐量年均增长超过4000万吨。蒋千认为，港口对外开放，对我国吸引世界目光和对外贸易的促进作用都是巨大的。

改革开放初期，14个沿海城市成为我国对外开放的前沿地带。港口对地方经济尤其是对外贸易的促进作用非常突出，因此沿海各城市建设港口的热情都非常高，但怎么样把有限的资金集中用在主要枢纽性港口、内河水运主要干线通道上，突出重点、集中精力解决大事？

1989年，交通部提出“三主一支持”的战略构想，开始研究水运主通道和港口主枢纽建设。“我们突破传统规划理念，研究如何突出重点，系统地解决能源和外贸运输的问题。”蒋千告诉记者，当时全国工业化建设对煤炭的需求量非常大，对外贸易运输需求强烈，所以需要集中解决北方煤炭下水问题，按质按量完成国家外贸运输计划。

“三主一支持”把重点放在了22个主要沿海港口上，政策导向、资金导向、市场开放都是以这些港口为主。“‘三主一支持’起到了纲领性的作用，呼应了我们国家的经济建设和对外开放需要，也适应了当时交通建设资金有限的现实。”蒋千说。

1992年，邓小平南方谈话把我国改革开放和现代化建设推向了新阶段。在南方谈话的指导和激励下，交通部下大力气研究港口建设，从政策、法规和规划上开展一系列的工作。“那个时候，外资积极进入，地方政府热情高涨，是港口建设最繁荣的一个时期。10年里，建设了400多个港口深水码头，沿海港口吞吐量年均增长7000万吨。”蒋千说。

科学布局沿海港口

在完成了全国主枢纽港布局之后，区域港口布局规划提上了日程。交通部结合各地特色，做了环渤海、长江三角洲、东南沿海、珠江三角洲、西南沿海5个沿海片区港口布局规划。

"我们第一个做的是珠江三角洲地区港口布局规划，当时争议很多。"蒋千告诉记者，广东曾是个极度缺电的地方，20 世纪 90 年代，广东每个工商企业都有小柴油发电机。当时交通部通过系统论证整个煤炭运输体系，确定在广东规划建设广州、深圳和珠海 3 个主要煤炭接卸港。

"为集装箱运输，我们跑了珠三角所有地方，对珠三角外向型经济生成的集装箱量和国际市场的需求、集装箱运输路径、港口优势等作了全面研究。运用网络规划的思路，明确了集装箱码头布局，即以香港国际航运中心为核心，积极发展深圳集装箱干线港。"蒋千说，这个规划细化了我国沿海港口规划布局，并且针对广东的问题，解决了当时能源运输和集装箱运输的主要矛盾，开了区域港口布局规划的先河。

进入 21 世纪，市场更加开放，我国冶金、石化、电力等基础性产业迅猛发展，而资源质量和储量无法支撑重工业发展需要，需要大规模的资源输入，沿海港口专业化码头布局建设全面开花。"有了前面十几年的基础，我们便提出煤炭、石油、铁矿石、集装箱、粮食、商品汽车及物流、陆岛滚装和客运八大运输系统的布局规划，服务国计民生。"蒋千说。

在交通部的科学规划下，2006 年 9 月，国务院审议通过《全国沿海港口布局规划》，根据不同地区的经济发展状况和特点、区域内港口状况及港口间运输关系和主要货类运输的经济合理性，将沿海港口划分为环渤海、长江三角洲、东南沿海、珠江三角洲和西南沿海 5 个港口群，各大区域沿海港口群通过公路、铁路、内河等多种方式构成综合交通运输体系。《全国沿海港口布局规划》明确了北方的 7 个煤炭下水港和长三角、珠三角等上水港的布局，沿海 20 万吨级以上外贸进口原油、铁矿石码头布局和集装箱干线港布局。

21 世纪前 10 年，我国港口建设一直处于高峰期，沿海港口每年吞吐能力超过 2 亿吨。由于科学的规划指导，以大型专业化码头为核心的港口建设，保障了能源、原材料等大宗货物运输，有力支撑了国民经济和对外贸易又好又快发展。

内河水运纵横成网

"三主一支持"对内河航运建设起了重要指导作用。截至 1994 年年底，我国内河通航里程达到 11.02 万公里，拥有万吨级以上深水泊位 42 个。然而，与需要和资源潜力相比，内河航运发展相对迟缓，还不能适应国民经济持续、快速、健康发展的要求。

1995 年召开的全国内河航运建设工作会标志着我国内河航运事业进入了一个新的发展阶段。交通运输行业开始集中精力建设"两横一纵两网"中的一批重点工程，完善承担原材料和外贸物资运输的重点港口的散货、杂货、外贸码头。

“干线航道以长江口深水航道整治为契机，以三峡船闸工程建设为核心，这两大工程引领了整个长江干线的航道治理。”蒋千说，由国家主导的干线航道整治是以国家投入支撑为主的大工程，其余高等级航道建设则充分发挥了地方政府的积极性。西部山区河流以航电枢纽来渠化航道，提高航道等级；平原水网地区则通过航道整治达到规划标准。航电枢纽的发电效益，平原水网地区的船闸收费，保障了航道发展建设。

《全国内河航道与港口布局规划》于2007年公布，明确“两横一纵两网十八线”和28个主要港口的布局，内河水运得到了快速发展。“我们结合流域水资源特征，用规划指导，加大了建设力度。”蒋千说。

长江是我国唯一贯穿东、中、西部的水路交通大通道，是内河水运发展的重点。1998年以来，交通部门实施了长江口深水航道整治工程，长江口航道水深由原来的7米提高到了12.5米。随着长江黄金水道建设力度的加大，以及长江南京以下12.5米深水航道一期和二期、荆江航道整治等工程的顺利实施，航道条件得到改善，促进了流域的经济发展，发挥了水运作为绿色交通的优势。

转型升级用好资源

“‘十三五’期间，国家的重大战略成为水运发展的重大机遇。‘一带一路’倡议、京津冀协同发展、长江经济带建设、东北老工业基地振兴、粤港澳大湾区建设等国家战略的实施，交通运输部都作出相应规划和部署，全力服务支撑国家战略。”蒋千说。

在粤港澳大湾区，各港口功能越来越清晰，走向良性发展，深圳主要开展集装箱运输，广州开展集装箱和大宗散货运输，珠海则以散货运输为主。

在长江经济带，交通运输是推动发展的先手棋。新形势下，交通运输行业坚持“共抓大保护、不搞大开发”，围绕“交通更顺畅”的重要任务，正努力发挥好先行作用。

“2010年以前，水运发展的重点是怎么满足运输量快速增长和船舶大型化、专业化的需要。现在，水运发展面临着资源、环境制约，注重的是转型、高质量发展问题。这需要依靠技术创新、信息化建设。”蒋千说，水运正在向智能化、高效化、信息化发展。

呼应发展需要　挺立开放潮头

——访交通运输部原总工程师蒋千

CHINA TRANSPORT NEWS

2018年9月18日 星期二　http://www.zgjtb.com ｜ 第6820期　今日8版 ｜ 邮发代号：1－72　国内统一刊号：CN11－0122　交通运输部主管　中国交通报社主办

12328电话系统 8月服务质量考评结果公布

本报讯（记者 毛剑）日前，交通运输部对全国12328交通运输服务监督电话省级系统今年8月的运行考评指标进行了统计汇总，并对考评结果进行了公示和公布，总体考评评分最高的3个省份为江西省、江苏省、河南省。

据统计，今年8月，全国12328电话系统共受理有效业务174.54万件。信息咨询、意见建议、投诉举报3类业务分别为157.95万件、4.19万件和12.40万件，分别占业务总量的90.50%、2.40%和7.11%。

8月份，全国12328电话系统接通平均等待时长约为24秒（含导航语音提示时间），信息咨询类即时答复率为98.61%，限时办结率为95.77%，抽查回访率为49.20%，回访满意率为96.23%，12328电话系统运行服务质量趋于稳定。

▶评分表详见3版

杨传堂在交通运输安全研究中心成立大会上强调

瞄准国际一流提升安全研究能力和水平 担当作为为建设交通强国提供有力支撑

本报讯（记者 毛剑）9月17日，交通运输部科学研究院交通运输安全研究中心成立大会在部召开，对安全研究中心和部交通运输安全研究专家组工作进行动员部署。交通运输部党组书记杨传堂出席会议并强调，要深入学习贯彻习近平总书记关于安全生产工作的重要论述，切实增强做好安全生产工作的责任感、紧迫感和使命感，瞄准国际一流，加快提升安全研究工作能力和水平，甘于担当、敢于担当、善于担当，为建设交通强国提供有力支撑。

杨传堂指出，党的十八大以来，习近平总书记对安全生产工作作出了一系列重要指示批示，深刻回答了如何认识、如何抓好、怎样抓好安全生产等重大理论和实践问题，为推动交通运输安全发展提供了根本遵循。安全研究中心要抓好学习研究，着力研究习近平总书记关于安全生产重要论述特别是关于交通运输安全生产重要论述的深刻内涵，着力研究其在交通运输领域落地落实的着力点、实施路径和保障措施等，真正为全行业贯彻落实提供有力的研究支撑。

杨传堂要求，要深刻认识当前和今后一个时期交通运输安全生产形势的严峻性，进一步增强做好安全研究工作的紧迫性，本着对人民负责、对国家负责、对行业负责的态度，着力打造国际一流的交通运输安全研究中心。一要加强战略研究，围绕“法规制度、安全责任、预防控制、宣传教育、支撑保障和国际化战略”6个体系建设，深入分析主要问题和矛盾，形成系列有效支撑的研究成果，加强政策储备，增强交通运输安全生产工作的前瞻性、系统性和实效性。二要加强应用研究，围绕重点工作加强基础研究、理论研究，围绕关键环节和“卡脖子”难题开展技术攻关，大力推进研究成果转化应用，努力探索交通运输安全发展的新路径、新办法、新措施。三要加强协同研究，相关部门要高度重视、主动作为，部安质司要加强指导协调，专家组要当好“智囊团”，交科院要做好保障支撑服务，加强统筹协调，形成研究合力。

会后，副部长何建中主持召开部交通运输安全研究专家组第一次会议。他指出，当前交通运输安全生产形势依然严峻，责任非常重大，任务十分艰巨，成立专家组是加强交通运输安全生产工作的现实需要，是推进“科技兴安”的重要举措，是促进交通运输安全基础管理的有效途径。要建立健全专家组联络工作机制，明确研究重点和内容，落实配套支撑措施，充分发挥专家自身优势，努力履行好专业咨询和研究指导职责，为提升交通运输行业安全生产管理水平、建设交通强国贡献更大力量。

部总工程师周伟，部交通运输安全研究专家组专家代表出席会议。部机关有关司局和部属有关单位负责同志参加会议。

李小鹏会见塞尔维亚客人

本报讯（记者 毛剑 实习记者 修雪）9月17日，交通运输部部长李小鹏在京会见了塞尔维亚副总理兼建设、基础设施和交通部部长佐拉娜·米哈伊洛维奇，双方就将在塞尔维亚举办的第三届中国—中东欧国家（16+1）交通部长会议及中塞交通基础设施合作交换了意见。塞尔维亚驻华大使米兰·巴切维奇、经济部国务秘书德拉根·斯特瓦诺维奇会见时在座。

李小鹏对米哈伊洛维奇一行表示欢迎。他指出，塞尔维亚是欧亚大陆重要交通枢纽，中塞两国传统友谊源远流长，双方在交通运输领域合作基础深厚、潜力巨大、前景广阔。16+1交通部长会议是中国与中东欧国家在传统友好关系基础上进一步加强交通运输领域合作的重要机制，希望两国交通运输部门加强沟通，做好各项准备工作，确保会议顺利召开。中方愿同塞方在16+1合作框架下，共同推进“一带一路”倡议下中塞基础设施互联互通务实合作，共享发展经验，加快推动匈塞铁路等项目，继续鼓励支持中方企业参与塞尔维亚交通项目，推动两国互利共赢和共同发展迈上新台阶。

米哈伊洛维奇对中方在铁路、公路等交通领域给予塞尔维亚的大力支持表示感谢。她表示，中塞双方一直保持着非常友好的朋友关系，在两国经济合作中交通基础设施领域的合作居于重要地位，双方在“一带一路”框架下的铁路和公路等交通基础设施合作中取得了显著成果。塞方欢迎中方企业在实施既有合作项目同时，不断参与和拓展新项目，进一步为交通运输和区域互联互通提供支撑。

双方一致同意，将在第三届16+1交通部长会议期间，就提升互联互通效率和水平等议题进行深入研究。

绿色出行宣传月和公交出行宣传周成都启动

发展优质绿色出行　提升人民群众获得感

本报讯（记者 郑一鑫 驻四川首席记者 吴丹 特约记者 周丽仁 张雪梅）9月17日，由交通运输部、公安部、国家机关事务管理局、中华全国总工会联合举办的2018年“绿色出行宣传月和公交出行宣传周”活动启动仪式在四川省成都市举行。

交通运输部党组成员、副部长刘小明，中华全国总工会书记处书记、党组成员、组织部部长张茂华，公安部交通管理局副巡视员李泽军，国家机关事务管理局公共机构节能管理司副司长宋春阳，四川省副省长杨洪波，成都市市长罗强，世界卫生组织驻华代表高力等出席启动仪式。

刘小明表示，开展绿色出行行动、全面实施公交优先发展战略，是落实党的十九大精神、打赢蓝天保卫战、推进交通运输生态文明建设的实际行动和重要举措。他要求，各地各部门要紧扣活动主题，强化协同联动，精心组织实施。一是广聚共识，让绿色出行成为首选，要进一步加大宣传力度，扩大覆盖面和影响力，让更多的人参与到绿色出行中来；二是提高站位，全面提升绿色出行供给水平，积极争取地方党委、政府支持和部门协同配合，为人民群众提供优质、安全、舒适的绿色出行服务；三是质量为先，着力改善绿色出行服务体验，要强化绿色出行服务质量管理，切实提高交通安全水平，打造服务品牌，让老百姓有更多的获得感和更高的满意度；四是强化保障，努力营造绿色出行良好环境，要加快推进绿色出行社会共建、共治、共享，推动出台相关政策、法规和标准规范，广泛弘扬劳模精神、劳动精神和工匠精神，大力宣传展示行业风采和关爱司乘人员，让绿色出行可持续发展。

（下转2版）

“网红”西安的“网红”公共交通

实习记者 郑敏慧 通讯员 关华波

本报记者 张凡

“百年中国看上海，千年中国看北京，五千年中国看西安”，是陕西西安悠久历史文化的写照。今天的西安，以迅猛的发展势头成为全国的“网红”城市，在公共交通发展上同样体现出特别的“网红”气质。

9月14日至16日，由交通运输部主办，中国交通报社承办，蚂蚁金融服务集团（简称蚂蚁金服）、美团支持的2018年“我的公交我的城”重大主题宣传活动行至西安。由十余家中央、地方、行业媒体代表组成的采访团，全方位了解了西安公共交通发展成果。

公交车明年全部纯电动化

驻足西安街头，记者发现这里的许多公交车跑起来没有冒烟的“尾巴”，车身上有“新能源”的醒目标志。西安市交通运输局局长张健介绍，全市先后采购了3000辆“比亚迪K8”、300辆“吉利”和300辆“开沃”纯电动公交车。到今年年底，西安纯电动公交车总数将达3650辆，占总运营车辆数的52.1%。“今后，西安更新、新增公交车将全部为纯电动汽车，到2019年，西安将成为继深圳、广州之后，全国第三个公交车全部电动化的城市。”张健透露。

这样的新能源公交推广速度和规模，在西部城市中难能可贵。这背后，是西安市政府部门为落实公交优先发展、绿色出行理念的坚定决心。西安市公交总公司总经理翟长卫介绍，近年来，为支持公交优先发展，西安市政府推出“一补三奖励”政策。自2016年年底起，西安市政府陆续投资增置纯电动公交车，并在充电场站用地等方面给予支持。今后，西安将继续支持公共交通发展，尤其是新能源公交车的应用。

“零排放”的新能源公交车为“西安蓝”增色，赢得了市民点赞，也降低了公交企业运营成本。“西安公交每辆纯电动车的年平均行驶里程为3.86万公里，今年年底3650辆纯电动公交车全部投用后，每年可减少汽油消耗约6679万升。”西安市公共交通总公司副总经理宋玉全说。

（下转2版）

左图为9月15日，西安纺织城客运站“小酒窝”服务班向“我的公交我的城”采访团介绍服务工作台账。

关华波 供图

见证40年 主题访谈

呼应发展需要 挺立开放潮头

——访交通运输部原总工程师蒋千

实习记者 王彦宇 摄

扫一扫 观看专访视频

本报记者 曹文娟

1978年，秦皇岛煤码头一期工程开工建设，成为我国第一座自行设计、施工的大型煤炭输出码头，专业化的铁路转海运码头可停泊载重5万吨级的散货船；40年后的今天，全国沿海40万吨级的矿石码头、30万吨级的油码头、全自动化集装箱码头层出不穷……中国港口联通了全球。

1978年，长江上正在推广分节驳顶推船队，水域还没有对外轮开放；40年后的今天，长江南京以下12.5米深水航道贯通，5万吨级海轮可直达南京，长江干线成为世界上运量最大的通航河流，开放水域有1000多公里。

回顾改革开放40年来水运发展经验，长期从事规划研究的交通运输部原总工程师蒋千毫不犹豫地说，水运建设发展一直都呼应着国家战略和经济发展需要，紧紧跟随国际航运市场的发展趋势，在整个综合交通运输体系中，坚持规划先行、合理布局，科技创新、政策保障，才有了今天的成绩。

打开大门打开市场

沿海港口发展始于1973年——国务院发出“三年改变港口面貌”的号召。“那时候所有的港口设施都比较落后。”蒋千回忆，港口建设“大干快上”，以改扩建为主，新建10万吨级码头是了不起的事，当时大连、秦皇岛、日照、宁波北仑的10万吨级码头都是精心创新设计的，也是从那个时候开始，港口建设迈上了一个新台阶。

1973年至1980年，全国一共建设了81个万吨级以上的新码头，吞吐量年均增长不到2000万吨。“这已经是不小的进步了。”蒋千说，当时港口建设速度比较快，但专业化不强、吨级不高。

改革开放打开了大门，也打开了市场。沿海港口作为最早对外开放的领域，吸引了大量外资进入，也加速了港口建设的步伐。1980年至1990年，我国建设了200多个深水泊位，港口吞吐量年均增长超过4000万吨。蒋千认为，港口对外开放，对我国吸引世界目光和对外贸易的促进作用都是巨大的。

改革开放初期，14个沿海城市成为我国对外开放的前沿地带。港口对地方经济尤其是对外贸易的促进作用非常突出，因此沿海各城市建设港口的热情都非常高，怎么样把有限的资金集中用在主要枢纽性港口、内河水运主要干线通道上，突出重点、集中精力解决大事？

（下转3版）

今日看点

精诚合作　携手共建平安美丽新界河

——2018年中俄界河应急联合演习现场直击

实习记者 柏娜 特约记者 李洪文

9月14日14时10分，一艘载有30名游客的中方客船“龙客203”轮与一艘载有6名船员的俄方油轮在黑河黑龙江大桥施工上游水域发生“碰撞”，中方客船破损进水，俄方油船起火失控，溢油形成污染带，并向在建的黑龙江大桥漂移。

现场火光冲天，浓烟滚滚，弥漫着刺鼻的气味，船上及大桥施工作业人员的生命安全受到严重威胁。“不分国别，就近就便；以人为本，优先救助；防止污染，优先保护。”按照中俄界河水上应急合作三原则，中俄水上应急部门紧急联动，协同合作，一场与时间赛跑的“救援行动”迅速展开。

这是在黑龙江中游985公里附近水域举行的中俄界河应急联合演习场景。此次演习以“共商、共建、共享，打造中俄平安美丽界河命运共同体”为主题，由黑龙江海事局、阿穆尔州紧急情况总局、黑河市政府、布拉戈维申斯克市政府主办，黑河海事局、阿穆尔州国家小船监督局承办，中俄国境河流航行联合委员会中方办公室、黑河大桥建设指挥部、黑龙江航运公安局、黑河港务局、黑河航道局协办。演习总指挥由中方黑龙江海事局局长缪昌文与俄阿穆尔州紧急情况总局局长马特维共同担任。

（下转4版）

更多资讯，请关注中国交通报微博、微信、客户端！

App安卓版

App苹果版

微信公众平台

□值班编委 林海　本版副主编 卢锐　责编 马士药　□E-mail:xw1b@zgjtb.com　□新闻热线：(010)64255441　□发行热线：(010)64256206　□广告热线：(010)64250642　□培训热线：(010)65299681

2018年9月18日 星期二　主编 王宏挺　责编 李红涛　3版　电话:010-64252287 传真:010-64250637 E-mail:xw3b@zgjtb.com
见证40年 主题访谈
中国交通报 CHINA TRANSPORT NEWS

呼应发展需要　挺立开放潮头

——访交通运输部原总工程师蒋千

(上接1版)

1989年,原交通部提出"三主一支持"的战略构想,开始研究水运主通道和港口主枢纽建设。"我们突破传统规划理念,研究如何突出重点,系统地解决能源和外贸运输的问题。"蒋千告诉记者,当时全国工业化建设对煤炭的需求量非常大、对外贸易运输需求强烈,所以需要集中解决北方煤炭下水问题,按质按量完成国家外贸运输计划。

"三主一支持"把重点放在了22个主要沿海港口上,政策导向、资金导向、市场开放都是以这些港口为主。"'三主一支持'起到纲领性的作用,呼应了我们国家的经济建设和对外开放需要,也适应了当时交通建设资金有限的现实。"蒋千说。

1992年,邓小平同志"南方谈话"把我国改革开放和现代化建设推向了新阶段。在"南方谈话"的指导和鼓励下,原交通部下大力气研究港口建设,从政策、法规和规划上开展一系列的工作。"那个时候,外资积极进入,地方政府热情高涨,是港口建设最繁荣的一个时期。10年里,建设了400多个港口深水码头,沿海港口吞吐量年均增长7000万吨。"蒋千说。

上海港外高桥港区二、三、四、五期集装箱码头群。

科学布局沿海港口

在完成了全国主枢纽港布局之后,区域港口布局规划提上了日程。原交通部结合各地特色,做了环渤海、长江三角洲、东南沿海、珠江三角洲、西南沿海5个沿海片区港口布局规划。

"我们第一个做的是珠江三角洲地区港口布局规划,当时争议很多。"蒋千告诉记者,广东曾是个极度缺电的地方,上世纪90年代,广东每个工商企业都有小柴油发电机,当时原交通部通过系统论证整个煤炭运输体系,确定在广东规划建设广州、深圳和珠海3个主要煤炭接卸港。

"为集装箱运输,我们跑了珠三角所有地方,对珠三角外向型经济生成的集装箱量和国际市场的需求、集装箱运输路径、港口优势等作了全面研究。运用网络规划的思路,明确了集装箱码头布局,即以香港国际航运中心为核心,积极发展深圳集装箱干线港。"蒋千说,这个规划细化了我国沿海港口规划布局,并且针对广东的问题,解决了当时能源运输和集装箱运输的主要矛盾,开了区域港口布局规划的先河。

改革开放初期的天津港。 天津港 供图

上世纪80年代广东深圳蛇口港区旧貌。

进入21世纪,市场更加开放,我国冶金、石化、电力等基础性产业也迅猛发展,而资源质量和储量无法支撑重工业发展需要,需要大规模的资源输入,沿海港口专业化码头布局建设全面开花。"有了前面十几年的基础,我们便提出煤炭、石油、铁矿石、集装箱、粮食、商品汽车及物流、陆岛滚装和客运8大运输系统的布局规划,服务国计民生。"蒋千说。

在原交通部的科学规划下,2006年9月,国务院审议通过《全国沿海港口布局规划》,根据不同地区的经济发展状况和特点、区域内港口现状及港口间运输关系和主要货类运输的经济合理性,将沿海港口划分为环渤海、长江三角洲、东南沿海、珠江三角洲和西南沿海5个港口群,各大区域沿海港口群通过公路、铁路、内河等多种方式构成综合交通运输体系。《全国沿海港口布局规划》明确了北方的7个煤炭下水港,长三角、珠三角等上水港的布局,沿海20万吨级以上外贸进口原油、铁矿石码头布局和集装箱干线港布局。

21世纪前10年,我国港口建设一直处于高峰期,沿海港口每年吞吐能力超过2亿吨。由于科学的规划指导,以大型专业化码头为核心的港口建设,保障了能源、原材料等大宗货物运输,有力支撑了国民经济和对外贸易又好又快发展。

内河水运纵横成网

"三主一支持"对内河航运建设起了重要指导作用。截至1994年年底,我国内河通航里程达到11.02万公里,拥有万吨级以上深水泊位42个。然而,与需要相比,与资源潜力相比,内河航运发展相对迟缓,还不能适应国民经济持续、快速、健康发展的要求。

1995年召开的全国内河航运建设工作会标志着我国内河航运事业进入了一个新的发展阶段。交通运输行业开始集中精力建设"两横一纵两网"中的一批重点工程,完善承担原材料和外贸物资运输的重点港口的散货、杂货、外贸码头。

"干线航道以长江口深水航道整治为契机,以三峡船闸工程建设为核心,这两大工程引领了整个长江干线的航道治理。"蒋千说,由国家主导的干线航道整治是靠国家投入支撑为主的大工程,其余高等级航道建设则充分发挥了地方政府的积极性。西部山区河流以航电枢纽来渠化航道,提高航道等级;平原水网地区则通过航道整治达到规划标准。航电枢纽的发电效益、平原水网地区的船闸收费,保障了航道发展建设。

《全国内河航道与港口布局规划》于2007年公布,明确"两横一纵两网十八线"和28个主要港口的布局,内河水运得到了快速发展。"我们结合流域水资源特征,用规划指导,加大了建设力度。"蒋千说。

长江是我国唯一贯穿东、中、西部的水路交通大通道,是内河水运发展的重点。1998年以来,交通部门实施了长江口深水航道整治工程,长江口航道水深由原来的7米提高到了12.5米。随着长江黄金水道建设力度加大,长江南京以下12.5米深水航道一期和二期、荆江航道整治等工程的顺利实施,航道条件得到改善,促进了流域的经济发展,发挥了水运作为绿色交通的优势。

转型升级用好资源

"'十三五'期间,国家的重大战略更是成为水运发展的重大机遇。'一带一路'倡议、京津冀协同发展、长江经济带建设、东北老工业基地振兴、粤港澳大湾区建设等国家战略的实施,交通运输部都作出相应规划和部署,全力服务支撑国家战略。"蒋千说。

在粤港澳大湾区,各港口功能越来越清晰,走向良性发展,深圳主要开展集装箱运输,广州开展集装箱和大宗散货运输,珠海则以散货运输为主。

在长江经济带,交通运输是推动发展的先手棋。新形势下,交通运输行业坚持"共抓大保护、不搞大开发",围绕"交通更顺畅"的重要任务,正努力发挥好先行作用。

"2010年以前,水运发展的重点是怎么满足运输量快速增长,船舶大型化、专业化需要。现在,水运发展面临着资源、环境制约,注重的是转型、高质量发展问题。这需要依靠技术创新、信息化建设。"蒋千说,水运正在向智能化、高效化、信息化发展。

扫一扫 观看专访视频

山东青岛港全自动化集装箱码头。

浙江宁波舟山港穿山港区。

高峡平湖新航道(长江)。

本文图片除署名外均为本报资料片

权威发布

12328电话系统运行服务质量各省份月度考评评分表(2018年8月)

省份	排名	总分	工单数量	人工接通率	信息咨询类即时答复率	平均等待时长	即时答复满意率	限时办结率	跨省工单办结率	抽查回访率	回访满意率	电话工单生成率	通话记录报送率	数据及时报送率	数据规范率	断网次数	总断网时长及平均断网时长
		100分	4分	10分	5分	10分	6分	10分	8分	7分	5分	8分	5分	8分	6分	4分	4分
江西省	1	98.75	2.75	10.00	5.00	10.00	6.00	10.00	8.00	7.00	5.00	8.00	5.00	8.00	6.00	4.00	4.00
江苏省	2	96.50	4.00	10.00	5.00	8.00	6.00	10.00	8.00	7.00	5.00	8.00	5.00	8.00	4.50	4.00	4.00
河南省	3	93.50	3.50	6.50	5.00	10.00	6.00	10.00	8.00	7.00	5.00	6.50	4.50	8.00	5.50	4.00	4.00
新疆维吾尔自治区	4	90.00	1.00	9.00	5.00	10.00	6.00	9.00	8.00	7.00	5.00	6.00	2.00	8.00	6.00	4.00	4.00
安徽省	5	89.25	2.25	10.00	5.00	10.00	6.00	10.00	8.00	7.00	5.00	3.00	1.00	8.00	6.00	4.00	4.00
河北省	6	85.00	4.00	2.50	5.00	10.00	6.00	10.00	8.00	7.00	5.00	1.00	5.00	8.00	5.50	4.00	4.00
上海市	7	84.25	3.25	10.00	4.00	0	6.00	10.00	8.00	7.00	5.00	8.00	3.00	8.00	6.00	3.00	3.00
福建省	8	83.75	1.75	8.00	5.00	10.00	6.00	10.00	8.00	7.00	5.00	0	4.50	8.00	4.50	3.00	3.00
山西省	9	83.00	3.50	0.50	5.00	10.00	6.00	3.50	8.00	7.00	5.00	7.50	5.00	8.00	6.00	4.00	4.00
重庆市	10	82.25	3.75	10.00	5.00	9.00	6.00	10.00	8.00	7.00	5.00	0	5.00	0	5.50	4.00	4.00
新疆生产建设兵团	11	80.50	0.50	0	5.00	10.00	6.00	10.00	8.00	7.00	5.00	8.00	5.00	8.00	0	4.00	4.00
辽宁省	12	80.25	3.25	0	5.00	9.00	6.00	10.00	8.00	7.00	5.00	5.00	5.00	8.00	5.00	1.00	3.00
黑龙江省	13	79.75	1.25	7.50	5.00	7.00	6.00	10.00	8.00	7.00	5.00	3.00	5.00	8.00	1.00	3.00	3.00
广东省	13	79.75	3.75	10.00	5.00	10.00	6.00	10.00	8.00	0.00	5.00	8.00	0	0	6.00	4.00	4.00
四川省	15	75.00	2.00	8.00	5.00	10.00	6.00	10.00	8.00	7.00	5.00	0	0	0	6.00	4.00	4.00
云南省	16	70.50	1.50	10.00	5.00	10.00	6.00	10.00	2.00	7.00	5.00	0	0	8.00	0	3.00	3.00
青海省	17	70.25	1.25	10.00	5.00	8.00	6.00	9.50	8.00	7.00	5.00	0	0	8.00	0	0	2.50
宁夏回族自治区	18	68.25	0.75	0	5.00	7.00	6.00	8.50	8.00	7.00	5.00	0	5.00	8.00	0	4.00	4.00
浙江省	19	67.50	2.50	8.50	5.00	10.00	0	10.00	8.00	0	5.00	0	5.00	0	5.50	4.00	4.00
湖南省	20	67.00	2.00	0	5.00	9.00	6.00	10.00	8.00	7.00	5.00	0	0	7.00	0	4.00	4.00
陕西省	21	64.50	3.00	0	5.00	9.00	6.00	10.00	8.00	0	5.00	0	3.50	8.00	1.00	3.00	3.00
北京市	22	64.00	3.00	0	5.00	0	6.00	10.00	8.00	7.00	5.00	0	4.00	8.00	0	4.00	4.00
湖北省	23	60.75	0.75	0	5.00	10.00	6.00	10.00	8.00	0	5.00	0	0	8.00	0	4.00	4.00
内蒙古自治区	24	57.50	1.00	0	5.00	5.00	5.50	5.50	8.00	0	5.00	0	4.00	8.00	4.50	3.00	3.00
甘肃省	25	53.25	1.75	0	5.00	5.00	6.00	0.50	8.00	7.00	4.50	0	4.50	8.00	0	0	3.00
贵州省	26	51.25	2.25	4.50	5.00	1.00	6.00	8.00	0	6.50	5.00	0	0	0	5.00	4.00	4.00
吉林省	27	50.00	1.50	0	5.00	0	6.00	0	8.00	7.00	5.00	0	3.50	0	6.00	4.00	4.00
广西壮族自治区	28	49.00	0.50	0	5.00	10.00	6.00	6.50	0	7.00	5.00	0	0	0	5.00	1.00	3.00
山东省	29	47.50	2.50	10.00	5.00	10.00	6.00	9.00	0	0	5.00	0	0	0	0	0	0
天津市	30	44.75	2.75	0	0.00	10.00	0	5.50	8.00	7.00	3.50	1.00	0	0	6.00	1.00	0
海南省	31	43.75	0.25	0	5.00	0	0	4.50	8.00	7.00	5.00	0	5.00	0	6.00	3.00	0
西藏自治区	32	33.25	0.25	0	5.00	10.00	0	0	8.00	0	0	0	0	8.00	0	2.00	0

创新是生命动力　“工人”是永恒底色

——访全国劳模包起帆

本报记者　杨红岩　实习记者　张雨涵

见报日期　2018 年 9 月 26 日

改革开放 40 年，给中国工人带来了发展的好机遇，也搭建了建功立业的大舞台。全国劳动模范包起帆——这名从码头工人起步，以非凡毅力坚持创新，用创新劳动成果为“解放”码头工人、推动港口生产力发展作出特殊贡献的劳动者，就是这 40 年来工匠精神的杰出代表。

现年 67 岁的包起帆履历丰富，做过码头装卸工、机修工，担任过上海国际港务（集团）股份有限公司（以下简称上海港）副总裁、上海市政府参事，现为华东师范大学国际航运物流研究院院长。不过，在他看来，“工人”才是自己永恒的底色。

他将创新作为生命的动力，不断将创新转换为生产力。在创新道路上，他以“非主流派”的身份取得了令很多“主流派”也难以企及的辉煌成就——3 次获得国家发明奖，3 次获得国家科技进步奖，45 次获得省部级科技进步奖，36 次获得日内瓦、巴黎、匹兹堡等国际发明展览会金奖。

用抓斗改变了装卸工的命运

包起帆安排的采访日程和他出差临时居住的客房一样“局促”。在北京铁道大厦一间普通双人间客房里，他利用参加某科技项目评审会的间隙接受了记者的采访。

厚厚的镜片下，他的眼神炯炯，透出特殊的亲和力，话题首先回到了50年前的上海港。1968年，初中没毕业的包起帆成了上海港木材装卸公司的装卸工。他工作的地方，是上海港最大的运输木材、矿石的专业化码头。

木材从美国、加拿大、北欧等地运来，细的直径有碗口那么粗，粗的直径足有一人高。

包起帆和工友们装卸原木，都是拿着28毫米粗的钢丝下到船舱，把木头捆起来，再利用吊机吊到舱外去。人要在木材堆上爬来爬去。

危险如影随形。他清楚地记得，从进港到1981年，短短十几年间，他所在的码头死了11名工人，重伤和轻伤的职工多达546人。

他举起留有疤痕的左手大拇指说：“我有一次去挂钩，大拇指被木头卡在了吊钩上，钢丝松下来后才发现骨头都卡断了。”十指连心的疼痛使他产生一种本能的愿望：一定要摆脱危险、繁重的劳动！

半工半读4年，1981年包起帆从上海第二工业大学毕业。正值改革开放初期，国家鼓励通过技术革新促进经济发展。

“大学毕业后，我就想，码头上的黄砂石子都能用抓斗来抓，那原木能不能用抓斗来抓呢？”他把想法跟一些老师傅讲了，他们说“抱歉不行”，1958年就有人搞出了木材抓斗，但不能用，到20世纪70年代也有工程师搞过，还是不能用，都被扔到废钢堆里去了。

“你不搞我不搞，装卸木材还会死人。1981年，我所在的码头死了3个人，3人的年龄加起来没超过80岁。有一名工人20多岁就死了，领导让去送葬，我不忍心去。我想，与其到现场掉几滴眼泪，还不如好好动脑筋。”包起帆下决心要改变装卸工人的命运。

他抽空就往新华书店、图书馆等地方跑，白天查找资料，晚上回到家里画图。

辗转半年多时间，第一个木材抓斗终于从图纸变成了实物。叉车第一次把抓斗送到码头，工人们都围上来看热闹。有人问：“包起帆，你这个抓斗行不行啊？”当时国外也没有用在港口的抓斗，人们心里没底。

“当看到抓斗把12米长的原木抓上来时，我的心都要跳出来了，开心得不得了！”谈起往事，他难掩兴奋之情。

木材抓斗搞好，特别是装卸工艺革新之后，工人们摆脱了危险的作业环境。自此，上海港木材装卸码头再没发生过重大伤亡事故。

然而从1981年到1984年，全国9个沿海港口因木材装卸作业死亡14人、重伤64人。如何才能扭转这种局面，交通部也一直在寻求解决办法。

当时没有专业评估，事实就是最好的评估——一大捆一大捆的原木不需要工人就能够完成装卸。后来，交通部组织全国港口企业数百人到上海开现场会，介绍包起帆发明的抓斗；1984年，又专门发文向全国港口推广。

木材抓斗搞好后，包起帆又把目光放在生铁抓斗、废钢抓斗上。一块生铁有三四十公斤重，全靠工人搬。生铁抓斗一下子就把工人的劳动效率提高了8.8倍。

他发明的废钢块料抓斗，能像手指一样灵活。1993年，废钢抓斗在法国巴黎国际展览会上获得金牌，评委称赞：“他用一种非常简单的方法解决了要用复杂的方法才能解决的问题。中国人了不起!”

哪里不安全、哪里成本高，就在哪里动脑筋。短短几年下来，包起帆发明了五六十种大大小小的抓斗。这些成果实现了装卸工艺流程的变革，使港口装卸从人力化迈向了机械化，不仅推广到了全国港口，还在铁路、电力、环卫、核能等30多个行业广泛应用，并出口到了全球20多个国家和地区。

开启中国内贸标准集装箱先河

改革开放为技术革新打开了一扇“门”，也为国企改革开启了一扇“窗”。

20世纪90年代，改革开放出现“瓶颈”，国有大中型企业普遍遇到了前所未有的困难，上海港也不例外。1995年，上级让包起帆改行，到上海港龙吴港务公司（简称龙吴公司）当经理。

龙吴公司地处黄浦江上游，船到龙吴码头比到黄埔江口要多花6个小时，有时候码头几天等不来一艘船，经营异常困难，每天要亏损30多万元。没船没活干时，工人们就抱怨码头地段不好，有些灰心丧气。

“但是我想，组织上把投资4亿多元的大企业交给我，2500多名职工看着我，我怎能束手无策?”包起帆当时急得团团转。

“不闯出一条新路，就只能等死。”经过审时度势，他瞄准了内贸标准集装箱业务。

早在20世纪80年代，交通运输系统就搞过5吨的内贸集装箱航线——上海到大连、大连到汉口，但没做多久就散伙了。直到1995年，我国内贸件杂货水上运输还在依赖散装形式，内贸标准集装箱运输产业仍是空白。

包起帆盘算，小的集装箱做不起来，用国际标准的集装箱能不能做内贸?有人跟他讲“没有条件”：第一，中国没有运内贸集装箱的船；第二，缺少可装集装箱的内贸货；第三，龙吴码头没有装卸集装箱的设备。

“但我想改革开放起步不久，中国的内贸将来一定会走标准集装箱之路，国外能做，我们为什么不能做？”他认准了这是一条能使企业脱困的正确道路。

他创造性地提出中国港口内贸标准集装箱水运工艺系统，连续4次到北京寻求支持，8次到南方寻找愿意合作的船公司、货主和码头，解决了设备、工艺、单证、计算机管理系统等一系列技术难题。在交通部的支持下，终于在1996年开辟了中国水运史上第一条内贸标准集装箱航线。

与此同时，他还创新管理理念，探索现代物流在港口的实践，积极组建现代化物流仓储中心。先后与澳大利亚、新加坡，以及我国台湾、青岛等方面合作，建立了牛羊油储运库、水果冷链库、水泥配置库、出口大米基地。

坚持自主创新，积极发展内贸标准集装箱，不仅搞活了龙吴公司，也带动了一个产业的大发展。从“零”起步，经过20多年发展，我国内贸标准集装箱已遍布全国50多个港口，2017年吞吐量达到了9218万标箱。

推动港口从机械化向自动化变革

过去，港口从人力化向机械化变革。跨入新世纪，港口步入从机械化向自动化、智能化变革的新时期。

2001年，包起帆被调到上海国际港务（集团）股份有限公司担任副总裁。从此，他的创新舞台更大了。他努力创造条件，让更多的职工加入创新团队中来，由此开启了让上海港依靠创新走向世界第一大港的壮丽征程。

包起帆说：“10年前很多人对自动化不理解。但社会进步总要有人做超前的事。作为分管技术的负责人，我觉得我有这份责任。上海港在迈向世界第一大港的路上，技术不能落后，要跟上这个步伐。”

在技术创新方面，2001年，他和外高桥一期的同事们系统地开展了现代集装箱码头智能化生产关键技术研究，通过一系列技术和工艺创新成果的应用，显著提高了码头集装箱处理能力和管理水平。该发明获得2004年国家科技进步奖、发明者世界联合会金奖。

2003年，他提出创意并主持建设了我国首座集装箱自动化无人堆场，在国际上首次解决了集卡快速自动装卸的技术难题。2006年，他提出创意并主持研制了世界上首台全自动桥式抓斗卸船机、全自动散货装船机和我国首台全自动散货斗轮堆取料机。

在码头建设方面，2003年起，他主持上海外高桥四、五、六期集装箱码头建设，以现代物流理念规划码头布局；率先实现双40英尺集装箱桥吊在港口的应用，并开发出配套的工艺系统。该项目取得了7.7亿元的经济效益，获2006年国家科技进步奖。

2006年，他主持上海港罗泾港区二期散杂货码头建设，通过一系列创新，形成了包括管控一体化、装备自动化、服务定制化的现代散杂货码头的建设集成技术，使工期缩短了22个月，投资较批复工程概算节约了7.7亿元。为此，他于2009年荣获世界工程组织“阿西布·萨巴格优秀工程建设奖”。

在推动港口节能减排方面，2010年，他发明了世界上首台移动式岸基船用变频变压供电系统，解决了我国港口岸基供电难题，被交通运输部列为重点推广项目。这一成果获2010年发明者世界联合会授予的创新大奖。

实现中国交通国际标准“零”的突破

在企业界流传着一句话：一流的做标准，二流的做品牌，三流的做产品。包起帆不满足于“二流、三流”，他力争“一流”。

我国是世界集装箱港口吞吐量第一大国，集装箱制造量为全世界产量的90%以上，但在这一领域国际标准的制订中却鲜有中国的声音，更难有拥有自主知识产权的中国发明进入国际标准。

将自主创新的集装箱RFID（射频识别）管理方案推向世界，并制订相关国际标准，成了包起帆创新的又一目标。

“不过，真进去了才发现水很深。”包起帆说，ISO（国际标准化组织）集装箱技术委员会由20多个成员国的资深专家组成，只有一半以上专家投赞成票，并同时至少有5个国家愿意一起做，国际标准的新提案才能通过。

由于我国首次参与该领域国际标准制订，2009年6月首轮新项目提案投票即遭遇失败，发达国家几乎都投了反对票。

消息传来，包起帆“深受打击”。“很多同事都说算了吧，可我不甘心，人家打了我一个嘴巴，我很痛，但我咬咬牙。我认为老外未必是真的和我们过不去。”精心准备后，他把ISO的各国专家请到了上海港，在码头耐心介绍、现场演示。这次，这些外国专家看懂了。

没过多久，再进行第二轮项目提案投票，他成功了——ISO中央秘书处正式发文，任命包起帆负责领导该标准制订。之后，历经汉堡、巴黎、上海、华盛顿、圣地亚哥共5次会议的交锋，与国外专家开展了百余次的对话和邮件沟通，中国集装箱RFID相关国际标准——ISO 18186（2011）终于在日内瓦ISO中央秘书处正式发布。这也成为我国自1978年开始参与ISO活动以来，在物流、物联网领域首个由中国发起、起草和主导的国际标准。

国际标准的发布仅仅是一个新的开端，后续维护和拓展是标准能否具有生命力的关键。根据规定，国际标准每5年需进行一次系统性回顾评审投票，以评定该标准是否存续。2016年，ISO 18186顺利通过ISO的系统性回顾评审投票，被英国、荷兰、丹麦、捷克采纳为国家标准，日本和俄罗斯也计划采纳为国家标准，美国和德国确认该标准在本国得到了实际应用，展示了中国创新在国际上的生命力。

CHINA TRANSPORT NEWS
2018年9月26日 星期三 http://www.zgjtb.com | 第6825期 今日8版 | 邮发代号:1-72 国内统一刊号:CN11-0122 交通运输部主管 中国交通报社主办

宁波航标处叶中央一家五代坚守灯塔

生命之光永不熄灭

一个岛、一座塔、一盏灯，这是守塔人的工作状态，也是宁波航标处叶中央一家五代人传承百年的生活常态。无边的孤独之中，他们日复一日擦亮“黑夜的眼睛”，为茫茫大海中南来北往的船舶校正航向、保障安全。他们与他们守护的灯塔，便是那黑夜里永不熄灭的生命之光。 (详见4版)

江苏枢纽经济释放新动能

驻江苏首席记者 [illegible]
特约记者 [illegible]

一辆辆高铁动车风驰电掣，一座座过江通道精彩天堑，一条条公路航道延伸拓展，一架架飞机腾空而起，一艘艘货轮进江入海……在江苏，多种交通运输方式不仅便捷畅通，还缩短了时空、拉近了距离。

今年以来，江苏省委书记娄勤俭多次强调，要大力发展枢纽经济、总部经济等，做强做大现代服务业。7月，江苏省委、省政府进一步强调要“把构建现代化综合交通运输体系作为全省全局性重点任务”，省委十三届四次全会议把现代化综合交通运输体系建设定为下半年七项重要任务之一。

依托现代化综合交通运输体系建设，江苏综合运输和物流枢纽服务组织不断强化支撑，相关生产性服务业蓬勃兴起，枢纽经济发展呈现全新格局。

补短板，枢纽衔接网络完善

今年8月以来，连盐铁路的建设进度频频登上各类媒体。向北经青连铁路连接青岛，向南经盐通铁路、沪通铁路直达上海，连盐铁路成为贯通环渤海、长三角的沿海铁路大动脉，其建设进度更是牵动人心。

江苏铁路营业总里程达2791公里，高速快速铁路网覆盖沿江八市。不过，高铁里程仅有846公里，苏中、苏北有不少市县没有通上高铁。

如何弥补铁路这一综合交通运输体系中的短板？高铁建设被摆在江苏狠抓重点领域关键环节攻坚“建设现代化综合交通运输体系”的首要位置。今年5月，江苏省铁路集团有限公司成立，加快探索高铁自主规划建设运营模式。预计到2020年，江苏高速快速铁路里程将达2700公里左右，以轨道交通为支撑的“两小时江苏”快速交通圈将会形成。

江苏综合交通的发展，足音铿锵。4688公里高速公路通车里程，实现了由“县县通”向“县城通”的提升。400多公里的长江江苏段上，过江通道日益织密，已建成14处，在建4处，到2020年将达17处。全省建成9个民用机场、10个通用机场。内河航道航道里程达2.4万公里，千吨级航道县级及以上节点覆盖率达75.6%。

下半年，江苏将聚焦综合交通枢纽，加快完善综合交通网络支撑——推进国家高速公路主通道和腾挪路段扩容，推进城市群地区干线公路快速化改造；加快建设通江达海、干支相连的干线航道网络；加快连云港、太仓港等重点港口进港铁路建设，完善集疏运体系；优化机场布局，形成“一场一策”的规划方案。

(下转2版)

编者按：

近期，国务院扶贫办公布2017年第一批11个省(区、市)的40个贫困县实现脱贫。交通运输是贫困地区脱贫攻坚的基础性和先导性条件。今日起，本报《决胜小康 交通力量》专栏聚焦部分县(市、区)交通扶贫行动的典型经验和积极成效。敬请关注。

『将军县』山乡巨变

本报记者 潘庆芳
通讯员 李兴名 丁冰萱

初秋时节，记者从湖北省汉口火车站上车，30分钟后就到达了红安西站。从红安西站出来，映入眼帘的是厂房林立、公交等配套设施齐全的红安经济开发区新型产业园。四通八达的交通运输网满足了区域交通集散需求，也为企业发展提供了便利的交通环境。

地处大别山南麓的革命老区红安县，素有“中国将军第一县”之称。今年8月，经国家专项评估检查，红安县正式被批准退出贫困县。

一条条宽敞整洁的国省干线公路，连接着一个个集镇、厂房和产业园；一条条畅通平安的农村公路，串联起一处处村庄、农家乐和田野。在这里，交通运输成为精准扶贫的先行官，一幅村民欢喜、乡村美丽的幸福画卷正徐徐展开。

畅通路网 筑牢脱贫根基

每天早上，忙完家里的农活后，红安县永佳河镇程大村二组村民江小凤便骑上电动车，到优嘉农业科技产业园上班。“一天工作8个小时，一个月有2000多元收入。”他笑着告诉记者。

2015年3月开建的优嘉农业产业园，已投资1.2亿元，建成高标准的葡萄大棚1000多亩，种植各类水果50多万株。产业园聘请当地农民100多人从事园区的生产管理，带动农民增收致富。

优嘉农业产业园总经理周铃铭信心满满地说：“去年，到这里务工人数达到500人，发的工资有238万元。明年销售额将达到800万到1000万元，我们还计划沿着产业路，向伍家冲村和付桥村发展，带动更多老区农民增收致富。”

程大村的发展只是交通扶贫成效的一个缩影。近年来，红安县在推进“三纵五横”公路网建设的同时，重点部署关乎百姓脱贫致富的农村公路基础设施建设与管理工作，制定了《红安县交通运输领域扶贫工作实施方案(2015—2017)》《红安县2018—2020年交通运输领域扶贫巩固提升工作实施方案》，加快民生路、产业致富路、安全舒适扶贫路等建设。

红安县交通运输局局长冯兴潮介绍，3年来，全县在交通民生领域共投入资金25.21亿元，逐步实现了所有乡镇通二级公路，100%建制村通四级以上公路，100%乡镇(场)通班车，100%建制村通客运。

(下转2版)

重点区域机场新增设备使用新能源

本报讯 近日，中国民用航空局印发《民航贯彻落实〈打赢蓝天保卫战三年行动计划〉工作方案》(简称《方案》)，提出将以机场场内车辆“油改电”和飞机辅助动力装置(APU)替代项目为抓手，不断推动结构性节能减排，加快推进民航绿色发展。

《方案》明确，经过3年努力，实现机场场内运行电动化水平显著提升，协同减少机场场内噪声和排放，明显改善机场场内空气质量和工作环境。“油改电”项目的实施范围为京津冀及其周边、长三角和汾渭平原等重点区域内机场，以及非重点区域2017年旅客吞吐量500万人次以上机场；APU替代项目实施范围为2017年旅客吞吐量500万人次以上机场。

《方案》要求，机场会同有关单位在满足民航机场设备技术标准和相关管理规定的前提下，加快机场场内车队结构升级，推广使用新能源设备和车辆，完善场内充电设施服务体系建设；航空公司飞机在机场廊桥停靠期间主要使用APU替代设施，提高APU替代设施使用率，完善运行管理程序。

根据《方案》，自今年10月1日起，除消防、救护、除冰雪、加油设备(车辆)及无新能源产品设备(车辆)外，重点区域机场新增或更新场内用设备(车辆)应100%使用新能源设备(车辆)，在用的“国三”及以下排放标准汽柴油设备(车辆)应实现100%尾气达标改造，不再引进汽柴油设备(车辆)。 ([illegible])

河北优化运输结构保卫蓝天

本报讯 日前，河北省政府印发《河北省打赢蓝天保卫战三年行动方案》(简称《方案》)提出，到2020年，全省主要大气污染物排放量大幅减少，PM2.5平均浓度明显降低，蓝天保卫战取得阶段性胜利。为实现目标，河北将持续优化交通运输结构，发展多式联运，提升铁路货运比例。

河北将优化道路货运结构，以推动货物公路运输转铁路运输为重点，提高铁路货运能力和比例，到2020年，铁路货运比例较2017年增长40%。完善码头设施和集疏港体系建设，大力推进海铁联运，加大统筹公路建设力度，今后三年，煤炭运输过境专线通行运煤专用通道线路比例分别达到75%、80%和90%。

《方案》提出，强化柴油货车污染防治，提高港口、机场、铁路货场作业车等方面新能源或清洁能源车的比例，加大对重型货车超载超限的执法检查力度。各市根据本地机动车监管重点，布局遥感监测网络，到2020年，建成功能较完备的全省遥感监测网络。同时，加快推广应用新能源汽车，推进城市建成区公交、邮政、出租、轻型物流配送车辆采用新能源或清洁能源汽车，初步形成覆盖主要城市的城际快充网络。

河北还将加强船舶港口和机场飞机排放治理，推进港口绿色发展，推进全省船舶排放控制区顺利实施，加快实施唐山港京唐港区国家绿色循环低碳港口示范工程。新建码头需规划、设计和建设岸基供电设施，民航机场在飞机停靠期间主要使用岸电。今年年底前，全省建成10套港口岸电设施；到2019年，全省至少29个泊位具备向船舶供应岸电的能力；到2020年，全省至少36个泊位具备向船舶供应岸电的能力。 ([illegible])

近日，以“行千里、致广大”为主题设计的重庆轨道交通2号线、3号线多辆主题列车陆续上线，成为一道流动的风景线。

重庆交通开投集团和重庆轨道集团征集了32套车身创意设计美化方案，并从中选取了“重庆印象”等6个主题，充分挖掘重庆自然风光、人文风韵和城乡风貌特色。

据悉，重庆轨道集团将持续增加主题列车上线数量，打造独特的山地都市旅游国际品牌。 本报记者 [illegible] 摄

创新是生命动力 “工人”是永恒底色

——访全国劳模包起帆

见证40年 主题访谈

本报记者 杨红岩
实习记者 张雨涵

改革开放40年，给中国工人带来了发展的好机遇，也搭建了建功立业的大舞台。全国劳动模范包起帆——这名从码头工人起步，以非凡毅力坚持创新，用创新劳动成果为“解放”码头工人、推动港口生产力发展作出特殊贡献的劳动者，就是这40年来工匠精神的杰出代表。

现年67岁的包起帆履历丰富，做过码头装卸工、机修工，担任过上海国际港务(集团)股份有限公司(以下简称上海港)副总裁、上海市政府参事，现为华东师范大学国际航运物流研究院院长。不过，在他看来，“工人”才是自己永恒的底色。

他将创新作为生命的动力，不断将创新转换为生产力。在创新道路上，他以“非主流派”的身份取得了令很多“主流派”也难以企及的辉煌成就——3次获得国家发明奖，3次获得国家科技进步奖，45次获得省部级科技进步奖，36次获得日内瓦、巴黎、匹兹堡等国际发明展览会金奖。

包起帆。 本报记者 李宁 摄

用抓斗改变了装卸工的命运

包起帆安排的采访日程和他出差临时居住的客房一样“局促”。在北京铁道大厦一间普通双人间客房里，他利用参加某科技项目评审会的间隙接受了记者的采访。

厚厚的镜片下，他的眼神炯炯，透出特殊的亲和力，话题首先回到了50年前的上海港……1968年，初中没毕业的包起帆成了上海港木材装卸公司的装卸工。他工作的地方，是上海港最大的运输木材、矿石的专业化码头。

木材从美国、加拿大、北欧等地运来，细的直径有碗口那么粗，粗的直径足有一人高。

包起帆和工友们装卸原木，都是拿着28毫米粗的钢丝下到船舱，把木头捆起来，再利用吊机吊到舱外去。人要在木材堆上爬来爬去。

危险如影随形。他清楚地记得，从进港到1981年，短短十几年，他所在的码头死了11名工人，重伤和轻伤的职工多达546人。

他举起留有疤痕的左手大拇指说：“我有一次去挂钩，大拇指被木头卡在了吊钩上，钢丝松下来后才发现骨头都卡断了。”十指连心的疼痛使他产生一种本能的愿望：一定要摆脱危险、繁重的劳动！

半工半读4年，1981年，包起帆从上海第二工业大学毕业。正值改革开放初期，国家鼓励通过技术革新促进经济发展。

“大学毕业后，我就想，码头上的黄砂石子都能用抓斗来抓，那原木能不能用抓斗来抓呢？”他把想法跟一些老师傅讲了，他们说“抱歉不行”，1958年就有人搞出了木材抓斗，但不能用，到上世纪70年代，也有工程师搞过，还是不能用，都被扔到废钢堆里去了。

(下转3版)

扫一扫，观看专访视频

山西电商与快递物流设施一体规划

本报讯 (记者 [illegible]) 近日，山西省政府办公厅印发《关于推进电子商务与快递物流协同发展的实施意见》(简称《意见》)，提出了优化协同发展政策法规环境、优化电子商务配送通行管理、提升标准化智能化水平等6项主要任务，推动快递物流转型升级、改善用户体验。

根据《意见》，今年山西将实现乡镇快递网点全覆盖，“进城入村”流通渠道全程畅通。力争到2020年，快递业务量增幅达到全国平均水平，规模以上网络零售企业及有竞争力的快递企业数量持续增长。到2035年，全省快递从业人员数量达到10万人，实现电子商务与快递物流重要基础设施一体规划、共同建设。

《意见》提出，提升标准化智能化水平，提高协同运行效率。在电子商务与快递物流领域扩大互联网、大数据、云计算、机器人等现代信息技术及装备的应用，优化服务网络，大力推进库存前置、智能分仓、科学配载、线路优化。鼓励重点物流园区和骨干物流企业开展物流信息化示范工程，鼓励现有仓储和转运设施的信息化改造，推广深度感知智能仓储系统建设，提升仓储运管水平和作业效率。

据悉，山西省各市政府、省商务厅、省邮政管理局将支持电商物流快递网络骨干节点基础设施建设、末端服务网点建设、配送车辆更新及其配套设施建设、电商物流快递公共信息服务平台系统建设及从业人员培训，加强政策扶持，保障工作推进。

今日看点

□值班编委 [illegible] 本版副主编 [illegible] 责编 [illegible] □E-mail:xw1b@zgjtb.com □新闻热线:(010)64255441 □发行热线:(010)64256206 □广告热线:(010)64250642 □培训热线:(010)65299681

2018年9月26日 星期三 | 3版 见证40年 主题访谈 中国交通报 CHINA TRANSPORT NEWS
主编 [illegible] 责编 [illegible] 电话:010-64252287 传真:010-64250637 E-mail:xw3b@zgjtb.com

创新是生命动力 “工人”是永恒底色

——访全国劳模包起帆

让木材抓斗从图纸变成实物。

(上接1版)

“你不搞我不搞，装卸木材还会死人。1981年，我所在的码头死了3个人，3人的年龄加起来没超过80岁。有一名工人20多岁就死了，领导让去送葬，我不忍心去。我想，与其到现场掉几滴眼泪，还不如好好动脑筋。”包起帆下决心要改变装卸工人的命运。

他抽空就往新华书店、图书馆等地方跑，白天查找资料，晚上回到家里画图。

辗转半年多时间，第一个木材抓斗终于从图纸变成了实物。叉车第一次把抓斗送到码头，工人们都围上来看热闹，有人问：“包起帆，你这个抓斗行不行啊？”当时国外也没有用在港口的抓斗，人们心里没底。

“当看到抓斗把12米长的原木抓上来时，我的心都要跳出来，开心得不得了！”谈起往事，他难掩兴奋之情。

木材抓斗搞好特别是装卸工艺革新之后，工人们摆脱了危险的作业环境。自此，上海港木材装卸码头再没发生过重大伤亡事故。

然而从1981年到1984年，全国9个沿海港口因木材装卸作业死亡14人、重伤64人。如何才能扭转这种局面，交通部也一直在寻求解决办法。

当时没有专业评估，事实就是最好的评估——一大捆一大捆的原木不需要工人就能够完成装卸。后来，交通部组织全国港口企业数百人到上海开现场会，介绍包起帆发明的抓斗；1984年，又专门发文向全国港口推广。

木材抓斗搞好后，包起帆又把目光放在生铁抓斗、废钢抓斗上。一块生铁有三四十公斤重，全靠工人搬。生铁抓斗一下子就把工人的劳动效率提高了8.8倍。

他发明的废钢块料抓斗，能像手指一样灵活。1993年，废钢抓斗在法国巴黎国际展览会上获得金牌，评委称赞：“他用一种非常简单的方法解决了要用复杂的方法才能解决的问题。中国人了不起！”

哪里不安全、哪里成本高，就在哪里动脑筋。短短几年下来，包起帆发明了五六十种大大小小的抓斗。这些成果实现了装卸工艺流程的变革，使港口装卸从人力化迈向了机械化，不仅推广到了全国港口，还在铁路、电力、环卫、核能等30多个行业广泛应用，并出口到了全球20多个国家和地区。

开启中国内贸标准集装箱先河

改革开放为技术革新打开了一扇“门”，也为国企改革开启了一扇“窗”。

上世纪90年代，改革开放进入“瓶颈”，国有大中型企业普遍遇到了前所未有的困难，上海港也不例外。1995年，上级让包起帆改行，到上海港龙吴港务公司(简称龙吴公司)当经理。

龙吴公司地处黄浦江上游，船到龙吴码头比到黄埔江口要多花6个小时，有时候码头几天等不来一艘船，经营异常困难，每天要亏损30多万元。没船没活干时，工人们就抱怨码头地段不好，有些灰心丧气。

包起帆(中)与团队一起研究生铁抓斗方案。

包起帆(左三)与国内外专家交流发明成果。

“但是我想，组织上把投资4亿多元的大企业交给我，2500多名职工看着我，我怎能束手无策？”包起帆当时急得团团转。

“不闯出一条新路，就只能等死。”经过审时度势，他瞄准了内贸标准集装箱业务。

早在上世纪80年代，交通运输系统就搞过5吨的内贸集装箱航线——上海到大连，大连到汉口，但没做多久就散伙了。直到1995年，我国内贸件杂货水上运输还在依赖散装形式，内贸标准集装箱运输产业仍是空白。

包起帆盘算，小的集装箱做不起来，用国际标准的集装箱能不能做内贸？有人跟他讲“没有条件”：第一，中国没有运内贸集装箱的船；第二，缺少可装集装箱的内贸货；第三，龙吴码头没有装卸集装箱的设备。

“但我想改革开放起步不久，中国的内贸将来一定会走标准集装箱之路，国外能做，我们为什么不能做？”他认准了这是一条能使企业脱困的正确道路。

他创造性地提出中国港口内贸标准集装箱水运工艺系统，连续4次到北京寻求支持，8次到南方寻找愿意合作的船公司、货主和码头，解决了设备、工艺、单证、计算机管理系统等一系列技术难题。在交通部的支持下，终于在1996年开辟了中国水运史上第一条内贸标准集装箱航线。

与此同时，他还创新管理理念，探索现代物流在港口的实践，积极组建现代化物流仓储中心。先后与澳大利亚、新加坡，以及我国台湾、青岛等方面合作，建立了牛羊油储运库、水果冷链库、水泥配置库、出口大米基地。

坚持自主创新，积极发展内贸标准集装箱，不仅搞活了龙吴公司，也带动了一个产业的大发展。从“零”起步，经过20多年发展，我国内贸标准集装箱已遍布全国50多个港口，2017年，吞吐量达到了9218万标箱。

推动港口从机械化向自动化变革

过去，港口从人力化向机械化变革。跨入新世纪，港口步入从机械化向自动化、智能化变革的新时期。

2001年，包起帆被调到上海国际港务(集团)股份有限公司担任副总裁。从此，他的创新舞台更大了。他努力创造条件，让更多的职工加入到创新团队中来，由此开启了让上海港依靠创新走向世界第一大港的壮丽征程。

包起帆说：“10年前很多人对自动化不理解。但社会进步总要有人做超前的事。作为分管技术的负责人，我觉得我有这份责任。上海港在迈向世界第一大港的路上，技术不能落后，要跟上这个步伐。”

在技术创新方面，2001年，他和外高桥一期的同事们系统地开展了现代集装箱码头智能化生产关键技术研究，通过一系列技术和工艺创新成果的应用，显著提高了码头集装箱处理能力和管理水平。该发明获得2004年国家科技进步奖、发明者世界联合会金奖。

2003年，他提出创意并主持建设了我国首座集装箱自动化无人堆场，在国际上首次解决了集卡快速自动装卸的技术难题。2006年，他提出创意并主持研制了世界上首台全自动桥式抓斗卸船机、全自动散货装船机和我国首台全自动散货斗轮堆取料机。

在码头建设方面，2003年起，他主持上海外高桥四、五、六期集装箱码头建设，以现代物流理念规划码头布局；率先实现双40英尺集装箱桥吊在港口的应用，并开发出配套的工艺系统。该项目取得了7.7亿元的经济效益，获2006年国家科技进步奖。

2006年，他主持上海港罗泾港区二期散杂货码头建设，通过一系列创新，形成了包括管控一体化、装备自动化、服务定制化的现代散杂货码头的建设集成技术，使工期缩短了22个月，投资较批复工程概算节约了7.7亿元。为此，他于2009年荣获世界工程组织“阿西布·萨巴格优秀工程建设奖”。

在推动港口节能减排方面，2010年，他发明了世界上首台移动式岸基船用变频变压供电系统，解决了我国港口岸基供电难题，被交通运输部列为重点推广项目，这一成果获2010年发明者世界联合会授予的创新大奖。

实现中国交通国际标准“零”的突破

在企业界流传着一句话：一流的做标准，二流的做品牌，三流的做产品。包起帆不满足于“二流、三流”，他力争“一流”。

我国是世界集装箱港口吞吐量第一大国，集装箱制造量居全世界产量的90%以上，但在这一领域国际标准的制定中却鲜有中国的声音，更难有拥有自主知识产权的中国发明进入国际标准。

将自主创新的集装箱RFID(射频识别)管理方案推向世界，并制定相关国际标准，成了包起帆创新的又一目标。

“不过，真进去了才发现水很深。”包起帆说，ISO(国际标准化组织)集装箱技术委员会由20多个成员国的资深专家组成，只有一半以上专家投赞成票，并同时至少有5个国家愿意一起做，国际标准的新提案才能通过。

由于我国首次参与该领域国际标准制定，2009年6月，首轮新项目提案投票即遭到失败，发达国家几乎都投了反对票。

消息传来，包起帆“深受打击”。“很多同事都说算了吧，可我不甘心，人家打了我一个嘴巴，我很痛，但我咬咬牙。我认为老外未必是真的和我们过不去。”精心准备后，他把ISO的各国专家请到了上海港，在码头耐心介绍、现场演示。这次，这些外国专家看懂了。

没过多久，再进行第二轮项目提案投票，他成功了——ISO中央秘书处正式发文，任命包起帆负责领导该标准制定。之后，历经汉堡、巴黎、上海、华盛顿、圣地亚哥共5次会议的交锋，与国外专家开展了百余次的对话和邮件沟通，中国集装箱RFID相关国际标准——ISO 18186(2011)终于在日内瓦ISO中央秘书处正式发布。这也成为我国自1978年开始参与ISO活动以来，在物流、物联网领域首个由中国发起、起草和主导的国际标准。

国际标准的发布仅仅是一个新的开端，后续维护和拓展是标准能否具有生命力的关键。根据规定，国际标准每5年需进行一次系统性回顾评审投票，以评定该标准是否存续。2016年，ISO 18186顺利通过ISO的系统性回顾评审投票，被英国、荷兰、丹麦、捷克采纳为国家标准，日本和俄罗斯也计划采纳为国家标准，美国和德国确认该标准在本国得到了实际应用，展示了中国创新在国际上的生命力。

本文图片除署名外由 受访者 提供

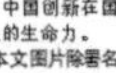

扫一扫，观看专访视频

乱停乱放少了 闲置资源活了

——北京市房山区无桩公共自行车发展现状调查

本报记者 张凡 实习记者 韩光熙

建设成本高、规划协调难、还车不方便……传统公共自行车长期以来面临着运营效果不理想的局面。随取随还、停放自由的共享单车受到广大市民的喜爱，但却因过度投放、乱停乱放等问题饱受诟病。

目前，作为解决城市出行“最后一公里”的有效方式，公共自行车和共享单车均面临着发展困境。如何解决共享单车乱停乱放问题，同时盘活现有大量闲置的公共自行车资源，形成健康可持续发展模式，已成为行业面临的重要问题。

“新三千”破解乱停乱放监管难题

目前，北京市房山区共有公共自行车6000辆。2015年至2016年，房山区累计投放有桩公共自行车3000辆。同时，自2016年以来，房山区还陆续投放了3000辆无桩公共自行车。

“经过这两年的运营，‘新三千’与‘旧三千’的使用效果有很大不同。”北京市房山区交通局副局长高峰告诉记者，房山区无桩公共自行车采用基于卫星定位的虚拟电子围栏技术，实现了高精度站点内才能够取还车和结算的功能，有效地结合了传统有桩公共自行车管理有序和共享单车使用方便的优点，同时又规避了公共自行车还车不便以及共享单车乱停乱放的问题。

高峰介绍，与共享单车被许多小区明令禁入形成鲜明对比的是，房山区市民强烈要求公共自行车进小区，真正做到方便群众“最后一公里”出行。公共自行车无桩化已成提高使用效率的重要方式。共享单车与传统公共自行车两者优势融合发展，为市民带来更加便利的出行环境。

“市场上的电子围栏技术精度参差不齐，通过自主研发的基于北斗、GPS的虚拟电子围栏技术，精度在大部分地方可以达到2至5米。”北京途自在物联科技有限公司董事长熊开宏介绍，通过积极宣传和引导，房山区无桩公共自行车取换车秩序良好，入栏率接近100%，从技术上极大地解决了共享单车乱停乱放的问题。

在记者实地调查的十几个站点里，良好的自行车停车秩序已成为房山区交通环境的常态。无论是在潮汐现象明显的公共交通站点，还是人流密集的商业区、居民区，市民均严格将车辆停在站点范围内。

通过设置地笼，更加方便市民规范停车。 庞正炎 供图

为了进一步方便出行，市民可通过房山区无桩公共自行车App了解站点实时的车辆数。此外，运维人员也可以通过App在后台实时掌握各个站点车辆数，如果有站点车辆数量接近上限，则会及时进行清运，提高科学调度水平和服务质量。

无桩化改造盘活公共自行车资源

“有桩公共自行车还车难、办卡不方便等问题严重影响市民出行体验，造成使用率不高。”熊开宏说，如何盘活现有大量的公共自行车资源已成为行业关注的焦点。

熊开宏告诉记者，通过对传统有桩公共自行车加装太阳能车载控制器，拆除原有地面桩架、确定电子围栏位置、接入车辆管理平台之后，即可实现有桩公共自行车无桩化改造。在不更换车辆的前提下，可以最大限度盘活公共自行车资源。

对于投放规模较小、站点数量少，取还操作不能形成良性循环，导致公共自行车使用率不高的城市，通过无桩化改造，利用系统“零成本”建设站点的特点，可以实现市民“身边”借车，“随时”有序还车的要求，改变公共自行车大量闲置的局面。

此外，房山区无桩公共自行车在设计方面也非常注重人性化。为了满足市民去超市、银行、卫生间时的临时停车需求，房山区公共自行车智能自行车锁还具备临时停车的功能，市民在临时停车可以锁车拔出钥匙，十分方便。

在优化站点布局方面，市民可以直接通过房山区公共自行车管理热线进行反馈。在接到市民停车需求后，房山区交通局与企业共同调研社区停车需求，通过数据分析后，在小区内设置合理的停车位，最大限度满足市民“最后一公里出行”。

“一直以来，共享单车乱停乱放问题难以解决的一个重要原因就是缺少有效的监管手段。”熊开宏认为，依托电子围栏建立监管平台，可以实时获取车辆的运行数据，全面满足政府对共享单车监管所关心的总量控制、有序停放、科学调度、低成本建设等需求。

武汉地铁新线通过专家评审

本报讯 9月13日至18日，由上海市交通运输行业协会、上海上交协轨道交通咨询有限公司和湖北省交通运输厅、武汉市交通运输委员会联合组织的轨道交通11号线东段(光谷火车站—左岭)工程、7号线一期工程、武汉长江公铁隧道工程试运营基本条件评审会在武汉召开。经过评审，专家组认为武汉两条地铁新线具备试运营基本条件，武汉长江公铁隧道工程具备试通车条件。

据了解，11号线东段(光谷火车站—左岭)工程全长19.7公里，是武汉市轨道交通骨干快线的东段，是光谷东西发展主轴上的大运量轨道交通线路，列车跑完线路单程约30分钟。7号线一期工程线路全长30.85公里，线路可直达武汉中央商务区中心，连接对外交通枢纽武昌火车站。通车后，将带动沿线城市建设和发展，有力促进武汉市产业结构转型升级。 (袁永华)

日前，浙江省江山市路政大队组织开展了安全教育进校园活动(如图)。活动中，路政人员组织学生观看了交通安全宣传画，讲解了交通标志和相关安全法规，提高学生的自我保护能力及交通安全意识。

毛志强 文 何增贤 图

“改”出一片新天地

——访原交通部水运司副司长彭翠红

本报记者　周献恩

见报日期　2018 年 10 月 10 日

“改革开放是水运事业发展的强大引擎!”谈起改革开放 40 年来水运发展的成就，原交通部水运司副司长彭翠红感慨地说。她是改革开放前的 1975 年来到交通部工作的。1978 年党的十一届三中全会胜利召开，提出实行改革开放的战略决策后，我国水运事业也乘着改革开放的东风，逐步实现了港口、航运领域的渐进式蜕变。

“有河大家走船”

彭翠红回忆，计划经济时代，制约国民经济发展有两大主要因素：一是能源，二是交通。由于煤炭和油等能源运输又主要依靠铁路和水路，更加剧了交通运输的紧张局面。

当时的水运紧张到什么程度？彭翠红介绍，那时候全国港口泊位少，能力严重不足，港口普遍存在严重的“三压”（压船、压港、压货）现象。港口吞吐量很少，1978

年全国港口货物吞吐量仅为2.8亿吨。

改革势在必行。"落实改革开放政策，我们交通部走在前面。深圳蛇口的经验，为全国改革开放事业蹚开了一条好路子。"彭翠红感慨地说。

1979年，蛇口工业区最先打破了计划经济的僵化模式，进行了全面的改革探索，在全国率先按照国际惯例引进外商和外资，提出"时间就是金钱，效率就是生命"，成为中国改革开放的"试验田"。

1983年，交通部提出"有河大家走船，有路大家走车"，大力扶持个体和集体运输。当年3月25日，国务院批转《交通部关于长江航运体制改革方案的通知》（国发〔1983〕50号），使这一理念得到更深入的实践。

"我们当时都说'50号文件'，对长江管理体制、经营体制和港口体制都提出了具体改革目标，目的是把长江航运向所有经营者开放。"彭翠红解释道。

首先，改革管理体制。第一次强调了长江管理，由长江航运局（长江航务管理局的前身）统一管理。其次，改革经营体制。把以前的政企合一机构拆分为长江航运局和长江轮船公司，实现政企分开。再者，改革港口体制。为发挥地方政府建设和管理港口的积极性，将直属交通部（即长江航运局）的25个长江干线港口下放到地方，实行"以交通部为主，所在城市政府为辅"的双重领导管理体制。通过一系列改革措施，从政策层面上开启多家经营长江水运的格局。

彭翠红认为，对于水运行业来说，"50号文件"是落实改革开放政策的第一步，也是重要的转折性文件。以此为发端，交通部掀开了行业管理的新篇章。江苏南通港、张家港港率先对外开放。

当时，沿海港口十分突出的问题是港口能力严重不足，"疏港"是一项经常性的工作。为加快港口建设，适应国家改革开放后国民经济和对外进出口贸易的需要，1984年国务院决定改革沿海港口管理体制，将原直属交通部的12个港口下放地方，实行"以交通部为主，地方政府为辅"的双重领导，河北秦皇岛港作为煤炭能源港仍直属交通部；同时实行"以港养港，以收抵支"的财政政策。

1985年，根据《国务院关于发布〈港口建设费征收办法〉的通知》，交通部制订了《港口建设费征收办法施行细则》，决定自1986年1月1日起对26个沿海港口外贸进出口货物征收港口建设费。由此，港口基础设施建设加快，港口堵塞严重的问题也得到大幅缓解。1985年交通部会同国家物价局发布的《关于中外合资建设码头优惠待遇的暂行规定》是关于中外合资企业码头收费相关的政策，规定中外合资企业可以自行定价，改变了码头收费不灵活等问题，外资投入港口的积极性大幅提高。

从"管企业"转为"管行业"

"改革是件痛苦的事儿。"彭翠红坦言，此前，交通部管着诸多的船公司、港口企业，转变政府职能后，管什么？怎么管？

1987年，我国召开了一次水运会议，与会人员展开了热烈讨论。经过讨论，会议达成共识：加强立法，依法管理全行业；加强政策研究和调整，用政策引导行业发展；加强信息管理，用现代信息手段掌握全行业情况。通过一系列措施，从"抓主要港航企业"逐步转变到"行业管理"。1987年，国务院发布《水路运输管理条例》，接着交通部颁发《水路运输管理条例实施细则》。这些成了交通部由管水运企业到管行业的标志性法规和部门规章。

企业活力真正释放

"改革开放进入深水区后，如何让企业真正走向市场、实现自主经营的问题又变得非常突出。"彭翠红表示。

1992年7月23日，国务院发布《全民所有制工业企业转换经营机制条例》（简称《条例》），目标直指企业经营自主权。1993年2月13日，交通部发布认真贯彻执行《条例》的意见，核心思想就是把经营权下放给企业。

20世纪90年代中后期，双重领导的港口管理体制已难以适应经济发展的要求。在此情形下，2001年11月23日，国务院办公厅发布《国务院办公厅转发交通部等部门关于深化中央直属和双重领导港口管理体制改革意见的通知》，新一轮港口管理体制改革拉开序幕。

"通知的核心就是要实现政企分开，进一步激发港口企业活力。"彭翠红介绍，此后全国港口完全下放到地方，交通部只对全国港口实行统一行业管理，省级或港口所在城市港口主管部门按照"一港一政"的原则实行统一的行政管理。港口企业作为独立市场主体，依法从事经营。理货和引航体制也被纳入这次改革范畴，为建立公平、公正市场经济提供新的体制机制。

随着改革开放的不断深入，计划经济时代的理货体制的不合理性逐步凸显。"不合理的货物交接机制，导致船方特别是外轮反映强烈。改革理货体制，势在必行。"彭翠红表示。

"当时的引航体制也是不改不行。"她说，当时一个港口只能有一家引航机构，费率也只能由国家定，如果几家为追求利润而展开竞争，就难免会出现安全问题。"引航机构有指泊权，归属于一个港口企业（即后来的港口企业集团）时就会导致优先引领靠泊自己企业码头的现象，其他港口企业就有意见。”

彭翠红说，经过全国引航体制改革，引航机构从港口企业集团分离出来，作为行业公共服务机构，由所在城市的港口管理部门管理。这样既维护了公平，也维护了国家主权，同时确保了外轮进出中国港口时的安全。

“正因为有了这一系列改革，突破了港口、航运发展的诸多障碍，释放了活力，才成就了今天的航运大国。”彭翠红说。

中国交通报 CHINA TRANSPORT NEWS

2018年10月10日 星期三 http://www.zgjtb.com | 第6830期 今日8版 | 邮发代号 1－72 国内统一连续出版物号 CN 11－0122 交通运输部主管 中国交通报社主办

中通快递河南鹤壁分公司总经理马朝立

身残志坚的快递追梦人

2016年建成1500平方米的仓库，2018年每天快件量超过1万件……抓住时代机遇，中通快递河南鹤壁分公司总经理马朝立闯出一片新天地。

马朝立在18岁时失去了左小腿，安装了假肢，但身体的残缺并没有让他一蹶不振。即使遭遇困境、面临重重考验，他也不曾停止奋斗的脚步。一个人带动一批人，马朝立以他的自强不息感染着人们，展示出新时代快递从业者昂扬向上的时代风采。

▶详细报道见4版

杨传堂、李勇在中共交通运输部直属机关第三次代表大会上强调

坚定不移推动全面从严治党向纵深发展 为推进交通强国建设提供坚强政治保证

本报讯 10月9日，中国共产党交通运输部直属机关第三次代表大会在京召开，大会审议并通过部直属机关第二届党委和纪委工作报告，选举产生第三届党委委员23人、纪委委员19人。交通运输部党组书记杨传堂出席大会并强调，要深入学习贯彻习近平新时代中国特色社会主义思想和党的十九大精神，不忘初心、牢记使命，围绕中心、服务大局，坚定不移推动部直属机关全面从严治党向纵深发展，为新时代加快推进交通强国建设提供坚强政治保证。部党组副书记李小鹏、冯正霖，部党组成员李建波、马军胜、何建中、宋福龙、戴东昌、刘小明、杨宇栋出席会议。中央和国家机关工委副书记李勇出席会议并讲话。

杨传堂指出，近年来，部直属机关各级党组织坚持以习近平新时代中国特色社会主义思想为指导，认真学习贯彻党中央决策部署，全面推进党的政治建设、思想建设、组织建设、作风建设、纪律建设、制度建设，深入推进反腐败工作。广大党员干部牢固树立"四个意识"，坚定"四个自信"，自觉做到"两个坚决维护"，基层党组织战斗堡垒作用和党员先锋模范作用日益凸显。坚决整治"四风"，推进党风廉政建设和反腐败斗争，机关党建制度体系更加完善，群团统战工作桥梁纽带作用进一步发挥。直属机关党的工作在团结凝聚各级党组织和广大党员干部、营造干事创业的良好环境、推进交通运输改革发展等方面发挥了重要作用。

杨传堂强调，当前和今后一个时期，既是全面建成小康社会的决胜期，也是建设交通强国的重要时期，党的工作任务更艰巨、使命更光荣。直属机关各级党组织和广大党员干部，要全面贯彻落实新时代党的建设总要求，紧密结合交通运输实际，坚定信心、把牢方向，创新思路、扎实工作，努力开创直属机关党建工作新局面。

中国共产党交通运输部直属机关第三次代表大会在京召开。 本报记者 毛刻 摄

一是坚持以习近平新时代中国特色社会主义思想为指导，学思践悟、知行合一，自觉用习近平新时代中国特色社会主义思想武装头脑、指导实践、推动工作。

二是坚持以党的政治建设为统领，坚定不移做到"两个坚决维护"，严格党内政治生活，严守政治纪律和政治规矩，努力建设让党中央放心、让人民群众满意的模范机关。

三是以提升组织力为重点加强基层党组织建设，增强基层组织政治功能，严格落实组织生活制度，树立党的一切工作到支部的鲜明导向，使每个基层党组织都成为坚强战斗堡垒。

四是深入推进党风廉政建设和反腐败工作，始终保持惩治腐败的高压态势，驰而不息纠治"四风"，切实增强拒腐防变的思想自觉和行动自觉，努力建设风清气正的政治机关。

五是强化机关党建工作责任制，严格落实机关党建领导责任，进一步健全责任落实的保障机制，加强党务干部队伍建设，为推动新时代机关党建工作提供有力保障。

李勇在讲话中充分肯定交通运输部机关党建工作取得的成绩，对今后工作提出希望和要求。他强调，要始终坚持以党的政治建设为统领，坚持不懈用习近平新时代中国特色社会主义思想武装头脑，着力加强基层党组织建设，持之以恒正风肃纪，不忘初心、继续前进，谱写新时代机关党建工作的新篇章。

党代会代表、特邀同志、有关方面同志等近170人出席大会。大会闭幕后，第三届直属机关党委、纪委分别召开第一次全体会议，选举产生新一届党委、纪委常委会。

（叶浩文）

国办印发推进运输结构调整三年行动计划

新华社北京10月9日电 近日，国务院办公厅印发了《推进运输结构调整三年行动计划（2018—2020年）》（简称《行动计划》）。

《行动计划》要求，要以习近平新时代中国特色社会主义思想为指导，全面贯彻党的十九大和十九届二中、三中全会精神，以深化交通运输供给侧结构性改革为主线，以京津冀及周边地区、长三角地区、汾渭平原等区域为主战场，以推进大宗货物运输"公转铁、公转水"为主攻方向，通过三年集中攻坚，实现全国铁路货运量较2017年增加11亿吨、水路货运量较2017年增加5亿吨、沿海港口大宗货物公路运输量减少4.4亿吨的目标。到2020年，全国货物运输结构明显优化，铁路、水路承担的大宗货物运输量显著提高，将京津冀及周边地区打造成为全国运输结构调整示范区。

为实现工作目标，《行动计划》提出实施六大行动。一是铁路运能提升行动。提升既有铁路综合利用效率，加快铁路专用线建设，到2020年大宗货物年货运量在150万吨以上的工矿企业和新建物流园区接入比例达到80%以上。建立健全灵活的运价调整机制，完善短距离大宗货物运价浮动机制。二是水运系统升级行动。完善内河水运网络，推进集疏港铁路建设。2018年年底前，环渤海地区、山东省、长三角地区沿海主要港口和唐山港、黄骅港的煤炭集港改由铁路或水路运输；2020年采暖季前，沿海主要港口和唐山港、黄骅港的矿石、焦炭等大宗货物原则上主要改由铁路或水路运输。三是公路货运治理行动。强化公路货运车辆超限超载治理，到2020年年底，各省（区、市）高速公路货运车辆平均违法超限超载率不超过0.5%。大力推进货运车型标准化，推动道路货运行业集约高效发展。四是多式联运提速行动。推进具有多式联运功能的物流园区建设，加强不同运输方式间的有效衔接。支持各地开展集装箱运输、商品车滚装运输、全程冷链运输、电商快递班列等多式联运试点示范创建。五是城市绿色配送行动。推进城市绿色货运配送示范工程建设。制定新能源城市配送车辆便利通行等政策，并加大推广应用力度。推进城市生产生活物资公铁联运，打造"轨道+仓储配送"的铁路城市物流配送新模式。六是信息资源整合行动。加快建设多式联运公共信息平台，提升物流信息服务水平。建立运输结构调整信息运行监测和报送机制。

《行动计划》强调，要加强政策保障，积极落实财政和用地用海支持政策，确保运输结构调整取得实效。地方政府要尽快组织编制运输结构调整工作实施方案，细化分解目标任务，确保责任落实到位。

"改"出一片新天地

——访原交通部水运司副司长彭翠红

扫一扫 看视频

王海宇 摄

本报记者 周献恩

"改革开放是水运事业发展的强大引擎！"谈起改革开放40年来水运发展的成就，原交通部水运司副司长彭翠红感慨地说，她是改革开放前的1975年来到交通部工作的，1978年党的十一届三中全会胜利召开，提出实行改革开放的战略决策后，我国水运事业也乘着改革开放的东风，逐步实现了港口、航运领域的渐进式蜕变。

"有河大家走船"

彭翠红回忆，计划经济时代，制约国民经济发展有两大主要因素：一是能源，二是交通。由于煤炭和油等能源运输又主要依靠铁路和水路，更加剧了交通运输的紧张局面。

当时的水运紧张到什么程度？彭翠红介绍，那时候全国港口泊位少，能力严重不足，港口普遍存在严重的"三压"（压船、压港、压货）现象。港口吞吐量很少，1978年全国港口货物吞吐量仅为2.8亿吨。

改革势在必行。"落实改革开放政策，我们交通部走在前面。深圳蛇口的经验，为全国改革开放事业蹚开了一条好路子。"彭翠红感慨地说。

1979年，蛇口工业区最先打破了计划经济的僵化模式，进行了全面的改革探索，在全国率先按照国际惯例引进外商和外资，提出"时间就是金钱，效率就是生命"，成为中国改革开放的"试验田"。

1983年，交通部提出"有河大家走船，有路大家走车"，大力扶持个体和集体运输。当年3月25日，国务院批转《交通部关于长江航运体制改革方案的通知》，使这一理念得到更深入的实践。

"我们当时都说'50号文件'，对长江管理体制、经营体制和港口体制都提出了具体改革目标，目的是把长江航运向所有经营者开放。"彭翠红解释道。

（下转4版）

第二批超限超载失信人名单公布

本报讯 日前，依据国家发展改革委、中国人民银行、交通运输部等36个部门联合签署的《关于对严重违法失信超限超载运输车辆相关责任主体实施联合惩戒的合作备忘录》，交通运输部通过"信用交通"网站，正式发布了2018年第二批严重违法超限超载失信当事人信息。

（吴兵）

▶汇总表详见3版

□值班编委 刘兴增 本版副主编 卢锐 责编 马士彬 □E-mail:xw1b@zgjtb.com □新闻热线：(010)64255441 □发行热线：(010)64256206 □广告热线：(010)64250642 □培训热线：(010)65299681

2018年10月10日 星期三 | 人物 | 4版
电话:010-65293632 64252864 E-mail:zgjtb@126.com
中国交通报 CHINA TRANSPORT NEWS

2016年建成1500平方米的仓库，2018年每天快件量超过1万件……在取得多项成果后，中通快递河南鹤壁分公司总经理马朝立近几年没有停歇，脚步更上一层楼。

马朝立在18岁时失去了左小腿，安装了假肢，但身体的残缺并没有让他一蹶不振。以梦为马，一路风雨兼程，即使遭遇困境、面临重重考验，他也不曾停止奋斗的脚步。2008年，马朝立与有听力和语言障碍的妻子高红娟借钱创业，成立了中通快递鹤壁分公司，业务量从最初的日均30余件到如今日均1万多件，他用诚信、速度和周到的服务，赢得了客户的支持。

2014年获得"最美快递员"荣誉称号，2015年获得河南省"全省自强模范"称号，2017年荣获"2016年感动交通十大年度人物"称号。一个人带动一批人，马朝立以他的自强不息感染着人们，展示出新时期邮政人和快递从业者昂扬向上的时代风采。

马朝立夫妇正在分拣包裹。

中通快递河南鹤壁分公司总经理马朝立

身残志坚的快递追梦

本报记者 白真

失去小腿，也能重新"站起来"

坚持到底、永不言弃是马朝立的真实写照。18岁，人生的美好旅程刚刚展开，马朝立却在这个时候失去了左小腿。虽然安装了假肢，但强烈的排异反应使伤口处一直浮肿、疼痛难忍，但他没有放弃，坚持每天练习走路，尽管伤口被磨得血肉模糊，最终也坚强地站了起来。

2006年，在多次打工受挫后，马朝立进入郑州中通快递工作，从此与快递结缘。一路风雨，一路艰辛，2008年，马朝立创建中通快递鹤壁分公司。也是从那时起，马朝立在妻子高红娟的帮助下，为经营好公司克服了常人难以想象的困难。

创业的本身就是冒险，在市场经济的大潮中，机会与风险并存，如果没有退路，那就只能选择相信。鹤壁市地域面积小，派件多收件少，与已攻下鹤壁市"半壁江山"的其他快递公司相比，马朝立的力量显得很弱小。这时，坚持是唯一的出路。

一个20平方米的小门面，一辆摩托三轮车，构成了"夫妻店"的全部。每天，妻子留守打理公司日常事务，马朝立则出门收派件、谈客户。为了将为数不多的三四十件快件早一点送到客户手上，每天整个城市还在沉睡时，马朝立就已经骑着三轮车奔走在大街小巷。当时，鹤壁市的快递公司基本不提供上门服务，但是马朝立却坚持送货上门。无论派件路途多遥远，有多高的楼层，马朝立都拖着不方便的左腿上下来回。每送出一件快递，就离成功更近一步，这对马朝立来说是莫大的鼓舞和慰藉。"中通快递是刚进入鹤壁市的，您以后会经常听到中通。"马朝立总是这样对客户说。

马朝立夫妇齐心协力，将包裹搬上货车。

持续高强度的送件，让马朝立的左腿亮起了红灯，长时间的行走和爬楼使假肢与大腿肌肉过度摩擦，接口处肿得厉害，不时还会磨出血泡。疼痛钻心，马朝立却强忍着不在妻子面前表现出来，高红娟只能一边默默地拭去眼泪，一边小心翼翼地帮马朝立热敷。

2009年，鹤壁市遭遇多年难遇的大雪。快件在路上耽误了几天，历经万难到达鹤壁市后却仍因积雪深厚难以派送，公司里总能听到不断响起的电话铃声和马朝立的道歉声，夫妻俩对着一堆快件干着急。最后，马朝立按捺不住，决定将一件急件派出："不到3公里的路程，却足足花了半个多小时。"好不容易派送完毕，车里的电机却在返回公司的途中被冻坏。"电话一响就害怕，天一晴就赶紧出门派件，前后花了一周才把堆积的快件消化掉。"马朝立回忆道。

鹤壁市的老城区山区较多，交通不便，但快件量在上涨。马朝立意识到，转单派送老区的快件将对中通整个快递网络带来不好的影响。"新区招聘员工负责派送，我自己去送老区。"马朝立深知快递下乡的重要性，2012年，他先后开通庞镇、钜桥镇等偏远乡镇的派件范围，自己亲自收派件。在马朝立的坚持下，中通成为整个鹤壁市派件区域最广的快递公司，并逐渐赢得了客户们的信任，公司一步一个台阶，实现了良好发展。

从"夫妻店"到行业表率

从养家糊口到真诚热爱，马朝立带领中通快递鹤壁分公司，以周到的服务和快捷的时效赢得了客户信赖。公司壮大后，尽管已是企业管理者，马朝立仍坚持每天早上和员工一起分拣、扫码、装货。不论做什么工作，他都严格要求自己，用一言一行，为员工们作出表率。

为确保快件准确送达，除了有专门的客服跟踪快件的实时状态及录入签收外，马朝立每天都会第一个到公司，将前一天的签收记录翻调出来，找出遗漏或有问题的单号，再安排客服翻查底单、与客户核实，在发件网点查询之前把问题解决。

员工们常常可以看到马朝立因为一票快件的处理不妥与员工较真，而快递员出错了，马朝立也会二话不说带着员工登门道歉。马朝立的一言一行，员工们看在眼里，也记在心里。"他一点也没有老板架子，我们都喊他老马。"公司快递员说，马朝立夫妻俩每天都跟着大家一起干活儿，公司打理得井井有条。

随着公司规模不断扩大，业务量不断攀升，安全问题日益突出。马朝立认识到坚持源头防范是重中之重，坚持定期对所有营投人员进行安全培训与考核。他每个月还在公司所有网点开展自查，查找安全隐患，规范公司管理。

在中通快递鹤壁分公司网点的形象墙上，贴着快递收寄规范流程图、快递实名制寄递规定、快件收寄验视制度等规章制度。"老马要求我们严格按制度办事，每次开例会，强调最多的就是安全和服务，听得多了，这些话都深入人心。"工作人员说。

如今，中通鹤壁分公司不仅有集分拣、会议、办公功能于一体，面积近3000平方米的标准化半自动化分拣中心，还拥有豫北第一家形象化营业厅，标准化营业厅6个，从业人员100多名，干线运输车4辆，快递投递车70余辆，日处理快件业务量1.2万件。

保持感恩 初心不改

无论在工作上还是生活中，马朝立都抱着积极向上的心态，遇到问题和困难从不气馁。他觉得自己很幸运，找到了热爱的事业，并始终保持着一颗感恩之心。

通过全行业全社会的共同关注和支持，马朝立荣获了行业内最高荣誉。他抓住快递发展的良机，不断投入、强化服务，给公司带来更迅速的发展。

马朝立说，中通快递鹤壁分公司有三个愿景：一是联合省中通公司，规划建设中通豫北分拨中心，辐射豫、晋、鲁三省，进一步提高快件中转率；二是加快建设末端投递网点，促进快递下乡，进一步支撑农村电子商务发展；三是运用"互联网+快递"做大做强电商业务，将销售与运输融为一体，利用成本优势，销售鹤壁土特产，进一步助推鹤壁经济发展。

今年是马朝立创业的第10个年头，回首一路历程，他说："当初选择快递，只是想有活儿干，后来靠着它养家糊口，现在我把它当成一辈子的事业。这两年行业竞争很激烈，我会在坚持中不断奋斗，做到更好。"

□短评

梦想不息 奋斗不止

百万快递大军是奔波奋斗在服务一线的劳动者，是行业的基石、发展的动力，是连接商家与用户的桥梁。在邮政快递行业，有无数怀揣梦想的快递人，以梦为马，一路风雨兼程，即使遭遇困境、面临重重考验，也不曾停止奋斗的脚步，马朝立正是其中的代表。

身体的残缺并没有让马朝立失去奋斗的动力，他从小小的"夫妻店"做起，与普通快递员一起风里来雨里去，跑遍城市的大街小巷，将快件及时送到收件人手中。他一步一个脚印，在鹤壁做出了优质的快递品牌。

朴实得像石头、坚强得像野草，当命运关上窗时，马朝立与妻子共同将门打开，演绎出一个人带动一批人的创业故事。他把工作岗位作为奉献社会、实现自身价值的人生舞台，凭借高度的责任感和事业心，鼓足干劲，锐意进取，将实现个人价值与践行社会主义核心价值观结合起来，为交通强国建设凝聚力量。

本文图片为 本报资料片

见证40年 主题访谈

『改』出一片新天地

——访原交通部水运司副司长彭翠红

扫一扫
观看专访视频

（上接1版）

首先，改革管理体制。第一次强调了长江管理，由长江航运局统一管理（长江航务管理局的前身）。其次，改革经营体制。把以前的政企合一拆分为长江航运局和长江轮船公司，实现政企分开。再者，改革港口体制。为发挥地方政府建设和管理港口的积极性，将直属交通部（即长江航运局）的25个长江干线港口下放到地方，实行"以交通部为主，所在城市政府为辅"的双重领导管理体制。通过一系列改革措施，从政策层面上开启多家经营长江水运的格局。

彭翠红认为，对于水运行业来说，"50号文件"是落实改革开放政策的第一步，也是重要的转折性文件。以此为发端，交通部拉开了行业管理的新篇章。江苏南通港、张家港港率先对外开放。

当时，沿海港口十分突出的问题是港口能力严重不足，"疏港"是一项经常性的工作。为加快港口建设，适应国家改革开放后国民经济和对外进出口贸易的需要，1984年国务院决定改革沿海港口管理体制，将原直属交通部的12个港口下放地方，实行"以交通部为主，地方政府为辅"的双重领导，河北秦皇岛港作为煤炭能源港仍直属交通部；同时实行"以港养港，以收抵支"的财政政策。

1985年，根据《国务院关于发布〈港口建设费征收办法〉的通知》，交通部制定了《港口建设费征收办法施行细则》，决定自1986年1月1日起对26个沿海港口外贸进出口货物征收港口建设费。由此，港口基础设施建设加快，港口堵塞严重的问题也得到大幅缓解。1985年交通部会同国家物价局发布的《关于中外合营港口码头优惠待遇的暂行规定》是关于中外合资企业码头收费相关的政策，规定中外合资企业可以自行定价，改变了码头收费不灵活等问题，外资投入港口的积极性大幅提高。

从"管企业"转为"管行业"

"改革是件痛苦的事儿。"彭翠红坦言，此前，交通部管着诸多的船公司、港口企业，转变政府职能后，管什么？怎么管？

1987年，我国召开了一次水运会议，与会人员展开了热烈讨论。经过讨论，会议达成共识：通过加强立法，依法管理全行业；加强政策研究和调整，用政策引导行业发展；加强信息管理，用现代信息手段掌握全行业情况。通过一系列措施，从"抓主要港航企业"逐步转变到"行业管理"。1987年，国务院发布《水路运输管理条例》，接着交通部颁发《水路运输管理条例实施细则》，这些成为了交通部由管水运企业到管行业的标志性法规和部门规章。

企业活力真正释放

"改革开放进入深水区后，如何让企业真正走向市场，实现自主经营的问题又变得非常突出。"彭翠红表示。

1992年7月23日，国务院发布《全民所有制工业企业转换经营机制条例》（简称《条例》），目标直指企业经营自主权。1993年2月13日，交通部发布认真贯彻执行《条例》的意见，核心思想就是把经营权下放给企业。

上世纪90年代中后期，双重领导的港口管理体制已难以适应经济发展的要求。在此情形下，2001年11月23日国务院办公厅发布《国务院办公厅转发交通部等部门关于深化中央直属和双重领导港口管理体制改革意见的通知》，新一轮港口管理体制改革拉开序幕。

"通知的核心就是要实现政企分开，进一步激发港口企业活力。"彭翠红介绍，此后全国港口完全下放到地方，交通部只对全国港口实行统一行政管理，省级或港口所在城市港口主管部门按照"一港一政"的原则实行统一的行政管理。港口企业作为独立市场主体，依法从事经营。理货和引航体制也被纳入这次改革范畴，为建立公平、公正市场经济提供新的体制机制。

随着改革开放的不断深入，计划经济时代的理货体制的不合理性逐步凸显。"不合理的货物交接机制，导致船方特别是外轮反映强烈。改革理货体制，势在必行。"彭翠红表示。

"当时的引航体制也是不改不行。"她说，当时一个港口只能有一家引航机构，费率也只能由国家定，如果几家为追求利润而展开竞争，就难免会出现安全问题。"引航机构有指泊权，归属于一个港口企业（即后来的港口企业集团）时就会导致优先引领停泊自己企业码头的现象，其他港口企业就有意见。"

彭翠红说，经过全国引航体制改革后，引航机构从港口企业集团分离出来，作为行业公共服务机构，由所在城市的港口管理部门管理，这样既维护了公平，也维护了国家主权，确保了外轮进出中国港口时的安全。

"正因为有了这一系列改革，突破了港口、航运发展的诸多障碍，释放了活力，才成就了今天的航运大国。"彭翠红说。

俯瞰秦皇岛港。 刘金岳 摄

地址:北京市朝阳区安华西里三区13号楼 邮编:100011 总编室:(010)65293633 通联部:(010)65293561 (010)64252114(传真) 采编中心:(010)64255441 公路中心:(010)65293615 水运中心:(010)64255824 运输中心:(010)65293641 新媒体中心:(010)64255469 培训中心:(010)65299681 广告部:(010)64250642 (010)64255452(传真) 北京中通广告公司:(010)64252934 广告经营许可证:京朝工商广字0142号 每年定价:460元 每月定价:38.34元 零售每份:1.92元 中国青年报印刷厂印刷

“我喜欢出发”

——访中国交通建设股份有限公司总工程师林鸣

本报记者　廖西平

见报日期　2018 年 10 月 15 日

从 1978 年考上大学到 2017 年完成港珠澳大桥岛隧工程建设，林鸣经历了中国改革开放整整 40 年的沧桑巨变。

在这 40 年间，从科员到总工程师，他的头衔随着工作的调整不断地变化。这背后对应着一个个交通基础设施工程，折射出我国桥隧建设发展的轨迹。

摸着石头过河　挫折中得到历练

听说是回顾改革开放 40 周年这个话题，林鸣爽快地接受了采访。这一代人对改革开放、特区建设有着特殊的情感，改革开放对于他们来说意义之重，如同雨露肥料之于庄稼。

就在强台风“山竹”登陆广东的那个早晨，在港珠澳大桥中交联合体营地，记者如约见到了林鸣。

话题是从难忘的1977年开始的。当时林鸣在县里的一家国营化肥厂工作，那一年他被送到西安交通大学进行化工方面的培训。培训结束时，学校组织学员返程前游北京，从天安门广场上的广播里他听到了全面恢复高考的消息，兴奋得几宿没有合眼。

回到厂里，林鸣一边工作一边复习。1978年，他考入了交通部下属的南京航务工程专科学校，从此步入了如今为之奋斗大半生的交通建设领域。

1981年，林鸣毕业后来到交通部第二航务工程局（简称二航局）。20世纪80年代中后期，国内港航工程建设疲软，地处内陆的二航局举步维艰。时任交通部副部长的黄镇东指出，交通施工企业必须在大型桥梁建设领域有所建树，才能在今后快速发展的交通基础设施建设中站稳脚跟。之后不久，真正意义上的由交通人自己承建的第一座跨江公路桥——湖北黄石大桥动工兴建，第一、二公路工程局及二航局都参与了此桥的建设。而当时的林鸣作为“第三梯队”的后备干部在局组织部担任副部长，与黄石大桥建设擦肩而过，这也成了林鸣此生最大的遗憾。

20世纪90年代初，二航局在严酷的水工市场竞争中被逼得走投无路，弃水登陆。二航局以工程分包商的身份来到改革开放的前沿——珠海经济特区，参与珠海大桥的建设。林鸣清楚地记得自己第一次来到特区的经历：在广州，他和一位同事上了个体户的车，被“转卖”了多次……最终被扔在了拱北口岸。一打听，离自己要去的磨刀门码头还有很远的距离。他们在路边小店吃了一盘豆腐、一盘青菜，就花了十几元钱。最后好不容易听懂了当地人的讲解，分乘2辆摩托车到达了目的地。

在他的职业生涯里，第一次担任项目经理所负责的工程就是珠海大桥。“当时那个紧张啊！”林鸣说。为了完成现在看来完全是“小儿科”的水下2.2米桩基，局长领着全局10位教授级高工到现场开了三四次会议研究……在一边摸索一边学习中，林鸣团队完成了这座珠海人民至今仍引以为傲的、连接珠海西部的重要控制性工程，创造了他人生中的第一次辉煌。

但是，在接下来的珠海经济特区第二座跨海大桥——淇澳大桥的建设中，他遭受了自己职业生涯里的“滑铁卢”。

珠海大桥首战告捷，让二航局在珠海迅速赢得了声誉。1992年年底，珠海淇澳大桥设计施工总承包招标时，在政府有关方面的支持下，二航局变成了总承包联合体牵头人，并一举中标。林鸣作为项目总经理，踌躇满志。

但人生很难一帆风顺，淇澳大桥工程非常不顺利。由于当时跨海大桥施工经验缺乏、技术装备落后、工期延长、资金短缺等因素，工程持续了8年时间。作为这个项目的第一任总经理，准备不充分、没有开好头，林鸣一生都感到内疚。

在这个过程中，时任二航局局长的肖志学与他有过一次谈话。他对林鸣说，工程如同战场，在战场上是胜负论英雄，干工程是以成败论英雄。

知耻后勇，卧薪尝胆。20年后在同一地点，林鸣实现了他人生中最大的辉煌。

紧跟时代脚步　成长为大国工匠

20世纪90年代中后期，民营资本争先恐后介入交通基础设施建设。被称为首例民营资本BOT项目的泉州刺桐大桥开工兴建，林鸣担任施工方领导小组组长，指导二航局四公司承建。这个项目让他元气恢复，斗志倍增，仅用了16个月就完成了大桥主体施工，让二航局上下对这位年轻的项目经理刮目相看。

之后，他更是在担任武汉三桥项目经理期间展露才华。那是他第一次在跨越长江的大型桥梁工程里担任负责人。面对跨度600米的斜拉桥项目，他认认真真，小心谨慎。

在遇到了诸多闻所未闻的技术难题时，林鸣对自己的团队说：“我们要以此为起点，走到长江下游去，拓展更大的市场、承揽更大的工程！”他带着团队骨干驱车东进江苏考察学习。车过江苏界时，他感到车子立马变得平稳、舒适，这对林鸣的触动很大：为什么人家的路面、桥头不跳车？人家的施工理念先进在哪里？

参观江阴大桥，林鸣带着大家从模板开始，一直看到桥面现浇防护墙，仔细地询问，认真地学习。在江苏的学习直接影响到后来他在润扬大桥的工程实践。也就是在润扬大桥北塔施工中，林鸣和他的团队真正成熟了起来。

回想起那160米高的主塔爬模施工，林鸣说，当时最头疼的是找不到高空作业的工人。因为北方的水工施工人员很少在这样的高空作业，不要说干活，就是站上去头都晕。

他们主动向德国人请教，花费700万元，创新性地采用液压模板获得了成功，时任交通部部长黄镇东得知后非常高兴，这标志着中国的桥梁建造技术上了新的台阶。“要感谢黄部长，从江阴大桥开始，黄部长就要求锻炼中交自己的队伍，提高交通建设主力军的市场竞争力。今天看来，英明决策啊！”林鸣说。

进入新世纪，林鸣应邀担任南京三桥的副总指挥、工程总监、总工程师。角色的转换，使林鸣对桥梁施工管理有了更加全面的认识，他的工程把控能力进一步加强，为其日后指挥超级工程建设奠定了基础。

2005年，他担任中国路桥集团总工程师，同期开始了港珠澳大桥的前期工作。2011年，港珠澳大桥岛隧工程开工，历经7年苦战，林鸣率领4000多中交建设者施展本领，倾心报国，成就伟业。他本人获得了“2014年感动交通十大年度人物”“全国劳动模范”等殊荣，成长为一名真正的大国工匠。

攀越桥隧巅峰　得益于40年的技术积累

回顾自己走过的路，林鸣对知识积累、经验积累、实践积累的感悟尤甚。他认为，中国由桥梁弱国变为桥梁大国，进而成为世界桥梁强国不是一朝一夕的事情，是中国工程界几代人努力的成果。改革开放以来，我国桥梁建设从内陆走向沿海，从江河走向海洋，每一座大桥都是一座技术积累的里程碑，是一座座大桥的一滴滴经验、教训之水汇集成了我国40年桥梁成就的浩瀚海洋。

站在淇澳岛上远眺如龙出海的港珠澳大桥，林鸣感慨万千。20年前，一场天文大潮摧毁了淇澳大桥主墩的30多根护筒桩。如今超强台风正面袭来，岛隧工程岿然不动。很显然，港珠澳大桥肯定是改革开放40年来桥梁史上一座重要的里程碑。

与沉管技术发达的美国、荷兰和日本相比，中国直到1993年才建成一条珠江隧道，用了20年时间。但是中国工程技术人员勤于思考，敢于创新，用7年时间把6.7公里的沉管隧道深埋于海床20米以下，并且滴水不漏。

荷兰沉管隧道专家汉斯·德维特在见证了港珠澳大桥最后接头安装后说：“我的结论是，港珠澳大桥沉管隧道超越了之前任何沉管隧道项目的技术极限。因为港珠澳大桥沉管隧道的建设，中国从一个沉管隧道建设技术的相对弱国发展成为国际沉管隧道技术的领军国家之一。”

林鸣常说，这个时代的中国工程师是幸福的。中国交通发展到了一个可以选择的时代，可以选择一起跑，可以选择领跑，也可以跟着跑。经历了40年的曲折、探索、提升，现在中国的交通建设已经处于领跑的位置。

7年中，港珠澳大桥岛隧工程历经坎坷，突破了众多的系统性技术屏障，遭受了诸多的质疑、责问，终于功德圆满。“为什么要做这件事情？”在跟踪报道此项工程的过程中记者曾反复问过他。

林鸣说，他喜欢汪国真的那首诗《我喜欢出发》。“很多时候我们是被时代推着走到这一步的。创新往往是很痛苦的，许多技术上的创新可以说是被逼的，是新时代让我们攀上了世界桥梁建设的巅峰。”这是一个交通建设者发自心底的声音。

从珠海大桥到港珠澳大桥，林鸣和他的团队已经深深植根于珠江三角洲这块改革开放的热土。从连续刚构桥到大跨径斜拉桥、悬索桥到深海沉管隧道，再到他现在倾心研究的海下悬浮隧道，林鸣的脚步没有停歇。他的桥梁生涯为我们清晰地勾画出了一条中国交通建设发展的轨迹。

采访结束了，但是林鸣在中央电视台《朗读者》节目里朗诵的诗句在记者的脑海里始终挥之不去：“我喜欢出发。凡是到达了的地方，都属于昨天……世界上有不绝的风景，我有不老的心情。”

CHINA TRANSPORT NEWS

2018年10月15日 星期一 | 第6833期 | 邮发代号 1－72 国内统一连续出版物号 CN 11－0122
http://www.zgjtb.com | 今日 8 版 | 交通运输部主管 中国交通报社主办

我国加快建成低空飞行服务保障体系

本报讯 据中国民用航空局10月12日召开的新闻发布会消息，《低空飞行服务保障体系建设总体方案》(简称《方案》)已于近日印发。根据《方案》，我国将建成由1个全国低空飞行服务国家信息管理系统(简称国家信息管理系统)、7个区域低空飞行服务区域信息处理系统(简称区域信息处理系统)以及一批飞行服务站组成的低空飞行服务保障体系。

根据《方案》，到2022年，我国将初步建成由国家信息管理系统、区域信息处理系统和飞行服务站组成的低空飞行服务保障体系，为低空飞行活动提供有效的飞行计划、航空情报、航空气象和协助救援等服务。到2030年，低空飞行服务保障体系将全面覆盖低空报告、监视空域和通用机场，各项功能完备、服务产品齐全。

《方案》提出，国家信息管理系统和区域信息处理系统分别依托民航局空管局与地区空管局建设，飞行服务站按照其服务范围和功能分为A、B类。其中，A类服务功能较全、范围较大，每个省级行政区设立1至3个，对B类的设立数量不设限制。

为加强低空飞行服务保障体系建设，《方案》明确了提升航空情报服务能力、提高低空通信监视能力、建立低空飞行服务法规标准体系等5个方面子体系的建设任务。此外，《方案》还提出，对服务站的运行采用符合性检查的管理方式，鼓励地方政府与社会力量共同参与飞行服务站建设和保障体系建设。 （于淼）

杨传堂在部党组中心组第十次集体学习时强调

深入贯彻习近平总书记关于脱贫攻坚重要指示精神 确保交通扶贫政策落实推进交通脱贫工作健康发展

在习近平新时代中国特色社会主义思想指引下——新时代新作为新篇章

本报讯 （记者 毛剑）10月12日，交通运输部党组中心组举行2018年第十次集体学习(扩大)，主题是深入学习贯彻习近平总书记关于脱贫攻坚系列重要讲话、指示精神，统一思想、提高认识，认真落实中央脱贫攻坚部署要求，以新担当实现新作为，确保交通扶贫政策落实、推进交通脱贫工作健康发展，为打赢脱贫攻坚战、全面建成小康社会履职尽责。部党组书记杨传堂主持学习。部党组成员李建波、何建中、刘小明、杨宇栋作了交流发言。

杨传堂指出，打赢脱贫攻坚战，事关全面建成小康社会目标的如期实现。党的十八大以来，习近平总书记站在全面建成小康社会、实现中华民族伟大复兴的中国梦的战略高度，就脱贫攻坚各个方面指明方向、作出部署、提出要求。总书记关于交通扶贫的重要论述阐述了交通运输对脱贫攻坚的重要意义，体现了以人民为中心的发展思想，系统回答了交通运输为了谁、干什么、怎么干等根本性问题，为交通运输更好地在脱贫攻坚中发挥作用指明了科学路径，是打赢交通扶贫脱贫攻坚战的根本遵循，也为下一步建设交通强国指明了前进方向。

杨传堂强调，要清醒认识做好交通扶贫脱贫攻坚工作的紧迫性和艰巨性，牢固树立“四个意识”，坚定“四个自信”，落实“两个坚决维护”，发挥行业优势，进一步推进交通扶贫脱贫攻坚各项工作，对标对表补齐短板，全面落实突出重点，为打赢脱贫攻坚战提供有力交通运输保障。一要提高政治站位，坚决扛起落实脱贫攻坚政治责任，自觉把思想和行动统一到党中央关于全面从严治党、打赢精准脱贫攻坚战的决策部署上来。二要认真总结交通脱贫攻坚任务完成情况，真正做到底数清、情况明。三要坚持问题导向，找准差距、提高完善，坚持多措并举，切实解决交通运输系统落实脱贫攻坚任务中存在的重点难点问题。四要坚持正确舆论导向，主动加强宣传引导，为打赢脱贫攻坚战营造良好氛围。

部总工程师，部机关有关司局负责同志参加学习。

提升组织力 铸就坚强战斗堡垒

——三论学习贯彻交通运输部直属机关第三次党代会精神

本报评论员

党的工作最坚实的力量支撑在基层，最突出的矛盾和问题也在基层。四年来，部直属机关牢固树立深抓基层的鲜明导向，着力完善组织体系，严格规范组织管理，增强组织活力，大力加强基层组织建设。以提升组织力为重点加强基层党组织建设，突出政治功能，使每个基层党组织都成为坚强战斗堡垒，是推动党的建设的长远之计和固本之举。

基层党组织建设千头万绪、任务繁重，抓住了重点就抓住了“牵一发而动全身”的关键。习近平总书记指出：“要以提升组织力为重点，突出政治功能，健全基层组织，优化组织设置，理顺隶属关系，创新活动方式，扩大基层党的组织覆盖和工作覆盖。”党支部是党最基础的组织，是党的组织体系的基本单元，是党全部工作和战斗力的基础。唯有把基层党组织锻造得更加坚强有力，才能带领广大党员更好地为建设交通强国贡献力量。

加强基层党组织建设，必须增强基层组织政治功能。党的基层组织首先是政治组织，第一属性是政治属性，根本功能是政治功能。基层组织要校准定位，积极宣传党的主张、贯彻党的决定、领导基层治理、团结动员群众、推动改革发展。要不断增强基层党组织的政治领导力、思想引领力、群众组织力和社会号召力，坚定不移地把党的领导落实到基层工作方方面面。

加强基层党组织建设，必须严格落实组织生活制度。严格的组织生活是锻炼党性、增强党的组织力的重要保护。我们要进一步加强党的组织生活，切实抓好“三会一课”、谈心谈话、请示报告、民主评议党员等制度落实，突出党性锻炼，加强沟通交流，触及思想灵魂。不断推进“两学一做”学习教育常态化制度化，在“不忘初心、牢记使命”主题教育中不断践行、体现交通运输特点，做到学做互进、知行合一、学思践悟。

加强基层党组织建设，必须树立党的一切工作到支部的鲜明导向。我们要注重把工作落实到每个支部、每名党员，要推动党支部担负好直接教育党员、管理党员、监督党员和组织群众、宣传群众、凝聚群众、服务群众的职责，把抓好党支部作为管党治党的基本任务，加强党支部标准化、规范化建设。

进入新时代、开启新征程，我们要采取更加有力的措施，不断推动基层党组织全面进步、全面过硬，把党员组织起来、把人才凝聚起来、把群众动员起来，以更好的状态、更实的作风团结带领交通运输系统广大干部职工，奋力谱写新时代交通强国建设新篇章。

运河文化『活』在当代

本报记者 朱莽 通讯员 谢林楷

假期，别的小朋友去瑞士看雪山，冬冬却只能跟随有摄影任务的父亲在家乡的运河边玩。在这里，他看到了不一样的“雪山”——白茫茫的盐场。10月11日在江苏扬州举办的首届运河主题国际微电影展上，组委会特别奖作品《盐河旅行记》通过一对父子的旅行，娓娓讲述盐的故事、运河的故事。

这几天，中国大运河原点城市、大运河联合申遗牵头城市扬州桂花飘香，吸引世界关注的目光。30个国家，80多个运河城市，300多位国内外嘉宾出席了2018世界运河城市论坛；首届运河主题国际微电影展评出了评委会特别奖、最佳海外影片等12个奖项，1837部海内外作品把运河的故事讲给世界听；全国党报家风宣传·大运河城市家风建设研讨会上，运河沿线30多个城市的纪委负责人、专家学者以及近百家报社的社长总编，领略大运河润物无声的家风文化……

“向世界讲好运河故事，相信来扬州旅行的人会翻番。”世界运河历史文化城市合作组织(WCCO)名誉主席、爱尔兰前总理布莱恩·考恩出席了12日在扬州召开的2018世界运河城市论坛。他表示，中国大运河是世界上开凿最早、里程最长的运河，中国大运河文化在世界运河文化中具有重要地位，其历史和文化应让全世界更多的人熟知。愿WCCO挖掘中国大运河故事，促进世界运河城市紧密协作。

以“世界运河城市文化保护、传承与利用”为主题，2018世界运河城市论坛凝聚了全球运河城市繁荣发展的美好愿景。全国政协副主席、民革中央常务副主席郑建邦在主旨讲话中指出，中国大运河见证了中华民族的历史变迁与伟大复兴。在全球化和国际化的大背景下，中国大运河沟通、包容、融合、开放、创新的文化精神，必将成为中国与世界接轨的桥梁和使者，成为中国与世界对话的共同语言。

中国大运河是流动的文化、活着的文化。据统计，大运河沿线8省市以占全国不足10%的土地面积，承载了超过三分之一的人口，贡献了近一半的经济总量。

千年大运河至今仍在江苏经济社会发展中发挥着重要功能。江苏省委书记娄勤俭表示，江苏愿以运河为媒，以世界运河城市论坛为平台，建立务实机制推进世界运河城市之间的文化、旅游等开发合作，携手开创更加美好的未来。 (下转2版)

四川交通派出专家组 支援金沙江堰塞湖抢险

本报讯 （特约记者 周显仁 扎西美朵 通讯员 泽盖志玛）10月11日，四川省甘孜藏族自治州白玉县与西藏自治区昌都市江达县交界处发生山体滑坡，造成金沙江断流并形成堰塞湖，危及下游地区群众生命财产和交通基础设施安全。险情发生后，四川省交通运输厅第一时间安排并指导当地交通运输部门全力开展应急抢险救援工作，派出专家工作组赶赴现场支援救灾工作。

目前，甘孜州交通运输部门会同四川省交通运输厅专家组组成的14人专家工作组，正在白玉县开展相关救灾工作。截至10月13日晚，甘孜州政府、白玉县交通运输部门已抢通314省道甘白路塌方，投入道路巡查执法人员46人次、出动巡查车辆17辆次，巡查里程1196公里，做好国省干线公路、受灾县农村公路的巡查保通工作。

甘孜州等地运管部门及时启动应急预案，积极做好群众疏散工作，对堰塞湖沿江公路客运班线进行摸排。11日下午，巴塘县运管所抽调公交车、农村客运车辆赴金沙江拉哇水电站，转移群众1000余人。四川省交通运输厅道路运输管理局已安排成都运输企业做好运力储备，确保能及时保障应急救灾物资运输。

图为当地交通运输部门组织运力紧急转移金沙江拉哇水电站建设农民工及沿江居住的群众。 泽盖志玛 供图

广东“四好农村路”建设纳入地方政府实绩考核

本报讯 （特约记者 林健彦 记者 林楚乐 通讯员 恒平）日前，在广东省人大常委会召开的省人大代表重点建议办理情况通报会上，广东省交通运输厅通报了“关于全面推进‘四好农村路’建设”建议的办理情况。据了解，广东已将“四好农村路”建设纳入地方政府实绩考核。

广东省交通运输厅有关负责人表示，全省交通运输系统已明确将“四好农村路”建设作为当前和今后一个时期的头号工作来抓，组织草拟了《广东省农村公路条例》和《加快推进“四好农村路”建设的实施意见》。广东还将进一步建立健全县、乡镇农村公路管理机构和村民委员会村道管理议事机制，重点抓好涉及安全的镇到建制村公路的改造提升，突出未通客车建制村窄路基路面拓宽改造、公路安全生命防护工程和危桥改造，确保具备条件的建制村100%通客车。同时，重点实施2277个省定贫困村的村道路面硬化工程，推进有条件的自然村通硬化路。

今年上半年，广东有关省级专项督导已涵盖相关的18个地级市。年底前，广东省交通运输厅将列出年度涉及安全问题的路段清单，并完成相关防护工程。对于农村公路建设的补贴，广东省交通运输厅已经摸底、测算，并已将补贴标准提交给省政府审核。

见证40年 主题访谈

“我喜欢出发”

——访中国交通建设股份有限公司总工程师林鸣

看视频 扫一扫

本报记者 廖哲平 摄

本报记者 廖哲平

从1978年考上大学到2017年完成港珠澳大桥岛隧工程建设，林鸣经历了中国改革开放整整40年的沧桑巨变。

在这40年间，从科员到总工程师，他的头衔随着工作的调整不断地变化。这背后对应着一个个交通基础设施工程，折射出我国桥隧建设发展的轨迹。

摸着石头过河 挫折中得到历练

听说是回顾改革开放40周年这个话题，林鸣爽快地接受了采访。这一代人对改革开放、特区建设有着特殊的情感，改革开放对于他们来说意义之重，如同雨露肥料之于庄稼。

就在强台风“山竹”登陆广东的那个早晨，在港珠澳大桥中交联合体营地，记者如约见到了林鸣。

话题是从难忘的1977年开始的。当时林鸣在县里的一家国营化肥厂工作，那一年他被送到西安交通大学进行化工方面的培训。培训结束时，学校组织学员返程前游北京，从天安门广场上的广播里他听到了全面恢复高考的消息，兴奋得几宿没有合眼。

回到厂里，林鸣一边工作一边复习。1978年，他考入了交通部下属的南京航务工程专科学校，从此步入了如今为之奋斗大半生的交通建设领域。

1981年，林鸣毕业后来到交通部第二航务工程局(简称二航局)。上世纪80年代中后期，国内港航工程建设疲软，地处内陆的二航局举步维艰。时任交通部副部长的黄镇东指出，交通施工企业必须在大型桥梁建设领域有所建树，才能在今后快速发展的交通基础设施建设中站稳脚跟。之后不久，真正意义上的由交通人自己承建的第一座跨江公路桥——湖北黄石大桥动工兴建，第一、二公路工程局及二航局都参与了此桥的建设。而当时的林鸣作为“第三梯队”的后备干部在局组织部担任副部长，与黄石大桥建设擦肩而过，这也成为了林鸣此生最大的遗憾。

上世纪90年代初，二航局在严酷的水工市场竞争中被逼得走投无路，弃水登陆。二航局以工程分包商的身份来到改革开放的前沿——珠海经济特区，参与珠海大桥的建设。林鸣清楚地记得自己第一次来到特区的经历：在广州，他和一位同事上了个体户的车，被“转卖”了多次……最终被扔在了拱北口岸。一打听，离自己要去的磨刀门码头还有很远的距离，他们在路边小店吃了一盘豆腐、一盘青菜，就花了十几元钱！最后好不容易听懂了当地人的讲解，分乘2辆摩托车到达了目的地。

(下转3版)

今日看点

□值班编委 刘兴增　本版副主编 卢帆　责编 马士岩　□E-mail:xw1b@zgjtb.com　□新闻热线:(010)64255441　□发行热线:(010)64256206　□广告热线:(010)64250642　□培训热线:(010)65299681

“我喜欢出发”

——访中国交通建设股份有限公司总工程师林鸣

『我喜欢出发』

——访中国交通建设股份有限公司总工程师林鸣

林鸣(左)在施工现场指导工作。

(上接1版)

在他的职业生涯里，第一次担任项目经理所负责的工程就是珠海大桥。“当时那个紧张啊！”林鸣说。为了完成现在看来完全是“小儿科”的水下2.2米桩基，局长领着全局10位教授级高工到现场开了三四次会议研究……在一边摸索一边学习中，林鸣团队完成了这座珠海人民至今仍引以为傲的、连接珠海西部的重要控制性工程，创造了他人生中的第一次辉煌。

但是，在接下来的珠海经济特区第二座跨海大桥——淇澳大桥的建设中，他遭受了自己职业生涯里的“滑铁卢”。

珠海大桥首战告捷，让二航局在珠海迅速赢得了声誉。1992年年底，珠海淇澳大桥设计施工总承包招标时，在政府有关方面的支持下，二航局竞成了总承包联合体牵头人，并一举中标。林鸣作为项目总经理，踌志满怀。

但人生很难一帆风顺，淇澳大桥工程非常不顺利。由于受当时对跨海大桥施工经验缺乏、技术装备落后、工期延长、资金短缺等因素影响，工程持续了8年时间。作为这个项目的第一任总经理，准备不充分、没有开好头，让林鸣一生都感到内疚。

在这个过程中，时任二航局局长的肖志学与他有过一次谈话。他对林鸣说，工程如同战场，在战场上是胜负论英雄，干工程是以成败论英雄。

知耻后勇，卧薪尝胆。20年后在同一地点，林鸣实现了他人生中最大的辉煌。

扫一扫 观看现场视频

紧跟时代脚步 成长为大国工匠

上世纪90年代中后期，民营资本介入交通基础设施建设此起彼伏。被称为首例民营资本BOT项目的泉州刺桐大桥开工兴建，林鸣担任施工方领导小组组长指导二航局四公司承建。这个项目让他元气恢复，斗志昂扬，他们仅用了16个月就完成了大桥主体施工，让二航局上下对这位年轻的项目经理刮目相看。

港珠澳大桥沉管隧道基床施工。

之后，他更是在担任武汉三桥项目经理期间崭露才华。那是他第一次在跨越长江的大型桥梁工程里担任负责人，面对跨度600米的斜拉桥项目，他认认真真，谨小慎微。

在遇到了诸多闻所未闻的技术难题时，林鸣对自己的团队说：“我们要以此为起点，走到长江下游去，拓展更大的市场，承揽更大的工程！”他带着团队骨干驱车东进到江苏考察学习，车过江苏界时，他感到车子立马变得平稳、舒适，这对林鸣的触动很大：为什么人家的路面、桥头不跳车？人家的施工理念先进在哪里？

参观江阴大桥，林鸣带着大家从模板开始，一直看到桥面现浇防护墙，他仔细地问，认真地学。在江苏的学习直接影响到后来他在润扬大桥的工程实践。也就是在润扬大桥北塔施工中，林鸣和他的团队真正成熟了起来。

回想起那160米高的主塔爬模施工，林鸣说，当时最头疼的是找不到高空作业的工人。因为北方的水工施工人员很少在这样的高空作业，不要说干活，就是站上去头都晕。

他们主动向德国人请教，花费700万元，创新性地采用液压爬模获得了成功，时任交通部部长黄镇东得知后非常高兴。这标志着中国的桥梁建造技术上了新的台阶。“要感谢黄部长，从江阴大桥开始，黄部长就要求锻炼中交自己的队伍，提高交通建设主力军的市场竞争力。今天看来，英明决策啊！”林鸣说。

进入新世纪，林鸣应邀担任南京三桥的副总指挥、工程总监、总工程师。角色的转换，使林鸣对桥梁施工管理有了更加全面的认识，他的工程把控能力进一步加强，为其日后指挥超级工程建设奠定了基础。

2005年，他担任中国路桥集团总工程师，同期开始了港珠澳大桥的前期工作。2011年，港珠澳大桥岛隧工程开工，历经7年苦战，林鸣率领4000多中交建设者施展本领，倾心报国，成就伟业。他本人获得了“2014年感动交通十大年度人物”称号、全国劳动模范等殊荣，成长为一名真正的大国工匠。

攀越桥隧巅峰 得益于40年的技术积累

回顾自己走过的路，林鸣对知识积累、经验积累、实践积累的感悟尤甚。他认为，中国由桥梁弱国变为桥梁大国，进而成为世界桥梁强国不是一朝一夕的事情，是中国工程界几代人努力的成果。改革开放以来，我国桥梁建设从内陆走向沿海，从江河走向海洋，每一座大桥都是一座技术积累的里程碑，是一座座大桥，一滴滴经验、教训之水汇集成了我国40年桥梁成就的浩瀚海洋。

站在淇澳岛上远眺如龙出海的港珠澳大桥，林鸣感慨万千。20年前，一场天文大潮摧毁了淇澳大桥主墩的30多根护筒桩。如今超强台风正面袭来，岛隧工程岿然不动。很显然，港珠澳大桥肯定是改革开放40年来桥梁史上一座重要的里程碑。

与沉管技术发达的美国、荷兰和日本相比，中国直到1993年才建成一条珠江隧道，用了20年时间。但是中国工程技术人员勤于思考，不耻下问，敢于创新，用了7年时间把6.7公里的沉管隧道深埋海床20米以下，并且滴水不漏。

荷兰沉管隧道专家汉斯·德维特在见证了港珠澳大桥最后接头安装后说：“我的结论是，港珠澳大桥沉管隧道超越了之前任何沉管隧道项目的技术极限。因为港珠澳大桥沉管隧道的建设，中国从一个沉管隧道建设技术的相对弱国发展成为国际沉管隧道技术的领军国家之一。”

林鸣常说，这个时代的中国工程师是幸福的。中国交通发展到了一个可以选择的时代，可以选择一起跑，可以选择领跑，也可以跟着跑。经历了40年的曲折、探索、提升，现在中国的交通建设已经处于领跑的位置。

7年中，港珠澳大桥岛隧工程历经坎坷，突破众多的系统性技术屏障，遭受了诸多的质疑、责问，终获功德圆满。“为什么要做这件事情？”在跟踪报道此项工程过程中记者曾反复问过他。

林鸣说，他喜欢汪国真的那首诗《我喜欢出发》。“很多时候我们是被时代推着走到这一步的。创新往往是很痛苦的，许多技术上的创新可以说是被逼的，是新时代让我们攀上了世界桥梁建设巅峰。”这是一个交通建设者发自心底的声音。

从珠海大桥到港珠澳大桥，林鸣和他的团队已经深深植根于珠江三角洲这块改革开放的热土。从连续刚构桥到大跨径斜拉桥、悬索桥到深海沉管隧道，再到他现在倾心研究的海下悬浮隧道，林鸣的脚步没有停歇。他的桥梁生涯为我们清晰地勾画出了一条中国交通建设发展的轨迹。

采访结束了，但是林鸣在中央电视台《朗读者》节目里朗诵的诗句在记者的脑海里始终挥之不去：“我喜欢出发。凡是到达了的地方，都属于昨天……世界上有不绝的风景，我有不老的心情。”

港珠澳大桥施工现场。

本文图片由 中交港珠澳大桥岛隧工程项目部 供图

好人好事

被救者的亲友为马艳军(中)送去锦旗。 山西路桥集团 供图

马艳军： 跃身黄河 平凡英雄

本报记者 石中生
通讯员 王斌 王忠伟

10月9日上午，河北省邯郸市市民张旭晶女士委托在山西省运城市的好友鲁海棠，为山西路桥集团运城路桥公司的马艳军送去了“奋不顾身、见义勇为、人间大爱、恩重如山”的锦旗，向他表达深深的谢意。

事情发生在5天前的10月4日16时，张旭晶抱着女儿在运城市境内黄河边的浅水区游玩。孩子的鞋子突然掉落，她急忙上前拾鞋子，不料却跌进了水下的暗坑，被暗流冲到了深水区，母女俩瞬间被河水吞没。同行的鲁海棠在岸边大声呼救，但水面上只能看见被母亲托举着的孩子。鲁海棠的丈夫和张旭晶的丈夫先后跳进水中救人，可是却被惊慌的落水者拽住衣服无法移动。

马艳军当时也在岸边游玩，危急时刻，他顾不上脱衣服，一个箭步冲过去跃入河水中，连拉带拽几番扑腾，几个人终于将母女俩救上岸。

“昨天晚上我一直都没睡着，真是心有余悸。要不是马师傅在关键时刻挺身而出，后果真是不堪设想。若是救不上来人，全部人都可能陷进去呀。马师傅真是我们的救命恩人！”鲁海棠说，这次意外让她深刻地感受到“社会上还是好人多”。

当大家还在忙着安慰落水母女时，马艳军悄悄地在一旁光着膀子、拧掉衣服上的泥水，默默地离开了。救人事件发生后首先在微信朋友圈掀起波澜，大家纷纷为马艳军点赞。据了解，今年43岁的马艳军供职于山西路桥集团运城路桥公司。事后记者辗转联系到马艳军，回想起当时的惊魂一幕，他也有些后怕：“当时也没想太多，救人要紧，就跳下去了，谁看见都会救的，没什么好宣扬的。”

马艳军的英勇行为既体现了奋不顾身、见义勇为、不图回报的优秀品质，又展现了山西路桥职工无私无畏、勇于担当、忘我奉献的精神风貌，向全社会传递了满满的正能量。平凡英雄就在身边，交通精神历久弥新。山西路桥集团领导第一时间通过相关人员向马艳军同志转达了关心和问候，山西路桥集团通报表彰马艳军见义勇为的先进事迹，号召广大干部职工学习他英勇无私的精神。

雨季到来，罗洪祥将泥土铲出，一粒粒汗珠从他的脸颊上滚落。 特约记者 张祥兵 摄

罗洪祥： “独臂”护路 心有曙光

特约记者 刘叶琳 张祥兵
通讯员 曾涛

晴天一身灰，雨天一身泥，夏天一身汗，冬天一身雪，这是“独臂养路工”罗洪祥的生活写照。33载春秋岁月，12045个日日夜夜，无论严寒酷暑、风雪寒夜，贵州玉屏公路管理段养护工罗洪祥始终用坚实的脚步丈量着他管护的国省干线公路。

1985年，年仅20岁的罗洪祥承接“父业”，成了一名“养路人”。平凡的工作，原以为能预见幸福的日子，不曾料想，6年后突如其来的一场变故让他永远地失去了右臂。

一夜之间，罗洪祥成了既开不了拖拉机也使不了铁锹的“独臂人”。“一直都习惯用右手干活，突然之间成了‘左撇子’，连吃饭拿筷子都成困难。”回忆起27年前的那场不幸，罗洪祥言语间还不免有些伤心难过。

出于对罗洪祥的照顾，玉屏公路管理段将其工作调整为门卫。但他多次向单位提出回到一线，继续从事养护工作：“为了证明能胜任养护工作，我当场用十字镐在单位院坝的泥地上挖了个坑，再用铁锹把挖出的泥铲起填平。”

如愿以偿做回养护工以后，失去右臂带来的疼痛与困难便很快接踵而至：“那时候路不好，经常要清理边沟。一下重力，右手的伤疤和嫩肉就要磨破皮，这半截手臂经常都是血和汗混在一起。”凭着不放弃、爱钻研的执着精神，他最终克服困难，成为机械打草、铁锹清理边沟等公路养护的行家里手，甚至提前完成任务，腾出时间为同事分忧解难。路面上，常常能看到身材矮小、身着橘色工作服的罗洪祥，侧身背对往返车辆清扫路旁积水和泥沙，扫帚的一头压在右臂腋窝，左手灵活地挥动扫帚。

“面对挫折和困难，要有信心去战胜它。所谓‘只要功夫深，铁杵磨成针’就是这个道理，人生没有过不去的坎。”谈及曾经走过的路，罗洪祥坦言，三十多年养护工作尽管辛苦，但干一行爱一行。每当过往司乘人员夸奖他管养路面干净时，心里就格外满足。这份平凡工作所带来的归属感与成就感，让他坎坷的人生迎来了幸福的曙光。

小小扁担不算长　能为旅客当桥梁

——访全国劳动模范杨怀远

本报记者　杨潇慧　特约记者　张灵芝　韩　菁

见报日期　2018 年 10 月 17 日

他把一种精神化为前行的无穷动力，并让许多人在记忆中珍藏。当年“小扁担”精神在全国广泛传播，它的创造者杨怀远感动了无数人，“小扁担”精神也成为当时“为人民服务”的代名词。

1960 年，杨怀远从部队转业到上海海运局。不久后，他被安排到客轮上，成为一名服务员，开启了海上“服务之旅”，这也成为“小扁担”精神的起点。

2009 年，杨怀远被中华全国总工会评为“时代领跑者——新中国成立以来最具影响的劳动模范”。

随着铁路、公路的迅速发展，如今水上客运行业受到冲击，但杨怀远说：“随着时代的变迁、交通方式的多元化，小扁担或许会被淘汰，但‘小扁担’精神不会消失。”

小小扁担一挑就是 38 年

近日，记者有幸登门拜访这位“时代领跑者”。82 岁的杨怀远精神饱满，思路清晰，热情健谈。他穿着一件已有数十年“高龄”、洗得发白的衬衫。据说，这是他当服务员时的工作服。衣服虽然旧了，但承载着他难以割舍的记忆。因此，退休以后，杨怀远还不舍得扔，经常穿在身上，仿佛自己还是当年为旅客奉献的服务员。

除了陈旧的家具外，房间里最多的就是书。“退休以后，我经常看看书，写点客运服务的心得体会。”杨怀远指着书架、桌子上的书籍，乐呵呵地说。书房墙壁上挂着一幅幅革命先辈的画像、题词，以及他昔日挑扁担英姿勃发的工作照。

20 世纪 60 年代，杨怀远工作的“民主 5 号”轮往返于上海、青岛之间。当时，没有高速公路、高铁，费用低廉的客轮便成了人们走南闯北的主要交通工具。拿“民主 5 号”轮来说，客轮通常分为一等至五等舱，大部分人都是四五等舱的常客。

杨怀远服务的五等舱，如同集体宿舍，不算散席，光铺位就有 146 个。每间房间平均有十几张或二十几张上下铺钢丝床，非常紧凑。舱内空气不通畅，格外闷热，不少旅客一上船就抱怨条件差。杨怀远一个人服务这么多人，还要使他们满意，工作量可想而知。不仅如此，他还要承担客船上公共厕所的卫生打扫工作。

1963 年 3 月，党中央发出“向雷锋同志学习”的号召，杨怀远深受震撼。他把自己与雷锋作了比较——年龄相仿、出身苦，都在部队当过兵。雷锋在平凡的岗位上做出了不平凡的成绩，于是，杨怀远下定决心，按雷锋的路子走，立足岗位学雷锋，当一个雷锋式的客运服务员。此后，他经常少睡觉，快吃饭，走路带跑，抢时间多干活。

他告诉记者，依航程的安排，上海到青岛的客轮靠岸的时间大都在凌晨。由于码头距离出港处较远，下船后，还需翻过天桥，上上下下多次，再走好几百米，才能出港。天还没亮，老人们提着大包小包，互相搀扶着，一步一挪摸索着走下大约有三四层楼高的楼梯。有的老人气喘吁吁，爬不动了，只得手足无措干坐着发愁。冬天，寒风凛冽，老人皱巴巴的脸一片通红，下巴打战，鼻涕直流。

于是，杨怀远主动伸出援手，为这些有困难的老人搬运行李。刚开始时他是肩扛手提，一次只能拿几件行李。后来，他想到了从部队转业时带回的小扁担，于是便用它来挑行李。最多的一次，杨怀远用扁担一口气挑了 6 件大行李，足有 120 多斤。有时需要帮助的旅客多，挑一担满足不了需要，杨怀远就挑上两担、三担。谁知这一挑就是 38 年，缔造了留给人们永久记忆的“小扁担”精神。

有不少旅客看到杨怀远挑得满头大汗，十分感动，掏出一把钱硬往他衣袋里塞。杨怀远总是摆摆手，连声拒绝：“我不搞道德商品化，要收钱我们就疏远了。”

后来，杨怀远被提拔为客轮政委。但从 1979 年起，他三次打报告，请求免去他的政委职务，批准他永远只当一名服务员。这个报告引起了不小震动。周围人都觉得他这么做“有点傻”，劝他“慎重点”。

有人问他为什么，他说：“长期以来，我从事客轮服务工作，探讨总结了许多经验，我想让这些经验更好地发挥作用。而当了政委后，庞杂的政务使我无法投入过多精力做服务。我考虑的不是职务高低，而是如何发挥长处，让旅客出行舒适、愉快，并尽快见到等候的家人，与他们团聚。”1980年，领导终于批准了杨怀远的请求，免去了他的政委职务。

就这样，从20世纪60年代初挑到90年代末，从一个英俊青年挑到两鬓斑白，杨怀远挑了38个年头，共用过47根扁担。当他退休时，领导给他算了一笔账，一共有1336个星期天没休息，约等于25年（当时是每周休息一天）没有过星期天。

在采访中，记者注意到杨怀远的两个肩膀上有两块像馒头一样的肉疙瘩。“这是扁担长年累月磨出来的老茧。有时从镜子里看到它们，心里暖暖的。”杨怀远说。

“微不足道”的事却让旅客铭记在心

20世纪80年代是客轮行业的“黄金时期”。仅十六铺码头就拥有20多条航线，每天有4万多人次客运量，平均半小时就有一班轮船。

客轮行业蓬勃发展，但设施简陋陈旧的码头却已无法满足大客流的需求。1982年，上海将清代李鸿章创办的招商局仓库拆掉，建造了十六铺新客运站。它有数个亮点：一是自动扶梯，二是摄像头监控，三是7个小候船室，有落地门窗、空调、沙发。此外，码头有泊位6个，可同时停泊70米至110米长的6艘客轮。

同时，客轮的种类日益丰富，船上的设施也焕然一新。1980年1月7日，中断30余年的上海至香港客班航线复航。首航的万吨级客货轮“上海”轮，客舱共有8个等级，共115个房间、451个客位，另有25个儿童铺位。船上设有旅客休息室、阅览室、小型医院，还有餐厅、微型电影院、咖啡厅、酒吧、舞厅、小卖部等服务设施，最上层甲板还建有海水游泳池。

“码头、客轮发生着日新月异的变化，我们客轮服务员也必须作出改变，才能化旅客的困难为不难，使他们方便、满意啊！”杨怀远说道。20世纪80年代以来，杨怀远在扁担的基础上，根据旅客的需求，自制了120多种便民用具。

比如，带婴儿的旅客最伤脑筋的是床太窄。于是，杨怀远在同事的协助下，制成了客轮上第一张小摇床，深受旅客欢迎。他还学广东妇女做了个“小兜兜”，当轮船遇到风浪，孩子的母亲晕船不能照顾小孩时，杨怀远就用“小兜兜”背着孩子扫地抹桌；杨怀远开辟了暖房，帮旅客洗好几大筐尿布后，把尿布拿到暖房里烘干，叠好后再送还给旅客。他还把客舱里的废品收集起来，卖给废品站，用卖废品所得的钱买了600多把雨伞、300多根拐杖，送给有需要的旅客。

再拿杨怀远最珍贵的扁担来说，一开始，他使用的都是四尺左右长的扁担，但随着实际情况的改变，光有四尺长的不行了。比如，广州航线，旅客带大件行李较多，于是他专门准备了“加长扁担”，专挑大件。后来，他又有了软、硬、长、短等性能不同的扁担。

杨怀远经常在客轮上遇到一些“老顾客”。他们怀着感激之情，说道：“杨师傅，您还记得吗？18 年前，您给我的孩子洗尿布，到港后又帮我们挑行李，送我们去火车站。”“老杨啊，29 年前，我在候船的时候发现儿子不见了，急得又哭又叫。幸亏遇到了您，您一边安慰我，一边帮我找回了儿子。航行途中，您还给我们送饭送水，帮我小女儿洗尿布。”对此，杨怀远感触颇深：“在我看来，微不足道的事却让他们铭记在心，这给了我很大的鼓舞。”

海轮行千里，好事做满舱，在近 40 年的工作中，杨怀远始终以雷锋为榜样，甘当人民的“挑夫”，被旅客誉为“老人的拐杖”“孩子的保姆”“病人的护士”。

扁担或许会被淘汰　但“小扁担”精神将发扬光大

20 世纪 90 年代以来，交通运输事业飞速发展，慢悠悠的客轮无法适应快节奏的生活。

后来，杨怀远告别了他引以为豪的服务员岗位，结束了 38 年的“挑担生涯”。“别人退休欢天喜地，我退休以后还哭了好几场。我舍不得离开旅客，我还想为人民服务。”说到这里，他用颤颤巍巍的手抹去了眼角溢出的泪花。

退休后，杨怀远没闲着。他在外巡回作报告，2005 年讲了 116 场，平均 3 天一场；2007 年讲了 60 多场。对于作报告，杨怀远有着自己独特的理解：“我去作报告是在给雷锋精神打广告。如果大家都像雷锋那样，就不会再有伤天害理的事情了。”

杨怀远认为，改革开放以来，我国航运事业发展突飞猛进，小扁担或许会被淘汰，但“小扁担”精神——也就是为人民服务的精神决不会消失，只会传承下去，发扬光大。

“这一点，看看这些旅客留言，就可以知道‘小扁担’精神在他们心中的分量了。”杨怀远从橱柜中取出了现存的扁担，记者凑近一看，每条扁担上都写着密密麻麻的小字。

“当年，我不收旅客的钱，旅客过意不去，就拿支笔，在扁担上签个名，留个言。时间一长，扁担上就布满了字。有人给我数了一下留言，能够认得出的就有 300 多处。其中有 60 多处是外文，包括 8 个国家的文字。”记者看到，有的旅客在扁担上写上“铁肩担道义，扁担传精神”，有的写着“小小扁担不算长，能为旅客当桥梁”，有的干脆写上“小扁担精神万岁！”。

杨怀远对青年寄予厚望。“这些年来，我最大的愿望就是我们交通运输行业能出现青年人超过老年人，徒弟超过师傅，一代比一代强的大好局面。改革开放的路还很长，我想与其他老一辈交通人一起带好青年人，使我们航运服务水平迈上新台阶。”这位见证客轮行业半个多世纪兴衰沉浮、且始终保持着一颗初心的老人，满怀对新时代航运的期盼。

CHINA TRANSPORT NEWS
2018年10月17日 星期三 | 第6835期 | 邮发代号 1－72　国内统一连续出版物号 CN 11－0122
http://www.zgjtb.com | 今日 8 版 | 交通运输部主管　中国交通报社主办

既要规范收费、简政放权，也要推动货运结构趋向合理

物流降成本　交通出实招

刘志强

交通运输是物流的基本环节和重要载体，在推进物流业发展过程中具有基础和主体作用。物流降本增效，关键也在交通运输环节。

近年来，交通运输部把降物流成本、减轻企业负担作为重中之重，扎实推进供给侧结构性改革。2017年，通过取消政府还贷二级公路收费、实施公路绿色通道、高速公路差异化收费等多项举措，实现降物流成本881.6亿元。

规范收费直接降低成本　优化服务促进提质增效

今年6月1日起，湖北省开始实行高速公路差异化收费试点，推出了延长客货车通行费优惠时间、提高两条高速公路通行费优惠幅度等多项措施，由此每年可为企业降低物流成本6亿元。其实，自2017年8月起，交通运输部便组织山西、浙江、河南和湖南四省开展了此项试点，按照"分时段、分路段、分区域、分车型"等方式开展差异化收费。截至今年3月，共计为社会各界优惠车辆通行费约10亿元。（下转3版）

中共交通运输部党组召开会议传达学习党中央通报精神

确保党的路线方针政策党中央决策部署在交通运输领域不折不扣贯彻落实

自觉在思想上政治上行动上同以习近平同志为核心的党中央保持高度一致

部党组书记杨传堂主持会议

本报讯　10月15日，中共交通运输部党组召开会议（扩大），传达学习党中央关于房峰辉严重违纪违法案件及其教训的通报精神。部党组书记杨传堂主持会议。在京部党组成员李建波、何建中、刘小明，部分离退休部级党员干部出席会议。

大家一致认为，中央严肃查处房峰辉严重违纪违法案，是全面彻底肃清郭伯雄、徐才厚流毒影响的重要组成部分，是深入推进党风廉政建设和反腐败斗争的有力举措，是纯洁党的肌体、纯洁部队、纯洁高级干部队伍的必然要求，再次彰显了以习近平同志为核心的党中央坚持党要管党、全面从严治党的鲜明态度，充分表明了我们党管党治党一刻不停歇、深入推进反腐败斗争的坚定决心，充分释放了全面从严治党永远在路上的强烈信号。一致表示，要坚决把思想和行动统一到党中央通报精神上来，牢固树立"四个意识"，坚定"四个自信"，坚决做到"两个坚决维护"，以房峰辉案为反面教材，充分认清房峰辉违纪违法问题的严重性质和恶劣影响，自觉在思想上政治上行动上同以习近平同志为核心的党中央保持高度一致，始终保持政治敏锐性和鉴别力，做到党中央提倡的坚决响应、党中央决定的坚决执行、党中央禁止的坚决不做，遵守党的纪律规定不搞变通，做到知行合一、言行一致，确保党的路线方针政策和党中央决策部署在交通运输领域不折不扣贯彻落实。

会议强调，要筑牢理想信念根基，锻造绝对忠诚的政治品格。坚持用习近平新时代中国特色社会主义思想武装头脑，始终牢记自己的第一身份是共产党员、第一职责是为党工作，始终加强作风建设，始终与党同心同德、对党襟怀坦白，说老实话、办老实事、做老实人。

会议要求，要坚持依法依规办事用权，始终守住公私分明界限。加强党性修养，牢固树立权为民赋、权为民用的马克思主义权力观，强化法治意识，自觉遵守廉洁自律准则和中央八项规定及其实施细则精神，公正用权、谨慎用权、依法用权，坚决反对特权思想和特权现象，注重防范别有用心的人"围猎"，自觉弘扬清风正气，抵御歪风邪气。

会议强调，要落实主体责任，推动全面从严治党向纵深发展。坚决扛起全面从严治党主体责任，坚持严字当头、全面从严、一严到底，坚持无禁区、全覆盖、零容忍，坚持重遏制、强高压、长震慑，强化不敢腐的震慑，扎牢不能腐的笼子，增强不想腐的自觉，强化监督执纪问责，增强震慑遏制作用，以永远在路上的坚韧和执着，推动交通运输部系统全面从严治党向纵深发展。

部党组副书记冯正霖，部党组成员马军胜、杨宇栋分别组织中共中国民航局党组、中共国家邮政局党组、中共国家铁路局党组传达学习。（朱光文）

国务院印发海南自贸试验区总体方案

新华社北京10月16日电　日前，国务院批复同意设立中国（海南）自由贸易试验区（以下简称海南自贸试验区）并印发《中国（海南）自由贸易试验区总体方案》（以下简称《方案》）。

《方案》指出，建设海南自贸试验区是党中央、国务院着眼于国际国内发展大局，深入研究、统筹考虑、科学谋划作出的重大决策，是彰显我国扩大对外开放、积极推动经济全球化决心的重大举措。要全面贯彻党的十九大和十九届二中、三中全会精神，以习近平新时代中国特色社会主义思想为指导，以制度创新为核心，赋予更大改革自主权，大胆试、大胆闯、自主改，深化"放管服"改革，加快形成法治化、国际化、便利化的营商环境和公平开放统一高效的市场环境，将生态文明理念贯穿海南自贸试验区建设全过程，积极探索自贸试验区生态绿色发展新模式，加强改革系统集成，力争取得更多制度创新成果。

《方案》明确，发挥海南岛全岛试点的整体优势，紧紧围绕建设全面深化改革开放试验区、国家生态文明试验区、国际旅游消费中心和国家重大战略服务保障区，实行更加积极主动的开放战略，加快构建开放型经济新体制，推动形成全面开放新格局，把海南打造成为我国面向太平洋和印度洋的重要对外开放门户。

《方案》以现有自贸试验区试点任务为基础，明确了海南自贸试验区在加快构建开放型经济新体制、加快服务业创新发展、加快政府职能转变等方面开展改革试点，并加强重大风险防控体系和机制建设。同时，结合海南特点，在医疗卫生、文化旅游、生态绿色发展等方面提出特色试点内容。

《方案》提出，到2020年，自贸试验区建设取得重要进展，国际开放度显著提高，努力建成投资贸易便利、法治环境规范、金融服务完善、监管安全高效、生态环境质量一流、辐射带动作用突出的高标准高质量自贸试验区，为逐步探索、稳步推进海南自由贸易港建设，分步骤、分阶段建立自由贸易港政策体系打好坚实基础。

《方案》强调，各有关部门要根据海南建设自贸试验区需要，及时向海南省下放相关管理权限，同时加强指导和服务。要以防控风险为底线，出台有关政策时，要深入论证、严格把关，成熟一项，推出一项，实现区域稳定安全高效运行。要落实好各项改革试点任务，真正把海南自贸试验区建设成为全面深化改革开放的新高地。

10月14日，由浙江省交通运输厅和浙江省旅游局联合举办的"2018美丽乡村·环浙骑游"活动在素有"海上仙山"美誉的舟山嵊泗列岛鸣枪开骑，近千名专业骑手和骑行爱好者携手开启"追风之旅"。舟山嵊泗站是"2018美丽乡村·环浙骑游"系列活动的第三站。本次活动是浙江贯彻落实乡村振兴战略，以"四好农村路"为载体，交通搭台、旅游唱戏、百姓受益的生动实践，吸引了近万名游客，为海岛县带来了人气财气。　特约记者 夏雨 文 通讯员 张卫华 图

▶详细报道见4版

坚决扛起管党治党的政治责任

——五论学习贯彻交通运输部直属机关第三次党代会精神

本报评论员

责任重于泰山。不讲责任，不落实责任，不追究责任，是做不到从严治党的。四年来，交通运输部直属机关以深入开展党的群众路线教育实践活动、"三严三实"专题教育、"两学一做"学习教育为契机，不断强化全面从严治党主体责任，牢牢扭住管党治党责任，狠抓责任落实，推动全面从严治党向纵深发展。

实践证明，责任意识树得牢，责任落实抓得好，直属机关一个单位、一个部门、一个组织的党建工作就能迈上新台阶。管党治党就有抓手，从严治党就能落到实处，凡是管党治党出现问题的，都不是孤立的。一些单位、部门出现这样那样的问题，归根结底都是履行全面从严治党主体责任、监督责任不到位造成的。

扛起管党治党政治责任，根本在担当，关键在落实。各级党组织、党委（党组）要扛起主体责任，各级党组织书记要履行第一责任人职责，坚持党建与业务工作同部署、同检查、同考核，坚持"严"字当头，层层传导压力，逐级压实责任，推动主体责任、监督责任落实到位，确保管党治党不留空白、见到实效。各级领导干部特别是主要负责同志要履行好抓党建的第一责任，牢固树立"把抓好党建作为最大的政绩"的理念，既要挂帅又要出征，坚决落实"两个责任"和领导干部"一岗双责"。广大党员干部要把责任担当时刻记在心上、扛在肩上、抓在手上，真正把担子担起来。

扛起管党治党政治责任，必须用好问责这个利器。动员千遍，不如问责一次。要高高举起问责戒尺，任何部门、单位，发生了党的领导作用缺失、贯彻党的路线方针政策走样、管党治党不严不实、选人用人失察等问题，就要抓住典型严肃追责。坚持有责必履、失责必问、追责必究，既要"較真"，又要"叫板"，真正营造出担当负责、风清气正的政治生态。

（本系列评论刊发完毕）

李建波在部救捞系统科技创新大会上要求

拓宽思路大力推进救捞科技创新

本报讯　10月16日，交通运输部救捞系统科技创新大会在上海召开。部党组成员李建波出席会议并强调，要以习近平总书记关于科技创新工作的重要论述为指引，准确把握交通科技创新面临的新形势，聚焦交通强国建设对科技创新工作的新部署新要求，进一步增强责任感、危机感和紧迫感，在补短板、破瓶颈上下功夫、求突破，强化关键核心技术研发，全面提升救助打捞能力和水平，提升科技创新对行业发展的支撑力和贡献率。

李建波指出，党的十八大以来救捞科技创新工作取得了显著成效，推动了救捞事业的快速发展，也为交通运输转型升级注入了活力，成为交通运输领域科技创新工作的亮点之一。面对新的形势和挑战，要增强自主创新的责任感紧迫感，一是强化顶层设计，以行业专项规划编制为引领，形成救捞系统科技创新中长期发展纲要，与部科技创新总体布局有效衔接，搭建支撑救捞事业发展的科技创新工作"四梁八柱"；二是强化科研攻关，突出深远海救捞能力建设这一核心，重点推动深水关键复杂作业技术研发应用，促进行业整体作业水平的提质、增效、升级；三是强化协同合作，树立开放思维，以开阔的视野统筹国际国内和交通运输行业内外科技合作资源，充分利用"科交协同""军民融合"等合作机制，推动救捞行业重点研究方向和关键技术攻坚突破，在推进"一带一路"倡议、军民融合发展等国家重大战略中发挥作用；四是强化人才驱动，进一步优化科技创新环境，认真落实人才培养激励举措，破除制约科技发展的体制机制障碍，为行业科技创新人才的成长营造良好环境。

部机关有关司局和上海市交通委有关负责同志，来自部救捞系统及所属单位、相关院校、科研院所和企业等20余家单位的近100名代表参加会议。

会议期间，李建波还与救捞一线的业务骨干代表进行了座谈交流。（闻欣）

甘肃交建发起设立扶贫发展基金

本报讯　（驻甘肃首席记者 石垣 通讯员 杨世英）近日，甘肃省交通建设集团有限公司作为主发起人，联合中国交通建设股份有限公司等19家中央企业和省属交通企业，共同设立了甘肃交建扶贫发展基金，计划总规模达1亿元。

据了解，此基金采用有限合伙形式运作，主要投向甘肃省贫困县区特色种养业、农产品加工、矿产资源开发以及养老、医疗、健康、乡村旅游等民生类产业项目。基金投资企业不收取任何投资回报，投资产生的收益将作为公益基金，全部用于帮扶甘肃省深度贫困县区建档立卡贫困户。基金采用股权投资、债权投资等多元化投资方式，把贫困户参与度作为是否投资的重要指标，以此增强对贫困户脱贫的带动作用，由输血扶贫向造血扶贫转变。

目前，该基金已完成工商登记注册，成立了投资和扶贫决策委员会，建立了项目投资、资金监管、风险控制等制度，并完成了基金备案。

见证40年 主题访谈

小小扁担不算长　能为旅客当桥梁

——访全国劳动模范杨怀远

本报记者 杨潇慧　特约记者 张昊艺 韩蕾

他把一种精神化为前行的无穷动力，并让许多人在记忆中珍藏。当年"小扁担"精神在全国广泛传播，它的创造者杨怀远感动了无数人，"小扁担"精神也成为当时"为人民服务"的代名词。

1960年，杨怀远从部队转业到上海海运局。不久后，他被安排到客轮上，成为一名服务员，开启了海上"服务之旅"，这也成为"小扁担"精神的起点。

2009年，杨怀远被中华全国总工会评为"时代领跑者——新中国成立以来最具影响的劳动模范"。

随着铁路、公路的迅速发展，如今，水上客运行业受到冲击，但杨怀远说："随着时代的变迁、交通方式的多元化，小扁担或许会被淘汰，但'小扁担'精神不会消失。"

小小扁担一挑就是38年

近日，记者有幸登门拜访这位"时代领跑者"。82岁的杨怀远精神饱满，思路清晰，热情健谈。他穿着一件已有数十年"高龄"、洗得发白的衬衫。据说，这是他当服务员时的工作服。衣服虽然旧了，但承载着他难以割舍的记忆。因此，退休以后，杨怀远还不舍得扔，经常穿在身上，仿佛自己还是当年为旅客奉献的服务员。

杨怀远。　特约记者 董亚 摄

除了陈旧的家具外，房间里最多的就是书。"退休以后，我经常看看书，写点客运服务的心得体会。"杨怀远指着书架、桌子上的书籍，乐呵呵地说。书房墙壁上挂着一幅幅革命先辈的画像、题词，以及他昔日挑扁担英姿勃发的工作照。

上世纪六十年代，杨怀远工作的"民主5号"轮往返于上海、青岛之间。当时，没有高速公路、高铁，费用低廉的客轮便成了人们走南闯北的主要交通工具。拿"民主5号"轮来说，客轮通常分为一等至五等舱，大部分人都是四五等舱的常客。

杨怀远服务的五等舱，如同集体宿舍，不算散席，光铺位就有146个。每间房间平均有十几张或二十几张上下铺钢丝床，非常紧凑。舱内空气不通畅，格外闷热，不少旅客一上船就抱怨条件差。杨怀远一个人服务这么多人，还要使他们满意，工作量可想而知。不仅如此，他还要承担客船上公共厕所的卫生打扫工作。（下转3版）

□值班编委 刘兴增　本版副主编 卢锐　责编 赵鹏飞 杨蕾　□E-mail:xw1b@zgjtb.com　□新闻热线:(010)64255441　□发行热线:(010)64256206　□广告热线:(010)64250642　□培训热线:(010)65299681

2018年10月17日 星期三 | 3版 见证40年 主题访谈 中国交通报 CHINA TRANSPORT NEWS

杨怀远时常会拿出当年挑过的扁担看看，提醒自己无论在哪儿都要有学雷锋的精神，全心全意为人民服务。 特约记者 摄

小小扁担不算长 能为旅客当桥梁

——访全国劳动模范杨怀远

（上接1版）

1963年3月，党中央发出"向雷锋同志学习"的号召，杨怀远深受震撼。他把自己与雷锋作了比较——年龄相仿、出身苦，都在部队当过兵。雷锋在平凡的岗位上做出了不平凡的成绩，于是，杨怀远下定决心，按雷锋的路子走，立足岗位学雷锋，当一个雷锋式的客运服务员。此后，他经常少睡觉，快吃饭，走路带跑，抢时间多干活。

他告诉记者，由于航程的安排，上海到青岛的客轮靠岸的时间大都在凌晨。由于码头距离出港处较远，下船后，还需翻过天桥，上上下下多次后，再走好几百米，才能出港。天还没亮，老人们提着大包小包，互相搀扶着，一步一挪往前走下大约有三四层楼高的梯桥。有的老人气喘吁吁，爬不动了，只得手足无措干着发愁。冬天，寒风凛冽，老人被冻得发抖，下巴打颤，鼻涕直流。

于是，杨怀远主动伸出援手，为这些有困难的老人搬运行李。刚开始时他是肩扛手提，这样一次只能拿几件行李。后来，他想到了从部队转业时带回的小扁担，于是便用它来挑行李。最多的一次，杨怀远用扁担一口气挑了6件大行李，足有120多斤。有时需要帮助的旅客多，挑一担满足不了需要，杨怀远就挑上两担、三担。谁知这一挑就是38年，缔造了留给人们永久记忆的"小扁担"精神。

有不少旅客看到杨怀远挑得满头大汗，十分感动，掏出一把钱硬往他衣袋里塞。杨怀远总是摆摆手，连声拒绝："我不搞道德商品化，要收钱我们就疏远了。"

后来，杨怀远被提拔为客轮政委。但从1979年起，他三次打报告，请求免去他的政委职务，批准他永远只当一名服务员。这个报告引起了不小震动。周围人都觉得他这么做"有点傻"，劝他"慎重点"。

有人问他为什么，他说："长期以来，我从事客轮服务工作，探讨总结了许多经验，我想让这些经验更好地发挥作用。而当了政委后，庞杂的政务使我无法投入过多精力做服务。我考虑的不是职务高低，而是如何发挥长处，让旅客出行舒适、愉快，并尽快见到等候的家人，与他们团聚。"1980年，领导终于批准了杨怀远的请求，免去了他的政委职务。

就这样，从上世纪60年代初挑到90年代末，从一个英俊青年挑到两鬓斑白，杨怀远挑了38个年头，共用过47根扁担。当他退休时，领导给他算了一笔账，一共有1336个星期天没休息，约等于25年（当时是每周休息一天）没有过星期天。

在采访中，记者注意到杨怀远的两个肩膀上有两块像馒头一样的肉疙瘩。"这是扁担长年累月磨出来的老茧。有时从镜子里看到它们，心里暖暖的。"杨怀远说。

"微不足道"的事却让旅客铭记在心

上世纪80年代是客轮行业的"黄金时期"。仅十六铺码头就拥有20多条航线，每天有4万多人次客运量，平均半小时就有一班轮船。

客轮行业蓬勃发展，但设施简陋陈旧的码头却已无法满足大客流的需求。1982年，上海将清代李鸿章创办的招商局仓库拆掉，建造了十六铺新客运站。它有数个亮点：一是自动扶梯，二是摄像头监控，三是7个小候船室，有浮地门窗、空调、沙发。此外，码头有泊位6个，可同时停泊70米至110米长的6艘客轮。

同时，客轮的种类日益丰富，船上的设施也焕然一新。1980年1月7日，中断30余年的上海至香港客班航线复航。首航的万吨级客货轮"上海"轮，客舱共有8个等级，共115个房间、451个客位，另有25个儿童铺位。船上设有旅客休息室、阅览室、小型医院，还有餐厅、微型电影院、咖啡厅、酒吧、舞厅、小卖部等服务设施，最上层甲板还建有海水游泳池。

"码头、客轮发生着日新月异的变化，我们客轮服务员也必须作出改变，才能化解旅客的困难为不难，使他们方便、满意高兴！"杨怀远说道。上世纪80年代以来，杨怀远在扁担的基础上，根据旅客的需求，自制了120多种便民用具。

比如，带婴儿的旅客最伤脑筋的是床太窄。于是，杨怀远在同事的协助下，制成了客轮上第一张小摇床，深受旅客欢迎。他还学广东妇女做了个"小兜兜"，当轮船遇到风浪，孩子的母亲晕船不能照顾小孩时，杨怀远就用"小兜兜"背着孩子扫地拖桌；杨怀远开辟了暖房，帮旅客洗好几大筐尿布后，把尿布拿到暖房里烘干，叠好后再送还给旅客。他还把客轮里的废品收集起来，卖给废品站，用卖废品所得的钱买了600多把雨伞、300多根拐杖，送给有需要的旅客。

再拿杨怀远最珍贵的扁担来说，一开始，他使用的都是四尺左右长的扁担，但随着实际情况的改变，光有四尺长的不行了。比如，广州航线，旅客带大件行李较多，于是他专门准备了"加长扁担"，专挑大件。后来，他又有了软、硬、长、短等性能不同的扁担。

杨怀远经常在客轮上遇到一些"老熟客"。他们带着感激之情，说道："杨师傅，您还记得吗？18年前，您给我的孩子洗尿布，到港后又帮我们挑行李，送我们去火车站。""老杨啊，29年前，我在候船的时候发现儿子不见了，急得又哭又叫。幸亏遇到了您，您一边安慰我，一边帮我找回了儿子。航行途中，您还给我们送饭送水，帮我小女儿洗尿布。"对此，杨怀远感触颇深："在我看来，微不足道的事却让他们铭记在心，这给了我很大的鼓舞。"

海轮行千里，好事做满船。在近40年的工作中，杨怀远始终以雷锋为榜样，甘当人民的"挑夫"，被旅客誉为"老人的拐杖""孩子的保姆""病人的护士"。

杨怀远靠着一根扁担为需要帮忙的乘客挑行李。 特约记者 翻拍

扁担或许会被淘汰 但"小扁担"精神将发扬光大

上世纪90年代以来，交通运输事业飞速发展，慢悠悠的客轮无法适应快节奏的生活。

后来，杨怀远告别了他引以为豪的服务员岗位，结束了38年的"挑担生涯"。"别人退休欢天喜地，我退休以后还哭了好几场，我舍不得离开旅客，我还想为人民服务。"说到这里，他用颤颤巍巍的手抹去了眼角溢出的泪花。

退休后，杨怀远没闲着。他在外巡回作报告，2005年讲了116场，平均三天一场；2007年讲了60多场。对于作报告，杨怀远有着自己独特的理解："我去作报告是在给雷锋精神打广告，如果大家都像雷锋那样，就不会再有伤天害理的事情了。"

杨怀远认为，改革开放以来，我国航运事业发展突飞猛进，小扁担或许会被淘汰，但"小扁担"精神——也就是为人民服务的精神决不会消失，它只会传承下去，发扬光大。

"这一点，看看这些旅客留言，就可以知道'小扁担'精神在他们心中的分量了。"杨怀远从橱柜中取出了现存的扁担，记者凑近一看，每条扁担上都写着密密麻麻的小字。

"当年，我不收旅客的钱，旅客过意不去，就拿支笔，在扁担上签个名，留个言。时间一长，扁担上就布满了字，有人给我数了一下留言，能够认得出的就有三百多处。其中有60多处是外文，包括8个国家的文字。"记者看到，有的旅客在扁担上写上"铁肩担道义，扁担传精神"，有的写着"小小扁担不算长，能为旅客当桥梁"，有的干脆写上"小扁担精神万岁！"。

杨怀远对青年寄予厚望。"这些年来，我最大的愿望就是我们交通运输行业能出现青年人超过老年人，徒弟超过师傅，一代比一代强的大好局面。改革开放的路还很长，我想与其他老一辈交通人一起寄望青年人，使我们航运服务水平迈上新台阶。"这位见证客轮行业半个多世纪兴衰沉浮、且始终保持着一颗初心的老人，满怀对新时代航运的期盼。

既要规范收费、简政放权，也要推动货运结构趋向合理

物流降成本 交通出实招

（上接1版）

高速公路差异化收费，是交通运输系统降低物流成本的一个缩影。近年来，交通运输部通过规范收费、简政放权等一系列措施，推动物流成本实现了有效降低。

——清理、减免和规范涉企收费，为企业直接降低物流成本。

今年2月，我国新增大连、广州、深圳等3个港口企业调降港口作业包干费，每年可为进出口企业节省费用约9.6亿元。近年来，我国精简了中央定价港口收费项目，规范了市场自主定价的港口经营服务性收费。同时，还取消了船舶证明签证费、船舶港务费、船舶登记费等一系列行政事业性收费。

在公路运输领域，2017年5月1日前，内蒙古、甘肃、青海、宁夏等西部四省份取消了政府还贷二级公路收费；同时，各地还严格落实减免鲜活农产品高速公路通行费政策，为农产品运输开辟了便捷通道。

——简政放权，大力降低制度性交易成本。

今年1月1日，全国高速公路通行费增值税电子普通发票统一开具平台正式上线。通过这个平台，纳税人可以通过互联网平台直接获取发票，并利用电子发票抵扣税款。而货运车辆，则再不用在路上索取发票，提升了道路通行效率。截至6月24日，发票服务平台累计注册用户达到了167万、绑卡350万张，开具通行费电子发票5839万张，可抵扣税额达到3亿元，极大方便了纳税人获取发票和实现税款抵扣。

为给运输企业提供良好的经营环境，我国近年来推出了货运车辆年检年审合并、大件运输跨省联网并联审批等一系列措施。去年9月底，跨省大件运输并联许可系统上线联网运行。截至今年8月8日，已经在系统上注册的大件运输企业3854家，办结许可5230件。

——优化服务，促进物流提质增效。

近年来，我国大力发展多式联运，充分发挥不同运输方式的比较优势，鼓励无车承运物流的创新发展，有效提升了运输组织效率。今年1—4月，我国集装箱铁水联运量达135.72万标箱，同比增长32.8%。同时，交通运输部还加快了交通运输物流公共信息平台建设，支持了一批"互联网+"平台型物流企业发展。

货运结构有待优化 交易环节还需减少

"总体上，物流成本在走低、效率在提升，但也仍有不少优化空间。"一家东部沿海城市运输企业负责人告诉记者，近几年该城市以港口为依托，为外向型经济服务的物流设施逐步完善，但物流场站、仓库等服务国内的基础设施建设却没能跟上。

正如企业所感受的那样，尽管我国物流业发展取得了长足进步，但仍面临一些瓶颈制约。其中最为明显的就是货运结构有待优化。交通运输部综合规划司有关负责人表示，受各种运输方式市场化程度不一、设施短板等制约，我国尚未真正形成"宜水则水、宜陆则陆"的运输格局，特别是铁路在中长距离大宗货物运输中的作用还有待进一步发挥。

货运结构之所以不尽合理，与运输方式间衔接不畅、多式联运发展滞后直接相关。

资料显示，目前我国货运车辆标准化率不足50%，各类货车车型高达2万多种，厢式货车占营运货车比例也低于欧美国家。专家表示，货运车辆与铁路、船舶等其他运输工具以及物流设施难以实现换装转运的"无缝衔接"，阻碍了公铁、公水等联运发展。

另外，一些地方的物流枢纽与城市交通矛盾突出，进出园区道路与周边衔接不畅，容易造成"死库""堵点"；又如，一些内河港口与铁路中心站距离较远，也使联运优势难以发挥。

与此同时，降低物流成本还要着力解决运输交易环节多、费用层层加码的问题。目前，我国公路货运市场供需两端主体分散、规模较小，道路运输企业中90%为个体业务，交易通常由"熟人"间完成，通常需要经过货代、"黄牛"等多次"倒手"，增加了交易成本。

降物流成本是一项系统工程 多式联运将大力发展

今年5月16日，国务院常务会议对进一步降低实体经济物流成本作出部署，明确提出一系列措施。交通运输部有关负责人表示，下一步将积极推进、确保这些部署落到实处。

推动取消高速公路省界收费站。

"目前我国公路建设和管理实行以省为主的管理体制，各地高速公路的收费政策、系统和清分结算系统建设也都是基于这一体制而设计的。"交通运输部新闻发言人吴春耕表示，取消省界收费站是对现有管理体制机制的重构，需做大量基础性准备工作，特别是在车辆和通行路径识别、收费系统运算处理能力、收费系统网络安全保护、跨省服务协调机制等方面都得按照新要求进行调整或强化。

推动货车年审、年检和尾气排放检验"三检合一"。

目前交通运输部已经形成了货运车辆排放检验一并纳入货运车辆综检与安检合并的初步建议，正会同公安、环保等部门积极推进实施，力争在年底前实现"三检合一"，切实降低道路货运经营者的经营成本。

降低物流成本是一项长远的系统工程。未来，交通运输部还将多管齐下、协同推进降低物流成本工作：

让结构优起来。下一步，我国将继续大力发展多式联运，推动中长距离大宗货物运输向铁路、水路转移。日前，国务院办公厅印发了《推进运输结构调整三年行动计划（2018—2020年）》，提出到2020年，全国货物运输结构明显优化，铁路、水路承担的大宗货物运输量显著提高，港口铁路集疏运量和集装箱多式联运量大幅增长。

让枢纽强起来。推动一批辐射带动力强的货运枢纽（物流园区）建设，改善重点港口铁路和公路集疏运条件。

让运输活起来。提升冷链物流、城市配送等领域服务水平，深入推进无车承运人试点工作，完善交通运输物流公共信息平台，促进现代供应链发展。

（本文转自10月16日《人民日报》）

打车错转3万余元 广州"的哥"悉数退还

10月4日，广州出租车司机余荣昌在节假日坚守岗位时，发现收到了一笔32080元的车费，着实把他吓了一跳。

"我在棠安路接载了一名男乘客，到达后计价器显示车费18元，乘客说要用微信付车费。"余师傅回忆，"当时乘客似乎喝了酒，不是很清醒，用微信操作了好一会儿，然后说可以了就下车了。"男乘客下车后，余师傅也没有留意手机到账信息，一直到晚上才发现，凌晨搭载的乘客用微信支付了两笔钱，第一笔竟然有32080元，第二笔才是车费18元。

余师傅立即联系公司汇报情况，并再三嘱咐，请公司尽快找到乘客，务必帮他把钱款还回去。余师傅所在的广州公交集团白云公司获知信息后，马上发动全体员工，通过警方、各大媒体、微博、微信等多种渠道扩散信息，全城寻找失主。

10月5日22时，白云公司终于联系上失主。当客服人员接到乘客的来电时，不禁激动起来："我们找了您好久了！"

经过进一步的身份及情况细节的核实，白云公司确认这名失主正是多付了3万多元车费的乘客顾先生。

顾先生表示，4日中午就发现多转了钱出去，但不知道转给谁了。"我都想着找不回来了，没想到白云公司和'的哥'一直在找我，我非常感动！"顾先生说。

据悉，顾先生是国庆黄金周回广州探望家人，6日晚就坐飞机回上海。说起这次的"奇妙假期"，顾先生很感慨："我感受到了温暖又美好的广州文明，这是广州独特的城市魅力，生活在广州，真的挺幸福。"

本报记者 通讯员

简讯

福州航空 品牌专列地铁上线

本报讯 今后，福建省福州市市民将有机会在福州地铁一号线乘坐福州航空全景式航空主题地铁专列。

据悉，福州航空全景式航空主题地铁专列共有6节车厢，车厢布局以蓝天白云和飞机跑道为内饰，局部搭配优惠航线和产品设计展示，真实还原了机舱布景、福州旅游风光，彰显福州特色。

据了解，福州航空自2014年开航至今，已累计运输旅客突破780万人次，开通64条国内航线，通航国内32座城市。未来，福州航空将继续坚持海西经济区发展战略、抓住福建自贸区建设及福州新区规划的契机，推出立体交通、酒店餐饮、旅游度假等一体化、网络化的服务产品，打造具有福州乃至福建地方特色的航空品牌。 （张宇）

青海公路建设管理局 "六进"活动下基层

本报讯 日前，青海省公路建设管理局以"共同团结奋斗、共同繁荣发展"为主题，开展进机关、进支部、进家庭、进寺院、进工地和进学校的"六进"活动，深入基层，为百姓谋实事。

其中，扎碾公路项目办组织参建单位走进藏角寺，与僧俗畅谈改革开放40年交通运输行业发展的巨大变化，捐赠水泥20吨、矿泉水20箱。二治公路项目办组织参建单位医务人员走进治多县扎河乡，为牧民宣讲传染病、常见病的预防知识，针对高血压、胃肠疾病、消化系统疾病等，赠送价值3万余元的药品。大湟平公路项目办为西宁市捐赠价值5万余元的文体用品等。 （邢金良）

甘肃举办 筑养路机械操作技能大赛

本报讯 （驻甘肃首席记者 通讯员）日前，甘肃省职工职业技能大赛交通行业"公发杯"筑养路机械操作人员省级决赛开赛，该赛事由甘肃省交通运输厅、省总工会、省人社厅、团省委联合举办。

决赛分为综合理论考试和机械操作技能考核两部分，机械操作技能考核分为挖掘机和压路机操作工两个竞赛工种，来自全省交通运输系统15个代表队60余名选手参加角逐，比赛成绩前列的选手将代表甘肃省参加全国总决赛。该赛事是甘肃省交通职工技能水平的一次集中展示和检验，成为广大职工学技能、练本领、促创新的重要平台，为推动甘肃省交通运输系统高技能人才队伍建设发挥了重要作用。

2018年度新兵运输工作已经开始，江苏省交通运输部门加强组织领导，强化安全措施，设立新兵运输专用通道，在二级以上车站设立新兵专用售票窗口，全力做好运输服务保障工作。图为南通汽运集团进行新兵运输保障工作。

驻江苏首席记者 文 通讯员 图

“溜索姑娘”不再溜索　“石榴姑娘”邮乐扶贫

——访云南省德钦县云岭乡邮递员尼玛拉木

实习记者　阎嘉伊　本报记者　林　芬

见报日期　2018年10月19日

“欢迎你们回到家!”云南省迪庆藏族自治州德钦县云岭乡邮政所院子里的树上，一群野生蜜蜂正争先恐后地飞进蜂箱，邮递员尼玛拉木仰着头满心喜悦地望着这一切，不禁拿起手机，拍照发到微信朋友圈。

尼马拉木的微信头像，是美丽的梅里雪山。

东经94度至102度，北纬26度至34度间，连绵的梅里雪山静静矗立。当晨露还未散去、太阳初露头角，卡瓦格博峰云开雾散，呈现出日照金山的壮观景象。梅里雪山附近，白马雪山同样壮丽。两山之间、月亮湾大峡谷下，澜沧江奔腾咆哮。

雪山峡谷中，不少村落星星点点散落其间。很长一段时间里，这些村民与外界沟通的唯一方式就是信件。

1999年参加工作的尼玛拉木，曾是我国1.6万名步班邮递员中的一员。工作中，她需要时而行走在海拔1500米的干热河谷，时而翻越海拔4500米的雪山，有时还需要“溜索”过江，被当地人亲切地称为“溜索姑娘”。

记者日前见到在北京出差的尼玛拉木时，她刚刚给爱人扎史农布发了条微信，嘱咐他分好包裹、准备投递。“如今，‘溜索姑娘’不溜索了。”尼玛拉木说，云岭乡的自然村都通了公路，汽车可以开到村里。乡亲们有了电话、手机，信件少了，但电商包裹越来越多。雪山的松茸、石榴、苹果、雪莲花、葡萄酒……这些乡土特产通过邮乐购平台和邮政快递网络销往全国各地，成为乡亲们脱贫致富的新途径。

从马班到步班 从溜索过江到邮车进村

雪山脚下的云岭乡，崇山峻岭与沟壑江流纵横交错，许多村庄都坐落在深山峡谷之中。

改革开放前，这里的邮递主要靠马班。20世纪六七十年代，一位名叫桑称的邮递员，从20岁起就在德钦县最艰苦的羊拉邮电所从事马班投递工作。常年山区投递和风餐露宿的生活给他的身体造成了伤害，1999年，在这条邮路上跑了30年的桑称实在走不动了，决定招收一名邮递员接班。在众多报考人员中，有着中专学历的尼玛拉木脱颖而出。

那时送邮件还需要过溜索，尼玛拉木至今记得第一次过溜索的场景。站在曾经卷走16岁弟弟的江边，她心里一阵阵发怵，“我鼓励自己，拉木你能行，可当钩子挂上溜索的一瞬间，浑身却一点力气都没有了。桑称老所长用力把我一推，我就被吊在半空中，耳边只剩下急促的风声和脚下的滔滔江水声了！”

自此，尼玛拉木开始了长达8年的溜索生涯、长达10余年的步班邮件投递工作。10多年来，尼玛拉木每天都要背着20多公斤重的邮包，穿行在总长约350公里的3条邮路上，为散住在云岭乡960平方公里、数十个村寨的5800多名藏区同胞提供普遍邮政服务。

工作中，尼玛拉木不仅需要承受“一山有四季，十里不同天”的气候变化，还要忍受常人难以忍受的孤独。

“有一天，临近傍晚，我送完邮件准备回家，因为怕天黑了路不好走，就给老公打电话让他来接。我下山快，他上山慢，没走一会儿天就黑了，我飞快地往前跑，脑海中只剩下旁边河水的声音。害怕的时候我就在心里告诉自己，老公就在前面等我，不用害怕。然后就模模糊糊看到前方隐约有个人站在那里，我以为老公已经到了，谁知走近了一看，原来是一块被砍过的木头。我又赶紧往前走，又看见一个人影，我想这回肯定是老公了。结果走近了一看，是一匹马！”回想起那段苦涩又甜蜜的邮递生活，尼玛拉木羞涩地笑了。

如今，随着一座座大桥横跨澜沧江两岸、一条条公路连通乡村，云岭的出行方便了。“以前好多村子没有通公路，我一般都是走路送邮件，现在通了公路、修了大桥，我可以坐车去送邮件了；以前邮班一星期一班，现在基本能达到两天一班，碰到类似

‘双 11’的时候还是天天班。”谈起乡村邮路的变化，尼玛拉木的脸上洋溢着幸福。

搭上“邮乐购”电商快车　乡村土特产有了直销平台

“帮我买两份，谢谢，向尼玛拉木问好！”这是全国劳模包起帆给尼玛拉木的微信留言。他要从云岭邮乐小店“帮扶老百姓直销平台”上购买甜中带酸的原生态农家苹果。

直销平台上，还有松茸干片、老树核桃、食用玫瑰等德钦当地农特产品。“高山牧场的牧民路途遥远，松茸赶不上鲜市，在牧场自然晒干，12 斤新鲜松茸可以出 1 斤干片”“食用玫瑰源自山城红坡，背靠白马雪山、正对梅里雪山，是个山谷中的村落”“梅里雪山的纯正野生雪莲花，源自海拔 4000 米以上”……朴实的语言、简洁的介绍，却能让人被德钦原生态农特产品的特色所吸引。

“以前送得最多的是报纸信件，现在送得最多的是电商包裹。”信件变成快递、绿色邮包变成物流包裹，尼玛拉木说，是互联网为老百姓的生活打开了“邮通世界”的一扇窗。

“尼玛拉木，雅布嘟（非常好）！”提起尼玛拉木，藏族青年扎西吾扎连连称赞。就在不久前，扎西吾扎刚刚学会了在朋友圈“晒图”卖松茸，而为他讲授这一销售方法的正是尼玛拉木。

“远方的客人给我微信转账，想买我的松茸，可新鲜松茸放不住，时间长了就会坏呢。”扎西吾扎说，“尼玛拉木有办法，她用那个泡沫箱加冰袋包装，寄到北京上海都不会坏，很新鲜。”

如今，“溜索姑娘”尼玛拉木已经不溜索了，在乡里，她正悄然化身“葡萄姑娘”“石榴姑娘”“松茸姑娘”……随着“网购”逐渐在乡亲们中普及，2016 年起，云岭乡邮政所开通了“邮乐购”农村电商平台。邮政所老营业厅旁一块 5 平方米左右的空地上，栽种了一小片紫葡萄，尼玛拉木会定期打理这些葡萄树。她发现，紫葡萄虽口感偏涩，但酿出的葡萄酒却非常好喝，于是灵机一动，想到可以利用“邮乐购”平台，帮乡亲们把酿好的葡萄酒卖出去，让他们富起来。

对计算机一窍不通的尼玛拉木开始学习“电商”。云岭乡党委书记、迪庆州邮政分公司总经理听说了此事，非常支持尼玛拉木，在他们的帮助下，葡萄酒的安全、卫生、运输、销售等棘手问题都得到了妥善解决。

如今，从葡萄酒到苹果、石榴等，尼玛拉木帮乡亲们销售的农特产品品种越来越多。

“我想尝试利用邮政电商平台帮乡亲们把云岭的更多无公害新鲜果蔬卖到全国各地，带领大家脱贫致富。先在香格里拉范围尝试，慢慢做起来。”谈到未来，尼玛拉木兴致勃勃。

登上万国邮联讲台 展现邮政人风采

2011年5月13日，当地时间13时30分，在瑞士首都伯尔尼举办的万国邮政联盟经营理事会年会上，一部反映中国乡村邮递员的纪录片正在播放。纪录片的主人公就是尼玛拉木。

影片中，尼玛拉木一次次扛着沉重的邮包，行走在“山路”——山间被羊踏出的乱石坡上，瘦小的身形与臃肿的包裹、空旷贫瘠的大山形成鲜明对比，可她的脚步却是一贯轻盈。

纪录片播放结束后，作为世界上第一个登上万国邮政联盟讲台的乡村女邮递员，尼玛拉木为现场观众作了报告。她说：“不少人看了我过溜索的照片后问我，生命与信件哪个更重要？我说，生命重要，信件也重要。一旦信件背到我的肩上，就成了我生命的一部分。对我来说，最艰难的是要一个人面对荒凉的山野、难以忍受的孤独，我经常哼山歌给自己壮胆，排遣寂寞。我最高兴的事就是投递高考录取通知书。看到孩子们能走出大山、有出息，我心里就非常高兴。”

万国邮政联盟是隶属于联合国的政府间处理邮政事务的国际组织。继2005年来自我国四川的马班邮路坚守者王顺友在万国邮联会议上发言之后，尼玛拉木2011年再次以一名普通乡村邮递员的身份登上了这个世界级的舞台，应邀代表中国邮政发言。

她用自己10多年的工作经历和扎根藏区、服务藏民的感人故事，讲述了中国政府对邮政普遍服务的高度重视和亲切关怀，讲述了邮政人忠实履行普遍服务义务和为保障公民的基本通信权利作出的巨大努力和承担的社会责任。

当尼玛拉木发言结束时，各国代表们自发地全体起立，会场爆发出长时间的热烈掌声。

如今，已经荣获“全国邮政系统模范投递员”“全国道德模范提名奖”“全国交通运输系统劳动模范”“中国十大杰出青年”等多项称号的尼玛拉木，依旧每天奔波于云岭乡的乡间邮路。

当记者问起她工作是否辛苦，面对镜头，淳朴而寡言的尼玛拉木依然只有短短的一句话：“不辛苦。我是劳模，也是党员，必须要做好乡亲们的邮递工作。”

“溜索姑娘”不再溜索 “石榴姑娘”邮乐扶贫
——访云南省德钦县云岭乡邮递员尼玛拉木

中国交通报
CHINA TRANSPORT NEWS

2018年10月19日 星期五 http://www.zgjtb.com | 第6837期 今日8版 | 邮发代号1－72 国内统一连续出版物号 CN 11－0122 交通运输部主管 中国交通报社主办

雅江堰塞湖致米林413县道中断
西藏交通全力参与抢险救灾

本报讯 （记者 刘卓娜）10月17日5时许，雅鲁藏布江西藏林芝市米林县派镇加拉村下游约5公里处突发山体滑坡，形成堰塞湖，导致413县道部分路段中断交通。自治区交通运输厅立即启动应急预案，副厅长陈朝率工作组赶赴现场，指导做好公路应急抢险保通工作。目前，交通应急物资、抢险设备已全部准备就绪，危险区域群众已被多方救援力量全部转移至安全地带。

据了解，堰塞湖水位快速上涨，倒灌反流淹没了派镇通往加拉村的公路（413县道）。派镇至加拉村公路总长39公里，其中达林大桥至加拉村段15公里正在改建，尚未交工。受淹路段离派镇约30公里，交通中断，车辆无法进入加拉村。

根据西藏自治区党委、政府安排部署，自治区交通运输厅迅速行动，安排部署抢险救灾工作。灾害点下游各交通单位认真做好风险防控工作，雅江沿江路段、施工作业点安全做好人员、财产避险措施，确保万无一失。沿线公路养护部门启动应急预案，调配应急力量，准备应急物资，应急抢险设备已全部就绪。

杨传堂在交通运输部传达学习中央和国家机关警示教育大会精神干部大会上强调
认真学习贯彻习近平总书记重要批示精神 深入推进部系统党风廉政建设和反腐败斗争

在习近平新时代中国特色社会主义思想指引下——新时代新作为新篇章

本报讯 10月18日，交通运输部召开传达学习中央和国家机关警示教育大会精神干部大会。部党组书记杨传堂强调，要深入学习贯彻习近平总书记重要批示精神，切实提高政治站位，自觉践行“两个坚决维护”，从违纪违法典型案例中汲取教训，举一反三，不断增强政治定力、纪律定力、道德定力、抵腐定力，坚定不移推进交通运输部系统党风廉政建设和反腐败斗争。

部党组成员、副部长刘小明传达了习近平总书记有关重要批示精神，中央政治局委员、中央书记处书记，中央办公厅主任、中央和国家机关工委书记丁薛祥同志在中央和国家机关警示教育大会上的重要讲话精神，通报了中央和国家机关党员领导干部违纪违法典型案例。

杨传堂指出，习近平总书记重要批示精神，充分体现了党中央对推进中央和国家机关反腐败斗争的坚定决心和鲜明态度，充分体现了党中央对中央和国家机关广大党员干部的厚爱和期望，充分体现了党中央以坚如磐石的决心推进党风廉政建设和反腐败斗争，我们要认真学习，深刻领会精神实质。

杨传堂强调，要坚持问题导向，清醒认识交通运输部机关和部属单位存在的廉政风险，清醒认识一些党组织管党治党存在的薄弱环节，清醒认识有些党员干部存在的自我修养不严不实等问题，以永远在路上的执着，坚定不移把全面从严治党和党风廉政建设引向深入。

杨传堂要求，要把制度建设贯穿各项工作始终，认真排查和防控廉政风险隐患，不断健全完善制度机制，进一步扎紧织密制度的笼子。要加大制度贯彻执行力度，让“铁规”发力，让“禁令”生威，确保各项法规制度落地生根。

杨传堂强调，要紧盯“关键少数”，紧盯核心机要人员、权力部门、关键岗位，加强对权力运行的制约和监督。要针对违纪违法问题暴露出来的管理问题，特别是“灯下黑”、疏于监管等问题造成的失责失察失职行为，严肃追责问责。

杨传堂要求，各级党组织要认真传达学习中央和国家机关警示教育大会和本次会议精神，开展集中警示教育活动，认真排查和防控廉政风险隐患，抓好反思违纪违法案件专题民主生活会整改落实工作。

驻部纪检组、中央纪委国家监委驻交通运输部纪检监察组、部机关处级及以上党员干部，在京部属单位领导班子成员参加会议。 （纪伟文）

学习与实践
推动道路货运高质量发展必须以创新为『引擎』

焦蓬平

道路货运是支撑国民经济发展重要的基础性服务行业。为缓解改革开放之初的运输难问题，1983年交通部提出“有路大家走车”的创新政策，极大释放了道路运输生产力，为国民经济发展提供了有力支撑。目前，道路货运已经成为综合交通运输体系中完成运量最多、承担份额最大、覆盖面最广的运输方式，2017年完成运量占比超过78%。但是必须看到，我国货运市场存在结构不合理、综合运输效率偏低、运输成本较高等突出问题，与建设现代化经济体系的要求相比还有差距，迫切需要高质量发展。

货运高质量发展，是涉及发展方式、增长动力等诸多方面的系统性重大变革。当前，以物联网、大数据、人工智能为特征的新一轮科技革命迅猛发展，道路货运发展面临的市场需求、业态场景、服务模式等都发生了巨大变化，如果延续过去“要素驱动”“规模扩张”的老路，行业将很难走出发展困境，实现转型升级和高质量发展。

创新是引领发展的第一动力。推动道路货运高质量发展，必须以创新为“引擎”。发展理念方面，要强化综合运输融合发展，加快运输结构调整，加强道路运输与铁路、水运及综合枢纽的深度融合发展，充分发挥比较优势。推进道路货运分类分级管理，加快淘汰行业低水平落后运能。发展模式方面，要大力发展多式联运、甩挂运输、无车承运等先进运输组织模式，引导“互联网+”新业态发展，支持龙头骨干运输企业调整组织结构，实现集约高效发展。发展环境方面，要统筹处理好改革、发展和稳定的关系，深化“放管服”改革，健全完善诚信监管制度，加快推进货运车型标准化，切实改善道路货运市场环境。

总之，必须要把创新驱动作为货运高质量发展的动力源泉，激发内在动力，释放市场活力，增强发展活力，更好满足人民日益增长的美好生活需要。

示范引领助推公路安防工程建设
7省建成27个示范项目4657公里

本报讯 （记者 王俊峰 马若若 特约记者 任亮）10月18日，交通运输部在山东省烟台市和威海市组织开展全国公路安全生命防护工程（简称公路安防工程）现场调研和座谈，总结交流公路安防示范工程建设情况和实施经验，明确当前实施公路安防工程的重点目标和任务，同时通报了国家公路网命名编号调整专项工作的进展，对这两项专项工作再动员、再部署。

为全面提升公路安全水平，国务院办公厅于2014年发布《关于实施公路安全生命防护工程的意见》。2015年，交通运输部印发《现有公路实施公路安全生命防护工程方案》，选定河北、浙江、山东、湖南、广东、贵州、甘肃7省的27个路段作为示范工程项目，以点带面引领和提升全国公路安防工程整体实施技术水平。

截至今年6月，7省的示范工程全部完成，建设里程共计4657公里，其中国道2403公里、省道1452公里、县道414公里、乡道388公里。示范项目中的临水临崖、急弯陡坡、视距不良、穿村过镇等典型路段已基本消除了安全风险。

交通运输部总工程师周伟充分肯定了公路安防工程示范省建设取得的成绩，并强调新形势下公路安防工程实施要加快实现“四个转变”，突出“四个强化”。一是从行业主导向政府主导转变，强化公路安全责任落实。二是从粗放建设向精细化实施转变，强化提升公路安防工程实施质量和水平。三是从被动防护向主动防控转变，强化公路风险分级管控和隐患排查治理。四是从专项行动向长效机制转变，强化公路安全管理技术基础。

交通运输部、公安部、应急管理部相关司局，各省（区、市）交通运输部门、公路管理机构，新疆生产建设兵团交通运输局等单位的代表参加了相关调研和座谈。交通运输部公路科学研究院和山东、浙江、贵州三省就公路安防工程示范建设作交流发言，山东、江苏两省就国家公路网命名编号调整作典型发言。

10月15日，中国商用飞机有限责任公司与天骄航空有限公司签署ARJ21飞机购机协议，计划今年年底向天骄航空交付首批ARJ21飞机。这标志着我国首个国产喷气客机机队即将落户内蒙古。

据悉，天骄航空有限公司由内蒙古自治区政府委托内蒙古交通投资（集团）有限责任公司出资组建。目前，内蒙古自治区拥有民用机场28个，其中运输机场20个，居全国第一位，覆盖12个盟市。

图为厂房内喷涂了天骄航空标识的ARJ21飞机。 王华英 摄

吉林交通与浙江交通签署战略合作协议
打通合作通道 促进资源互补

本报讯 （记者 李丹 特约通讯员 张波）10月15日，吉林省交通运输厅与浙江省交通运输厅在吉林长春举行推动交通运输发展战略合作协议签署仪式并召开座谈会。双方就推动交通运输发展合作事宜进行对接，围绕借港出海、物流发展、交通基础设施建设等内容进行了深入交流。

吉林省交通运输厅厅长王振才表示，将通过此次对接合作，振奋精神、增强信心，深入学习借鉴浙江的先进理念，研究创新体制机制，推动吉林交通运输事业高质量发展。吉林交通要在系统内形成对标先进找差距、谋跨越的氛围。厅机关有关处（室）及厅直有关单位要尽快制定细化的合作事宜和方案，抓紧落实。

推动两省交通运输企业间的合作也是重点。王振才提出，吉林高速公路集团、吉林省运输管理局等有关单位要进一步与菜鸟网络科技有限公司、浙江交工集团等企业开展对接，推动农村物流电商发展及高速公路服务区经营管理。 （下转2版）

12328电话系统9月考评结果发布

本报讯 （记者 毛剑）日前，交通运输部完成全国12328交通运输服务监督电话省级系统9月运行考评指标的统计汇总，总体评分最高的3个省份为河北省、江苏省、新疆维吾尔自治区。

据统计，9月份，全国12328电话系统共受理有效业务166.87万件。信息咨询、意见建议、投诉举报三类业务受理量分别为150.09万件、5.04万件和11.74万件，分别占业务总量的89.94%、3.02%和7.04%。

今年9月，全国12328电话系统接通平均等待时长约为27秒（含导航语音提示时间），信息咨询类即时答复率为98.67%，限时办结率为95.22%，抽查回访率为46.66%，回访满意率为96.21%，全国12328电话系统运行服务质量趋于稳定。

▶评分表详见3版

通信信息中心与卫通集团构建天地一体卫星融合网

本报讯 （记者 孟庆丰）日前，中国交通通信信息中心与中国卫通集团股份有限公司签署战略合作协议，双方将在卫星通信、导航、遥感领域全面深入合作，共同构建天地一体“通、导、遥”卫星融合信息服务网络，服务交通强国战略。

协议签署期间，中国交通通信信息中心主任曹德胜与中国卫通集团股份有限公司董事长李忠宝，就双方如何充分发挥“通、导、遥”的“感、传、智、用”作用，进行了深入交流。双方将植根综合交通领域，共同打造基础卫星通信、导航、遥感综合信息服务网络，构建多元信息融合服务平台，充分发挥“通、导、遥”在交通强国建设中的战略支撑作用，促进综合交通运输体系智慧化发展。

中国交通通信信息中心作为交通运输行业通信、导航、遥感信息服务的技术支撑和保障单位，与拥有国内最多卫星资源的中国卫通集团股份有限公司签署合作协议后，将利用更多卫星星体资源，为交通运输行业提供更优质、更便捷的天地一体化融合信息服务。

“溜索姑娘”不再溜索 “石榴姑娘”邮乐扶贫
——访云南省德钦县云岭乡邮递员尼玛拉木

实习记者 闫嘉伊 本报记者 林芬

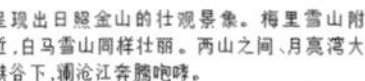

“欢迎你们回到家！”云南省迪庆藏族自治州德钦县云岭乡邮政所院子里的树上，一群野生蜜蜂正争先恐后地飞进蜂箱，邮递员尼玛拉木仰着头满心喜悦地望着这一切，不禁拿起手机，拍照发到微信朋友圈。

尼马拉木的微信头像，是美丽的梅里雪山。

东经94度至102度，北纬26度至34度间，连绵的梅里雪山静静矗立。当晨露还未散去、太阳初露头角，卡瓦格博峰云开雾散，呈现出日照金山的壮观景象。梅里雪山附近，白马雪山同样壮丽。两山之间、月亮湾大峡谷下，澜沧江奔腾咆哮。

雪山峡谷中，不少村落星星点点散落其间。很长一段时间里，这些村民与外界沟通的唯一方式就是信件。

1999年参加工作的尼玛拉木，曾是我国1.6万名步班邮递员中的一员。工作中，她需要时而行走在海拔1500米的干热河谷，时而翻越海拔4500米的雪山，有时还需要“溜索”过江，被当地人亲切地称为“溜索姑娘”。

记者日前见到在北京出差的尼玛拉木时，她刚刚给爱人扎史农布发了条微信，嘱咐他分好包裹、准备投递。“如今，‘溜索姑娘’不溜索了。”尼玛拉木说，云岭乡的自然村都通了公路，汽车可以开到村里。乡亲们有了电话、手机，信件少了，但电商包裹越来越多。雪山的松茸、石榴、苹果、雪莲花、葡萄酒……这些乡土特产通过邮乐购平台和邮政快递网络销往全国各地，成为乡亲们脱贫致富的新途径。

尼玛拉木。 实习记者 王晓萌 摄

从马班到步班 从溜索过江到邮车进村

雪山脚下的云岭乡，崇山峻岭与沟壑江流纵横交错，许多村庄都坐落在深山峡谷之中。

改革开放前，这里的邮递主要靠马班。上世纪六七十年代，一位名叫桑称的邮递员，从20岁起就在德钦县最艰苦的羊拉邮电所从事马班投递工作。常年山区投递和风餐露宿的生活给他的身体造成了伤害，1999年，在这条邮路上跑了30年的桑称实在走不动了，决定招收一名邮递员接班。在众多报考人员中，有着中专学历的尼玛拉木脱颖而出。 （下转3版）

扫一扫
看视频

□值班编委 孙宝夫 本版副主编 卢锐 责编 王晓萌 □E-mail:xw1b@zgjtb.com □新闻热线：(010)64255441 □发行热线：(010)64256206 □广告热线：(010)64250642 □培训热线：(010)65299681

2018年10月19日 星期五　主编 [illegible]　责编 [illegible]　3版　电话:010-64252287 E-mail:xw3b@zgjtb.com　见证40年 主题访谈　中国交通报 CHINA TRANSPORT NEWS

“溜索姑娘”不再溜索 “石榴姑娘”邮乐扶贫

——访云南省德钦县云岭乡邮递员尼玛拉木

（上接1版）

那时送邮件还需要过溜索，尼玛拉木至今记得第一次过溜索的场景。站在曾经卷走16岁弟弟的江边，她心里一阵阵发怵，“我鼓励自己，拉木你能行，可当钩子挂上溜索的一瞬间，浑身却一点力气都没有了。桑称老所长用力把我一推，我就被吊在半空中，耳边只剩下急促的风声和脚下的滔滔江水声了！”

自此，尼玛拉木开始了长达8年的溜索生涯、长达10余年的步班邮件投递工作。10多年来，尼玛拉木每天都要背着20多公斤重的邮包，穿行在总长约350公里的3条邮路上，为散住在云岭乡960平方公里、数十个村寨的5800多名藏区同胞提供普遍邮政服务。

工作中，尼玛拉木不仅需要承受“一山有四季，十里不同天”的气候变化，还要忍受常人难以忍受的孤独。

“有一天，临近傍晚，我送完邮件准备回家，因为怕天黑了路不好走，就给老公打电话让他来接。我下山快，他上山慢，没走一会儿天就黑了，我飞快地往前跑，脑海中只剩下旁边河水的声音。害怕的时候我就在心里告诉自己，老公就在前面等我 不用害怕。然后就模模糊糊看到前方隐约有个人站在那里，我以为老公已经到了，谁知走近了一看，原来是一块被砍过的木头。我又赶紧往前走，又看见一个人影，我想这回肯定是老公了。结果走近了一看，是一匹马！”回想起那段苦涩又甜蜜的邮递生活，尼玛拉木羞涩地笑了。

如今，随着一座座大桥横跨澜沧江两岸、一条条公路联通乡村，云岭的出行方便了。“以前好多村子没有通公路，我一般都是走路送邮件，现在通了公路、修了大桥，我可以坐车去送邮件了；以前邮班一星期一班，现在基本能达到两天一班，碰到类似‘双11’的时候还是天天班。”谈起乡村邮路的变化，尼玛拉木的脸上洋溢着幸福。

搭上“邮乐购”电商快车 乡村土特产有了直销平台

“帮我买两份，谢谢，向尼玛拉木问好！”这是全国劳模包起帆给尼玛拉木的微信留言。他要从云岭邮乐小店“帮扶老百姓直销平台”上购买甜中带酸的原生态农家苹果。

直销平台上，还有松茸干片、老树核桃、食用玫瑰等德钦当地农特产品。“高山牧场的牧民路途遥远，松茸赶不上鲜市，在牧场自然晒干，12斤新鲜松茸可以出1斤干片”“食用玫瑰源自山城红坡，背靠白马雪山、正对梅里雪山，是个山谷中的村落”“梅里雪山的纯正野生雪莲花，源自海拔

独行邮路。

4000米以上”……朴实的语言、简洁的介绍，却能让人被德钦原生态农特产品的特色所吸引。

“以前送得最多的是报纸信件，现在送得最多的是电商包裹。”信件变成快递、绿色邮包变成物流包裹，尼玛拉木说，是互联网为老百姓的生活打开了“邮递世界”的一扇窗。

“尼玛拉木，雅布啷(非常好)！”提起尼玛拉木，藏族青年扎西吾扎连连称赞。就在不久前，扎西吾扎刚刚学会了在朋友圈“晒图”卖松茸，而为他讲授这一销售方法的正是尼玛拉木。

“远方的客人给我微信转账，想买我的松茸，可新鲜松茸放不住，时间长了就会坏呢。”扎西吾扎说，“尼玛拉木有办法，她用那个泡沫箱加冰袋包装，寄到北京上海都不会坏，很新鲜。”

如今，“溜索姑娘”尼玛拉木已经不溜索了，在乡里，她正悄然化身“葡萄姑娘”“石榴姑娘”“松茸姑娘”……随着“网购”逐渐在乡亲们中普及，2016年起，云岭乡邮政所开通了“邮乐购”农村电商平台。邮政所老营业厅旁一块5平方米左右的空地上，栽种了一小片紫葡萄，尼玛拉木会定期打理这些葡萄树。她发现，紫葡萄虽口感偏涩，但酿出的葡萄酒却非常好喝，于是灵机一动，想到可以利用“邮乐购”平台，帮乡亲们把酿好的葡萄酒卖出去，让他们富起来。

对电脑一窍不通的尼玛拉木开始学习“电商”。云岭乡党委书记、迪庆州邮政分公司总经理听说了此事，非常支持尼玛拉木，在他们的帮助下，葡萄酒的安全、卫生、运输、销售等棘手问题都得到了妥善解决。

如今，从葡萄酒到苹果、石榴等，尼玛拉木帮乡亲们销售的农特产品品种越来越多。

“我想尝试利用邮政电商平台帮乡亲们把云岭的更多无公害新鲜果蔬卖到全国各地，带领大家脱贫致富。先在香格里拉范围尝试，慢慢做起来。”谈到未来，尼玛拉木兴致勃勃。

登上万国邮联讲台 展现邮政人风采

2011年5月13日，当地时间13时30分，在瑞士首都伯尔尼举办的万国邮联联盟理事会年会上，一部反映中国乡村邮递员的纪录片正在播放。纪录片的主人公就是尼玛拉木。

影片中，尼玛拉木一次次扛着沉重的邮包，行走在“山路”——山间被羊踏出的乱石坡上，瘦小的身形与黝黑的包裹、空旷苍莽的大山形成鲜明对比，可她的脚步却是一贯轻盈。

纪录片播放结束后，作为世界上第一个登上万国邮联讲台的乡村女邮递员，尼玛拉木为现场观众作了报告。她说：“不少人看了我过溜索的照片后问我，生命与信件哪个更重要？我说，生命重要，信件也重要。一旦信件背到我的肩上，就成了我生命的一部分。对我来说，最艰难的是要一个人面对荒凉的山野、难以忍受的孤独，我就经常吼山歌给自己壮胆，排遣寂寞。我最高兴的事就是投递高考录取通知书。看到孩子们能走出大山、有出息，我心里就非常高兴。”

万国邮政联盟是隶属于联合国的政府间处理邮政事务的国际组织。继2005年来自我国四川的马班邮路坚守者王顺友在万国邮联会议上发言之后，尼玛拉木2011年再次以一名普通乡村邮递员的身份登上了这个世界级的舞台，应邀代表中国邮政发言。

她用自己10多年的工作经历和扎根藏区、服务藏民的感人故事，讲述了中国政府对邮政普遍服务的高度重视和亲切关怀，讲述了邮政人忠实履行普遍服务义务和为保障公民的基本通信权利作出的巨大努力和承担的社会责任。

当尼玛拉木发言结束时，各国代表们自发地全体起立，会场爆发出长时间热烈掌声。

如今，已经荣获“全国邮政系统模范投递员”“全国道德模范提名奖”“全国交通运输系统劳动模范”“中国十大杰出青年”等多项称号的尼玛拉木，依旧每天奔波于云岭乡的乡间邮路。

当记者问起她工作是否辛苦，面对镜头，淳朴而寡言的尼玛拉木依然只有短短的一句话：“不辛苦。我是劳模，也是党员，必须要做好乡亲们的邮递工作。”

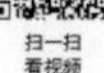

扫一扫 看视频

与藏区阿妈在一起。

如今邮递条件改善，邮车可以开到村里。

本文图片除署名外由中国邮政集团公司提供

特写

『镇海变得都快认不出来了』

镇海公交志愿者义助敬老院老人“微旅游”

只需一个周末，带上简单的行装，花较少的钱就可以完成的“微旅游”并不是年轻人的专宠。10月14日，浙江省宁波市公交镇海公司联合九龙湖敬老院组织了一场“爱在重阳节”的老年人“微旅游”。50余名孤寡老人在“陈叶服务队”志愿者陪同下，先后游览了镇海新城的多处景点，感受城市发展的巨大变化。

浙江省劳模陈叶说：“由于身体原因，敬老院的老人们平时的活动范围有限。人老了，就和小朋友一样需要人照顾。”于是，陈叶和队员自愿利用周末休息时间当“保姆”，为腿脚不便的老人服务。

参加这次“微旅游”的老人，平均年龄超过65岁，年龄最大的为93岁，还有部分来自康复中心的智残老人。

76岁的陈祖耀腿脚不便，走路离不开拐杖，这次有机会出去走走，他很高兴。“我好多年也出不去一趟，这次多亏公交志愿者，上下车背着我，一路用轮椅推着我，嘘寒问暖，感觉很幸福。”

步行在镇海新城市民广场时，老人们感觉很新鲜，晒暖阳，看湖景，一脸满足。93岁的姚春花说：“镇海变得都快认不出来了，你看，那里拆了，以前那边都种菜，现在全是高楼了。”游览镇海新城结束后，老人们又去了荪湖花海，领略了乡村田园的自然风光。坐上特别给他们安排的公交车，公交司机兼职做起了导游，给老人们介绍沿路的风景。

据悉，宁波市公交镇海公司“陈叶服务队”是宁波市首个以公交司机名字命名的服务队，自成立以来，一直以“尊重老人、孝顺老人、关爱老人”为服务核心，每年坚持开展敬老服务活动。　董美巧

邹城市交通运输局“全程帮办”许可更便捷

本报讯　今年以来，山东省邹城市交通运输局把优化服务作为“放管服”的先手棋，开展“全程帮办”服务，让帮办、代办成为常态，努力争当运输业户的贴心“店小二”。

许可场地“我”帮忙。10月16日，邹城市交通运输局的两名工作人员驱车来到石墙镇宋庄村，他们要帮金钊晟建筑工程有限公司的宋经理选择场地。为彻底解决业户选址困难，邹城市交通运输局行政许可科创新性地开展帮助选址工作，面对面帮助业户进行场地选择，极大地缩短了业户的资料准备周期。

许可模板“我”制作。依照许可标准，邹城市交通运输局精心制作许可“资料模板”。运润物流公司的王经理说：“模板制作很合理，自己在准备资料时有‘比着葫芦画瓢’的轻松感。”预留帮办员电话、微信，全程帮助业户准备资料，更是解决了一些运输业户的后顾之忧。

许可证照“我”送达。充分利用“快递+服务”的模式，证照打印好后，免费快递送达。真正实现了信息多跑腿，业户少跑腿。

“全程帮办”服务开展以来，共许可运润物流、金钊晟建筑等10家货运公司，每家货运公司提前开业达20余天，为业户增加利润50余万元。　（孙伟 邦敏）

权威发布

12328电话系统运行服务质量各省份月度考评评分表（2018年9月）

省份	排名	总分	工单数量	人工接通率	信息咨询类即时答复率	平均等待时长	即时答复满意率	限时办结率	跨省工单办结率	抽查回访率	回访满意率	电话工单生成率	通话记录报送率	数据及时报送率	数据规范率	断网次数	总断网时长及平均断网时长
		100分	4分	10分	5分	10分	6分	10分	8分	7分	5分	8分	5分	8分	6分	4分	4分
河北省	1	95.00	4.00	7.50	5.00	10.00	6.00	10.00	8.00	7.00	5.00	8.00	5.00	8.00	5.50	3.00	3.00
江苏省	2	93.00	4.00	10.00	5.00	6.00	6.00	10.00	8.00	7.00	5.00	8.00	5.00	8.00	6.00	2.00	3.00
新疆维吾尔自治区	3	92.75	1.25	9.00	5.00	10.00	5.50	10.00	8.00	7.00	5.00	7.00	3.00	8.00	6.00	4.00	4.00
河南省	4	91.50	3.50	4.50	5.00	9.00	6.00	10.00	8.00	7.00	5.00	7.00	5.00	8.00	5.50	4.00	4.00
江西省	5	90.75	2.75	10.00	5.00	10.00	6.00	10.00	8.00	7.00	5.00	0	5.00	8.00	6.00	4.00	4.00
黑龙江省	6	88.75	1.25	8.00	5.00	7.00	6.00	10.00	8.00	7.00	5.00	6.00	5.00	8.00	4.50	4.00	4.00
上海市	7	88.25	3.25	10.00	4.00	0	6.00	10.00	8.00	7.00	5.00	8.00	5.00	8.00	6.00	4.00	4.00
福建省	8	84.75	1.75	8.50	5.00	10.00	6.00	9.50	8.00	7.00	5.00	0	4.50	7.50	6.00	3.00	3.00
北京市	9	82.00	3.00	10.00	5.00	7.00	6.00	10.00	8.00	7.00	5.00	0	0	8.00	5.00	4.00	4.00
山西省	9	82.00	3.50	3.50	5.00	10.00	6.00	0	8.00	7.00	5.00	7.00	5.00	8.00	6.00	4.00	4.00
辽宁省	11	80.25	3.25	0	5.00	10.00	6.00	9.00	8.00	7.00	5.00	4.00	4.50	7.50	5.00	3.00	3.00
新疆生产建设兵团	12	78.00	0.50	0	5.00	10.00	6.00	9.50	8.00	7.00	5.00	8.00	5.00	8.00	4.00	2.00	0
青海省	13	77.00	1.00	10.00	5.00	9.00	6.00	8.50	8.00	7.00	5.00	0	0	8.00	5.50	1.00	3.00
广东省	14	75.75	3.75	10.00	5.00	9.00	6.00	10.00	8.00	0	5.00	8.00	0	0	5.00	3.00	3.00
安徽省	15	75.50	2.50	10.00	5.00	0	6.00	10.00	8.00	7.00	5.00	0	2.00	8.00	6.00	3.00	3.00
浙江省	16	75.25	2.75	7.50	5.00	10.00	0	10.00	8.00	0	5.00	8.00	5.00	0	6.00	4.00	4.00
四川省	17	74.50	2.00	7.50	5.00	10.00	6.00	10.00	8.00	7.00	5.00	0	0	0	6.00	4.00	4.00
重庆市	18	74.25	3.75	10.00	4.50	9.00	6.00	10.00	8.00	7.00	5.00	0	3.50	0	5.50	2.00	0
湖南省	19	69.75	2.25	0	5.00	10.00	6.00	10.00	8.00	7.00	5.00	0	2.00	6.50	0	4.00	4.00
宁夏回族自治区	20	65.50	0.50	0	5.00	7.00	6.00	6.50	8.00	7.00	4.50	0	5.00	8.00	0	4.00	4.00
云南省	21	64.75	1.75	10.00	5.00	9.00	6.00	10.00	0	0	5.00	0	0	8.00	2.00	4.00	4.00
陕西省	22	59.50	2.50	0	5.00	8.00	6.00	6.50	8.00	0	5.00	0	4.50	8.00	6.00	0	0
内蒙古自治区	23	58.50	1.00	0	5.00	5.00	5.00	8.00	8.00	0	5.00	0	4.00	8.00	4.50	2.00	3.00
湖北省	24	53.75	0.75	0	5.00	10.00	6.00	6.50	8.00	0	0.50	1.00	0	8.00	0	4.00	4.00
贵州省	25	50.25	2.25	5.50	5.00	1.00	6.00	7.50	0	7.00	5.00	0	0	0	5.00	3.00	3.00
天津市	26	49.50	3.00	0	0	10.00	0	1.50	8.00	7.00	3.00	8.00	0	0	6.00	3.00	0
广西壮族自治区	27	45.75	0.75	0	5.00	10.00	5.50	5.50	0	7.00	5.00	0	0	0	5.00	0	2.00
甘肃省	28	45.50	2.00	0	5.00	6.00	6.00	0	0	1.50	5.00	0	4.00	8.00	0	4.00	4.00
海南省	29	44.75	0.25	0	5.00	0	0	5.50	8.00	7.00	5.00	0	5.00	0	6.00	3.00	0
吉林省	30	43.50	1.50	5.50	5.00	0	6.00	0	0	7.00	5.00	0	5.00	1.50	2.00	2.00	3.00
西藏自治区	31	38.25	0.25	0	5.00	10.00	0	0	8.00	0	0	0	5.00	8.00	0	2.00	0
山东省	32	37.50	1.50	8.50	5.00	10.00	6.00	1.50	0	0	5.00	0	0	0	0	0	0

“降滞脱黑”迎中国船队蝶变

——访交通运输部海事局原巡视员黄何

本报记者　吴　楠　实习记者　杨子希　通讯员　李　程

见报日期　2018 年 10 月 23 日

如今，中国已经超越日本，成为世界第二大船东国，并且正以较快的速度缩小着与希腊的差距。回首 20 世纪 90 年代，我国远洋船队发展并非一帆风顺，而是经历了惊涛骇浪般的三年“降滞脱黑”关键时期。

回首峥嵘岁月，往事历历在目。交通运输部海事局原巡视员黄何说：“那时候我国经济条件有限，中国船舶大多是从国际上购买的二手船，船舶的质量和情况普遍不佳，配套出海船员的培训体系也不完备，造成中国籍船舶在国外港口被滞留的数量逐年增加，滞留率超出世界各主要港口国的平均滞留率。欧美和亚太地区国家纷纷将中国籍船舶列入重点检查名单——俗称‘黑名单’。”

中国籍船舶曾举步维艰

1978 年以来，改革开放的春风吹拂神州大地，对外贸易的发展愈加繁荣。贸易的繁荣促进了我国航运业的发展，出海的船舶数量呈现出爆发式增长，支撑了我国对外贸易的发展。

“虽然行业规模有所壮大，出海船舶数量增长，但是当时船舶的质量普遍不高。”谈及当时中国籍船舶的安全水平，黄何说，“从1982年‘巴黎备忘录’生效起，中国籍船舶就经常因为达不到安全标准，被外国的海事当局滞留。其中中国籍船舶在欧洲的滞留率，在当时甚至达到了20%。”

被滞留，意味着船舶在未得到管理当局检查合格以前，不能继续完成航行任务。首当其冲的，就是船舶公司将遭受经济损失。船舶在滞留期间，船舶公司一天就要损失几千甚至上万美元。

“除了经济损失外，船舶被滞留，航运公司还将面临航运资金融资难的困境。”黄何说，“船舶公司的滞留率过高，意味着公司的安全管理水平不符合要求。这对于融资方风险很大，融资条件将变得非常苛刻。此外，船舶的安全状况，还与其在市场的货运量、保险费率有着密切关系。如果航运公司安全技术状况不好，公司经营的成本将会大大提高。”

在改革开放初期，高滞留率也给我国船队整体造成很大的困扰。如果一个国家的船舶经常被滞留，那么这个国家的船舶就会进入国外海事当局的“黑名单”，意味着港口国对该国的到港船舶的检查率会更高，对于一个船籍国的航运业是很大的打击。

1993年，随着中国及周边国家港口国监督水平逐步提高，亚太地区的14个国家联合起来，共同签署了“东京备忘录”，于1994年生效。“东京备忘录”的查船数量，在当时居世界首位。由于中国船舶质量长期得不到改善，“东京备忘录”的生效让中国籍船舶在海上航行更加困难。1997年，我国同时被“巴黎备忘录”“东京备忘录”和美国海岸警卫队列入港口国检查的“黑名单”。进入“黑名单”，无疑会严重影响中国船队在国际上的声誉，降低中国船公司在国际航运市场的竞争能力，使企业遭受巨大经济损失；并会对中国作为航运大国的形象、地位产生不良影响，无异于让大而不强的中国远洋运输发展恶性循环、雪上加霜。

“降滞脱黑”工作的启动，就是在这样的背景下产生的。

摸索试点突破困境

对于“降滞脱黑”政策的出台，时任交通部海事局船舶处处长的黄何仍然记忆犹新：“从1997年3月开始，交通部海事局对我国船舶在国际上滞留率高、滞留数量大的情况进行了研究，根据1994年至1996年的数据，有针对性地陆续摸索出台了一些试验性的措施。”

在这些措施当中，最先采取的措施是“开航前检查”。黄何回忆，交通部海事局决定先从那些对中国籍船舶检查和滞留次数较多的国家入手，着重对去往欧洲、美国、澳大利亚、韩国等几个滞留中国籍船舶数量大的地区和国家的船舶，结合对方港口国检查侧重点，进行离港检查。

黄何介绍，检查是在船舶进行离港申报时进行的：“开航前检查是当地海事部门联合船级社、船舶公司，按照目的地国家的港口国检查标准进行的。如果船舶在目的地被滞留，那么组织开航前检查的海事部门将被追责。”

除了进行事前“开航前检查”外，“跟踪报告”制度也是一项重要的措施。一旦中国籍的船舶被滞留，船舶要第一时间向国内所属的船舶公司和所属的船籍港海事部门进行报告。报告后，海事部门就会对这条船舶进行跟踪检查，调查船舶被滞留的原因。“而对于船舶自身存在的同类型安全问题，海事部门内部会进行通报，并归纳相关国家对中国籍船舶的检查特点，实现举一反三。”黄何说。

在采取的措施中，与国外海事当局“黑名单”相对应的，交通部海事局还实行了国内船舶公司的“黑名单”制度。黄何进一步解释：“当船舶公司的船舶被滞留率高于我国船舶的平均被滞留率时，就将该船舶公司列入国内的‘黑名单’。进入‘黑名单’的公司船舶，只要申请离港，就必须接受当地海事部门的安全检查。这在当时起到了很好的震慑作用。”

“这些措施自1997年年初陆续出台，很快就在海事系统得到了贯彻执行，到下半年就能明显看到我们国家的船舶滞留情况有了明显改善。当时国内的港口国检查（PSC）员全国也就100余人，而有时每天要检查近千条船，还要对自己的船舶进行离港检查。但是非常时期，没有人因为工作紧张有怨言，大家憋足一口气，一定要把滞留率降下来。”黄何回忆。

从“黑名单”进入“白名单”

“降滞脱黑”实现了“开门红”，为海事系统乃至整个航运界打足了气。为了能继续改善我国船队的整体面貌，争取早日脱离“黑名单”，交通部领导下了很大决心。1997年11月，国际航线船舶船东大会在海南省海口市召开，这次大会在实行“降滞脱黑”的过程中，具有标志性意义。

“这是改革开放以来第一次召集所有经营国际航线的船舶公司参加的大会。船舶公司、交通主管部门、海事部门和船级社，共200余人参加，共同布置‘降滞脱黑’的目标和任务，这在当时对以后的航运业发展具有很大的影响。”黄何表示。

在会上，交通部副部长刘松金作大会报告，针对“降滞脱黑”的任务，提出了

“一年见成效、三年变面貌”的口号。鲜为人知的是，会议报告起草的时候，还曾经提出过“一年见成效、两年变面貌、三年全面脱离黑名单”的目标。黄何作为报告起草人回忆，这个目标比最终会议提出的目标要高，但当时考虑到全面脱离“黑名单”难度较高，所以开会时提出了较为保守的目标。而就在3年后，中国真的实现了从世界范围内全面脱离港口国检查“黑名单”的目标。

在“降滞脱黑”的过程中，交通部出台的若干规定似雷霆之势，对于这项工作的开展起到了至关重要的作用。1998年2月，交通部出台了《关于降低中国籍船舶在国外滞留率的若干规定》，对处理、处罚、各省交通厅每月的滞留情况、被检查情况等都作了详细规定。例如规定对6个月内在国外被滞留一次以上的船舶，船公司应及时调整该船舶的经营航线或暂时退出国际航线；未经开航前检查的，或未按要求纠正缺陷的，港务监督不予办理出口手续。

功夫不负有心人。黄何说，措施出台之后，很快就取得了突破性进展。1998年，我国顺利脱离“巴黎备忘录”“黑名单”；到2000年年底，又成功脱离了“东京备忘录”和美国港口国监督“黑名单”。

“‘降滞脱黑’对中国航运业具有划时代的意义。在这之前，我国船舶在国外海事局属于重点检查对象，‘降滞脱黑’工作的顺利开展，让世界对中国船队的印象有了很大改观。”谈论起20年前的这场“战役”，黄何很感慨：“现在回忆起来还很有成就感。如果没有当时的尝试和交通部领导的推动，想要在3年内完成‘降滞脱黑’，是根本不可能完成的任务。”

3年的“降滞脱黑”，实现了中国籍船舶整体面貌的改观。此后，交通运输部海事局又先后建立了安全检查缺陷反馈、船舶滞留案例调查等规定、制度，进一步总结降滞经验，夯实脱黑成果。

“随着中国籍船舶管理、安全技术状况的改善，我国不仅脱离了‘黑名单’，还进入了‘白名单’，变成了优质船旗国。这与那几年采取的措施、形成的做法有很大的关系。”黄何说，“‘降滞脱黑’的那几年，确实是非常关键的几年。”

CHINA TRANSPORT NEWS

2018年10月23日 星期二 | 第6839期 | 邮发代号 1－72 国内统一连续出版物号 CN 11－0122
http://www.zgjtb.com | 今日8版 | 交通运输部主管 中国交通报社主办

国务院印发方案优化口岸营商环境

本报讯 日前，国务院印发《优化口岸营商环境促进跨境贸易便利化工作方案》（简称《方案》），围绕减单证、优流程、提时效等方面，明确了20条重点措施，促进外贸稳定健康发展。《方案》明确，与2017年相比，2018年年底前进出口环节验核的监管证件数量减少三分之一以上，2020年年底集装箱进出口环节合规成本降低一半，2021年年底整体通关时间压缩一半。

《方案》要求，精简进出口环节监管证件，优化监管证件办理程序，减少进出口环节审批监管事项。深化全国通关一体化改革，推进海关、边检、海事一次性联合检查，加强关铁信息共享，推进铁路运输货物无纸化通关。推广应用“提前申报”模式，提高进口货物“提前申报”比例。提高查验准备工作效率，加快发展多式联运，研究制定多式联运服务规则，加快建设多式联运公共信息平台，加强交通运输、海关、市场监管等部门间信息开放共享，为企业提供一站式综合信息服务。创新边境口岸通关监管模式，加快鲜活商品通关速度。

《方案》指出，要推进口岸物流信息电子化，制定完善不同运输方式集装箱、整车货物运输电子数据交换报文标准，推动海运提单换提货单电子化。加强口岸通关和运输国际合作，加快制修订国际运输双边、多边协定。降低进出口环节合规成本，公开通关流程及物流作业时限，便利企业合理安排生产、制定运输计划。（经吉）

李小鹏在交通运输服务乡村振兴战略推进“四好农村路”建设和脱贫攻坚领导小组会上强调

深入学习贯彻习近平总书记重要指示精神 咬定目标加油干坚决打赢交通脱贫攻坚战

本报讯（记者 毛烁 特约记者 周欣智）10月22日，交通运输部部长李小鹏主持召开交通运输服务乡村振兴战略推进“四好农村路”建设和脱贫攻坚领导小组会议，深入学习习近平总书记等中央领导同志关于脱贫攻坚工作的重要指示批示和中央农村工作领导小组第二次会议精神，全面检视脱贫攻坚工作中存在的突出问题，研究部署下一步重点工作。李小鹏强调，要深入学习贯彻习近平总书记关于脱贫攻坚重要指示精神，以中央脱贫攻坚专项巡视为契机，进一步增强紧迫感和主动性，以更加昂扬的精神状态、更加扎实的工作作风，咬定目标加油干，坚决如期打赢交通脱贫攻坚战。

李小鹏指出，习近平总书记关于脱贫攻坚工作的重要指示，充分肯定了脱贫攻坚工作取得的成绩，强调脱贫攻坚进入关键阶段，完成打赢脱贫攻坚任务意义重大，要求各地区各部门咬定目标加油干，如期打赢脱贫攻坚战的重要性、紧迫性，进一步明确了打赢脱贫攻坚战、全面建成小康社会的行动指南，为打赢打好交通脱贫攻坚战提供了根本遵循。

李小鹏强调，要咬定目标加油干，坚决打赢交通脱贫攻坚战。一要坚定不移履行好脱贫攻坚政治责任，进一步提高政治站位，自觉把思想和行动统一到党中央关于打赢脱贫攻坚战和实施乡村振兴战略的决策部署上来，不断提高推进脱贫攻坚工作的思想认识、理论水平和实践能力。二要攻坚克难全面完成目标任务，加大精准脱贫力度，完善扶贫考核评估和督查巡查，以深度贫困地区为重点，加快建设外通内联、通村畅乡、客车到村、安全便捷的交通运输网络，尽快实现具备条件的乡镇、建制村通硬化路。三要形成合力攻坚的大扶贫格局，推动部省合力强化政策保障，加快建设“四好农村路”，立足行业优势，动员全行业和社会各方力量，把扶贫和扶智、扶志结合起来，激发贫困地区贫困人口脱贫内生动力。四要主动配合巡视狠抓好整改落实，把问题整改作为当前和今后一个时期的重要任务，坚持立行立改，举一反三，确保整改到位、取得实效。

李小鹏要求，要以治理腐败和作风问题为抓手，从严推进交通扶贫脱贫攻坚工作。要驰而不息加强作风建设，切实加强交通扶贫领域腐败和作风问题专项治理，强化目标导向，强化责任担当，强化问题意识，坚决做到“六个不准”，全面系统清除作风问题源。要标本兼治构建长效机制，加强制度建设，完善政策措施，确保党中央、国务院脱贫攻坚决策部署在交通运输领域落地见效。

副部长戴东昌，部总工程师周伟出席会议。部机关有关司局负责同志和领导小组办公室成员参加会议。中央第九巡视组有关同志列席会议。

“一部三局”机关党委在北京国际海事卫星地面站开展联学，刘小明要求

不忘初心牢记使命以智能信息化服务交通强国建设

本报讯 10月22日，交通运输部和国家铁路局、中国民航局、国家邮政局直属机关党委在北京国际海事卫星地面站开展联学活动。部党组成员、副部长刘小明参加活动并要求，要深入学习贯彻习近平新时代中国特色社会主义思想和党的十九大精神，以习近平总书记关于交通运输工作的重要指示精神为指导，切实加强党的建设，强化履职意识，不忘初心、牢记使命，以智能信息化服务交通强国建设。

刘小明与大家一起参观了地面站站区、运行控制中心和北斗展室，听取了中国交通通信信息中心发展情况介绍，以及全国重点营运车辆联网联控系统、网约车监管信息交互平台等建设情况。

刘小明要求，要认真贯彻落实部直属机关第三次党代会的精神，不断提高党建工作能力和水平。一要全面落实新时代党的建设总要求，始终坚持和加强党的领导，把政治建设摆在首位，坚持不懈用习近平新时代中国特色社会主义思想武装头脑，不断提升基层党组织的组织力，持之以恒正风肃纪、反腐倡廉，不断强化群团统战工作的桥梁纽带作用。二要深入贯彻落实习近平总书记关于交通运输的系列重要指示精神，始终保持正确的政治方向，加快推动交通运输信息事业发展，在全面建成小康社会和交通强国建设中更加积极有为、更加积极作为。三要把核心技术的自主创新作为推进交通强国建设和交通运输高质量发展的重要抓手，强化安全高效应急保障，创新人才队伍建设，在实现高质量发展过程中实现动能转换，努力建设人民满意交通，切实提升老百姓获得感、幸福感、安全感。

中国交通通信信息中心有关负责同志，“一部三局”直属机关党委党员干部参加联学活动。（丁孪）

『往后的日子，定是甜的』

马玉龙 本报记者 王兴梅

秋日，独龙江两岸海拔1600米以下区域山坡上的草果进入采摘期，碧绿的江水畔，红灿灿的果实预示着又一个丰收年。

“采收、包装、运送、销售更顺畅了，今年收成会比去年好。”捧着刚摘下的果实，云南省怒江傈僳族自治州贡山独龙族怒族自治县独龙江乡巴坡村村民李红明高兴地说。

独龙江乡是一个地处高山峡谷深处的贫困乡，全乡4100多名独龙族群众生活在海拔1000米至3000米的山坡上。受地理环境、交通不便等因素制约，独龙族群众曾一度过着刀耕火种的生活，经济社会发展滞后。

“以前，玉米、苦荞是主食，很少见肉、蛋。”“如今，吃的是白米，住的是楼房，肉食、水果时常有，日子越过越甜啦。”说起家乡的变迁，龙元村的李四妹、马库村的杨金华有讲不完的话。

独龙江乡周围沟壑纵横，峭壁叠嶂。过去，一年有半载被风雪围裹，与世隔绝。2014年，在党中央关怀下，一条穿过高黎贡山的隧道打通了。次年，独龙江实现全年通车。从此，独龙族群众与各民族的交往、交流、交融进程不断提速。

交通条件改善了，独龙江乡也开始发展旅游业。目前，在连接村寨较多的交通要道旁，具备农产品加工、货物贸易、商旅接待、文化交流、休闲娱乐等功能的旅游小镇正在悄然兴起。

短短3年，独龙江乡修通了长达200多公里连接村、组、户和田间地头的公路网及其他基础设施。精准脱贫攻坚一年多来，独龙江乡先后引（投）入1.25亿元，实施了一批桥梁、隧道、公路、电网和通信等基础设施新建、扩建提升工程，激发了独龙族群众追求美好生活的内生动力。

今年，在各级政府帮扶下，独龙江乡最后一个贫困村——迪政当村也即将脱贫摘帽。展望未来，独龙江乡乡长孔玉才满怀信心：“往后的日子，定是甜的。”

决胜小康 交通力量

日前，中国邮政集团北京市分公司报刊发行局与中国儿童少年基金会工作人员来到国家扶贫开发工作重点县——河北省海兴县，向赵毛陶镇褚村小学捐赠了500套“爱心书箱”。学校老师表示，希望爱心书籍能够让孩子们看到不一样的世界。 马欣 摄

雅江堰塞湖自然过流 交通部门保畅救灾通道

本报讯（记者 刘垚辉）10月21日，记者从雅鲁藏布江堰塞湖公路抢险保通一线获悉，随着自然过流，雅鲁藏布江水流量基本降至正常值，西藏自治区交通运输系统正全力保障国道219线、县道408线等通往灾区道路安全畅通，确保抢险救援设备和救灾物资顺利运抵一线。

据了解，经初步勘察，雅鲁藏布江沿线米林县境内公路受损7公里，加拉村索桥受损严重，达林村大桥被冲毁；墨脱县境内80余公里公路不同程度受损，部分路段塌方严重，多处路基、防护设施长距离受损，部分料场被冲毁。德兴大桥、解放大桥等桥梁局部受损，预计损失约3.2亿元。

目前，西藏交通正着力抓好抢险保通、公路交通损失评估、灾后重建规划、公路地质灾害调查与治理、灾后公路交通重建五项重点工作。为此，自治区交通运输厅已拨付600万元，用于抢险保通工作。各级交通部门共准备机械52台、人员220名，具备条件时将全力抢通受灾公路。

宜昌规划建设 三峡翻坝运输管道

本报讯（王元超 记者 潘庆芳）湖北省宜昌市政府日前审定了《三峡综合交通运输体系建设实施方案》，计划在江南新建三峡枢纽茅坪港区疏港铁路、翻坝运输管道，在江北新建翻坝高速公路，并在沿江县（市、区）布局茅坪、红花套、白洋、枝城、云池、七星6个港区。

三峡枢纽茅坪港区疏港铁路起于三峡翻坝物流产业园茅坪港区，止于宜万铁路宜昌点军南站，线路全长约43公里，建设工期4年。江北翻坝高速公路建设里程36公里，目前已开工建设，力争2020年年底全面建成。江南翻坝运输管道连接三峡大坝上游茅坪港和下游红花套港，力争今年年底开工建设，2020年年底全面建成。

石济高铁年底全线开通

本报讯（驻山东首席记者 王燕 特约记者 孤加树）近日，石济高铁齐河至济南新东站段正在联调联试，年内将与济青高铁同步开通至济南新东站。届时，石济高铁将实现全线开通。

石济高铁齐河至济南新东站区间全长35公里，设计时速250公里，整个联调联试将持续至今年11月中旬。联调联试主要对沿线的轨道、通信、接触网、牵引供电和运营调度等相关设备分阶段测试，并通过开行检测列车逐级提速，通过“折返跑”方式，采集和分析相关数据，合格后将进入试运行阶段。

济青高铁年内也将同步开通至济南新东站。石家庄到青岛的火车运行时间，将从现在的近5小时缩短至2小时30分钟，济南至石家庄的火车运行时间将由原来的2小时缩短至80分钟。

据了解，石济高铁是我国高速铁路网中太原至青岛客运专线的重要组成部分，将连接起京广高速铁路、京沪高速铁路两大高铁动脉，打造新的晋冀鲁区际通道，畅通区域间人员、信息和技术交流。

“降滞脱黑”迎中国船队蝶变

——访交通运输部海事局原巡视员黄何

本报记者 吴楠
实习记者 杨子希 通讯员 李强

如今，中国已经超越日本，成为世界第二大船东国，并且正以较快的速度缩小着与希腊的差距。回首上世纪九十年代，我国远洋船队发展并非一帆风顺，而是经历了惊涛骇浪般的三年“降滞脱黑”关键时期。

回首峥嵘岁月，往事历历在目。交通运输部海事局原巡视员黄何说：“那时候我国经济条件有限，中国船舶大多是从国际上购买的二手船，船舶的质量和情况普遍不佳，配套出海船员的培训体系也不完备，造成中国籍船舶在国外港口被滞留的数量逐年增加，滞留率超出世界各主要港口国的平均滞留率。欧美和亚太地区国家纷纷将中国籍船舶列入重点检查名单——俗称‘黑名单’。”

交通运输部海事局原巡视员黄何。 赵晨 摄

中国籍船舶曾举步维艰

1978年以来，改革开放的春风吹拂神州大地，对外贸易的发展愈加繁荣。贸易的繁荣促进了我国航运业的发展，出海的船舶数量呈现出爆发式增长，支撑了我国对外贸易的发展。

“虽然行业规模有所壮大，出海船舶数量增长，但是当时船舶的质量普遍不高。”谈及当时中国籍船舶的安全水平，黄何说，“从1982年‘巴黎备忘录’生效起，中国籍船舶就经常因为达不到安全标准，被外国的海事当局滞留。其中中国籍船舶在欧洲的滞留率，在当时甚至达到了20%。”

被滞留，意味着船舶在未得到管理当局检查合格以前，不能继续完成航行任务。首当其冲的，就是船舶公司将遭受经济损失。船舶在滞留期间，船舶公司一天就要损失几千甚至上万美元。

“除了经济损失外，船舶被滞留，航运公司还将面临航运资金融资难的困境。”黄何说，“船舶公司的滞留率过高，意味着公司的安全管理水平不符合要求。这对于融资方风险很大，融资条件将变得非常苛刻。此外，船舶的安全状况，还与其在市场的货运量、保险费率有着密切关系。如果航运公司安全技术状况不好，公司经营的成本将会大大提高。”

在改革开放初期，高滞留率也给我国船队整体造成很大的困扰。如果一个国家的船舶经常被滞留，那么这个国家的船舶就会进入国外海事当局的“黑名单”，意味着港口国对该国的到港船舶的检查率会更高，对于一个船籍国的航运业是很大的打击。

（下转4版）

□值班编委 孙宣夫 本版副主编 卢悦 责编 赵腾飞 □E-mail:xw1b@zgjtb.com □新闻热线：(010)64255441 □发行热线：(010)64256206 □广告热线：(010)64250642 □培训热线：(010)65299681

2018年10月23日 星期二
水运中心主办 责编 [illegible]
庆祝改革开放40周年 1978-2018 先行 中国救捞
中国交通报 CHINA TRANSPORT NEWS
4版
电话:010-65293640 E-mail:sy@zgjtb.com

开栏的话

今年是改革开放40周年。伴随着改革大潮，救捞系统在改善装备水平、提升技术能力、完善管理机制、建设国际一流现代化专业救捞体系等方面取得了令人瞩目的成就，为交通强国、海洋强国建设提供了有力支撑和建设保障。与此同时，救捞系统涌现出了一批先进典型。他们不畏风雨、不惧危难，出色完成了一次又一次救捞任务，为救捞系统的发展写下了浓墨重彩的篇章。

从今日起，本报将开辟《我的救捞我的船》专栏，回顾救捞系统功勋船舶（直升机），反映他们舍生忘死、救生命与财产于危难的职责与担当。

打捞英雄有力量 沧海横流显身手

——记上海打捞局"大力"号

本报记者 綦秋华 实习记者 [illegible]

"'大力号'是一艘起重量为2500吨的海上自航浮吊船，它的臂台力很大，可达6000吨。"在中国救捞陈列馆，上海打捞局救捞工程船队党委书记、救捞级高工王伟平一边指着"大力号"的模型一边告诉记者，该船虽然很多设备和结构都更换过，但是它的核心起吊装备还是原装，依然生龙活虎，目前正在"PL19-3"工地作业。

从1980年由日本引进至今，作为当时国内数一数二的打捞工程船，服役38年的"大力号"凭借起吊能力大、辟路远等优点，在国内外多项重大工程建设和应急打捞任务中大显身手，战功赫赫，是中国救捞发展历史上当之无愧的英雄船。

"大力士"上演海底绣花

"'大力号'双主钩同时加到200吨。"对讲机里传来吊机手响亮的播报声。2016年7月28日7时34分，"大力号"与"浮潜号"联合正力"接成"品"字形，正在对"世越号"进行紧张的抬吊船艏作业。当"大力号"双钩同步加至430吨时，沉船姿态监控仪上的"世越号"船艏被缓缓抬离海底。当双主钩分别加至710吨和460吨，沉船船艏被抬起0.75度，约2.4米高。"大力号"主钩暂停抬吊，开始进行水下钢缆连接作业。

这是"大力号"在"世越号"打捞第二阶段——抬吊船艏穿引首批钢缆作业时的一个画面。在举世瞩目的"世越号"打捞中，"大力号"出色完成了首阶段沉船预调查、搭油和防造伴浪失安全网安装以及第二阶段沉船船艏抬吊和托底钢梁安装。

韩国"世越号"打捞工程现场作业。 张华京 摄

起吊能力强是"大力号"的鲜明特点。自从1980年服役至今，"大力号"大大增强了海上救捞作业能力，在服务和保障国家重大工程建设中表现出色。

为向全球提供海洋观测资料信息、向远经海南的中外船舶提供航海保障，受联合国海事委员会委托，1988年中国在南沙群岛永暑礁建设永久性海洋观察站。"建站工程全部在水下进行，作业水域海况恶劣，其艰难程度在我国水上建筑史上首屈一指。"王伟平回忆说，当时，条件异常艰苦，但是建设者"没有条件创造条件也要上"，甩开膀子，人拉肩扛，克服了重重困难。作为我国当时最大的2500吨浮吊船——"大力号"在建盘安放沉箱、浇筑巨大钢架等建设中发挥了主力军的作用。

王伟平表示，"大力号"高强度作业、连续作战的能力特别突出，在2003年的东海大桥建设中，上海打捞局承担的是建设难度最大的海上二桥桥墩和桥面板的吊装架设任务，也是该局承接的最大建桥工程。当时，每个桥面板重近2200吨，最少时一天起吊5块。"大力号""咬牙"坚持，连续507天保持高负荷状态，顺利完成308块桥面板的作业安装。

除了力气大，"大力号"还有"穿梭花针"的本领。1983年5月，"大力号"首次为渤海湾埕北油田进行海上输油导管架安装。"大力号"顺利地将长41米、宽36米、高25米、总重1870吨的"A"导管架放入指定位置，误差仅17毫米，而质量标准为不超过225毫米。据悉，"大力号"前后6次完成埕北油田吊装作业，与其他参建单位一起获得了1986年度埕北油田建造工程国家科技进步一等奖。

关键时刻发挥关键作用

作为中国救捞的英雄船之一，"大力号"总是能够在关键时刻发挥关键作用。

参与完成宝钢码头抢修工程令王伟平记忆犹新。1987年8月13日，宝钢原料码头被装有3万吨化肥的巴拿马"大厦号"货轮撞断160多米。4块桥面板、4只桥墩连同两条运输线装置全部落水，宝钢的主、副原料码头的运输全部陷入瘫痪状态，严重影响了宝钢的正常生产。

在此次重大应急保障任务中，"大力号"主要负责打捞吊装落江的桥面板和桥墩，为保障宝钢的正常生产运营发挥了重要作用。要把宽15.8米、长40米、重500多吨的桥面板作整体安装，难度极大。为确保万无一失，最后决定采用8点双钩吊装法，并设两个辅助吊点及部分配重，以防止偏位而造成桥面倾斜。最终完成时，40米长的面板之间的空隙只有10厘米。指挥人员和吊机操作者之间配合默契，达到了难度极高的准确连接。

在突破海洋工程的疆界过程中，"大力号"也发挥过关键作用。2003年，上海救捞局与挪威APL公司合作，首次独立承包南海番禺油田单点系泊系统安装工程。"这个工程历时114天，特别考验技术能力和管理能力。"王伟平感慨地说，上海打捞局通过揽下这个姿器活，培育了独到的"金刚钻"——学习到了国外先进的饱和潜水技术和设备，极大地锻炼了队伍，为后来300米饱和潜水技术的逐步实践和市场开拓奠定了坚实的基础。

"降滞脱黑"迎中国船队蝶变

——访交通运输部海事局原巡视员黄何

（上接1版）

1993年，随着中国及周边国家港口国监督水平逐步提高，亚太地区的14个国家联合起来，共同签署了"东京备忘录"，于1994年生效。"东京备忘录"的宽船数量，在当时居世界首位。由于中国船舶质量长期得不到改善，"东京备忘录"的生效让中国籍船舶在海上航行更加困难。1997年，我国同时被"巴黎备忘录""东京备忘录"和美国海岸警卫队列入港口国检查的"黑名单"。进入"黑名单"，无疑会严重影响中国船队在国际上的声誉，降低中国船公司在国际航运市场的竞争能力，使企业遭受巨大经济损失；并会对中国作为航运大国的形象、地位产生不良影响，无异于让大而不强的中国远洋运输发展恶性循环、雪上加霜。

"降滞脱黑"工作的启动，就是在这样的背景下产生的。

摸索试点突破困境

对于"降滞脱黑"政策的出台，时任交通部海事局船舶处处长的黄何仍然记忆犹新："从1997年3月开始，交通部海事局对我国船舶在国际上滞留率高、滞留数量大的情况进行了研究，根据1994年至1996年的数据，有针对性地陆续摸索出台了一些实验性的措施。"

在这些措施当中，最先采取的措施是"开航前检查"。黄何回忆，交通部海事局决定先从那些对中国籍船舶检查和滞留次数较多的国家入手，着重对去往欧洲、美国、澳大利亚、韩国等几个滞留中国籍船舶数量大的国家的船舶，结合对方港口国检查侧重点，进行离港检查。

黄何介绍，检查是在船舶进行离港申报时进行的："开航前检查是当地海事部门联合船级社、船舶公司，按照目的地国家的港口国检查标准进行的。如果船舶在目的地被滞留，那么组织开航前检查的海事部门将被追责。"

除了进行事前"开航前检查"外，"跟踪报告"制度也是一项重要的措施。一旦中国籍的船舶被滞留，船舶要第一时间向国内所属的船舶公司和所属的船籍港海事部门进行报告。报告后，海事部门就会对这条船舶进行跟踪检查，调查船舶被滞留的原因。"而对于船舶自身存在的同类型安全问题，海事部门内部会进行通报，并归纳相关国家对中国籍船舶的检查特点，实现举一反三。"黄何说。

在采取的措施中，与国外海事当局"黑名单"相对应的，交通部海事局还实行了国内船舶公司的"黑名单"制度。黄何进一步解释："当船舶公司的船舶被滞留率高于我国船舶的平均被滞留率时，就将该船舶公司列入国内的'黑名单'。进入'黑名单'的公司船舶，只要申请离港，就必须接受当地海事部门的安全检查。这在当时起到了很好的震慑作用。"

"这些措施自1997年年初陆续出台，很快就在海事系统得到了贯彻执行，到下半年就能明显看到我们国家的船舶滞留情况有了明显改善。当时国内的港口国检查(PSC)员全国也就100余人，而有时每天要检查近千条船，还要对自己的船舶进行离港检查。但是非常时期，没有人因为工作紧张有怨言，大家憋足一口气，一定要把滞留率降下来。"黄何回忆。

从"黑名单"进入"白名单"

"降滞脱黑"实现了"开门红"，为海事系统乃至整个航运界打足了气。为了能继续改善我国船队的整体面貌，争取早日脱离"黑名单"，交通部领导下了很大决心。1997年11月，国际航线船舶船东大会在海南省海口市召开，这次大会在实行"降滞脱黑"的过程中，具有标志性意义。

如今，随着中国籍船舶整体质量的改善，中国已加入优质船旗国行列。图为中远海运散运"中海祥和"轮顺利通过巴西港口国检查。

中远海运散货运输有限公司 供图

"这是改革开放以来第一次召集所有经营国际航线的船舶公司参加的大会。船舶公司、交通主管部门、海事部门和船级社，共200余人参加，共同布置'降滞脱黑'的目标和任务，这在当时对以后的航运业发展具有很大的影响。"黄何表示。

在会上，原交通部副部长刘松金作大会报告，针对"降滞脱黑"的任务，提出了"一年见成效、三年变面貌"的口号。鲜为人知的是，会议报告起草的时候，还曾经提出过"一年见成效、两年变面貌、三年全面脱离黑名单"的目标。黄何作为报告起草人回忆，这个目标比最终会议提出的目标要高，但当时考虑到全面脱离"黑名单"难度较高，所以开会时提出了较为保守的目标。而就在3年后，中国真的实现了从世界范围内全面脱离港口国检查"黑名单"的目标。

在"降滞脱黑"的过程中，交通部出台的若干规定似雷霆之势，对于这项工作的开展起到了至关重要的作用。1998年2月，交通部出台了《关于降低中国籍船舶在国外滞留率的若干规定》，对包括处理、处罚，各省交通厅每月的滞留情况、被检查情况等都作了详细规定。例如规定对六个月内在国外被滞留一次以上的船舶，船公司应及时调整该船舶的经营航线或暂时退出国际航线；未经开航前检查的，或未按要求纠正缺陷的，港务监督不予办理出口手续。

功夫不负有心人。黄何说，措施出台之后，很快就取得了突破性进展。1998年，我国顺利脱离"巴黎备忘录""黑名单"；到2000年年底，又成功脱离了"东京备忘录"和美国港口国监督"黑名单"。

"'降滞脱黑'对中国航运业具有划时代的意义。在这之前，我国船舶在国外海事局属于重点检查对象，'降滞脱黑'工作的顺利开展，让世界对中国船队的印象有了很大改观。"谈论起20年前的这场"战役"，黄何很感慨："现在回忆起来还很有成就感。如果没有当时的尝试和交通部领导的推动，想要在3年内完成'降滞脱黑'，是根本不可能完成的任务。"

3年的"降滞脱黑"，实现了中国籍船舶整体面貌的改观。此后，交通运输部海事局又先后建立了安全检查缺陷反馈、船舶滞留案例调查等规定制度，进一步总结降滞经验，夯实脱黑成果。

"随着中国籍船舶管理、安全技术状况的改善，我国不仅脱离了'黑名单'，还进入了'白名单'，变成了优质船旗国。这与那几年采取的措施、形成的做法有很大的关系。"黄何说，"'降滞脱黑'的那几年，确实是非常关键的几年。"

动态

张家港海事开展船舶燃油检查

本报讯 （特约记者 蒋奇立 通讯员 宋凯伟）日前，江苏省张家港海事局组织开展了船舶燃油质量集中检查，加强长三角地区船舶大气污染联防联控，打响2018年中国国际进口博览会空气质量"保卫战"。

据了解，张家港海事局印发《关于做好中国国际进口博览会张家港市空气质量保障工作的通知》，按照长三角船舶排放控制区要求，从空气质量保障工作宣传、船舶燃油质量管控、推进船舶岸电使用等多方面，系统部署了博览会期间空气质量保障工作。

本次船舶燃油质量检查对象覆盖了靠港船舶、供油单位、水上服务区等各类船舶，并将工作指标细化到每个工作日，建立起工作进度"日反馈"机制，确保博览会空气质量保障要求的落实。

舟山惩戒保税油加注失信国际船舶

本报讯 近日，浙江省舟山海事部门在执法检查中发现"金鸿17"轮和"东凯油9"轮存在配员不足、未按规定办理进出港报告等违法行为，这2艘船舶均为经备案从事保税油加注的船舶。随后，舟山市政府对这两艘船舶的失信行为实施联合惩戒。

据了解，对国际航行船舶实行保税燃油加注联合惩戒机制，这在全国范围内尚属首创。惩戒措施主要包括限制或禁止失信对象的市场进入、行政许可；对失信对象加强日常监督管理，依法依规实施行政处罚；限制失信对象享受优惠政策、评优表彰；向社会公开失信对象的失信行为信息等。

联合惩戒机制的建立，将保税燃油生产、销售、使用主体纳入社会信用体系，促进各环节市场主体守法经营，构建信用惩戒大格局，将为中国(浙江)自由贸易试验区保税燃油加注产业发展营造良好环境。（何奇 宋立良）

厦金航线完成台籍客船更新

本报讯 （记者 龚仁智 通讯员 罗孟 蔡振华）近日，"新金祥龙"轮入列厦门至金门航线，并顺利完成首航，标志着自2016年9月以来，厦金航线台湾籍客船实现全部更新。这也是自厦门海事局积极推动厦金航线老旧船舶升级换代以来，厦金航线迎来的第六艘入列新船。

近年来，厦门海事局积极推动五通客运码头厦金航线客船的持续升级换代，不断创新完善多项服务保障举措。通过开通"绿色通道"，优化通关服务，执行厦金航线7天定期查验制度，高效快速地办理进出口岸手续；在重点时段开展"全覆盖式"集中安全检查，确保船舶适航、船员适任，全力为旅客提供更加安全、快捷、优质的出行服务。

大连海事查处危险品夹带案

本报讯 近日，大连海事局与大窑湾海关联合查处一起进口3类危险品"夹带"案件，这是大连口岸首次查获已申报危险品集装箱中"夹带"瞒报危险品的案件。

双方执法人员从一个德国进口的3类危险品散热器内腔漆的集装箱中，发现该集装箱内"夹带"了未按规定申报的3类危险品固化剂和富锌底漆，共计998公斤。该行为扰乱了正常的危险品运输和监管秩序，海事执法人员依据相关法律法规，对货物所有人进行了相应的行政处罚。

据了解，在"三互"合作框架下，大连海事局率先提出在已经申报危险品的拼箱货物中，可能存在"夹带"其他瞒报危险品的情况，并及时将重点隐患排查项目向大连海关和集发南岸危险品场站进行了通报。下一步，大连海事局将不断强化危险品现场查验工作，为大连口岸稳定的安全生产形势保驾护航。

（王蕊）

长江上海段举行集装箱落水应急演习

本报讯 （特约记者 王贵风 特约记者 潘治洋 通讯员 赵俊博）近日，"2018年长江上海段集装箱落水应急处置演习"在上海市外桥沿岸水域成功举行。

本次演习的主题是"迎'进博' 保畅通 筑平安"。演习包括集装箱落水、接警处警、现场交通管控、落水集装箱定位、落水集装箱情况排查等9个科目。演习共出动海事巡逻、扫测以及潜水作业、救捞工程等各类船艇10艘，人员76人。

本次演习完整模拟了突发事件应急处置全过程，实战性强，检验了参演单位应急预案的建设成果，提升了其应对集装箱落水的现场管控、定位打捞和应急处置能力，有力促进了首届中国国际进口博览会水上交通安全保障工作。

地址:北京市朝阳区安华西里三区13号楼 邮编:100011 总编室:(010)65293633 通联部:(010)65293561 (010)64252114(传真) 采编中心:(010)64255441 公路中心:(010)65293615 水运中心:(010)64255824 运输中心:(010)65293641
新媒体中心:(010)64255469 培训中心:(010)65299681 广告部:(010)64250642 (010)64255452(传真) 北京中通广告公司:(010)64252934 广告经营许可证:京朝工商广字0142号 每年定价:460元 每月定价:38.34元 零售每份:1.92元 中国青年报印刷厂印制

科学规划　引领中国公路历史性跨越

——访交通运输部原总工程师周海涛

本报记者　孟庆丰　实习记者　袁　帅

见报日期　2018 年 10 月 26 日

“我小点声儿念，声音大了会激动。”交通运输部原总工程师周海涛拿起《“五纵七横”国道主干线系统规划》手稿，翻到最后一页，缓缓读道，“在国道主干线系统规划近 3 年的工作中，我们反复研究，尽可能把‘三主一支持’长远规划设想研究深、分析透，向部党组提出一个比较科学、合理的规划方案以及相应的政策措施。然而，当我们即将写完这份报告的现在，仍然感到有很多问题没做深、未想透，对此我们深感不安……”

读到这，周海涛停住了，双手因激动而微微颤抖，他很清楚地记得规划方案定稿的那个晚上，大家煮了些鸡蛋，蘸着辣椒酱当夜宵，当他写完最后这段话时，天已经亮了。

令周海涛动容的珍贵手稿，有 59 页，已经卷边泛黄。他告诉记者，《“五纵七横”国道主干线系统规划》是我国在 960 万平方公里的土地上，首次运用系统的规划理论方法规划这么大规模的公路干线，在世界上是罕见的。“对一个 30 年的规划，我们曾担心这样的判断和结论是不是正确。如果规划结论不正确，对我国公路交通的发展，是大罪过。”周海涛欣慰地说，“现在看来，这颗心终于落定了。”

回溯历史，这部规划的研究由来已久。1956年，交通部公路总局组织专家启动了新中国第一个公路规划草案的研究；1981年，国家计委、经委和交通部发布《关于划定国家干线公路网的通知》，划定约10.9万公里的国家干线公路（即国道网）；1984年年底，国务院出台了征收车辆购置附加费、提高养路费收费费率和实行贷款修路收费还贷三项政策，让公路建设资金有了新渠道；1990年12月，《“五纵七横”国道主干线系统规划》通过交通部审查，并于1992年得到国务院认可。

要不要修汽车专用路 引发全国大讨论

“那时公路上不仅有汽车，还有马车、牛车和手推车。汽车速度稍微快一点就可能撞上路口横穿过来的非机动车，经常发生事故。”周海涛介绍，当时的国道网中，一、二级公路的比重非常低，短途的地方交通流和省际、城际的中长途交通流，往往都拥挤在同一条路上。1980年到1985年，国家在改扩建二级公路上下了很多功夫，有些地方甚至修成了路基宽18米、路面宽15米的“超二级公路”。

然而，路虽然宽了，但由于各种交通工具混行，事故多，效率并没有提高。20世纪80年代，全国汽车平均运行时速为30公里，干线公路汽车平均运行时速也只有37公里。

为此，进行《“五纵七横”国道主干线系统规划》研究时，借鉴美国州际公路、日本等国汽车专用公路的历史经验，提出了建设快速公路系统的意见，即建设汽车专用公路系统。

“那时候，人们对建设高速公路的认识并不一致，有很多不同的声音。”周海涛回忆，20世纪80年代初，我国民用汽车保有量只有400多万辆，平均每公里公路上只有4辆车。1989年下半年，《人民日报》专辟版面进行交通发展大讨论。对于建设高速公路，很多人都持反对意见，认为以目前汽车保有量，建设高速公路是奢侈和浪费。直到1989年7月，在沈阳召开的全国高等级公路建设现场会上，国务委员邹家华指出，高速公路建设不是需不需要的问题，而是如何建设的问题。

事实证明，交通先行是党中央、国务院的英明决策。交通运输行业是先导性、基础性行业不是一句套话，而是被历史证明过的发展规律。

抓住3万公里国道主干线这个牛鼻子

要修的路很多，但资金有限，今后交通和经济如何发展，哪些路要优先重点修，对未来发展趋势的判断，是《“五纵七横”国道主干线系统规划》面临的最大挑战。

“经过3年研究，我们的结论是，约3万公里左右的主要国道，是今后一段时间的建设重点。”周海涛说，这3万公里的国道主干线，连接了当时全国所有的100万人口以上的城市和93%的50万人口的城市。并且，他们在研究中发现，我国城市和产业系统发展有其内在规律。近百年来，虽然我国城市的发展重心在内陆城市和沿海城市之间有些变化，但发展的空间格局基本没变。这就是说，把握住了城市发展规律，就把握住了今后我国的经济和产业发展空间发展规律。

“解决了3万公里的国道主干线交通问题，就等于解决了沿线相关的我国主要城市和主要产业的发展问题。”周海涛说，现在看来，近30年的经济社会发展证明了当时这个结论是正确的，让人欣慰。

据周海涛介绍，《“五纵七横”国道主干线系统规划》有三个特点。一是在指导思想上，突出以经济建设为中心。《“五纵七横”国道主干线系统规划》把握住城市和产业发展趋势，在路网节点和线路选择上，选择了交通量较大、沿线覆盖人口比较多、沿线工业产值比较高的城市和线路。

二是规划出了我国公路网的主骨架。抓住了建设连接大城市、大区域之间快速通道的核心问题，规划的公路都是最重要、最繁忙的通道。

三是针对20世纪80年代中后期公路混合交通状况，确定了规划建设专供汽车行驶为主的高等级公路，找到了汽车专用公路这一解决混合交通问题的主要途径。

随着《“五纵七横”国道主干线系统规划》的进一步推进实施，我国高速公路发展进入了前所未有的黄金时代。“七五”期间建成高速公路522公里；“八五”期间建成1600多公里；“九五”期间建成1.4万多公里；“十五”期间，高速公路建设实现历史性突破，建成2.5万公里；“十一五”期间，总里程达到5.3万公里；“十二五”期间，总里程达到10.8万公里。进入“十三五”以来，高速公路仍继续保持较快的发展势头。

亲历交通的历史跨越是一种幸运

“我不仅有幸见证了我国高速公路的跨越发展，还看到了交通科技日新月异的创新。”周海涛说，在担任交通运输部总工程师期间，我国公路、桥梁、隧道、交通工程领域科技创新硕果累累，其中，我国多项原创技术让他印象深刻。比如桥梁根式基础技术，用树的根须原理，提高了桥梁桩基础的承载力；同向回转的斜拉桥体系，从理论上解决了混凝土塔的开裂问题；“温拌沥青”技术不仅减少了大量排放，还延长了低温地区公路施工工期……

“改革开放40年，我作为百姓的一员和交通运输行业的一员都是幸运的。”周海涛说，“作为百姓的一员我是幸运的，交通运输的快速发展让出行越来越方便，从跋山涉水到一路坦途，生活的幸福感更强了。作为交通运输行业一员我也是幸运的，能够亲身经历交通运输行业实现‘瓶颈制约、初步缓解、基本适应’的历史跨越，能够亲手为这个历史跨越作一点贡献，我由衷地感到幸运，也由衷地感到自豪。改革开放给了我们这样的历史机遇，使我们有机会能够在这广阔的舞台上，为交通运输发展尽力。”

CHINA TRANSPORT NEWS
2018年10月26日 星期五　http://www.zgjtb.com　|　第6842期　今日8版　|　邮发代号 1－72　国内统一连续出版物号 CN 11－0122　交通运输部主管　中国交通报社主办

港珠澳大桥已纳入国家公路网运行监测体系

本报讯（实习记者 赵鹏飞 记者 毛浏）10月25日，交通运输部新闻发言人吴春耕在例行新闻发布会上表示，港珠澳大桥具体运营管理工作由港珠澳大桥管理局承担。大桥已纳入国家公路网运行监测体系，内地ETC、香港快易通用户驾车皆可实现电子不停车通行。

目前，港珠澳大桥跨境通行车辆按照配额制度执行。大桥已配备一定数量的公共交通工具保障群众出行，包括跨境巴士（城市间）、穿梭巴士（口岸之间）及出租汽车。有关部门正在研究完善范围更广的跨境车辆通行政策。

下一步，交通运输部将积极配合有关部门，做好大桥的各项运输组织工作。加强港珠澳大桥与周边路网的统筹协调，准确及时提供路况信息、公路气象、交通疏导等服务，完善应急预案，确保高效便捷通行。规范收费管理，提供多种便捷支付方式，除电子不停车通行外，允许通过人民币现金、银行卡、支付宝、微信付款。加强安全保护，按照属地原则，严格执行三地车辆超限标准，确保通行车辆符合管理标准，确保大桥基础设施及通行安全。海事部门将增配专门监管力量，加强桥区的通航安全管理。

李小鹏主持召开部务会，强调
增强责任感和紧迫感坚决打赢交通脱贫攻坚战
做好北斗系统推广应用推进军民融合深度发展

在习近平新时代中国特色社会主义思想指引下——新时代新作为新篇章

本报讯（记者 毛浏 通讯员 彭程）10月25日，交通运输部部长李小鹏主持召开部务会，进一步学习习近平总书记关于脱贫攻坚工作和巡视工作的重要指示精神，传达学习中央有关会议精神，研究深化农村公路管理养护体制改革、推进交通运输军民融合深度发展、交通运输行业北斗系统应用推广等工作。

会议指出，如期打赢脱贫攻坚战，关系到"两个一百年"奋斗目标和中华民族伟大复兴的中国梦的实现，关系到党的执政基础和国家长治久安。习近平总书记关于脱贫攻坚工作的重要指示，充分体现了打赢脱贫攻坚战的重要性、紧迫性，充分体现了习近平总书记高度重视、驰而不息抓脱贫攻坚的战略定力，也充分体现了坚持以人民为中心的发展思想。会议强调，要深入贯彻落实习近平总书记重要指示精神，坚定不移履行好脱贫攻坚政治责任，攻坚克难全面完成目标任务，形成合力攻坚的大扶贫格局，主动配合巡视坚决抓好整改，确定目标加油干，坚决如期打赢交通脱贫攻坚战，确保小康路上不让任何一个地方因交通而掉队。

会议指出，在各部门共同努力下，部推进国务院大督查发现问题整改取得了阶段性进展，但在降低实体经济物流成本等方面仍需要加大力度，要在前一阶段强化整改、立行立改的基础上，进一步查遗补缺、理清责任，采取有效措施，坚决抓好落实，在降低实体经济物流成本方面取得实实在在的成果，让人民群众有实实在在的获得感。一是强化整改落实，对督查中反映的问题逐项梳理、逐项整改，层层压实责任，举一反三，会同相关部委，从落实整改措施上入手，全面强化政策实施效果。二是做好督促指导，督促地方交通运输主管部门在当地党委政府领导下，加大整改工作力度，及时总结地方好经验好做法，充分调动基层部门积极性、主动性、创造性。三是抓好分工协作，各相关司局要针对有关问题，结合自身工作细化分解、对照落实，确保问题整改不留死角。

会议强调，要充分认识深化农村公路管养体制改革的重要性，加快完善政策措施，推动落实地方主体责任，增强资金保障，提升基层治理能力，建立符合我国农村特点的公路养护机制，确保农村公路可持续发展，为打赢脱贫攻坚战、实施乡村振兴战略和全面建成小康社会提供有力支撑。

会议强调，要进一步强化忧患意识、大局观念、战略定力和责任担当，进一步巩固完善交通运输军民融合工作机制，加强交通基础设施统筹建设和资源共享，加强交通专业保障队伍能力，加强法规、标准、科研与人才融合建设，奋力开创新时代交通运输军民融合深度发展新局面。

会议指出，要把做好北斗导航系统应用作为全行业的一项重要任务，抓实抓细，确保取得实效。一要部省联动、协同发展，促进北斗基础站规范建设。二要开放共享、形成合力，持续推动形成高精度数据行业共享、技术共用、项目政策等合作机制。三要聚焦重点、形成突破，推动长江航运领域实现北斗系统全覆盖。四要总结经验、大力推广，把北斗应用和行业升级发展紧密结合，以应用促发展、以发展带动应用。

在京部领导、部总师出席会议。国家铁路局、中国民航局、国家邮政局有关司局负责同志，部机关有关司局和部属有关单位负责同志列席会议。

刘小明在道路运输行业座谈会上指出
全面深化供给侧结构性改革 推进运输服务高质量发展

本报讯（记者 毛浏）10月25日，交通运输部副部长刘小明出席庆祝改革开放40周年道路运输行业座谈会并作主旨演讲。他强调，在新时代新起点，要以习近平新时代中国特色社会主义思想为指导，围绕交通强国建设总目标，全面深化运输服务供给侧结构性改革，凝聚全行业之力量，推进运输服务高质量发展。

刘小明指出，改革开放40年来，道路运输业在党中央、国务院坚强领导下，在各部门和广大从业人员努力下，整体面貌发生了翻天覆地的变化，取得了举世瞩目的发展成就。特别是党的十八大以来，运输服务供给侧结构性改革成就令人鼓舞，为经济社会发展提供了有力支撑，为人民群众安全便捷出行提供了坚强保障。

刘小明强调，新时代新征程，要凝聚各方力量，持之以恒、接续奋斗，奋力谱写运输服务高质量发展新篇章。一是推进运输结构调整，实施铁路运能提升、水运系统升级、公路货运治理等行动，加快形成运输服务供给新模式。二是完善客运服务网络，着力打造多层次、网络化、智能化、便捷化、一体化服务系统，加快打造旅客出行供给新格局。三是推动货运转型升级，不断优化货运物流发展环境，降低企业制度性交易成本，充分激发市场活力，加快拓展货运物流供给新空间。四是推进新旧动能转换，鼓励支持新业态融合发展，加快培育运输市场供给新活力。五是推进政府职能转变，夯实法规制度基础，坚守安全发展底线，加强事中事后监管和执法队伍建设，加快营造深化供给侧结构性改革新环境。

原交通部副部长王展意，部总工程师周伟出席座谈会。部机关有关司局、地方交通运输主管部门负责同志，道路运输行业科研机构、企业等有关代表参加座谈。

前三季度交通运输经济运行稳中提质

本报讯（实习记者 赵鹏飞 记者 毛浏）记者从10月25日召开的交通运输部例行新闻发布会上获悉，前三季度交通运输经济运行总体平稳、稳中有进，客运结构持续优化，货运保持较快增长、结构调整取得积极进展，主要指标保持在合理区间、符合预期。其中，交通固定资产投资完成2.28万亿元，同比增长1.4%。

交通运输部新闻发言人吴春耕介绍，前三季度公路水路完成投资1.65万亿元，完成全年目标的91.8%。其中，高速公路完成投资7026亿元，同比增长12%；普通国省道、农村公路分别完成投资4717亿元和3548亿元，同比分别下降14.4%和1.3%；水运建设完成投资812亿元，同比下降7.9%。

前三季度，客运结构进一步优化，全社会完成营业性客运量135.6亿人，同比下降3.4%。高速公路私家车通行量达61.7亿辆，同比增长9.4%。铁路客运量同比增长9.3%，高铁客运量占比超五成。公路营业性客运量同比下降6.7%，水路客运量同比下降0.9%，民航客运量同比增长11.6%。

全社会前三季度完成营业性货运量367.4亿吨，同比增长7%，各季度增长的稳定性和持续性较强。铁路货运量同比增长7.9%。其中，铁路煤炭运量增长10%左右。公路货运量同比增长7.5%，高速公路货车流量增长9%，水路货运量同比增长4.1%，民航货运量同比增长6%。快递业务量持续高速增长，完成业务量347.4亿件，同比增长26.8%。

前三季度，规模以上港口货物吞吐量完成99.5亿吨，同比增长2.6%。煤炭、原油、液化气外贸进港量分别增长10.2%、4.9%和30.5%，集装箱吞吐量增长4.9%，铁矿石外贸进港量和矿建材料吞吐量略有下降，这是港口生产结构调整、转型升级的体现。

会上，吴春耕还就海上搜救体系完善、我国邮轮市场发展、大件运输许可优化等问题回答了记者提问。

▶发布会集萃见2版

日前，两辆满载火龙果的冷链集装箱车从越南芒街口岸驶入我国广西东兴进境水果指定口岸。这是越南大货车首次整车装载水果直抵东兴。

南向通道建设带"热"了广西水果进出口。2017年，东兴市与芒街市共同投入1300万元，在水果口岸建设互市便民临时浮桥，水果进出境有了绿色通道，有效解决了两地边境贸易货物通关拥堵等问题。

作为新的陆路水果口岸，东兴进境水果指定口岸自今年3月试运营以来，每日平均进口量达1500吨，单日进口量最高达2000吨，交易量、交易额不断攀升。

实习记者 黄婉鸣 文 亚志星 图

直属海事系统比拼VTS技能

本报讯　日前，由交通运输部海事局、中国海员建设工会全国委员会联合举办的2018年直属海事系统船舶交通管理技能竞赛在浙江宁波顺利闭幕，上海海事局和浙江海事局代表队获团体一等奖，来自河北海事局的刘勇和来自宁波海事局的马成义、姚管闻分获个人一等奖。

此次竞赛，旨在大力宣传和弘扬劳模精神、工匠精神，激励海事系统广大干部职工学练技能、奋发成才，为深入推进海事"三化"建设，早日实现海事治理体系和治理能力现代化，奋力书写海洋强国、交通强国海事篇章提供强大动力。共有14支代表队、549人参加竞赛，赛程分为理论考试、实操比赛和知识竞答3个阶段，总赛期达4个月。

目前，我国设有VTS（船舶交通服务）中心45个、雷达基站185个、从业人员1297人，服务范围覆盖沿海主要港口。（宋志宇）

小清河复航工程PPP项目实施

本报讯（驻山东首席记者 王彤）近日，山东省政府正式批复同意《小清河复航工程PPP项目实施方案》。山东省交通运输厅港航局为小清河复航工程PPP项目实施机构，齐鲁交通发展集团有限公司为政府方出资人代表。

据悉，小清河复航工程是山东首次在省级重大基础设施领域采用政府和社会资本合作（PPP）模式。该工程概算总投资达135.9亿元，其中项目资本金为35亿元（按总投资25.75%设定），社会资本方出资28亿元，持股占比80%；3年建设期预计争取中央专项转移支付补助44.7亿元，社会资本方筹集56.2亿元。该项目合作期限为30年，包括3年的建设期和27年的运营期，合作期满后，社会资本方向政府无偿移交相关资产。

小清河是山东规划的"一纵三横"水运体系中唯一可实现海河联运的"黄金水道"。复航工程的实施对带动区域经济发展、完善综合交通运输体系、促进山东省新旧动能转换具有重要意义。

山西联合整治"黑加油站点"

本报讯（记者 石中玉）记者近日从山西省交通运输厅获悉，山西省交通运输厅正在联合省商务厅、公安厅、发展改革委等8个部门对省内"黑加油站点"开展专项整治行动，严厉打击非法经营、非法储存、非法运输成品油违法犯罪活动。

此次专项行动聚焦城乡结合部、国省公路沿线、成品油经营网点等区域，以成品油运输、批发、零售环节为重点，严厉打击取缔"黑加油站点"。山西交通运输主管部门将依法查处未取得道路危险货物运输许可、擅自从事成品油运输的车辆；结合柴油货车和散装物料运输车专项行动，从运输渠道打击非法油品流入。

据悉，专项行动成立了打击取缔"黑加油站点"专项行动工作协调领导小组，负责对全省专项行动的组织协调工作，市、县政府承担主体责任。目前，该行动已进入深入排查阶段，对尚不构成犯罪的行为，相关部门将依法给予行政处罚，构成犯罪的，将及时立案、依法从严打击。在此基础上，8个部门将注重建立依法打击、分工明确、运转高效的成品油市场监管长效工作机制，构建合法经营、规范有序的成品油经营格局。

科学规划 引领中国公路历史性跨越
——访交通运输部原总工程师周海涛

扫一扫 看视频

见证40年 主题访谈

本报记者 孟庆丰 实习记者 袁帅

"我小点声儿念，声音大了会激动。"交通运输部原总工程师周海涛拿起《"五纵七横"国道主干线系统规划》手稿，翻到最后一页，缓缓读道，"在国道主干线系统规划近3年的工作中，我们反复研究，尽可能把'三主一支持'长远规划设想研究深、分析透，向部党组提出一个比较科学、合理的规划方案以及相应的政策措施。然而，当我们即将写完这份报告的现在，仍然感到有很多问题没做深、未想透，对此我们深感不安……"

读到这，周海涛停住了，双手因激动而微微颤抖，他很清楚地记得规划方案定稿的那个晚上，大家煮了些鸡蛋，蘸着辣椒酱当夜宵，当他写完最后这段话时，天已经亮了。

令周海涛动容的珍贵手稿，有59页，已经卷边泛黄。他告诉记者，《"五纵七横"国道主干线系统规划》是我国在960万平方公里的土地上，首次运用系统的规划理论方法规划这么大规模的公路干线，在世界上是罕见的。"对一个30年的规划，我们曾担心这样的判断和结论是不是正确。如果规划结论不正确，对我国公路交通的发展，是大罪过。"周海涛欣慰地说，"现在看来，这颗心终于落定了。"

回溯历史，这部规划的研究由来已久。1956年，交通部公路总局组织专家启动了新中国第一个公路规划草案的研究；1981年，国家计委、经委和交通部发布《关于划定国家干线公路网的通知》，划定约10.9万公里的国家干线公路（即国道网）；1984年年底，国务院出台了征收车辆购置附加费、提高养路费收费费率和实行贷款修路收费还贷三项政策，让公路建设资金有了新渠道；1990年12月，《"五纵七横"国道主干线系统规划》通过交通部审查，并于1992年得到国务院认可。

周海涛。　　实习记者 王博宇 摄

要不要修汽车专用路 引发全国大讨论

"那时公路上不仅有汽车，还有马车、牛车和手推车。汽车速度稍微快一点就可能撞上路口横穿过来的非机动车，经常发生事故。"周海涛介绍，当时的国道网中，一、二级公路的比重非常低，短途的地方交通流和跨省际、跨城际的中长途交通流，往往都拥挤在同一条路上。1980年到1985年，国家在改扩建二级公路上下了很多功夫，有些地方甚至修成了路基宽18米、路面宽15米的"超二级公路"。

然而，路虽然宽了，但由于各种交通工具混行，事故多，效率并没有提高。上世纪80年代，全国汽车平均运行时速为30公里，干线公路汽车平均运行时速也只有37公里。

（下转3版）

□值班编委 孙宝夫　本版副主编 卢钺　责编 王晓宸　□E-mail:xw1b@zgjtb.com　□新闻热线:(010)64255441　□发行热线:(010)64256206　□广告热线:(010)64250642　□培训热线:(010)65299681

2018年10月26日 星期五 主编 王兴宏 责编 白亮 | 3版 电话:010-64252287 E-mail:xw3b@zgjtb.com
见证40年 主题访谈
中国交通报 CHINA TRANSPORT NEWS

科学规划 引领中国公路历史性跨越

——访交通运输部原总工程师周海涛

扫一扫 看视频

（上接1版）

为此，进行《"五纵七横"国道主干线系统规划》研究时，借鉴美国州际公路、日本等国汽车专用公路的历史经验，提出了建设快速公路系统，即建设汽车专用公路系统。

"那时候，人们对建设高速公路的认识并不一致，有很多不同的声音。"周海涛回忆，上世纪80年代初，我国民用汽车保有量只有400多万辆，平均每公里公路上只有4辆车。1989年下半年，《人民日报》专辟版面进行交通发展大讨论。对于建设高速公路，很多人都持反对意见，认为以目前汽车保有量，建设高速公路是奢侈和浪费。直到1989年7月，在沈阳召开的全国高等级公路建设现场会上，时任国务委员邹家华指出，高速公路建设不是需不需要的问题，而是如何建设的问题。

事实证明，交通先行是党中央、国务院的英明决策。交通运输行业是先导性、基础性行业不是一句套话，而是被历史证明过的发展规律。

《"五纵七横"国道主干线系统规划》手稿。 实习记者 王博丰 摄

抓住3万公里国道主干线这个牛鼻子

要修的路很多，但资金有限，今后交通和经济如何发展，哪些路要优先重点修，对未来发展趋势的判断，是《"五纵七横"国道主干线系统规划》面临的最大挑战。

"经过3年研究，我们的结论是，约3万公里左右的主要国道，是今后一段时间的建设重点。"周海涛说，这3万公里的国道主干线，连接了当时全国所有的100万人口以上的城市和93%的50万人口的城市。并且，他们在研究中发现，我国城市和产业系统发展有其内在规律。近百年来，虽然我国城市的发展重心在内陆城市和沿海城市之间有些变化，但发展的空间格局基本没变。这就是说，把握住了城市发展规律，就把握住了今后我国的经济和产业空间发展规律。

"解决了3万公里的国道主干线交通问题，就等于解决了沿线相关的我国主要城市和主要产业的发展问题。"周海涛说，现在看来，近30年的经济社会发展证明了当时这个结论是正确的，让人欣慰。

周海涛接受本报记者采访。 实习记者 王博丰 摄

据周海涛介绍，《"五纵七横"国道主干线系统规划》有三个特点。一是在指导思想上，突出以经济建设为中心。《"五纵七横"国道主干线系统规划》把握住城市和产业发展趋势，在路网节点和线路选择上，选择了交通量较大、沿线覆盖人口比较多、沿线工业产值比较高的城市和线路。

二是规划出了我国公路网的主骨架。抓住了建设连接大城市、大区域之间快速通道的核心问题，规划的公路都是最重要、最繁忙的通道。

三是针对上世纪80年代中后期公路混合交通状况，确定了规划建设专供汽车行驶为主的高等级公路，找到了汽车专用公路这一解决混合交通问题的主要途径。

随着《"五纵七横"国道主干线系统规划》的进一步推进实施，我国高速公路发展进入了前所未有的黄金时代。"七五"期间建成高速公路522公里；"八五"期间建成1600多公里；"九五"期间建成1.4万多公里；"十五"期间，高速公路建设实现历史性突破，建成2.5万公里；"十一五"期间，总里程达到5.3万公里；"十二五"期间，总里程达到10.8万公里。进入"十三五"期以来，高速公路仍继续保持较快的发展势头。

亲历交通的历史跨越是一种幸运

"我不仅有幸见证了我国高速公路的跨越发展，还看到了交通科技日新月异的创新。"周海涛说，在担任交通运输部总工程师期间，我国公路、桥梁、隧道、交通工程领域科技创新硕果累累，其中，我国多项原创技术让他印象深刻。比如桥梁根式基础技术，用树的根须原理，提高了桥梁根基础的承载力；用向回转的洞拉桥体系，从建设上解决混凝土桥的开裂问题；"温拌沥青"技术不仅减少了大量排放，还延长了低温地区公路施工工期……

"改革开放40年，我作为百姓的一员和交通运输行业的一员都是幸运的。"周海涛说，"作为百姓的一员我是幸运的，交通运输的快速发展让出行越来越方便，从跋山涉水到一路坦途，生活的幸福感更强了。作为交通运输行业一员我也是幸运的，能够亲身经历交通运输行业实现'瓶颈制约、初步缓解、基本适应'的历史跨越，能够亲手为这个历史跨越做一点贡献，我由衷地感到幸运，也由衷地感到自豪。改革开放给了我们这样的历史机遇，使我们有机会能够在这个广阔的舞台上，为交通运输发展尽力。"

对接社区 共建区域化党建格局

【青岛港引航站精神文明创建系列报道之二】

特约记者 刘修婧

2018年，结合上级组织青岛峰会筹备工作相关要求，青岛港引航站党总支不断强化基层党组织领导核心地位，积极对接辖区街道社区党组织，共建区域化党建格局，与即墨路街道陵县路社区结对共建。双方通过开展多种形式的活动，共同提高基层党组织的凝聚力、战斗力，努力形成互帮互助、优势互补、资源共享、共同发展的党建工作新格局。

搭建结对平台 细化共建内容

为更好地开展共建活动，青岛港引航站党总支高度重视，选派了社区党建联络员具体负责双方工作联络，发挥桥梁纽带作用。工作前期，双方就"资源清单、需求清单、服务清单"进行了交流摸底，达成共建共识，以双方资源为基础、双方需求为导向，在社区建设、党员教育、组织活动、志愿服务等方面，细化分解双方可提供的资源、服务内容和服务频次，全面推进基层服务型党组织建设，推动青岛港引航站党建与陵县路社区党建互联互动，打造区域党建共同体，搭建市直机关与城市社区基层党组织结对共建平台。

在前期充分沟通交流的基础上，双方于5月签订共建协议，成立共建工作领导小组，建立工作例会制度，定期研讨解决结对共建过程的新情况、新问题，提升"结对共建"工作水平。双方签订的《市直机关党组织结对共建协议书》要求，双方要充分利用本单位的党建资源，定期共同开展党建活动，共享党建工作信息，交流党建工作经验，注重"软件"共建，在服务形式和服务内容等方面做文章，携手开展以共同为群众办实事、共同帮扶困难党员等活动。

创新载体 丰富社区共建活动

5月至6月上旬，青岛港引航站组织全体党团员配合社区分批次开展了"平安护航"主题党日和平安志愿者服务等系列活动，充分发挥党组织和广大党员干部在服务保障重大活动中的战斗堡垒和先锋模范作用，为重大活动创造良好环境。因组织得力，工作表现突出，陵县路社区送来"携手共建、不忘初心"的共建锦旗。另外，站党总支组织参与共建活动的社区志愿者们乘坐工作船参观青岛港区，了解引航工作流程及引航文化，开展交流互动，共话共建友谊。

8月，青岛港引航站携手社区开展"社区共建 金秋助学"共建助学活动，向陵县路社区3名困难家庭的高考生资助共计1万元的助学资金。站党总支的金秋助学行动，将共建单位的关爱落实到共建社区实处，一定程度上解决了社区居民的实际困难。

精细化管理 智慧化运作

连云港海事局打造精品档案室

特约记者 余晓瑶 通讯员 王宁

作为江苏省档案管理五星级和5A级数字档案室建设双重认证单位，连云港海事局以"三化"建设为统领，在电子文件归档管理、实体档案管理、档案信息资源共享和利用等方面取得了显著成效，档案管理已经成为连云港海事局独具特色的名片，在全国海事系统内打响了品牌。

精细管理 实现档案数字化

走进连云港海事局档案室，一排排档案卷宗整齐摆放在档案柜中。在这里，保存着数千条船舶登记资料，几十万份船员考试发证材料，这里有多年来连云港辖区的海上搜救资料，有连云港海域航道、防污染管理等大量信息，有数十年来形成的各类音像影像资料。档案门类齐全，其电子文件归档数量之多，走在了地方和系统内档案室室藏前列。

"近年来，连云港海事局的档案事业实现了从重要纸质档案到各门类、不同载体档案的全面数字化管理。"据连云港海事局办公室主任科员、专职档案员潘亚丽介绍，建局初期，整个连云港海事局只有一台计算机，档案库房只有几排铁皮柜，存放少数纸质卷宗。后来，连云港海事局引进档案管理系统，新建各类档案库，档案有了录音、录像、照片、实物等不同载体。2016年，连云港海事局通过了江苏省5A级数字档案室认证，成为江苏省档案管理五星级和5A级数字档案室建设双重认证单位。

谈及江苏省5A级数字档案室认证过程，潘亚丽回忆起当年验收组的一个"特别决定"。原来，因档案管理方面成绩优异，考核验收组打破二次评审验收的惯例，决定连云港海事局一次性通过现场验收。

目前，连云港海事局库藏档案总量达45382卷件，档案库房管理也由从前的靠淡水、拖地加湿，到现在的温湿度计算机自动控制系统、库房精确定位系统、安防系统等高科技管理。同时，室藏保管期限为永久、长期、定期30年的纸质档案，以及所有录音等特殊载体档案实行100%数字化管理。

专职档案员给年轻同事讲述实物档案背后的故事。 刘洋 摄

科学利用 服务海事中心工作

档案精细化管理带来了利用上的便捷。目前，连云港海事局档案管理工作在形成纸质档案原版数字图像的基础上，经过OCR识别技术全部生成双层PDF格式电子文件，实现了全文检索功能；引进流媒体技术，实现视频档案在线播放，大幅度提高了利用效率；引进了多项智慧库房管理技术，档案基础业务工作扎实。

政务中心船舶登记监督员肖婷婷在档案利用方面感受颇深："以前查询船舶登记档案，需要从航运中心开车到局档案室查询纸质文档，加上路上耗费的时间，每次查询至少要2个小时，现在使用档案系统查询，只需要5分钟。"

档案是时间的记录者，每一份档案都是港口和社会发展的印证和缩影。兼职档案员叶丽燕以船舶进出港签证艘次为例，分享了她的档案利用学习心得："连云港海事辖区船舶进出港签证艘次由建局初期的2000多艘次增长到2004年年底的5000多艘次，船舶的增加带来的是吞吐量和经济效益，说明连云港港口在快速发展。2005年，连云港主港区双向通航，进出港签证数据一下子飙升到12000多艘次；2012年连云港港30万吨级航道一期工程启用后，辖区进出港船舶签证艘次一度突破20000艘次……档案里一组数据的变化反映了连云港港口的变化，甚至是整个社会的发展变化。"

档案是历史的见证。一份高质量的档案，不仅能为工作人员提供便利，为海事执法和科学研究提供参考依据，也有助于维护行政相对人的合法权益。无论是在船员与船东之间的劳资纠纷中，还是在船舶买卖等经济纠纷中，船员、船舶档案都是可以影响保险理赔、法院判决走向的关键性因素。

为切实发挥档案的作用，连云港海事局各部门单位定期选派业务骨干参与档案收集整理，在工作中也重视档案查询和利用。据统计，近5年内连云港海事局档案利用6372人次、15906件次，平均每人利用档案近50次。档案在连云港海事局发挥出越来越大的作用。

团队协作 推广档案管理成功经验

近年来，连云港海事局借助信息化手段，建立了数字档案管理网站，设立档案利用、网上陈列馆、编研成果、照片档案等板块。职工可以通过个人账号进入数字档案管理系统借阅利用电子档案。点击网上陈列馆栏目，可以通过海事发展展示厅、荣誉档案等来了解连云港海事局的发展过程。历年来的档案编研成果以电子书的形式，供工作人员在档案网站上下载使用。数字档案室的建设提升了档案工作现代化管理水平，为连云港海事档案发展插上了腾飞的翅膀。

有付出就有回报。因为工作业绩突出，连云港海事局档案管理工作连续16年在连云港市档案部门年检考核中获评优秀，专职档案员潘亚丽先后获评"全国交通行业巾帼建功标兵""直属海事系统先进个人""连云港市劳动模范"等荣誉称号，并分别在《中国档案》《中国海事》等杂志发表业务论文24篇，多篇论文获奖，其中一篇被评为中国档案学会优秀论文奖。

为了更好地发挥先进模范表率，连云港海事局成立了以潘亚丽为牵头人的档案工作小组，并着手创建"潘姐劳模创新工作室"。该工作室经常开设档案管理培训班，整理的《文书档案整理注意事项》成为档案管理"经典教材"，同时，承办部海事局"直属海事系统档案管理实务"研究课题，将连云港海事局档案管理的成功经验在整个系统推广。

连云港海事局党组书记、局长张浩介绍："连云港海事局正实施以规范、提升、争先为主题的'三年攻坚行动'，助力海事'三化'建设。档案管理是连云港海事局推进内部管理精细化、规范化的突破口，体现了连云港海事人精益求精、不断超越的精神。"

简讯

上海"进博会交通"App上线

本报讯 （特约记者 林菁）如何最快、最便捷地到国家会展中心？离馆时，哪个站点排队等候时间最短？观众只需下载"进博会交通"App，这些信息就能做到"心中有数"。日前，"上海交通"App升级为"进博会交通"App正式上线，新增进口博览会交通指南，具体包括地图、展区导引、快讯三大功能。

打开"进博会交通"App，点击主页上的GO按钮，选择到达或离开场馆的起点与终点，一条"量身定制"的抵离馆路线便闪烁在屏幕上。App内的地图功能不仅覆盖公交接驳线、出租车上下客点、停车场、接驳站、公交站和地铁站等展馆周边交通信息，还详细标记了21个场馆进出口、场馆内部展区分布等馆内信息。

除了线路规划和导航，"进博会交通"App还显示站点的排队时间，以便观众选择合适的交通方式。一旦遇到离场大客流，该App也将第一时间发布应急短驳公交的交通疏散信息，引导观众迅速离开展馆。

甘肃高速服务区拟分步建"司机之家"

本报讯 （驻甘肃省首席记者 石强 通讯员 张辉）日前，甘肃省拟选择21对位于主要路段、主要节点的高速公路服务区分步建设"司机之家"，为货车司机提供舒适便捷、经济实惠的休息场所，满足货车司机"喝口热水、吃口热饭、洗个热水澡、睡个安稳觉"的现实需求。

目前，甘肃省已在具备条件的6对服务区完成了"司机之家"的试点建设，包括武威服务区、定西服务区等，在6个"司机之家"配置桌椅、电视、书报架等设施，接通了无线网络，便民服务设施日趋完善。

下一步，甘肃省高速公路管理局将继续督促服务区运营管理单位总结"司机之家"建设、运营、管理、服务的好经验、好做法，完善标准规范，为"司机之家"全面推广奠定基础。

逐梦江海驭波涛

——访招商局集团原常务副董事长江波

本报记者　孙英利　马士茹

见报日期　2018 年 10 月 31 日

人如其名，江波的一生犹如江海中的波涛，起起伏伏，汹涌澎湃。他曾经闯关东到哈尔滨，却被日本侵略者抓去当劳工修铁路；后投身抗日战争和解放战争，在新中国成立后开始从事航运事业。

在改革开放的滚滚浪潮中，近退休之年的江波到招商局担起重任，60 岁任招商局集团首任董事总经理，67 岁任常务副董事长。他与招商局原常务副董事长袁庚一道，围绕“立足港澳，背靠内地，面向海外，多种经营，工商结合，买卖结合”的 24 字方针，率领招商局开创了改革开放的一系列先河。

“我们就像平衡木上的运动员，站着不动最安全，但我们必须动，而且要花样翻新地动。动作难度越大，风险越大，而成功后的成绩也就越辉煌。”94 岁高龄的江波感慨道。

蛇口惊雷：改革开放的“试管”

“轰!”1979年7月8日，招商局在广东省宝安县蛇口公社炸山填海，打响了中国改革开放第一炮，后来这里创办了中国第一个对外开放的工业园区——招商局蛇口工业区。

回顾蛇口工业区创办之初，江波记忆犹新。“1978年年初，袁庚陪同交通部部长叶飞访问北欧，回来时路过香港。当时邓小平同志正在主持酝酿国家的改革开放，叶飞部长了解了香港的情况，认为招商局在香港应该是大有作为的。”江波告诉记者，在这样的背景下，叶飞主持起草了《关于充分利用香港招商局问题的请示》并提交给中央。获得批准后，交通部决定派袁庚到招商局任常务副董事长，利用招商局这块老牌子，在香港实现新作为。

袁庚通过调研，发现招商局在香港没有明显的竞争优势。他研究了其他国家搞工业加工区的情况后，萌生了在内地搞工业区的设想。

“这个设想在当时看来很大胆，虽然开发蛇口工业区的报告得到了中央的批准，但这是新事物，很多人想不通，认为是不务正业。”当时的江波是中国远洋运输总公司的副总经理，招商局是他的分管工作之一。

在改革开放的问题上，江波与袁庚志同道合，总是有谈不完的话题。1979年，袁庚第一次邀请江波到蛇口看一看。

当时的蛇口还是荒滩一片，没有水，没有路，没有电。“从罗湖口岸坐车，颠簸两个半小时才到蛇口。我们爬上一个山头，袁庚拿了张地图指点江山，这里可以建工厂、那里可以建码头。”江波很敬佩袁庚的胆识。在袁庚的盛情邀请下，经交通部同意，1983年10月，江波调任招商局董事副总经理，协助袁庚管理蛇口工业区。

实际接触蛇口工业区的工作后，江波发现，这里与其他国营企业很不一样，一切事务都在探索、改革，一切都很新鲜，让人振奋。在“时间就是金钱，效率就是生命”这一划时代口号的感召下，江波深感时不我待。

当时，国内并没有“招商引资”的概念，而蛇口工业区在吸收国际先进技术和经营管理经验、吸引港澳及海外投资方面做了很多尝试——比如这里首次提出了一系列对外资企业投资的优惠政策，到蛇口工业区投资的外企，可享15%的所得税优惠税率。

“蛇口工业区摆脱了企业变成行政机关附属物的‘政企不分’状态，充分发挥企业自主权，运用经济方法进行建设，人们称之为‘蛇口方式’。”在1981年6月16日新华社刊发的一篇报道中，“蛇口方式”第一次出现在全国人民的视野中，此后不久又被总结为“蛇口模式”，并在数十年间持续发挥着标杆和旗帜作用。

码头现、高楼起，凤飞来、百业兴。2.14 平方公里的蛇口工业区，率先进行市场经济及其综合配套改革，在全国建立了全新的工程招标制、劳动用工制、干部聘用制、薪酬分配制、社会保险制和企业股份制，创造了 24 项“中国第一”“全国之最”。中国第一家由企业投资创办的股份制商业银行——招商银行、第一家股份制保险公司——平安保险、最早的房地产公司之一——招商地产、世界最大的集装箱制造企业——中集集团、一批高新技术知名企业——南玻集团……这里因此被称为“单位面积培育知名企业最多的地方”。

“蛇口基因”不仅深深融入了招商局集团的发展，全国最早的 4 个经济特区深圳、珠海、汕头、厦门也或多或少闪现着蛇口工业区的影子。“发展中的困难没有难倒我们，在中央的大力支持下，蛇口工业区成了全国改革开放的‘试管’。”江波说。

1992 年年底，招商局将蛇口工业区的成功经验复制到了福建，在厦门投资兴建了漳州开发区。1995 年 1 月，漳州港 3.5 万吨级码头落成投产，漳州开发区同年进入招商引资阶段。1996 年 8 月，漳州港成为首批对台直航口岸。如今，这里已经成为以临港工业、港航物流为特色的新兴滨海新城。

发展船队　中国从此有了大型油轮

创办于 1872 年的招商局，曾组建了中国近代第一支商船队。1949 年后，上海招商局总部更名，香港的招商局也不再经营船队，曾以海运为主营业务的招商局成为一家没有船队的“船舶服务公司”。

20 世纪 70 年代末，全球集装箱运输迎来大发展。内地的出口货物要散装运输到香港后，再装进集装箱发往世界各地。“何不搞一搞集装箱支线运输？既省成本又省时间。”袁庚当即拍板决定试一试。

以此为契机，招商局船队从零开始。1979 年，招商局从广州远洋公司借来了 6000 载重吨的“临江”轮，开辟了香港—黄埔集装箱支线。

虽然这一年亏损了 91 万港元，但江波告诉记者，航线的成功启动，受到广大货主和港口的欢迎，给袁庚乃至整个招商局树立了信心。此后，招商局趁势买进了“顺江”轮、“华江”轮两艘小型集装箱船，开辟了香港至青岛、上海、天津、大连、张家港等航线。

随着业务的不断扩大，以招商局船务部的名义经营船队已不能适应发展需要。1980 年，明华船务有限公司（简称明华公司）应运而生，开启了招商局逐步成长为世界级船东的时代。

从1979年仅运输3178个标箱，到1981年运输2.5万标箱，明华公司在曲折中发展，对我国南北港口的集装箱支线运输起到了启蒙、推动、普及和提高的作用。当时很多港口对集装箱的操作，都由明华公司提供教材进行培训，甚至不少港口的集装箱装卸设备也是明华公司提供的。

“当时我国的企业兴建都是国家投资，而明华公司从创办的第一天起，就是自主经营、自筹资金、自负盈亏、独立核算。公司的货源主要也是依靠自己在市场上揽取。”江波说，这就是市场化运作。

明华公司的船队规模不断壮大，此后又创建了干散货船队和油轮船队。在成功经受住20世纪80年代中期的航运大萧条考验后，明华公司趁船价低落，抓紧时间新购船舶。特别是自1988年起，明华公司收购了董氏家族的大型油轮船队，此后又与金山轮船公司合作建造了几艘大型油轮。收购的39万吨级VLCC（超大型油轮）和8万吨级成品油轮，填补了我国没有大型油轮的空白。到1992年董氏家族全部退出股权时，明华公司已经成为拥有400万吨运力的大船东。

“1990年，明华公司成立10周年，那时我们已将购船贷款全部还清。这些船当时市值7930万美元，每天可净赚4万美元。”江波始终认为，明华公司的创建与发展，是招商局集团在香港发展最成功的例子。

2004年12月，招商局集团整合旗下远洋运输资产，联合中石化集团等企业共同发起设立招商局能源运输股份有限公司（即招商轮船），两年后在A股上市。截至2018年9月，招商轮船共拥有船舶107艘，共计2696万载重吨。

在修造船方面，招商局集团也下了大力气。1965年成立的友联船厂，于改革开放后在香港进行了扩建，此后又在蛇口工业区和漳州开发区分别设了分厂。江波告诉记者，到20世纪80年代中期，友联船厂基本解决了我国远洋公司的修船问题，为远洋船队节省了大量的修船费用。随着1986年成功收购香港欧亚船厂，招商局集团的修造船能力进一步增强。

多种经营　冲破行业管理的界限

在改革开放初期确定的招商局24字方针中，“多种经营”成为企业发展的灵魂。

“当时叶飞部长说过一句概括性的话：‘招商局在香港除了赌场、妓院不可以搞，只要有利，什么都可以搞！’”江波说，这个方针冲破了交通运输行业管理的界限，才有了此后40年招商局的开拓创新。

金融领域是招商局集团重点开拓的疆土，招商银行就是典型代表。作为我国第一家完全由企业法人持股的股份制商业银行、国家从体制外推动银行业改革的第一家试点银行，如今的招商银行已连续6年进入《财富》世界500强，拥有境内外分支机构逾1800家。

曾任招商银行董事长的江波回忆，1986年，借着国务委员兼中国人民银行行长陈慕华到蛇口考察的机会，袁庚大胆提出了由蛇口工业区负责、而不是由国家投资，成立一家商业银行的设想。同年8月，中国人民银行批复同意成立招商银行。1987年4月8日，招商银行正式开业。

“建立一个体制外的银行体系，可以引入竞争、推进改革。我们把服务看作是重大的改革，抓住了服务就抓住了银行发展的龙头。”江波回忆，在成立之初，招商银行就充分学习香港的服务理念，“员工学会了上门服务拉存款，一些分支行还推出了咖啡茶水招待，只要你进了银行就能享受，这在当时轰动了国内银行业。”在服务理念的带动下，招商银行开创了中国银行业的众多第一：推出了境内第一个基于客户号管理的借记卡、首个真正意义上的网上银行、第一张国际标准双币信用卡……

招商银行还确定了服务交通运输行业的方针。1988年和1994年，招商银行分别进行了两次增资扩股，中远、广州海运局、广东省交通厅公路管理局、山东省交通厅、秦皇岛港务局等交通系统单位参与了投资。招商银行不仅从这些单位吸收了大量存款，同时也加强了向交通部所属企业的放款倾斜，形成了良性互动，一定程度上为交通运输发展提供了资金支持。

1992年2月，海虹公司在香港上市，是招商局集团多种经营的重要里程碑。从一家生产船用油漆的企业，到中国内地首家在港上市企业，最核心的变化在于经营理念。

当时的招商局集团正快速发展，而资金来源除了利润积累就是银行贷款，公司的负债率达到了极限。此前收购友联银行这家上市公司的经历给了江波启发——在很多国家的资本市场里，集资方式多种多样，招商局为什么不能试试？他从此动了拿海虹公司试着上市的念头。

上市前，海虹公司的几家包销商反映之好超出了人们的预料，这大大增强了江波的信心。不出所料，上市当天，无论是认购海虹股票的公司或个人数量，还是认购动用的香港市场资金规模，都创造了当时香港股市的第二高纪录。海虹股价首日就从每股1.5港元升至4.2港元。

一如香港媒体的大标题——《海虹为中资机构打了头炮》，海虹上市取得了巨大成功。香港《经济新闻》在海虹上市第二日发表评论称，这说明市场对中国经济前景相当看好，受海虹的鼓励，随后不断会有中资公司甚至国营企业陆续上市。

“海虹上市给我们带来了资金，更重要的是给内地企业很大的信心。”江波回忆，这种探索与尝试，招商局做了很多——除了在金融领域发展银行、建立基金、发行债券，房地产、工业制造等领域也都有招商局的身影，可谓遍地开花。

沧海横流，方显英雄本色。袁庚、江波这一代人，让招商局成为改革开放的先行者和收获者，而江波却谦逊地表示，这一切并不是先知或远谋，都是“摸着石头过河”。采访结束时，他对记者说：“改革和创新是我们发展事业所必备的，40 年前如此，40 年后亦然。”

CHINA TRANSPORT NEWS
2018年10月31日 星期三 http://www.zgjtb.com | 第6845期 今日8版 | 邮发代号 1-72 国内统一连续出版物号 CN 11-0122 交通运输部主管 中国交通报社主办

精心调整公交线路 乘客满意率超九成

青岛公共交通服务持续优

本报记者 [illegible] 特约记者 [illegible]

公共交通一头连的是政府，一头连的是群众，持续优化其管理和服务水平，是发展的主攻方向。10月19日，山东省青岛市交通运输委邀请部分人大代表、政协委员、机关干部等参加了"走进市办实事·见证民生项目暨双月恳谈"活动，现场观摩体验公交线路优化调整情况。

"青岛的公共交通真是方便！乘地铁11号线到北九水站下车，出站乘坐接驳公交车，直接就能到景区门口。"阐文给办了张公交卡，外地户口也能打5折。"活动现场，李先生夫妇二人对青岛公共交通赞不绝口。

从群众需求出发，青岛优化调整公交服务。今年年初，青岛市政府确定了2018年市办实事共10件32项，"开辟调整公交线路50条"位列其中。目前，青岛交通运输管理部门累计优化调整74条公交线路，超额完成了年度任务。

抓拍系统保障路权优先

5年前，青岛市成为国家公交都市创建示范城市。青岛市交通运输委将其列入"三大行动"加快推进，先后出台了《青岛市公交都市创建五年行动计划》等政策规划。2016年，青岛率先创新公共交通运营管理体制机制，制定公共汽电车运营服务计划、运营服务考核等一揽子政策，探索从财政补贴模式向政府购买服务模式转变，保障可持续发展。

扎实的工作，带来新成效。蛛网交错的路网上，青岛市区公共交通日均客运总量达310万人次，公交站点500米覆盖率达97%，乘客满意率达到了92%以上。

常规公交、轨道交通政策体系也在不断完善。青岛持续推进轨道交通法规制度体系建设，推进地方标准体系建设并指导企业标准化管理。2017年，组织编制并发布实施了国内首部地铁运营服务方面的地方标准。

财政投入的增加，支持了公交场站的建设、升级改造和公交车辆的更新。如今，青岛市区公交专用道总里程达231公里，有326套公交车载非现场监控抓拍系统保障路权优先。2017年，市财政投入8.9亿元更新了914辆新能源公交车。目前，市区公交车清洁能源车型比例占77%，新能源车型比例占37%，这一比例还将稳步提升。

今年，由青岛市交通运输委牵头，市财政局、市公安局、市城乡建设委、市城市管理局等多家单位联合办理的线路调整工作也在积极推进，共新开通3条线路，优化28条线路走向，调整43条线路运营时间，让市民出行更便捷。

惠民举措让百姓乐在心窝

李先生夫妇口中的票价优惠政策，是青岛市交通运输委推出的多项惠民举措之一。

在青岛，公交实行低票价政策，残疾人、现役军人、65周岁以上老年人等特殊群体可免费乘车，中小学生享受半价优惠，此外还有中心城区公共交通1小时换乘优惠和60至64周岁半价乘车优惠。公交惠民政策，每年向市民让利约2.1亿元。与此同时，青岛交通一卡通还可畅行全国121个城市。

（下转2版）

编者按

近期，中组部主办的《党建研究》杂志刊发了中国交通通信信息中心党委署名文章《以榜样之光燃奋斗之火》。文章交流了中国交通通信信息中心党委党建工作经验和"两学一做"学习教育常态化制度化成果，分享了榜样文明建设的典型经验。本报今日全文转载，敬请关注。

以榜样之光燃奋斗之火

中国交通通信信息中心党委

近年来，中国交通通信信息中心党委（简称信息中心党委）把榜样示范引领作为党委工作的重要内容，[illegible]

党的十八大以来，信息中心党委引导广大党员干部职工[illegible]

培植沃土孕育人才

[illegible]

一是突出政治引领。[illegible]

二是彰显时代特色。[illegible]

三是坚持群众路线。[illegible]

（下转2版）

刘小明在"一带一路"媒体合作论坛致辞时表示

共同讲好一带一路故事 更高质量推进国际合作

本报讯 （记者 毛剑 通讯员 郭永亮）10月30日，由人民日报社与海南省委、省政府共同主办，以"共建共享 合作共赢"为主题的"一带一路"媒体合作论坛在海南博鳌开幕，交通运输部副部长刘小明出席开幕式并作主旨演讲。

刘小明表示，交通运输互联互通是"一带一路"建设的优先领域，也是沿线各国合作发展的重要基础。习近平总书记关于"一带一路"建设的重要讲话，不仅为进一步深化"一带一路"国际合作、推动构建人类命运共同体指明了方向，也为充分发挥交通运输支撑引领作用，更好地推进"一带一路"建设提供了根本遵循。

刘小明指出，回顾这五年来，交通运输部始终把推动开放合作作为重要使命，始终把造福各国民众作为重要出发点，聚焦重点项目，坚持夯基垒台、立柱架梁，不断加快沿线国家交通互联互通，形成陆海内外联动、东西双向互济的开放新格局，为全面推进"一带一路"建设发挥了重要的基础支撑和先行引领作用。他表示，中方愿与各国一道，在共商共建共享这一理念指引下，进一步深化交通运输互联互通，推进国际交通基础设施网络加速形成，加强发展战略对接、政策协调和标准衔接，进一步增进设施"硬"联通、政策"软"联通，在更高质量、更高水平上进一步推进"一带一路"国际合作，共同谱写构建人类命运共同体新篇章。

刘小明表示，中方愿与各国媒体一道，共同做好"一带一路"互联互通的建设者、政策标准的宣介者、民心民意的凝聚者，共同讲好"一带一路"故事、传播"一带一路"声音，共同谱写"一带一路"建设新篇章。

上海打捞局专业潜水员下潜救援

本报讯 （特约记者 陆天）据交通运输部消息，10月30日6时50分起，在重庆市万州区公交车坠江事故救援现场，来自交通运输部上海打捞局的专业潜水员开始进行紧张水下救援工作。

10月28日10时许，重庆市万州区长江二桥上22路公交车坠入长江。事故发生后，交通运输部高度重视，要求各相关单位在地方党委、政府的领导下，紧急调派应急力量赶赴现场，全力以赴开展水面搜寻和水下探摸等应急处置工作。

10月29日，交通运输部紧急派遣的工作小组和22名专业应急救援队员陆续抵达现场指挥部；23时20分，由上海调集的专业氦氧深潜设备在沿途各省交通运输部门的通行保障下抵达现场，并被立即转移至母船"长江救捞2号"轮开始安装调试。10月30日6时50分，2名交通运输部专业潜水员第一次下水摸探，在车内发现1名遇难者遗体，并于7时50分将遗体打捞出水。

截至10月30日19时，现场已完成四批次作业，共打捞起5名遇难者遗体。

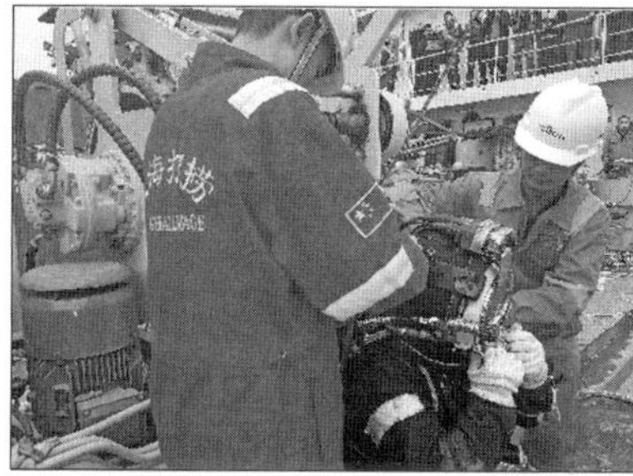

图为专业潜水员准备下水探摸。 特约记者 陆天 供图

内地与港澳研究渔船"一船一检"制度

本报讯 日前，第六次内地与港澳渔船检验管理合作年度会议在香港召开，旨在促进统一内地与港澳渔船检验标准，提高渔船检验管理水平，提升粤港澳水域渔船安全技术水平。交通运输部海事局、农业农村部渔业渔政管理局与香港海事处、澳门海事与水务局分别派员参会。

会议回顾了第五次会议后的工作进展情况，参会各方重点研究了渔船检验技术规范的衔接、渔船验船师的制度安排、港澳流动渔船检验及作业水域、三地渔船"一船一检"制度、香港籍商船委托检验、内地与港澳船舶检验管理长效合作机制等议题，并达成广泛共识。交通运输部海事局还通报了党和国家机构改革渔船检验和监督管理职责调整后，内地渔船检验管理的工作安排。

各方就港澳流动渔船委托检验、"一船一检"、适航水域等事宜进行了专题研究，进一步加强渔船检验管理工作交流合作，推进内地与港澳渔船检验工作的规范、有序、高效开展。

据了解，2013年，原农业部渔船检验局协调建立了内地与香港、澳门三方的定期会谈制度，每年召开一次。本次会议是渔船检验和监督管理职责调整后，交通运输部海事局承接推进相关合作机制，与港澳相关职能部门开展交流合作的延续。

（马磊）

浙江将建"四好农村路"五大体系

本报讯 （特约记者 夏芳）10月24日，在浙江省政协第115号重点提案办理工作座谈会上，浙江省交通运输厅党组书记、厅长陈利幸就提案办理情况作简报并介绍，浙江交通将积极高水平推进"四好农村路"的指标体系、工作体系、政策体系、评价体系、法规体系5个体系建设。

据悉，今年5月，收到浙江省副省长高兴夫领办的第115号重点提案《关于加快推进我省"四好农村路"建设的建议》交办单后，浙江省交通运输厅专门成立工作组，明确提案办理的责任分工及具体措施等。针对提案中涉及的主要内容，相关负责人带队深入调研，形成了书面答复意见，浙江省政协委员对答复意见表示满意。

陈利幸在此次座谈会上介绍，目前浙江各县基本建立县、乡、村三级路长制，形成各有特色的建设氛围。全省"四好农村路"全国示范县创建工作进一步加快，到2020年，"四好农村路"将成为浙江的金名片，农村公路畅通、安全、舒适、美丽水平全国领先，建设、管理、养护、运营机制全国领先，与"美丽浙江"建设深度融合程度全国领先，对农业农村现代化的支撑引领作用全国领先，实现"联城、联乡、联村、联景、联心，更畅通、更安全、更舒适、更美丽、更富民"的目标。

今日看点

福建省旅游集散中心联盟成立

本报讯 （记者 廖丽华 通讯员 廖悦）日前，福建省旅游集散中心联盟在龙岩市上杭县古田镇正式成立。此举有助于实现全省客运站场资源、人力资源、车辆资源和旅游资源高效配置，打造具有道路客运行业特色的旅游业务体系。

此次大会通过了《福建省旅游集散中心联盟章程》，并选举产生联盟组织机构。根据计划，该联盟将建立旅游联盟在线网络交易平台，对接部省道路客运售票联网、全国旅游集散中心联盟"好行网"平台，利用19条景区直通车班线、1.07万辆客运车、132个客运站和10家旅游集散中心等优势，统一商业模式、统一服务规范、统一运作方式、统一操作流程、统一结算标准、统一标志标识，推进运游融合。

云南664条ETC车道实现无感支付

本报讯 （记者 王兴榕）10月30日，云南省高速公路"ETC+无感支付"正式上线运营，76条已通车收费高速公路和楚南、普炭、大包山3条一级公路的664条ETC车道，均实现与"游云南"App平台对接，实现无感、不停车、快速通行收费站。

按照云南省政府"一部手机游云南"工作的统一部署和要求，省交通运输厅协调组织云南省交通投资建设集团有限公司、腾讯等单位，开展了为期3个月的设计、研发、测试，率先提出"ETC+无感支付"方案。

"ETC+无感支付"以ETC技术为基础，运用互联网、移动支付等技术，通过"游云南"App等平台，将ETC车辆信息与微信等第三方支付账户绑定。车辆通行ETC车道交费时，系统自动从绑定的微信等账户中扣除通行费，无需对ETC卡进行充值、圈存。这一技术发挥了ETC通行速度快、不停车、通行费5%优惠和专用车道的优势，并将无感支付与第三方支付渠道融合，实现了"一部手机在手，高速公路交费不愁"的目标。

下一步，云南新建高速公路通车收费将同步进行"ETC+无感支付"应用，今年年底前实现高速公路收费站ETC全覆盖。云南省交通运输厅将进一步优化ETC服务流程，推动货车ETC收费试点，拓展ETC在停车场、服务区、加油站等涉车领域的运用。

见证40年 主题访谈

逐梦江海驭波涛

——访招商局集团原常务副董事长江波

本报记者 孙英利 马士茹

人如其名，江波的一生犹如江海中的波涛，起起伏伏，汹涌澎湃。他曾经闯关东到哈尔滨，却被日本侵略者抓去当劳工修铁路；后投身抗日战争和解放战争，在新中国成立后开始从事航运事业。

在改革开放的滚滚浪潮中，近退休之年的江波到招商局担起重任，60岁任招商局集团首任董事总经理，67岁任常务副董事长。他与招商局原常务副董事长袁庚一道，围绕"立足港澳，背靠内地，面向海外，多种经营，工商结合，买卖结合"的24字方针，率领招商局开创了改革开放的一系列先河。

"我们就像平衡木上的运动员，站着不动最安全，但我们必须动，而且要花样翻新地动。动作难度越大，风险越大，但成功后的成绩也就越辉煌。"94岁高龄的江波感慨道。

蛇口惊雷：改革开放的"试管"

"轰！"1979年7月8日，招商局在广东省宝安县蛇口公社炸山填海，打响了中国改革开放第一炮，后来这里创办了中国第一个对外开放的工业园区——招商局蛇口工业区。

回顾蛇口工业区创办之初，江波记忆犹新。"1978年年初，袁庚陪同时任交通部部长叶飞访问北欧，回来时路过香港。当时邓小平同志正在主持酝酿国家的改革开放，叶飞部长了解了香港的情况，认为招商局在香港应该是大有作为的。"江波告诉记者，在这样的背景下，叶飞主持起草了《关于充分利用香港招商局问题的请示》并提交给中央。获得批准后，交通部决定派袁庚到招商局任常务副董事长，利用招商局这块老牌子，在香港实现新作为。

江波。 本报记者 孙英利 摄

袁庚通过调研，发现招商局在香港没有明显的竞争优势。他研究了其他国家搞工业加工区的情况后，萌生了在内地搞工业区的设想。

"这个设想在当时看来很大胆，虽然开发蛇口工业区的报告得到了中央的批准，但这是新事物，很多人想不通，认为是不务正业。"当时的江波是中国远洋运输总公司的副总经理，招商局是他的分管工作之一。

在改革开放的问题上，江波与袁庚志同道合，总是有谈不完的话题。1979年，袁庚第一次邀请江波到蛇口看一看。

当时的蛇口还是荒滩一片，没有水，没有路，没有电。"从罗湖口岸坐车，颠簸两个半小时才到蛇口。我们爬上一个山头，袁庚拿了张地图指点江山，这里可以建工厂、那里可以建码头。"江波很敬佩袁庚的胆识。在袁庚的盛情邀请下，经交通部同意，1983年10月，江波调任招商局董事副总经理，协助袁庚管理蛇口工业区。

（下转4版）

□值班编委 孙宝夫 本版副主编 卢锐 责编 马士茹 □E-mail:xw1b@zgjtb.com □新闻热线：(010)64255441 □发行热线：(010)64256206 □广告热线：(010)64250642 □培训热线：(010)65299681

2018年10月31日 星期三 | 4版 电话:010-65293632 64252864 E-mail:zgjtb@126.com
见证40年 主题访谈
中国交通报 CHINA TRANSPORT NEWS

逐梦江海驭波涛

——访招商局集团原常务副董事长江波

（上接1版）

实际接触蛇口工业区的工作后，江波发现，这里与其他国营企业很不一样，一切事务都在探索、改革，一切都很新鲜，让人振奋。在"时间就是金钱，效率就是生命"这一划时代口号的感召下，江波深感时不我待。

当时，国内并没有"招商引资"的概念，而蛇口工业区在吸收国际先进技术和经营管理经验、吸引港澳及海外投资方面做了很多尝试——比如这里首次提出了一系列对外资企业投资的优惠政策，到蛇口工业区投资的外企，可享15%的所得税优惠税率。

"蛇口工业区摆脱了企业变成行政机关附属物的'政企不分'状态，充分发挥企业自主权，运用经济方法进行建设，人们称之为'蛇口方式'。"在1981年6月16日新华社刊发的一篇报道中，"蛇口方式"第一次出现在全国人民的视野中，此后不久又被总结为"蛇口模式"，并在数十年间持续发挥着标杆和旗帜作用。

码头现、高楼起，凤飞来、百业兴。2.14平方公里的蛇口工业区，率先进行市场经济及其综合配套改革，在全国建立了全新的工程招标制、劳动用工制、干部聘用制、薪酬分配制、社会保险制和企业股份制，创造了24项"中国第一""全国之最"。中国第一家由企业投资创办的股份制商业银行——招商银行、第一家股份制保险公司——平安保险、最早的房地产公司之一——招商地产、世界最大的集装箱制造企业——中集集团、一批高新技术知名企业——南玻集团……这里因此被称为"单位面积培育知名企业最多的地方"。

"蛇口基因"不仅深深融入了招商局集团的发展，全国最早的四个经济特区深圳、珠海、汕头、厦门也或多或少闪现着蛇口工业区的影子。"发展中的困难没有难倒我们，在中央的大力支持下，蛇口工业区成为了全国改革开放的'试管'。"江波说。

1992年年底，招商局将蛇口工业区的成功经验复制到了福建，在厦门投资兴建了漳州开发区。1995年1月，漳州港3.5万吨级码头落成投产，漳州开发区同年进入招商引资阶段。1996年8月，漳州港成为首批对台直航口岸。如今，这里已经成为以临港工业、港航物流为特色的新兴滨海新城。

1979年7月，蛇口轰然响起填海建港的开山炮，后被称为改革开放"第一炮"。

我国首艘大型散货船——明华公司"惠砂"轮。

本文图片由 招商局集团 提供

扫一扫 看视频

上世纪八十年代初，竖立在蛇口路边的标语牌。

发展船队 中国从此有了大型油轮

创办于1872年的招商局，曾组建了中国近代第一支商船队。全国解放后，上海招商局总部更名，香港的招商局也不再经营船队，曾以海运为主营业务的招商局成为一家没有船队的"船舶服务公司"。

上世纪70年代末，全球集装箱运输迎来大发展。内地的出口货物要散装运输到香港后，再装进集装箱发往世界各地。"何不搞一趟集装箱支线运输？既省成本又省时间。"袁庚当即拍板决定试一试。

以此为契机，招商局船队从零开始。1979年，招商局从广州远洋公司借来了6000载重吨的"临江"轮，开辟了香港—黄埔集装箱支线。

虽然这一年亏损了91万港元，但江波告诉记者，航线的成功启动，受到广大货主和港口的欢迎，给袁庚乃至整个招商局树立了信心。此后，招商局趁势买进了"顺江"轮、"华江"轮两艘小型集装箱船，开辟了香港至青岛、上海、天津、大连、张家港等航线。

随着业务的不断扩大，以招商局船务部的名义经营船队已不能适应发展需要。1980年，明华船务有限公司（简称明华公司）应运而生，开启了招商局逐步成长为世界级船东的时代。

从1979年仅运输3178个标箱，到1981年运输2.5万标箱，明华公司在曲折中发展，对我国南北港口的集装箱支线运输起到了启蒙、推动、普及和提高的作用。当时很多港口对集装箱的操作，都由明华公司提供教材进行培训，甚至不少港口的集装箱装卸设备也是明华公司提供的。

"当时我国的企业兴建都是国家投资，而明华公司从创办的第一天起，就是自主经营、自筹资金、自负盈亏、独立核算。公司的货源主要也是依靠自己在市场上揽取。"江波说，这就是市场化运作。

明华公司的船队规模不断壮大，此后又创建了干散货船队和油轮船队。在成功经受住上世纪80年代中期的航运大萧条考验后，明华公司趁船价低落，抓紧时间新购船舶。特别是自1988年起，明华公司收购了董氏家族的大型油轮船队，此后又与金山轮船公司合作建造了几艘大型油轮。收购的39万吨级VLCC（超大型油轮）和8万吨级成品油轮，填补了我国没有大型油轮的空白。到1992年董氏家族全部退出股权时，明华公司已经成为拥有400万吨运力的大船东。

"1990年，明华公司成立10周年，那时我们已将购船贷款全部还清。这些船当时市值7930万美元，每天可净赚4万美元。"江波始终认为，明华公司的创建与发展，是招商局集团在香港发展最成功的例子。

2004年12月，招商局集团整合旗下远洋运输资产，联合中石化集团等企业共同发起设立招商局能源运输股份有限公司（即招商轮船），两年后在A股上市。截至2018年9月，招商轮船共拥有船舶107艘，共计2696万载重吨。

在修造船方面，招商局集团也下了大力气。1965年成立的友联船厂，于改革开放后在香港进行了扩建，此后又在蛇口工业区和漳州开发区分别设了分厂。江波告诉记者，到上世纪80年代中期，友联船厂基本解决了我国远洋公司的修船问题，为远洋船队节省了大量的修船费用。随着1986年成功收购香港欧亚船厂，招商局集团的修造船能力进一步增强。

多种经营 冲破行业管理的界限

在改革开放初期确定的招商局24字方针中，"多种经营"成为企业发展的灵魂。

"当时叶飞部长说过一句概括性的话：'招商局在香港除了赌场、妓院不可以搞，只要有利，什么都可以搞！'"江波说，这个方针冲破了交通运输行业管理的界限，才有了此后40年招商局的开拓创新。

金融领域是招商局集团重点开拓的疆土，招商银行就是典型代表。作为我国第一家完全由企业法人持股的股份制商业银行、国家从体制外推动银行业改革的第一家试点银行，如今的招商银行已连续6年进入《财富》世界500强，拥有境内外分支机构逾1800家。

曾任招商银行董事长的江波回忆，1986年，借着时任国务委员兼中国人民银行行长的陈慕华到蛇口考察的机会，袁庚大胆提出了由蛇口工业区负责、而不是由国家投资，成立一家商业银行的设想。同年8月，中国人民银行批复同意成立招商银行。1987年4月8日，招商银行正式开业。

"建立一个体制外的银行体系，可以引入竞争、推进改革。我们把服务看作是重大的改革，抓住了服务就抓住了银行发展的龙头。"江波回忆，在成立之初，招商银行就充分学习香港的服务理念，"员工学会了上门服务拉存款，一些分支行还推出了咖啡茶水招待，只要你进了银行就能享受，这在当时轰动了国内银行业。"在服务理念的带动下，招商银行开创了中国银行业的众多第一：推出了境内第一个基于客户号管理的借记卡、首个真正意义上的网上银行、第一张国际标准双币信用卡……

招商银行还确定了服务交通运输行业的方针。1988年和1994年，招商银行分别进行了两次增资扩股，中远、广州海运局、广东省交通厅公路管理局、山东省交通厅、秦皇岛港务局等交通系统单位参与了投资。招商银行不仅从这些单位吸收了大量存款，同时也加强了向交通部所属企业的放款倾斜，形成了良性互动，一定程度上为交通运输发展提供了资金支持。

1992年2月，海虹公司在香港上市，是招商局集团多种经营的重要里程碑。从一家生产船用油漆的企业，到中国内地首家在港上市企业，最核心的变化在于经营理念。

当时的招商局集团正快速发展，而资金来源除了利润积累就是银行贷款，公司的负债率达到了极限。此前收购友联银行这家上市公司的经历给了江波启发——在很多国家的资本市场里，集资方式多种多样，招商局为什么不能试试？他从此动了拿海虹公司试着上市的念头。

上市前，海虹公司的几家包销商反映之好超出了人们的预料，这大大增强了江波的信心。不出所料，上市当天，无论是认购海虹股票的公司或个人数量，还是认购动用的香港市场资金规模，都创造了当时香港股市的第二高纪录。海虹股价首日就从每股1.5港元升至4.2港元。

一如香港媒体的大标题——《海虹为中资机构打了头炮》，海虹上市取得了巨大成功。香港《经济新闻》在海虹上市第二日发表评论称，这说明市场对中国经济前景相当看好，受海虹的鼓励，随后不断会有中资公司甚至国营企业陆续上市。

"海虹上市给我们带来了资金，更重要的是给内地企业很大的信心。"江波回忆，这种探索与尝试，招商局做了很多——除了在金融领域发展银行、建立基金、发行债券，房地产、工业制造等领域也都有招商局的身影，可谓遍地开花。

沧海横流，方显英雄本色。袁庚、江波这一代人，让招商局成为改革开放的先行者和收获者，而江波却谦逊地表示，这一切并不是先知或远谋，都是"摸着石头过河"。采访结束时，他对记者说："改革和创新是我们发展事业所必备的，40年前如此，40年后亦然。"

逝者如斯

濮存明

长江金盾上的"铆钉"

程赟云

9月27日，一位与病魔抗争了10多年之久的老民警，倒在了他热爱的长航公安工作岗位上，将不平凡的一生定格在55岁。他就是长江航运公安局镇江分局镇江派出所民警濮存明。

"工作让我充实和满足，只要还能动，我就要在自己的岗位上。"濮存明用赤胆忠诚诠释"人民公安为人民"的铮铮誓言。生前，他多次被评为优秀共产党员、优秀公务员，并于2009年荣立个人三等功，2013年被交通运输部公安局授予"先进个人"。

站好最后一班岗

濮存明是江苏镇江人，1981年参军，1985年来到长航公安系统。从警30多年来，他从事过刑侦、消防、警务等各项工作，并先后担任过派出所副所长与教导员。水上巡逻、专项行动、隐患排查……各项工作中都能看见濮存明的身影。

打击犯罪时，他总是嫉恶如仇，恪尽职守，曾参与侦破30余起重特大刑事案件，有力震慑了长江镇江水域的违法犯罪。

2017年12月5日，镇江派出所受理了一起非法采矿的移送案件。该案件在镇江市属于首例，没有经验可借鉴。当时，濮存明已是癌症晚期，却主动请缨，参与前期调查并辗转多地抓捕嫌疑人。经过一个多月的奋战，破获了镇江首起依法移送非法采矿案。

作为教导员，濮存明关爱同事，对年轻民警不仅在工作上给予指导，也在生活上提供帮助，让年轻民警感受到长辈的温暖。"他就像我们的父亲，总是无微不至地关心大家。"民警何岱说，"派出所有很多家在外地的民警，每年除夕，濮教导员都会留守，让年轻民警回家，把团圆留给别人。"

发挥最后一点热，站好最后一班岗，是濮存明对事业与人生价值的执着。他生前常说："一生只愿成为长江金盾上的一颗铆钉，为长航公安事业默默奉献。"

奔忙在群众的"小事"中

从2007年濮存明被确诊为肝癌，直至离世，他没有一刻不惦记着工作与群众。从警30多年间，他调解了近千起矛盾纠纷，辖区里的群众及涉水船民总是亲切地称他"老濮"。

从2012年起，每逢春节前夕，濮存明都会走上船头，给船民送春联、送水果，了解船民生活，想办法帮他们解决实际困难。2015年年底，濮存明得知辖区内一位孤寡老人生活极为困难，便自掏腰包，为老人购买生活用品。每到节日，还会登门看望。老人逢人便说："他就是我的亲儿子！"

"人民卫士，罪犯克星""心系人民群众、真情温暖人心"……濮存明办公室的墙上挂了数十面锦旗，这是他奔忙在群众的无数"小事"中的真实写照，也是群众对他工作的认可。

2015年，濮存明的儿子小濮也加入长航公安队伍。小濮回忆起2016年的一次夜间专项巡查，当时单位考虑到他父亲的身体状况，并没有安排濮存明参加行动。但他与父亲在长江上"不期而遇"，本来答应他在家好好休息的濮存明似乎有点儿不好意思。看见父亲站在公安艇船头的身影，小濮不禁流下眼泪。

长江是濮存明奋斗终生的战场，他的精神将如同滔滔江水，奔流不息。

濮存明给辖区群众送温暖。 张咏江 供图

地址:北京市朝阳区安华西里三区13号楼 邮编:100011 总编室:(010)65293633 通联部:(010)65293561 (010)64252114(传真) 采编中心:(010)64255441 公路中心:(010)65293615 水运中心:(010)64255824 运输中心:(010)65293641
新媒体中心:(010)64255469 培训中心:(010)65299681 广告部:(010)64250642 (010)64255452(传真) 北京中通广告公司:(010)64252934 广告经营许可证:京朝工商广字0142号 每年定价:460元 每月定价:38.34元 零售每份:1.92元 中国青年报印刷厂印刷

传承蛇口基因　以市场化为核心改革创新

——访招商局集团董事长李建红

本报记者　马士茹　孙英利

见报日期　2018 年 11 月 2 日

在深圳蛇口，招商局广场像一座地标，矗立在核心区域。由此驻足向南眺望，近处的私人游艇码头整齐有序；稍远处的太子湾邮轮母港如三角形飞机，舒展机翼；更远处，海岸线上岸桥鳞次栉比，一艘艘船舶向伶仃洋延伸……

40 年前，中国改革开放的第一声春雷在蛇口这个当时还很荒凉的小渔村炸响；40 年后，招商局集团再次立于深化改革的高地，“前港—中区—后城”的“蛇口模式”也正沿着“一带一路”走出海外，成功复制。

日前，在招商局广场 36 层，本报记者采访了招商局集团董事长、招商局第 24 任“掌门人”李建红，经他娓娓道来，一个敢想、敢干、敢闯，带有“蛇口基因”的商业集团在记者眼前逐渐清晰。

“1 +1 =11” 高质量发展离不开市场化

1979 年，借着一声春雷，中国经济特区的发轫地——蛇口工业区诞生了。

在这里，无数个“第一次”轮番上演：率先在我国建立了全新的工程招标制、劳动用工制、干部聘用制、薪酬分配制、社会保险制和企业股份制……先后创办和孵化了招商银行、平安保险、招商蛇口、中集、华为、金蝶等一批知名企业，开创由一家企业成功开发经济特区的先例，成为探索中国现代化建设道路的先锋。

近40年后的今天，招商局集团持续保持两位数增长，资产总额突破7万亿元，规模在央企中排名第一，是国务院国有资产监督管理委员会连续14年考核成绩为A的8家央企之一。“传承和弘扬‘招商血脉、蛇口基因’的企业文化，以市场化为核心的改革创新，是招商局保持稳健增长、迈向一流的不二法门。”在李建红看来，这些成就的取得，离不开改革开放的“蛇口基因”。

不断完善协调落实法人治理结构，是招商局集团的第一个举措。“各司其职、各尽其责，这是企业能够保持可持续发展、迈向高质量发展的一个重要举措。如果企业治理结构、现代企业制度没有形成好的机制、好的体制模式，企业不可能高效运营。”李建红介绍，去年招商局集团利润超过了1200亿元，今年将争取继续保持两位数增长，治理结构至关重要。

建立市场化的选人用人机制是招商局集团的第二个举措。“我们选人用人既坚持党管干部的原则，又坚持市场化的机制。”李建红说，传承“蛇口基因”，招商局集团在选人用人上坚持市场化、专业化、国际化。“集团二级公司的总经理，原则上都是按照‘三化’来全球竞聘。”

在全球竞聘的过程中，同等条件下，优先选取集团内部人员；集团内部同等条件下，优先选取有专业背景的人员。“任期考核合格了，继续干；考核不合格，那就让位。”李建红说，“这么大的一个集团，光靠集团总部直接抓根本不可能。只能一级抓一级，一级管一级，选人用人至关重要。”

第三个举措是坚持市场化的资源配置模式。“我们无论是对内重组整合，还是对外兼并收购，都坚持市场配置资源，这方面我们做了几个案例，现在看成效是越来越明显。”李建红向记者介绍。

2015年12月28日，经国务院批准，招商局集团与中国外运长航集团实施战略重组，中国外运长航集团以无偿划转方式整体并入招商局集团，成为其全资子企业。对于这次重组，李建红称之为“1+1=11”。

“第一个‘1’是招商局，第二个‘1’是中国外运长航集团。双方重组努力做到了招商局实现3个‘提升’，包括提升招商局的央企国家队地位、产业整合者地位和行业领先者地位；中国外运长航实现6个‘更’，包括机制更好、实力更强、规模更大、发展更快、效益更高、员工发展更好。”李建红补充，两年多的实践更验证了2个“效果”，即在第三方公共物流领域，重组整合后，招商局实现了中国领先，世界一流；在航运领域，两家企业整合后，整体排位跃升，实现运营的船舶、综合船队世界第二。“1 +1 =3 +6 +2，总体等于 11。”他说。

同年 12 月 30 日，招商蛇口工业区吸收合并招商地产，即“招商蛇口”上市敲钟仪式在深圳证券交易所举行，新公司全称为招商局蛇口工业区控股股份有限公司。“两家公司组合前，每年的利润加起来都是几十亿元，没有超过 100 亿元的。重组当年就突破 100 亿元，2016 年 160 亿元，2017 年突破了 200 亿元，今年预期会有新的突破。”言语中，李建红流露出自豪之情。

“立足香港、深耕湾区、‘一带一路’”，这是招商局集团去年围绕国家战略提出的新布局。说起近期通车的港珠澳大桥以及粤港澳大湾区发展，李建红透露，招商局集团接下来将加强服务“一国两制、三个关区”，打通港口、高速公路等基础设施的通道，重点发展高科技、人工智能、环保工程相关产业。

挑战无处不在　创新融合“危”中寻“机”

“回顾历史，招商局从来没有迈上今天这样的高度；放眼未来，招商局也从来没有像今天这样面临如此深刻的时代挑战。我们必须居安思危、登高望远，善于聆听时代的声音，紧紧把握时代的脉搏。”2017 年 12 月 26 日，李建红在招商局 145 周年庆祝大会上的演讲令许多招商人深思。

“危是什么？我认为现在最现实、面临的最大挑战，就是传统产业增长动力不足。”李建红对未来有着这样一种判断，大数据、云计算、人工智能、物联网等科技创新在未来 15 年的发展将超乎想象，颠覆淘汰传统产业的速度也将更快。“回顾商业历史，在‘战略转折点’上由盛而衰的企业不在少数，它们许多并非输给了对手，而是输给了时代。”

如今，招商局集团早已成长为立足综合交通、特色金融、城市与园区综合开发三大板块，旗下拥有 10 多家上市公司，并正实现由三大主业向实业经营、金融服务、投资与资本运营三大平台转变的商业集团。2018 年发布的《财富》世界 500 强榜单中，招商局集团首次申请即入围，以 146 年的历史创造了世界 500 强中国企业的基业长青纪录。如何让这么大的一个企业创新融合？

“我们致力于三大方面推动创新。第一，作为一个产业公司，我们努力推动原始创新、基础创新。”李建红说，原始创新任务艰巨，挑战比较多，是长效性的。

他给记者举了个例子。世界范围内商船过剩，船厂全面亏损，但豪华邮轮一枝独秀，运营、建造都高度“垄断”。“中国现在真正意义上的豪华邮轮还没建造，我们在探索建造豪华邮轮。”李建红告诉记者，招商局除了正打造第一批豪华邮轮外，还将推出全球百日游，“率先在远东建造豪华邮轮，这就是基础性、原始性、产业性创新。”

“第二，招商局注重跨界融合创新。基础性、原始性创新难度很大，挑战很多，时间很长，比如我们准备制造豪华邮轮，产业转型要好几年，再到造出邮轮也要好几年。跨界融合类创新，机会很多。”针对现在出现的无人汽车、无人飞机、智慧物流、无人港口，李建红表示，面对机遇一方面要求企业自身加快转型升级，另一方面，也要求企业加快加强与互联网公司、科技企业的合作，主动把握数字化机遇，积极推动互联网技术在传统产业的应用，优化与培育新老业务的智慧增长，增强综合竞争力。

“第三，招商局鼓励所有岗位、所有员工人人创新。”作为国家“双创”示范基地之一，招商局集团目前已成立了50亿元的“产业+互联网”“产业+科技”创新基金，建立容错机制，允许各个产业公司大胆试、大胆闯，宽容失败。在金融方面，招商局集团把推动金融科技发展放在关键位置。“招商银行每年拿出利润的1%，作为科技创新项目资金。创新‘九死一生’，我们对创新失败有心理准备，但坚持数年，一定会有成效。”李建红深知创新不易、坚持可贵。

在李建红的眼中，员工的创新并不一定非要“高大上”。“我们鼓励员工的创新是结合企业自己、产业的特点、行业的特性，深到我们企业的最深处，走到我们企业的最前沿，在帮助客户解决痛点、难点的过程中实现创新。”

2017年，招商局集团在创新方面投入14.3亿元（不含招商银行），同比增长74%。“双创”示范基地引入多个知名孵化平台，9个“双创”项目获中央企业熠星大赛和“航天科工杯”青年创新大赛奖励。

同年，招商局旗下山东烟台中集来福士海洋工程有限公司自主设计的全球最先进超深水双钻塔半潜式钻井平台——“蓝鲸1号”，成功在南海完成可燃冰的开采试验，实现连续开采时间全球最长。截至目前，招商局“双创”示范基地累计引入创业企业1480家，其中有45家企业在新三板、创业板上市，带动就业超过10万人。

贴紧国家战略　复制“蛇口模式”支持“雁形出海”

“港口不能只是装装卸卸，航运不能只是进进出出。”李建红说。在新时代下，围绕“一带一路”倡议，招商局“出海”的方式也有所转变。

在李建红看来，这个转变既流淌着“蛇口基因”，又有所创新——把原来的单一港口后延，根据资源禀赋建设园区，园区后面发展城市，结合着“一带一路”倡议，培育新的增长点。“这是我们复制‘蛇口模式’的独特竞争优势。”李建红说。

“前港—中区—后城”，这是从招商局蛇口工业区一点点摸索、发展、总结出来的经验。这一模式实现了航、港、产、城联动，以港口带动产业园、物流、海工、金融等业务发展，进而为中国企业“走出去”提供支持，是为“雁形出海”。

“园区一方面可以发展当地经济，改善民生，增加就业。另一方面，中国的国际产能得以输出。产业园区多了，人气集聚了就是城。吉布提是招商局‘蛇口模式’在海外落地的第一个国家。”李建红告诉记者。

对于绝大多数中国人来说，吉布提是个陌生的名字。位于非洲东北部亚丁湾西岸的吉布提共和国，地处欧、亚、非三大洲的交通要冲，被西方称为“石油通道上的哨兵”。在陆地上，吉布提辐射非洲内陆十国，并且是埃塞俄比亚的唯一出海口，经济和战略地位非常重要。

2012 年，招商局集团开始了对吉布提相关情况的考察。2013 年 12 月，招商局集团与吉布提政府合作投资吉布提港，招商局集团持股 23.5%，投资项目包括吞吐能力 600 万吨的多功能码头、吞吐能力 150 万标箱的集装箱码头、17 万平方米的吉布提干港等。

“40 年以前是我们引进来，40 年以后是我们走出去。”在李建红看来，“一带一路”光喊口号没用，要有行动，要有大项目切入。“单一依靠援助不可持续，我们的经济实力、能量也有限。必须寻找一种商业模式，对他们来说发展经济，对我们来说输出产能，对投资人来说要有合理回报。”

事实证明，“前港—中区—后城”的“蛇口模式”就能带来互利共赢。2018 年 7 月，吉布提国际自贸区一期正式开园运营，开园当天入园企业达到 20 家。预计未来自贸区可产生 GDP 超过 40 亿美元，相当于目前吉布提 GDP 两倍多，可创造惠及逾 10 万人的就业岗位，超过吉布提可就业人口的六分之一。

位于白俄罗斯的中白工业园项目是招商局集团跳出港口，布局“丝绸之路经济带”，拓展国际物流通道的又一重点。

“物流园一期规划为 3.5 平方公里，已经完成白俄罗斯国家验收，进入实质运营，累计实现 30 多家企业入园。”李建红说，2015 年招商局集团入股中白工业园，同时投资 5 亿美元在中白工业园内建设运营招商局中白商贸物流园，包括总面积 10 万平方米的仓储中心、保税堆场、展示交易中心和商务中心等。

“为满足‘丝绸之路经济带’快速发展的投资和贸易需求，招商局开通了多条中欧班列，打通了中国经中亚五国、俄罗斯、白俄罗斯至欧洲各国的物流运输干线。这就相当于在‘丝绸之路经济带’和‘21 世纪海上丝绸之路’上，我们形成了一个圈，一个闭环。”说到这，李建红抬起手，在面前比画着圆圈的起点、分布与会合。

“红色的是‘21 世纪海上丝绸之路’，从东北开始，经天津、青岛、上海、福建、广东到香港，然后出去到南洋，到红海和吉布提亚丁湾那里，进入地中海马耳他，然后再回到欧洲。黄线则由渝新欧、京新欧、湘新欧等不同的班列组成。”这条精密的航线图，已经植根在李建红的脑中。

2018 年上半年，招商局集团运营的中欧班列累计开行线路达到 34 条，班列发运量持续增长，累计开行451列，运量超过3.6万标箱，同比增长153%。

目前，招商局集团境外实体机构达到193家，分布于44个国家和地区。在全球20个国家和地区拥有53个港口，已经形成了遍布东南亚、南亚、非洲、欧洲等地的港口、物流、金融及产业园区网络，大都位于“一带一路”沿线国家和地区的重要点位。

截至2017年年底，招商局集团境外企业总资产7240亿元，境外年营业总收入达583亿元，年利润总额达34亿元，海外业务已经成为招商局重要的利润增长点。

“问我航程有多远，一八七二到今天。有过潮平水扩，有过急浪险滩。金锚如山，何惧艰险。团结起来向前。”这是《招商局之歌》中的一段歌词。从1978年到2018年，百年招商局在改革开放中迎来了发展的春天。

“站在改革开放40周年的今天，回望40年来招商局的发展变化和取得的成就，可以说，招商局是改革开放的产物。”李建红说，招商局集团将继续秉承招商人敢闯敢试、敢为人先的改革创新精神，处理好“立足长远”与“把握当下”的辩证关系，融入新时代、把握新变化、踏上新征程，努力创造百年招商新的辉煌，为实现中华民族伟大复兴贡献力量。

CHINA TRANSPORT NEWS

2018年11月2日 星期五 http://www.zgjtb.com | 第6847期 今日8版 | 邮发代号 1－72 国内统一连续出版物号 CN 11－0122 交通运输部主管 中国交通报社主办

温州运管行政处罚全程网上办

本报讯 日前，浙江温州瑞安市长途汽车运输公司通过网上登录"浙江省运政网上服务大厅"，对该公司所属某客运班车违章案件事实核实并确认处罚决定后，按照处罚结果在网上缴纳了罚款，完成了该行政处罚案件网上办理，全程只用了3分钟。这是浙江省交通运输系统行政处罚全程网上办的第一件，也是全国交通运输系统行政处罚全程网上办的第一件。

近年来，温州市道路运输管理局大力推广非现场执法，非现场查获案件占案件总数的65%以上，其中相当部分案件是外地车辆违章行为，需要当事人专门到温州市区办理行政处罚。为方便当事人，温州市道路运输管理局在浙江省道路运输管理局指导下，对部分违法事实清楚、证据确凿并符合条件的案件，专门设计了"网上办"流程，通过全程网上办理，实现行政处罚当事人"零跑腿"。

道路运输行政处罚"网上查""网上办""网上缴"，是浙江省道路运输管理局"最多跑一次"改革的一项重要内容。今年以来，浙江省道路运输管理局大力推进"运管改革二十条"举措，将改革向行政处罚领域推进，年初专门启动了行政处罚系统升级改造项目建设，确定在温州市道路运输管理局试点。项目主要建设内容是通过行政处罚案件"网上查""网上办""网上缴"功能，实现行政处罚便民服务。

温州市道路运输管理局在完成行政处罚案件"网上办"之后，将继续加以总结完善，认真完成好行政处罚系统升级改造项目，争取早日实现全省推广应用。（胡晓敏）

杨传堂在部党组中心组第十一次集体学习时强调

高质量建设"四好农村路"扎实推进交通脱贫攻坚工作 切实发挥好交通运输在乡村振兴战略中的先行保障作用

在习近平新时代中国特色社会主义思想指引下——新时代新作为新篇章

本报讯 11月1日，交通运输部党组中心组举行2018年第十一次集体学习（扩大），主题是深入学习贯彻习近平总书记在中央政治局第八次集体学习时的重要讲话精神，深刻认识实施乡村振兴战略的重大意义，高质量建设"四好农村路"，扎实推进交通脱贫攻坚工作，切实发挥好交通运输在乡村振兴战略中的先行保障作用。部党组书记杨传堂主持学习。会议传达学习习近平总书记在中央政治局第八次集体学习时的重要讲话精神，重温习近平总书记关于交通扶贫脱贫工作的一系列重要指示批示精神。部党组副书记李小鹏，部党组成员马军胜、戴东昌作了交流发言。

杨传堂指出，实施乡村振兴战略，是以习近平同志为核心的党中央着眼党和国家事业发展全局，深刻把握现代化建设规律和城乡关系变化特征，顺应亿万农民对美好生活的期待，对"三农"工作作出的新的战略部署，是关系全面建设社会主义现代化国家的全局性、历史性任务。要提高政治站位，切实增强责任感和使命感，准确把握乡村振兴战略的深刻内涵，牢牢坚持乡村振兴战略的目标导向，坚决把交通运输服务乡村振兴战略的这篇大文章做细做实做好。

杨传堂强调，要精准谋划，有力有序做好乡村振兴战略实施各项工作。一要决战决胜，坚决打赢脱贫攻坚战，坚决完成到2019年年底基本实现具备条件的建制村通硬化路、到2020年实现具备条件的建制村通客车这两个兜底性指标、硬任务。二要因地制宜，提高政策精准性，综合考虑引领区、重点区、攻坚区农村交通运输发展特征和需求差异，合理确定农村交通运输建设标准和发展目标任务，统筹要素保护和发展。三要改善民生，增强群众获得感，不断延伸农村公路通达深度，积极推进城乡交通运输资源整合、基础设施互联互通，加快推进城乡客运一体化，优化完善农村货运及物流服务体系，调动农民脱贫致富积极性、主动性和创造性。四要统筹施策，实现高质量发展，聚焦乡村全面振兴、建设交通强国的高标准高要求，推动农村公路向"进村入户"延伸，提升客运服务水平，提高城乡物流配送能力，推进农村交通绿色发展，做到修一条公路，引领一方产业，带动一方经济，致富一方百姓。

杨传堂要求，要强化主体作为，深入推进乡村振兴战略落地生根，切实增强政治担当、责任担当和行动自觉，建立完善"中央统筹、省负总责、市县抓落实"管理体制，强化组织领导，夯实政策保障，强化督导考核，加强作风建设，锐意进取、埋头苦干，切实发挥好交通运输先行保障作用，为实施乡村振兴战略作出新的更大贡献。

在京部党组中心组成员，部总师，部机关司局主要负责同志，部属在京单位党政主要负责同志参加学习。（钟良）

国办印发指导意见 保持基础设施领域补短板力度

本报讯 （记者 马士茹）近日，国务院办公厅印发的《关于保持基础设施领域补短板力度的指导意见》（简称《指导意见》）提出，支持"一带一路"建设、京津冀协同发展、长江经济带发展、粤港澳大湾区建设等重大战略，围绕打好精准脱贫、污染防治攻坚战，着力补齐铁路、公路、水运、机场等领域短板，加快推进已纳入规划的重大项目，进一步增强基础设施对促进城乡和区域协调发展、改善民生等方面的支撑作用。

《指导意见》明确，要聚焦关键领域和薄弱环节，进一步完善基础设施和公共服务，提升基础设施供给质量，更好发挥有效投资对优化供给结构的关键性作用，保持经济平稳健康发展。

根据《指导意见》，铁路领域将以中西部为重点，加快推进高速铁路"八纵八横"主通道项目，拓展区域铁路连接线，进一步完善铁路骨干网络。加快推动一批战略性、标志性重大铁路项目开工建设。推进京津冀、长三角、粤港澳大湾区等地区城际铁路规划建设。加快国土开发性铁路建设。实施一批集疏港铁路、铁路专用线建设和枢纽改造工程。

在公路、水运领域，加快启动一批国家高速公路网待贯通路段项目和对"一带一路"建设、京津冀协同发展、长江经济带发展、粤港澳大湾区建设等重大战略有重要支撑作用的地方高速公路项目，加快推进重点省区沿边公路建设。加快推进三峡枢纽水运新通道和葛洲坝航运扩能工程前期工作，加快启动长江干线、京杭运河等一批干线航道整治工程，同步推动实施一批支线航道整治工程。

在机场领域，加快北京大兴国际机场建设，重点推进一批国际枢纽机场和中西部支线机场新建、迁建、改扩建项目前期工作，力争尽早启动建设，提升国际枢纽机场竞争力，扩大中西部地区航空运输覆盖范围。

《指导意见》还明确了加强重大项目储备、加强地方政府专项债券资金和项目管理、充分调动民间投资积极性、合理保障融资平台公司正常融资需求、深化投资领域"放管服"改革等10项配套政策措施。

海南精准发力『交通+特色产业』扶贫

本报讯 （特约通讯员 潘书参 特约记者 张涛）近日，海南省交通运输厅印发《海南省交通运输脱贫攻坚三年行动实施方案》（简称《方案》），提出加快贫困地区交通发展，提高交通扶贫精准性和有效性，为全省打赢脱贫攻坚战提供有力保障，为自由贸易试验区建设提供基础支撑。

根据《方案》，到今年年底，海南将实现深度贫困地区及5个国家级贫困县90%具备条件的自然村通硬化路，85%具备条件的建制村通客车；到2019年年底，实现深度贫困地区及5个国家级贫困县100%具备条件的自然村通硬化路，100%解决农村公路安全防护问题，90%具备条件的建制村通客车；到2020年年底，实现深度贫困县通高速公路，完成深度贫困地区和5个国家级贫困县现有危桥改造，具备条件的建制村100%通客车，具备条件的建制村100%通快递。

《方案》明确，推动"交通+特色产业"扶贫，加强贫困地区重点景区、乡村旅游点道路衔接，支持贫困地区旅游资源有序开发。改善省内贫困地区少数民族特色村寨等旅游景点、景区的交通条件，提供多层次的旅游运输服务供给，推动农村物流资源融合发展，完善县、乡、村三级农村物流体系建设，畅通农产品销售、生产资料和生活消费品下乡通道。

海南还将加快实施交通扶贫行动，在贫困地区加快建成外通内联、通村畅乡、客车到村、安全便捷的交通运输网络。推进贫困地区重大对外运输通道建设，加快推进万洋高速公路、儋白高速公路、铺前大桥、五指山至保亭至海棠湾高速公路等一批重大项目，启动文昌至临高高速公路等项目建设。

10月30日，湖南株洲航电枢纽二线船闸建成通航，正式开启双线船闸运行模式。湘江大源渡航电枢纽至岳阳城陵矶河段航道由1000吨级三级航道全面提升至2000吨级二级航道，通航能力显著提升，湘江货物运输物流成本将进一步降低。

据悉，湘江二级航道二期工程项目是国务院确定的湖南省对接长江经济带重点建设项目，株洲航电枢纽二线船闸工程为其主要控制性工程，由湖南省水运建设投资集团负责建设。株洲航电枢纽二线船闸工程等级为Ⅱ级船闸，设计年单向通过能力为2450万吨。

本报记者 李宇 文
特约记者 朱运来 图

渔船宁德海域遇险 多方力量已救起10人

本报讯 （记者 张康大 实习记者 王美琪）10月31日21时39分许，渔船"闽连渔运60059"轮在福建宁德大嵛岛东南5海里处因大风浪进水，有沉没危险，船上共有15人。经中国海上搜救中心全力组织协调力量搜救，已成功救起10人。

事故发生后，交通运输部高度重视，部主要领导先后作出批示，要求组织协调各方力量，科学施策，全力搜救。中国海上搜救中心指导福建省海上搜救中心全力组织力量搜救，协调1艘海巡执法船、2艘专业救助船、3艘渔政执法船、1艘海警船、22艘商船以及6艘渔船在现场搜寻；协调2架直升机进行空中搜寻；协调海洋渔业部门制定人员漂移轨迹；持续发布航行警告，通知过往船舶加强瞭望。

截至11月1日11时，经现场力量全力搜救，已成功救起10人，其中1人昏迷送医，打捞起1名遇难者遗体，仍有4人失踪。目前，现场搜救工作仍在紧张进行中。

交信集团和货车帮合作推动智慧物流发展

本报讯 （记者 金庆丰）11月1日，中国交通通信信息中心所属交通运输通信信息集团有限公司（简称交信集团）与满帮集团有限公司所属贵阳货车帮科技有限公司（简称货车帮）签署战略合作框架协议。交信集团是行业信息化建设支持单位，基础数据资源优势突出；货车帮是"互联网+物流"信息服务平台公司，市场数据资源优势明显。双方将优势互补，在数据、投资等领域全面深入合作，推动智慧物流发展。

当日，中国交通通信信息中心主任曹德胜与满帮集团董事长王刚就双方数据的结合共享进行了深入讨论。双方认为交通运输基础数据体系建设与货车帮智慧物流信息服务的结合，将打破信息壁垒，有效提高物流效率，为从业者带来更便捷、优质、贴心的服务，推动形成司机和货主的智慧服务新生态，为物流行业带来全新变革。

据了解，交信集团采集了大量的道路运输基础数据。货车帮通过货车帮APP、运满满APP等网络运营平台，每天产生约6TB的一线物流市场数据。今后，双方将在数字身份认证、诚信体系建设、高精度地图服务等领域展开更广泛的探索合作，全力服务交通强国战略。

传承蛇口基因　以市场化为核心改革创新

——访招商局集团董事长李建红

本报记者 马士茹 孙美利

在深圳蛇口，招商局广场像一座地标，矗立在核心区域。由此驻足向南眺望，近处的私人游艇码头整齐有序；稍远处的太子湾邮轮母港如三角形飞机，舒展机翼；更远处，海岸线上岸桥鳞次栉比，一艘艘船舶向伶仃洋延伸……

40年前，中国改革开放的第一声春雷在蛇口这个当时还很荒凉的小渔村炸响；40年后，招商局集团再次立于深化改革的高地，"前港一中区一后城"的"蛇口模式"也正沿着"一带一路"走出海外，成功复制。

日前，在招商局广场36层，本报记者采访了招商局集团董事长、招商局第二十四任"掌门人"李建红，经他娓娓道来，一个敢想、敢干、敢闯，带有"蛇口基因"的商业集团在记者眼前逐渐清晰。

"1+1=11"
高质量发展离不开市场化

1979年，借着一声春雷，中国经济特区的发轫地——蛇口工业区诞生了。

在这里，无数个"第一次"轮番上演：率先在我国建立了全新的工程招标制、劳动用工制、干部聘用制、薪酬分配制、社会保险制和企业股份制……先后创办和孵化了招商银行、平安保险、招商蛇口、中集、华为、金蝶等一批知名企业，开创由一家企业成功开发经济特区的先例，成为探索中国现代化建设道路的先锋。

近40年后的今天，招商局集团持续保持两位数增长，资产总额突破7万亿元，规模在央企中排名第一，是国务院国有资产监督管理委员会连续14年考核成绩为A的8家央企之一。"传承和弘扬'招商血脉、蛇口基因'的企业文化，以市场化为核心的改革创新，是招商局保持稳健增长、迈向一流的不二法门。"在李建红看来，这些成就的取得，离不开改革开放的"蛇口基因"。

李建红。　招商局集团 供图

不断完善协调落实法人治理结构，是招商局集团的第一个举措。"各司其职、各尽其责，这是企业能够保持可持续发展，迈向高质量发展的一个重要举措。如果企业治理结构、现代企业制度没有形成好的机制、好的体制模式，企业不可能高效运营。"李建红介绍，去年招商局集团利润超过了1200亿元，今年将争取继续保持两位数增长，治理结构至关重要。

建立市场化的选人用人机制是招商局集团的第二个举措。"我们选人用人既坚持党管干部的原则，又坚持市场化的机制。"李建红说，传承"蛇口基因"，招商局集团在选人用人上坚持市场化、专业化、国际化。"集团二级公司的总经理，原则上都是按照'三化'来全球竞聘。"

在全球竞聘的过程中，同等条件下，优先选取集团内部人员；集团内部同等条件下，优先选取有专业背景的人员。"任期考核合格了，继续干；考核不合格，那就让位。"李建红说，"这么大的一个集团，光靠集团总部直接抓根本不可能。只能一级抓一级，一级管一级，选人用人至关重要。" （下转3版）

□值班编委 张林　本版副主编 卢锐　责编 王晓宾　□E-mail:xw1b@zgjtb.com　□新闻热线：(010)64255441　□发行热线：(010)64256206　□广告热线：(010)64250642　□培训热线：(010)65299681

2018年11月2日　星期五　｜3版
电话：010-64252287　E-mail:xw3b@zgjtb.com
见证40年　主题访谈
中国交通报　CHINA TRANSPORT NEWS

传承蛇口基因　以市场化为核心改革创新

——访招商局集团董事长李建红

本报记者　[illegible]　孙英剑

本报记者专访招商局集团董事长李建红（右）。　本报记者　孙英剑　摄

（上接1版）

第三个举措是坚持市场化的资源配置模式。"我们无论是对内重组整合，还是对外兼并收购，都坚持市场配置资源，这方面我们做了几个案例，现在看成效是越来越明显。"李建红向记者介绍。

2015年12月28日，经国务院批准，招商局集团与中国外运长航集团实施战略重组，中国外运长航集团以无偿划转方式整体并入招商局集团，成为其全资子企业。对于这次重组，李建红称之为"1+1=11"。

"第一个'1'是招商局，第二个'1'是中国外运长航集团。双方重组努力做到了招商局实现3个'提升'，包括提升招商局的央企国家队地位、产业整合者地位和行业领先者地位；中国外运长航实现6个'更'，包括机制更好、实力更强、规模更大、发展更快、效益更高、员工发展更好。"李建红补充，两年多的实践更验证了2个"效果"，即在第三方公共物流领域，重组整合后，招商局实现了中国领先，世界一流；在航运领域，两家企业整合后，整体排位跃升，实现运营的船舶、综合船队世界第二。"1+1=3+6+2，总体等于11。"他说。

同年12月30日，招商蛇口工业区吸收合并招商地产，即"招商蛇口"上市敲钟仪式在深圳证券交易所举行，新公司全称为招商局蛇口工业区控股股份有限公司。"两家公司组合前，每年的利润加起来都是几十亿元，没有超过100亿元的。重组当年就突破100亿元，2016年160亿元，2017年突破了200亿元，今年预期会有新的突破。"言语中，李建红流露出自豪之情。

"立足香港、深耕湾区、'一带一路'"，这是招商局集团去年围绕国家战略提出的新布局。说起近期通车的港珠澳大桥以及粤港澳大湾区发展，李建红透露，招商局集团接下来将加强服务"一国两制、三个关区"，打通港口、高速公路等基础设施的通道，重点发展高科技、人工智能、环保工程相关产业。

2018年上半年，招商局集团运营的中欧班列累计开行线路达到34条。

挑战无处不在　创新融合"危"中寻"机"

"回顾历史，招商局从来没有达上今天这样的高度；放眼未来，招商局也从来没有像今天这样面临如此深刻的时代挑战。我们必须居安思危、登高望远，善于聆听时代的声音，紧紧把握时代的脉搏。"2017年12月26日，李建红在招商局145周年庆祝大会上的演讲令许多招商人深思。

"危是什么？我认为现在最现实、面临的最大挑战，就是传统产业增长动力不足。"李建红对未来有着这样一种判断，大数据、云计算、人工智能、物联网等科技创新在未来15年的发展将超乎想象，颠覆淘汰传统产业的速度也将更快。"回顾商业历史，在'战略转折点'上由盛而衰的企业不在少数，它们许多并非输给了对手，而是输给了时代。"

如今，招商局集团早已成长为立足综合交通、特色金融、城市与园区综合开发三大板块，旗下拥有10多家上市公司，并正实现由三大主业向实业经营、金融服务、投资与资本运营三大平台转变的商业集团。2018年发布的《财富》世界500强榜单中，招商局集团首次申请即入围，以146年的历史创造了世界500强中国企业的基业长青纪录。如何让这么大的一个企业创新融合？

"我们致力于三大方面推动创新。第一，作为一个产业公司，我们努力推动原始创新、基础创新。"李建红说，原始创新任务艰巨，挑战比较多，是长效性的。

他给记者举了个例子。世界范围内商船过剩，船厂全面亏损，但豪华邮轮一枝独秀，运营、建造都高度"垄断"。"中国现在真正意义上的豪华邮轮还没建造，我们在探索建造豪华邮轮。"李建红告诉记者，招商局除了正打造第一批豪华邮轮外，还将推出全球百日游，"率先在远东建造豪华邮轮，这就是基础性、原始性、产业性创新。"

"第二，招商局注重跨界融合创新。基础性、原始性创新难度很大，挑战很多，时间很长，比如我们准备制造豪华邮轮，产业转型要好几年，再到造出邮轮也要好几年。跨界融合类创新，机会很多。"针对现在出现的无人汽车、无人飞机、智慧物流、无人港口，李建红表示，面对机遇一方面要求企业自身加快转型升级，另一方面，也要求企业加快加强与互联网公司、科技企业的合作，主动把握数字化机遇，积极推动互联网技术在传统产业的应用，优化与培育新老业务的智慧增长，增强综合竞争力。

"第三，招商局鼓励所有岗位、所有员工人人创新。"作为国家"双创"示范基地之一，招商局集团目前已成立了50亿元的"产业+互联网""产业+科技"创新基金，建立容错机制，允许各个产业公司大胆试、大胆闯，宽容失败。在金融方面，招商局集团把推动金融科技发展放在关键位置。"招商银行每年拿出利润的1%，作为科技创新项目资金。创新'九死一生'，我们对创新失败有心理准备，但坚持数年，一定会有成效。"李建红深知创新不易、坚持可贵。

招商蛇口股票上市仪式。

在李建红的眼中，员工的创新并不一定非要"高大上"。"我们鼓励员工的创新是结合企业自己、产业的特点、行业的特性，深到我们企业的最深处，走到我们企业的最前沿，在帮助客户解决痛点、难点的过程中实现创新。"

2017年，招商局集团在创新方面投入14.3亿元（不含招商银行），同比增长74%。"双创"示范基地引入多个知名孵化平台，9个"双创"项目获中央企业熠星大赛和"航天科工杯"青年创新大赛奖励。

同年，招商局旗下山东烟台中集来福士海洋工程有限公司自主设计的全球最先进超深水双钻塔半潜式钻井平台——"蓝鲸1号"，成功在南海完成可燃冰的开采试验，实现连续开采时间全球最长。截至目前，招商局"双创"示范基地累计引入创业企业1480家，其中有45家企业在新三板、创业板上市，带动就业超过10万人。

贴紧国家战略　复制"蛇口模式"　支持"雁形出海"

"港口不能只是装装卸卸，航运不能只是进进出出。"李建红说。在新时代下，围绕"一带一路"倡议，招商局"出海"的方式也有所转变。

在李建红看来，这个转变既流淌着"蛇口基因"，又有所创新——把原来的单一港口后延，根据资源禀赋建设园区，园区后面发展城市，结合着"一带一路"倡议，培育新的增长点。"这是我们复制'蛇口模式'的独特竞争优势。"李建红说。

"前港—中区—后城"，这是从招商局蛇口工业区一点点摸索、发展、总结出来的经验。这一模式实现了航、港、产、城联动，以港口带动产业园、物流、海工、金融等业务发展，进而为中国企业"走出去"提供支持，是为"雁形出海"。

"园区一方面可以发展当地经济，改善民生，增加就业。另一方面，中国的国际产能得以输出。产业园区多了，人气集聚了就是城。吉布提是招商局'蛇口模式'在海外落地的第一个国家。"李建红告诉记者。

对于绝大多数中国人来说，吉布提是个陌生的名字。位于非洲东北部亚丁湾西岸的吉布提共和国，地处欧、亚、非三大洲的交通要冲，被西方称为"石油通道上的哨兵"。在陆地上，吉布提辐射非洲内陆十国，并且是埃塞俄比亚的唯一出海口，经济和战略地位非常重要。

中白工业园全景。

2012年，招商局集团开始了对吉布提相关情况的考察。2013年12月，招商局集团与吉布提政府合作投资吉布提港，招商局集团持股23.5%，投资项目包括吞吐能力600万吨的多功能码头、吞吐能力150万标箱的集装箱码头、17万平方米的吉布提干港等。

"40年以前是我们引进来，40年以后是我们走出去。"在李建红看来，"一带一路"光喊口号没用，要有行动，要有大项目切入。"单一依靠援助不可持续，我们的经济实力、能量也有限。必须寻找一种商业模式，对他们来说发展经济，对我们来说输出产能，对投资人来说要有合理回报。"

事实证明，"前港—中区—后城"的"蛇口模式"就能带来互利共赢。2018年7月，吉布提国际自贸区一期正式开园运营，开园当天入园企业达到20家。预计未来自贸区可产生GDP超过40亿美元，相当于目前吉布提GDP两倍多，可创造逾10万人的就业岗位，超过吉布提人口的六分之一。

位于白俄罗斯的中白工业园项目是招商局集团践出港口，布局"丝绸之路经济带"，拓展国际物流通道的又一重点。

"物流园一期规划为3.5平方公里，已经完成白俄罗斯国家验收，进入实质运营，累计实现30多家企业入园。"李建红说，2015年招商局集团入股中白工业园，同时投资5亿美元在中白工业园内建设运营招商局中白商贸物流园，包括总面积10万平方米的仓储中心、保税堆场、展示交易中心和商务中心等。

"为满足'丝绸之路经济带'快速发展的投资和贸易需求，招商局开通了多条中欧班列，打通了中国经中亚五国、俄罗斯、白俄罗斯至欧洲各国的物流运输干线。这就相当于在'丝绸之路经济带'和'21世纪海上丝绸之路'，我们形成了一个圈，一个闭环。"说到这，李建红抬起手，在面前比划着圆圈的起点、分布与会合。

"红色的是'21世纪海上丝绸之路'，从东北开始，经天津、青岛、上海、福建、广东到香港，然后出去到南洋，到红海和吉布提亚丁湾那里，进入地中海马耳他，然后再回到欧洲。黄线则由渝新欧、京新欧、湘新欧等不同的班列组成。"这条精密的航线图，已经植根在李建红的脑中。

2018年上半年，招商局集团运营的中欧班列累计开行线路达到34条，班列发运量持续增长，累计开行451列，运量超过3.6万标箱，同比增长153%。

目前，招商局集团境外实体机构达到193家，分布于44个国家和地区。在全球20个国家和地区（包括中国大陆在内）拥有53个港口，已经形成了遍布东南亚、南亚、非洲、欧洲等地的港口、物流、金融及产业园区网络，大都位于"一带一路"沿线国家和地区的重要点位。

截至2017年年底，招商局集团境外企业总资产7240亿元，境外年营业总收入达583亿元，年利润总额达34亿元，海外业务已经成为招商局重要的利润增长点。

"问我航程有多远，一八七二到今天。有过潮平水扩，有过急浪险滩。金樯如山，何惧艰险。团结起来向前。"这是《招商局之歌》中的一段歌词。从1978年到2018年，百年招商局在改革开放中迎来了发展的春天。

"站在改革开放40周年的今天，回望40年来招商局的发展变化和取得的成就，用习近平总书记的话说，'招商局是改革开放的产物'。"李建红说，招商局集团将继续秉承招商人敢闯敢试、敢为人先的改革创新精神，处理好"立足长远"与"把握当下"的辩证关系，融入新时代、把握新变化、踏上新征程，努力创造百年招商新的辉煌，为实现中华民族伟大复兴贡献力量。

吉布提港。

本文图片除署名外由招商局集团提供

"三减少"　降低海上作业风险

特约记者　杨天波　实习记者　王凌　通讯员　张阳　苏志敏　吴博

"节段梁临边防护跟进不及时。"在宁波舟山港主通道项目之一的鱼山大桥施工现场，项目负责人发现班组安全意识淡薄，对因施工需要拆除的护栏恢复不及时，海上作业风险大大增加。宁波舟山港主通道项目位于舟山群岛，蹄越灰鳖洋海域，环境恶劣、施工难度大，年均有效工作日仅200天左右。此外，周边多个项目同时施工，日均船舶数量高峰期近200艘；光缆、电缆、供水管等纵横交错，锚地众多，场地条件复杂，海上施工可谓"见缝插针"。工程实施的不确定影响因素较多，质量安全管理形势复杂，具有极大的风险和挑战。

"要构筑海上施工安全及通航安全防线，就必须从顶层设计上转变思路，打破传统交通工程建设模式。"宁波舟山港主通道项目建设指挥部总指挥梅散松说，"项目通过预制装配化，实现海上施工'三减少'，即'减少海上作业工序、减少海上作业时间、减少海上作业人员'，以达到降低海上作业风险的目的。"

如今，在构建安全施工环境方面，现场施工作业面已全面实行"工点工厂化"管理，统一规范设置全线安全标志标牌与高空作业、跨路施工等区域的安全防护措施，强化对工人的安全保障能力。通过推行"安全防护标准化"提高现场安全防护设施的质量，同时颜色一致、规格一致的设施使现场更为美观、规范。日常巡查和定期排查整治相结合也形成了安全防护监管的长效机制，有效避免人员高空坠落和因物料坠落而引起物体打击等危险的发生。

宁波舟山港主通道项目建设指挥部副指挥蒋强介绍，项目积极从海上平台布局、海上栈桥通道安全、海上施工班组、海上通航安全警示等层面深化海上施工安全标准化管理，利用引入工程专项气象服务，开通短信区域触发提醒服务，设置栈桥、平台智能门禁系统，组建雷达、AIS、VTS联动体系，安装远程视频监控系统等科技力量，为项目建设筑起坚实的安全堡垒。

简讯

"消防火车"首秀成都

本报讯　"请灭火演练人员穿好防火服，戴好空气呼吸器，做好灭火前各项准备工作……"近日，中国铁路成都局集团有限公司轨道交通应急消防及综合保障演练在彭县站举行，首辆轨道交通综合应急保障车首次亮相。该"消防火车"时速可达到120公里，铁路沿线遇到火灾险情时可火速前往。

据介绍，轨道交通应急综合保障车配备了多功能高压喷雾灭火装置、消防集装箱和罐式供水集装箱，集装箱总容积达48立方米，还有照明系统、标志灯具、警报器、接地装置等。和普通的消防汽车相比，"消防火车"运行速度快，接到命令后可以快速抵达救援现场，提高铁路沿线火灾扑救及故障抢修的效率；采用水与灭火药剂的混合液为灭火介质，喷雾冲击力强，喷射距离远；灭火介质输送距离达到485米，可以满足16辆长编组动车组的消防距离要求。　（石本轩）

江苏万辆营运车安装主动安全智能防控系统

本报讯　（驻江苏首席记者　龙科）今年以来，江苏省交通运输厅加快推进道路运输车辆主动安全智能防控系统安装，截至目前，全省共安装终端车辆10770辆。

为提升道路运输车辆安全运行水平，遏制和减少重特大事故发生，江苏率先研究并试点应用车辆主动安全智能防控技术。该工作被列入江苏省"平安交通"三年行动计划，到2020年年底前全省"两客一危"车辆主动安全智能防控终端安装率、入网率力争达到100%。针对前期安装进度较慢等情况，运管局多次督促协调，将任务逐级分解到所在地运管机构和辖区运输企业，并定期对安装进展进行通报，及时协调解决安装应用中的问题。该局将完善协调机制，畅通信息渠道，建立每周分析、月度通报制度，多措并举，加快推进安装应用进度，确保终端安装率80%的年度任务目标保质保量完成。

近日，宁夏交通运输系统应急救护培训在宁夏职业技术学院开班，来自自治区交通运输厅机关、厅属单位及各基层单位50余名职工参加了本次培训，并顺利通过考试，取得应急救护资格。

本次应急救护培训以"理论授课+案例分析+现场实操考核+课堂测试"的方式进行，对伤病员体位翻转、突发伤情急救等方面的理论知识和技能实操进行了全面系统的培训。学员们纷纷表示，培训起到了以训促学、以学促干、凝聚共识、强化担当的作用。

通讯员　王涛　文　本报记者　杨宇生　图

中国桥梁　大国名片

——访原交通部总工程师凤懋润

本报记者　赵珊珊

见报日期　2018 年 11 月 6 日

改革开放 40 年来，我国交通运输业蓬勃发展，已经成为一张闪亮的国家名片，吸引着全世界的目光，让国人自豪。

而港珠澳大桥、苏通大桥、泰州大桥等一大批世界级桥梁的建设，更是为我国交通运输发展添上了浓墨重彩的一笔。

漫漫长路，我国桥梁建设究竟如何实现了由内河走向外海、由中国走向世界？“中国跨度”又是怎样炼成的？桥梁大国是怎样向桥梁强国跨进的？用半生亲历了中国桥梁名片锻造过程、也见证了中国改革开放伟大进程的原交通部总工程师凤懋润，日前接受本报记者专访，回顾改革开放 40 年来中国桥梁建设的光辉历程。

砥砺奋进　路桥先行

从铁道部第一勘察设计院的勘测设计人员，到交通部公路规划设计院副院长、部公路司副司长、科技司司长和部总工程师，再到退休后仍发挥余热、为中国桥梁事业贡献智慧……改革开放40年，也是凤懋润人生最充实的40年。

从1978年到2018年，凭着逢山开路、遇水架桥的精神和勇气，交通人用智慧与汗水书写了当代中国跨越式发展的辉煌篇章，描绘出一幅波澜壮阔的社会进步画卷。

“经济发展，交通先行”是政府的理念，“要想富，先修路”是百姓的心声。作为综合交通运输系统的重要组成部分，公路发挥着基础性、先导性作用，也进一步反映出一个国家的发达程度。

凤懋润对我国公路建设跨越式发展的重要节点记忆犹新：40年前，我国公路网里程仅有88.8万公里，其中41.3%是等外路，而等级公路中单车道的三、四级公路又占了97.5%，国道上行车平均时速不到30公里，公路交通严重制约了百姓出行和经济社会发展。1989年，交通部党组提出了建设“三主一支持”的全国交通发展战略决策。对公路发展又相继作出了建设公路主骨架“五纵七横”、国家高速公路网和跨江海桥梁基础设施建设等一系列战略部署，以解决“畅通”的需求。

“一段段激情的岁月在季节流转中升腾，一条条崭新的路桥在脚下延伸。中国公路人像老黄牛一样，扎实勤奋刻苦耕耘，在祖国大地上，刻下了一道道气贯长虹的年轮。”77岁的凤懋润，依旧身姿挺拔、声音高亢。

通过40年来不断完善基础设施建设，我国公路交通实现了跨越式发展。截至2017年年底，我国公路总里程已达到477.35万公里，其中高速公路13.65万公里，位居世界第一……

在公路大规模建设的同时，我国桥梁建设全面展开，40年里共建新桥51.4万座，合计总长4.8万公里，相当于我国现有公路桥梁总量的80%、总长的93.6%。

“都说世界桥梁建设‘六七十年代看欧美，七八十年代看日本，世纪之交看中韩’，中国建桥的规模和速度在近20年中确实‘史无前例’，平均每年建造新桥达2万座，这个数字还不包括新建村道上的桥梁5000座。”凤懋润充分肯定了改革开放以来中国桥梁建设的发展成就。

目前，我国公路桥梁总量已达83.3万座，总长度达5.2万公里。中国已经成为名副其实的桥梁大国。在长江经济带覆盖的长江江段上已经建起桥梁216座，其中公路桥梁（含城市桥梁）177座。在经济社会生机勃勃的发展中，交通运输发挥了支撑作用，以江苏省为例，1999年至2016年，年均过江交通量增速近12%。

上下探索　积蓄实力

在凤懋润看来，改革开放40年，我国桥梁建设一直遵循着“解放思想、自主建设，博采众长、自主创新”的指导思想，逐步实践着从“学习与追赶”到“创新与超越”的技术性跨越，实现了“建设一批国际一流的桥梁工程，取得一批国际先进和领先的科研成果，培养一支有国际竞争力的人才队伍”的目标。

围绕公路桥梁发展的地理区位变化，他认为我国桥梁建设可分为 4 个建设高潮：从珠江三角洲到长江中上游，再到长江三角洲，最后又回到珠江三角洲。

20 世纪 80 年代初，作为改革开放前沿的广东，为解决资金难题，进行了“贷款修桥、收费还贷”的政策性探索。广东向澳门南粤公司贷款，在珠江口西岸的中山和佛山所辖顺德等地修建了 4 座百米跨径的桥梁，在珠江三角洲掀起了公路基础设施建设的热潮。

1984 年 11 月，贷款建设的桥梁如期建成。在开通典礼上，交通部赠送了一面锦旗，写着“桥梁建设的创举”几个大字。“可以说，没有贷款修路修桥、收费还贷的政策，就没有今天中国路桥建设的辉煌成果。”凤懋润说。

“山东的路，广东的桥”，是 20 世纪八九十年代公路基础设施建设的两面鲜明旗帜。那段时期，黄河、珠江和黄浦江上相继建成了一批跨径突破 200、400、600、800 米的桥梁工程。如位于山东省的我国第一座跨径突破 200 米的济南黄河斜拉桥、第一座钢斜拉桥东营黄河公路大桥，位于上海市的我国第一座跨度超过 400 米的斜拉桥南浦大桥、跨径突破 600 米的杨浦大桥，位于广东省的我国第一座连续刚构桥洛溪大桥、第一座现代悬索桥汕头海湾大桥、第一座高速公路钢箱梁悬索桥虎门大桥等都诞生于该阶段。

“这些桥梁对中国现代桥梁发展具有里程碑意义，为后来跨越长江桥梁建设作了技术性上的探索和准备。”凤懋润说。

博采众长　自主创新

全国公路交通的“大动脉”，梗阻于长江天堑。改革开放初期，3000 公里长江通航江段上只有 3 座桥梁。

20 世纪 90 年代初，在交通部的组织下，打响了跨江公路桥梁建设大战。

10 年间，湖北黄石梁式桥、安徽铜陵斜拉桥、四川万县拱桥、江苏南京二桥斜拉桥和江阴悬索桥技术障碍被攻克，这些不同类型桥梁的建设实践，都为新世纪更大规模的跨江海公路桥梁建设奠定了坚实基础。

尤其是江阴公路大桥，以其 1385 米的跨度，成为我国首座千米跨径桥梁，世界排名第四。“江阴大桥位于黄金水道，为保障航道畅通，大桥要求一跨过江。可那时，我国桥梁跨度刚刚突破 400 米，建设千米级大桥是严峻的挑战。”作为江阴大桥设计和技术总负责人，凤懋润对大桥设计联合体开展的现场设计遇到的各类难题，仍记忆犹新。

摸着石头过河。凭着不怕难不服输的拼劲，凤懋润带领 40 余人的团队，在大桥现场工作了整整3年，终于完成了工程可行性研究深化、初步设计、技术设计和施工设计。

凤懋润一直珍藏着一张照片，那是江阴大桥开工时设计团队的合影。照片上在老专家和中年技术骨干身边簇拥着年轻稚气的脸。20多年过去了，这些年轻人中有港珠澳大桥岛隧工程的总设计师，有杭州湾跨海大桥、润扬大桥、北盘江大桥的总设计师，有我国最大跨径桥梁西堠门大桥建设指挥部总工，也有巴拿马运河三桥设计咨询的中方代表等。这些曾经的“学生娃”，已成为中国桥梁建设领域的顶梁柱。

照片已泛黄，记忆不曾退却。回忆起那1000多个日日夜夜，凤懋润觉得无比充实和快乐。

“桥何名欤？曰奋斗。”正如中国现代桥梁之父茅以升所言，中国桥梁人不忘初心，牢记使命，一代代传承精神开拓创新、不懈奋斗，才有了今天中国桥梁之崛起。

厚积薄发　自我超越

进入21世纪，随着区域经济一体化战略的实施，桥梁建设新高潮在长江江段特别是长江三角洲地区展开，中国桥梁踏上“创新与超越”的新征程，向着桥梁强国迈进。

为了改变苏南苏北的经济社会发展不平衡，400公里苏沪江段上先后建起7座千米级跨江公路桥。其中，苏通大桥是世界首座跨径超过千米的斜拉桥，泰州大桥是世界上首座三塔双千米主跨的连续悬索桥，两座大桥均获得了国际桥梁界的赞誉。

与此同时，桥梁建设进军跨海湾海峡和连岛工程。上海东海大桥、浙江杭州湾大桥、舟山大陆连岛工程的金塘大桥与西堠门大桥、青岛海湾大桥，以及广东湛江海湾大桥、福建厦漳大桥等先后建成。刚刚通车的港珠澳大桥更是自开工之初就备受世界瞩目，这项集桥岛隧为一体的超级跨海工程体现了我国改革开放40年公路桥梁工程技术发展的最新成果。

随着西部大开发的进程，西部山区跨峡谷沟壑的桥梁也如雨后春笋。湖北四渡河大桥、湖南矮寨大桥、贵州坝陵河大桥、北盘江大桥和云南龙江大桥等千米级索桥等，成了中国桥梁建设史上一座又一座技术进步、造福民生的丰碑。

以最新的技术实现更大的跨越始终是桥梁技术发展的主题，在世界跨径前十位的梁桥、拱桥、斜拉桥和悬索桥中，我国桥梁分别占有5、7、6、4席。

中国创造　引领世界

自1991年建成首座跨度突破400米的南浦大桥，不到20年间，中国相继建成特大型桥梁181座，跨径千米以上达到22座。“国际上有的桥型，中国有；国际上没有的桥型，中国也有。”具有中国自主知识产权的钢管混凝土拱桥和以钢管混凝土为骨架的混凝土拱桥20年来获得大发展。

四川合江长江桥创造了530米的跨度纪录，另一座具有世界纪录的570米跨径拱桥正在建设中。凤懋润告诉记者，这得益于“需求牵引，创新驱动”。中国建造的这些桥梁中，不乏为国际桥梁技术发展作出“中国贡献”的世界级桥梁，如上海卢浦大桥、江苏泰州大桥荣获了国际桥梁协会的“杰出结构奖”，还有一批桥梁工程荣获我国国家科技进步奖，美国国际桥梁会议（IBC）、国际咨询工程师联合会（FIDIC）、美国土木工程师协会等颁发的众多奖项。

丰硕成果的背后离不开科学技术的进步。在凤懋润看来，支撑这些桥梁建成的背后是我国路桥人创造的一批具有自主知识产权和中国特色的成套技术及工法，建设理念也从“尽快建成”提升为创造品质工程。

“工程创新绝不是为创新而创新，而是为了解决建设过程中的各种难题而不得不创新，否则工程就无法继续推进。”这是中国桥梁建设者对工程技术创新的朴素认识。

经过40年的实践与积累，我国桥梁建设逐步从“中国制造”走向“中国创造”，实现着由桥梁产品到桥梁建造、从设计到咨询“走出去”的技术提升。在近些年的国际竞争性招标中，我国桥梁团队不断战胜国外强手，争得为世界造桥的机会，服务“一带一路”。截至目前，除了澳洲和南美洲，其他大洲都有中国桥梁“走出去”的成果。

在中国产品“走出去”的过程中，特别值得一提的是美国旧金山新海湾大桥，中国交建振华重工承担了该桥4.5万吨的钢塔、钢箱梁加工制造和主缆索股制造任务。结果，在上海长兴岛加工，海运美国现场拼装的146.6万个螺栓孔精准对接；160米高的钢塔由8节段加工制造，拼装垂直度高达1/2500，远高于合同要求的1/1000；整个工程提前5个月完成……中国精湛的制造工艺得到美方的高度认可。

以挪威哈罗格兰德大桥为代表的中国建造“走出去”，显示出中国桥梁建设的综合实力已经得到国际认可。四川路桥建设者克服了北极圈地区冬季极端恶劣的风雪天气，按计划完成了哈罗格兰德大桥92根主缆索股的架设，并在仅有的17天允许海上作业的时间里完成了所有30节钢箱梁的吊装任务，创造了欧洲桥梁工程的“中国速度”。

通过国际竞标获得大西洋沿岸巴拿马运河三桥设计与咨询任务后，又获得了运河四桥的设计任务，这是中国设计与咨询更高层次上“走出去”的实例。

“我们有理由说，中国桥梁工程技术已经追赶上了国际先进水平，并跻身于世界桥梁技术强国行列。”凤懋润坚定地说。

谈到中国桥梁的跨越式发展，凤懋润总结出3点经验：一是国家执行力，发挥“集中力量办大事”的制度优势。特大型桥梁是国家的战略性工程，是提升国家实力和国际竞争力的宝贵资源。对于发展中的国家，要在较短的时间里赶上发达国家，必须有效整合国内外资源，建立起“国家级”的规划协调、技术咨询和科学研究的支撑机制，最大限度地释放生产力。

二是践行实践论。“自主”的指导思想是基于“核心技术买不来”的历史经验和“实践出真知”“经验需要积累”及“认识由量变到质变”的哲学思维，是基于“中国人的事情还得依靠自己去完成”的基本认识。

自主创新是建立在博采众长的国际大环境中，不是闭门造车，而是在引进国外先进理念和管理技术的基础上，积极促进消化吸收和再创新，实现由“中国制造”向“中国创造”的转身。

三是遵循“继承—发展—创新”的指导思想。坚持科学研究与工程建设实践相结合，走渐进式创新之路，在集成创新的基础上，逐步实现原始创新。

世界瞩目的港珠澳大桥的成功建设，得益于中国日益增强的综合国力的强大支撑，得益于40年来大规模工程实践，得益于代代交通人集体智慧的凝练和精神的传承，这些都为港珠澳工程的成功做了充分的铺垫和准备。港珠澳大桥建设者冲锋陷阵，把挑战变成机遇，在机遇中实现突破，交出了一份“代表中国”的答卷，成为向世界展示中国改革开放伟大成就的新“窗口”。

“站在新的历史起点上，路桥人应系统梳理改革开放40年的建设成果，继续弘扬‘两路精神’，砥砺奋进!”前辈们的功勋载入史册，随着改革开放成长起来的院士、大师、中青年科技专家、工匠技师的交通团队不断创造着新的业绩!

“大路弯弯，从远古走来，一头连着历史，一头伸向未来，她是镌刻在祖国大地上奔腾的血脉。大桥长长，从新时代走来，一头牵挂梦想，一头书写豪迈，她把党的关怀送进千家万寨。我们铺路架桥，是播撒现代文明和富裕的使者，让幸福伴随着路桥延伸，为人民创造美好的未来。”

这首诗是凤懋润献给路桥人的，饱含着路桥人对桥的挚爱，也承载着长者对后来人的嘱托。情深义重、源远流长。

□“润”言无声

桥梁技术发展两大阶段：20世纪后20年，在“解放思想，自主建设”思想指导下的“学习与追赶”；21世纪头20年，在“博采众长，自主创新”思想指导下的“创新与超越”。

建桥四大高潮：20世纪80年代，在珠江三角洲；90年代，在长江上中游；21世纪头10年，在长江三角洲；21世纪第二个10年，又回到珠江三角洲。

中国桥梁六大发展印迹：一是20世纪80年代初，“贷款修桥、收费还贷”的探索；

二是20世纪80至90年代，现代桥梁技术的奠基；三是20世纪90年代，公路桥梁“跨江会战”；四是21世纪头10年，长江下游“黄金水道”千米大跨径桥梁建设；五是桥梁“下海”，建设跨越海峡海湾连岛工程；六是随着西部大开发的进程，桥梁“上山”，跨越峡谷沟壑。

三大经验：一是发挥国家执行力，集中力量办大事；二是践行实践论，在引进国外先进理念和管理技术的基础上自主创新，由中国制造向中国创造转身；三是科研与工程相结合，走渐进式创新之路。

CHINA TRANSPORT NEWS

2018年11月6日 星期二　http://www.zgjtb.com　第6849期　今日8版　邮发代号 1-72　国内统一连续出版物号 CN 11-0122　交通运输部主管　中国交通报社主办

习近平强调，回顾历史，开放合作是增强国际经贸活力的重要动力；立足当今，开放合作是推动世界经济稳定复苏的现实要求；放眼未来，开放合作是促进人类社会不断进步的时代要求。各国都应该积极推动开放合作，实现共同发展，开创人类更加美好的未来。中国推动更高水平开放的脚步不会停滞，推动建设开放型世界经济的脚步不会停滞，推动构建人类命运共同体的脚步不会停滞。

习近平出席进博会开幕式并发表主旨演讲

开放已经成为当代中国的鲜明标识

新华社上海11月5日电　首届中国国际进口博览会5日在上海开幕。国家主席习近平出席开幕式并发表题为《共建创新包容的开放型世界经济》的主旨演讲，强调回顾历史，开放合作是增强国际经贸活力的重要动力；立足当今，开放合作是推动世界经济稳定复苏的现实要求；放眼未来，开放合作是促进人类社会不断进步的时代要求。各国都应该积极推动开放合作，实现共同发展，开创人类更加美好的未来。中国推动更高水平开放的脚步不会停滞，推动建设开放型世界经济的脚步不会停滞，推动构建人类命运共同体的脚步不会停滞。

11月初的上海，风清气爽，秋意渐浓。上海国家会展中心开幕式主会场内，各国嘉宾齐聚一堂。上午9时45分许，习近平同捷克总统泽曼、多米尼加总统梅迪纳、萨尔瓦多总统桑切斯、肯尼亚总统肯雅塔、立陶宛总统格里包斯凯特、克罗地亚总理普连科维奇、埃及总理马德布利、格鲁吉亚总理巴赫塔泽、匈牙利总理欧尔班、老挝总理通伦、马耳他总理穆斯卡特、巴基斯坦总理伊姆兰·汗、俄罗斯总理梅德韦杰夫、越南总理阮春福、英国约克公爵安德鲁王子、国际货币基金组织总裁拉加德、世界银行行长金墉、世界贸易组织总干事阿泽维多等外方领导人一同步入会场。

在热烈的掌声中，习近平发表了主旨演讲。习近平指出，中国国际进口博览会是迄今为止世界上第一个以进口为主题的国家级展会，是国际贸易发展史上一大创举。这体现了中国支持多边贸易体制、推动发展自由贸易的一贯立场，是中国推动建设开放型世界经济、支持经济全球化的实际行动。

习近平强调，当今世界正在经历新一轮大发展大变革大调整。经济全球化是不可逆转的历史大势。面对世界经济格局的深刻变化，各国都应该拿出更大勇气，积极推动开放合作，实现共同发展。

——各国应该坚持开放融通，拓展互利合作空间。各国应该坚持开放的政策取向，共同建设开放型世界经济；应该加强宏观经济政策协调，合力促进世界经济增长；应该推动构建公正、合理、透明的国际经贸规则体系，促进全球经济进一步开放、交流、融合。

——各国应该坚持创新引领，加快新旧动能转换。各国要共同推动科技创新、培育新的增长点，共享创新成果；应该把握新一轮科技革命和产业变革带来的机遇，共同打造新技术、新产业、新业态、新模式。

——各国应该坚持包容普惠，推动共同发展。各国应该坚持要开放不要封闭，要合作不要对抗，要共赢不要独占；应该落实2030年可持续发展议程，减少全球发展不平衡，推动经济全球化朝着更加开放、包容、普惠、平衡、共赢的方向发展，让各国人民共享经济全球化和世界经济增长成果。

习近平指出，改革开放40年来，中国人民自力更生、发愤图强、砥砺前行，依靠自己的辛勤和汗水书写了国家和民族发展的壮丽史诗。中国坚持打开国门搞建设。开放已经成为当代中国的鲜明标识。中国不断扩大对外开放，不仅发展了自己，也造福了世界。中国开放的大门不会关闭，只会越开越大。

习近平强调，中国将坚定不移奉行互利共赢的开放战略，将始终是全球共同开放的重要推动者、世界经济增长的稳定动力源、各国拓展商机的活力大市场、全球治理改革的积极贡献者。为进一步扩大开放，中国将在以下几方面加大推进力度。

第一，激发进口潜力。中国将促进居民收入增加、消费能力增强，培育中高端消费新增长点，持续释放国内市场潜力，扩大进口空间；将进一步降低关税，提升通关便利化水平，削减进口环节制度性成本，加快跨境电子商务等新业态新模式发展。中国真诚向各国开放市场，中国国际进口博览会不仅要年年办下去，而且要办出水平、办出成效、越办越好。

第二，持续放宽市场准入。中国已经进一步精简了外商投资准入负面清单，减少投资限制，提升投资自由化水平，正稳步扩大金融业开放，持续推进服务业开放，深化农业、采矿业、制造业开放，加快电信、教育、医疗、文化等领域开放进程。

第三，营造国际一流营商环境。中国将加快出台外商投资法规，完善公开、透明的涉外法律体系，全面深入实施准入前国民待遇加负面清单管理制度；对在中国境内注册的各类企业一视同仁、平等对待；保护外资企业合法权益，坚决依法惩处侵犯外商合法权益特别是侵犯知识产权行为，提高知识产权审查质量和审查效率，引入惩罚性赔偿制度。

第四，打造对外开放新高地。中国将支持自由贸易试验区深化改革创新，抓紧研究提出海南分步骤、分阶段建设自由贸易港政策和制度体系，加快探索建设中国特色自由贸易港进程。

第五，推动多边和双边合作深入发展。中国一贯主张，坚定维护世界贸易组织规则，支持对世界贸易组织进行必要改革，共同捍卫多边贸易体制。中国愿推动早日达成区域全面经济伙伴关系协定，加快推进中欧投资协定谈判，加快中日韩自由贸易区谈判进程。中国将认真实施2018年中非合作论坛北京峰会提出的"八大行动"，支持二十国集团、亚太经合组织、上海合作组织、金砖国家等机制发挥更大作用。中国将继续推进共建"一带一路"，坚持共商共建共享，为全球提供开放合作的国际平台。

习近平强调，当前，中国经济运行总体平稳、稳中有进。中国经济发展健康稳定的基本面没有改变，支撑高质量发展的生产要素条件没有改变，长期稳中向好的总体势头没有改变。中国具有保持经济长期健康稳定发展的诸多有利条件。对前进中遇到的问题，我们正在采取措施积极加以解决。相信只要我们保持战略定力，全面深化改革开放，深化供给侧结构性改革，下大气力解决存在的突出矛盾和问题，中国经济就一定能加快转入高质量发展轨道，中国人民就一定能战胜前进道路上的一切困难挑战，中国就一定能迎来更加光明的发展前景。

习近平宣布，为了更好发挥上海等地区在对外开放中的重要作用，我们决定，增设中国上海自由贸易试验区的新片区；在上海证券交易所设立科创板并试点注册制；支持长江三角洲区域一体化发展并上升为国家战略。

习近平强调，中国国际进口博览会不是中国的独唱，而是各国的大合唱。希望各位嘉宾深入探讨全球经济治理体系改革新思路，共同维护自由贸易和多边贸易体制，共建创新包容的开放型世界经济，向着构建人类命运共同体目标不懈奋进，开创人类更加美好的未来。

习近平演讲过程中，全场多次响起热烈掌声。

开幕式上，部分外国领导人及国际组织负责人分别致辞。他们盛赞中国改革开放巨大成就，认为中国经济将迎来更加光明的前景。他们表示，举办进口博览会彰显了中国进一步扩大开放、促进全球贸易的诚意，将为世界带来更多发展机遇，也有利于促进双边关系发展。各方将以中国国际进口博览会为契机，扩大同中国的双边贸易，促进经济全球化，同中方一道致力于建设开放型世界经济。

开幕式前，习近平在迎宾大厅迎接外方领导人，同他们一一握手并集体合影。

虹桥国际经贸论坛开幕式同时举行。

丁薛祥、李强、杨洁篪、黄坤明、王毅、赵克志、何立峰等参加有关活动。

胡春华主持开幕式。

首届中国国际进口博览会于11月5日至10日举行。多个国家和地区领导人、国际组织负责人、各国政府代表以及中外企业家代表等1500余人出席开幕式。

部直属机关传达学习中国妇女十二大精神，刘小明要求

团结动员广大妇女干部职工 在交通强国建设中建功立业

本报讯　（实习记者 赵鹏飞 记者 毛圳）11月5日，交通运输部直属机关妇女工作干部扩大会议在京召开，传达学习中国妇女第十二次全国代表大会精神。副部长刘小明出席会议并讲话，要求以习近平新时代中国特色社会主义思想为指导，深入学习贯彻习近平总书记关于妇女和妇女工作的重要论述，在部党组坚强领导下，团结动员广大妇女干部职工，在交通强国建设中建功立业。

刘小明指出，习近平总书记关于妇女和妇女工作的重要论述内涵丰富、博大精深，为做好妇女事业和妇女工作提供了根本遵循。要深入学习贯彻习近平总书记重要指示精神，切实做习近平新时代中国特色社会主义思想的践行者、伟大事业的建设者、文明风尚的倡导者、敢于追梦的奋斗者。

刘小明要求，部直属机关妇工委要以政治建设为统领全面加强妇女工作。各级妇女组织要紧紧围绕保持和增强政治性、先进性、群众性这条主线，始终把党的妇女组织置于党的领导下，提高政治站位，强化政治担当，创新工作体制机制，扎实开展岗位建功活动，加强作风建设，充分发挥妇女在推进交通强国建设中的"半边天"作用，为决胜全面建成小康社会、实现中华民族伟大复兴的中国梦贡献巾帼力量。广大妇女干部职工要围绕中心、服务大局，把实现交通强国建设目标变成自觉行动。

中国妇女第十二次全国代表大会代表王淑芳、赵秀险分别介绍了大会精神。部直属机关妇工委委员，国家铁路局、中国民航局直属机关，国家邮政局机关，部机关各司局及中央纪委国家监委驻交通运输部纪检监察组有关负责同志，"全国三八红旗手"、全国巾帼文明岗、全国"五好家庭"和"最美家庭"代表参加会议。

11月5日，首届中国国际进口博览会在上海国家会展中心开幕。几名观众正在围看进博会明星展品丰田汽车"e-Calm 02"一探究竟。这是一款仅供1人乘坐的共享移动交通工具，乘客可以在车内工作或休闲放松。丰田以"一家人的一天"为主线，生动地展示了未来移动出行的种种可能。

特派记者 曹文倩 摄

▶相关报道见2版

——访原交通部总工程师凤懋润

本报记者 赵玲玢

改革开放40年来，我国交通运输业蓬勃发展，已经成为一张闪亮的国家名片，吸引着全世界的目光，让国人自豪。

而港珠澳大桥、苏通大桥、泰州大桥等一大批世界级桥梁的建设，更是为我国交通运输发展添上了浓墨重彩的一笔。

[illegible]，我国桥梁建设究竟如何实现了由内河走向外海、由中国走向世界？"中国跨度"又是怎样炼成的？桥梁大国是怎样向桥梁强国跨进的？用半生亲历了中国桥梁名片铸造过程、也见证了中国改革开放伟大进程的原交通部总工程师凤懋润，日前接受本报记者专访，回顾改革开放40年来中国桥梁建设的光辉历程。

砥砺奋进 路桥先行

凤懋润。　本报记者 李玲 摄

从铁道部第一勘察设计院的勘测设计人员，到交通部公路规划设计院副院长，部公路司副司长、科技司司长和部总工程师，再到退休后仍发挥余热、为中国桥梁事业贡献智慧……改革开放40年，也是凤懋润人生最充实的40年。

从1978年到2018年，凭着逢山开路、遇水架桥的精神和勇气，交通人用智慧与汗水书写了当代中国路桥发展的辉煌篇章，描绘出一幅波澜壮阔的社会进步画卷。

"经济发展，交通先行"是政府的理念，"要想富，先修路"是百姓的心声。作为综合交通运输系统的重要组成部分，公路发挥着基础性、先导性作用，也进一步反映出一个国家的发达程度。

凤懋润对我国公路建设跨越式发展的重要节点记忆犹新：40年前，我国公路网里程仅有88.8万公里，其中41.3%是等外路，而等级公路中单车道的三、四级公路又占了97.5%，国道上行车平均时速不到30公里，公路交通严重制约了百姓出行和经济社会发展。1989年，交通部党组提出了建设"三主一支持"的全国交通发展战略决策。对公路发展又相继作出了建设公路主骨架"五纵七横"、国家高速公路网和跨江海桥梁基础设施建设等一系列战略部署，以解决"畅通"的需求。

"一段段激情的岁月在季节流转中升腾，一条条崭新的路桥在脚下延伸。中国公路人像老黄牛一样，扎实勤奋刻苦耕耘，在祖国大地上，刻下了一道道气贯长虹的年轮。"77岁的凤懋润，依旧身姿挺拔、声音洪亮。

通过40年来不断完善基础设施建设，我国公路交通实现了跨越式发展。截至2017年年底，我国公路总里程已达到477.35万公里，其中高速公路13.65万公里，位居世界第一……

在公路大规模建设的同时，我国桥梁建设全面展开，40年里共建新桥51.4万座，合计总长4.8万公里，相当于我国现有公路桥梁总量的80%、总长的93.6%。

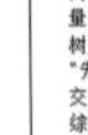

扫一扫
看视频

（下转3版）

云南省交通运输厅新增民航发展铁路建设职责

本报讯　（记者 赵学康）11月5日，云南省交通运输厅举行加挂"云南省地方民航发展局""云南省地方铁路发展局"牌匾仪式，标志着全省民航发展、铁路建设职责正式划入省交通运输厅。此举对进一步加强云南省综合交通运输体系建设、理顺交通管理体制机制具有重要意义。

据了解，党中央、国务院批准的《云南省机构改革方案》，对省交通运输厅职责进行了优化，要求"加强全省综合交通运输体系建设，进一步理顺交通管理体制机制，将省发展和改革委员会综合交通运输体系规划、民航发展、铁路建设职责划入省交通运输厅，加挂省地方民航发展局、省地方铁路发展局牌子"。

云南省交通运输厅党组书记、厅长王云山在挂牌仪式上表示，这是改革所需、大势所趋、民心所向，也是推动云南交通运输新时代高质量发展的必然选择。全厅广大干部职工要牢牢树立综合交通"一盘棋"的发展理念，牢牢把握"先行官"的发展定位，牢牢坚持"建设现代综合交通运输体系"的发展目标，全力以赴补齐云南综合交通基础设施建设短板，不断增强人民群众的获得感、幸福感、安全感。

□值班编委 张林　本版副主编 卢帆　责编 杨蕾　□E-mail:xw1b@zgjtb.com　□新闻热线:(010)64255441　□发行热线:(010)64256206　□广告热线:(010)64250642　□培训热线:(010)65299681

2018年11月6日　星期二　3版
主编 王宏宏　责编 侯寿台
电话:010-64252287 E-mail:xw3b@zgjtb.com

中国交通报
CHINA TRANSPORT NEWS

中国桥梁 大国名片

——访原交通部总工程师凤懋润

本报记者 赵珊珊

(上接1版)

"都说世界桥梁建设'六七十年代看欧美,七八十年代看日本,世纪之交看中国',中国建桥的规模和速度在近20年中确实'史无前例',平均每年建造新桥约两万座,这个数字还不包括新村道上的桥梁5000座。"凤懋润充分肯定了改革开放以来中国桥梁建设的发展成就。

目前,我国公路桥梁总量已达83.3万座,总长度达52万公里。中国已经成为名副其实的桥梁大国。在长江经济带覆盖的长江江段上已经建起桥梁216座,其中公路桥梁(含城市桥梁)177座。在经济社会生机勃勃的发展中,交通运输发挥了支撑作用,以江苏省为例,1999年至2016年,年均过江交通量增速近12%。

上下探索 积蓄实力

在凤懋润看来,改革开放40年,我国桥梁建设一直遵循着"解放思想、自主建设,博采众长、自主创新"的指导思想,逐步实现着从"学习与追赶"到"创新与超越"的技术性跨越,实现了"建设一批国际一流的桥梁工程,取得一批国际先进和领先的科研成果,培养一支有国际竞争力的人才队伍"的目标。

围绕公路桥梁发展的地理区位变化,他认为我国桥梁建设可分为4个建设高潮:从珠江三角洲到长江中上游,再到长江三角洲,最后又回到珠江三角洲。

上世纪80年代初,作为改革开放前沿的广东,为解决资金难题,进行了"贷款修桥、收费还贷"的政策性探索。广东向澳门南粤公司贷款,在珠江口西岸的中山和佛山所辖顺德等地修建了4座百米跨径的桥梁,在珠江三角洲掀起了公路基础设施建设的热潮。

1984年11月,贷款建设的桥梁如期建成。在开通典礼上,原交通部赠送了一面锦旗,写着"桥梁建设的创举"几个大字。"可以说,没有贷款修路修桥、收费还贷的政策,就没有今天中国路桥建设的辉煌成果。"凤懋润说。

"山东的路,广东的桥",是20世纪八九十年代公路基础设施建设的两面鲜明旗帜。

那段时期,黄河、珠江和黄浦江上相继建成了一批跨径突破200、400、600、800米的桥梁工程。如位于山东省的我国第一座跨径突破200米的济南黄河斜拉桥、第一座钢斜拉桥东营黄河公路大桥,位于上海市的我国第一座跨度超过400米的斜拉桥南浦大桥、跨径突破600米的杨浦大桥,还有位于广东省的我国第一座连续刚构桥洛溪大桥、第一座现代悬索桥汕头海湾大桥、第一座高速公路钢箱梁悬索桥虎门大桥等都诞生于该阶段。

"这些桥梁对中国现代桥梁发展具有里程碑意义,为后来跨越长江桥梁建设作了技术性上的探索和准备。"凤懋润说。

巴拿马运河三桥。　本报资料片

博采众长 自主创新

全国公路交通的"大动脉",梗阻于长江天堑。改革开放初期,3000公里长江通航江段上只有3座桥梁。

上个世纪90年代初,在交通部的组织下,打响了跨江公路桥梁建设大战。

10年间,湖北黄石梁式桥、安徽铜陵斜拉桥、四川万县拱桥、江苏南京二桥斜拉桥和江阴悬索桥技术障碍被攻克,这些不同类型桥梁的建设实践,都为新世纪更大规模的跨江海公路桥梁建设奠定了坚实基础。

尤其是江阴公路大桥,以其1385米的跨度,成为我国首座千米跨径桥梁,世界排名第四。"江阴大桥位于黄金水道,为保障航道畅通,大桥要求要一跨过江。可那时,我国桥梁跨度刚刚突破400米,建设千米级大桥是严峻的挑战。"作为江阴大桥设计和技术总负责人,凤懋润对大桥设计联合体开展的现场设计遇到的各类难题,仍记忆犹新。

摸着石头过河。凭着不怕难不服输的拼劲,凤懋润带领40余人的团队,在大桥现场工作了整整3年,终于完成了工程可行性研究深化、初步设计、技术设计和施工设计。

凤懋润一直珍藏着一张照片,那是江阴大桥开工时设计团队的合影。照片上在老专家和中年技术骨干身边簇拥着年轻稚气的脸。20多年过去了,这些年轻人中有港珠澳大桥岛隧工程的总设计师,有杭州湾跨海大桥、润扬大桥、北盘江大桥的总设计师,有我国最大跨径桥梁西堠门大桥建设指挥部总工,也有巴拿马运河三桥设计咨询的中方代表等。这些曾经的"学生娃",已成为中国桥梁建设领域的顶梁柱。

照片已泛黄,记忆不曾退却。回忆起那1000多个日日夜夜,凤懋润觉得无比充实和快乐。

凤懋润(左九)一直珍藏着江阴大桥开工时设计团队的合影。　受访者　提供

"桥何名欤?曰奋斗。"正如中国现代桥梁之父茅以升所言,中国桥梁人不忘初心,牢记使命,一代代传承精神开拓创新、不懈奋斗,才有了今天中国桥梁之崛起。

厚积薄发 自我超越

进入21世纪,随着区域经济一体化战略的实施,桥梁建设新高潮在长江江段特别是长江三角洲地区展开,中国桥梁踏上"创新与超越"的新征程,向着桥梁强国迈进。

为了改变苏南苏北的经济社会发展不平衡,400公里苏沪江段上先后建起7座千米级跨江公路桥。其中,苏通大桥是世界首座跨径超过千米的斜拉桥,泰州大桥是世界上首座三塔双千米主跨的连续悬索桥,两座大桥均获得了国际桥梁界的赞誉。

与此同时,桥梁建设进军跨海湾海峡和连岛工程。上海东海大桥、浙江杭州湾大桥、舟山大陆连岛工程的金塘大桥与西堠门大桥、青岛海湾大桥,以及广东湛江海湾大桥、福建厦漳大桥等先后建成。刚刚通车的港珠澳大桥更是自开工之初就备受世界瞩目,这项集桥岛隧为一体的超级跨海工程体现了我国改革开放40年公路桥梁工程技术发展的最新成果。

随着西部大开发的进程,西部山区跨峡谷沟壑的桥梁也如雨后春笋。湖北四渡河大桥、湖南矮寨大桥、贵州坝陵河大桥、北盘江大桥和云南龙江大桥等千米级索桥等,成为了中国桥梁建设史上一座又一座技术进步、造福民生的丰碑。

以最新的技术实现更大的跨越始终是桥梁技术发展的主题,在世界跨径前十位的梁桥、拱桥、斜拉桥和悬索桥中,我国桥梁分别占有5、7、6、4席。

虎门大桥。　本报记者 李森 供图

中国创造 引领世界

自1991年建成首座跨度突破400米的南浦大桥,不到20年间,中国相继建成特大型桥梁181座,跨径千米以上达到22座。"国际上有的桥型,中国有;国际上没有的桥型,中国也有。"具有中国自主知识产权的钢管混凝土拱桥和以钢管混凝土为骨架的混凝土拱桥20年来获得大发展。

四川合江长江桥创造了530米的跨度纪录,另一座具有世界纪录的570米跨径拱桥正在建设中。凤懋润告诉记者,这得益于"需求牵引,创新驱动",中国建造的这些桥梁中,不乏为国际桥梁技术发展作出"中国贡献"的世界级桥梁,如上海卢浦大桥、江苏泰州大桥荣获了国际桥梁协会的"杰出结构奖",还有一批桥梁工程荣获我国国家科技进步奖,美国国际桥梁会议(IBC)奖、国际咨询工程师联合会(FIDIC)、美国土木工程师协会等颁发的众多奖项。

丰硕成果的背后离不开科学技术的进步。在凤懋润看来,支撑这些桥梁建成的背后是我国桥梁人创造的一批具有自主知识产权和中国特色的成套技术及工法,建设理念也从"尽快建成"提升为创造品质工程。

"工程创新绝不是为创新而创新,而是为了解决建设过程中的各种难题而不得不创新,否则工程就无法继续推进。"这是中国桥梁建设者对工程技术创新的朴素认识。

经过40年的实践与积累,我国桥梁建设逐步从"中国制造"走向"中国创造",实现着由桥梁产品到桥梁建造、从设计到咨询"走出去"的技术提升。在近些年的国际竞争性招标中,我国桥梁团队不断战胜国外强手,争得为世界造桥的机会,服务"一带一路"。截至目前,除了澳洲和南美洲,其他大洲都有中国桥梁"走出去"的成果。

在中国产品"走出去"的过程中,特别值得一提的是美国旧金山新海湾大桥,中国交建振华重工承担了该桥4.5万吨的钢塔、钢箱梁加工制造和主缆索股制造任务。结果,在上海长兴岛加工,海运美国现场拼装的146.6万个螺栓孔精准对接;160米高的钢塔由8节段加工制造,拼装垂直度高达1/2500,远高于合同要求的1/1000;整个工程提前5个月完成……中国精湛的制造工艺得到美方的高度认可。

以挪威哈罗格兰德大桥为代表的中国建造"走出去",显示出中国桥梁建设的综合实力已经得到国际认可。四川路桥建设者克服了北极圈地区冬季极端恶劣的风雪天气,按计划完成了哈罗格兰德大桥92根主缆索股的架设,并在仅有的17天允许海上作业的时间里完成了所有30节钢箱梁的吊装任务,创造了欧洲桥梁工程的"中国速度"。

通过国际竞标获得大西洋沿岸巴拿马运河三桥设计与咨询任务后,又获得了运河四桥的设计任务,这是中国设计与咨询更高层次上"走出去"的实例。

"我们有理由说,中国桥梁工程技术已经追赶上了国际先进水平,并跻身于世界桥梁技术强国行列。"凤懋润坚定地说。

谈到中国桥梁的跨越式发展,凤懋润总结出三点经验:一是国家执行力,发挥"集中力量办大事"的制度优势。特大型桥梁是国家的战略性工程,是提升国家实力和国际竞争力的宝贵资源。对于发展中的国家,要在较短的时间里赶上发达国家,必须有效整合国内外资源,建立起"国家级"的规划协调、技术咨询和科学研究的支撑机制,最大限度地释放生产力。

二是践行实践论。"自主"的指导思想是基于"核心技术买不来"的历史经验和"实践出真知""经验需要积累"和"认识由量变到质变"的哲学思维,是基于"中国人的事情还得依靠自己去完成"的基本认识。

自主创新是建立在博采众长的国际大环境中,不是闭门造车,在引进国外先进理念和管理技术的基础上,积极促进消化吸收和再创新,实现由"中国制造"向"中国创造"的转身。

三是遵循"继承—发展—创新"的指导思想。坚持科学研究与工程建设实践相结合,走渐进式创新之路,在集成创新的基础上,逐步实现原始创新。

世界瞩目的港珠澳大桥的成功建设,得益于中国日益增强的综合国力的强大支撑,得益于40年来大规模工程实践,得益于代代交通人集体智慧的凝练和精神的传承,这些都为港珠澳工程的成功做了充分的铺垫和准备。港珠澳大桥建设者冲破陷阱,把挑战变成机遇,在机遇中实现突破,交出了一份"代表中国"的答卷,成为向世界展示中国改革开放伟大成就的新"窗口"。

"站在新的历史起点上,路桥人应系统梳理改革开放40年的建设成果,继续弘扬'两路精神',砥砺奋进!"前辈们的功勋载入史册,随着改革开放成长起来的院士、大师、中青年科技专家、工匠技师的交通团队不断创造着新的业绩!

"大路弯弯,从远古走来,一头连着历史,一头伸向未来,她是镌刻在祖国大地上奔腾的血脉。大桥长长,从新时代走来,一头牵挂梦想,一头书写奋进,她把党的关怀送进千家万户。我们铺路架桥,是播撒现代文明和富裕的使者,让幸福伴随着路桥延伸,为人民创造美好的未来。"

这首诗是凤懋润献给路桥人的,饱含着路桥人对桥的挚爱,也承载着长者对后来人的嘱托。情深义重、源远流长。

□"润"言无声

桥梁技术发展两大阶段:上世纪后20年,在"解放思想,自主建设"思想指导下的"学习与追赶";本世纪头20年,在"博采众长,自主创新"思想指导下的"创新与超越"。

桥梁四大高潮:上世纪80年代,在珠江三角洲;90年代在长江上中游;本世纪头10年,在长江三角洲;本世纪第二个10年,又回到珠江三角洲。

中国桥梁六大发展印迹:一是上世纪80年代初,"贷款修桥、收费还贷"的探索;二是上世纪80至90年代,现代桥梁技术的奠基;三是上世纪90年代,公路桥梁"跨江会战";四是新世纪头10年,长江下游"黄金水道"千米大跨径桥梁建设;五是桥梁"下海",建设跨越海峡海湾连岛工程;六是随着西部大开发的进程,桥梁"上山",跨越峡谷沟壑。

三大经验:一是发挥国家执行力,集中力量办大事;二是践行实践论,在引进国外先进理念和管理技术的基础上自主创新;三是科研与工程相结合,走渐进式创新之路。

扫一扫
看视频

浙江发布水上交通安全与纠纷处理白皮书

针对事故预防控制、纠纷化解提出建议

本报讯　近日,浙江省宁波海事法院会同浙江海事局联合举行新闻发布会,发布了《浙江沿海水域水上交通安全与海事纠纷情况白皮书》(简称白皮书),并针对事故预防控制、纠纷化解处理提出建议。通报显示,近5年,浙江水上安全形势保持稳定,未发生特别重大等级事故,一般等级以上事故数、沉船数、直接经济损失总体呈下降趋势。

浙江有26万平方公里海域,海岸线长6486.24公里,水域跨度大,航路纵横交错,通航环境复杂,是我国水上交通安全高风险区域之一。近年来,随着浙江海洋经济发展示范区、浙江自由贸易试验区等相继落户,海上经济活动更加频繁,加强水上交通安全监管与化解海事纠纷的任务更加艰巨。白皮书显示,2013年至2017年,浙江沿海水域共发生水上交通事故509件,其中,较大等级事故65件,占比13%;重大等级事故25件,占比5%;共造成死亡失踪198人,沉船115艘,直接经济损失约3.8亿元。

面对水上安全新形势,浙江海事局深化"放管服"改革,创新现场综合执法机制,加强事中事后监管,深入推进本质安全管理,持续提升海事治理体系和治理能力现代化水平,有效履职维护海上安全形势稳定。白皮书分析了错综复杂的海事事故及引发纠纷的成因,结合两家单位事故处理和司法审判实践,从航运企业的主体责任、船员的安全防范意识、海上事故发生后的应急处置以及如何进行有效索赔等方面提出建议。

白皮书还发布了10个水上交通事故调查及海事纠纷化解典型案例。(王舟平)

金嗓子"醒"安全

通讯员 刘建军　本报记者 潘庆芳

"各位瓜农果农请注意,不要在公路上摆摊设点,以免影响出行安全。"11月2日12时许,湖北省荆州市江陵县白马寺镇黄淡村,"村村响"小喇叭又像往常一样开始了午间交通安全提醒。

据介绍,自荆州市实施农村智能广播"村村响"工程以来,全面开展农村交通安全宣教工作,不断提升农村机动车驾驶人员和村民的安全意识。今年以来,该市在原有基础上又安装完成了一批"村村响"广播,总量达到了2.6万个。借助这些"金嗓子",交通安全宣传触角进一步延伸到市域所有村(社区),让"安全之声"响彻在村头巷尾、田间地头。

每天早中晚相应时段,"村村响"开始广播交通节目,对农民进行事故典型案例警示、本地区较大影响的农村交通事件等安全教育,并发布路况信息和温馨提示。"村村响"广播还根据不同时期农村交通特点,提醒村民驾乘摩托车须戴安全头盔,不乘坐拖拉机、低速载货汽车等非载客车辆。在春运、法定节假日、农村赶集日、民间庙会这些重要时间节点及雨雪冰雾恶劣天气,"村村响"广播打破常规,开展高频次滚动交通广播,提醒村民注意出行安全。

"有了'村村响'之后,任何地方都能听到交通安全方面的新闻,我们掌握了许多交通安全知识。"沙市区观音垱镇朱场村村民杨绪高说,"村民们自从听了广播后,安全出行的自觉性提高了很多。"

"村民大部分时间都忙于农活,很难做到按时收看电视新闻、定时阅读报纸,而'村村响'广播的出现恰好弥补了这个不足。"朱场村负责人表示。据介绍,"村村响"广播运行4年多来,共制作播出900余期交通宣传节目,受教育人数达到240多万人。

简讯

湖南运管优化智能监管平台管理流程

本报讯　(记者 李宁)近日,湖南省道路运输管理局召集相关运输企业、第三方平台运营商以及长沙运管部门相关负责人,探讨智能监管平台管理流程,定下时间表、任务书,稳步推进平台建设。

智能监管平台试点工作展开以来,三级不安全驾驶行为报警数据呈现大幅度下降趋势,整体运营形势较好,为推广打下基础。下一步,管理部门、运输企业、平台运营商将成立联合机构,推进工作,确保试点车辆、平台系统正常运转;建设好管理平台系统客户端,保证省、市两级道路运输管理部门运用好数据,确保试点车辆实行全面监管;相关部门、运输企业应尽快拿出相应的、完善的管理制度,使试点工作完整、有序开展。

云南富民公路部门技术练兵促进安全生产

本报讯　(记者 王兴德)近日,云南省富民县公路部门结合公路管养工作实际,以"弘扬公路安全文化,加强班组安全管理"为主题,开展了形式多样的"安康杯"职工安全文化系列活动,全面抓好安全生产管理工作。

富民公路部门组织职工观看了安全生产教育影片,开展了安全生产签名活动,并向全体职工发出了"安全生产金点子"征集令,号召职工对分局安全生产工作"评头论足",对安全管理制度、安全设施、作业环境等提出改进意见。为提升一线人员安全规范操作机械设备能力,富民公路部门还开展了养护设备技术练兵,通过机械手操作新型道路清扫车、洗刷机、压路机等养护设备,提升科技兴安水平。下一步,该县公路部门将着力营造"关爱生命、关注安全"的良好氛围,确保安全工作有序开展。

体制改革“救”了救捞行业

——访交通运输部原安全总监、救助打捞局原局长宋家慧

本报记者　周献恩

见报日期　2018年11月9日

“没有2000年的救捞体制改革方案，救捞队伍都可能不存在了，何谈现在的3个‘三位一体’发展规模?”在前不久交通运输部救助打捞局庆祝改革开放40周年座谈会后，被记者“截住”的交通运输部原安全总监、救助打捞局原局长宋家慧说。

和几年前刚从部安全总监、救捞局局长岗位上离开时的状况相比，这位为国家工作了49年的长者看上去只是头发斑白了一些，精神依然抖擞，说话仍然声如洪钟。

据介绍，从交通运输系统退下后，他又在全国政协工作了5年，上个月才正式退休。全国政协工作期间，他一直在为交通运输行业发展鼓与呼。如今退休了，还在为我国潜水打捞行业协会做一些推动工作。

“能为国家、社会做一点事，我感觉到很充实！”宋家慧说，最充实的当属任部救捞局局长的12年，其间所亲历和推动的那场救捞体制改革，是他一直引以为豪的。

改革：实事求是的充分体现

“有人说，2000年开始的救捞体制改革是事故推动的。我认为，这只是原因之一，更重要的是党中央、国务院实事求是工作作风的具体体现。”宋家慧说。

2000年月9月任部救捞局局长以前，宋家慧任部海事局副局长。1999年11月24日，“大舜”轮在烟台海域翻沉致264人遇难，即“11·24特大海难事故”。事故发生后，国务院组织了事故处理工作组，并在工作组中成立事故原因调查组，他担任原因调查组副组长。事故调查工作完成之后，他就调任部救捞局局长。

“我一上任，就面临着救捞体制改革问题。”宋家慧回忆，改革方向主要是将救助和打捞职能分开，并计划把救助职能单独拿出，组建由交通部直接领导的公益性救助队伍，人数很少。因为改革前，救捞发展坚持“保障救助，多种经营，广开门路”原则，平时救捞队伍大多在生产第一线上，导致“大舜”轮翻沉后，距离最近的烟台救助局也难以派出一艘现代化救助船实施有效救助。

这是血的教训。痛定思痛，但改革到底要如何进行？

宋家慧介绍，交通部最初上报国务院的改革方案是“事企分开”，就是把打捞局所有生产经营内容剥离开，与北京所属的中国海洋工程公司剥离，组建成为中国海洋工程总公司，而公益性的救助职能部分只剩下几百人。如果那样拆分，救助队伍是单独存在还是并入其他系统，都很难说。

他清晰地记得带队深入一线调研时，感觉到无论按照什么方案进行改革，都需要认真斟酌、正确判断，一招失误就很难挽回。在调研时有职工提出：“可不可以考虑既把救助和打捞分开，又不把打捞变成企业，实行‘事事分开’呢？”此方案呈报给部领导班子后，各方意见一时难以统一。

“最终要感谢时任部党组书记、部长黄镇东领导下的部党组，最后阶段作出了正确决策，采纳了救捞系统‘事事分开’的改革建议！”提起当年的决策过程，宋家慧仍然有些激动。

于是，按照“事事分开”原则，交通部上报给国务院的报告又重新起草、递交。2002年8月12日，好消息传来：国务院批准了交通部第二次上报的救捞体制改革文件，即“8·12批示”，确立了救捞体制“事事分开”改革原则。

“正是有了这个改革方案，才形成了今天3个‘三位一体’的中国救捞规模和特色，即救助、打捞、飞行‘三位一体’的队伍建制；空中立体救助、水面快速反应、水下潜水打捞‘三位一体’的综合功能；人命救助、财产救助、环境救助‘三位一体’的岗位职责；也形成了中国特色救捞核心价值观。”宋家慧说。

创新：秉持忧患意识 不断进取

在宋家慧看来，“有为才有位”。多年来形成的救捞文化，就是这样一种忧患文化，要求救捞人永远在忧患意识下不断开拓进取。

“在救捞局工作期间，我曾在大大小小的会上讲：有些人还是传统观念，‘多一事不如少一事’，而救捞必须‘少一事不如多一事’，只有这样才能不断推动救捞发展。因此，我们坚持了‘四个主动’，即主动出击、主动作为、主动迎接挑战、主动承担责任。”宋家慧说，在忧患中求发展，在适应我国改革开放的需要中不断创新，不断作为，救捞系统因此取得了长足进步。

动态待命制度就是很好的例子。

据了解，刚开始提出动态待命设想时，宋家慧反复征求了各方意见，同意和不同意的都有，但最终还是形成了救捞干部职工上下一致的意愿：把有限的资源放到经常出现海事救援的区域去，最大限度减少救助里程，提升救助效率。

按照这个制度，我国在沿海设立了七八十个救助站点，所有救助船都在海上值班待命，确保在国家、人民最需要的时候，救捞人能在第一时间赶到现场，发挥关键作用，挽救生命、救助财产。

为了更加“有为”，很多创新工作都陆续开展。

“今天座谈会上的两名女飞行员，是航海专业救助飞行员的代表，也是创新引进专业人才的结果。”宋家慧说。

据介绍，救捞体制改革后不久就组建了救助飞行队，当时提出，救助飞行队最大特点是到海上救助，需要既懂飞行又懂航海的复合型人才，因此，把海事大学学生培养成为救助飞行员就有诸多优势。这些学生身体素质相对较好、学术基础扎实、英语水平较高，更重要的是对海上专业熟悉。基于这些考虑，救捞系统自2003年起就从大连海事大学、上海海事大学选招了多批学生，经过培训成为救助飞行员。

实践证明，这条路是正确的，这些飞行员、救助员在救助实践中发挥了重要作用。

从部队特种兵中选招救生船员和直升机救生员，也是一大创举。自2003年起，招聘的转业海军特种兵加入救捞队伍后，凭借较高的专业水平和身体素质，很好地适应了这两个挑战性极高的岗位。

宋家慧说，秉持忧患意识，坚持“四个主动”，不仅夯实了救捞队伍发展根基，而且总能在关键时刻发挥关键作用，充分地体现了救捞队伍的价值。特别值得一提的，是救助飞行队参与“5·12”汶川特大地震抢险救助行动。

“2008 年 5 月 12 日，部救捞局班子成员正在上海开会研究有关事项，当天下午汶川就地震了。于是，我们立即决定，把工作重点转移到抢险救灾上来。”宋家慧回忆道，当时在没有上级指令的情况下，他们主动提出派出救助直升机参与抢险救灾，作为局长的他压力很大。如果出现问题，先不说承担事故责任，这种“主动”也可能被人误解：此举为了什么？为了个人英雄主义，还是为了宣传自己？

派出直升机后，他就做好了承担任何责任的思想准备。其实，派出直升机并不是冒险，之前他们认真听取了飞行队意见，救助直升机是在有十足把握、做好充足准备的情况下，才赶赴汶川地震震中的。

实际上，救助飞行队在救灾现场完成了很多其他直升机组无法完成的任务。时任民航西南地区管理局副局长吕尔学感叹道:“几乎所有的复杂救助都是救捞直升机完成的!”

宋家慧表示：“国家有难匹夫有责。”国家发生如此重大灾难，作为纳税人供养的一支国家专业飞行队，不能因为是海上救助飞行队而“袖手旁观”。正如时任交通运输部副部长高宏峰在部救捞局抗震救灾总结表彰大会上所说：“如果这次你们没有派出直升机参与汶川抗震救灾，你们将会终身遗憾!”

传承：把交通救捞做成“百年老店”

这么多年来，救捞系统不仅崇尚忧患文化，更是传承了“把生的希望送给别人，把死的危险留给自己”的救捞精神。

宋家慧坦言，救捞体制改革之时他的压力很大，不仅在于改革千头万绪，也在于当时有些救捞干部职工甚至上级领导都在找他，希望他把“把生的希望送给别人，把死的危险留给自己”的救捞精神变一变：这符合以人为本原则吗？能不能把其中的“生”“死”去掉？

“我极力坚持：提出这个并不是盲目地、不顾及自己生命去救助，这是在诠释一种精神，没有了‘生’‘死’，救捞精神就没了精气神。同时，救捞精神是一种奉献精神，要求救捞人有随时迎接挑战的准备。随时迎接在狂风巨浪中拯救别人生命的挑战，这是救捞队伍生存发展的内在要求，与以人为本理念并不矛盾。”宋家慧说。

他欣慰地表示，多年来救捞系统一直秉持的这种崇高而伟大的精神，不仅支撑和指引了救捞发展，而且形成了具有中国特色的救捞事业。这是值得所有救捞人引以为豪的精神实质。

宋家慧感慨：今天终将成为历史，历史又将证明今天是否正确。当时对救助飞行队提出的“救助第一、安全第一”，也是被历史证明的原则。

“救助第一、安全第一”，是一种安全救助原则。没有救助，就没有这支队伍存在的必要；没有安全，就完成不了救助，也难以实现可持续发展。那么，到底哪个第一？这就需要现场人员根据实际情况作出正确判断。这需要智慧，需要胆略，也需要一种强大的责任心。

实践证明，以救助为中心的“救助第一、安全第一”，让救助飞行队实现了安全发展。可见，这种提法也是没有问题的。

宋家慧说，伴随我国改革开放，救捞人传承这样崇高的精神，在党和国家和人民最需要的时刻出现在现场，用生命和汗水获得了党和国家以及社会的高度信任，也获得了无数荣誉。

但是，不能躺在功劳簿上停滞不前，而要传承救捞文化，发扬救捞精神，坚持救捞的中国特色，不断捍卫这种荣耀，不断迎接更新、更严峻的挑战，真正把交通救捞建成“百年老店”，成为我国一支不可替代的海上救助队伍。

“荣誉属于过去，奋斗才有未来！”宋家慧由衷地表示。

中国交通报
CHINA TRANSPORT NEWS
2018年11月9日 星期五 http://www.zgjtb.com | 第6852期 今日8版 | 邮发代号 1－72 国内统一连续出版物号 CN 11－0122 交通运输部主管 中国交通报社主办

浙江交通工程监管实现铁公水全覆盖

本报讯 （特约记者 [illegible] 通讯员 [illegible]）近日，浙江省十三届人大常委会第五次会议表决通过《浙江省交通建设工程质量和安全生产管理条例》（简称《条例》），将于12月1日起施行。《条例》首次将地方铁路和城际轨道交通纳入监管，标志着浙江交通工程监管进入铁公水全覆盖新阶段。

《条例》首次对交通建设管理的信息化技术应用提出了明确要求，并规定对于桥梁等结构物的隐蔽工程，在关键工序施工和检验验收环节采用现场影像记录；结合全省交通投融资形势的变化发展，补充完善了交通建设工程采用特许经营方式建设的监管要求。对因非工程质量原因无法组织竣工验收的工程，《条例》提出创设工程质量专项验收制度，保护施工单位利益。

根据《条例》，浙江还将惩戒失信从业单位，对信用状况良好从业单位采取激励措施；加大对违法行为处罚力度，最高罚款额度提升至50万元，并增加降低资质等级或吊销证书的处罚种类。对社会关注度较高的工程违法分包、压缩工期、安全生产费用使用等问题，《条例》作了进一步细化规定。

浙江省交通运输厅相关负责人表示，“十三五”期是浙江交通建设大发展时期，《条例》将为部省共建“现代交通示范区”、积极打造交通品质工程提供强有力的法治保障。

交通扶贫为草原百姓圈粉又圈金

本报记者 [illegible] 通讯员 [illegible]

“亩产超过5000斤，商贩直接到地头就拉走了，每亩平均收入3000元。路好走了，销售不发愁，农产品也能卖上好价钱。”在内蒙古自治区莫力达瓦达斡尔族自治旗西瓦尔图镇长新村，村民陈玉胜望着丰收景象十分开心。金秋时节，他家种植的马铃薯喜获丰收。

交通运输条件的改善，为莫力达瓦达斡尔族自治旗农业发展提供了坚实保障。围绕绿色农畜产品生产加工输出基地建设，该旗贫困人口从2014年的3.2万人，减少到目前的7000人。

这是内蒙古自治区加快推进交通扶贫的一个缩影。交通便利了，游客走进草原欣赏美景更加舒心，农产品也走出草原，走向全国。

草原美景不再是“深闺女儿”

毕力格家住乌兰察布市四子王旗，记者见到他时，他正在刷洗心爱的小马驹。

两年前，毕力格在自家的草场上摆了3个蒙古包，开起了牧家乐。儿子为游客牵马、赶勒勒车，老伴儿和儿媳做奶制品和蒙古族服饰。全家人还客串“演员”，马头琴、长调及歌舞让南来北往的客人尽享蒙古族风情。

“去年，从武川到格根塔拉的一级公路修通了，游客从呼和浩特市来到这里只需1个多小时。加上今年雨水充足，草场长势良好，游客明显多了起来，3个蒙古包都不够用。”毕力格告诉记者，这条路修通以前，他们家的收入主要靠养殖业，收入不高。现在，便利的交通鼓舞了一家人的干劲。

四子王旗是自治区33个纯牧业旗县之一，国家级贫困旗县。我国“神舟一号”至“神舟七号”飞船，都在四子王旗主着陆场成功着陆。交通条件的改善，“吉祥草原 神舟家园”成为四子王旗的旅游亮点。目前，正在建设的乌兰花至艾勒格庙段旅游公路由南向北穿越该旗中部，途经神舟飞船主着陆场红格尔苏木，将给旅游业添一把火。

便利的交通改变了牧区群众的生活，也使草原美景不再是“深闺女儿”。目前，内蒙古乡村牧区旅游接待户达4317家，直接带动15万名农牧民就业，助力4.4万人脱贫。

“小菜园”变“大财源”

行走在乌兰察布市化德县朝阳镇民乐村的农村公路上，两旁的蔬菜大棚整齐排列。畅达的农村公路，使这里出产的各类蔬菜运得更快、销得更远。

民乐村是远近闻名的“蔬菜村”，今年全村1.3万亩耕地中一大半都种上了蔬菜。300户村民去年人均纯收入2万元，“小菜园”摇身一变成了“大财源”。

民乐村种菜大户李军家今年种了30亩白菜、50亩糖菜、30多亩芥菜和10亩甘蓝。进入秋季，大部分蔬菜已经完成采摘。“要是没有这平坦的好路，菜还没出村，就颠腾烂了。现在，平展的路直通田间地头，蔬菜装车后上省际通道，再上高速公路，两三天就能运到山东、上海等地。”李军说。 （下转2版）

李建波在贵州调研时强调 让“通村村”小平台发挥大作用 助力农村客运物流服务提质增效

本报讯 近日，交通运输部党组成员李建波在贵州省雷山县调研“通村村”农村出行物流综合服务平台推广应用情况，实地考察了农村客运调度平台和“通村村”App使用、物流分拣中心小件物流配送、产业园农产品出山、中学生定制班车使用等情况，并主持召开座谈会听取交通运输主管部门、地方政府、运输企业、平台运营单位等方面的情况汇报。李建波强调，要把握新时代交通运输科技工作的战略定位和发展方向，依靠现代信息技术创新驱动发展，充分发挥“通村村”平台既有功能和示范作用，扎实做好农村客运出行和货运物流，为打赢交通脱贫攻坚战、实现乡村振兴发挥关键作用。

李建波指出，“通村村”平台运用新一代信息技术，以开展农村客运物流智能化应用为突破，聚焦农村出行和物流领域的痛点问题，着力提升运输组织效率方便农村农民，提高交通基础设施效能，打通农村运输服务“最后一公里”，成为全国领先的农村智能化交通信息服务与监管平台，充分体现了信息化对经济社会发展的引领作用，是智慧交通建设的亮点之一。

李建波要求，要进一步完善“通村村”平台系统主体功能建设，总结运行经验，优化平台性能，进一步扩大和改善用户体验，堵塞安全漏洞，让平台在信息采集、信息甄别、数据共享、信息服务、隐私保护等方面继续保持高水平运作。要进一步挖掘平台在激发用户需求和撬动当地生产力资源的潜力，在完善既有主体功能的基础上，不断增加平台提供运输服务的种类，逐步将日益增长的农村用户多样化、个性化需求纳入平台运行管理，让大数据和智慧交通发展带来的便捷性和时效性融合到农村生产生活中，以信息化的实际成效培育新动能、推动新发展。要进一步抓好平台宣传推广工作，在增加试点省份数量基础上，扩大平台应用范围，实现与各省份相关信息平台的有效植入，适时加大平台的普及推广力度，让更多农民群众在全面实现小康的路上享受到便捷满意的出行和物流服务。 （闻欣）

牢牢抓住抓实工作载体
——三论学习贯彻全国交通运输法治政府部门建设电视电话会议精神

焦法

人类社会发展的事实证明，依法治理是最可靠、最稳定的治理。党的十八大把“到2020年基本建成法治政府”确立为全面建成小康社会的重要目标之一；党的十九大把坚持全面依法治国作为新时代坚持和发展中国特色社会主义的基本方略之一。

长期以来，交通运输部深入学习贯彻习近平新时代中国特色社会主义思想，高度重视法治工作，于2010年率先开展“法治政府部门建设”工程，明确了交通运输法治政府部门建设的总蓝图、路线图和时间表，确定了9大方面74项工作任务450余项具体措施，标志着交通运输法治政府部门建设的设计、布局基本完成，正处于抓落实、促推进、见成效和不断深化的阶段。

牢牢抓住抓实交通运输法治政府部门建设这一载体，统筹推进各项工作，必须深刻认识法治在交通运输工作全局中的重要地位，准确把握构建法治政府部门是确保交通运输经济平稳健康发展、当好经济社会发展先行官、实现交通大国迈向交通强国的客观要求和根本保障，并始终坚持发挥法治在交通运输改革发展稳定中的引领、推动和保障作用，驰而不息，久久为功，将法治贯穿交通运输规划、标准、建设、运营、管理和安全生产的各环节各方面，努力在法治轨道上推进交通运输治理体系和治理能力现代化。

建设法治政府是全面推进依法治国的重点任务和主体工程，建设交通运输法治政府部门是其题中应有之义。围绕全面推进依法治国的总目标，确保“到2035年法治国家、法治政府、法治社会基本建成”，作为政府组成部门，交通运输各单位责无旁贷、义不容辞，必须抓住抓实交通运输法治政府部门建设这一载体，围绕中心、服务大局、促进发展，将立法、执法、普法、执法监督等工作不断推向纵深。

抓住抓实交通运输法治政府部门建设这个载体，还需要创新方式方法，从解决当前交通运输行业的焦点热点难点问题入手，牢牢抓住“关键少数”，突出抓好公务员和执法人员，强化各级交通运输干部的政治担当，把交通运输法治政府部门建设的成效落实到提高干部队伍的法治素养、提高交通运输行业监管能力和服务水平上，落脚到服务交通运输改革发展稳定各项工作上，确保建设人民满意、保障有力、世界领先的交通强国。

刘小明出席进博会全球贸易与国际物流高峰论坛并致辞
推动物流畅联世界 促进全球贸易合作

本报讯 （记者 毛剑）11月8日，首届中国国际进口博览会2018全球贸易与国际物流高峰论坛在上海国家会展中心开幕。本次论坛以“物流改变世界”为主题，交流探讨全球贸易新格局背景下的国际物流改革创新和高质量发展。交通运输部副部长刘小明出席开幕式并致辞。

刘小明指出，物流业在优化产业布局、提高运行效率、促进交流合作、繁荣国际贸易、改善民生福祉等方面意义重大。我国政府高度重视物流领域的改革创新和开放合作，近年来，在党中央、国务院统一部署下，交通运输部与相关部门协同合作，陆续出台了一系列战略规划、政策措施，全力促进物流业转型升级、提质增效，物流业发展取得了新成效、迈上了新台阶。

刘小明指出，习近平总书记在进博会开幕式上的主旨演讲，郑重宣示了进一步扩大开放的中国行动，彰显了中国推动更高水平开放、建设开放型世界经济、构建人类命运共同体的信心和决心、责任和担当。这对新时期现代综合交通运输体系建设和物流业发展提出了新要求、赋予了新使命。下一步，交通运输部将继续坚持创新高效发展，充分激发全行业创新活力，全力推进“互联网+”高效物流融合发展，为物流畅联全球提供中国方案、贡献中国力量；坚持全面开放发展，坚持“走出去”和“引进来”相结合，更深入参与国际竞争；坚持互利共赢发展，不断深化供给侧结构性改革，加强物流业与生产制造、商贸流通、进出口贸易等产业深度融合，提升物流服务品质；坚持安全绿色发展，全面落实安全生产主体责任，努力促进物流全过程的绿色化、低碳化，以绿色物流推进生态文明和美丽中国建设。

刘小明表示，希望与会嘉宾和代表充分利用高峰论坛这一平台，深度交流、集思广益，坦诚相待、务实合作，为推动物流畅联世界、促进全球贸易合作作出更大贡献。

交通运输部原部长李盛霖、阿塞拜疆经济部长沙赫因·穆斯塔法耶夫等出席论坛并致辞，交通运输部原副部长徐祖远出席论坛。

连日来，上海交通部门精心服务首届中国国际进口博览会。图为徐泾东地铁站旁的P1停车场内，中运量71路服务台的工作人员为参展人员指路。

特约记者 [illegible] 王[illegible] 文图

体制改革“救”了救捞行业
——访交通运输部原安全总监、救助打捞局原局长宋家慧

本报记者 [illegible]

“没有2000年的救捞体制改革方案，救捞队伍都可能不存在了，何谈现在的三个‘三位一体’发展规模？”在前不久交通运输部救助打捞局庆祝改革开放40周年座谈会后，被记者“截住”的交通运输部原安全总监、救助打捞局原局长宋家慧说。

和几年前刚从部安全总监、救捞局局长岗位上离开时的状况相比，这位为国家工作了49年的长者看上去只是头发斑白了一些，精神依然抖擞，说话仍然声如洪钟。

据介绍，从交通运输系统退下后，他又在全国政协工作了5年，上个月才正式退休。全国政协工作期间，他一直在为交通运输行业发展鼓与呼。如今退休了，还在为我国潜水打捞行业协会做一些推动工作。

“能为国家、社会做一点事，我感觉到很充实！”宋家慧说，最充实的当属任部救捞局局长的12年，其间所亲历和推动的那场救捞体制改革，是他一直引以为豪的。

改革：实事求是的充分体现

“有人说，2000年开始的救捞体制改革是事故推动的。我认为，这只是原因之一，更重要的是党中央、国务院实事求是工作作风的具体体现。”宋家慧说。

2000年9月任部救捞局局长以前，宋家慧任部海事局副局长。1999年11月24日，“大舜”轮在烟台海域翻沉致264人遇难，即“11·24特大海难事故”。事故发生后，国务院组织了事故处理工作组，并在工作组中成立事故原因调查组，他担任原因调查组副组长。事故调查工作完成之后，他就调任部救捞局局长。

宋家慧。 [illegible] 摄

“我一上任，就面临着救捞体制改革问题。”宋家慧回忆，改革方向主要是将救助和打捞职能分开，并计划把救助职能单独拿出，组建由交通部直接领导的公益性救助队伍，人数很少。因为改革前，救捞发展坚持“保障救助，多种经营，广开门路”原则，平时救捞队伍大多在生产第一线上，导致“大舜”轮翻沉后，距离最近的烟台救助局也难以派出一艘现代化救助船实施有效救助。

这是血的教训。痛定思痛，但改革到底要如何进行？

宋家慧介绍，交通部最初上报国务院的改革方案是“事企分开”，就是把打捞局所有生产经营内容剥离开，与北京所属的中国海洋工程公司剥离，组建成为中国海洋工程总公司，而公益性的救助职能部分只剩下几百人。如果那样拆分，救助队伍是单独存在还是并入其他系统，都很难说。

（下转4版）

六方合作机制力保京津冀冬季供气

本报讯 近日，河北海事局专门制定工作方案，建立六方合作机制，确保唐山港曹妃甸港区LNG船舶安全、高效进出港，保障取暖季天然气供应。预计今冬供暖季，曹妃甸港区将创历年同期接船数量之最。

据了解，曹妃甸港区15万吨级LNG码头是保障京津冀地区尤其是北京市天然气调峰和供应安全的重要站点，也是河北省唯一的液化天然气进口码头。今冬明春供暖期间，曹妃甸港区LNG码头预计接卸LNG船舶37艘，单月靠泊11艘—12艘。

河北海事局加强对极端恶劣天气的研判，“见缝插针”安排LNG船舶进出港。定期召集港方、船方、引航、拖轮、代理等单位进行研讨，建立六方合作机制。

河北海事局还加强与LNG船舶代理及液化天然气码头之间的沟通，对LNG船舶进出港计划、预到预靠信息每日一汇总，进一步缩短LNG船舶在港时间。凡是涉及LNG船舶进出港的，快速办理各种手续，减少船舶在港时间。在曹妃甸海事基地设置直升机临时起落点，在LNG保供期间供直升机应急接送引航员使用。对LNG船舶进出港实施交通管制，并结合航路通航环境复杂程度安排海事巡逻船监护。 （[illegible]）

山东高速总里程突破6000公里

本报讯 （驻山东首席记者 王[illegible] 特约记者 [illegible]）日前，山东省潍坊至日照高速公路正式建成通车，不仅使两地行车时间从原来的3小时缩短到1个半小时，还结束了安丘、五莲两县境内无高速公路的历史。这也标志着山东省高速公路通车里程突破6000公里。

山东省交通运输厅厅长江成表示，山东将全面推进高速公路高质量发展。目前，山东全省高速公路通车里程达到6057公里，在建高速公路里程为2000多公里，2020年力争达到7400公里，2022年争取超过8000公里。

据悉，潍日高速公路全长151.8公里，双向四车道，设计时速120公里，是山东省“九纵五横一环七射多连”高速公路网的“纵二线”，对促进沿线地区新旧动能转换和产业升级具有十分重要的意义。

□值班编委 [illegible] 本版副主编 [illegible] 责编 [illegible] □E-mail:xw1b@zgjtb.com □新闻热线：(010)64255441 □发行热线：(010)64256206 □广告热线：(010)64250642 □培训热线：(010)65299681

2018年11月9日　星期五　4版
主编 三淙淙　责编 于森
电话:010-65293632 64252864 E-mail:zgjtb@126.com
见证40年 主题访谈
中国交通报 CHINA TRANSPORT NEWS

体制改革救了救捞行业

——访交通运输部原安全总监、救助打捞局原局长宋家慧

本报记者 周献恩

宋家慧（右）与民航局专家一起察看"黑匣子"上飞行数据磁带的金属容器是否完好。

（上接1版）

他清晰地记得带队深入一线调研时，感觉到无论按照什么方案进行改革，都需要认真斟酌、正确判断，一招失误就很难挽回。在调研时有职工提出："可不可以考虑既把救助和打捞分开，又不把打捞变成企业，实行'事事分开'呢？"此方案呈报给部领导班子后，各方意见一时难以统一。

"最终要感谢时任部党组书记、部长黄镇东领导下的部党组，最后阶段作出了正确决策，采纳了救捞系统'事事分开'的改革建议！"提起当年的决策过程，宋家慧仍然有些激动。

于是，按照"事事分开"原则，交通部上报给国务院的报告又重新起草、递交。2002年8月12日，好消息传来：国务院批准了交通部第二次上报的救捞体制改革文件，即"8·12批示"，确立了救捞体制"事事分开"改革原则。

"正是有了这个改革方案，才形成了今天三个'三位一体'的中国救捞规模和特色，即救助、打捞、飞行'三位一体'的队伍建制；空中立体救助、水面快速反应、水下潜水打捞'三位一体'的综合功能；人命救助、财产救助、环境救助'三位一体'的岗位职责；也形成了中国特色救捞核心价值观。"宋家慧说。

创新　秉持忧患意识　不断进取

在宋家慧看来，"有为才有位"。多年来形成的救捞文化，就是这样一种忧患文化，要求救捞人永远在忧患意识下不断开拓进取。

"在救捞局工作期间，我曾在大大小小的会上讲：有些人还是传统观念，'多一事不如少一事'，而救捞必须'少一事不如多一事'，只有这样才能不断推动救捞发展。因此，我们坚持了'四个主动'，即主动出击、主动作为、主动迎接挑战、主动承担责任。"宋家慧说，在忧患中求发展，在适应我国改革开放的需要中不断创新，不断作为，救捞系统因此取得了长足进步。

动态待命制度就是很好的例子。

据了解，刚开始提出动态待命设想时，宋家慧反复征求了各方意见，同意和不同意的都有，但最终还是形成了救捞干部职工上下一致的意愿：把有限的资源放到经常出现海事救援的区域去，最大限度减少救助里程，提升救助效率。

按照这个制度，我国在沿海设立了七八十个救助站点，所有救助船都在海上值班待命，确保在国家、人民最需要的时候，救捞人能在第一时间赶到现场，发挥关键作用，挽救生命、救助财产。

为了更加"有为"，很多创新工作都陆续开展。

"今天座谈会上的两名女飞行员，是航海专业救助飞行员的代表，也是创新引进专业人才的结果。"宋家慧说。

据介绍，救捞体制改革后不久就组建了救助飞行队，当时提出，救助飞行队最大特点是到海上救助，需要既懂得飞行又懂航海的复合型人才，因此，把海事大学学生培养成为救助飞行员就有诸多优势。这些学生身体素质相对较好、学术基础扎实、英语水平较高，更重要的是对海上专业熟悉。基于这些考虑，救捞系统自2003年起就从大连海事大学、上海海事大学选招了多批学生，经过培训成为救助飞行员。

实践证明，这条路是正确的，这些飞行员、救助员在救助实践中发挥了重要作用。

从部队特种兵中选招救生船员和直升机救生员，也是一大创举。自2003年起，招聘的转业海军特种兵加入救捞队伍后，凭借较高的专业水平和身体素质，很好地适应了这两个挑战性极高的岗位。

宋家慧说，秉持忧患意识，坚持"四个主动"，不仅夯实了救捞队伍发展根基，而且总能在关键时刻发挥关键作用，充分地体现了救捞队伍的价值。特别值得一提的，是救助飞行队参与"5·12"汶川特大地震抢险救助行动。

"2008年5月12日，部救捞局班子成员正在上海开会研究有关事项，当天下午汶川就地震了。于是，我们立即决定，把工作重点转移到抢险救灾上来。"宋家慧回忆道，当时在没有上级指令的情况下，他们主动提出派出救助直升机参与抢险救灾，作为局长的他压力很大。如果出现问题，先不说承担事故责任，这种"主动"也可能被人误解：此举为了什么？为了个人英雄主义，还是为了宣传自己？

派出直升机后，他就做好了承担任何责任的思想准备。其实，派出直升机并不是冒险，之前他们认真听取了飞行队意见，救助直升机是在有十足把握、做好充足准备的情况下，才赶赴汶川地震震中的。

实际上，救助飞行队在救灾现场完成了很多其他直升机组无法完成的任务。时任民航西南地区管理局副局长吕尔学感叹道："几乎所有的复杂救助都是救捞直升机完成的！"

宋家慧表示："国家有难匹夫有责。"国家发生如此重大灾难，作为纳税人供养的一支国家专业飞行队，不能因为是海上救助飞行队而"袖手旁观"。正如时任交通运输部副部长高宏峰在部救捞局抗震救灾总结表彰大会上所说："如果这次你们没有派出直升机参与汶川抗震救灾，你们将会终身遗憾！"

救助飞行队参与汶川抗震救灾。
救助打捞局 供图

传承　把交通救捞做成"百年老店"

这么多年来，救捞系统不仅崇尚忧患文化，更是传承了"把生的希望送给别人，把死的危险留给自己"的救捞精神。

宋家慧坦言，救捞体制改革之时他的压力很大，不仅在于改革千头万绪，也在于当时有些救捞干部职工甚至上级领导都在担忧，希望他把"把生的希望送给别人，把死的危险留给自己"的救捞精神变一变，这符合以人为本原则吗？能不能把其中的"生""死"去掉？

"我极力坚持，提出这个并不是盲目地、不顾及自己生命去救助，这是在诠释一种精神，没有了'生''死'，救捞精神就没了精气神。同时，救捞精神是一种奉献精神，要求救捞人有随时迎接挑战的准备。随时迎接在狂风巨浪中拯救别人生命的挑战，这是救捞队伍生存发展的内在要求，与以人为本理念并不矛盾。"宋家慧说。

他欣慰地表示，多年来救捞系统一直秉持的这种崇高而伟大的精神，不仅支撑和指引了救捞发展，而且形成了具有中国特色的救捞事业。这是值得所有救捞人引以为豪的精神实质。

宋家慧感慨：今天终将成为历史，历史又将证明今天是否正确。当时对救助飞行队提出的"救助第一、安全第一"，也是被历史证明的原则。

"救助第一、安全第一"，是一种安全救助原则。没有救助，就没有这支队伍存在的必要；没有安全，就完成不了救助，也难以实现可持续发展。那么，到底哪个第一？这就需要现场人员根据实际情况作出正确判断。这需要智慧，需要胆略，也需要一种强大的责任心。

实践证明，以救助为中心的"救助第一、安全第一"，让救助飞行队实现了安全发展。可见，这种提法也是没有问题的。

宋家慧说，伴随我国改革开放，救捞人传承这样崇高的精神，在党和国家和人民最需要的时刻出现在现场，用生命和汗水获得了党和国家以及社会的高度信任，也获得无数荣誉。

但是，不能躺在功劳簿上停滞不前，而要传承救捞文化，发扬救捞精神，坚持救捞的中国特色，不断捍卫这种荣耀，不断迎接更新、更严峻的挑战，真正把交通救捞建成"百年老店"，成为我国一支不可替代的海上救助队伍。

"荣誉属于过去，奋斗才有未来！"宋家慧由衷地表示。

4000吨全回转起重工程船"华天龙"轮打捞被台风吹倒的卸船机。
本文图片除署名外为 本报资料片

扫一扫 看视频

中国海上飞行救助的开创者

——记我国首架专业救助直升机"B-7310"

程娜 本报记者 姜秋华

2001年年底，我国首批海上专用救助直升机场在上海外高桥高东地区建成，原交通部购买的两架S-76C+型救助直升机终于来到上海救助机场，其中一架就是"B-7310"。

作为我国救捞人拥有的第一架救助直升机，"B-7310"可以在10级风和9米浪高的情况下进行海上搜救，最大航程达1092公里，一次性可以搭载15人，最快速度每小时287公里，续航时间可达4.9小时。它的到来，极大提高了我国海上专业救助的实力，填补了我国运用直升机执行海上人命救助任务的空白。

从此，我国海上人命救助从过去单一靠救助船舶实施救助发展到了运用直升机实施救助的海空立体救助，海上救助的快速反应能力和救助水平发生了质的飞跃。

"B-7310"平安接回受伤渔民。

飞行队最可靠的"良师益友"

每个进入东海第一救助飞行队的人都曾经在"B-7310"救助直升机上学习过，他们飞行生涯里最重要的学习经验几乎都来源于此。2004年，董思泽大学毕业来到东海第一救助飞行队时，接触的就是这架直升机，之后，他们一起出生入死，救人无数。

让董思泽印象最深的一次救助是对伊朗籍货船"ZOORIK"轮的救助。他清晰地记得那是2009年11月1日，正在休假的董思泽突然接到通知，一艘伊朗籍货船"ZOORIK"在长江口海域走锚遇险，船上共37人，需要立即营救。因为船上都是外籍船员，所以需要英语较好的他立即返回工作岗位，参与救助。

接到求救信息后，东海第一救助飞行队立即对任务和气象进行了评估，决定出动两架救助直升机实施救助。董思泽乘坐"B-7310"救助直升机第一时间赶往事故海域。

到达现场后，由于风浪太大，船体倾斜严重，甲板上根本无法站立，加之直升机产生的巨大噪音，影响沟通，他只能到船舱内跟船长进行交流。"每次海浪拍打船体，感到船随时可能断裂，在船舱里可以很清楚地听到金属挤压的声音。"董思泽说，那时的场景至今历历在目。之后，他迅速走出船舱，叮嘱船员不要再下到船舱内，留在甲板等待救援。

"B-7310"第一架次就救回了14人，其中5名妇女、1名儿童，创造了当时单机一次救助人员最多的纪录。之后，"B-7310"再次起飞，开始实施第二次救助任务。

每一次救助，都是在风险危难乃至生死抉择中践行"把生的希望送给别人，把死的危险留给自己"的承诺。2架救助直升机，3个飞行架次，这是东海第一救助飞行队在一天之内救助人数最多，也是救助外籍人员最多的纪录。

"这是那个时代最好的飞机，性能好，故障率低，配置有强光搜索灯、红外成像仪等夜间搜救作业装置，非常可靠。就现在来讲，也是非常好的机型。"董思泽这样评价自己曾经的"伙伴"。

海上遇险人员的"及时雨"

2010年1月，"B-7310"救助直升机被调往东海第二救助飞行队，是董思泽亲自把这架"宝贝"飞机送过去的。

作为东海第二救助飞行队第一架自己的飞机，它又陪伴了一批批飞行员学习空中救助知识，在危难时刻飞赴海难现场，救渔民、船员于惊涛骇浪中，展翅翱翔在东海上空。

不久前，台风"山竹"登陆期间，厦门机长台风中倒飞直升机营救船员的新闻使得"B-7310"又火了一把。

今年9月16日，交通运输部东海第二救助飞行队接到求助信息：汕头海门湾附近，一艘塞拉利昂籍货船搁浅，船上9名外籍船员被困超过24小时，急需救援。

机长黄智斌带领"B-7310"机组迎风出击，在1小时艰难飞行后，到达汕头海门湾附近。此时，狂风骤雨，天气恶劣，能见度不到2公里，风力12级，瞬时风速更是达到46米每秒，但船只却不在报警所说的位置。

经过搜寻，救助飞行队发现船舶已经搁浅，而在船的下风方向不到1公里左右处，沿岸有一溜很高的高压线。因为风太大，直升机无法从常规飞行角度进入，也无法使用常规的悬停吊运进行救援。

"B-7310"执行海上救助任务。

"正常情况下，如果做高空盘旋，旁边是66节大侧风，我只要一转弯，飞机就可能抵抗不了侧风，被吹到下风区。一旦吹到下风区，就会跟高压线危险接近，甚至撞到高压线。"经过20秒的短暂思考，黄智斌当机立断，决定采用倒飞的方式，进入船舶上空。

因为货船上有足够大的甲板，黄智斌将直升机停靠到甲板上，然后在两名救生员的引导下，被困的9名船员顺利登上直升机。之后直升机升空，开始返航。从倒飞到把人救上直升机，前后只用了6分钟。

"B-7310"就像海上的雄鹰，总是在关键时刻迅速出击，于惊涛骇浪中，救人于生死一瞬之间。

作为救捞系统引进的第一批专业救助直升机、国家海上应急救助的中坚力量，"B-7310"已经在救助一线服务了17年，从生死线上挽救了无数生命，它也陪伴了许多飞行员、绞车手和救生员成长，见证了我国海上飞行救助事业的起步和快速发展。随着我国海上应急救援体系的不断完善，未来，"B-7310"一定会有更大的施展舞台，必会鹰击长空，大展宏图！

本文图片由 东海救助局 提供

地址:北京市朝阳区安华西里三区13号楼　邮编:100011　总编室:(010)65293633　通联部:(010)65293561 (010)64252114(传真)　采编中心:(010)64255441　公路中心:(010)65293615　水运中心:(010)64255824　运输中心:(010)65293641
新媒体中心:(010)64255469　培训中心:(010)65299681　广告部:(010)64250642 (010)64255452(传真)　北京中通广告公司:(010)64252934　广告经营许可证:京朝工商广字0142号　每年定价:460元　每月定价:38.34元　零售每份:1.92元　中国青年报印刷厂印刷

中国水运工程建设从浅蓝走向深蓝

——访交通运输部原党组副书记、副部长翁孟勇

本报记者　孙　妍　彭　燕

见报日期　2018 年 11 月 14 日

从 2000 年 4 月任职交通部副部长，到 2015 年 10 月卸任交通运输部党组副书记、副部长，翁孟勇分管交通运输规划等领域 15 年。

日前，现任十三届全国人大常委会委员、中国公路学会理事长的翁孟勇，接受了本报记者的采访。谈及改革开放 40 年来交通运输发展，他既没有畅谈作为“老交通”对行业发展宏观问题的研究与思考，也没有提到经手完成的众多影响深远的行业重大规划，而是用一如既往的平和语气说：“咱们聊聊长江口深水航道治理工程吧！”

是怎样的缘由让翁孟勇对这一具体工程项目情有独钟？长江口深水航道对于交通人、对于交通运输行业，甚至放置于改革开放 40 年的浪潮中，又有着怎样的不同寻常？

不同寻常的开始

一切要从上海说起。

众所周知，上海是长江出海口，是我国对外贸易的门户，一直以来都是国际航运的

重要港口。长三角地区经济发展，离不开长江口，离不开上海。

从20世纪70年代开始，为改善长江口通航条件，交通运输部门就进行着维护7米水深的大规模疏浚工程。到20世纪90年代，7米水深航道的年维护疏浚量达到1500万立方米，疏浚强度越来越大。但这勉强维持的7米水深，已无法满足上海港进出船舶日趋大型化的需求。

那时候，长三角地区船舶载重总吨位已经比整个欧洲的内河运力规模还要大，但全长约为莱茵河3倍的长江干线，其货运量却不到莱茵河的十分之一。

随着改革开放和我国经济的快速发展，疏浚畅通长江口的"卡脖子"航道成为最紧迫的诉求。

"其实，围绕长江口航道治理的科研工作，可以追溯到20世纪50年代。"翁孟勇告诉记者，从1958年开始，国内众多科研院所的学者与工程技术人员，在世界著名水利海岸工程学家——中国科学院、中国工程院院士严恺等老一辈科学家的带领下，开展了大量的研究工作，上海河道工程局（后更名为上海航道局）、华东师范大学等单位对江阴以下河段进行了长期的水下地形测量及同步水文测验。

1992年，"长江口拦门沙航道演变规律与深水航道治理方案研究"被列入国家"八五"科技攻关项目，长江口深水航道治理方案及初步技术经济论证首次浮出水面。

"党中央、国务院一直十分重视长江口航道治理，交通部积极推动开展了一系列科技攻关工作。当时在学界，对于长江口治理也有不同的主张。直到这个'八五'科技攻关项目后，大家对长江口航道治理才基本统一了思想，一是长江口可治理，二是从多年积累的水文资料看，现阶段相对稳定，正是开展治理的好时机。"翁孟勇回忆说。

这一研究成果也得到了著名水利专家、中国工程院院士钱正英的认可和肯定。1997年9月，国务院副总理邹家华和吴邦国主持召开长江口深水航道治理工程汇报会，钱正英总结发言时指出，长江口是可以认识、可以整治的，选择南港北槽方案作为深水航道是合理的、可行的。

"在决策过程中最难忘的，不仅是严恺、钱正英、窦国仁等一大批老科学家对长江口科研工作的支持和鼓励，更重要的是党中央、国务院对长江口航道治理工作的高度重视，中央领导多次召开会议研究。交通部历届党组持续推动相关工作，上海、江苏等省市也大力支持，才让这件事顺利地开展起来。"翁孟勇对此记忆犹新。

天时地利人和。

1997年4月22日，国务院总理李鹏主持召开总理办公会，同意实施长江口深水航道治理工程。考虑到工程技术较为复杂，实施分期建设，动态管理，通过整治和疏浚相结合，最终实现航道水深12.5米的治理目标。1998年1月27日，长江口深水航道治理一期工程正式开工。

不同寻常的工程

长江口深水航道治理工程，被誉为“水下长城”。只有落潮时，人们才会发现它——在壮阔波澜之下，总长逾100公里的两条长堤宛如海底万里长城，引导江水，抵挡流沙。19座丁坝，依次横卧堤坝内两侧，小心呵护着航道。

曾经，有着丰富河口治理经验的美国专家、日本学者、荷兰技术顾问来到长江口。“这哪里是河口，分明是海口！”望着90公里宽的长江口，外国专家感叹道，在这样的水域治理航道，简直是“不可能完成的任务”。

长江口治理的难点不光是“口子大”，更大的“拦路虎”是淤积的泥沙。每年4.8亿吨泥沙不断在入海口淤积，形成了长约60公里的混浊浅滩。

“以前，船舶进长江，看海图没用，要看航标走，因为河口航道受水流潮汐等影响，河底浅滩会随时改变位置。我们要定期测量河底水深，用航标调整航道，要不船舶就可能搁浅。大型船更是别想进来。”翁孟勇告诉记者，20世纪90年代初在上海航道局工作时，这是他们的重要工作内容。

不管是现在还是当时，这都必定是一个旷日持久的浩大工程。

美国的密西西比河13.7米深水航道工程，用了150多年；英国的莫塞河13.6米深水航道工程，用了45年；长江口12.5米深水航道工程，中国的建设者们拼搏了12年。

长江口深水航道治理工程分三期实施，分阶段实现航道水深8.5米、10米和12.5米。对于长江口这个特殊水域来说，航道要从7米拓深到12.5米，向下挖深5.5米，谈何容易？面对这项新中国成立以来最大的水运工程，每前进一步，都面临着一道道“坎”。

2000年3月，长江口航道治理一期工程8.5米航道水深建设完工，交通部刚宣布通航，不料连续5个台风汹涌而来，仅仅半年，航道普遍淤积，水深又从8.5米下降到7.3米。那段时间，设在横沙岛的长江口深水航道工程建设指挥部24小时连轴转，终于在2001年元旦，把水深恢复到了8米。

二期工程开工后，为了尽可能降低成本，在建设航道导堤前，工程设计没有选择打深桩，而是采用了新型的空心重力式结构——半圆体沉箱。第一批做了16个沉箱，每个长20米、重千余吨，一字排开安装在了二期施工段。但当年冬天，第一场寒潮大风过后，沉箱没了，大堤被腰斩得支离破碎。又是无数个不眠之夜，加固海底地基的“空心方块”终被设计出来。

三期工程主要是把北槽航道从10米疏浚到12.5米，但开挖过程中回淤量比预测的大得多。经过大量试验后，终于发现了“罪魁祸首”——流场变化。于是才有了后来的六大类、上百项减少回淤措施，经过优选方案后，流场逐步得到改善。

功夫不负有心人。

2006年5月，长江口深水航道治理工程成套技术成果通过了包括钱正英、潘家铮等9位院士在内的专家组鉴定。鉴定意见认为，长江口深水航道治理工程的成套技术，是一、二期工程成功建设的重要保障，是我国河口治理和水运事业的伟大创举，是世界上巨型复杂河口航道治理的成功范例。该项科技成果总体上居于国际领先水平。

据统计，长江口深水航道治理工程技术的创新达74项，其中原始创新49项。工程获2005年国家优质工程唯一的金质奖、2006年度中国航海学会科学技术特等奖和2007年国家科技进步一等奖。

在一个工程中，集中了这么多的创新，形成我国独创、世界领先的一整套大型河口航道治理的先进技术，在世界工程史上也是不多见的。

2010年3月14日，长江口深水航道治理三期工程顺利通过由交通运输部组织的交工验收。翁孟勇参加了交工仪式，并接受了新华社记者专访。对于这一工程的重要意义，他充满感慨："长江口深水航道治理工程的建成，在中国水运工程界写下了浓墨重彩的一笔，是中国水运工程史上具有里程碑意义的一件盛事。"

不同寻常的效益

毫不夸张地说，长江口深水航道治理工程，是开启长江黄金水道的一把"金钥匙"。

如今，第三、四代集装箱船可全天候通过由海达江，第五、六代集装箱船和10万吨级满载散货船及20万吨级减载散货船可乘潮通过。2016年，受益于长江口深水航道，上海港邮轮旅客吞吐量289.38万人次，同比增长76.2%，成为全球第四大邮轮母港。

翁孟勇还向记者提到这样一个小插曲：洋山深水港建设准备启动的时候，曾有人对长江口治理提出质疑——既然要建洋山深水港，还有必要花钱整治长江口吗？

现在来看，答案已经不言而喻了。

"长江口深水航道一期工程实现8.5米水深，二期工程实现10米水深，在2005年12月洋山深水港一期开港前，已经开始产生经济效益，为上海港发展布局乃至长三角地区经济发展赢得了先机。如今，洋山深水港和长江口航道就像上海建设国际航运中心的一对翅膀，比翼齐飞，实现互补。洋山港区发展国际中转业务，而包括外高桥在内的长江口码头则吸引腹地货源，服务长江沿线港口。"翁孟勇说，更为重要的是，长江口不仅仅是上海的，它还是全国的，畅通长江口的"咽喉"，具有全局意义。可以说，没有长江口深水航道，就没有长江黄金水道。

依托长江口 12.5 米深水航道，交通运输部又将深水航道上延至南京，长江水运网络与国际海上运输网络实现了“深水”对接，长江航运能力显著提高。如今，上海港早已成为世界级大港，南京以下“河港变海港”，长江中上游“江海联运”能力大幅提升，长江黄金水道在长江经济带综合交通运输体系中的主骨架作用得到更进一步发挥。

“挖得出”“守得住”，还得“管得好”。

2017 年 10 月 10 日在上海举行的“长江口深水航道治理工程 20 周年座谈会”上，与会专家一致认为，历经 20 年的疏浚维护，长江口航道已充分发挥出在长江航运主通道中的咽喉要塞作用、通江达海作用、长三角航运经济发展中的基础支撑作用、绿色循环发展中的探索创新作用，已成为世界级的黄金水道。

150 亿元的长江口深水航道治理一、二、三期工程投资以及运行之后每年的维护费用，换来的是沉甸甸的经济效益。

近年来，长江口深水航道维护工程费用大幅下降，每年航道维护工程费用由最初约 19 亿元下降到不到 10 亿元。

与之相对的是大幅提升的经济效益。据测算，长江口 12.5 米深水航道开通以来，深水航道年均产生经济效益超过 100 亿元，货运量增加带动 GDP 增长年均超过 1000 亿元，拉动财政收入年均增长超过 200 亿元，带动就业年均超过 10 万人。

对此，翁孟勇十分满意：“长江口深水航道治理工程从建设、运行到现在的管理，一直在不断优化。”

记者了解到，为适应船舶大型化趋势，助力上海港邮轮经济的发展、长江沿线港口城市的经济发展，长江口已在考虑扩大北槽航道 80 米限宽、北槽边坡利用及南槽的开发利用，从而进一步释放长江口潜能。

不同寻常的保护

潘家铮院士把长江口深水航道治理工程誉为“一项没有负面效应的伟大工程”。

采访中，翁孟勇也反复强调，长江口深水航道治理工程对生态、环境的保护，经历了时间的考验，直到今天也没有不良影响。

长江口工程地处九段沙湿地自然保护区，为了保护好这块上海市规模最大、发育最好的河口型潮汐滩涂湿地，长江口工程不仅严禁施工人员在九段沙挖沙、狩猎和捕鱼，严禁上滩涂砍伐植被、采集底栖生物，施工单位还承担并资助了水生生态系统修复工程，自 2001 年起在长江口进行了 6 次放流。

让建设者骄傲的是，他们不仅有效保护了生态环境，还在长江口构建了我国第一个人工牡蛎礁，不仅给鱼类提供了食物，还具备“生物过滤器”功能，相当于一个日处理能力为2万吨的“大型污水处理厂”。

不仅如此，疏浚土的利用也值得称道。

航道治理，必然会产生疏浚土，长江口也不例外，每年维护疏浚平均要产生6000万立方米左右的疏浚土。按照习惯做法，疏浚土会抛入指定的河口或海洋抛泥区，既不利于河口、海洋水环境也不利于航道维护。

从二期工程开始，建设者就结合上海市政府用地需求，探索开展了疏浚土合理有效利用方案。随着双方合作的深入，疏浚土的回收利用从最初占清淤总量约10%增加到现在的60%以上。

如今，在上海横沙岛的长江入海口，20多公里的通海大堤，一边是长江口与东海连接的浩瀚水域，一边是一望无际的生态湿地。这里是长江深水航道疏浚土吹填造陆的成果之一。

据测算，“十三五”期间上海将利用长江口航道维护疏浚土吹填造地8.38万亩。

世界自然基金会评价：“长江口深水航道建设中关于自然保护的一些探索和实践，具有开创性和代表性，为世界河口城市的航运发展提供了有益的借鉴。”

不同寻常的传承

在采访结束之际，翁孟勇动情地说：“长江口深水航道治理工程所有恢宏的基础工程几乎都在水下，人们鲜能看到它、关注它，无法让人们赞美，但它必定而且永远都将是我们心中的一座丰碑。”

从某种意义上说，长江口深水航道治理工程的完成，不是终点，而是新的起点。

技术成果在不断传承和创新。

在洋山深水港、黄骅港外航道、杭州湾大桥，以及刚刚通车的港珠澳大桥等一批国家重点工程中，其水工建设都是对长江口成套技术的沿用和发展。

“可以说，没有长江口成套技术的支撑，就没有后来这些项目建设，也没有我国水运工程由江达海的迈进。”翁孟勇说。

传承的不仅是技术。

经过在长江口深水航道治理工程中的磨砺，我国一大批优秀的工程建设队伍茁壮成长，他们的身影同样出现在了杭州湾大桥、港珠澳大桥等项目中。这支让中国引以为豪的建设力量以长江口工程为起点，在一个又一个的重大工程中不断闯关升级，成为了我国基础设施建设“走出去”的一张亮丽名片。

这座“水下长城”不仅使我国的水运建设技术水平进入世界前列，更重要的是，站在这一更高的起点上，我国水运建设工程从长江走向大海，从浅蓝走向深蓝，实现了真正的跨越！

2018年11月14日 星期三 http://www.zgjtb.com ｜第6855期 今日8版｜邮发代号 1-72 国内统一连续出版物号 CN 11-0122 交通运输部主管 中国交通报社主办

全国轨道交通技能大赛两项冠军揭晓

本报讯（记者 [illegible] 实习记者 [illegible]）11月13日，第十届全国交通运输行业"捷安杯"城市轨道交通领域职业技能大赛全国总决赛在广东省广州市落下帷幕。

四川省交通运输厅获得列车司机职业组团体第一名，河南省交通运输厅获得行车值班员职业组团体第一名。来自广州地铁集团有限公司的曾伟强和广东广佛轨道交通有限公司的严家升分别获得列车司机与行车值班员分项个人一等奖。广州铁路职业技术学院获得行车值班员学生组团体第一名，湖南铁道职业技术学院获得列车司机学生组团体第一名。来自湖南铁道职业技术学院的钟杰、刘丹扬、刘家和广州铁路职业技术学院的王蒂、刘家明、谭彤、张佳霖、赵奕丹分别获得学生组列车司机与行车值班员分项个人一等奖。

此次竞赛由交通运输部、人力资源和社会保障部、中华全国总工会、共青团中央联合主办，交通运输部职业资格中心、交通运输部科学研究院、中国交通报社、广东省交通运输厅承办。

李小鹏在福建调研时强调

敢于担当主动作为做好当前各项重点工作 以实际行动加快推进交通运输高质量发展

在习近平新时代中国特色社会主义思想指引下——新时代新作为新篇章

本报讯（记者 毛刘 [illegible] 特约记者 陈杰）11月12日至13日，交通运输部部长李小鹏到福建省福州市、厦门市、龙岩市，就福建交通运输高质量发展、交通扶贫及"四好农村路"建设等开展调研，并主持召开东中部地区部分交通运输部门座谈会。

调研期间，福建省委书记于伟国、省长唐登杰与李小鹏就推进福建交通运输改革发展交换了意见，共同签署了部省战略合作协议。李小鹏强调，要以习近平新时代中国特色社会主义思想为指导，深化交通运输供给侧结构性改革，着力扩大改革开放，不断优化营商环境，敢于担当、主动作为，部省合力做好当前各项重点工作，以实际行动加快推进交通运输高质量发展、建设交通强国。

李小鹏在厦门海上搜救中心了解了海上搜救工作情况，慰问了一线海事工作人员；在厦门市第二西通道（海沧海底隧道）调研了项目建设、安全质量管理和新工艺使用等情况；在厦门金龙客车公司考察了客车无人驾驶项目；在龙岩市现场调研了道村扶贫路、"四好农村路"建管养运以及厦门（漳）蓉（成都）高速公路扩容项目建设情况，并入户走访慰问了贫困群众。

李小鹏在部省会谈时指出，近年来，在福建省委、省政府的正确领导下，福建交通运输平稳较快发展，为"再上新台阶、建设新福建"提供了坚强支撑。部将一如既往支持福建交通运输发展，推动福建加快建设现代综合交通运输体系，为福建高质量赶超奠定坚实基础。希望福建交通运输部门深入贯彻落实习近平总书记重要指示精神，深化供给侧结构性改革，抓细抓实抓好交通脱贫攻坚工作，扩大交通有效投资，不断改善营商环境，大力支持民营企业发展，加快运输结构调整，降低物流成本，加强新业态监管，发挥好区位优势，积极探索综合交通运输创新发展新路径，部省合力努力打造交通强国建设先行区。

13日下午，李小鹏与福建、安徽、浙江、湖南省交通运输厅，南昌铁路局集团、民航华东管理局福建安全监督管理局、福建省邮政管理局、福建海事局和厦门航空公司主要负责同志座谈，了解各单位在推进交通运输高质量发展方面的思考、经验以及对行业改革发展关键问题的意见建议。他指出，党的十八大以来，习近平总书记高度重视交通运输工作，作出了一系列重要论述，为交通运输发展指明了方向、提供了根本遵循。要认真学习、深刻领会习近平总书记重要指示精神，抓好贯彻落实，指导交通运输高质量发展和交通强国建设实践。

李小鹏强调，要把思想和行动统一到中央精神上来，牢固树立信心，坚持问题导向，切实办好自己的事，真正抓住用好机遇，扎实做好各项重点工作。要坚决守住安全生产底线，深刻吸取事故教训，加大重点领域风险管控和隐患排查治理力度，如临深渊、如履薄冰抓好安全生产工作。要扎实做好岁末年初各项工作，对标对表，倒排工期，加快各项工作进度，确保完成全年目标任务。要认真谋划明年工作，为经济社会发展提供坚实交通运输保障。

福建省领导张志南、梁建勇、李德金，厦门市市长庄稼汉，部机关有关司局、福建省交通运输部门及有关市县负责同志参加相关调研和座谈。

调研期间，李小鹏还专程参观了古田会议会址。

中华人民共和国交通运输部令

2018年第19号

《高速铁路基础设施运用状态检测管理办法》已于2018年8月27日经第14次部务会议通过，现予公布，自2018年10月1日起施行。

部长 

2018年8月31日

（详见3版）

石家庄公交速度的养成秘诀

实习记者 王晓莉
特约记者 齐京 张贺贺

如果说公交线路是交织在城市庞大身躯中的血管，那么客流便是流淌其中的血液。人，是城市的主体；服务于人，正是公共交通的初心。"有为才会有位，只有满足市民需求，才能在群众心中有地位。"河北省石家庄市公共交通总公司（简称石家庄公交总公司）副总经理孟庆志这样说。

500米上车、5分钟换乘，5分钟实现空铁联运，116条公交线路通达周边县市……甫一相遇，记者就感受到了石家庄的"公交速度"。

11月11日至12日，2018年"我的公交我的城"重大主题宣传活动采访团走进北线采访首站——石家庄，探寻这座城市"公交速度"的"养成秘诀"。

"快"是第一服务

在不少城市公交客运量下滑的情况下，公交车却成为石家庄市民出行的第一选择。

公交客运量下降，一般思路是减少公交车发车线路和趟次以降低运营成本。但车变少了乘客等车时间会变长，愿意坐公交的人会越来越少，形成恶性循环。"'快'才是市民对公交的第一需求，也是我们的第一服务。"孟庆志说。石家庄公交总公司在客运量下滑的情况下，一反传统思路，采取"公里100%"和5峰趟次考核的举措，打开了公交运营的新局面。

今年以来，石家庄公交总公司在保证100%完成已有线路里程基础上，比去年同期增加线路里程300万公里。另外，在2个高峰、1个平峰和2个低峰时段，精准规划、合理安排车辆趟次。

两大举措保障了乘客随时随地有车可乘，也尽量缩短乘客等车时间。今年7月至9月，客运量转降为增，同比上升6.45%，日均增长10万人次。

高效运送满足了基本需求，智慧公交发展同样提速。今年3月，石家庄公交总公司与支付宝、小码联城"联姻"，推行石家庄电子公交卡。（下转2版）

甘肃省公路局挂牌

本报讯（驻甘肃首席记者 石恒 通讯员 吴小军 李世琦）近日，甘肃省委组织部宣布省公路局新任领导干部任职决定并举行挂牌仪式，标志着甘肃公路事业开启新征程。

甘肃省公路管理局更名为甘肃省公路局之后，将紧紧围绕甘肃省委、省政府和省交通运输厅党组各项决策部署谋划工作，更加凸显服务职责，全面推进高速公路和普通国省干线公路养护，促进农村公路建、管、养全面协调发展，全力提升公路交通服务水平，积极开创公路养护工作新局面。

▶11月4日，地处大别山区的安徽省六安市金寨县马鬃岭，漫山遍野的红叶染红山野，绚丽如火。成片的青松点缀其间，美不胜收。驾车在蜿蜒的农村公路上行驶，如入画里。

近年来，金寨县加快推进"四好农村路"建设，今年累计实施路面硬化、道路加宽382.3公里。

主学长 摄

2018环浙骑游总决赛龙泉收官

"交通+旅游+文体"带动旅游激活乡村

特约记者 袁信茂 赵阳
通讯员 张亚香 连丽君

11月11日，由浙江省交通运输厅、浙江省文化和旅游厅主办的2018年美丽乡村环浙骑游总决赛在浙江省龙泉市开赛，近700名骑友在龙泉美丽公路上展开博弈。经过激烈角逐，总决赛各组别前三名尘埃落定，2018年美丽乡村环浙骑游总决赛圆满收官。从跳出交通看交通，到"交通+旅游"大合作，从领略美丽浙江，到影响力扩展至全国，三年来，环浙骑游在不断升华中阐释着价值和意义，绽放出新光彩。

今年是龙泉第三次承办环浙骑游赛事的总决赛，三场总决赛的成功举办让龙泉今非昔比。2015年11月，新51省道全线试通车，并于2016年年底迎来了第一批活力四射的环浙骑友。三年环浙骑游见证了一个小镇的发展，更让外界了解了一条道路所产生的巨大能量。今年，环浙骑游两场总决赛的终点宝溪乡溪头村成功创建为4A级景区，环浙骑游龙泉总决赛终点所在的安仁镇正在加快发展旅游业，提升环境美化水平。

"环浙骑游总决赛在龙泉的举办是交通助力乡村振兴、促进旅游发展的一大举措，将散落在龙泉的美丽景区和美丽乡村串点成线、串珠成链、连线成片，有力推动了'美丽公路+乡村旅游+全民健身'融合发展。作为地方政府，我们由衷希望这样的活动能多多举办。"龙泉市政府相关负责人表示。（下转2版）

中国交通通信信息中心与江苏未来研究院共研光传输网

本报讯（记者 孟庆来）11月9日，中国交通通信信息中心所属中交信通网络科技有限公司与江苏省未来网络创新研究院（简称江苏未来研究院）在北京签署了国家重大科技基础设施项目——未来网络试验设施基础光传输网络共建合作协议。中国工程院院士、江苏未来研究院院长刘韵洁，中国交通通信信息中心副主任宋涛代表双方签署了合作协议。

据介绍，未来网络试验设施是"十三五"重大项目，也是我国通信与信息领域建设的第一个国家级重大科技基础设施项目。项目将以高速公路沿线通信资源为依托，建设面向未来的网络科学前沿的开放、易用、可持续发展的国家级网络试验平台。

中交信通网络科技有限公司承担高速公路信息通信网络的运行管理工作。此次合作，江苏未来研究院将与中交信通网络科技有限公司优势互补，强强携手，共同为引领我国未来网络发展方向的科研和技术创新、面向全国的智慧交通基础平台提供技术服务。

见证40年 主题访谈

中国水运工程建设从浅蓝走向深蓝

——访交通运输部原党组副书记、副部长翁孟勇

本报记者 孙昕 彭燕

从2000年4月任职交通部副部长，到2015年10月卸任交通运输部党组副书记、副部长，翁孟勇分管交通运输规划等领域15年。

日前，现任十三届全国人大常委、中国公路学会理事长的翁孟勇，接受了本报记者的采访。谈及改革开放40年来交通运输发展，他既没有畅谈作为"老交通"对行业发展宏观问题的研究与思考，也没有提到经手完成的众多影响深远的行业重大规划，而是用一如既往的平和语气说："咱们聊聊长江口深水航道治理工程吧！"

是怎样的缘由让翁孟勇对这一具体工程项目情有独钟？长江口深水航道对于交通人、对于交通运输行业，甚至放置于改革开放40年的浪潮中，又有着怎样的不同寻常？

不同寻常的开始

一切要从上海说起。

众所周知，上海是长江出海口，是我国对外贸易的门户，一直以来都是国际航运的重要港口。长三角地区经济发展，离不开长江口，离不开上海。

从上世纪70年代开始，为改善长江口通航条件，交通运输部门就进行着维护7米水深的大规模疏浚工程。到上世纪90年代，7米水深航道的年维护疏浚量达到1500万立方米，疏浚强度越来越大。但这勉强维持的7米水深，已无法满足上海港进出船舶日趋大型化的需求。

那时候，长三角地区船舶载重总吨位已经比整个欧洲的内河运力规模还要大，但全长约为莱茵河3倍的长江干线，其货运量却不到莱茵河的十分之一。

随着改革开放和我国经济的快速发展，疏浚畅通长江口的"卡脖子"航道成为最紧迫的诉求。

翁孟勇。 实习记者 王倩宇 摄

"其实，围绕长江口航道治理的科研工作，可以追溯到上世纪50年代。"翁孟勇告诉记者，从1958年开始，国内众多科研院所的学者与工程技术人员，在世界著名水利海岸工程学家——中国科学院、中国工程院院士严恺等老一辈科学家的带领下，开展了大量的研究工作，上海河道工程局（后更名为上海航道局）、华东师范大学等单位对江阴以下河段进行了长期的水下地形测量及同步水文测验。

1992年，"长江口拦门沙航道演变规律与深水航道治理方案研究"被列入国家"八五"科技攻关项目，长江口深水航道治理方案及初步技术经济论证首次浮出水面。

"党中央、国务院一直十分重视长江口航道治理，交通部积极推动开展了一系列科技攻关工作。当时在学界，对于长江口治理也有不同的主张。直到这个'八五'科技攻关项目后，大家对长江口航道治理才基本统一了思想，一是长江口可治理，二是从多年积累的水文资料看，现阶段相对稳定，正是开展治理的好时机。"翁孟勇回忆说。

（下转4版）

扫一扫 看视频

今日看点

前车之覆 后车之鉴
保护公交方向盘 防范万州悲剧重演 6版

□值班编委 张林 本版副主编 卢帆 责编 徐蕾 □E-mail:xw1b@zgjtb.com □新闻热线:(010)64255441 □发行热线:(010)64256206 □广告热线:(010)64250642 □培训热线:(010)65299681

2018年11月14日 星期三 | 4版
主编 王浩岩 责编 子焱 实习生 杜可 电话：010-65293632 64252864 E-mail:zgjtb@126.com
见证40年 主题访谈
中国交通报 CHINA TRANSPORT NEWS

中国水运工程建设从浅蓝走向深蓝

——访交通运输部原党组副书记、副部长翁孟勇

扫一扫 看视频

（上接1版）

这一研究成果也得到了著名水利专家、中国工程院院士钱正英的认可和肯定。1997年9月，时任国务院副总理邹家华和吴邦国主持召开长江口深水航道治理工程汇报会，钱正英总结发言时指出，长江口是可以认识、可以整治的，选择南港北槽方案作为深水航道是合理的、可行的。

"在决策过程中最难忘的，不仅是严恺、钱正英、窦国仁等一大批老科学家对长江口科研工作的支持和鼓励，更重要的是党中央、国务院对长江口航道治理工作的高度重视，中央领导同志多次召开会议研究。交通部历届党组持续推动相关工作，上海、江苏等省市也大力支持，才让这件事顺利地开展起来。"翁孟勇对此记忆犹新。

天时地利人和。

1997年4月22日，时任国务院总理李鹏主持召开总理办公会，同意实施长江口深水航道治理工程。考虑到工程技术较为复杂，实施分期建设，动态管理，通过整治和疏浚相结合，最终实现航道水深12.5米的治理目标。1998年1月27日，长江口深水航道治理一期工程正式开工。

不同寻常的工程

长江口深水航道治理工程，被誉为"水下长城"。只有落潮时，人们才会发现它——在壮阔波澜之下，总长逾100公里的两条长堤宛如海底万里长城，引导江水，抵挡流沙。19座丁坝，依次横卧堤坝内两侧，小心呵护着航道。

曾经，有着丰富河口治理经验的美国专家、日本学者、荷兰技术顾问来到长江口。"这哪里是河口，分明是海口！"望着90公里宽的长江口，外国专家感叹道，在这样的水域治理航道，简直是"不可能完成的任务"。

长江口治理的难点不光是"口子大"，更大的"拦路虎"是淤积的泥沙。每年4.8亿吨泥沙不断在入海口淤积，形成了长约60公里的混浊浅滩。

"以前，船舶进长江，看海图没用，要看航标走，因为河口航道受水流潮汐等影响，河底浅滩会随时改变位置。我们要定期测量河底水深，用航标调整航道，要不船舶就可能搁浅。大型船更是别想进来。"翁孟勇告诉记者，上世纪90年代初在上海航道局工作时，这是他们的重要工作内容。

不管是现在还是当时，这都必定是一个旷日持久的浩大工程。

美国的密西西比河13.7米深水航道工程，用了150多年；英国的莫塞河13.6米深水航道工程，用了45年；长江口12.5米深水航道工程，中国的建设者们拼搏了12年。

长江口深水航道治理工程分三期实施，分阶段实现航道水深8.5米、10米和12.5米。对于长江口这个特殊水域来说，航道要从7米拓深到12.5米，向下挖深5.5米，谈何容易？

面对这项新中国成立以来最大的水运工程，每前进一步，都面临着一道道"坎"。

2000年3月，长江口航道治理一期工程8.5米航道水深建设完工，交通部刚宣布通航，不料连续5个台风汹涌而来，仅仅半年，航道普遍淤积，水深又从8.5米下降到7.3米。那段时间，设在横沙岛的长江口深水航道工程建设指挥部24小时连轴转，终于在2001年元旦，把水深恢复到了8米。

二期工程开工后，为了尽可能降低成本，在建设航道导堤前，工程设计没有选择打深桩，而是采用了新型的空心重力式结构——半圆体沉箱。第一批做了16个沉箱，每个长20米、重千余吨，一字排开安装在了二期施工段。但当年冬天，第一场寒潮大风过后，沉箱没了，大堤被腰斩得支离破碎。又是无数个不眠之夜，加固海底地基的"空心方块"终被设计出来。

三期工程主要是把北槽航道从10米疏浚到12.5米，但开挖过程中回淤量比预测的大得多。经过大量试验后，终于发现了"罪魁祸首"——流场变化。于是才有了后来的六大类、上百项减少回淤措施，经过优选方案后，流场逐步得到改善。

功夫不负有心人。

2006年5月，长江口深水航道治理工程成套技术成果通过了包括钱正英、潘家铮等9位院士在内的专家组鉴定。鉴定意见认为，长江口深水航道治理工程的成套技术，是一、二期工程成功建设的重要保障，是我国河口治理和水运事业的伟大创举，是世界上巨型复杂河口航道治理的成功范例。该项科技成果总体上居于国际领先水平。

据统计，长江口深水航道治理工程技术的创新达74项，其中原始创新49项。工程获2005年国家优质工程唯一的金质奖、2006年度中国航海学会科学技术特等奖和2007年国家科技进步一等奖。

在一个工程中，集中了这么多的创新，形成我国独创、世界领先的一整套大型河口航道治理的先进技术，在世界工程史上也是不多见的。

2010年3月14日，长江口深水航道治理三期工程顺利通过由交通运输部组织的交工验收。翁孟勇参加了交工仪式，并接受了新华社记者专访。对于这一工程的重要意义，他充满感慨："长江口深水航道治理工程的建成，在中国水运工程界写下了浓墨重彩的一笔，是中国水运工程史上具有里程碑意义的一件盛事。"

长江口专用大型耙吸挖泥船正在维护航道作业。

不同寻常的效益

船队经过长江口深水航道。

毫不夸张地说，长江口深水航道治理工程，是开启长江黄金水道的一把"金钥匙"。

如今，第三、四代集装箱船可全天候通过由海达江，五、六代集装箱船和10万吨级满载散货船及20万吨级减载散货船可乘潮通过。2016年，受益于长江口深水航道，上海港邮轮旅客吞吐量289.38万人次，同比增长76.2%，成为全球第四大邮轮母港。

翁孟勇还向记者提到这样一个小插曲：洋山深水港建设准备启动的时候，曾有人对长江口治理提出质疑——既然要建洋山深水港，还有必要花钱整治长江口吗？

现在来看，答案已经不言而喻了。

"长江口深水航道一期工程实现8.5米水深，二期工程实现10米水深，在2005年12月洋山深水港一期开港前，已经开始产生经济效益，为上海港发展布局乃至长三角地区经济发展赢得了先机。如今，洋山深水港和长江口航道就像上海建设国际航运中心的一对翅膀，比翼齐飞，实现互补。洋山港区发展国际中转业务，而包括外高桥在内的长江口码头则吸引腹地货源，服务长江沿线港口。"翁孟勇说，更为重要的是，长江口不仅仅是上海的，它还是全国的，畅通长江口的"咽喉"，具有全局意义。可以说，没有长江口深水航道，就没有长江黄金水道。

依托长江口12.5米深水航道，交通运输部又将深水航道上延至南京，长江水运网络与国际海上运输网络实现了"深水"对接，长江航运能力显著提高。如今，上海港早已成为世界级大港，南京以下"河港变海港"，长江中上游"江海联运"能力大幅提升，长江黄金水道在长江经济带综合交通运输体系中的主骨架作用得到更进一步发挥。

"挖得出""守得住"，还得"管得好"。

去年10月10日在上海举行的"长江口深水航道治理工程20周年座谈会"上，与会专家一致认为，历经20年的疏浚维护，长江口航道已充分发挥出在长江航运主通道中的咽喉要塞作用、通江达海作用、长三角航运经济发展中的基础支撑作用、绿色循环发展中的探索创新作用，已成为世界级的黄金水道。

150亿元的长江口深水航道治理一、二、三期工程投资以及运行之后每年的维护费用，换来的是沉甸甸的经济效益。

近年来，长江口深水航道维护工程费用大幅下降，每年航道维护工程费用由最初约19亿元下降到不到10亿元。

与之相对的是大幅提升的经济效益。据测算，长江口12.5米深水航道开通以来，深水航道年均产生经济效益超过100亿元，货运量增加带动GDP增长年均超过1000亿元，拉动财政收入年均增长超过200亿元，带动就业年均超过10万人。

对此，翁孟勇十分满意："长江口深水航道治理工程从建设、运行到现在的管理，一直在不断优化。"

记者了解到，为适应船舶大型化趋势，助力上海港邮轮经济的发展、长江沿线港口城市的经济发展，长江口已在考虑扩大北槽航道80米限宽、北槽边坡利用及南槽的开发利用，从而进一步释放长江口潜能。

不同寻常的保护

潘家铮院士把长江口深水航道治理工程誉为"一项没有负面效应的伟大工程"。

采访中，翁孟勇也反复强调，长江口深水航道治理工程对生态、环境的保护，经历了时间的考验，直到今天也没有不良影响。

长江口工程地处九段沙湿地自然保护区，为了保护好这块上海市规模最大、发育最好的河口型潮汐滩涂湿地，长江口工程不仅严禁施工人员在九段沙挖沙、狩猎和捕鱼，严禁上滩涂砍伐植被、采集底栖生物，施工单位还采捐并资助了水生生态系统修复工程，自2001年起在长江口进行了6次放流。

让建设者骄傲的是，他们不仅有效保护了生态环境，还在长江口构建了我国第一个人工牡蛎礁，不仅给鱼类提供了食物，还具备"生物过滤器"功能，相当于一个日处理能力为2万吨的"大型污水处理厂"。

不仅如此，疏浚土的利用也值得称道。

航道治理，必然会产生疏浚土，长江口也不例外，每年维护疏浚平均要产生6000万立方米左右的疏浚土。按照习惯做法，疏浚土会抛入指定的河口或海洋抛泥区，既不利于河口、海洋水环境也不利于航道维护。

从二期工程开始，建设者就结合上海市政府用地需求，探索开展了疏浚土合理有效利用方案。随着双方合作的深入，疏浚土的目前利用从最初占清淤总量约10%增加到现在的60%以上。

如今，在上海横沙岛的长江入海口，20多公里的通海大道，一边是长江口与东海连接的浩瀚水域，一边是一望无际的生态湿地。这里是长江深水航道疏浚土吹填造陆的成果之一。

利用航道疏浚土形成的人造湿地。

据测算，"十三五"期上海将利用长江口航道维护疏浚土吹填造地8.38万亩。

世界自然基金会评价："长江口深水航道建设中关于自然保护的一些探索和实践，具有开创性和代表性，为世界河口城市的航运发展提供了有益的借鉴。"

不同寻常的传承

在采访结束之际，翁孟勇动情地说："长江口深水航道治理工程所有恢宏的基础工程几乎都在水下，人们鲜能看到它，关注它，无法让人们赞美，但它必定而且永远都将是我们心中的一座丰碑。"

从某种意义上说，长江口深水航道治理工程的完成，不是终点，而是新的起点。

技术成果在不断传承和创新。

在洋山深水港、黄骅港外航道、杭州湾大桥，以及刚刚通车的港珠澳大桥等一批国家重点工程中，其水工建设都是对长江口成套技术的沿用和发展。

"可以说，没有长江口成套技术的支撑，就没有后来这些项目建设，也没有我国水运工程由过去的迈进。"翁孟勇说。

传承的不仅是技术。

经过在长江口深水航道治理工程中的磨砺，我国一大批优秀的工程建设队伍茁壮成长，他们的身影同样出现在了杭州湾大桥、港珠澳大桥等项目中。这支撑中国引以为豪的建设力量以长江口工程为起点，在一个又一个的重大工程中不断闯关升级，成为了我国基础设施建设"走出去"的一张亮丽名片。

这座"水下长城"不仅使我国的水运建设技术水平进入世界前列，更重要的是，站在这一更高的起点上，我国水运建设工程从长江走向大海，从浅蓝走向深蓝，实现了真正的跨越！

本文图片为 [illegible]

创业"老臣" 举"重"若轻

——记烟台打捞局"芝罘岛"工程船

本报记者 金枝宇

船舶抢险救助、沉船沉物打捞、大型物件吊装、海洋工程服务、市政工程建设……1988年建造的"芝罘岛"工程船如今仍奋战在应急抢险打捞与重大建设项目一线。作为烟台打捞局工程队的功勋船，"芝罘岛"船配有350吨可旋转吊，曾为亚洲第一吊。

设备精良的顶梁柱

上世纪八十年代，烟台救捞局的"家底"还比较薄弱，原有最大工程船"烟救捞5号"船只有55米长、16米宽，配备80吨固定吊，其余则多是上世纪三四十年代的工程船，设备陈旧老化，已无法满足渤海湾的救捞工作需求。

"'芝罘岛'船的投入使用令船员们感到很振奋。"烟台打捞局党组书记丛培坤说，"芝罘岛"船由长江船舶设计院设计，总造价5000多万元，在计划经济时代，可谓天文数字。

"芝罘岛"船长109.8米、宽27米，体型是"烟救捞5号"船的数倍。"这是数量级上的改变。"曾在船上工作的胡广礼说，"芝罘岛"船的性能优势对救捞作业流程改良产生了直接影响。

在沉船打捞过程中，有一个关键的环节——攻打千斤洞穿引过底钢丝。在工程船起吊能力不足的时代，潜水员们需要在水底厚厚的淤泥中打洞，才能完成后续的打捞工作。"芝罘岛"船投入使用后，便可以利用大吨位吊机将沉船轻轻抬起，使打捞工作更加安全高效。

"8台自动化起抛锚绞车使作业更加灵活；大吨位可旋转吊机方便卸载遇险船只上的货物；长吊杆可自主完成抽钢丝作业，节省了一艘工程船的投入；宽阔的甲板可进行加工作业或以加挂滑轮组的方式增大绞力……"说起"芝罘岛"船的优点，丛培坤如数家珍。

救捞一线的定海针

迎风破浪、人船合一，被赋予重任的"芝罘岛"船没有辜负救捞人对她的期盼。

1989年10月31日至11月12日，"保事"号货船因大风浪搁浅。烟台打捞局"德安"轮、"沪救101"轮、"芝罘岛"船紧急施救。事发海域海况极其恶劣，8级大风卷起四五米高的巨浪，海面风速达每秒31米。关键时刻，"芝罘岛"船发挥出抗风浪等级高的优势，稳坐现场，持续作战。"'芝罘岛'船在恶劣天气下也可现场待命，节省了往返于锚地的时间和拖轮费用，大家也更有安全感。"胡广礼说。

一次成功的救捞，既离不开性能优良的船舶和设备，也离不开舍生忘死、配合默契的救捞人。2000年4月，"11·24"特大海难中沉没的"大舜"轮打捞工程全面展开，正在外作业的"芝罘岛"船受命紧急赶往打捞现场。在施工最紧张的日子里，船员们每天工作18小时以上，经5个昼夜的拼搏，排除了水下的数道难关。同年6月1日，在水下沉睡了半年多的"大舜"轮终于起浮。下潜作业240人次，潜水时间18081分钟，在整个打捞工程中，打捞队员争分夺秒的奋战为"大舜"轮顺利起浮赢得了时间。

创造了数个第一

三十载奋勇向前，"芝罘岛"船书写出属于自己的光辉岁月。

1990年6月至9月，"芝罘岛"船参与"津航浚102"打捞工程，此次工程开创中国救捞史上两个第一：首次成功打捞万吨级、尾机楼型、耙吸式挖泥船；首次成功扳正万吨级沉船。

上世纪九十年代中期，海上油田建设经验相对于今日还较为匮乏，"芝罘岛"船从零开始，投入胜利油田建设，成为我国海洋石油领域积累大型海上工程建设经验和人才培养的载体。

2004年9月，印度籍三万吨级散货船"普瑞吉特"轮在修船时进水沉坐海底。"芝罘岛"船担负起打捞任务，并创下当时我国北方打捞史上近30年来成功打捞的最大沉船和烟台打捞局在最短时间内成功打捞大型沉船的两项记录。"活干得漂亮。"对工期要求十分严格的国外业主也忍不住赞叹。

随着时代的进步，我国救捞装备取得快速发展。今年6月29日，历经4年多的精心建造，具有国际先进水平的5000吨打捞起重船"德合"轮正式列编。"德合"轮具备精准的定位系统、国际先进水平的主动升沉波浪补偿吊机、现代化直升机起降平台，同时支持两台水下机器人作业。

"芝罘岛"工程船。 烟台打捞局 供图

前沿科技造就新一代大国重器，"芝罘岛"船虽已不再如往昔般光彩夺目，但她那开拓创新的精神和守护一水平安的神圣使命却代代相传。

地址：北京市朝阳区安华西里三区13号楼 邮编：100011 总编室：(010)65293633 通联部：(010)65293561 (010)64252114(传真) 采编中心：(010)64255441 公路中心：(010)65293615 水运中心：(010)64255824 运输中心：(010)65293641
新媒体中心：(010)64255469 培训中心：(010)65299681 广告部：(010)64250642 (010)64255452(传真) 北京中通广告公司：(010)64252934 广告经营许可证：京朝工商广字0142号 每年定价：460元 每月定价：38.34元 零售每份：1.92元 中国青年报印刷厂印刷

改革要适应发展　更要服务发展

——访交通运输部原安全总监、海事局原常务副局长刘功臣

本报记者　周献恩　特约记者　高　军

见报日期　2018 年 11 月 15 日

“今年是改革开放 40 周年，也是全国水监体制改革 20 周年。40 年来，我国水路交通运输突飞猛进，变化翻天覆地。作为水上交通安全监督机构，海事在服务改革开放和水路运输发展的过程中，也取得跨越式发展。这些，都离不开 1998 年开始的全国水监体制改革。”回顾不平凡的历程，交通运输部原安全总监、海事局原常务副局长刘功臣激动地说。

刘功臣，1976 年从大连海运学院（后更名为大连海事大学）毕业后跑了 11 年的远洋运输，1988 年起先后到交通部青岛海监局、秦皇岛海监局、交通部安全监督局工作。1998 年至 2009 年任交通部海事局常务副局长，2009 年至 2012 年任交通运输部首任安全总监。30 多年的工作经历中，他亲历了远洋大发展时期市场从无序到有序的转变，也参与了中国海事事业的创新与发展，尤其是见证并推动了 1998 年开始的全国水监体制改革。

对内对外的现实需求

“推行全国水监体制改革，是对内加强水上安全监管的需要，更是对外适应改革开放的需要。”刘功臣说。

据介绍，随着我国改革开放的深入推进，1983 年交通部提出“有河大家走船，有路大家走车”，大力扶持个体和集体运输，水路运输一片繁荣，港口数量和运力规模大幅增加。

然而，水上交通安全管理体制不顺，国内航运企业发展初期受资金短缺制约，运力主要为二手旧船或改装船。水路运输安全存在巨大隐患，导致水监体制改革前的水上交通安全形势严峻。

“你可能想象不到，1983 年我做远洋船长驾驶海轮进厦门港时，航道里面有多少渔船！当时驾驶的 3 万吨级海船就有 20 多米宽，进港时只能从被渔船挤得只剩 10 多米宽的小缝里穿，蜗牛似地行进，两旁的渔船要拿着竹篙撑着海船才避免撞上，进港之路可谓胆战心惊。”刘功臣回忆道。

由于“中央船舶中央管，地方船舶地方管”，水上安全监管体制上的不统一，形成了同一水域、同一港口设置“一水二监”或“一水三监”等多家安全管理机构并存的局面。

“这相当于在一个马路口上设两个或以上的警察。比如对同一艘船的管理，也许一个监督部门管得严，另一个管得松，船东自然会‘钻空子’，你这边不给我发证书吧，我就跑到那边去，反正都是有效的！”刘功臣说。

更为麻烦的是，水上安全监管部门业务分散，社会地位也很边缘，导致水上安全监管能力非常薄弱。改革开放以来，港口和航运成为我国对外开放最早的领域，海运又承担着 90% 以上的对外贸易运输量，但我们的管理体制和制度却都没有跟上经济发展的需求。

水监体制改革前，中央和地方的水上安全监督管理在体制机制上也存在诸多不顺。“从当时的机构名称就可以看出，有的叫海监，有的叫水监，有的叫港监，长江水域又叫长江港监。外轮到了中国根本摸不着头脑，办理业务时要找的到底是哪个部门？”刘功臣感慨地说。

多重因素叠加，导致水上安全事故频发，水上安全形势可谓触目惊心。据了解，当时全国每年水上交通事故死亡人数都在 1000 人左右，一次伤亡 100 多人的事故每年都有发生，尤其是在长江沿线。对内需要加强水上安全监管，对外需要营造良好的海运环境，“一水多监”的体制显然不能适应水运经济发展的新环境，改革势在必行。

7 年实现“三统一”

“对于水监体制改革，交通部很早就开始研究，以扭转水上安全形势被动局面，营造与国际接轨的航运市场环境。”刘功臣介绍说，交通部多次组织高级研修团到国外考察，积极借鉴国外先进管理模式，着手准备全国水监体制改革。

1998 年，经国务院批准，全国水监体制改革启动。

改革就是将原来分散、多头管理的水上安全监管体制，改为全国实施垂直管理的水上新体制，明确界定中央与地方对相关水域的管理分工，在同一水域、同一港口和同一地区不得重复设立水上安全监督管理机构，实行“一水一监，一港一监”。

然而，同其他改革一样，由于存在中央和地方间的一系列矛盾、利益纠结，水监体制改革注定不会一帆风顺。

“改革的难点很多，最难就是中央管辖水域和地方管辖水域划界以及人、财、物合并划转等问题。”作为推动这次改革关键人物之一，刘功臣表示，由于改革涉及地方和中央水上安全监管机构的合并，且由于地方机构和中央机构不一样，多数地方设置的机构具有多种职能，改革还需要把水上安全监督部门从中剥离出来，与中央的水上监督机构合并，这本身就是很难的问题。

“国务院文件在原则上虽有规定，但每个省（区、市）具体情况存在很大差异，具体怎么做，有许多需要协商解决的问题。签订部省协议之后，交接时还需要成立专门的交接工作组，需要确定哪些人和物划到中央机构中、哪些人留在地方等，有时一个省的交接工作就需要几个月才能完成。”刘功臣回忆道。

自 1999 年到 2005 年，历经 7 年时间，交通部先后与 17 个省（区、市）签订了水监体制改革协议，并逐步完成划转合并工作。至 2005 年 6 月 23 日，西藏自治区地方海事局挂牌成立，标志着全国水监体制改革圆满结束。

尽管这次水监体制改革时间跨度长，但改革很彻底，不仅实现了“三统一”，即统一政令、统一布局、统一监督管理，而且实现“一水一监，一港一监”，逐步建立起与社会主义市场经济体制相适应的水上安全监督管理新体制，为海事事业快速发展提供了体制和制度保障。

体制顺则事业顺

“改革理顺了关系，明确了职责。针对水上交通安全基础薄弱的情况，部海事局适时开展‘水上运输安全管理年’等夯实基础的诸多活动，使海事行政执法能力明显提升，全国水上安全形势趋于持续稳定。”刘功臣感慨地说，改革带来的变化可谓翻天覆地。

从安全形势来说，体制改革前，每年水上交通安全事故死亡人数达1000人左右，而当时的全国船舶运力才3000万载重吨左右；2017年全国水上交通安全事故死亡人数为198人，而船舶运力规模已达到了1亿多载重吨！

“20世纪80年代我们沿海的航标灯像萤火虫。水监体制改革以后，海事部门在基础设施建设、执法装备和信息化等方面有了质的变化。中国沿海及主要港口近8000座航标形成了灯光交叉覆盖的航标链，航海保障服务水平大幅提升。”刘功臣介绍说。

不仅如此，水监体制改革20年来，全国沿海已建成船岸安全通信系统，基本实现沿海25海里内全覆盖，主要港口和重要通航水域已建成船舶交通管理系统中心、船舶自动识别系统；测绘了全国沿海开放港口和重要水道海图；我国国际航行船队连续多年保持较低滞留率。

海事人才队伍素质得到根本性提升。“水监体制改革后，实现了人员招录‘逢进必考’，一大批高素质人才充实了海事队伍。”刘功臣自豪地对记者说。

特别值得一提的是，经过海事机构精心服务、主动作为，中国海事不仅在政府和人民心中的知名度、影响力大幅提升，而且国际地位也得到显著提高。

唯改革者进，唯创新者强，唯改革创新者胜。

刘功臣表示，实践证明，全国水监体制改革是符合我国改革开放和经济社会发展需要的，是非常成功的。在服务改革开放的过程中，海事部门作出了突出贡献，自身也从小到大，从弱到强，发展取得巨大成就，获得了很高的社会和国际赞誉。

“随着改革开放的深入推进，水路交通运输仍将处于大建设、大发展时期，必然带来水运经济发展新需求，海事部门必须适应和服务于这种需求，尽快融入其中，取得新的作为！”刘功臣殷切地祝愿海事系统认真总结经验，大力发扬优秀传统，以习近平新时代中国特色社会主义思想为指导，以“三化”建设为统领，进一步解放思想、开拓创新，不断提升安全监管和服务水平，在服务新时代改革开放和海洋强国、交通强国建设中发挥新的更大作用！

中国交通报
CHINA TRANSPORT NEWS

2018年11月15日 星期四 http://www.zgjtb.com | 第6856期 今日8版 | 邮发代号 1-72 国内统一连续出版物号 CN 11-0122 交通运输部主管 中国交通报社主办

浪漫之都百年公交别样新

本报记者 王慧欣 实习记者 王晓育 通讯员 王晋杰

辽宁省大连市2012年10月被交通运输部确定为首批创建国家"公交都市"示范城市；今年10月顺利通过部公交都市专家组验收评审，"公交都市"创建任务已基本完成。

6年间，公共交通给市民带来满满的幸福感。拥有百年历史的有轨电车迎来送往，它的铁轨连接了大连的往昔与今日；社区巴士、定制公交、旅游公交，多元化公交线路的开通让市民出行更加便捷；地铁1、2号线相继开通运营，公交与地铁实现了无缝衔接……

11月13日至14日，2018年"我的公交我的城"重大主题宣传活动行至滨城大连，感受这座浪漫之都的百年公交历史。

百年电车焕然一新

1909年，第一辆有轨电车"咣当咣当"驶过街头时，大连成为国内第二个拥有公交运输系统的城市。从开通的第一天起，每天早上4点发车，晚上23点50分收车，零点30分入库，百年里，有轨电车目睹这个城市的日出，记忆这个城市的黑夜。

"有轨电车见证了城市发展，是大连几代人的集体记忆和文化认同。"大连公交客运集团有限公司(简称大连公交)党委书记、董事长孙明介绍，2006年大连公交成立后，专门保留了电车分公司负责运营有轨电车。

目前，大连共有201路、202路两条有轨电车线路。201路有轨电车展示了大连曾经的一段历史，202路带领乘客体验的则是大连年轻且充满朝气的一面。

"201路有轨电车经过改造，但仍保留沿用了早期电车的底盘以及车窗和车门，线路以大连火车站为中心向东、西两个方向行驶。202路运营车辆多数是大连设计制造的新式有轨电车，相比老式有轨电车，它噪声小、速度快，线路途经多个商业中心和城市广场。"孙明说。

如今，在有轨电车站，人们有序踏上一辆辆电车，手拉着电车独有的圆形或三角形吊环，或是坐在老式车厢内硬木拼成的长椅上，在咣当咣当的行进声中，仿佛在时光隧道中穿梭，到站已是21世纪。(下转2版)

西藏农村交通运输日新月异
农牧民用勤俭双手开创幸福生活

本报记者 刘春娜 实习记者 杨雯

深秋的西藏自治区拉萨市，天朗气清。湛蓝的天幕下，一条条平整、干净的农村公路把拉萨市堆龙德庆区一个个村庄连在了一起。行走在堆龙德庆区马乡措麦村农村公路上，时不时就能看到村民正忙着检查农村公路是否受损，还能看到环卫工人清扫路面。

"我是措麦村的乡村道路交通协管员，负责管理措麦村的这段道路。我的工作就是对损坏路面进行维护，并进行清扫。"措麦村村民格桑达瓦说。据了解，在堆龙德庆区，像格桑达瓦一样的乡村道路交通协管员一共有120人。

党的十八大以来，西藏自治区党委、政府和交通运输部门高度重视农村公路建、管、养、运工作。截至2017年年底，西藏自治区695个乡镇、5437个建制村实现通达，通达率分别达到99.71%和99.45%；541个乡镇、2084个建制村实现通畅，通畅率分别为77.62%和38.12%。"劳动是幸福的左手，勤俭是幸福的右手"，正如藏族谚语所描绘的，勤劳的西藏百姓正依托便捷的农村公路走进了新天地。

下放农村公路建设项目审批权

乡村振兴，交通先行。"十三五"期，西藏自治区安排农村公路建设项目3470个。如何推动大批量项目落地生根，成为关键。

为加快农村公路建设项目前期审批进度，西藏自治区交通运输厅持续推进"放管服"改革，连续两年下放农村公路建设项目审批权限。2016年至今，西藏各地市交通运输局建设项目审批权限已由3000万元调高至1亿元。

不仅如此，自治区交通运输厅、各地市政府和交通运输局、各县(区)层层签订农村公路建设目标责任书，对农村公路建设工作开展好的地区给予一定投资倾斜，鼓励先进、鞭策后进。

"放管服"改革和激励机制卓有成效。"截至今年9月底全区完成建设投资254.33亿元，占年度计划274.5亿元的92.65%，力争明后两年脱贫攻坚项目今年全部开工，2019年全面建成。"西藏自治区交通运输厅厅长永吉在自治区"四好农村路"现场会上说。

新能源公交票价"一元通"

堆龙德庆区古荣乡109国道至那嘎村公路(简称古那公路)，是西藏自治区"十二五"期重点规划实施的一条农村公路，2013年8月完工，全长23公里。

为方便古那公路沿线牧民群众出行，堆龙德庆区成立了一家公交公司，投入24辆纯电动公交车，设立覆盖27个建制村(自然组)的6条公交线路，实行堆龙德庆区内"一元通"票价。

古荣乡那嘎村村民加措经常乘坐通村公交去邻村。"公交车很舒适，交通太便利了，我们牧民充分享受到了发展的红利。"加措说。

"自2017年4月1日堆龙德庆区农村公交运营以来，每日运输人数达500人次，每日总行驶里程达1488公里，创造了零事故、零故障、零投诉的运营成绩。"堆龙德庆区交通局局长江央说。(下转2版)

目前，广西壮族自治区百色至靖西高速公路通过竣工验收。

百靖高速公路主线全长97.1公里，双向四车道，设计时速100公里，是广西西部、西南部、西北部等贫困地区连接广东沿海及港澳乃至东盟国家的重要通道，对实施西部大开发战略、构建"中国—东盟国际大通道"和"泛珠江三角洲经济区"具有重要意义。

实习记者 黄艳香 文 通讯员 朱顶华 图

林西甜菜甜

金秋时节，走进内蒙古自治区赤峰市林西县新城子镇哈玛吐村，健身广场上老人在悠闲地活动筋骨，搬进新居的贫困户笑逐颜开。干旭的村路，甜菜运输车队满载而归。甜菜喜获丰收，丰圈里的羊儿膘肥体壮。整洁的村貌，处处展示着一个贫困村的喜人变化。

哈玛吐村的变化同样发生在林西县的许多村庄。2017年，林西县实现了5269户9510人稳定脱贫，贫困人口减少到1547户2965人，贫困发生率降至1.64%，低于西部地区国家脱贫困县3%的评定标准。近日，林西县摘掉了国家级贫困县的帽子。

脱贫摘帽的背后，是交通运输基础设施大发展的支撑和给养。投资11.2亿元，建设农村公路550.5公里，实施村内通路硬化1694公里、旅游公路104公里……一系列交通扶贫项目的实施，提升了贫困地区"造血功能"。

"没有畅通的路，再好的农副产品、再绿色的羊肉咱也运不出去啊，现在，村路直通田间地头，到哪儿都方便。"哈玛吐村甜菜种植户刘长顺高兴地说，"甜菜有订单，收了后直接运到加工厂，今年光甜菜一项能收入2万元。"

2017年，林西县佰惠生新农业科技股份有限公司启动实施了8万吨食糖精深加工、2万吨颗粒系列产品和日处理6000吨甜菜扩能技改项目。

林西县大营子乡土庙子村村民陈玉海也与该企业签订了甜菜种植合同。"今年共种了10亩甜菜，每亩收入1000多元，确实是赚钱多了，给老伴买药的钱有着落了。"陈玉海高兴地说。几年前，由于老伴的一场大病，陈玉海一家成为村里重点帮扶的贫困户。如今，他一年能收入1万多元，生活状况大为改观。

在林西，特色种植产业亮点纷呈，甜菜、中药材、食用菌、荞花、葫芦等品类丰富。以肉驴、生猪、肉牛、散养鸡、生态鹅为代表的特色养殖产业蓬勃发展。"全产业"多极支撑的帮扶体系，让全县贫困户走上脱贫致富的道路，便捷的交通又成为他们的"定心丸"。

依托"一村一品"建设，林西充分挖掘小苹果、杂粮杂豆、土鸡蛋、小笨鸡等特色农畜产品，把962户贫困户培育成特色农产品产业户，发展了"龙三口""内蒙野果"等一批本地知名电商品牌，在网上热销，来自北京、上海、山东等地的订单让人应接不暇。

决胜小康 交通力量

军地联合演练冬季公路交通综合应急保障

本报讯 (记者 驻江苏首席记者 通讯员) 11月14日上午，由交通运输部、江苏省政府、武警第二机动总队联合主办的2018年度全国公路交通军地联合应急演练在江苏镇江举行。交通运输部副部长戴东昌担任演练总指挥。武警第二机动总队政委杨振国、副司令员向明进，江苏省副省长费高云等出席演练活动。

本次演练以"冬季公路交通综合应急保障"为主题，由交通运输部公路局、江苏省交通运输厅、武警第二机动总队第一交通支队、镇江市政府、泰州市政府具体承办，各方800余人和180余台设备参与演练。

演练设置了预防预警、情况摸报、军地联合响应、交情侦察与研判、干线公路除雪除冰抢通和保畅、高速公路和国省道快速打通、团雾天气船撞桥处置、危化品车辆事故快速处置、空地联动救援等9个预设科目及3个非预设科目，展示了信息化应用和高科技装备等现代化手段，为长江中下游地区冬季恶劣天气下突发事件的应急处置和应急管理提供了示范。

戴东昌表示，演练达到了检验预案、磨合机制、锻炼队伍、交流技术、提升能力的预定目标，实现了"三个首次"，即首次在武警部队领导指挥体制改革后举办公路交通军地联合应急演练，首次全过程展示了长江中下游地区冬季公路交通综合应急保障，首次实现军地两方、部省市三级联网联动，对进一步提升我国公路交通应急处置水平具有重要作用。

戴东昌要求，各部门、各单位要将演练经验和成果运用到公路交通应急体系建设的具体实践中，坚持关口前移、源头治理，坚持底线思维、有备无患，坚持资源整合、突出重点，坚持科学应对、综合保障，不断推进公路应急管理工作法治化、规范化、精细化、信息化，为保护人民群众生命财产安全和经济社会发展提供有力保障。

运力突破千万载重吨 民企担起航运大市

大港大航驱动宁波发展

浙江宁波舟山港，古丝绸之路的重要港口。巨轮停泊在码头，货物在这里汇集"出海"，驶向全球。这是全球第一大港如今展现的繁忙图景。

舟楫往来，激活了经济，繁荣了社会。11月14日，在"宁波水运运力首次突破1000万载重吨"新闻通气会上，宁波市港航管理局局长葛更坚表示，水运运力突破1000万载重吨，标志着宁波进入"大港口"与"大航运"双轮驱动、均衡发展的时代。宁波不仅是国际大港口，也是名副其实的航运大市。

万亿元综合交通产业的"重要拼图"

2017年，宁波舟山港货物吞吐量突破10亿吨，连续9年排名世界第一，成为全球首个"10亿吨"大港。

与港口吞吐量发展相映衬的是，航运运力的不断提升。2017年年底，宁波航运运力在全国海船(中国籍)运力中的比重为6.7%，已超过宁波舟山港宁波港域吞吐量在全国沿海港口中的比重(6.4%)。(下转2版)

《村路弯弯》将在湖北省内院线上映

本报讯 (特约记者 方文)"影片有感触、有泪点、有感触，交通人对建好农村公路投入了太多的心血和情感。"日前，全国首部"四好农村路"题材电影《村路弯弯》在湖北省武汉市洪山礼堂举行首映式，观众对这部电影给予高度评价。据了解，该片将在湖北省内各大院线上映，年内将在中央电视台电影频道播出。

电影《村路弯弯》由交通运输部文明办指导，湖北省交通运输厅、省文联等单位联合拍摄。全片以贯彻落实习近平总书记关于"四好农村路"建设的重要指示精神为背景，讲述了在鄂西武陵山集中连片特困地区革命老区，交通运输部门驻村干部和当地百姓一起，克服重重困难，开山凿路，靠路发展特色产业、旅游开发，致富奔小康的故事。影片还将在全国交通运输系统推广播映。

直属海事系统强化航运公司安全监管

本报讯 11月13日，2018年直属海事系统航运公司安全监管工作会议在广东清远召开。会议全面总结了近年来航运公司安全监管工作成绩，深入分析了航运公司安全监管工作面临的形势和当前存在的问题，并对下一阶段的重点工作任务进行部署。

据悉，近年来，航运公司安全监管工作在提高航运公司安全管理水平、促进水上交通安全形势稳定好转方面发挥了巨大作用，为我国航运业的健康发展提供了有力的安全保障。据统计，2017年较1997年，水上交通事故件数由980.5件下降到196件，下降80%；死亡失踪人数由582人下降到190人，下降67%。

会议要求，直属海事系统各单位要认真贯彻落实习近平总书记关于安全生产工作的重要指示精神，紧紧围绕水上交通安全监管中心工作，优化工作方式方法，切实加强队伍建设，着力提升安全管理体系审核和公司监督检查工作质量，积极推进NSM(船舶安全管理和防污染管理)规则扩大实施范围。要坚持问题导向、创新引领、源头管理、执政为民、以人为本、互利共赢，不断促进水上交通安全长治久安。

改革要适应发展 更要服务发展
——访交通运输部原安全总监、海事局原常务副局长刘功臣

本报记者 周欣丞 特约记者 高享

"今年是改革开放40周年，也是全国水监体制改革20周年。40年来，我国水路交通运输突飞猛进，变化翻天覆地。作为水上交通安全监督机构，海事在服务改革开放和水路运输发展的过程中，也取得跨越式发展。这些，都离不开1998年开始的全国水监体制改革。"回顾不平凡的历程，交通运输部原安全总监、海事局原常务副局长刘功臣激动地说。

刘功臣，1976年从大连海运学院(后更名为大连海事大学)毕业后跑了11年的远洋运输，1988年起先后到交通部青岛海监局、秦皇岛海监局、交通部安全监督局工作。1998年至2009年任交通部海事局常务副局长，2009年至2012年任交通运输部首任安全总监。30多年的工作经历中，他亲历了远洋大发展时期市场从无序到有序的转变，也参与了中国海事事业的创新与发展，尤其是见证并推动了1998年开始的全国水监体制改革。

对内对外的现实需求

"推行全国水监体制改革，是对内加强水上安全监管的需要，更是对外适应改革开放的需要。"刘功臣说。

据介绍，随着我国改革开放的深入推进，1983年交通部提出"有河大家走船，有路大家走车"，大力扶持个体和集体运输，水路运输一片繁荣，港口数量和运力规模大幅增加。

然而，水上交通安全管理体制不顺，国内航运企业发展初期受资金短缺制约，运力主要为二手旧船或改装船。水路运输安全存在巨大隐患，导致水监体制改革前的水上交通安全形势严峻。

刘功臣。 实习记者 王肖丰 摄

"你可能想象不到，1983年我做远洋船长驾驶海轮进厦门港时，航道里面有多少渔船！当时驾驶的3万吨级海船就有20多米宽，进港时只能从被渔船挤得只剩10多米宽的小缝里穿，蜗牛似地行进中，两旁的渔船要拿着竹篙撑着海船才避免撞上，进港之路可谓胆战心惊。"刘功臣回忆道。

由于"中央船舶中央管，地方船舶地方管"，水上安全监管体制上的不统一，形成了同一水域、同一港口设置"一水二监"或"一水三监"等多家安全管理机构并存的局面。

"这相当于在一个马路口上设两个或以上的警察。比如对同一艘船的管理，也许一个监督部门管得严，另一个管得松，船东自然会'钻空子'，你这边不给我发证书吧，我就跑到那边去，反正都是有效的！"刘功臣说。

更为麻烦的是，水上安全监管部门业务分散，社会地位也很边缘，导致水上安全监管能力非常薄弱。改革开放以来，港口和航运成为我国对外开放最早的领域，海运又承担着90%以上的对外贸易运输量，但我们的管理体制和制度却都没有跟上经济发展的需求。(下转3版)

今日看点

□值班编委 张林 本版副主编 卢帆 责编 杨雪 □E-mail:xw1b@zgjtb.com □新闻热线:(010)64255441 □发行热线:(010)64256206 □广告热线:(010)64250642 □培训热线:(010)65299681

2018年11月15日 星期四 | 3版 主编 [illegible] 责编 [illegible] 电话:010-64252287 E-mail:xw3b@zgjtb.com
见证40年 主题访谈
中国交通报 CHINA TRANSPORT NEWS

改革要适应发展 更要服务发展

——访交通运输部原安全总监、海事局原常务副局长刘功臣

(上接1版)

水监体制改革前，中央和地方的水上安全监督管理在体制机制上也存在诸多不顺。"从当时的机构名称就可以看出，有的叫海监，有的叫水监，有的叫港监，长江水域又叫长江港监。外轮到了中国根本摸不清头脑，办理业务时要找的到底是哪个部门？"刘功臣感慨地说。

多重因素叠加，导致水上安全事故频发，水上安全形势可谓触目惊心。据了解，当时全国每年水上交通事故死亡人数都在1000人左右，一次伤亡100多人的事故每年都有发生，尤其是在长江沿线。对内需要加强水上安全监管，对外需要营造良好的海运环境，"一水多监"的体制显然不能适应水运经济发展的新环境，改革势在必行。

7年实现"三统一"

"对于水监体制改革，交通部很早就开始研究，以扭转水上安全形势被动局面，营造与国际接轨的航运市场环境。"刘功臣介绍，交通部多次组织高级研修团到国外考察，积极借鉴国外先进管理模式，着手准备全国水监体制改革。

1998年，经国务院批准，全国水监体制改革启动。

改革就是将原来分散、多头管理的水上安全监管体制，改为全国实施垂直管理的水上新体制，明确界定中央与地方对相关水域的管理分工，在同一水域、同一港口和同一地区不得重复设立水上安全监督管理机构，实行"一水一监，一港一监"。

然而，同其他改革一样，由于存在中央和地方间的一系列矛盾、利益纠结，水监体制改革注定不会一帆风顺。

"改革的难点很多，最难就是中央管辖水域和地方管辖水域划界以及人、财、物合并划转等问题。"作为推动这次改革关键人物之一，

1998年11月18日，中华人民共和国海事局揭牌正式运转。

刘功臣表示，由于改革涉及地方和中央水上安全监管机构的合并，且由于地方机构和中央机构不一样，多数地方设置的机构具有多种职能，改革还需要把水上安全监督部门从中剥离出来，与中央的水上监督机构合并，这本身就是很难的问题。

"国务院文件在原则上虽有规定，但每个省（区、市）具体情况存在很大差异，具体怎么做，有许多需要协商解决的问题。签订部省协议之后，交接时还需要成立专门的交接工作组，需要确定哪些人和物划到中央机构中、哪些人留在地方等，有时一个省的交接工作就需要几个月才能完成。"刘功臣回忆道。

自1999年到2005年，历经7年时间，交通部先后与17个省（区、市）签订了水监体制改革协议，并逐步完成划转合并工作。至2005年6月23日，西藏自治区地方海事局挂牌成立，标志着全国水监体制改革圆满结束。

尽管这次水监体制改革时间跨度长，但改革很彻底，不仅实现了"三统一"，即统一政令、统一布局、统一监督管理，而且实现"一水一监，一港一监"，逐步建立起与社会主义市场经济体制相适应的水上安全监督管理新体制，为

海事部门指挥中心值班员在繁忙工作中。

海事事业快速发展提供了体制和制度保障。

体制顺则事业顺

"改革理顺了关系，明确了职责。针对水上交通安全基础薄弱的情况，部海事局适时开展'水上运输安全管理年'等夯实基础的诸多活动，使海事行政执法能力明显提升，全国水上安全形势趋于持续稳定。"刘功臣感慨地说，改革带来的变化可谓翻天覆地。

从安全形势来说，体制改革前，每年水上交通安全事故死亡人数达1000人左右，而当时的全国船舶运力才3000万载重吨左右；2017年全国水上交通安全事故死亡人数为198人，而船舶运力规模已达到了1亿多载重吨！

"20世纪80年代我们沿海的航标灯像萤火虫。水监体制改革以后，海事部门在基础设施建设、执法装备和信息化等方面有了质的变化。中国沿海及主要港口近8000座航标形成了灯光交叉覆盖的航标链，航海保障服务水平大幅提升。"刘功臣介绍说。

不仅如此，水监体制改革20年来，全国沿海已建成船岸安全通信系统，基本实现沿海25海里内全覆盖，主要港口和重要通航水域已建成船舶交通管理系统中心、船舶自动识别系统；测绘了全国沿海开放港口和重要水道海图；我国国际航行船队连续多年保持较低滞留率。

海事人才队伍素质得到根本性提升。"水监体制改革后，实现了人员招录'逢进必考'，一大批高素质人才充实了海事队伍。"刘功臣自豪地对记者说。

特别值得一提的是，经过海事机构精心服务、主动作为，中国海事不仅在政府和人民心中的知名度、影响力大幅提升，而且国际地位也得到显著提高。

唯改革者进，唯创新者强，唯改革创新者胜。

刘功臣表示，实践证明，全国水监体制改革是符合我国改革开放和经济社会发展需要的，是非常成功的。在服务改革开放的过程中，海事部门作出了突出贡献，自身也从小到大，从弱到强，发展取得巨大成就，获得了很高的社会和国际赞誉。

"随着改革开放的深入推进，水路交通运输仍将处于大建设、大发展时期，必然带来水运经济发展新需求，海事部门必须适应和服务于这种需求，尽快融入其中，取得新的作为！"刘功臣殷切地祝愿海事系统认真总结经验，大力发扬优秀传统，以习近平新时代中国特色社会主义思想为指导，以"三化"建设为统领，进一步解放思想、开拓创新，不断提升安全监管和服务水平，在服务新时代改革开放和海洋强国、交通强国建设中发挥新的更大作用！

本文图片由 部海事局 提供

海事部门开展海空联合巡航。

要高度重视国土空间战略的交通骨架布局

杨东援

伴随规划管理体制的变革，重构层次化的国土空间规划体系问题被提上了重要议程。但是在普遍讨论的空间规划体系中，似乎缺少了对综合交通规划的关注，且交通强国战略也与国土空间战略之间并没有形成紧密联系。

交通强国具有双层含义：其一是将"强"字理解为形容词，表达为相比较而言走在前列；其二是将"强"字理解为动词，表达通过交通促进国家强盛之意。

在第一层含义中，当然具有交通技术强的内容，我国的交通基础设施建设技术、高铁技术、船舶建造技术等均已经走在了世界的前列。同时，我国正在逐步面临巨大的存量运营问题，如何有效使用资金维护规模巨大的基础设施网络正常运行，不仅需要相应的养护技术，而且需要可靠有效的管理技术，这有待进一步加强。

但是仅有技术是不够的，还需要有先进理念的指导。近年来的城市建设实践已经反复告诫我们，离开了技术不仅不能为发展作出应有的贡献，而且会成为经济社会发展的障碍。因而，必须将先进的交通技术与可持续发展理念结合，制定正确的交通战略指导相关技术的应用。

在我国经济发展进入新常态之后，国土空间的规划调整将是当前和今后的一项重要任务。通过交通促进国家强盛，需要认真思考"国土空间战略中的交通"。

在资源环境承载力约束下，调整城乡空间布局结构和产业基础，以空间管制、土地供应规模、结构和用地制度等为手段，解决人民群众美好生活的需求与发展不平衡不充分之间的矛盾，是针对国内发展进程的国土空间战略的重要内容。同时，围绕人类命运共同体构建要求，以空间规划来服务和助推"一带一路"建设等国家重大战略的实施，在此背景下处理好国土纵深与内陆边境关系，确保国家边疆安全，促进边疆地区繁荣发展，增强我国国际影响力等，是全球视野中国土空间战略必须面对的重要课题。

在新一轮国务院机构改革中，设立了自然资源部，将土地利用规划、主体功能区规划、城乡规划等职责统一管理，为构建统一的国土空间规划体系完成了必要的组织准备。在此背景下，广域综合交通规划和城市交通规划，需要融入自然资源部推进的空间规划体系。这并非简单地将相关工作纳入其中，而是需要根据新的工作目标和管理机制对相关规划编制进行相应的变革。

交通与城乡空间布局和结构，以及产业空间布局之间具有紧密相关性，是国土空间战略中的重要调控手段。但是，目前不同层次展开的综合交通规划存在许多有待解决的问题。在省级交通规划中，大部分省份的交通运输厅并不能主管整个交通运输系统，铁路和民航往往处于发改部门的管辖之中。这种旧管理体制留下的问题，反映了将交通规划仅视为建设规划，将综合交通系统衔接只视为枢纽建设问题，不注重空间通道资源配置管理，以及对交通网络所造成的城镇空间布局影响缺乏深入的理解。这种做法造成尚未列入近期建设计划的中长期综合交通网络在空间布局上存在很大的不确定性，使得很多地级和县级市在空间结构布局规划上难以把握外部条件，甚至导致城市空间结构上的重大缺陷。

例如，丝绸之路经济带上的某重要节点城市，由于无法明确中远铁路与城市的空间关系，使得规划中城市整体空间布局中，对于老城区和新城区之间是否需要保留穿越性的交通通道（高速公路和铁路构成的复合通道）成为无法决策的问题。

又如，曾经见到某县级市已经形成的空间形态，处于受到两侧山地南北挤压的空间结构中，联系高速公路出入口的工业园区，以及配合铁路货站的物流园区，分布在城市南北长轴两端，造成相关货运车辆必须穿越城市中心区，造成了对城市环境不必要的干扰。

再如，位于西北边陲的某县城，由于不清楚是否需要为未来存在修建可能性的泛亚高铁预留通道，导致城市规划不知如何处理本已局促的空间资源配置。

事实上，不仅这些在全国棋局上位经言微的中小城市，就是在经济体系中占据举足轻重地位的特大城市，在城际铁路是否需要"进城"、对外交通与城市交通的衔接方式等问题上，也往往受到缺少区域统筹的制约，更不用说是城市群综合交通系统的规划协调问题。

很遗憾的是，在当前关于不同层次的空间规划体系构建问题讨论中，除了受到重视的"三区三线"（"三区"是指生态、农业、城镇三类空间，"三线"是指生态保护红线、基本农田和城镇开发边界三条控制线）以外，对于实际空间结构将起到重要调控作用，且必须协调通道空间关系和空间资源配置的综合交通骨架，并没有引起足够重视。究其原因，与部级在交通强国战略与其他相关国家战略之间的协调问题上认识不够，城市政府对外部交通连接体系缺乏积极的参与意识，省级综合交通规划事权并没有真正统一明确，以及忽视综合交通规划的战略前瞻和缺少对于空间战略中交通系统调控手段作用的深刻认识等问题有关。

为此，强烈建议高度重视国土空间战略中的交通，将交通强国战略与其他国家战略更加紧密地融合。 **（作者系同济大学教授）**

不可忽视诚信公交背后的找零难题

段思平

[illegible]

是一种好的思路。它起码从两个方面解决了乘客的后顾之忧：没有零钱的可以自取硬币找零；[illegible]

交找零难题的普遍存在。

"诚信公交"的做法值得肯定，但它很难复[illegible]

互学互鉴 让香港与内地往来更便捷

周江评

笔者近日坐新开通的香港至内地的高铁回乡探亲，8时从香港岛西边沙湾径出发，当日16时许就回到了在广西南宁东郊凤岭片区的家。路上本不需要那么多时间，但因为香港到南宁还没有直达高铁，只能在广州南站多花了2个多小时等车、换乘。旅途中，笔者亲身体验了香港、广州和南宁三地的地面公交、高铁(站)及步行系统换乘设施等，通过管中窥豹，有些感悟。

香港段，笔者首先乘坐了971路公交车。当地公交有智能查询系统，笔者事先查好车到站的时间，只在站点等候1分钟就上了车。971路公交车离开沙湾径，在香港岛上走了15站，穿过海底隧道，过新界换乘枢纽，就是香港的西九龙高铁站。全程耗时24分钟。之所以走过那么多站用时并不算长，是因为路上过哪个站没人等，车上的乘客也没有按铃下车，公交车司机就直接开过。笔者乘公交车的车票是11港币，如果打车，大约需要160港币。971路公交车西九龙高铁站点，位于一座人行天桥下边。笔者下公交车，走十几米就是电梯，很方便就上了天桥，去往西九龙高铁站。

西九龙高铁站票务大厅内，人群熙熙攘攘，和内地高铁站似乎并无二致，但取事先订好的火车票就不一样了。因为大厅里多数自动售(取)票机是为通过港铁网上订票的(本地)旅客服务的；内地旅客通过12306网站订的票，需要到大厅的一个角落去取。不过，由于指示标识清晰，笔者很容易就找到了取票点。笔者取票后，去出境大厅。传说中的"一地两检"，像是一个简化版的深圳湾口岸区。刷一次香港身份证，再刷一次内地护照，两次证明"笔者是笔者"；行李两次过X光机，证明没有携带违禁品，就顺利完成了安检。整个流程下来没用10分钟。

西九龙高铁站的候车、上车，似乎也和内地高铁站没有太大区别。但和笔者到过的北上广深高铁站的规模比起来，西九龙高铁站要小很多。或者，也正反映了前者和后者所服务城市人口的规模差异吧。北上广深都是两千万人口级别的城市了，而香港还是700多万人口。但和很多内地高铁站比起来，西九龙高铁站显得更有个性。首先，它不是方方正正的大盒子，而是各种三维空间的组合，在屋顶上，还设了行人通道和屋顶花园，可以望到维多利亚湾的海景和香港岛那边高低错落的高楼构成的天际线。其次，它尽可能多地利用玻璃外墙引入自然光，显得特别明亮；和人工光线比起来，阳光更令人心情愉悦。再次，站内各种标志标识清晰、准确和规范。

乘坐高铁从香港到广州南站，香港段约20多公里全部在地下，车厢里明亮，但车窗外一片漆黑。想起乘坐北京地铁，窗外不知采用啥科技手段播放流动广告，体验不错，觉得香港方面应该学习。

火车到达广州南站，再换乘往南宁东站的高铁非常便捷。笔者根据站内标识，从楼梯上到二楼的候车大厅就可以了。广州南站的规模，仅仅根据登车闸口观察，至少就是港铁的2倍。

广州南站到南宁东站的高铁旅途，一切顺利。从南宁东站出来，公交标识有点乱。笔者先是被诱导到一处上到地面的楼梯，然后，再折返，这才找到了自己要坐的B37路公交车站台。这个站台比高铁站出站口平面高了一层，需要再坐扶梯才能找到。但就算上了一层，这个站也没有设置在地面，而是在高铁出站层和地面之间的"夹层"。后来离开南宁回广州的时候，笔者发现B37公交站实际上是"一站两站"：从城区到高铁站方向，是在地面层下车；从高铁站往城区，则是在那个"夹层"上车。想起妈妈说她第一次坐B37路公交车送亲人，找不到回来的站，也许就是因为这"一站两站"的缘故吧。

B37路公交车上安装了自动检测司机驾驶时长、车速、出车时间的设施。这些设施不时大声播报相关信息。作为乘客，听这种信息有点厌烦，不知道司机师傅是何感受？

和香港的971路公交车不同，B37路公交车上并没有遍布车厢各个位置供乘客提醒司机要下车的按铃，它是不管有没人下车或者候车，每站都停。在自动语音报站方面，B37路公交车上只有普通话，而971路公交车上则是普通话、粤语和英语轮换播报。B37路公交车上有两个电子显示屏，971路公交车上只有一个。但B37路公交车一路播放的，都是各种广告、新闻，乘客得不到什么与出行相关的实用信息，而971路公交车上则是播放实时到站的中、英文信息，如果有乘客听力不好，这种服务会更贴心。

一日三地的高铁、公交体验，笔者有不少感受。首先，三地的地面公交、步行、高铁(站)和(或)换乘设施已经在很高的水平满足了出行者的基本需求，让乘客能比较安全、便捷地在三地之间流动。其次，三地有不少可以相互学习借鉴的地方。如高铁香港段漆黑的窗外可以放些广告。再如南宁东站给出站乘客的公交标志标识，还可更清晰些。最后，也许是最重要的，就是三地能否更加紧密地合作，循序渐进地让高铁更好更便捷地直接连接香港和更多内地城市。例如，两地能否合作，让乘客刷护照或者回乡证就能乘车，而不需要排队取票。再如，两次证明某个乘客就是某个乘客，两次查验乘客行李，是否可取两地的最高标准，联合执行，一次查验，合二为一。如果这些办不到，是否可以借鉴美国联邦交通安全局那样，给部分通过背景调查的公民以特殊"关照"，予以快速通关。

（作者系香港大学教授）

为海洋强国建设奋斗不息

——访大连海事大学原校长司玉琢

本报记者　孙英利　特约记者　隋雪梅　王文伟

见报日期　2018 年 11 月 21 日

"一个人做一件事并不难，难的是一辈子做一件事。"司玉琢说，他一生的选择，就是致力于我国海事法制建设的同时，传道授业，教书育人。

自 1959 年考入大连海运学院（大连海事大学前身）一直到今天，近一甲子的岁月里，司玉琢从未离开这座校园。从一名学生到一校之长，他既是我国高等航海教育飞速发展的见证者，也是海商法乃至我国海事法制建设的开拓者之一。

"人生短暂，精力有限，但只要选择了一件国家需要的、自己喜欢的事情，就咬定青山、矢志不渝地去做，一定会有所获。"司玉琢这样告诉记者。

翅膀理念拉开海商法学科建设大幕

"海商法泰斗"是司玉琢的主要标签，但他并不喜欢这个称呼，"还是叫我'司老师'更亲切。"

与海商法结缘，司玉琢称自己是误打误撞。因为1964年毕业时，他只有海商法考了4分，其他课程都是5分。谁知恰恰是这差的1分，司玉琢为之奋斗了一辈子。

我国的海商法作为学科建设始于大连海事大学。“1984年年初，我与大连海运学院院长周光庭谈起航海类专业教学质量问题，碰撞出一个火花：要提高航海类专业的教学质量，需要给它安上两个翅膀，一个是航运管理，一个是海商法。”司玉琢告诉记者，“翅膀理念”很快成为学校的决策。航运管理系于同年下半年成立，司玉琢任系主任。1985年开始招收“国际海事（法律）”专业（海商法专业前身）本科生，1986年恢复航运管理专业本科生招生。

起步阶段最艰难。1984年建系初期，海商法加基础法教师只有7人，连办公室都是借用其他学院的。“当然，人少也有人少的好处，办一个案子就够全系老师发半年的奖金。”司玉琢回忆起来倒是很乐观。

到了1990年，一对翅膀变成了一只鸟——海商法独立出来，成立了国际海事法律系。1998年，一只鸟又变成了一群鸟——大连海事大学法学院成立。

经过30多年的快速发展，海商法专业已成为国家级特色专业，并作为二级学科在教育部备案。经国务院学位委员会批准，大连海事大学于1998年创建了全国第一个以海商法为主要方向的国际法学博士学位授权点，2010年获批一级法学博士学位授权点，2011年获批国际法学（海商法）博士后流动站。如今，大连海事大学的海商法学科已在国际上享有一定声誉。

至今，法学院已招收本科生33届，截至2017年年底，共培养本科生4047人、硕士生3243人、博士生339人、博士后10人。他们中的大多数已成为活跃在我国海事法律领域的骨干。

司玉琢告诉记者，他把毕生精力都花在了海商法的学科建设上，花在了海商法专业的本科生、硕士生、博士生到博士后的整个体系的优秀学子身上。在从事海商法教学科研的50多年中，他用了11年参与起草《海商法》，又用了10年参与国际公约《鹿特丹规则》的研讨与制定，但并不觉得满意。

“我不过是承上启下的过渡性人物。唯一令人满意的事，是我和我的同事们在前人开垦的荒野上，为后人搭建了一个海商法的平台，现在在这个平台上上演精彩剧目的是一大批年轻人。可以毫不夸张地讲，我国海商法研究的整体水平已经达到亚太领先，在世界上也并不落后。”司玉琢说。

海洋法治中国模式逐步形成

在司玉琢看来，改革开放以来，我国的海事立法、司法、执法取得了显著成就，正在逐步形成独具特色的海洋法治中国模式。

说起我国海事法治建设最具里程碑意义的事件，莫过于1992年11月7日，第七届全国人大常委会第28次会议上，《中华人民共和国海商法》获得高票通过。作为这部法律的主要起草者之一，司玉琢回忆起当时的经历，感触颇深。

“该法历时40年，凝聚了几代人的心血。我是从1981年恢复起草时参与进去的，前后也经历了11年。”司玉琢说。

20世纪80年代后，立法指导思想上发生了两次变化，起草的法条经压缩、扩张、再压缩、再扩张，最终形成了目前268条的版本。

1999年12月25日，第九届全国人大常委会第13次会议又通过了《中华人民共和国海事诉讼特别程序法》。至此，有关海事海商的实体法和程序法都已独立颁布并付诸实施，这即使在航运发达国家也是少有的。

在加强立法的同时，我国注重海事司法建设。根据第六届全国人大常委会第8次会议通过的《关于在沿海港口城市设立海事法院的决定》，1984年，我国首先在广州、大连、上海、青岛、天津5个沿海城市设立海事法院，后来又陆续在福州、厦门、宁波、海口、北海设立海事法院。

目前，全国共设立10个海事法院、39个派出庭，每年受理海事海商案件逾2万起。不论从专业审判机构，还是每年受案量，我国都处于世界第一的位置。目前，最高人民法院正在加速司法改革，逐步实行海事民事、行政、刑事案件“三审合一”，建设世界海事司法中心。

立法和司法的完善，对我国航运发展起到了至关重要的保障作用。“举个例子，1936年，上海中威轮船公司的两艘商船租给日本大同海运株式会社，一直没有返还。陈氏家族三代人耗费77年时光，用尽了外交、诉讼、非诉的各种手段，最终依靠我国的海事司法和法律，打赢了这个跨世纪的官司。

“可以想象，在连扣一艘船都要经周恩来总理亲自批准的改革开放前，我们怎么可能及时、有效地维护当事人的合法权益？”司玉琢感慨道。

在海洋执法方面，2013年，国务院重新组建了国家海洋局，推进海上统一执法。通过对国家海洋局的海监、公安部的边防海警、农业部的中国渔政、海关总署的海上缉私警察队伍进行整合，以中国海警局的名义开展海上维权执法，接受公安部业务指导。同时，交通运输部海事局的主要职责是维护海上交通安全。自此，“多龙治水”的乱象得到改善，变成了“二龙戏珠”。

随着我国海洋法治建设的逐步完善，司玉琢结合建设海洋强国的战略目标，设想再搭建一个更大的平台——海法。几年前，他提出了建设和完善面向海洋的法律体系（海法体系）和创建海法学学科的理念，并在《法学研究》等重要期刊上发表了有关海法体系和海法学科的论文，引起了社会广泛关注。

“创建海法学学科，是我一生中最想做、但还没来得及做的事情。”已逾杖朝之年的司玉琢并没有享受晚年生活，他还在为自己的梦想努力着。

引领航海教育　由专业建设向学科建设转型

一心治学的司玉琢，并没有忘记为母校做点实事。他用了 9 年时间，以大连海运学院最后一任院长、大连海事大学第一任校长的身份，推动着我国高等航海教育的发展。

1991 年年底，司玉琢出任大连海运学院院长，两个月后，邓小平发表南方谈话，改革开放加快了步伐。在这个大背景下，司玉琢带领学校开始了新一轮的综合改革。

“这一轮改革涵盖教学、人事制度、分配制度、办学模式等探索，核心是落实教师的主体地位，理顺学校的一切工作都是为教学和科研服务、为教师和学生服务。”司玉琢说，当时最振奋人心的口号是“海大的希望在教师”。

与此同时，国家对高等院校也采取了重要的改革举措，以适应改革开放的新形势，迎接新世纪人才竞争的挑战。“这就是在 21 世纪重点建设 100 所大学，简称 211 工程，这对我校发展具有里程碑意义。”在司玉琢看来，带领学校首批入选 211 工程，有更深层次的意义。

大连海事大学的优势在于两个传统的海上专业——船舶驾驶和轮机管理专业，但它们都不是学科，而争创 211 工程是以学科建设为中心，这也是当时全国高等航海教育的“软肋”。长期以来，学校的重心都是放在专业建设上，对学科建设有所忽视。司玉琢告诉记者，211 工程带来的重要启示是，学校建设进入了一个转型期，即以高等职业专业建设为主向以学科建设和专业建设并重转变，这也开启了我国高等航海教育由专业建设向学科建设的转型。

“20 世纪 90 年代初，我在一次全校大会上提出了一个观点——‘国际航运重心已经向东方转移’，这对航海教育既是机遇、更是挑战。”司玉琢研究西方国家航海教育发现，当一个国家的人均 GDP 超过 2000 美元时，航海教育就会萎缩，所以西方航运发达国家早已找不到专门的高等航海院校。从这个角度考虑，我国高等航海教育在保证当前优势地位的同时，学校的长远发展必须要有另一手准备，向学科建设转型迫在眉睫。

在司玉琢的主导下，大连海事大学大胆推行灵活的用人、引智机制，从长远发展的角度重新调整了学科专业布局；指导海上专业通过了国际 ISO9001 质量管理体系认证，使毕业生有了国际认可的通行证，这在我国高校中尚属首次。

经过 20 年的 211 工程建设，面向海洋的学科布局基本形成。如今，大连海事大学的建设目标是计划到21世纪中叶，建成世界一流海事大学，拥有若干世界一流学科和一流专业，在世界海事教育领域发挥引领作用。

在离开校领导岗位后，曾有不少公司和律所高薪邀请司玉琢去做顾问，但都没有令他动心。司玉琢告诉记者，他从未离开过海商法的舞台，如今更愿意给年轻人“指点指点”，因为他还秉承着那个理想——为海洋强国建设奋斗不息。

中国交通报
CHINA TRANSPORT NEWS
2018年11月21日 星期三 | 第6860期 今日8版 | 邮发代号 1-72 国内统一连续出版物号 CN 11-0122
http://www.zgjtb.com | 交通运输部主管 中国交通报社主办

青藏公路多年冻土科研团队

心驻冻土 天路接力

感动交通人物

中交第一公路勘察设计研究院三代冻土科研工作者，在生命禁区攻克了高海拔低纬度多年冻土区修筑公路工程的世界级难题，也为此付出了沉重的代价。他们中的不少人长期饱受心脏病、高血压等高原疾病的折磨，甚至有人长眠高原。40年风雪兼程，青藏公路多年冻土科研团队用生命和智慧谱写出一曲天路传奇。

▶详细报道见4版

杨传堂李小鹏在交通运输工作座谈会上强调

绷紧弦铆足劲不松懈扎实做好岁末年初各项工作 以实干作风和奋斗精神推动交通运输高质量发展

本报讯（记者 毛剑 实习记者 赵丽飞 通讯员 刘宝明）11月20日，交通运输部党组书记杨传堂、部长李小鹏分别主持召开交通运输工作座谈会，就做好2019年交通运输各项工作、推进交通运输高质量发展、建设交通强国等，听取部分省份交通运输主管部门、交通企业负责同志和专家学者意见建议。部领导强调，要以习近平新时代中国特色社会主义思想为指导，团结拼搏、奋力前行、稳中求进，着力办好自己的事，绷紧弦、铆足劲、不松懈，扎实做好岁末年初各项工作，以实干作风和奋斗精神推动交通运输高质量发展，为建设交通强国，为决胜全面建成小康社会、夺取新时代中国特色社会主义伟大胜利履职尽责。

会议指出，习近平总书记高度重视交通运输工作，党的十八大以来，作出了一系列重要论述，科学回答了交通运输发展一系列重大问题，出发点和落脚点就是为人民服务，是习近平新时代中国特色社会主义思想的重要组成部分，为交通运输发展指明了方向，提供了根本遵循。

会议强调，当前交通运输经济运行总体平稳、稳中有进，主要指标保持在合理区间、符合预期，但稳中有变，交通固定资产投资增速放缓，安全生产形势仍然严峻，改革发展任重道远。要切实做好岁末年初各项工作，全力以赴完成2018年目标任务，认真对标对表、倒排工期，加大力度推进落实。要结合交通运输发展形势，认真谋划好明年工作。要做好庆祝改革开放40周年系列工作，不断把改革开放推向前进。要做好冬季各项民生实事，有条不紊、扎实推进春运工作，避免出现拖欠农民工工资、项目资金断供等情况。要坚决守住安全生产底线，落实安全生产责任制，交通运输各级主管部门要切实落实安全监管责任，交通运输企业要落实好安全生产主体责任，如临深渊、如履薄冰抓好安全生产各项工作。

会议要求，2019年是新中国成立70周年，是坚决打赢三大攻坚战、决胜全面建成小康社会的攻坚之年，要牢牢把握高质量发展这一根本要求，全力做好交通运输各项工作。一是以补短板为重点深入推进交通运输供给侧结构性改革，加大基础设施补短板力度，不断扩大交通有效投资。二是坚持深化改革扩大对外开放，切实将党中央决策部署落到实处，落到交通强国建设具体实践中。三是全力支持企业创新发展，深化"放管服"改革，多措并举推动降费，不断提升服务质量，优化营商环境，激发市场活力，支持企业发展壮大。四是凝聚各方智慧推进交通强国建设，各级交通运输部门要结合当地实际，主动作为、积极探索，走出适合当地的交通强国建设之路。希望交通运输企业发挥积极性、主动性、创造性，瞄准建设世界一流企业目标，积极投身交通强国建设；希望各位专家继续关心行业发展，关注世界交通发展前沿，充分利用好交通运输新型智库平台，为交通强国建设出谋划策、贡献智慧。

中国工程院院士张建云、宁滨以及国务院发展研究中心、国家发展改革委综合运输研究所、中国政法大学等部门和高校的专家学者，北京、黑龙江、江西、山东、贵州、云南、西藏、新疆等八省（区、市）交通运输厅（委）主要负责同志，中国铁路总公司、中国交通建设集团有限公司、中国东方航空集团有限公司、宁波舟山港集团有限公司、中通快递股份有限公司负责同志，结合本单位工作实际或本人主要研究领域，围绕2019年交通运输工作面临的机遇和风险挑战、推进行业供给侧结构性改革、打好三大攻坚战、推进行业"放管服"改革、法治政府部门建设、服务国家重大战略、推动科技创新、加强新业态监管以及交通运输安全发展、绿色发展等话题作了交流发言。

部党组成员李建波，部总师出席座谈会。部机关有关司局负责同志参加座谈。

全国多式联运现场推进会武汉召开

新起点上推进多式联运高质量发展

本报讯（记者 朱英豪 驻湖北首席记者 石斌 特约记者 方天）11月20日至21日，全国多式联运现场推进会在湖北省武汉市召开。交通运输部党组成员、副部长刘小明出席会议并强调，要认真贯彻落实党中央、国务院关于多式联运和运输结构调整工作部署，主动适应发展新形势、新要求，持续推进多式联运向纵深发展，奋勇开创多式联运高质量发展新局面。湖北省省长王晓东出席会议并致辞，副省长曹广晶出席会议。

会议指出，过去一年来，按照党中央、国务院决策部署，交通运输部会同有关部门将多式联运作为推进运输结构调整、加快现代综合交通运输体系建设、促进物流业降本增效的重要抓手，推动多式联运取得发展环境持续优化、基础设施逐步完善、技术创新步伐加快、服务能力持续增强、市场主体快速发展等新成效。

据悉，2017年，全国规模以上港口完成集装箱铁水联运量348万标箱，同比增长26.7%。全国铁路完成集装箱发送量1029万标箱，同比增长37%。截至今年9月，多式联运示范工程企业已开通线路超过250条，覆盖28个省份，参与企业数超过1000家，完成集装箱多式联运量约270万标箱，与单一公路运输相比，降低社会物流成本超过80亿元，降低能耗约108万吨标准煤。但是，多式联运发展中仍然存在规划建设不统筹不衔接、市场发展不均衡不充分、企业多元化专业化不足、政策体系化规范化不足等问题。（下转2版）

广西将建"环横纵联"高速公路网

稳增长 当先行

本报讯（特约记者 周坤 通讯员 金玉琏）据近日召开的《广西高速公路网规划（2018—2030年）》（简称《规划》）新闻发布会消息，广西将新建高速公路8000公里，布局"1环12横13纵25联"高速公路网。

9月25日，历经多轮修改完善的《广西高速公路网规划（2018—2030年）》获广西壮族自治区政府正式批复。广西将在原规划基础上新增路线里程6600公里，改扩建里程1400公里，合计新增建设规模8000公里；原规划的"6横7纵8支线"高速公路网变为"1环12横13纵25联"。

广西将以南宁为中心，打造"南向、北联、东融、西合"的高速公路主干线，实现从南宁出发到大部分地市的双通道连接。南宁的高速公路放射线从7条增加到15条，通往粤港澳大湾区、长株潭、黔中、滇中、北部湾、东盟国家等主方向的高速公路主通道为8车道及以上的高速公路或形成复线双通道。

《规划》提出进一步增强市际、市县间联系，形成"环广西高速公路"和内部城市节点环线。相邻地市之间将有高速公路直连，相邻市之间有2条以上高速公路连接。地级市与县之间有高速公路通道，从地市出发2小时到达所辖县份。14个地市及有条件的重要县级节点均有高速公路过境环线，有2条以上高速公路通达的县比例从75%提升到100%。所有省界、边境的县至少有1条对外高速公路通道。

据悉，截至2017年年底，广西高速公路已建成通车里程5259公里。

金沙江白格堰塞湖泄洪后，沿线道路受泄流影响损毁严重，存在较大安全隐患。目前，四川省甘孜藏族自治州道路抢险人员正对已抢通的便道开展加宽、加固作业，完善临时交通安全设施，积极开展灾后重建工作。截至11月20日10时，灾毁主要路段——318国道巴塘江口至竹巴笼段共投入抢险车辆100余辆次、抢险人员450余人次，累计掘进便道19.2公里，清除淤泥24.3万立方米。

驻四川首席记者 吴丹 文
特约记者 蒋林珂 图

虎门二桥主线贯通

本报讯（记者 姜西平）11月20日，随着最后一片节段箱梁成功架设，粤港澳大湾区重要过江通道——虎门二桥主线全面贯通，进入桥面系及附属工程施工阶段，预计2019年5月通车。

虎门二桥全长达13公里，起于广州南沙，终点与广深沿江高速公路相接。工程主线均采用桥梁方式，设置两座跨江特大桥，将成为世界上跨径最大的钢箱梁悬索桥。大桥跨越大沙水道、坭洲水道，将南沙、番禺、东莞三地紧密连接在一起。该桥建成后，从广州南沙到东莞的路程可缩短10公里，从东莞至番禺可缩短30分钟车程，从而有效缓解现有虎门大桥的负荷，对于珠三角实现高质量发展、打造国际一流湾区和世界级城市群有重要意义。

部联合北京朝阳医院进机关送健康

本报讯 11月20日下午，为贯彻落实好交通运输部党组对干部职工健康的关心，部人事教育司联合首都医科大学附属北京朝阳医院（简称朝阳医院），共同开展了"相约守护"进机关送健康活动。

活动开始前，交通运输部党组成员、副部长戴东昌与朝阳医院党委书记、理事长张金保及义诊团队专家进行了会面。戴东昌对朝阳医院充分践行"进家庭、进社区、进农村、进机关、进企业、进学校"工作宗旨，给干部职工送健康送温暖开展义诊咨询，表示了欢迎和感谢，并就加强合作共建，发挥自身优势切实履职，共同守护人民群众生命健康进行了会谈。

本次义诊咨询团队由朝阳医院呼吸科、心血管内科、骨科、内分泌科、中医科、乳腺外科6个科室的相关专家组成，部机关、部属在京单位干部职工200多人次参加活动，接受了诊疗咨询服务。（多钦）

中马港口联盟第三次会议在津召开

本报讯（记者 金校宇）11月20日，中马港口联盟第三次会议在天津举行，进一步深化落实2015年在两国总理见证下双方交通部长共同签署的《建立港口联盟关系的谅解备忘录》。

交通运输部水运局副局长柳鹏、马来西亚交通部海事部门首席助理秘书（港口）米祖·阿米尔分别率中方和马方代表团与会。30余位代表经过深入交流，就多项议题达成共识：为促进中马港口繁荣发展，两国联盟单位将进一步加强信息交流；通过港口联盟，促进双方建设投资有序推进，推动两国港航企业优化航线布局，完善港航服务网络，提高服务质量；进一步在港口建设、运营管理、港口物流、海上邮轮旅游等相关产业深化合作；利用好中马港口联盟平台，将有实质性合作成果的企业积极吸纳为联盟正式成员。

据悉，中马港口联盟成立三年以来，已吸纳21家成员单位，成为两国交往的重要载体。双方港口建立了定期会议机制和互派港口学习团机制，并务实推进马来西亚关丹新港等中马合作项目落地。

为海洋强国建设奋斗不息

——访大连海事大学原校长司玉琢

本报记者 孙英利
特约记者 蒋雪梅 王文伟

"一个人做一件事并不难，难的是一辈子做一件事。"司玉琢说，他一生的选择，就是致力于我国海事法制建设的同时，传道授业，教书育人。

自1959年考入大连海运学院（大连海事大学前身）一直到今天，近一甲子的岁月里，司玉琢从未离开这座校园。从一名学生到一校之长，他既是我国高等航海教育飞速发展的见证者，也是海商法乃至我国海事法制建设的开拓者之一。

"人生短暂，精力有限，但只要选择了一件国家需要的、自己喜欢的事情，就咬定青山、矢志不渝地去做，一定会有所获。"司玉琢这样告诉记者。

翅膀理念拉开海商法学科建设大幕

"海商法泰斗"是司玉琢的主要标签，但他并不喜欢这个称呼，"还是叫我'司老师'更亲切。"

与海商法结缘，司玉琢称自己是误打误撞。因为1964年毕业时，他只有海商法考了4分，其他课程都是5分。谁知恰恰是这差的1分，司玉琢为之奋斗了一辈子。

我国的海商法作为学科建设始于大连海事大学。"1984年年初，我与时任大连海运学院院长周光庭谈起航海类专业教学质量问题，碰撞出一个火花：要提高航海类专业的教学质量，需要给它安上两个翅膀，一个是航运管理，一个是海商法。"司玉琢告诉记者，"翅膀理念"很快成为学校的决策。航运管理系

司玉琢。 特约记者 吴江涛 摄

同年下半年成立，司玉琢任系主任。1985年开始招收"国际海事（法律）"专业（海商法专业前身）本科生，1986年恢复航运管理专业本科生招生。

起步阶段最艰难。1984年建系初期，海商法加基础法教师只有7人，连办公室都是借用其他学院的。"当然，人少也有人少的好处，办一个案子就够全系老师发半年的奖金。"司玉琢回忆起来倒是很乐观。

到了1990年，一对翅膀变成了一只鸟——海商法独立出来，成立了国际海事法律系。1998年，一只鸟又变成了一群鸟——大连海事大学法学院成立。

经过30多年的快速发展，海商法专业已成为国家级特色专业，并作为二级学科在教育部备案。经国务院学位委员会批准，大连海事大学于1998年创建了全国第一个以海商法为主要方向的国际法学博士学位授权点，2010年获批一级法学博士学位授权点，2011年获批国际法学（海商法）博士后流动站。如今，大连海事大学的海商法学科已在国际上享有一定声誉。（下转3版）

扫一扫 看视频

智慧绿色长江联合协同创新中心成立

本报讯（特约记者 高剑燕 蒋雪梅）近日，大连海事大学与交通运输部长江航务管理局宣布成立大连海事大学—交通运输部长江航务管理局智慧绿色长江联合协同创新中心（简称协同创新中心）。

长江航务管理局局长唐冠军，大连海事大学校长孙玉清出席仪式。双方将依托协同创新中心，充分发挥在各自领域的特长，形成优势资源集聚、要素有效融合的联合协作模式。

下一步，协同创新中心将努力实现"四抓四有"，即：抓技术研发创一流成果，抓成果转化创一流应用，抓科学管理创一流业绩，抓人才培养创一流队伍；在增强技术研发能力上有新提升，在成果转化、服务行业上有新成效，在出成果、出人才上有新拓展，在推动管理创新上有新突破。

□值班编委 王健 本版副主编 卢锐 责编 王晓霖 □E-mail:xw1b@zgjtb.com □新闻热线：(010)64255441 □发行热线：(010)64256206 □广告热线：(010)64250642 □培训热线：(010)65299681

2018年11月21日 星期三 主编 王炎堂 责编 张雨涵 | 铁 路 | 3版 电话:010-65293632 64252864 E-mail:tielu@zgjtb.com
中国交通报 CHINA TRANSPORT NEWS

第一视点

钢铁丝路尚需跨境运输"软联通"

实习记者 张雨涵

国际铁路运输不是封闭的俱乐部，而是开放的朋友圈。随着"一带一路"建设如火如荼地推进，沿线国家在铁路基础设施方面实现了较好的互联互通，但实际运行中遇到的运输规则差异如何解决？通用的国际铁路法律体系在哪里？日前，在由北京交通大学法学院主办的"2018年国际铁路运输法研讨会"上，来自国内外铁路相关部门、国际组织和学界的多位专家表达了建立通用的国际铁路规则、标准的重要性和迫切性。专家提出，在交通运输、投资贸易便利化方面，"一带一路"沿线国家亟待协商，建立统一协调的规则与标准，实现真正意义上的"软联通"。

运输规则不完善 制约跨境铁路发展

通用的国际铁路法律体系有助于克服技术壁垒，优化内部问题，消除交互性障碍。"由于各国铁路法律、技术标准不衔接等原因，给国际跨境铁路运输造成一定障碍。"北京交通大学校务委员会主任、党委书记曹国永教授表示，铁路跨境运输规则不完善，让很多难题横在了人们眼前。

首先是运单问题。由于货物运单办理上的不统一，不少地方仍使用着CIM(《国际铁路货物运输公约》)、SMGS(《国际铁路货物联运协定》)两种运单，这将花费更多的运单转换成本和时间。另外，跨境铁路运单不具有物权效力，不能像海运一样凭运单提货，这使企业在办理并汇担保及信用证结算等方面受到较大影响。

此外，随着近年来国际铁路运输日益频繁，构建铁路安全制度的必要性也受到各界关注。北京交通大学法学院教授南玉霞认为，构建铁路安全制度是促进国际铁路安全运输健康发展、完善国际铁路法律体系和规范国际铁路运输行为的需要，也是防范国际铁路运输领域国际恐怖袭击的重要举措。

单据电子化 有望成为突破口

法律和技术标准的不衔接带来诸多问题，但目前来看，无论是双边协议或区域性统一协议，都无法完全实现标准统一。国际铁路运输政府间组织(OTIF)法规处主任亚历山大·席额门科认为，要实现从碎片化的统一迈向全面统一，需采用自下而上、循序渐进的方式："直接建立统一的公约可能非常困难，对现有的多边公约进行调整、维护成员国利益，可能是更好的方式。"

持同样观点的OTIF秘书长弗朗索瓦·达万内认为，对于OTIF和OSJD(国际铁路合作组织)存在的根本性差异，可先从技术层面着手，界定哪些功能性的规则是需要统一的。对此，在场的不少专家提出推行电子化单据。

"下一步我们要做的就是实现交通运输文件的电子化。从中国到欧洲距离很长，如果用纸质托运单非常不便。"国际铁路运输委员会(CIT)副秘书长埃里克·叶夫蒂莫夫认为，在具备CIT合同和成熟的CIM、SMGS电子化系统前提下，推行电子托运单后，仅需进行技术上的调试就可以实现不同文件系统和格式之间的转换。

运输规则 应着重考虑多式联运

电子单据不仅能统一货单，减少转运成本和时间，还能促进铁路多式联运发展，是21世纪铁路运输的重要发展趋势。

"从客户的角度来说，物流链只考虑一种模式绝对不是高效的，它甚至可能会导致成本翻番甚至增长两倍。在21世纪，解决方案和规则必须从多式联运的角度进行思考。"埃里克·叶夫蒂莫夫认为，进入21世纪，"送货上门"的物流服务需求已愈加迫切。"如果'送货上门'的起点在亚洲，最终交付在欧洲，我们不可能使用多个合同。这些合同在铁路、海运、空运、公路等不同流程间切换时，将损失大量时间与经济成本。"

但我们看到，目前多数运输公约，对不同运输方式的规定和责任限制并不一样。如何将它们融合起来推动多式联运？"解决方案就是重新制定基于CIT的多式联运运输文件。"埃里克·叶夫蒂莫夫提出。

可喜的是，CIT官网公布的标准合同模板已初显成效——标准合同通过"先规定一些通用交易条件，再规定其他具体条款"，增加了实际可操作性，实现了铁路和海运一体化，为今后建立统一协调的规则与标准，完善物流运输合同提供了颇有价值的借鉴。

"火车一响，黄金万两"。在脱贫攻坚的道路上，铁路人始终牢记使命，秉承"人民铁路为人民"的理念，充分利用铁路资源优势，通过一趟趟列车，将山里的"土宝贝"变为城里的"金疙瘩"，将"养在深闺人未识"的旅游资源展现在世人的眼前，带动了当地旅游产业的发展。

榕江万重山 路通赛江南

实习记者 张雨涵

一排排整齐陈列的民族服饰，一条条水形暗纹的蜡染手作丝巾，一个个充满异域风情的侗布文包……近日，在北京召开的贵州省榕江县旅游宣传暨招商推介座谈会上，这些制作考究的手工艺品，吸引着众多参会者驻足欣赏。

"江南千条水，云贵万重山。"云贵地区自古多山，常年与世隔绝。作为全国185个深度贫困县之一，榕江县目前仍有贫困人口63557人，占全省总人口的17%。党的十八大以来，国家铁路局始终贯彻落实党中央关于打赢脱贫攻坚战的决策部署，深入推进定点扶贫工作。

2016年，国家铁路局与榕江县签订了《帮扶工作协议》《捐赠协议》，与贵州省发展改革委签订了兴义一独山一榕江一永州一赣州铁路和榕江通用机场建设项目前期工作协议。2017年，国家铁路局资助82万元帮扶乐乡中心村开展精准扶贫工作，投入67万元建设乐乡小香鸡养殖基地项目。此外，由北京铁路局出版的刊有榕江民族文化、民族传统村落、自然风光、特色产品以及榕江美食的《物流时代》杂志，也搭上了开往全国各地的高铁列车，为榕江旅游事业发展注入新活力。"尽管前期做了大量工作，扶贫任务仍十分艰巨。"国家铁路局党组成员、副局长苏全利说。

"目前，在榕江无论是投资文化旅游、医疗保健、休闲养老，还是绿色生态、体育运动、新型能源等朝阳产业，都将得到国家和省政府产业政策的大力支持。"榕江县县长侯美彪表示，榕江正处在脱贫攻坚和全面决胜小康的关键时期，当地交通基础设施正加快建设。

近年来，榕江交通基础设施逐渐完善，贵广高铁穿越全境。在此基础上，榕江县依靠自身红色文化、绿色生态和民族风情三大旅游资源，贫困发生率逐年下降。2015年全县减贫人口2.1万人，2016年全县减贫人口2.02万元，2017年全县减贫人口1.5万元。

苏全利表示，为贯彻党中央关于"到2020年我国现行标准下农村贫困人口实现脱贫"的部署要求，此次旅游招商推介会将通过政府、企业、社会共同参与，深入挖掘榕江县优质旅游资源和经济资源，让榕江县加快全域旅游并带动产业发展。侯美彪说，希望国有大型企业、旅游行业企业到榕江考察投资，共同将榕江县建设成为国内旅游重要集散地和面向泛珠三角地区大中城市的休闲度假、生态康养旅游基地，并最终实现精准脱贫的目标。

身着传统服饰的侗族姑娘。 王珩昊 摄

"火车头"下乡牵引 固原搭上"致富班列"

李徽 本报记者 梅宁生 米宁平

固原市贫困地区西红柿丰收。
本报记者 梅宁生 摄

在宁夏，固原六中有些"与众不同"——别的中学校园内都是雕塑或者展板，而在六中的校园内却安放着一个火车头。"这个学校以前叫'火车头希望中学'。"固原六中副校长苏峥嵘告诉记者，去年中国铁路总公司帮助学校新建了一个电教室。站在崭新的90台电脑前，苏峥嵘激动地说："这批电脑配置比老师们用的都好。"

火车跑得快，全凭车头带。在固原市原州区脱贫攻坚的路上，捐建火车头希望学校、开设"火车头班"、资助贫困学生；扶持固原本土企业，将自热米饭、熟食送上列车，拓宽产品销路；帮助原州区部分建档立卡贫困户进入铁路项目工作，通过劳动改善生活……这些都离不开中国铁路总公司的牵引带动。

扶贫先扶智。2002年，中国铁路总公司与原州区建立定点扶贫结对关系，为当地教育事业注入大量资金。其中，教育扶贫资金4324.23万元，除了用于改扩建学校，还新建教师培训中心1所，赠送电脑、课桌、体育和音乐器材若干，为贫困学生购买校服8.25万套，捐助图书1万余册，帮助600名家庭经济困难大学生圆了大学梦。

既要授人以鱼，更要授人以渔。在帮扶过程中，中国铁路总公司想方设法调动和激发老百姓脱贫致富的内生动力。2016年，中国铁路总公司和中国铁路兰州局集团公司与当地政府协商，提出把铁路运输的行业优势与偏远贫困地区产品优势结合起来，利用发达的铁路运输网，让特色农产品"坐上火车"卖到全国。

2017年9月，宁夏好山水食品有限公司生产的自热米饭、生态鸡、牛羊肉熟制品等产品首次上了列车。"自从产品上了火车，宣传效应立刻显现出来了。"宁夏好山水食品有限公司董事长马玉芳说，"现在能接到全国各地客户打来的电话，有想代销我们产品的，也有想请我们代加工的。"自从企业首次接到内蒙古、云南、黑龙江等省区的订单后，年销售收入从50余万元一跃增长到90万元。

销路广了，企业扩大规模有了底气。原料从哪里来？在原州区柯庄铁路移民新村，中国铁路总公司投资援建的现代化标准养鸡车间和养牛场正在加紧建设。"公司准备把柯庄村作为第二个养殖基地，由公司提供养殖技术支持，培养和带动贫困户进行养殖，扶贫车间出栏肉鸡均由公司回收作为产品原料，确保贫困户长期受益和产业健康发展。"马玉芳说。

为此，中国铁路总公司派驻的扶贫干部冉琦每天都要到村里来查看进度。同样盼着养牛场早日建好的还有70岁老汉海生旺："到时就能把家里的12头牛都交到村里集中喂养了。"截至目前，这一模式已带动养鸡户1002户、就业2100人，166户贫困户从中获益28万余元。

17年来，中国铁路总公司累计投入帮扶资金1.08亿元，帮助原州区解决贫困问题，实现长远发展，用"火车头"拉动脱贫攻坚"胜利车"。

见证40年 主题访谈

为海洋强国建设奋斗不息

——访大连海事大学原校长司玉琢

扫一扫看视频

司玉琢接受本报记者专访。
特约记者 吴仁涛 摄

(上接1版)

至今，法学院已招收本科生33届，截至2017年年底，共培养本科生4047人、硕士生3243人、博士生339人、博士后10人。他们中的大多数已成为活跃在我国海事法律领域的骨干。

司玉琢告诉记者，他把毕生精力都花在了海商法的学科建设上，花在了海商法专业的本科生、硕士生、博士生到博士后的整个体系的优秀学子身上了。在从事海商法教学科研的50多年中，他用了11年参与起草《海商法》，又用了10年参与国际公约《鹿特丹规则》的研讨与制定，但并不觉得满意。

"我不过是承上启下的过渡性人物。唯一令人满意的事，是我和我的同事们在前人开垦的荒野上，为后人搭建了一个海商法的平台，现在在这个平台上上演精彩剧目的是一大批年轻人。可以毫不夸张地讲，我国海商法研究的整体水平已经达到亚太领先，在世界上也并不落后。"司玉琢说。

海洋法治中国模式逐步形成

在司玉琢看来，改革开放以来，我国的海事立法、司法、执法取得了显著成就，正在逐步形成独具特色的海洋法治中国模式。

说起我国海事法治建设最具里程碑意义的事件，莫过于1992年11月7日，第七届全国人大常委会第28次会议上，《中华人民共和国海商法》获得高票通过。作为这部法律的主要起草者之一，司玉琢回忆起当时的经历，感触颇深。

"该法历时40年，凝聚了几代人的心血。我是从1981年恢复起草时参与进去的，前后也经历了11年。"司玉琢说。

上世纪80年代后，立法指导思想上发生了两次变化，起草的法条几经压缩、扩张、再压缩、再扩张，最终形成了目前268条的版本。

1999年12月25日，第九届全国人大常委会第13次会议又通过了《中华人民共和国海事诉讼特别程序法》。至此，有关海事海商的实体法和程序法都已独立颁布并付诸实施，这即使在航运发达国家也是少有的。

在加强立法的同时，我国注重海事司法建设。根据第六届全国人大常委会第8次会议通过的《关于在沿海港口城市设立海事法院的决定》，1984年，我国首先在广州、大连、上海、青岛、天津5个沿海城市设立海事法院，后来又陆续在福州、厦门、宁波、海口、北海设立海事法院。

目前，全国共设立10个海事法院、39个派出庭，每年受理海事海商案件逾2万起。不论从专业审判机构，还是每年受案量，我国都处于世界第一的位置。目前，最高人民法院正在加速司法改革，逐步实行海事民事、行政、刑事案件"三审合一"，建设世界海事司法中心。

立法和司法的完善，对我国航运发展起到了至关重要的保障作用。"举个例子，1936年，上海中威轮船公司的两艘商船租给日本大同海运株式会社，一直没有返还。陈氏家族三代人耗费77年时光，用尽了外交、诉讼、非诉的各种手段，最终依靠我国的海事司法和法律，打赢了这个跨世纪的官司。

"可以想象，在连扣一艘船都要经用恩来总理亲自批准的改革开放前，我们怎么可能及时、有效地维护当事人的合法权益？"司玉琢感慨道。

在海洋执法方面，2013年，国务院重新组建了国家海洋局，推进海上统一执法。通过对国家海洋局的海监、公安部的边防海警、农业部的中国渔政、海关总署的海上缉私警察队伍进行整合，以中国海警局的名义开展海上维权执法，接受公安部业务指导。同时，交通运输部海事局的主要职责是维护海上交通安全。自此，"多龙治水"的乱象得到改善，变成了"二龙戏珠"。

随着我国海洋法治建设的逐步完善，司玉琢结合建设海洋强国的战略目标，设想再搭建一个更大的平台——海法。几年前，他提出了建设和完善面向海洋的法律体系(海法体系)和创建海法学学科的理念，并在《法学研究》等重要期刊上发表了有关海法体系和海法学科的论文，引起了社会广泛关注。

"创建海法学学科，是我一生中最想做、但还没来得及做的事情。"已逾伏朝之年的司玉琢并没有享受晚年生活，他还在为自己的梦想努力着。

引领航海教育 由专业建设向学科建设转型

一心治学的司玉琢，并没有忘记为母校做点实事。他用了9年时间，以大连海运学院最后一任院长、大连海事大学第一任校长的身份，推动着我国高等航海教育的发展。

1991年年底，司玉琢出任大连海运学院院长，两个月后，邓小平同志发表南巡讲话，改革开放加快了步伐。在这个大背景下，司玉琢带领学校开始了新一轮的综合改革。

"这一轮改革涵盖教学、人事制度、分配制度、办学模式等探索，核心是落实教师的主体地位，理顺学校的一切工作都是为教学和科研服务、为教师和学生服务。"司玉琢说，当时最振奋人心的口号是"海大的希望在教师"。

与此同时，国家对高等院校也采取了重要的改革举措，以适应改革开放的新形势，迎接新世纪人才竞争的挑战。"这就是在21世纪重点建设100所大学，简称211工程，这对我校发展具有里程碑意义。"在司玉琢看来，带领学校首批入选211工程，有更深层次的意义。

大连海事大学的优势在于两个传统的海上专业——船舶驾驶和轮机管理专业，但它们都不是学科，而争创211工程是以学科建设为中心，这也是当时全国高等航海教育的"软肋"。长期以来，学校的重心都是放在专业建设上，对学科建设有所忽视。司玉琢告诉记者，211工程带来的重要启示是，学校建设进入了一个转型期，即以高等职业专业建设为主向以学科建设和专业建设并重转变，这也开启了我国高等航海教育由专业建设向学科建设的转型。

1953年，由东北航海学院、上海航务学院、福建航海专科学校三校合并成立大连海运学院。1991年12月至1994年4月期间，司玉琢任学院院长。 大连海事大学 供图

"上世纪90年代初，我在一次全校大会上提出了一个观点——'国际航运重心已经向东方转移'，这对航海教育既是机遇、更是挑战。"司玉琢研究西方国家航海教育发现，当一个国家的人均GDP超过2000美元时，航海教育就会萎缩，所以西方航运发达国家早已找不到专门的高等航海院校。从这个角度考虑，我国高等航海教育在保证当前优势地位的同时，学校的长远发展必须要有另一手准备，向学科建设转型迫在眉睫。

在司玉琢的主导下，大连海事大学大胆推行灵活的用人、引智机制，从长远发展的角度重新调整了学科专业布局；指导海上专业通过了国际ISO9001质量管理体系认证，使毕业生有了国际认可的通行证，这在我国高校中尚属首次。

经过20年的211工程建设，面向海洋的学科布局基本形成。如今，大连海事大学的建设目标是计划到本世纪中叶，建成世界一流海事大学，拥有若干世界一流学科和一流专业，在世界海事教育领域发挥引领作用。

在离开校领导岗位后，曾有不少公司和律所高薪邀请司玉琢去做顾问，但都没有令他动心。司玉琢告诉记者，他从未离开过海商法的舞台，如今更愿意给年轻人"指点指点"，因为他还秉承着那个理想——为海洋强国建设奋斗不息。

坚守冻土科研的“热土”

——访中交第一公路勘察设计研究院总经理汪双杰

本报记者　庄　妍　孟庆丰　实习记者　袁　帅

见报日期　2018 年 11 月 22 日

在众多的描述中，大家都用春天的故事来形容改革开放。但在这个充满温暖气息的时代，有一个人和一个团队却在高原苦寒之地坚守了 40 多年。

“你上过高原没有？”

“上去过。”

“高原反应很难受吧，但是你去多了之后，你就慢慢喜欢上这片土地了。蓝天白云，空旷静谧，净化心灵。”

中交第一公路勘察设计研究院（简称中交一公院）总经理汪双杰，抢在记者提问前打开了话题：“这么多年，我们一直探寻高原冻土的奥秘。它什么条件下会融化，一年四季如何变化，多年来是什么变化趋势，能不能在冻土上修沥青路甚至高速公路？从 20 世纪 70 年代开始，每揭开一层它的神秘面纱，我国的冻土公路技术就前进一步。”

为了冻土　三代人薪火相传

“20世纪50年代，慕生忠将军带着牦牛和骆驼，从格尔木出发，前往拉萨，筚路蓝缕，修成了青藏公路。”汪双杰说。

青藏公路修通后成为当时最好的进藏通道，承担了西藏85%以上的客货运输任务。不过，随着汽车荷载反复的碾压，公路底下的冻土逐渐融化，致使公路路面坍塌。

“当时对多年冻土没有一点认识，并不知道青藏高原的草甸底下埋藏着多年冻土，哪里洼陷，就找点土填一填。”汪双杰介绍。

“直到20世纪70年代，近20年过去，这条顺地爬的土路被多年冻土折磨得千疮百孔。为此，中央作出了青藏公路铺设沥青路的重大决定，由此开启了冻土科研。”汪双杰说，就这样，青藏公路多年冻土科研团队的第一代工作者开始了他们在冻土上修筑沥青路的征程，也拉开了中交一公院三代科研人员薪火相传、攻坚克难的冻土科研序幕。

汪双杰说：“我们前辈在满眼荒凉的青藏线上连续观测了5年，积累起第一批宝贵的原始数据。之后，继续研究青藏公路地下冰分布规律、路基稳定和桥涵修筑等问题。正是在他们的努力下，人类筑路史上有了第一条穿越高原冻土区的二级公路。1985年后，青藏公路实现了全线铺筑沥青路面。”

冻土工程研究，必须有试验数据支撑，而数据的来源除了室内试验，还有大量野外现场监测，包括监测地表的温度和变形。冻土科研人员常年在沿线来回奔波，通过传感器把数据实时传给后方，为长期研究冻土变化规律提供了宝贵数据。

“海拔3000米以上的高原，人烟稀少、空气稀薄。住的就是帐篷或者地窝子，无人区，除了电线杆就是藏羚羊和牦牛，看不见人，工作极其艰苦。”汪双杰说，对冻土区的研究是在高原反应的晕眩中展开的。

作为第二代冻土科研人员的代表，汪双杰说，冻土研究薪火相传50多年，他只是其中的一名接棒人。“目前，第三代冻土科研人员，虽然大部分是‘80后’，却已担负起延续高原冻土科研火种的重任。”自20世纪70年代以来，中交一公院三代人共观测数据300多万组。这种持续近半个世纪的研究和技术沉淀，在土木工程界绝无仅有。正是由于他们多年来的坚守和努力，使这片“冻土”成为科研的“热土”，让青藏高原不再是不可逾越的第三极。

“最早，我们把青藏公路叫作等外公路，后来逐步改造成四级公路，再慢慢地改造成三级公路，到现在叫二级公路。”汪双杰感叹，改造的过程就是人类在不断挑战自我，不断征服冻土的过程。

围绕着青藏公路的历次整治、改建，探索形成的冻土工程研究方法与测试技术，奠定了我国冻土工程的研究基础，创建了我国冻土工程理论与技术体系。

“如果不是当成一项事业，没有人愿意去青藏高原，因为不管身体多好，反反复复上高原，总是对身体不好。我们的工作人员，很多头发都掉光了，指甲翻了一茬又一茬，脸上的皮也是脱了一层又一层。”汪双杰说，人生有很多制高点需要去攀登，必须跨过这座山，才能领略山的美。

创新工艺　终圆冻土高速梦

“就算高不可攀，我们也要跨过去。”汪双杰说，在高原冻土上修高速公路，相当于攀登公路工程的珠穆朗玛峰。

唐贞观十五年，大唐文成公主许嫁吐蕃王松赞干布，此后使臣商旅往来不断，在长安和拉萨之间踏出了一条3000多公里的唐蕃古道。2017年，这条古道上通车运营了世界首条高速公路——冻土共（和）玉（树）高速公路。

全长680多公里的共玉高速公路，路线全线穿越冻土区，其中穿越多年冻土区里程长达227公里，占路线总长的36%。

“多年冻土是含有地下冰的各种岩石和土壤，土冻结时会发生冻胀，融化时就成了一团稀泥，完全丧失了承载力，会造成建筑物变形、破坏。”汪双杰介绍，我国是世界上第三冻土大国，多年冻土占国土面积的五分之一。

在多年冻土区进行路基、隧道、桥涵施工，不可避免地会引发冻土消融，同时，为防止行车产生的热量引起路基热胀、变形和位移，必须运用一系列技术手段使土地保持“沉睡”，在全国乃至世界都没有解决这个问题的技术先例。但是，这条路是国家高速公路网的重要组成部分，也是通往玉树地区的“生命线”。迎难而上，是中交一公院冻土科研人员唯一的选择。

汪双杰说，共玉高速公路沿线具有多年冻土区情况复杂、高温高含冰量路段占比大、热稳定性差等特点，导致在其基础上建设的道路结构尺度比一般等级公路和铁路大3至5倍。为此，要着力解决“宽”“厚”“黑”的问题。

所谓“宽”，就是高速公路路基宽度大带来的大尺度聚热效应；“厚”，就是高速公路路面结构厚带来的厚层承重路面结构储热效应；“黑”，就是黑色沥青路面带来的强吸热效应。

汪双杰介绍，中交一公院为共玉高速公路“量身定制”新技术、新工艺，创造性地采用“通风换气”——通风管路基、片（块）石路基，“隔离遮盖”——黑色防护网遮盖工艺、XPS隔热板路基，“热量传导”——热棒路基等技术手段，打破了“宽厚黑”

的魔咒。作为在青藏高原多年冻土区建设的首条高速公路，在建设中创下了多项公路建设史上的纪录，被称为高海拔、高寒、高速“三高”公路。

莽莽高原刻下人生记忆

1983年7月，汪双杰从西安公路学院（长安大学前身）毕业。第二年受交通部委托奔赴喀喇昆仑山，为一条通往全军最高边防哨所的边防公路进行勘察设计。

“这条公路当时海拔是4700米左右，这让我真正认识到高原施工环境的恶劣。”尽管在此之前，汪双杰做足了心理准备，但眼前的真实境况还是让他始料未及。

驻地缺水缺电，大风、雨雪、冰雹天气，白天扛着设备每走几步就要停下来休息，夜晚头痛胸闷得难以入睡……艰苦的环境，严重的高原反应，让汪双杰几次都差点放弃。

在此期间，汪双杰除了要忍受各种高原反应的考验，还经受了心灵的巨大打击，他远在安徽老家的母亲患病离世。

“没有电话，一个多月后收到电报才知道。”面对大雪封山前必须打通道路的军令，汪双杰只有强忍悲痛，擦干眼泪，坚守岗位。

“终于大学毕业参加工作了，可以孝敬父母了，没想到遇到这样的大事。白天要施工，晚上坐在朝着家乡方向的大石头上，望着星空。”回忆往事，汪双杰神色有些黯然。

直到第二年春天，施工才告一段落，当汪双杰赶回家时，母亲坟头上已是草色青青。第一次在莽莽高原的种种经历深深地埋藏在汪双杰记忆深处，并化作了他宝贵的人生财富。

“后期的一些职业规划，或者工作过程中，一定会想到，我既然第一步迈出去了，我能坚持下来，那后面再有什么困难我都能坚持下来。”汪双杰说。

正如他所说，在以后的工作中，青藏高原上所有公路勘察设计汪双杰从未缺席，他跑遍了进出藏的每一条国道，全面掌握了公路沿线常见不良地质灾害。他充满激情地对记者说，“如果有一天青藏高原上的高速公路成网，那将是我最高兴的事情。”

通车一个甲子的青藏公路始终是西藏自治区最重要的交通命脉。随着西藏发展日益增加的客货运输量，使老青藏公路不堪重负，建设青藏高速公路再一次被提上议程。2014年，中交一公院“高海拔高寒地区高速公路建设技术”研究入选国家科技支撑计划。2017年5月4日，该项目通过专家组验收。专家认为，项目研究成果是我国高海拔高寒地区高速公路建设技术的系统集成、创新与超越，体现目前这一技术研究的前沿水平，标志着我国青藏高速公路建设有了成套技术支撑。

“做科研，需要能忍得住寂寞，我们对冻土的变化规律还要继续研究，就像李宗盛《山丘》里唱的那样：越过山丘，才知无人等候，等待你的是另一个需要跨越的技术高峰。”汪双杰说，“别人说通往成功的路有千万条，我觉得只有一条，那就是坚持。”

中国交通报
CHINA TRANSPORT NEWS
2018年11月22日 星期四 http://www.zgjtb.com | 第6861期 今日8版 | 邮发代号1－72 国内统一连续出版物号CN11－0122 交通运输部主管 中国交通报社主办

嘉兴整治码头环境保障经营人合法权益

本报讯（齐洪海 特约记者 吴涛行 赵冠罗俊杰）近日，浙江省嘉兴市中级人民法院对一起港政执法案件作出终审裁定，驳回当事人的执行异议复议申请，维持法院的执行异议裁定。该案件对嘉兴市港航管理局辖区内其他港口违法行为的查处具有积极示范意义，保障了港航管理者有效履职，有利于完成内河码头环境综合整治任务。

2017年8月，嘉兴市港航管理局执法人员依法向违法经营当事人嘉兴中环装卸有限公司送达了《行政处罚决定书》。该公司在法定期限内既不申请行政复议或提起行政诉讼，经催告也未履行处罚义务。今年4月，南湖区人民法院作出了行政强制执行裁定。7月，该公司先后向南湖区人民法院、嘉兴市中级人民法院提出执行异议及执行异议复议申请，均被驳回，并维持强制执行行政处罚决定。

据悉，自2016年嘉兴开展内河码头环境综合整治以来，嘉兴市港航管理局加大了对无证经营码头的查处力度，依法依规取缔一批违法作业经营的码头，依法履行职责，保障了港口经营人的合法权益。

李小鹏主持召开部务会，强调

当好先行服务和支撑乡村振兴战略实施 推动粤港澳大湾区交通运输高质量发展

本报讯（记者 赵 通讯员 ）11月21日，交通运输部部长李小鹏主持召开部务会，传达学习中央有关会议精神，审议《关于服务和支撑乡村振兴战略实施的指导意见》等，研究支持粤港澳大湾区交通运输发展，进一步深化实施船舶排放控制区政策等工作。

会议指出，改革开放40年来，在党中央正确领导下，一代代交通人逢山开路、遇水架桥，当好改革开放的开路先锋和时代尖兵，开拓了交通运输改革创新发展的新局面，有力支撑了国家经济社会发展。各部门要扎实做好庆祝改革开放40周年工作，从历史、全局、战略的高度总结40年改革开放交通运输发展成就和经验，突出时代性、思想性、实践性，加大宣传报道力度，展现新时代改革开放精神风貌。同时，要拿出实实在在的行动，将改革开放进行到底，奋力谱写新时代交通运输改革开放新篇章，为实现"两个一百年"奋斗目标提供坚强交通运输保障。

会议指出，农村地区交通运输发展事关农业发展、农村兴旺、农民致富，是农村美好生活保障的重要方面，当前农村交通基础设施和运输服务的短板依然明显，交通运输在服务和支撑乡村振兴战略实施中大有可为。要切实提高政治站位，强化责任担当，加大投入力度，统筹推进交通运输服务乡村振兴战略实施和交通扶贫脱贫攻坚、"四好农村路"建设等工作，加快补齐农村交通基础设施短板，推进农村交通基础设施提档升级，促进城乡交通基础设施互联互通，为实施乡村振兴战略做好服务、提供支撑、当好先行。会议强调，要切实抓好各项工作落实，指导各省以钉钉子精神完成目标任务，进一步推动地方政府落实主体责任，加强部际协调，多方合力，共同推进农村交通可持续发展。

会议强调，推进粤港澳大湾区建设是国家重大战略，要深刻认识支持粤港澳大湾区交通运输发展的重大意义，加快推进大湾区交通运输实现高质量发展。一是构建互联互通基础设施网络。二是打造高品质出行服务体系。三是建设高效经济的货运物流体系。四是打造更具国际竞争力的世界级港口群、机场群。五是提升交通科技创新能力。同时，要做好建设绿色交通、进一步扩大对外开放和交通合作、构建现代治理体系等工作。各部门要加强统筹协调，编制好基础设施互联互通专项规划，加大政策支持力度，加强督促指导，推动各项工作落地落实。

会议指出，要深刻认识进一步深化实施船舶排放控制区政策、扩大控制区地理范围、提高排放控制要求的重要意义，加强政策引导，加大协调力度，强化日常监管，积极推动地方政府出台配套政策，扎实推进合规船用低硫燃油供应保障和联合监管工作，推进船舶靠港使用岸电，为绿色航运发展和生态文明建设、打好污染防治攻坚战、打赢蓝天保卫战作出更大贡献。

会议还研究了其他事项。

在京部领导，部总师出席会议。国家铁路局、中国民航局、国家邮政局有关司局，部机关有关司局和部属有关单位负责同志列席会议。

青岛公交创新多元综合服务

晒晒高质量发展成绩单

本报记者 李春艳
特约记者 张鹏 通讯员 焦红红

在山东青岛，坐公交成了一件享受的事。打开"青岛公交查询"手机App，公交车行驶位置一目了然；怕上下班高峰又挤又累，"互联网+公交快车"停你想停的站；登上128路公交车，司机流利的双语播报，让人倍感连连……

近年来，青岛公交集团对标发展中的短板，大胆创新，积极探索公交高质量发展之路。根据《2017年中国城市客运行业状况报告》显示，青岛公交排名省内第一、全国第六。

今年以来，青岛公交集团以"改革创新深化年"为主线，实施品牌战略，夯实基础管理，重点打造常规公交、有轨电车、旅游商务三大板块，不断改革创新，努力打造国内一流的多元化综合型公共交通企业。

三大板块提供优质服务

"现在我出门就能坐上公交车，换乘还有优惠，坐公交车真是越来越方便。"11月9日，家住亚麦山城的王女士一大早便在小区门口坐上了415路，车属70的她平时出门最发愁走路，现在只需步行几百米就能坐上公交车。

青岛公交集团自2012年至今已陆续开通14条微公交线路，解决市民出行"最后一公里"问题。这有赖于企业对常规公交运营的持续努力。

目前，青岛已逐步构建起"干线一支线一区域微循环"服务网络，开通社区巴士、大站巴士、城乡公交等10余种特色公交，衔接地铁、火车、飞机、长途客车等交通工具的线路达140条。

今年，青岛公交集团将常规公交、有轨电车、旅游商务作为三大重点板块，延续上海合作组织青岛峰会期间的高标准服务，持续提升公交出行环境。

商务旅游板块是依托当地文化和资源所开展的核心业务之一。在公交基础运营基础上，青岛公交集团融合公交服务、景区观光、城市宣传和旅游产品等多种元素，形成旅游商务产品。

"复古铛铛车"观光线便是其中一项精彩尝试。11月1日，复古铛铛车G3线路正式开通。当天6时，G3线路的第一班铛铛车从兰山路火车站发车，很多市民早早赶来体验，争相拍照留念。市民戴女士说："我一大早赶过来，就想坐咱青岛人自己的铛铛车看一下沿途的老商铺和老建筑。"

铛铛车集怀旧文化与便利通行于一身，抱着孩子赶来体验的程女士说："平日我去火车站，要先坐16路车，再倒一次车，开通G3线路后再也不用倒车了。"

除了文化体验之外，青岛公交集团还发掘商务出行资源，拓展车辆租赁、会务接待等业务；锁定房车旅游新业态，积极推进房车露营文化发展，开辟主题游、定制游、私人专属游等多条省内外特色线路，为市民提供富有特色的多元化出行服务。 （下转2版）

马军胜在国家邮政局2019年工作务虚会上要求

稳字当头 进是关键 以干为先

本报讯 日前，国家邮政局召开2019年工作务虚会暨党组中心组（扩大）学习会，传达学习习近平总书记重要讲话精神，研究谋划2019年及今后一个时期邮政业改革发展工作思路。交通运输部党组成员、国家邮政局局长马军胜主持会议并强调，全系统全行业要以习近平新时代中国特色社会主义思想为引领，稳字当头、进是关键、以干为先，努力谱写邮政业发展新篇章。

马军胜指出，今年以来邮政业保持了总体平稳、稳中有进、稳中提质的良好态势；行业改革创新成效明显，业务结构持续优化，发展质效不断提升，服务国家重大战略取得积极成效，系统党建得到全面加强。

马军胜强调，针对国内外复杂形势、经济下行的压力和邮政业发展面临的短板弱项，要稳态势，全力服务国民经济社会发展，促进有效投资、稳住重点市场；要推改革，健全市场主体现代企业制度，进一步深化"放管服"改革；要提质效，推动行业高质量发展，加快冷链、医药等高端业务发展，加快与制造业、现代农业和跨境电商深入融合；要补短板，聚焦国际快递与区域快递、末端运营建设、安全发展与绿色发展；要抓落实，坚决贯彻中央决策部署，打好三大攻坚战。

马军胜要求，今后一个时期，全系统全行业要坚持改革开放集成优化发展环境，推动转型升级，严守安全底线，健全治理体系，为邮政强国建设贡献力量。以党建为统领，全力推动行业改革发展；以服务国家重大战略为契机，进一步拓宽产业发展空间；以深化供给侧结构性改革为主线，着力提升行业发展质量；以人民为中心，切实保障人民的用邮权益；以绿色安全发展为抓手，构筑行业可持续发展根基；以科技创新为第一动力，加快培育发展新动能。（赵立涛）

路网新超越 靖西拔穷根

实习记者 黄婉蓉
特约记者 周坤 通讯员 黄乔吉

泉水碧透，岸边柳叶垂清波，笔直平坦的五隆至湖梨公路向远处延伸，路旁稻田青黄相间，周围山峰如屏……这是眼下记者在广西壮族自治区靖西市鹅泉景区看到的景象。

"之前这条路坑坑洼洼，很难走，一到节假日到处都是车，让这条本就老旧的公路更难走了。"靖西市公路管理所所长潘安说。

2013年，靖西市交通运输局完成了五隆至湖梨公路的修缮工作，以三级公路的标准把原本的泥路重新加宽硬化。在景区旁开饭馆的鹅泉村村民韦灿先告诉记者："以前我们赚的钱只够养活饭馆，路修好后，游客越来越多，一年下来，饭馆能有四五十万元的收入。"

近年来，靖西市大力推进乡村旅游扶贫项目，重点提升贫困村道路交通设施，实现了以铁路、高速公路为大通道，以国省道为主骨架，以县、乡、村道为脉络的大交通格局，用路网把景区与景区串联起来。目前，全市有8300多人参与乡村旅游，惠及贫困人口1700多人。

"公路围着产业建，产业围着公路转。"这是靖西市公路建设的又一个方向。

南坡乡万亩高山脐橙"金杜湾"享誉八桂大地；武平镇3000亩生态观光旅游农业悄然崛起；龙邦镇生态野猪、吞盘乡血橙供不应求……如今，在靖西，高效便利的交通促进了农村产业连片开花。

2016年，随着靖西新靖镇隆江超越草莓基地道路建设项目修通，海升集团靖西超越农业有限公司（简称超越公司）正式在此落地。

"除了气候适宜、政策支持，便利的交通也是我们选择这里的关键因素。"超越公司副总经理王凤全介绍，草莓园紧挨着百色至靖西高速公路，便利了草莓的外销。"凌晨1时，装载着草莓的车辆上高速公路，5时左右到达南宁，新鲜的草莓可通过航空飞往全国各大城市。"

58岁的波江屯村民王开富是当地的贫困户，他在享受土地承包带来收益的同时，也依靠打工获取了更稳定的收入。王开富说："以前就靠国家补助，养些鸡鸭来卖，收入也不够用。草莓园刚入驻，我就到这里务工，现在生活改善了很多。"

四通八达的乡村公路网让靖西村与村、景与景连接到了一起，形成了"产业沿路建、景点沿线修"的景象。如今，一条条大路让靖西百姓的生活越来越幸福。

11月16日，"江海直达1140型集装箱"示范船"汉海1号"轮从武汉新港阳逻港区二期驶出，首次执行武汉新港至上海港洋山港区江海直达运输任务。"汉海1号"轮长130米、宽23.9米、深11米，最大载重量达13600吨，是目前长江中上游最大集装箱船。

特约记者 赵超 文
特约记者 马日根 图

连云港海事联合执法 聚集"两船"监管合力

本报讯 （特约记者 余衰瑟）日前，连云港海事局执法人员收到驻地公安部门受案回执后，涉嫌无证驾驶机动船舶的船员被公安机关带走接受治安调查。这是今年该局开展内河船、砂石船"两船"专项整治以来第4起移送司法案件。通过联合执法，连云港横向到边纵向到底的监管合力正在形成，辖区水上交通安全环境呈现良好局面。

据悉，连云港海事局积极落实防止内河船舶非法从事海上运输、砂石船违规营运的长效管理机制，结合辖区实际，将基层执法力量下沉一线，对辖区涉水工程、砂石装卸点、码头情况摸底。同时，联合地方政府有关部门建立联合执法机制，对涉嫌从事海上运输的内河船、违规营运的砂石船进行拦截检查，一旦发现违法行为将采取必要措施终止其作业活动，并严格查处。

今年以来，连云港海事局累计开展集中整治行动80余次，巡航里程约6760余公里，共查处违法砂石运输船舶160余艘次，推进司法移送4起，进行警示教育学习40余人次，分发宣传材料500余份，签订承诺书120余份，"两船"整治工作取得显著成效。

►详细报道见3版

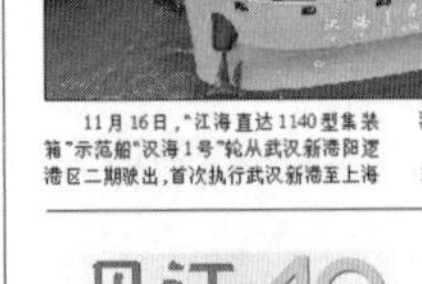

坚守冻土科研的"热土"

——访中交第一公路勘察设计研究院总经理汪双杰

本报记者 庄妍 孟庆丰
实习记者 袁帅

在众多的描述中，大家都用春天的故事来形容改革开放。但在这个充满温暖气息的时代，有一个人和一个团队却在高原苦寒之地坚守了40多年。

"你上过高原没有？"

"上去过。"

"高原反应很难受吧，但是你去多了之后，你就慢慢喜欢上这片土地了。蓝天白云，空旷静谧，净化心灵。"

中交第一公路勘察设计研究院（简称中交一公院）总经理汪双杰，抢在记者提问前打开了话题："这么多年，我们一直探寻高原冻土的奥秘。它什么条件下会融化，一年四季如何变化，多年来是什么变化趋势，能不能在冻土上修沥青路甚至高速公路？从上世纪70年代开始，每揭开一层它的神秘面纱，我国的冻土公路技术就前进一步。"

为了冻土 三代人薪火相传

"上世纪50年代，慕生忠将军带着牦牛和骆驼，从格尔木出发，前往拉萨，草路蓝缕，修成了青藏公路。"汪双杰说。

汪双杰。 实习记者 袁帅 摄

青藏公路修通后成为当时最好的进藏通道，承担了西藏85%以上的客货运输任务。不过，随着汽车荷载反复的碾压，公路底下的冻土产生融化，致使公路路面坍塌。

"当时对多年冻土没有一点认识，并不知道青藏高原的草甸地下埋藏着多年冻土，哪里洼陷，就找点土填一填。"汪双杰介绍。

"直到上世纪70年代，近20年过去，这条顺地爬的土路被多年冻土折磨得千疮百孔。为此，中央作出了青藏公路铺设沥青路的重大决定，由此开启了冻土科研。"汪双杰说，就这样，青藏公路多年冻土科研团队的第一代工作者开始了他们在冻土上修筑沥青路的征程，也拉开了中交一公院三代科研人员薪火相传、攻坚克难的冻土科研序幕。

（下转3版）

□值班编委 王檣 本版副主编 卢锐 责编 杨蕾 □E-mail:xw1b@zgjtb.com □新闻热线：(010)64255441 □发行热线：(010)64256206 □广告热线：(010)64250642 □培训热线：(010)65299681

坚守冻土科研的“热土”

——访中交第一公路勘察设计研究院总经理汪双杰

2018年11月22日 星期四 3版 主编 王俊俊 责编 范红春 电话:010-64252287 E-mail:xw3b@zgjtb.com
见证40年 主题访谈
中国交通报 CHINA TRANSPORT NEWS

坚守冻土科研的“热土”

——访中交第一公路勘察设计研究院总经理汪双杰

（上接1版）

汪双杰说：“我们前辈在渺眼荒凉的青藏线上连续观测了5年，积累起第一批宝贵的原始数据。之后，继续研究青藏公路地下冰分布规律、路基稳定和桥涵修筑等问题。正是在他们的努力下，人类筑路史上有了第一条穿越高原冻土区的二级公路。1985年后，青藏公路实现了全线铺筑沥青路面。”

冻土工程研究，必须有实验数据支撑，而数据的来源除了室内实验，还有大量野外现场监测，包括监测地表的温度和变形。冻土科研人员常年在沿线来回奔波，通过传感器把数据实时传输后方，为长期研究冻土变化规律提供了宝贵数据。

“海拔3000米以上的高原，人烟稀少、空气稀薄。住的就是帐篷或者地窝子，无人区，除了电线杆就是藏羚羊和牦牛，看不见人，工作极其艰苦。”汪双杰说，对冻土区的研究是在高原反应的晕眩中展开的。

作为第二代冻土科研人员的代表，汪双杰说，冻土研究薪火相传50多年，他只是其中的一名接棒人。“目前，第三代冻土科研人员，虽然大部分是‘80后’，却已担负起延续高原冻土科研火种的重任。”自上世纪70年代以来，中交一公院三代人共观测数据300多万组。这种持续近半个世纪的研究和技术沉淀，在土木工程界绝无仅有。正是由于他们多年来的坚守和努力，使这片“冻土”成为科研的“热土”，让青藏高原不再是不可逾越的禁区。

“最早，我们把青藏公路叫作等外公路，后来逐步改造成四级公路，再慢慢地改造成三级公路，到现在叫二级公路。”汪双杰感叹，改造的过程就是人类在不断挑战自我、不断征服冻土的过程。

围绕着青藏公路的历次整治、改建，探索形成的冻土工程研究方法与测试技术，奠定了我国冻土工程的研究基础，创建了我国冻土工程理论与技术体系。

“如果不是当成一项事业，没有人愿意去青藏高原，因为不管身体多好，反反复复上高原，总是对身体不好。我们的工作人员，很多头发都掉光了，指甲翻了一茬又一茬，脸上的皮也是脱了一层又一层。”汪双杰说，人生有很多制高点需要去攀登，必须踏过这座山，才能领略山的美。

创新工艺 终圆冻土高速梦

“就算高不可攀，我们也要踮过去。”汪双杰说，在高原冻土上修高速公路，相当于攀登公路工程的珠穆朗玛峰。

唐贞观十五年，大唐文成公主许嫁吐蕃王松赞干布，此后使臣商旅往来不断，在长安和拉萨之间踏出了一条3000多公里的唐蕃古道。2017年，这条古道上通车运营了世界首条高原冻土高速公路——共(和)玉(树)高速公路。

全长680多公里的共玉高速公路，路线全线穿越冻土区，其中穿越多年冻土区里程长达227公里，占路线总长的36%。

“多年冻土是含有地下冰的各种岩石和土壤，土冻结时会发生冻胀，融化时就成了一团稀泥，完全丧失了承载力，会造成建筑物变形、破坏。”汪双杰介绍，我国是世界上第三冻土大国，多年冻土占国土面积的五分之一。

在多年冻土区进行路基、隧道、桥涵施工，不可避免地会引发冻土消融，同时，为防止行车产生的热量引起路基热融、变形和位移，必须运用一系列技术手段使土地保持“沉睡”，在全国乃至世界都没有解决这个问题的技术先例。但是，这条路是国家高速公路网的重要组成部分，也是通往玉树地区的“生命线”。迎难而上，是中交一公院冻土科研人员唯一的选择。

汪双杰说，共玉高速公路路线具有多年冻土区情况复杂、高温高含冰量路段占比大、热稳定性差等特点，导致在其基础上建设的道路结构尺度比一般等级公路和铁路大3至5倍。为此，要着力解决“宽”“厚”“黑”的问题。

所谓“宽”，就是高速公路路基宽度大带来的大尺度聚热效应；“厚”，就是高速公路路面结构厚带来的厚层承重路面结构蓄热效应；“黑”，就是黑色沥青路面带来的强吸热效应。

汪双杰介绍，中交一公院为共玉高速公路“量身定制”新技术、新工艺，创造性地采用“通风换气”——通风管路基、片(块)石路基，“隔离遮盖”——黑色防护网遮盖工艺、XPS隔热板路基，“热量传导”——热棒路基等技术手段，打破了“宽厚黑”的魔咒。作为在青藏高原多年冻土区建设的首条高速公路，在建设中创下了多项公路建设史上的纪录，被称为高海拔、高寒、高速“三高”公路。

汪双杰（右一）与同事野外考察。

莽莽高原刻下人生记忆

1983年7月，汪双杰从西安公路学院（长安大学前身）毕业。第二年受交通部委托奔赴喀喇昆仑山，为一条通往全军最高边防哨所的边防公路进行勘察设计。

“这条公路当时海拔是4700米左右，这让我真正认识到高原施工环境的恶劣。”尽管在此之前，汪双杰做足了心理准备，但眼前的真实境况还是让他始料未及。

驻地缺水缺电，大风、雨雪、冰雹天气，白天扛着设备每走几步就要停下来休息，夜晚头痛胸闷得难以入睡……艰苦的环境，严重的高原反应，让汪双杰几次都差点放弃。

在此期间，汪双杰除了要忍受各种高原反应的考验，还经受了心灵的巨大打击，他远在安徽老家的母亲患病离世。

“没有电话，一个多月后才收到电报知道。”面对大雪封山前必须打通道路的军令，汪双杰只有强忍悲痛，擦干眼泪，坚守岗位。

“终于大学毕业参加工作了，可以孝敬父母了，没想到遇到这样的大事。白天要施工，晚上坐在朝着家乡方向的大石头上，望着星空。”回忆往事，汪双杰神色有些黯然。

直到第二年春天，施工才告一段落，当汪双杰踏回家时，母亲坟头上已是草色青青。第一次奔赴高原的种种经历深深地埋藏在汪双杰记忆深处，并化作了他宝贵的人生财富。

“后期的一些职业规划，或者工作过程中，一定会想到，我既然第一步迈出去了，我就坚持下来，那后面再有什么困难我都能坚持下来。”汪双杰说。

正如他所说，在以后的工作中，青藏高原上所有公路勘察设计汪双杰从未缺席，他跑遍了进出藏的每一条国道，全面掌握了公路沿线常见不良地质灾害。他充满激情地对记者说，“如果有一天青藏高原上的高速公路成网，那将是我最高兴的事情。”

通车一个甲子的青藏公路始终是西藏自治区最重要的交通命脉。西藏发展日益增加的客货运输量，使老青藏公路不堪重负，建设青藏高速公路再一次被提上议程。2014年，中交一公院“高海拔高寒地区高速公路建设技术”研究入选国家科技支撑计划。2017年5月4日，该项目通过专家组验收。专家认为，项目研究成果是我国高海拔高寒地区高速公路建设技术的系统集成、创新与超越，体现目前这一技术研究的前沿水平，标志着我国青藏高速公路建设有了成套技术支撑。

“做科研，需要能忍得住寂寞，我们对冻土的变化规律还要继续研究，就像李宗盛《山丘》里唱得那样：越过山丘，才发现无人等候，等待你的是另一个需要踏越的技术高峰。”汪双杰说，“别人说通往成功的路有千万条，我觉得只有一条，那就是坚持。”

汪双杰（中）带领团队在高原考察冻土。

本文图片为 本报资料片

连云港“两船”整治见真章显成效

特约记者 余晓强

“你的船存在船舶证书失效、在船人员未按规定持有有效证件等违法行为，请在《船舶安全管理通知书》上签字确认，立即做好整改并通知船东到海事部门接受调查处理。”日前，在“融航甲3003”轮上，执法人员经过详细检查，将《珍爱生命 远离非法水上砂石运输宣传教育手册》和签字确认的《船舶安全管理通知书》递给船员。

类似的检查在连云港各个港区每天都在进行，已成为连云港海事人重拳整治内河船非法从事海上运输、砂石船违规营运的“日常”。针对“两船”这一水上交通安全管理的“老大难”问题，连云港海事局创新执法机制，通过执法合作和联合执法行动，外联内推、南北发力，持续推进辖区非法“两船”整治，水上交通安全环境呈现良好局面。

联合执法人员对涉案船员进行问询。 郑晓亮 摄

海事巡逻艇维护被扣押船舶秩序。 郑晓亮 摄

精准发力 “四个一”让监管更高效

近年来砂石市场需求旺盛，受经济利益驱动，部分内河船舶铤而走险，非法出海参与砂石运输。由于“两船”船舶安全状况低、船舶配员不满足要求，且经常存在超载和严重违反航行规则的行为，已成为影响水上交通安全的顽疾。

安全工作是重中之重。连云港海事局结合辖区实际，坚持“安全第一、预防为主、综合治理”的方针，积极落实防治内河船舶非法从事海上运输、砂石船违规营运的长效管理机制，制定“两船”整治工作任务分解表，细化工作任务和举措，督导“亮剑”行动落实，精准发力，疏堵结合，着力建立起有效的工作机制和执法手段。

在实践中，他们探索出具有连云港特色的“四个一”工作机制，即成立一个专项工作组、采取一个集中办公专门推进的执法方式、完善一个相对固定的处置程序、形成一套完整的整治台账，明确职责分工和查处流程，确保处置规范，台账明晰。在具体执法内容上，强化“四个一”执法手段，即开一张行政处罚单、发一份法治教育宣传手册、看一部安全警示教育片、签一份安全管理承诺书，强化对违法船员的安全警示教育，提高从业人员法律意识。

为保障“四个一”发挥作用，连云港海事局对辖区涉水工程、砂石装卸点、码头情况细致梳理摸底，分析“两船”活动的动态和规律，全面掌握砂石点数量、位置、乘潮运输特点和经常靠泊的运输船舶数量和运输路线等情况，形成数据库。

与此同时，电子巡航和现场巡航相结合，执法力量下沉到一线，建立拦截机制，加大对辖区航道、锚地、“两船”习惯航线、灌河口等重点水域巡航力度，对涉嫌从事海上运输的内河船、违规营运的砂石船进行拦截检查，一旦发现违法行为，及时采取措施终止其作业活动并予以查处。

据统计，2018年以来，连云港海事局累计开展集中整治行动80余次，巡航里程约6760余公里，共查处违法砂石运输船舶160余艘次，其中“三无船”30余艘次，内河船60余艘次，推进司法移送4起，进行警示教育学习40余人次，分发宣传材料500余份，签订承诺书120余份。通过努力，内河船、砂石船整治工作初见成效。

协同联动 形成多元监管合力

在“两船”整治工作中，连云港海事局深深体会到，打击内河船砂石船违法行为、保障水上交通安全既是海事部门的“分内事”，也是地方政府的“家务事”，需要借助地方政府综合管理和主导作用，通过开展区域联动执法行动，形成横向到边纵向到底的监管合力。

作为连云港海事局的重点监管水域，灌河是苏北唯一一条没有在入海口建闸的通海河流，自灌河拦门沙打通后，随着通航能力提升和地方发展需要，灌河水域深陷砂石船多、非法砂石码头多、事故多、通航秩序乱“三多一乱”的现象。为改善通航环境，海事部门坚持程序顺畅、资源共享、信息互通，与地方政府有关部门建立联合执法机制，协调当地公安部门在灌河海事处及下辖站点设立“警务工作站”，三个海巡执法大队和灌河两岸两市三县边防公安常态化联合执法，形成灌河水域联管、联控、联防、联治工作格局，有效打击非法水上运输行为。

联合执法行动中，多部门参与的执法力量以灌河海事处响水海巡执法大队“云海巡02”趸船为重要执法基地，从上游到下游、下游向上游，双向推进，加大对内河船出海的拦截工作，一旦在灌河口拦截未果，及时报告指挥中心研究处理。“协同作战、上下联动的整治格局保障了监管的协同性。”灌河海事处副处长朱孟江说。

现场执法人员章绍和对此深有感触，“过去，面对来历不明的船舶集聚辖区水域、逃避监管，海事部门单一执法往往效果不佳，常常是‘雷声大雨点小’；现在，多部门联动，对借故不开往指定地的砂石船，我们可以采取大马力拖轮或执法船强制拖带、强制气焊割断其锚链或用锚艇起锚后拖航等举措，将围剿的‘两船’并靠，统一泊于指定位置。”海事、公安、边防等多部门联合协同共担了执法风险。

单纯的行政处罚难以对违法者起到震慑作用，为此海事部门加大与司法部门在调查取证、船舶看押、行政处罚等多方面协同合作。对于无证驾驶和涉及盗采国家矿产资源的船员，移送公安部门或海警部门，对试图靠此牟利的人产生了威慑。同时，海事部门与连云港灌云县、灌南县和盐城响水县签署战略合作协议，进一步联合开展海上安全隐患治理工作，将“两船”整治纳入地方法治和平安建设体系。

“如今行驶在灌河上，通航环境确实好了很多，心里舒坦多了。”有着多年驾驶经验的“太平山59”轮船长屈贵海说。

源头管理 割断利益产业链

加强源头管控，不让违法行为有容身之地，才能巩固“两船”整治成果，从源头上遏制内河船参与海上运输行为。

位于苏鲁两省交界的绣针河，是非法砂石码头和砂石船集中地，也是连云港海事局辖区重点风险源之一。海事部门按照“四个一”工作机制、采取“四个一”执法手段，在摸清非法“两船”进出规律后，针对违法行为夜间和周末转移的趋势，对照潮汐特点，执法人员白天进行陆域重点巡查，昼夜在高潮来临前蹲点驻守，同时海巡艇不定期对绣针河口进行海上拦截，震慑内河船舶非法从事海上运输行为的蔓延。

除了对辖区砂石码头和长期在本辖区活动的内河砂石船登记造册，并开展海上和陆域巡查盯梢之外，海事部门还推动地方政法委牵头公安局、检察院核查砂石来源及买卖合法性，打击违建码头的砂石老板；紧抓施工项目部管理，督促涉水工程项目部落实安全生产责任制，严禁雇用非法砂石运输船参与砂石运输；借助地方多部门联合力量对非法采砂、违建砂石码头进行整治拆迁。近年来累计清除违法建房10余间，非法采砂点20余处，清除非法采砂船只和洗砂器具50余台套。同时，还在通往绣针河口必经通道道路设置限高设施，入口处安排边防哨口定点驻守，封堵卸砂通道，切断砂石陆路运输的通道，杜绝了砂石大货车通行的可能。“实现了从买卖、装卸、运输等环节整体打击海上砂石违法运输的产业链，让从事海上运输的内河船无货可运、无处可靠。”连云港赣榆海事处处长陈晓翔说。

今年年初，海事部门还借力政府“扫黑除恶”东风，本着“有黑打黑、有恶除恶、有乱治乱”的初衷，推动政府成立服务港区发展指挥部，每日例行对辖区防波堤及木套渔港进行巡查。木套渔港口安装了高清CCTV监控，给联合整治小组电子巡查及监控木套渔港砂石船提供便利。

“‘亮剑’行动高压态势卓有成效，但‘两船’整治作为一项系统工程仍任重道远。”“我们有信心、有决心，继续加大‘两船’整治高压态势，通过外联内推、南北发力，有效落实行业主管部门水上交通安全监管责任，督促航运企业和涉水工程企业全面落实安全生产主体责任，不断增强从业人员安全意识，从而全面禁止内河船舶非法从事海上运输，促进海上运输活动健康安全有序发展。”连云港海事局副局长包继来表示。

投身交通是缘分，也是幸运

——访原交通部副总工程师王玉

本报记者　王俊峰　马珊珊

见报日期　2018 年 11 月 26 日

许多年后，面对着镜头，头发已经花白的王玉回想起儿时看到汽车和火车的那个遥远的午后，“小时候家住城南，去雨花台要经过中华门车站，看汽车、火车通过是很高兴的事，很想乘车，但儿时记忆里只坐过一次马车。”

儿时的梦想像一颗种子生根发芽。在面临人生第一次重大抉择时，王玉毅然选择进入南京交通专科学校。“交通”，成为王玉生命中的新起点，并延续至今。

“40 多年来一直从事跟交通有关的工作，这应该是缘分。公路交通缘，也是一种幸运。”在这位年逾七旬的交通人温润平和的讲述中，40 年公路交通，尤其是青藏高原波澜壮阔的交通运输变迁史得以重温和铭记。

科学整治改建青藏川藏公路

时间回到 1983 年，我国正在迈向“现代化”的当口，一切方兴未艾，公路交通也迎着改革开放的春风，驶入发展的快车道，交通专业人才成为历史重任的赋予者。这一年，王玉被调至交通部公路局，开启了长达42年的公路交通生涯。

“1985年以来，公路交通行业迎来跨越式发展，部公路局每年要负责几十项高速公路、特大桥梁、长大隧道建设项目的设计审批与行业管理。”王玉说，青藏公路、川藏公路的整治改建工作亦被提上日程。

1991年7月，王玉和西藏自治区交通厅总工程师林道勋，交通部第一公路勘察设计院、武警交通指挥部等单位的同仁考察青藏公路，现场审查青藏公路一期整治改建工程及中尼公路曲水至大竹卡段改建工程。

“那时候交通条件比较艰苦，从格尔木到拉萨，一路颠簸从早到晚走了整整两天，途经青藏公路109道班，养路工人甘为路石的奉献精神让人特别感动。”第一次深入青藏高原腹地的调研经历给王玉留下了极为深刻的印象。

通过这次实地调研，调研组在总结20世纪70年代青藏公路建设经验的基础上，加深对了青藏高原多年冻土地区修筑公路的认识，共同商定了青藏公路一期的整治改建设计原则和五道梁、可可西里、昆仑山等三段试验路、楚玛尔河大桥的初步设计方案。

“青藏高原独特的冻土地质环境和冻土地貌景观，极为恶劣的气候环境，使公路路基、路面的稳定性成为历次整治改建和科研工作的难点及核心内容。”王玉说，通过不断探索和研究，青藏公路交通基础设施建设才找到了适应其变化规律、保护其自然环境、控制其融化速率这条“动态变化、动态整治”的路径。

1994年，川藏公路整治改建工作开始启动。

“川藏公路所经地形险峻多变，地理地质环境特殊复杂，年景好的时候有三四个月不能通车，差的时候半年以上不能通车。”王玉回忆。

如何整治改建川藏公路、保证我国西藏地区物资运输大动脉的顺畅？当时拟定的原则是“先重点后一般，先难后易”。

1994年10月，王玉和西藏自治区交通厅党委书记帕巴次诚，四川省交通厅、交通部公路规划设计院、第一公路勘察设计院、第二公路勘察设计院、武警交通指挥部等单位的同仁，沿318国道和214国道实地调查川藏公路南线、中尼公路、昌邦公路现状。同时，审查海子山—竹巴笼、牛踏沟—古乡段的初步设计，向沿线交通局、养路段、武警部队了解川藏南线、昌邦公路的建设、养护经验和教训。

“整个调查完后，大家认为整治改建川藏公路是一项极为复杂的系统工程，涉及的学科和问题很多，必须以实事求是的态度，以不人为诱发新增地质灾害为前提，科学地进行整治改建，这是我们得出的最关键的认识。”王玉说。

之后，川藏公路调研组写出了一份翔实的报告，向时任西藏自治区政府常务副主席杨传堂和交通部副部长刘锷汇报后，经国家计委批准，确定了川藏公路整治改建的目标。

随着拉萨至林芝、成都至巴塘、海通沟、嘎玛沟、如美沟整治改建工程的逐步推进和二郎山隧道的胜利贯通，川藏公路整治改建标准逐步提高，路况日益改善，大大缩短了成都至拉萨的运输时间，来自内地的各种物资得以源源不断地输送进青藏高原，保证了我国西藏地区经济社会的持续稳定发展。

“高原孤岛”与外界连通

2013 年 10 月 31 日，对于王玉来说是一个特别的日子，这一天，西藏墨脱公路全线通车。至此，我国最后一个不通公路的县——墨脱用公路连通了外面的世界。

“墨脱公路对于西藏的意义，绝不亚于青藏铁路，它是中国交通人心中的一条天路，数代交通人付出了大量的心血甚至生命。”谈及墨脱公路的意义，王玉如此表述。

王玉与墨脱结缘要回溯到 1994 年 10 月，“那时在波密县调研，了解到墨脱由于三面环山，加上气候条件和地质结构极其复杂，每年都有长达半年以上的大雪封山期。其间，外面的人进不来，里面的人出不去，是名副其实的‘高原孤岛’。”

由于与世隔绝，墨脱县的物质资源极为匮乏，当地百姓的生活条件极为艰苦，甚至连最日常的生活用品都要限量供应。

“当时墨脱人口不到 1 万，听说要重新修建通向外面世界的公路，路旁小镇和附近山沟的百姓有的用碗、有的用盘、有的用筐，盛着鸡蛋和野外采摘的香蕉，站在公路两旁，眼神中带着满满的期盼，甚至是恳求。”那一刻，王玉看到了墨脱人民对外面世界的渴望，看到了他们对美好生活的向往，也深感一名公路人肩上的责任和义务。

同样让王玉深受感染的，还有为墨脱公路力疾奔走、奉献自我的广东援藏干部许晓珠。在两年多的时间里，他冒着生命危险，10 余次徒步进出墨脱，行程 4000 多公里，走遍了全县 8 个乡（镇）48 个村，并 50 多次驱车往返于林芝和拉萨之间，行程 4 万多公里，数次前往中央国家机关有关部门汇报情况，寻求支持。

在更多“许晓珠”的不懈努力和西藏自治区政府、交通运输部、国家发展改革委等各方的关切下，2009 年 4 月 20 日，117 公里长的西藏波密扎木至墨脱县城公路新改建工程正式开工建设。百公里长的公路投资达 9.5 亿元，这在全国低等级公路史上可谓天价。

墨脱公路的建设，对世代生活在大山里的门巴、珞巴等少数民族无疑是历史性的改变。2010 年 12 月 15 日，墨脱公路全线控制性工程，世界上第一条穿越喜马拉雅山脉的隧道，也是世界上第一条穿越两个不同气候带的特长隧道嘎隆拉隧道胜利贯通，一举克服了“地形起伏最大、自然坡降最大、降雨量最大、地震烈度最高、地质灾害最多、地质条件最复杂”六大难题，为墨脱公路全线通车奠定了基础，这个处于现代冰川的高寒、高海拔、高烈度地震区隧道的勘察设计与施工技术获得了国家科技进步二等奖。

“117公里的墨脱公路，整整探索了40年，可以说没有这40年的经验积淀、技术创新和经济实力是完不成的。”王玉感慨道。

公路人的精神需要记录和传承

“对于墨脱公路的建设，我有着深厚的感情，这种感情来自青藏高原公路人的奉献精神。”王玉说，无论是前期勘察设计、简易便道常年保通，还是新改建工程施工，参与墨脱公路的建设者在无比艰难的工作环境中用青春和生命顽强拼搏、无私奉献，只为把公路修到墨脱，他们的事迹及其形成的“墨脱精神”是时代精神的重要组成，值得弘扬和铭记。

王玉的电脑里，一直珍藏着一张照片，那是交通部青藏公路科研组在1995年的一张合照。这个成立于1973年的科研组常年驻扎在青藏高原，专门研究和解决青藏高原冻土问题，一直延续至今，其研究成果曾两次获得国家科技进步奖。

照片中的人们站在广袤青藏高原上孤零零的低矮“办公楼”前，每个人脸上都流露出朴素自然的笑容，显得那么平和自信、意气风发。

“照片里有的人已经去世了，他们把一生都奉献给了公路交通事业，留下来的技术和精神永恒，这些时代的印记需要记录和传承。”久久凝视着照片，这位年逾古稀的老交通人似乎又回到了那段纯粹、朴素而又激情燃烧的岁月，那时的他们可以为了理想、为了国家、为了人民，远赴边疆，择一事，终一生。

“从事交通一辈子，就是不断学习和实践的过程，也从老一辈交通人身上学到了许多知识和人品，这是我人生的重要组成部分，我觉得像我一样从那个年代过来的老同志都对我们的事业很有感情，有着深厚的交通情结，都还在关注着我国交通运输事业的建设和发展。”王玉说，许多老交通人，平常除了带孙子以外，就是在家整理资料，希望自己毕生的经验能够传承下来，能够对我国的交通运输事业有所贡献。

“我每天晚上都看新闻联播，看看哪儿通车了，哪儿建桥了，哪儿的隧道怎么样了，已经成习惯了。”如今，本该颐养天年的王玉还在时刻关注我国交通运输事业的发展，特别是青藏高原公路的状况，“我40多次到西藏，不断学习青藏高原公路的建设经验，我觉得从青藏公路到川藏公路，再到滇藏公路、墨脱公路的建设不仅是技术上的积累，更是精神上的升华和传承，‘老西藏精神’‘两路精神’和‘墨脱精神’，都是时代精神、民族精神的重要组成和体现，我们扎墨公路专家组包括设计的、施工的、建设的、管理的很多人都有这个感受，都感到参加青藏高原公路建设很值得！”

今年4月，王玉又去了趟墨脱，与过去开车从早上6点到晚上10点不一样，现在从波密开车到墨脱4个小时就到了，“变化最大的是车子多了，县城里盖了很多漂亮的新房子，学校也建起新楼了，如果你以前去过墨脱，都不敢想象现在的墨脱公路通行能力提高有多少，尽管它不如高速公路那么起眼，但在我们心里，就是翻天覆地的变化，真是不容易！”

的确不容易，但这一切都值得。

投身交通是缘分，也是幸运
——访原交通部副总工程师王玉

2018年11月26日 星期一 http://www.zgjtb.com | 第6863期 今日8版 | 邮发代号1－72 国内统一连续出版物号 CN 11－0122 交通运输部主管 中国交通报社主办

31省份千余团队报名

互联网交通双创大赛复赛在即

本报讯 （记者 朱岳）11月23日，2018年中国(小谷围)"互联网+交通运输"创新创业大赛组委会宣布，大赛报名工作已全部结束。目前，报名参赛团队超过1500个，覆盖31个省(区、市)，其中广东、四川、山东等地参赛队伍较多。

此次参赛项目广泛覆盖交通运输行业各个领域，包括分时租赁、智慧停车、冷链物流、无人驾驶、无感支付、机器人、大数据、云平台及金融、保险等增值服务领域，其中涉及货运和出行领域的参赛团队最多。三项赛事中，创客赛报名尤为火爆，吸引了包括长沙理工大学、北京交通大学等高校团队报名参加。此外，"智慧公路主题赛""人工智能+交通主题赛""交通电子支付主题赛""综合运输服务大数据主题赛"等各项主题赛也备受报名团队青睐，报名人数占大赛报名总数的25%。

大赛将在11月30日前完成各项赛事初选，12月初分别组织创新大赛、创业大赛、创客大赛三项赛事的复赛。

思维不猫冬 冰雪变金山

吉林高速公路已完成投资同比增长近两成

本报记者 李丹 张士鹏

"十里长堤、柳树银花，听说现在吉林的雾凇特别好看，我们专程从冰城哈尔滨来观赏一下不一样的冬日风景。"时下，不少外地游客驱车来到吉林省，欣赏美丽雾凇。

随着辉南至白山高速公路、吉林至荒岗(吉黑界)高速公路相继通车，外地游客前往吉林省会更便捷。运营20天以来，辉白高速公路入口车流量达18159辆、出口车流量达18135辆；吉荒高速公路入口车流量达58264辆、出口车流量达52703辆。两条高速公路的建成通车，极大方便了沿线百姓出行和生产生活。

凭借日益便利的交通运输条件，吉林省正在深入挖掘冬季旅游资源，转变发展理念，推动冰天雪地变成金山银山。

串起冰雪旅游城市

"这两条高速公路的通车，使白山市与长春市的沟通更便捷。舒兰市结束了不通高速公路的历史，高速公路服务全省区域协调发展的能力得到进一步增强。"吉林省交通运输厅党组书记、厅长王振才说。

吉荒高速公路是《国家高速公路网规划》中珲春至乌兰浩特高速公路吉林至黑河联络线的组成部分，也是《振兴东北老工业基地公路水路交通发展规划纲要》中区域骨架公路网的重要组成部分。

"这条路对打造吉林市冰雪旅游城市意义重大。通过这条路，可以把吉林市与哈尔滨市等冰雪旅游城市串联到一起。"舒兰市委书记李鹏飞特别看好这条路的旅游价值。

据了解，辉白高速公路是吉林省东部地区重要快速通道、绿色旅游通道和国防战略通道，其建成通车使白山市到长春市的车程由原来的3.5小时缩短至2.5小时，对加快白山市乃至吉林省经济社会发展具有十分重要的意义。

"辉白高速公路沿线矿产资源富集，白山市是世界三大矿泉水富集地之一，也是东北亚最大的天然药材库。这条路的通车，将有力促进白山市转型发展，带动沿线贫困群众更快脱贫。"白山市副市长刘凤春说。

品质工程理念贯穿建设全过程

在推进辉白高速公路和吉荒高速公路建设过程中，吉林省交通运输厅全力推进高速公路品质工程建设，确保以人为本思想和周期成本理念根植项目建设之中。

在这两条高速公路建设过程中，吉林省交通运输厅统筹公路建设品质、资源利用、能源耗用等因素，确保在公路规划、设计、建设、运营、管理全过程，获得最优建设品质和最高运行效率。

辉白高速公路精准对接旅游，吉荒高速公路综合利用太阳能及地热能解决高寒地区服务管理设施取暖问题等做法，为吉林省高速公路高质量发展作出了新探索。

今年，吉林省交通运输厅以服务经济稳定增长、高质量发展为奋斗目标，加大交通基础设施投资力度，全力推进高速公路建设提速、提质、提效，以省际大通道和旅游大通道建设为重点，计划全年建设12个项目1476亿元。截至10月底，吉林省高速公路建设已完成投资182亿元，同比增长19%。

安徽交通从勤跟跑到谋超越

驻安徽首席记者 吴歆
本报记者 王俊峰

步入安徽省凤阳小岗村的大包干纪念馆，展墙上被放大的按有18个鲜红手印的契约，依旧震撼人心。40年前，这一纸红手印，成就了我国农村改革的第一份宣言，掀开了改革开放的序幕。

如今，经历40年气势磅礴、风驰电掣的发展，安徽已站在全新起点，正沿着全面小康的大道疾驰，安徽交通运输更是取得了翻天覆地的变化，交通建设年投资量从1978年的不足亿元跃升至2017年的840亿元，"铁公水空"立体交通运输体系衔接有序，服务水平大幅提高，为经济社会发展提供了重要的支撑。

改革开放红利持续释放

公路总里程逾3万公里、率先兴建合(肥)宁(南京)高速公路安徽段、领先实施安徽省第一部公路管理法规、第一艘万吨级"皖加"轮投入运营……

改革开放初期，安徽交通以"改革、开放、搞活"为方针，全省公路、水路运输市场由计划经济模式逐步转变为社会主义市场经济模式，对商品流通起到很大的促进作用。

进入上世纪90年代，随着宏观经济体制改革以及改革开放从沿海向内陆腹地纵深发展，安徽交通进入大发展、大提高、大跨越阶段。

在此期间，合(肥)宁(南京)高速公路、铜陵长江大桥等相继建成通车，安徽实现了高速公路和长江大桥"零的突破"。"十一五"期，安徽重点加强高速公路、农村公路，以及基础薄弱的内河港口与航道、公路场站枢纽建设。到"十一五"末，建成高速公路2602公里，干线公路通车里程超过1.2万公里，新改建农村公路7.3万公里，四级及以上高等级航道里程达1084公里，港口吞吐能力达3.9亿吨，民用航线总里程超过3万公里。

综合交通运输体系持续完善

党的十八大以来，安徽坚持以新发展理念为引领，以落实五大发展行动计划为主线，以加快构建现代立体化综合交通运输体系为目标，交通运输发展实现新的历史性跨越。

截至2017年年底，安徽省公路总里程20.3万公里，内河航道总里程6612公里，综合交通运输体系得以不断完善，多式联运、江海联运、甩挂运输、挂驳运输等多个项目被列入国家试点。

公共交通服务能力也得到进一步增强，合肥等5市被列入国家公交都市创建示范城市，"四好农村路"舒城经验得到交通运输部肯定，全省乡镇通客车率达到100%，建制村通客车率为98.73%。综合枢纽持续完善，成立国内首家省级民航城市候机楼联盟，开辟国际及地区航线12条，设立乡镇快递服务网点4140个，实现乡镇全覆盖。

完成全省地方海事(港航)管理体制改革，出台出租汽车行业改革实施意见，交通窗口"只来一次"公开服务承诺得到全面推广……通过全面深化改革，安徽交通以自信开放的姿态进入新时代，下大气力补短板、促发展、谋超越，全力服务全省改革发展大局，为全面开创现代化五大发展美好安徽建设新局面，实现"两个一百年"奋斗目标砥砺前行。

▶详细报道见6—7版

长三角综合交通发展大会南京举行

共同推动长三角综合交通协同创新发展

本报讯 （驻江苏首席记者 龙科 驻安徽首席记者 吴歆）11月24日，长三角综合交通发展大会在江苏南京召开，来自交通运输部和沪、苏、浙、皖等地相关代表500余人与会，共同探讨长三角区域综合交通创新协同发展。开幕式上，交通运输部副部长戴东昌、上海市副市长彭沉雷、江苏省副省长费高云、浙江省副省长高兴夫、安徽省副省长何树山分别致辞。

戴东昌在致辞中指出，改革开放以来，特别是党的十八大以来，长三角区域交通运输发展实现了巨大飞跃，取得了显著成就，为区域乃至全国经济社会发展提供了强有力的支撑和保障。他强调，加快建设现代综合交通运输体系是长三角区域一体化的内在要求，也是长三角区域经济高质量发展的必由之路。交通运输系统将以习近平新时代中国特色社会主义思想为指导，深入贯彻党的十九大精神，坚持以人民享有美好交通服务为宗旨，以三省一市对内和对外之间、城乡间、各运输方式间协调发展为导向，以创新、改革、开放为动力，着力推进交通基础设施互联互通，着力推动运输服务一体衔接，着力加强区域环保联防联治，着力强化交通政策和管理协同创新，加快建设高质量一体化的现代综合交通运输体系，打造交通强国建设的先行引领示范区，为长三角区域一体化国家战略实施当好先行、创造有利条件、作出应有贡献。

戴东昌表示，近期，交通运输部将研究建立长三角交通运输一体化部省协调机制，统筹谋划、组织编制长三角区域交通一体化发展相关规划，进一步深化改革、扩大开放，谋划一批交通重大改革、重大科技、重大政策、重大项目在长三角区域先行先试。

大会还审议并发布了《长三角综合交通发展大会倡议书》。

11月20日，随着"天佑号"盾构机刀盘徐徐破土而出，由中铁十四局集团施工的京张高铁清华园隧道安全穿越核心区，顺利贯通，标志着京张高铁北京市区段全面进入站前工程收尾阶段，为北京北站和京张高铁同步开通奠定了基础，也为2019年年底全线通车提供了有力保证。 刘禄喜 摄

中非专家研讨 公路工程标准对接

本报讯 日前，继中美、中俄、中法公路工程标准对接研讨会及交通基础设施工程标准院士论坛成功举办之后，中非公路工程技术标准研讨会在位于陕西省西安市的长安大学举行，进一步与"一带一路"沿线国家和地区推进公路工程标准的对接交流。交通运输部总工程师周伟出席会议并作主题报告。

来自南非工程院、南非国家公路局等单位及长安大学、中交一公院、山东交通科学研究院等单位的专家代表，围绕公路工程技术标准的深入理解、合理对接、准确应用及中国企业"走出去"所面临的问题、挑战及解决方案，作了精彩的报告并进行了深入讨论。 （桂志敏）

粤桂海事 联合巡航北部湾

本报讯 （特约记者 吴秀盛）11月22日至25日，广东海事局联合广西海事局共同开展北部湾海域巡航行动，维护海上交通安全。

此次联合巡航共出动海巡船艇4艘、执法人员48名，巡航里程约500海里。海事执法人员对琼州海峡、北部湾、石油平台、中越边界中线、白须公礁水域、防城港航道等通航水域进行巡查，查处海上船舶违法违章行为，维护正常通航秩序，防范船舶污染海洋环境。

北部湾是我国大西南的海上通道，也是著名渔场。随着海上运输作业越来越繁忙，船舶通航密度越来越大，维护海上交通安全愈加重要。此次粤桂海事联合巡航北部湾，是落实交通运输部日前在全国范围内开展水上交通安全专项治理部署的具体行动。海事部门通过加强区域合作，着力防范和遏制海上交通安全事故发生，着力维护船舶安全航行和人民群众安全出行，能够更好地服务"一带一路"倡议和北部湾区域发展。

海南高速 首次推行路长制

本报讯 （特约通讯员 潘彩彩）近日，海南交控公路工程养护有限公司出台了《G98海南环岛高速东线段"路长制"实施方案》，按照"全路实名""全长有责""路格集合"的原则，实行网格化、实名制管理，在全省高速公路首推"路长制"。

据了解，海南交控公路工程养护有限公司负责海南省东线高速公路养护工作，此次实行二级路长制，公司主要领导担任所辖高速公路路长，定安、琼海、万宁、陵水和三亚5个管理站站长担任所辖高速公路分路长。路长负责管辖路段"路长制"工作的总调度、总协调，监督检查分路长和相关部门履职情况，统筹协调热点、难点问题，确保路段干净、整洁、安全、美观。

今日看点

见证40年 主题访谈

投身交通是缘分，也是幸运

——访原交通部副总工程师王玉

本报记者 王俊峰 马琳琳

许多年后，面对着镜头，头发已经花白的王玉回想起儿时看到汽车和火车的那个遥远的午后，"小时候家住城南，去雨花台要经过中华门车站，看汽车、火车通过是很高兴的事，很想乘车，但儿时记忆里只坐过一次马车。"

儿时的梦想像一颗种子生根发芽。在面临人生第一次重大抉择时，王玉毅然选择进入南京交通专科学校。"交通"，成为王玉生命中的新起点，并延续至今。

"40多年来一直从事跟交通有关的工作，这应该是缘分。公路交通缘，也是一种幸运。"在这位年逾七旬的交通人温润平和的讲述中，40年公路交通，尤其是青藏高原波澜壮阔的交通运输变迁史得以重温和铭记。

科学整治改建青藏川藏公路

时间回到1983年，我国正在迈向"现代化"的当口，一切方兴未艾，公路交通也迎着改革开放的春风，驶入发展的快车道，交通专业人才成为历史重任的赋予者。这一年，王玉被调至交通部公路局，开启了长达42年的公路交通生涯。

"1985年以来，公路交通行业迎来跨越式发展，部公路局每年要负责几十项高速公路、特大桥梁、长大隧道建设项目的设计审批与行业管理。"王玉说，青藏公路、川藏公路的整治改建工作亦被提上日程。

1991年7月，王玉和时任西藏自治区交通厅总工程师林道勋，交通部第一公路勘察设计院、武警交通指挥部等单位的同仁考察青藏公路，现场审查青藏公路一期整治改建工程及中尼公路曲水至大竹卡段改建工程。

王玉。 实习记者 王伟宇 摄

"那时候交通条件比较艰苦，从格尔木到拉萨，一路颠簸从早到晚走了整整两天，途经青藏公路109道班，养路工人甘为路石的奉献精神让人特别感动。"第一次深入青藏高原腹地的调研经历给王玉留下了极为深刻的印象。

通过这次实地调研，调研组在总结70年代青藏公路建设经验的基础上，加深对了青藏高原多年冻土地区修筑公路的认识，共同商定了青藏公路一期的整治改建设计原则和五道梁、可可西里、昆仑山等三段试验路、楚玛尔河大桥的初步设计方案。

"青藏高原独特的冻土地质环境和冻土地貌景观，极为恶劣的气候环境，使公路路基、路面的稳定性成为历次整治改建和科研工作的难点及核心内容。"王玉说，通过不断探索和研究，青藏公路交通基础设施建设才找到了适应其变化规律、保护其自然环境、控制其融化速率这条"动态变化、动态整治"的路径。

（下转4版）

□值班编委 王楠 本版副主编 卢锐 责编 徐蕾 □E-mail:xw1b@zgjtb.com □新闻热线：(010)64255441 □发行热线：(010)64256206 □广告热线：(010)64250642 □培训热线：(010)65299681

2018年11月26日 星期一 4版 主编 王兆宇 责编 子 晶 电话:010-65293632 64252864 E-mail:zgjtb@126.com
见证40年 主题访谈
中国交通报 CHINA TRANSPORT NEWS

王玉向本报记者展示老照片。 本报记者 林 赤 摄

投身交通是缘分，也是幸运

——访原交通部副总工程师王玉

（上接1版）

1994年，川藏公路整治改建工作开始启动。

"川藏公路所经地形险峻多变，地理地质环境特殊复杂，年景好的时候有三四个月不能通车，差的时候半年以上不能通车。"王玉回忆。

如何整治改建川藏公路、保证西藏物资运输大动脉的顺畅？当时拟定的原则是"先重点后一般，先难后易"。

1994年10月，王玉和时任西藏交通厅党委书记帕巴次诚，四川省交通厅、交通部公路规划设计院、第一公路勘察设计院、第二公路勘察设计院、武警交通指挥部等单位的同仁，沿318国道和214国道实地调查川藏公路南线、中尼公路、昌邦公路现状。同时，审查海子山—竹巴笼、牛踏沟—古乡段的初步设计，向沿线交通局、养路段、武警部队了解川藏南线、昌邦公路的建设、养护经验和教训。

"整个调查完后，大家认为整治改建川藏公路是一项极为复杂的系统工程，涉及的学科和问题很多，必须以实事求是的态度，以不人为诱发新增地质灾害为前提，科学地进行整治改建，这是我们得出的最关键的认识。"王玉说。

之后，川藏公路调研组写出了一份详实的报告，向时任西藏自治区政府常务副主席杨传堂和交通部副部长刘锷汇报后，经国家计委批准，确定了川藏公路整治改建的目标。

随着拉萨至林芝、成都至巴塘、海通沟、嘎玛沟、如美沟整治改建工程的逐步推进和二郎山隧道的胜利贯通，川藏公路整治改建标准逐步提高，路况日益改善，大大缩短了成都至拉萨的运输时间，来自内地的各种物资得以源源不断地输送进青藏高原，保证了西藏地区经济社会的持续稳定发展。

"高原孤岛"与外界连通

2013年10月31日，对于王玉来说是一个特别的日子，这一天，西藏墨脱公路全线通车。至此，我国最后一个不通公路的县——墨脱用公路连通了外面的世界。

"墨脱公路对于西藏的意义，绝不亚于青藏铁路，它是中国交通人心中的一条天路，数代交通人付出了大量的心血甚至生命。"谈及墨脱公路的意义，王玉如此表述。

王玉与墨脱结缘要回溯到1994年10月，"那时在波密县调研，了解到墨脱由于三面环山，加上气候条件和地质结构极其复杂，每年都有长达半年以上的大雪封山期。其间，外面的人进不来，里面的人出不去，是名副其实的'高原孤岛'。"

由于与世隔绝，墨脱县的物质资源极为匮乏，当地百姓的生活条件极为艰苦，甚至连最日常的生活用品都要限量供应。

"当时墨脱人口不到1万，听说要重新修建通向外面世界的公路，路旁小镇和附近山沟的百姓有的用碗、有的用盘、有的用筐，盛着鸡蛋和野外采摘的香蕉，站在公路两旁，眼神中带着满满的期盼，甚至是恳求。"那一刻，王玉看到了墨脱人民对外面世界的渴望，看到了他们对美好生活的向往，也深感一名公路人肩上的责任和义务。

嘎隆拉隧道是墨脱公路的控制性工程。 本报资料片

同样让王玉深受感染的，还有为墨脱公路力疾奔走、奉献自我的广东援藏干部许晓珠。在两年多的时间里，他冒着生命危险，10余次徒步进出墨脱，行程4000多公里，走遍了全县8个乡（镇）48个村，并50多次驱车往返于林芝和拉萨之间，行程4万多公里，数次前往中央国家机关有关部门汇报情况，寻求支持。

在更多"许晓珠"的不懈努力和西藏自治区政府、交通运输部、国家发展改革委等各方的关切下，2009年4月20日，117公里长的西藏波密扎木至墨脱县城公路新改建工程正式开工建设。百公里长的公路投资达9.5亿元，这在全国低等级公路史上可谓天价。

墨脱公路的建设，对世代生活在大山里的门巴、珞巴等少数民族无疑是历史性的改变。

2010年12月15日，墨脱公路全线控制性工程，世界上第一条穿越喜马拉雅山脉的隧道，也是世界上第一条穿越两个不同气候带的特长隧道嘎隆拉隧道胜利贯通，一举克服了"地形起伏最大、自然坡降最大、降雨量最大、地震烈度最高、地质灾害最多、地质条件最复杂"六大难题，为墨脱公路全线通车奠定了基础，这个处于现代冰川的高寒、高海拔、高烈度地震区隧道的勘察设计与施工技术获得了国家科技进步二等奖。

"117公里的墨脱公路，整整探索了40年，可以说没有这40年的经验积淀、技术创新和经济实力是完不成的。"王玉感慨道。

墨脱公路的通车，标志着我国实现"县县通公路"目标。 本报资料片

公路人的精神需要记录和传承

"对于墨脱公路的建设，我有着深厚的感情，这种感情来自于青藏高原公路人的奉献精神。"王玉说，无论是前期勘察设计、简易便道常年保通，还是新改建工程施工，参与墨脱公路的建设者在无比艰难的工作环境中用青春和生命顽强拼搏、无私奉献，只为把公路修到墨脱，他们的事迹及其形成的"墨脱精神"是时代精神的重要组成，值得弘扬和铭记。

王玉的电脑里，一直珍藏着一张照片，那是交通部青藏公路科研组在1995年的一张合照。这个成立于1973年的科研组常年驻扎在青藏高原，专门研究和解决青藏高原冻土问题，一直延续至今，其研究成果曾两次获得国家科技进步奖。

照片中的人们站在广袤青藏高原上孤零零的低矮"办公楼"前，每个人脸上都流露出朴素自然的笑容，显得那么平和自信、意气风发。

"照片里有的人已经去世了，他们把一生都奉献给了公路交通事业，留下来的技术和精神永恒，这些时代的印记需要记录和传承。"久久凝视着照片，这位年逾古稀的老交通人似乎又回到了那段纯粹、朴素而又激情燃烧的岁月，那时的他们可以为了理想、为了国家、为了人民，远赴边疆，择一事，终一生。

"从事交通一辈子，就是不断学习和实践的过程，也从老一辈交通人身上学到了许多知识和人品，这是我人生的重要组成部分，我觉得像我一样从那个年代过来的老同志都对我们的事业很有感情，有着深厚的交通情结，都还在关注着我国交通运输事业的建设和发展。"王玉说，许多老交通人，平常除了带孙子以外，就是在家整理资料，希望自己毕生的经验能够传承下来，能够对我国的交通运输事业有所贡献。

"我每天晚上都看新闻联播，看看哪儿通车了，哪儿建桥了，哪儿的隧道怎么样了，已经成习惯了。"如今，本该颐养天年的王玉还在时刻关注我国交通运输事业的发展，特别是青藏高原公路的状况，"我40多次到西藏，不断学习青藏高原公路的建设经验，我觉得从青藏公路到川藏公路，再到滇藏公路、墨脱公路的建设不仅是技术上的积累，更是精神上的升华和传承，'老西藏精神''两路精神'和'墨脱精神'，都是时代精神、民族精神的重要组成和体现，我们扎墨公路专家组包括设计的、施工的、建设的、管理的很多人都有这个感受，都感到参加青藏高原公路建设很值得！"

今年4月，王玉又去了趟墨脱，与过去开车从早上6点到晚上10点不一样，现在从波密开车到墨脱4个小时就到了，"变化最大的是车子多了，县城里盖了很多漂亮的新房子，学校也建起新楼了，如果你以前去过墨脱，都不敢想象现在的墨脱公路通行能力提高有多少，尽管它不如高速公路那么起眼，但在我们心里，就是翻天覆地的变化，真是不容易！"

的确不容易，但这一切都值得。

地址:北京市朝阳区安华西里三区13号楼 邮编:100011 总编室:(010)65293633 通联部:(010)65293561 (010)64252114(传真) 采编中心:(010)64255441 公路中心:(010)65293615 水运中心:(010)64255824 运输中心:(010)65293641 新媒体中心:(010)64255469 培训中心:(010)65299681 广告部:(010)64250642 (010)64255452(传真) 北京中通广告公司:(010)64252934 广告经营许可证:京朝工商广字0142号 每月定价:460元 每月定价:38.34元 零售每份:1.92元 中国青年报印刷厂印刷

在改革道路上每天前进1毫米

——访苏交科集团股份有限公司董事长符冠华

实习记者　韩光胤　本报记者　马珊珊

见报日期　2018年11月29日

从一家员工不足百人、产值不足3000万元的省级科研院所，成长为一家员工逾万人、年营收超过65亿元、在全球30多个地区设立分支机构、在50多个国家开展项目的跨国企业，苏交科集团股份有限公司（简称苏交科）经历了整整40年的砥砺攻坚。

谈及这40年，苏交科董事长符冠华说："很幸运，我们的企业与改革开放同龄，全程参与了一个行业的开拓、见证了一个时代的腾飞。"

与改革开放同龄　与行业发展同频

1978年5月15日，江苏省交通科学研究院（苏交科前身）成立于南京。

交通运输行业一直走在改革前列，20世纪八九十年代，为服务国民经济发展全局，我国公路交通发展步伐加快。随着一系列国家重大政策、重要发展规划的出台，不少省

（区、市）的重点干线公路工程相继启动。作为省级重要科研院所，江苏省交通科学研究院先后参与了沪宁高速公路、沪宁二级路等重要公路项目的规划设计，在技术研究、道桥检测、工程咨询等方面取得了大量成果，逐渐走在了国内交通科研院所前列。

虽然发展成效显著，但在符冠华看来，由于种种原因，那时不少科研院所的发展离国家期望、行业需要还有距离，成果不丰富、体制机制僵化、员工老化等问题也逐渐暴露出来。

转机，起于2000年。当年9月，江苏省政府办公厅发布了《关于全省科研机构改革转制工作的实施意见》，江苏省交通科学研究院等26家省级应用类科研院所被列入转制大名单。

“基于单位‘平稳’发展的考虑和对改制后发展的困惑，当时我们26家科研院所的院长都在意见书上按了手印反对改制。”符冠华告诉记者，在那个年代，打破固定思维绝非易事。

然而，要突破发展的樊篱，改革势在必行。经过两年坚持不懈的摸索，身为江苏省交通科学研究院院长的符冠华，带领员工逐渐厘清未来发展思路。面对民营企业和混合改制两种方案，江苏省交通科学研究院组织全体员工投票，78%的员工选择了前者。2002年，在全国交通运输行业省属科研设计院所中，该院成为第一家由事业单位改制的全体员工持股的科技型民营企业。

“当时从差额拨款事业单位一下转变为民营企业，跨度和风险还是非常大的。人员怎么管？薪酬怎样定？市场如何闯？这些都是挑战。当时我们定下了‘在改革道路上每天前进1毫米’的信念，来迎接这些挑战。”符冠华说，那是一段艰辛而有趣的日子。

艰辛，来自改革带来的压力；有趣，源于苏交科人面对困难时的乐观。

随后，苏交科在经营理念、现代管理制度、市场开拓、人才队伍建设等方面逐步向现代企业迈进。

“很幸运，苏交科的发展处于我国交通基础设施大建设时期，时代给了我们学习的契机，以及犯错的机会、纠错的时间。”符冠华告诉记者，2002年至2008年，苏交科一直处在探索、学习的状态，先后邀请国际著名战略咨询公司梳理制定企业发展战略，明确使命愿景。同时，积极调动员工为“苏交科现在在哪，未来想去哪，怎样走向目标”等发展命题寻找答案，企业从内至外都呈现出勃勃生机。

2012年，苏交科步入发展新阶段——在深圳证券交易所正式挂牌上市。为了契合上市公司更加严格的要求，苏交科确立了以行业、客户需求为导向，通过技术创新、资本运作将企业打造为全球先进工程咨询公司的蓝图。

是年，苏交科正式发布内部研发制度，初步搭建起内部研发体系。依托“新型道路材料国家工程实验室”“在役长大桥梁安全与健康国家重点实验室”为首的 20 多个科研平台，多年来累计开展内部研发项目 500 多项，形成了一系列具有自主知识产权的创新产品。

随着企业自身能力的逐步提升，苏交科开始布局海外市场，2016 年完成了对西班牙知名咨询企业 EPTISA 的跨国并购。同时，为了更加有效支撑全球化发展战略，苏交科与 IBM 公司达成合作，为企业发展量身定制 IT 战略规划。

明晰发展战略　直面成长之痛

“企业是一个时代的产物。从事业单位到民营企业，再到上市公司，苏交科的发展思路正好契合改革开放的时代大潮，符合国家发展的方向。”

摸着石头过河，回顾 40 年，符冠华深刻体会到企业的发展高度与战略深度密不可分。在改革发展历程中，企业会面临各种不确定因素和突如其来的挑战，清晰的战略是企业稳步前行的重要前提。

2002 年改制后，苏交科引进国际先进管理咨询公司对企业进行战略体系和人力资源体系设计，建立了以目标管理为核心的现代企业管理体系。

广阔的市场蕴含着众多发展机遇。通过资本运作等方式，苏交科增加业务门类，完善全国市场战略布局。2012 年上市之后，苏交科加快投资重组，先后战略联合了杭州华龙交通勘察设计有限公司、甘肃科地工程咨询有限责任公司、厦门市市政工程设计院有限公司等 10 余家公司，不断补齐短板。

为使发展战略顺利落地，苏交科构建起科学的内控体系，帮助公司提前预警自查自纠，及时防范各类风险，改进管理水平。

“40 年来，我们一直有个好传统，就是无论面对什么样的发展难题，全体苏交科人总能与企业一起面对，化解风险。”符冠华拿着一本《苏交科成长之痛》告诉记者，“我们每年都鼓励员工提出自己的意见和建议，然后结集成书，对企业来说，这都是宝贵的财富。”

今年，苏交科还完成了新一届董事会选举。新一届董事会由 7 人组成，其中 3 人为内部董事，4 人为独立董事。由此，苏交科成为 A 股首家独立董事人数超过内部董事人数的上市公司，让独立董事发表意见，促进苏交科更加健康、开放、规范地发展。同时，苏交科推出了事业伙伴计划，在资本市场首次推出兼具激励作用和深化公司治理的创新管理计划。

40 年来，合着改革开放的铿锵节拍，苏交科书写了属于自己的璀璨篇章。由于始终坚持在大交通领域工程咨询业务可持续发展能力的建设，目前苏交科已形成了以公路、市政业务为龙头，带动水工、轨道等大交通领域相关业务发展的格局，同时提供投融资、项目投资分析、规划咨询、勘察设计、施工监理、工程检测、项目管理、运营养护、新材料研发等全产业链服务。

梳理苏交科数十年的发展经验，符冠华认为，企业快速发展除了正确的战略大方向，还得益于持续改革创新激发的内生动力。

"从2004年有了明确的企业使命之后，企业就一直没有离开改革创新这四个字。无论技术创新还是管理模式创新，都是在努力为客户提供更优的解决方案，也力争通过解决难题推动行业进步。"符冠华说，未来，改革创新仍是苏交科高质量发展的源头活水，以此为助力，苏交科将积极落实国务院提出的"培育全过程工程咨询"理念，充分发挥既有的全产业链优势，持续完善全寿命周期成本优化能力，积极推动全过程咨询业务发展，努力打造具有国际领先水平的全球化工程咨询服务平台。

"这是我们企业的使命和愿景，也承载着服务行业、服务社会的责任和担当。"

服务国家战略　贡献中国智慧

"40年来，我们总是在不断的选择中证明所走的路是正确的。"符冠华说，虽然苏交科的改革之路并不平坦，但从未走过弯路，因为面对每一次重大抉择，苏交科总会站在行业、社会、国家的角度去考量。

特别是进入新时代，苏交科的发展布局更加契合国家战略，积极投身交通强国建设，响应"一带一路"倡议，从业务模式、技术话语权、咨询理念等方面全方位与国际先进企业对标，提升中国工程咨询业的国际地位。

"在'一带一路'倡议的指引下，近年来我国工程承包商对外投资额持续增长，但过程并非一帆风顺，尤其当我国习惯遭遇国际惯例时，容易'水土不服'。如果有一个对当地十分熟悉且积累了丰富经验的国际工程咨询顾问，又有一个长期和中国承包商协同作战的中国合作伙伴为中国工程承包商当好参谋、帮其规避风险，那么海外投资与发展的成功率无疑将大大提高。"在符冠华的规划中，苏交科将与海外子公司联合打造高端工程咨询服务平台，整合全球化资源，结合本土化服务优势，为"走出去"的中国工程企业、承包商提供从前期咨询到后期评估的"一条龙"服务。

改革，使苏交科人的智慧和才华不断释放。

符冠华告诉记者，"走出去"的过程中，苏交科也在不断适应新时代发展特点，积极加强智能交通方面的改革创新，通过云计算、大数据、物联网、智能交通等新技术向传统交通行业全面赋能。

2018 年 4 月，苏交科携手甲骨文、德勤两家全球领先企业级软件提供商和管理咨询公司，正式启动了 CloudJSTI（全球统一运营平台）项目。该平台建成后，苏交科分布在全球的近万名员工将同步共享集团最佳管理实践，更快速响应和服务客户，实现主数据统一，共用一套管理语言。通过大数据驱动，苏交科也将实现市场分析、业务管理的全面数字化。

在符冠华看来，平台支撑、中心赋能的管理系统非常值得我国工程咨询企业借鉴："改革开放为企业在全球范围内参与分工和竞争提供了更多可能，我们只有抓住这些机会，不断实践、不断试错、不断纠偏，才能更快更好地成长起来。"

CHINA TRANSPORT NEWS

2018年11月29日 星期四 http://www.zgjtb.com | 第6866期 今日8版 | 邮发代号 1-72 国内统一连续出版物号 CN 11-0122 交通运输部主管 中国交通报社主办

网约车顺风车进驻式安全检查结果公布

严厉打击非法营运行为 全面推进依法合规经营

本报讯 （记者 毛剑 实习记者 赵腾飞） 11月28日上午，交通运输新业态协同监管部际联席会组织召开网约车顺风车进驻式安全专项检查工作新闻通气会，交通运输部会同中央网信办、公安部、国家市场监督管理总局等联合检查组成员单位，通报了检查工作有关情况。

交通运输部运输服务司副司长蔡团结介绍了对滴滴公司等8家主要网约车顺风车平台公司检查工作有关情况。检查发现，滴滴公司存在7个方面33项问题，主要包括顺风车产品存在重大安全隐患、安全生产主体责任落实不到位、网约车非法营运问题突出、应急管理基础薄弱且效能低下、社会稳定风险突出、公共安全隐患问题较大、互联网信息安全存在风险隐患等。其他公司问题包括网约车合规率仍有不足、安全生产管理亟须增强、公共安全防范存在不足、互联网信息安全存在风险隐患、部分产品资金结算模式不合规存在资金安全风险等。

针对上述问题，联合检查组提出了对相关责任单位和责任人的处理意见。一是未完成安全隐患整改前继续下架滴滴顺风车业务。二是依法处置非法营运行为，严厉打击网约车平台、私人小客车合乘信息服务平台开展非法从事出租汽车经营活动，加大对平台公司等企业的处罚力度。三是依法对滴滴公司主要负责人及法人代表等予以行政处罚，并责令滴滴公司对内部相关责任人员予以处理。四是对滴滴公司涉嫌排除限制竞争行为和发布违法广告等行为开展约谈，并依法处置。

据悉，联合检查组已向8家网约车顺风车平台公司反馈了检查发现的问题清单，提出了具体整改要求，要求滴滴公司进一步加强顺风车安全管理、落实安全生产主体责任、全面依法合规经营、提高应急处置能力、落实社会稳定主体责任、加强公共安全问题治理、提升互联网信息安全管理水平。8家网约车顺风车平台公司要在两周内制定相应整改方案和具体措施，向社会公开、主动接受监督。

滴滴公司董事长程维等8家网约车顺风车平台公司主要负责人作了表态发言，纷纷表示将严格按照联合检查组要求，在思想上高度重视，在整改上立行立改，在落实上务求实效，将组织专班认真对照问题清单和整改要求，开展自查自纠，制定详细的整改方案，逐一剖析原因，明确整改措施，消除安全隐患，依法依规开展经营，全面抓好整改落实工作。

下一步，在对相关责任单位和责任人依法严肃处理的基础上，联合检查组将督促各平台公司按照有关法律法规要求，对照问题清单，认真落实整改到位，更好保障人民群众生命财产安全和出行安全。

江苏纳民意聚合力建设交通强国先行区

驻江苏首席记者 龙科
特约记者 贾晓平

“火车变快了，公路变宽了，港口变大了……改革开放40年，江苏交通运输事业发生了翻天覆地的变化。”

日前，在江苏省交通运输厅组织的“社会各界说交通”座谈会上，来自高校、媒体、文艺界以及党政部门和研究机构的专家学者们，赞誉江苏交通改革开放以来发生的翻天覆地变化，并积极为江苏着力打造交通强国建设先行区建言献策。

综合交通畅联内外

“40年发展今昔对比，的确是‘天翻地覆慨而慷’。”江苏省交通运输厅党组书记、厅长兼省铁路办主任陆永泉介绍，1978年年底，江苏公路里程只有17721公里、铁路732公里、航道23657公里、机场1个。交通运输状况曾是制约江苏经济社会发展的“瓶颈”之一。

“1984年起我们疏通和消除了一批国省道干线公路‘卡脖子’路和‘断头’路，1992年起掀起交通建设高潮，2003年起实施‘水陆并举’发展战略，2007年起深化大交通管理体制改革，率先探索推进综合交通运输体系建设。”陆永泉说。

经过40年的努力，江苏初步形成了综合交通运输网络。全省铁路营运里程为2791公里，公路总里程已达15.8万公里，内河航道总里程2.4万公里，港口综合通过能力19.7亿吨，9个运输机场布局全面落地。

对于40年来江苏交通运输发展取得的巨大成就，江苏省作家协会副主席祁智深有体会：“上午我在常州市金坛带着村里的小朋友读‘云对雨，雪对风，晚照对晴空’。下午就赶回南京参加座谈会，时间安排得刚刚好。”

当前，江苏交通运输发展水平走在全国前列，已成为名副其实的交通大省，有力支撑了经济社会率先发展。第十届全国人大代表、江苏省棋类运动协会会长邵震中几年前去盐城看农村公路，“很是震惊，水泥公路村村通了！大棚种植的东西很方便就能运出来！”

量质双增服务群众满意出行

“走过这条路，才知道生活有多么美好！”这是网友对江苏溧阳1号公路的评价。溧阳1号公路对内串联98个建制村、312个自然村，对外通达周边7个县（市），实现了城市风光和乡村风情的完美融合。

近年来，江苏着重在“交通+旅游”“交通+现代农业”“交通+产业”等方面发力，赋予“四好农村路”新内涵。特色致富路、平安放心路、美丽乡村路、美好生活路已成为江苏“四好农村路”的特色标签。溧阳市、丹阳市、海门市、泰兴市、徐州市贾汪区和南京市江宁区，被评为“四好农村路”全国示范县，江苏成为全国上榜数量最多的省份之一。

中国科学院南京地理与湖泊研究所研究员、流域管理与发展研究室主任陈雯用了两个很形象的成语来形容江苏交通。她说，改革开放40年解决了交通“量”短缺的问题，是“雪中送炭”；现在则是提升“质”的时候，需要“锦上添花”。

（下转2版）

大桥建设忙

11月25日，310国道南移工程河南省灵宝市函谷关境内弘农涧河大桥上，工人正在紧张施工，目前已完成投资4.2亿元，占大桥总投资的45.1%。

该工程灵宝境内全长57.2公里，途经6个乡镇36个建制村，总投资33.1亿元，计划于2020年8月建成通车，届时将有效缓解灵宝境内东西交通压力。 袁亭玲 摄

中波公司股东会第三十四次会议上海举行

本报讯 11月28日，中波轮船股份公司（简称中波公司）股东会第34次会议在上海中波公司总部举行。交通运输部副部长何建中和波兰海洋经济与内河航运部部长马莱克·格鲁巴尔契克分别代表中、波双方股东出席会议。

会议听取并审议了2016年10月中波公司股东会第33次会议以来经营和有关决议执行情况的汇报，审议批准了中波公司2016—2017年度财务决算，并深入讨论了公司体制机制改革和2019—2020年经营前景等问题。会后，何建中和格鲁巴尔契克共同签署了《中波轮船股份公司股东会第34次会议议定书》。

会议开始前，何建中与格鲁巴尔契克举行小范围会谈。双方高度评价中波公司作为两国友谊象征为双边外交关系和经贸合作所作的积极贡献。何建中表示，习近平主席本月初在上海考察期间曾专门视频连线上海港洋山港区四期自动化码头，并在讲话中指出“经济强国必定是海洋强国、航运强国”，这是中国航运业发展的基本遵循。希望中波公司能够秉持互利共赢的理念，不辜负两国政府的期望，积极谋划未来发展。中国交通运输部将一如既往地为中波公司的经营提供支持。

格鲁巴尔契克表示，中波公司是两国长期友好合作的典范，也是两国合作的重要财富。波兰政府近年来不断加强对航运业的重视和投入，为中波公司提供了有利的环境和机会，希望并相信中波公司会在波兰国内发展、波中双边经贸关系和欧中互联互通合作中发挥更大作用并取得更好业绩。 （陈海斌）

交通运输部成立危险货物道路运输专家组

本报讯 11月28日，交通运输部第一届危险货物道路运输专家组成立会议在北京举行。专家组主要由管理部门、科研院所、高校及相关企业的专家学者组成，共计32人，分属于危险货物分类鉴定、运输包装、专用车辆设备、托运、运输作业、运输企业监管等6个领域。

副部长刘小明对危险货物道路运输专家组成立作出批示，强调专家组的成立，对提高危险货物道路运输领域的改革决策科学化水平具有重要意义。希望各位专家珍惜荣誉、牢记使命、认真履行专家职责，相关单位提高站位、强化保障、积极支持专家工作，秘书处所在的部公路科学研究院要强化人员配备、加大经费支持力度、保证专家组高效运转，共同致力于打造现代化危险货物道路运输治理体系，为保障危险物品安全便利运输，全面支撑交通强国建设、服务全面建成小康社会作出积极贡献。

部运输服务司司长徐亚华和部公路科学研究院党委书记杨文银为专家组成员颁发聘书。徐亚华表示，下一步，交通运输部将充分发挥专家组的技术优势，坚持问题导向、标本兼治、对标国际，着力健全法规制度、完善标准规范、强化安全督导、衔接国际规则，努力构建“市场主体全流程运行规范、政府部门全链条监管到位、运输服务全要素安全可靠”的危险货物道路运输安全管理体系。

据了解，我国是危险货物运输大国，截至2017年年底，共有危险货物道路运输车辆35万辆、从业人员约150万人，年运量约11亿吨，并以每年约10%的速度增长。

（杨奕霖）

福建交通公布45项审批服务清单

本报讯 （记者 康振华 通讯员 林翠） 日前，福建省交通运输厅公布了“马上办、网上办、就近办、一次办”事项目录清单。清单包括省级交通运输行政许可、公共服务等审批服务事项45项，将于11月30日实施。

福建交通运输行业将对经预审受理合法合规的事项按承诺件或即办件要求“马上办”；积极推行“网上办”，凡与企业生产经营、群众生活密切相关的审批服务事项应上尽上、事事入网、全程在线，已在实体大厅办理的事项，企业和群众无需补填网上流程；面向个人的事项，福建将“就近办”，完善厅属港口管理局行政服务分中心审批服务平台功能，将港航行政服务窗口前移，实现就近能办、多点可办、少跑快办；推动一般事项“不见面”、复杂事项“一次办”，对符合法定受理条件、申报材料齐全的原则上一次办结。

三部门联合规范公路收费权转让备案行为

本报讯 （实习记者 赵腾飞 记者 毛剑） 近日，交通运输部与国家发展改革委、财政部联合印发《关于做好公路收费权转让备案工作的通知》（简称《通知》），旨在落实第十二届全国人大常委会第三十次会议关于修改《中华人民共和国公路法》的决定，将公路收费权转让由审批改为备案，加强公路收费权转让事中事后监管，规范公路收费权转让行为。

《通知》指出，公路收费权转让由审批改为备案，有利于促进交通运输系统转变政府职能、激发交通运输市场活力、拓展交通运输行业筹融资渠道。各级交通运输主管部门必须认真严格执行，不得以任何理由继续保留该审批事项或者为备案设置前置条件。

《通知》明确，转让方应当自转让协议签订之日起30个工作日内完成备案手续。国道收费权转让报交通运输部备案，国道以外其他公路收费权转让报省（区、市）政府备案。备案材料应同时抄送省级交通运输主管部门。

《通知》要求，各级交通运输主管部门要加强对公路收费权转让的事中事后管理，严肃处理违反相关法律法规的转让行为。交通运输部将对公路收费权转让合规性及备案情况进行督查，主要督查转让是否合法合规、是否履行了备案手续、备案材料是否真实等内容。各级交通运输主管部门可根据实际情况，对本行政区域内公路收费权转让情况进行随机抽查。

据了解，对违法违规转让公路收费权的行为，要按照有关规定严肃处理。对违法违规转让公路收费权、不按规定履行备案手续、备案材料弄虚作假的单位，省级交通运输主管部门要组织核查。经核查情况属实的，交通运输部将根据有关规定，单独或联合国家其他有关部门对违法违规单位及其法定代表人、其他主要责任人实施失信惩戒。

见证40年 主题访谈

在改革道路上每天前进1毫米

——访苏交科集团股份有限公司董事长符冠华

实习记者 韩光胤
本报记者 马娟娟

从一家员工不足百人、产值不足3000万元的省级科研院所，成长为一家员工逾万人、年营收超过65亿元、在全球30多个地区设立分支机构、在50多个国家开展项目的跨国企业，苏交科集团股份有限公司（简称苏交科）经历了整整40年的砥砺攻坚。

谈及这40年，苏交科董事长符冠华说：“很幸运，我们的企业与改革开放同龄，全程参与了一个行业的开拓、见证了一个时代的腾飞。”

与改革开放同龄 与行业发展同频

1978年5月15日，江苏省交通科学研究院（苏交科前身）成立于南京。

交通运输行业一直走在改革前列，上世纪八九十年代，为服务国民经济发展全局，我国公路交通发展步伐加快。随着一系列国家重大政策、重要发展规划的出台，不少省（区、市）的重点干线公路工程相继启动。作为省级重要科研院所，江苏省交通科学研究院先后参与了沪宁高速公路、沪宁二级路等重要公路项目的规划设计，在技术研究、道桥检测、工程咨询等方面进行了大量积淀，逐渐走在了国内交通科研院所前列。

虽然发展成效显著，但在符冠华看来，由于种种原因，那时不少科研院所的发展离国家期望、行业需要还有距离，成果不丰富、体制机制僵化、员工老化等问题也逐渐暴露出来。

转机，起于2000年。当年9月，江苏省政府办公厅发布了《关于全省科研机构改革转制工作的实施意见》，江苏省交通科学研究院等26家省级应用类科研院所被列入转制大名单。

符冠华。 苏交科 供图

“基于单位‘平稳’发展的考虑和对改制后发展的困惑，当时我们26家科研院所的院长都在意见书上按了手印反对改制。”符冠华告诉记者，在那个年代，打破固定思维绝非易事。

然而，要突破发展的樊篱，改革势在必行。经过两年坚持不懈的摸索，身为江苏省交通科学研究院院长的符冠华，带领员工逐渐厘清未来发展思路。面对民营企业和混合改制两种方案，江苏省交通科学研究院组织全体员工投票，78%的员工选择了前者。2002年，在全国交通运输行业省属科研设计院所中，该院成为第一家由事业单位改制的全体员工持股的科技型民营企业。

“当时从差额拨款事业单位一下转变为民营企业，跨度和风险还是非常大的。人员怎么管？薪酬怎样定？市场如何闯？这些都是挑战。当时我们定下了‘在改革道路上每天前进1毫米’的信念，来迎接这些挑战。”符冠华说，那是一段艰辛而有趣的日子。

（下转4版）

扫一扫 看视频

CCS首艘单船级40万吨矿砂船交付

本报讯 11月28日，由中国船级社（CCS）检验的首艘单一船级40万吨矿砂船“ORE SHANGHAI”轮在扬子江船业太仓基地顺利交付。

“ORE SHANGHAI”轮由扬子鑫福造船有限公司为工银金融租赁有限公司和招商局能源运输股份有限公司建造。该轮是第二代40万吨矿砂船，较第一代40万吨矿砂船，在结构安全和性能指标等方面进行了全面升级，经济、绿色、环保、节能和安全性能更加突出，是我国到巴西航线上经济性最好、吨位最大的矿砂船。

CCS承担了本批40万吨矿砂船所有船舶的审图和建造检验，成立了独立的总项目管理组进行垂直管理，提供了及时、高效、优质的检验服务。该项目也是“十三五”以来CCS服务我国矿物运输客户的最大项目。

（刘奇）

□值班编委 王嵘 本版副主编 卢锐 责编 王艳君 □E-mail:xw1b@zgjtb.com □新闻热线:(010)64255441 □发行热线:(010)64256206 □广告热线:(010)64250642 □培训热线:(010)65299681

在改革道路上每天前进1毫米

——访苏交科集团股份有限公司董事长符冠华

2018年11月29日 星期四 4版
主编 王亚芳 责编 张炳瑞 电话：010-65293632 64252864 E-mail:zgjtb@126.com
见证40年 主题访谈
中国交通报 CHINA TRANSPORT NEWS

在改革道路上每天前进1毫米

——访苏交科集团股份有限公司董事长符冠华

符冠华。

（上接1版）

艰辛，来自改革带来的压力；有趣，源于苏交科人面对困难时的乐观。

随后，苏交科在经营理念、现代管理制度、市场开拓、人才队伍建设等方面逐步向现代企业迈进。

"很幸运，苏交科的发展处于我国交通基础设施大建设时期，时代给了我们学习的契机，以及犯错的机会、纠错的时间。"符冠华告诉记者，2002年至2008年，苏交科一直处在探索、学习的状态，先后邀请国际著名战略咨询公司梳理制定企业发展战略，明确使命愿景。同时，积极调动员工为"苏交科现在在哪，未来想去哪，怎样走向目标"等发展命题寻找答案，企业从内至外都呈现出勃勃生机。

2012年，苏交科步入发展新阶段——在深圳证券交易所正式挂牌上市。为了契合上市公司更加严格的要求，苏交科确立了以行业、客户需求为导向，通过技术创新、资本运作将企业打造为全球先进工程咨询公司的蓝图。

是年，苏交科正式发布内部研发制度，初步搭建起内部研发体系。依托"新型道路材料国家工程实验室""在役长大桥梁安全与健康国家重点实验室"为首的20多个科研平台，多年来累计开展内部研发项目500多项，形成了一系列具有自主知识产权的创新产品。

随着企业自身能力的逐步提升，苏交科开始布局海外市场，2016年完成了对西班牙知名咨询企业EPTISA的跨国并购。同时，为了更加有效支撑全球化发展战略，苏交科与IBM公司达成合作，为企业发展量身定制IT战略规划。

扫一扫 看视频

南京河西新城现代有轨电车。

明晰发展战略 直面成长之痛

"企业是一个时代的产物。从事业单位到民营企业，再到上市公司，苏交科的发展思路正好契合改革开放的时代大潮，符合国家发展的方向。"

摸着石头过河，回顾40年，符冠华深刻体会到企业的发展高度与战略深度密不可分。在改革发展历程中，企业会面临各种不确定因素和突如其来的挑战，清晰的战略是企业稳步前行的重要前提。

2002年改制后，苏交科引进国际先进管理咨询公司对企业进行战略体系和人力资源体系设计，建立了以目标管理为核心的现代企业管理体系。

广阔的市场蕴含着众多发展机遇。通过资本运作等方式，苏交科增加业务门类，完善全国市场战略布局。2012年上市之后，苏交科加快投资重组，先后战略联合了杭州华龙交通勘察设计有限公司、甘肃科地工程咨询有限责任公司、厦门市市政工程设计院有限公司等10余家公司，不断补齐短板。

为使发展战略顺利落地，苏交科构建起科学的内控体系，帮助公司提前预警自查自纠，及时防范各类风险，改进管理水平。

"40年来，我们一直有个好传统，就是无论面对什么样的发展难题，全体苏交科人总能与企业一起面对，化解风险。"符冠华拿着一本《苏交科成长之痛》告诉记者，"我们每年都鼓励员工提出自己的意见和建议，然后集结成书，对企业来说，这都是宝贵的财富。"

今年，苏交科还完成了新一届董事会选举。新一届董事会由7人组成，其中3人为内部董事，4人为独立董事。由此，苏交科成为A股首家独立董事人数超过内部董事人数的上市公司，让独立董事发表意见，促进苏交科更加健康、开放、规范地发展。同时，苏交科推出了事业伙伴计划，在资本市场首次推出兼具激励作用和深化公司治理的创新管理计划。

40年来，合着改革开放的铿锵节拍，苏交科书写了属于自己的璀璨篇章。由于始终坚持在大交通领域工程咨询业务可持续发展能力的建设，目前苏交科已形成了以公路、市政业务为龙头，带动水工、轨道等大交通领域相关业务发展的格局，同时提供投融资、项目投资分析、规划咨询、勘察设计、施工监理、工程检测、项目管理、运营养护、新材料研发等全产业链服务。

梳理苏交科数十年的发展经验，符冠华认为，企业快速发展除了正确的战略大方向，还得益于持续改革创新激发的内生动力。

"从2004年有了明确的企业使命之后，企业就一直没有离开改革创新这四个字。无论技术创新还是管理模式创新，都是在努力为客户提供更优的解决方案，也力争通过解决难题推动行业进步。"符冠华说，未来，改革创新仍是苏交科高质量发展的源头活水，以此为助力，苏交科将积极落实国务院提出的"培育全过程工程咨询"理念，充分发挥既有的全产业链优势，持续完善全寿命周期成本优化能力，积极推动全过程咨询业务发展，努力打造具有国际领先水平的全球化工程咨询服务平台。

"这是我们企业的使命和愿景，也承载着服务行业、服务社会的责任和担当。"

绕茂路项目组穿越无人区。

服务国家战略 贡献中国智慧

"40年来，我们总是在不断的选择中证明所走的路是正确的。"符冠华说，虽然苏交科的改革之路并不平坦，但从未走过弯路，因为面对每一次重大抉择，苏交科总会站在行业、社会、国家的角度去考量。

特别是进入新时代，苏交科的发展布局更加契合国家战略，积极投身交通强国建设，响应"一带一路"倡议，从业务模式、技术话语权、咨询建议等方面全方位与国际先进企业对标，提升中国工程咨询业的国际地位。

"在'一带一路'倡议指引下，近年来我国工程承包商对外投资额持续增长，但过程并非一帆风顺，尤其当我国习惯遭遇国际惯例时，容易'水土不服'。如果有一个对当地十分熟悉且积累了丰富经验的国际工程咨询顾问，又有一个长期和中国承包商协同作战的中国合作伙伴为中国工程承包商当好参谋、帮其规避风险，那么海外投资与发展的成功率无疑将大大提高。"在符冠华的规划中，苏交科将与海外子公司联合打造高端工程咨询服务平台，整合全球化资源，结合本土化服务优势，为"走出去"的中国工程企业、承包商提供从前期咨询到后期评估的"一条龙"服务。

改革，使苏交科人的智慧和才华不断释放。

符冠华告诉记者，"走出去"的过程中，苏交科也在不断适应新时代发展特点，积极加强智能交通方面的改革创新，通过云计算、大数据、物联网、智能交通等新技术向传统交通行业全面赋能。

今年4月，苏交科携手甲骨文、德勤两家全球领先企业级软件提供商和管理咨询公司，正式启动了CloudJSTI(全球统一运营平台)项目。该平台建成后，苏交科分布在全球的近万名员工将同步共享集团最佳管理实践，更快速响应和服务客户，实现主数据统一，共用一套管理语言。通过大数据驱动，苏交科也将实现市场分析、业务管理的全面数字化。

新疆克塔一标项目组与风雪共舞。

沪宁高速公路江苏段拓宽改造设计。

在符冠华看来，平台支撑、中心赋能的管理系统非常值得我国工程咨询企业借鉴："改革开放为企业在全球范围内参与分工和竞争提供了更多可能，我们只有抓住这些机会，不断实践、不断试错、不断纠偏，才能更快更好地成长起来。"

本文图片由 苏交科集团股份有限公司 提供

我的救捞 我的船

福泽南海 旗舰领航

——记我国首艘14000千瓦远洋救助船"南海救101"轮

相娜

"南海救101"轮于2007年11月列编南海救助局，是我国首艘14000千瓦功率的专业救助船，由于该艉直升机平台位于舰艏，整艘舰显得威武雄壮，气势如虹。自入列以来，它从死神手中夺回862条鲜活的生命，在惊涛骇浪中救起39艘岌岌可危的船舶，还出色完成了马航MH370失联客机搜救、亚航QZ8501失事客机搜救、代表中国救捞出访新加坡等重大任务。

虽然常年在风口浪尖与台风搏斗、与狂风恶浪共舞，但当笔者登船时，它依旧历久弥新，不得不感叹其保养之精心。

"南海救101"轮开展海空立体救助训练。 潘永德 摄

台风中的最美逆行者

南海是全球台风活动的主要区域之一。每当台风来袭，就会裹挟暴雨，掀起巨浪，危及航行安全。"南海救101"轮总是扼守台风前沿，追随台风路径无畏前行，以备海上突发不测，筑起一道坚固的海上安全屏障，而船上的救助男儿被0人们形象称为"追风少年"。

2017年，16级超强台风"天鸽"在广东珠海南部海域登陆，珠江口海域的多艘船只发生险情，镇守在台风前沿的"南海救101"轮第一个起锚出动，在所有船只都回港避风的时候，义无反顾地向着巨浪冲去，不眠不休3个日夜，成功救助"宏春"轮、"长航探索"轮及"北仑海狮"轮遇险人员共72人。

"船上5个驾驶台的防风玻璃雨刮器都被台风整个折断，风速仪被直接吹到海里，宽带卫星网络直径达两米的接收天线被吹掉至四层甲板。"时任"南海救101"轮政委周宇敏向笔者描述当时的场景。

"北仑海狮"轮受台风影响与桂山油库码头相撞，船体多处破损、进水严重，随时有沉没危险，而第14号台风"帕卡"又即将登陆，需立即将遇险船拖至船厂。

"南海救101"轮抵达现场时天已经黑了。船长林方彬凭借丰富的拖航经验及对现场环境的评估，科学快速地制定了拖航方案，大副向勇在后甲板有条不紊地指挥接拖，并安排有丰富接拖经验的水手长陈建军和二副张富到"北仑海狮"轮上协助其接拖，在夜间视线不好的情况下依然快速有效地接拖，并连夜将其拖带至南沙龙穴船厂。

据了解，"北仑海狮"轮船长225米，船宽32.5米，吃水6.9米，总吨为7.4万吨，是南海救助局建局以来第一次夜间拖带进港的大船。此次夜间拖带体现了"南海救101"轮"装备精良、人员精干、技术精湛，在关键时候发挥关键作用"，"南海救101"轮无愧于"旗舰""示范船"的称号。

钢铁是这样炼成的

"南海救101"轮以舍我其谁的勇气、智慧和担当，在南海救助局30多艘救助船艇中，率先开展"示范船"建设，打造"准军事化、专业化、规范化"的救助队伍，筑造海上安全的坚强堡垒。

"咱'南海救101'轮就是救助船中的'大哥'，'大哥'就该最勇敢，什么都要做到最好，最值得学习。技能操练就要有过人之处，面对台风就该冲到最前面，就是要做个好榜样给大家看！"水手吴清汉说道。

在"南海救101"轮船员的床头都贴着一张《一日作息时间表》，从起床到就寝，全船每日的工作、学习、训练项目都拟好计划，并严格按照时间表执行。军事化管理精神与船舶日常管理、训练、维护保养紧密融合，纪律逐渐成为习惯，在船员中入脑、入心，并外化为大家的自觉行动，历练出一支"令行禁止"的军人般队伍。

为了能在关键时刻冲得上去、救得下来，"南海救101"轮一直按照"救助实际怎么要求就怎么练"的原则，开展实战训练和仿真训练，他们在冬季大风浪中学习收放艇技术，在疾风险浪里训练接解脱，在温度达50多摄氏度的机舱里检查设备，锻炼出一支技能精湛的专业队伍。

船员们告诉笔者："一上'南海救101'轮就感觉气氛不一样，大家都很有激情和上进心。它有一股力量，能把大家聚在一起，我们都以能上这条船为荣。"在船上，丰富多彩的走廊文化随处可见，海螺底图透衬的水手工艺绳结，极具海员气息和生活气息的"照片墙"，传统妈祖文化、古代水上救生文化和现代救助科普知识图片展，典型救助案例和船舶重大事件集萃，既展现了船员的精神风貌，又激励着船员成长。

"示范船"建设给南海救助局船队带来了新的面貌，全面促进了救助船舶管理的规范化。"南海救101"轮十年如一日，始终焕发新貌、展现活力，在各项工作中保持领航的姿态。在2016年6月北部湾国际搜救工作中，作为中方搜救力量率先抵达飞机失事区域，并被指定为中方现场指挥船协助、调度、指挥现场搜救工作，出色地完成了国际救援任务。

现在的"南海救101"轮，不仅是南海救助局的"示范船"，也是交通运输系统内有名的救助"旗舰"，承担着我国南海海域最为急难险重的海上救助任务，肩负着中国救捞走向远洋的历史使命。

地址:北京市朝阳区安华西里三区13号楼 邮编:100011 总编室:(010)65293633 通联部:(010)65293561 (010)64252114(传真) 采编中心:(010)64255441 公路中心:(010)65293615 水运中心:(010)64255824 运输中心:(010)65293641
新媒体中心(010)64255469 培训中心:(010)65299681 广告部:(010)64250642 (010)64255452(传真) 北京中通广告公司:(010)64252934 广告经营许可证:京朝工商广字0142号 每年定价:460元 每月定价:38.34元 零售每份:1.92元 中国青年报印刷厂印刷

情系铁路　岁月留痕

——访原铁道部常务副部长孙永福

本报记者　王姗姗　实习记者　张雨涵

见报日期　2018 年 12 月 4 日

高原反应是怎样的一种感受？

原铁道部常务副部长、中国工程院院士孙永福依旧清晰地记得 2000 年 59 岁初上青藏高原时的情景——在海拔 4500 米的沱沱河兵站一下车，发现“一脚踩不到地”，飘飘忽忽的一阵难受。工作人员准备了氧气罐，请他上二楼休息。“我是真想去吸氧啊，可是腿不听话。”孙永福说。因为血氧饱和度过低，2004 年 10 月，他在检查一座桥梁工程时忽然全身虚脱，天上飘着雪花，他的额头上却不断渗出豆大的汗珠。他说，那一次，知道人在濒死状态下在想什么，觉得自己这回扛不过去了。

他已经记不清在青藏高原上经历了多少次危险状况。青藏铁路是世界上海拔最高、线路最长的高原铁路线，5 年建设期，他以花甲之龄来来回回往现场跑了 50 多趟。通车之后，3 个月又跑了 3 趟。

43 岁受命任铁道部副部长，一直到 65 岁卸任，孙永福都在铁道部领导岗位工作。如今在位于北京西长安街的中国铁路总公司大院办公室里见到他，记者感受到了那股热情洋溢的豪迈劲儿。这位从技术员做起，当过工程师、科长、处长、局长、副部长的“老部头”，2005 年当选为中国工程院院士，如今 77 岁仍在为“交通强国，铁路先行”贡献力量。他说自己一辈子只干了一件事——学铁路、修铁路、管铁路。

“逼”出发展新思路

由蒸汽机车到内燃机车、电力机车，再到高速动车组，中国铁路一路飞奔。孙永福正是这场伟大变革的亲历者和实践者。作为一名专家型铁路建设领导者，他不仅重视我国铁路技术进步，更关注铁路改革与发展问题。

1984 年年底，孙永福从铁道部主管铁路建设的两位副部长手上接过了重担，主管全国铁路建设等工作。经过一段时间了解，他深感国家铁路发展非常滞后，与国民经济发展很不适应。“本来应该是先行的，现在成了滞后了，制约了国民经济的发展，人民群众也很不满意。”孙永福说。

当时，全国都在贯彻党的十一届三中全会精神，把工作重点转移到经济建设上来。但是，由于历史原因，铁路发展面临着巨大压力，进一步发展也有很大困难。

困难到什么程度呢？铁路货运是一车难求，每天申请要车数量只能满足三分之一。铁路客运是一票难求，到春运期间更是难上加难。客车不够用，在货运棚车里面设置个简易便池就投入客运。一节客车定员是 120 多人，实际要挤进 300 多人，最后没办法，连洗脸间都要挤六七个人。从车门挤不进去，就从车窗爬进去，能找到地方站着就算好了。铁路运输能力已经饱和，必须加快新线建设和既有线改造，发展铁路装备工业，提高运输能力。

孙永福经过认真思考和分析，认为发展的压力来自三个方面——资金奇缺、装备不足、管理落后。“到处运能告急，各地都在搞建设，但国家财政安排的铁路投资有限。1985 年，全国铁路基建投资只有 65 亿元，很多工程项目不能开工。大型施工机械也很少，相当多的工作量是半机械化或靠人工完成。”孙永福向记者描述。

最迫切的压力还有管理理念。在计划经济体制下，铁路行业完全按行政办法管理，由铁道部分配任务，成建制调动队伍。“同先进国家相比，我们铁路建设理念、技术、管理方面都有很大差距。怎么办？”孙永福说，“后来我想，这些矛盾和国家经济体制相关，所以大方向肯定要依靠改革开放。”

1985 年，铁道部部长丁关根在研究编制铁路“七五”规划时，提出了铁路改革发展新思路，经国务院批准后，实行铁路建设投资大包干。

“投资大包干是什么意思呢？就是铁路运输盈利不上交国家财政，用于铁路建设，国家财政也不再安排铁路建设投资。这样可以调动铁路自身积极性，大家干得越多、干得越好，利润就越高，用来搞铁路建设的资金就越多。”孙永福解释说。

在铁路建设管理方面，改革也在稳步推进。大胆尝试项目法施工管理，实行招投标制、合同制、监理制等，推动合资铁路试点，调动中央和地方两个积极性。随着改革深化，实行政企分开，政府管理职能进一步加强，企业与铁道部脱钩，增强了在市场竞争中发展的动力。中国铁路慢慢找到了适合自己的发展道路，从“瓶颈制约”，到“总体缓解”，再到“基本适应”。

百年圆梦大京九

“在‘七五’计划时期，当时状况是钱少、事多，怎么办?”孙永福紧握拳头，“只能是把钱用在刀刃上，集中人力、物力、财力打歼灭战。铁道部组织了三大战役，也就是南攻衡广、北战大秦、中取华东。”

孙永福担任衡广铁路全线总指挥，坐镇一线，组织实施。经过3年奋斗，1988年衡广复线铺通，1989年全线投入运营，解决了南北大干线京广铁路“卡脖子”地段运能问题。运能从每年1000多万吨，提高到每年3000多万吨，远期可达每年5000万吨。大秦铁路是我国按照系统工程建设的第一条重载铁路，设计年运煤1亿吨，经过技术改造最高达到年运煤4.45亿吨，建成后共运送煤炭60亿吨。“中取华东”则是进行了多通道铁路建设，增强进出华东的铁路运输能力，为华东地区加快改革发展提供运力支持。

“七五”期间三大战役为支持国家经济社会发展作出了巨大贡献。但是随着国民经济持续快速发展，铁路运输紧张状况仍未根本缓解，南北方向运能制约尤为突出。

在此情况下，铁道部党组研究作出了“八五”期间“强攻京九、兰新，速战侯月、宝中，再取华东、西南，配套完善大秦”的总体部署，孙永福负责组织以京九铁路建设为重点的“八五”铁路建设大会战，同时负责高速铁路技术研究和京沪高速铁路建设准备工作。

举世瞩目的大京九，曾澎湃过几代人的激情。早在20世纪初，孙中山《建国方略》首提经由“鄱阳湖入口西端、长江右岸”（即现九江市）之南北大铁路构想。作为京九铁路建设总指挥，孙永福深刻体会到党中央、国务院作出这一战略决策意义重大。

京九铁路自北京南下深圳，连接九龙，途经九省市，全长2397公里，加上联络线总长达2553公里。这是我国铁路建设史上规模最大、投资最多、一次建成线路最长的大干线。3年铺通，第4年全线投入运营，任务十分艰巨。孙永福抓科技攻关、抓质量创优、抓投资控制，建设质量之好、投资效益之高、科技进步成果之大，都是铁路建设史上少有的。

建成后的京九铁路，不仅缓解了南北运输紧张状况，更带动了沿线地区经济社会飞速发展。“沿线大多是老革命根据地贫困地区。调查表明，铁路自身经济效益很好，运营 10 年已偿还全部建设资金；社会效益、环境效益显著，包括产业布局、城镇化、就业环境等。京九铁路每收入 1 元钱，就会拉动地方相关产业收入 5 元 7 角的增加值，GDP 拉动作用为 1:5.7。这说明这条线真是条扶贫线。我们修铁路不光是运东西，更多的还是为地方服务，为老百姓服务，最终是要让人民享受到这样一个现代运输工具带来的实惠。”孙永福动情地说。

挑战“生命禁区”

提到孙永福，就不得不提青藏铁路。

到铁道部任职后，孙永福就接触到进藏铁路方案研究问题。为贯彻 1994 年 7 月 20 日中央召开的第三次西藏工作座谈会精神，他主持中铁第一、第二勘察设计院开展大面积选线。从诸多方案中，专家们比选出青藏、甘藏、川藏、滇藏 4 条线路，之后又从 4 条线路方案中选出青藏、滇藏两个方案，对这两个方案作深入研究，并进行现场考察。

那时，他还不知道有民谣这样唱：“到了西大滩，气短腿发软；过了五道梁，哭爹又喊娘……”

2000 年 7 月 31 日清晨天还没亮，孙永福就带领考察组同前来迎接的西藏自治区常务副主席杨传堂一道，从格尔木启程。中午时，车队到达沱沱河兵站。孙永福坐了 6 个多小时越野车，下车时就已经有了强烈的高原反应，觉得头胀得又大又重像戴了个大帽子，脚像踩在棉花包上一样松软。面对列队欢迎的兵站指战员，“使劲”讲了几句感谢的话。当时他就想：“咱上来还没干活，就这种状况，工人们要进行繁重劳动，怎么适应？如何保证大家健康安全？”这个问题在他心上打了个结，他一路走一路考虑以后该怎么应对。

返京后，孙永福向国务院领导作了汇报，提出了建设青藏铁路的建议。2000 年 11 月 10 日，江泽民总书记对青藏铁路建设作出重要批示，提出这是我们进入新世纪应该作出的一个大决策，一个政治决策，要抓紧考虑。青藏铁路建设前期工作进一步加快了步伐。2001年 2 月 7 日，国务院总理朱镕基主持总理办公会议，审议青藏铁路项目建议书。朱镕基总理宣布，修建青藏铁路，时机已经成熟，条件已经基本具备，可以批准立项。

“同意立项建设，这是第二天《人民日报》头版头条，通栏大标题是《国务院批准建设青藏铁路》。这个决定，让国人振奋，也让世界震惊。在世界屋脊上修建铁路，在许多人看来是不可能的事。”孙永福回忆起十几年前的情景，依旧历历在目，“后来，总理当面对我交代任务时说，青藏铁路是载入史册的伟大工程，由我担任总指挥。我临阵受命，心情激动，深感使命光荣，责任重大，机会难得。”

就这样，孙永福受命青藏铁路建设领导小组副组长（正部长级），负责青藏铁路建设。

青藏铁路是通往西藏腹地的第一条铁路，也是世界上海拔最高、线路最长的高原铁路。多年的研究，加上现场考察，使他清楚地意识到，青藏铁路建设将会遇到许多困难，包括工程地质方面的多年冻土、大断层、滑坡、泥石流、地震，气候方面的高严寒、强辐射、强雷电、大风、缺氧，生态方面的植被脆弱、野生动物濒危，还有高原机械设备和新技术方面的难题……经过一段时间思考，他决心迎接严峻挑战，突出解决三个世界性大难题：高寒缺氧、生态脆弱和多年冻土。

青藏铁路沿线氧气含量大约为平原地区的50%至60%，建设青藏铁路就要挑战“生命极限”。队伍不仅要上得去，还得站得稳、干得好，这是青藏铁路建设要解决的首要问题。为此，青藏铁路建立了完整的医疗卫生保障体系。

队伍站得稳，首先要过心理这道关。

青藏铁路开工之初，原来的军用通信线路已拆除，新建铁路无线通信系统尚未完成，这使得奋战在高原上的建设队伍通信联系十分困难。“我觉得通信是个大问题，大家心思不安，都惦记着家里边，家人也惦记着高原上的亲人。在铁路通信没建成前，我们搞了个‘温馨三分钟’，把卫星通信接通，一个职工可以有三分钟时间同家里通话报平安，话费由单位支付。高原反应难过的时候大家挺着，低温缺衣少食的时候大家忍着，可是通了电话，大家却流眼泪了。高原施工不比平常，心里特别挂念。”说到工程建设初期的艰难，孙永福数度哽咽，一个“三分钟”的温情电话，让老人禁不住垂下泪来。

上高原之前，中国科学院的一位老研究员给孙永福写了一封信，叫他警惕高原疾病突袭，“甚至夜间到露天厕所解手，都可能引发急性高原病”。有个青年晚上在高原上厕所感冒了，引起急性脑水肿、肺水肿，经抢救无效去世了。这件事让孙永福很震惊，他意识到保护建设人员的措施要落到微小细节上，提出要解决这样的问题。不久，中铁十二局在清水河基地创造性地搞了个箱子一样的活动厕所，晚上把厕所移过来同住房走廊的门对接上，这样再也不用露天上厕所了。

用汽车运送到高原上的氧气瓶，是必备的急救物品。为解决氧气瓶供应难题，奋战在风火山的中铁二十局与北京科技大学联合成功研制高原制氧机，在海拔4900米的工地上，一个小时可以制24立方米氧气。把氧气送到隧道里，结果掌子面上比外边氧气环境还好，大家干起活来就没那么难受了，发病率降低，功效大大提高。工人们休息时，也可以有2小时吸氧恢复体力。

与此同时，孙永福着手解决生态脆弱和多年冻土问题。他要求大家依法环保、科技环保、全员环保，把环保变成自觉行动，成功解决了野生动物迁徙通道和高原植被恢复再造技术问题。在多年冻土问题上，他花了更多心思推动技术创新，决策建设具有代表性的冻土工程试验段，改变过去“盖被子保温”的被动方式，通过调控辐射、对流、传导，冷却地基。如利用片石路基把大气冷能储存到地表以下，形成主动降温的良好效果。在国务院领导下，各部门和青藏两省区政府大力支持，广大建设者艰苦奋斗，攻克“三大难题”，取得丰硕成果，使青藏铁路达到世界一流水平。

2016 年，在青藏铁路运营 10 周年之际，孙永福主持研究了“青藏铁路对经济社会发展重大作用研究”，同青藏铁路建设之初相比，认识更加深刻。作为主要运输通道，青藏铁路为进出藏提供了全天候、大能力、快速度的运输方式，承担全社会进出藏货运量近 80%，客运量近 35%，对经济发展拉动作用十分明显，特别是促进了旅游业大幅度增长。青藏铁路也强化了西部大开发的基础设施，为推进“一带一路”建设创造了条件，发挥了对国家重大战略的支撑作用。“综合评价青藏铁路的经济效益、社会效益、环境效益、国防效益，充分说明党中央、国务院关于建设青藏铁路的重大决策十分英明正确。我们要弘扬‘挑战极限，勇创一流’的青藏铁路精神，努力实现中国铁路现代化。”孙永福说。

中国铁路“走出去”

20 世纪 70 年代，孙永福参加过中国援建坦赞铁路建设，后来又在铁道部主持过援外工作，曾荣获中国援外奉献奖金奖。进入新的历史节点，孙永福依旧在中国铁路“走出去”的路程上奔波。在他看来，改革开放 40 年的成绩和经验告诉我们，应重视两个市场、两种资源的利用：“交通强国是党中央做出的战略决策，是交通运输系统的崇高使命。成为一个真正的交通强国，不仅铁路自身要强大、要领先，而且要为国家发展和安全提供有力保障，要让人民享受现代化铁路的实惠，还要有广泛的国际影响。以前我们‘引进来’比较多，实力增强后，更要着力‘走出去’，充分利用好国内和国际市场。”

经过研究，孙永福认为中国铁路“走出去”有几个关键要素。首先要加强统筹协调，发挥铁路全产业链优势。铁路“走出去”要服务于国家重大战略，企业要依靠改革创新，加强企业联合、银企联合，实行“合作联盟”战略。

除此之外，他建议抓好示范工程建设，如中老铁路、印尼高铁等。要实施“咨询先行”，实施“本土运作”，宣传中国标准，扩大中国影响。他向记者解释说：“我们在研究中国铁路‘走出去’过程中发现，很多工程是别人先做了咨询，拿出了设计方案以后我们去承包工程，这等于是按照别人的标准给人家打工。所以要提前介入咨询，把绿色智能的中国标准宣传出去抢占先机。同时，要充分利用本土资源，形成优势互补，取得东道国的支持。”

谈及未来，孙永福说，改革开放40年的成就说明，只有思想大解放，才有改革开放的大举措，才有铁路交通的大发展。孙永福说："我的梦想就是中国铁路领先世界。只要敢创新放手干，就能实现高质量大发展，就能使中国铁路雄姿勃发，站在全世界面前！"

2018年12月4日 星期二 | 第6869期 今日8版 | 邮发代号 1－72 国内统一连续出版物号 CN 11－0122
http://www.zgjtb.com | 交通运输部主管 中国交通报社主办

船舶安全防污染规则拓展实施范围

本报讯　近日，交通运输部发布公告称，《中华人民共和国船舶安全营运和防止污染管理规则》（简称《管理规则》）将于2021年1月1日对第四批船舶生效。

《管理规则》涉及范围包括在直属海事管理机构登记的五类船舶，即：沿海载客定额50人以下跨省航行的客船（客渡船除外）及沿海省内航行的客船（客渡船除外）；沿海150总吨以下气体运输船和散装化学品船；沿海500总吨及以上港内作业的油船及沿海500总吨以下油船；沿海500总吨及以上省内航行的散货船和其他货船；内河3000总吨及以上散货船和其他货船。

此五类船舶须于2020年12月31日前取得"符合证明"（DOC）或"临时符合证明"副本，以及"安全管理证书"（SMC）或"临时安全管理证书"。

公告要求，各海事管理机构、水路运输管理部门要依据有关法律法规和各自管理职责，做好《管理规则》拓宽实施范围的宣贯工作，督促航运公司抓紧建立安全管理体系，并自2021年1月1日起对相关船舶和公司持证情况进行严格检查。各海事管理机构、船级社要加大对公司安全管理体系文件编写的指导力度，要求公司依据《管理规则》并结合自身实际编写体系文件，做到体系简化、直观、易执行。　（王汝孝）

山东高速服务区增品质显特色

驻山东首席记者 王泰
特约记者 孟加树

"每次回老家，我都会算好时间到这个服务区吃午饭。这里餐品丰富还不贵，环境感觉特别'高大上'，第一次来时我就被这里的机器人炒饭'俘获'了。"近日，在山东泰安服务区，正在餐厅用餐的济宁姑娘李丹笑着对记者说。

李丹的欢喜心情不是个例。近年来，山东高速公路服务区提升改造成果显著，多家按照现代商业综合体标准打造的高端服务区日渐成熟，获得过往人员好评。"我们将坚持社会效益优先，兼顾经济效益，在先进理念、经营机制、管理措施、人性化服务等方面全面提升，为社会公众提供更好的服务，打造山东服务区特色品牌。"山东省交通运输厅厅长江成表示。

细微之处提升体验 留不住人变游人如织

"留不住人，没法盈利，基本都是被动消费"，这是过去山东高速公路服务区面临的发展难题。2016年7月，山东省政府办公厅印发了《关于进一步提升我省高速公路服务区服务水平的意见》，提出用两年半的时间，打造"布局合理，功能完善，特色鲜明，服务规范，安全有序，生态环保"的现代化服务区。

如今，聚焦山东高速公路服务区，基础设施与服务水平呈现"双提升"趋势。在曲阜服务区，儒家文化风格的建筑和特产随处可见；在沂源服务区，1万平方米原生山林游人如织；在长清服务区，三层的主楼集餐饮、购物、住宿等于一体……

改变源自行动。近年来，山东省交通运输厅将服务区改造提升作为新旧动能转换的重点工作之一。各高速公路运营主体、交通运输各级单位对服务区逐一开展"解剖麻雀"式分析，有针对性地提出实施计划。在投资运营方面，山东鼓励社会资本进入服务区建设，依托服务区主体功能拓展旅游、物流、休闲、农业等服务。

"我们的商业运营模式，从过去的单体功能转变为小商业体一体化设计，完全以顾客的体验为中心。比如用餐方面，除了有高速食堂、西式快餐、区域特色餐饮外，还增加了烘焙、咖啡厅、冰激凌店等多门类、多层级消费档口，满足了差异化消费需求。"山东高速服务区管理有限公司泰安分公司经理梅俊峰介绍。

目前，山东省各大高速公路服务区卫生间、污水处理设施、停车场等基础设施均有了不同程度的改善，其中已有70对高速公路服务区充电设施投入运营，给群众出行带来了更多选择，进一步改善了过往车辆的服务体验。

告别"千区一面" 服务彰显地域特色

作为城市重要的"窗口"，高速公路服务区既代表城市的"面子"，又决定了城市的"里子"——基础设施、服务质量关系着一个城市的形象。　（下转2版）

中共交通运输部党组召开会议

认真贯彻落实《中国共产党支部工作条例（试行）》 加强党支部标准化规范化建设提高党支部建设质量

部党组书记杨传堂主持会议

本报讯　12月3日，中共交通运输部党组召开会议，研究审议《中共交通运输部党组关于深入学习宣传和贯彻落实〈中国共产党支部工作条例（试行）〉的通知》，听取部党组2018年第二轮巡视工作情况汇报。部党组书记杨传堂主持会议。部党组副书记李小鹏，部党组成员李建波、何建中、宋福龙、刘小明、杨宇栋出席会议。部机关有关司局主要负责同志列席有关会议。

会议指出，党支部是党的基础组织，是党在社会基层组织中的战斗堡垒，是党的全部工作和战斗力的基础，担负着直接教育党员、管理党员、监督党员和组织群众、宣传群众、凝聚群众、服务群众的职责。《中国共产党支部工作条例（试行）》（简称《条例》）以习近平新时代中国特色社会主义思想为指导，贯彻党章要求，落实新时代党的建设总要求和新时代党的组织路线，既弘扬"支部建在连上"的光荣传统，又体现基层创造的新做法新经验，对党支部工作作出全面规范，是我们党历史上第一部关于党支部工作的基础主干法规，为全面加强新时代党支部建设提供了基本遵循。

会议强调，要按照中央部署要求，认真贯彻落实《条例》，加强党支部标准化、规范化建设，不断提高党支部建设质量。

一要提升站位抓落实。做到"两个坚决维护"，坚持和加强党的全面领导，把政治建设摆在首位，着眼交通运输事业健康发展，把党支部建设作为最重要的基本建设，全面提升党支部组织力，强化党支部政治功能，为加快推进交通强国建设汇聚强大力量。

二要严格规范抓落实。牢牢把握党支部工作必须遵循的基本原则，遵循党章，聚焦优化组织设置、落实基本任务、健全工作机制、严肃组织生活、加强支委会班子建设，全面推进党支部标准化、规范化建设，确保党的组织和党员队伍不忘初心、牢记使命。

三要扛稳责任抓落实。牢固树立"四个意识"，把抓好党支部作为党的组织体系建设的基本内容、管党治党的基本任务、检验党建工作成效的基本标准，层层压紧压实管党治党责任，真正善抓党支部，确保《条例》落到实处、见到实效。

四要久久为功抓落实。抓好党支部建设，既要打好攻坚战，深入开展对照检查，即知即改、立行立改，又要打好持久战，健全领导机制，定期研究部署党支部建设工作。同时，要健全培训机制、保障机制、激励机制，加强督促检查，推动全面从严治党向基层延伸。

会议指出，部党组2018年第二轮巡视工作坚持政治巡视定位，坚决贯彻中央巡视工作要求，牢牢把握巡视工作根本任务，发现了一批深层次问题和涉及关键人、关键岗的重点问题，充分发挥了巡视震慑作用，充分贯彻了政治巡视要求，取得了积极成效。下一步，要高度重视巡视整改工作，切实做好巡视"后半篇"文章，确保发现的问题件件有回应、桩桩有落实，对整改不力的要严肃问责。要深入领会中央关于巡视工作的最新要求，对标对表中央脱贫攻坚专项巡视，紧盯政治担当，增强忧患意识，不断推动部党组巡视工作向纵深发展。

会议还研究了其他事项。　（朱艺文）

为纪念辽沈战役胜利和东北解放70周年，中国邮政集团发行"辽沈战役纪念馆"普通邮资明信片。该明信片为1套1枚，售价1元，共发行33.6万枚。

图为11月28日首发式当日，辽宁锦州市民争相购买"辽沈战役纪念馆"普通邮资明信片。

本报记者 姜喜民 摄

刘小明出席"两路"精神理论研讨会并要求 深入践行弘扬"两路"精神 开创新时代交通强国建设新局面

本报讯　12月1日，由交通运输部政策研究室和重庆交通大学联合主办的"两路"精神理论研讨会在重庆召开。交通运输部党组成员、副部长刘小明出席研讨会并强调，要以习近平新时代中国特色社会主义思想为指导，深入践行弘扬"两路"精神，奋力开创新时代交通强国建设新局面。

刘小明指出，要深刻领会习近平总书记关于"两路"精神系列重要指示批示所体现的人民情怀、精神力量，以及对交通运输改革发展的关心和期盼，立足新时代新征程，深刻理解把握"两路"精神的时代内涵，大力弘扬奋斗精神、牺牲精神、创新精神、奉献精神和担当精神。要进一步强化顶层设计、理论武装、价值引领、典型示范和实践养成，围绕"学习认识到位、理解挖掘到位、阐释传播到位、践行落实到位"的目标，进一步把"两路"精神践行好、弘扬好、传承好，为建设交通强国、决胜全面建成小康社会提供坚实思想基础和强大精神力量。

研讨会上，中央党校、国家行政学院教授王伟，部科学研究院研究员李晓峰、大连海事大学教授马晓雪、四川省交通运输厅公路规划勘察设计研究院工程师刘晓燕、重庆交通大学校长唐伯明等作主旨报告，部公路科学研究院及中交第一、第二公路勘察设计研究院等单位代表作交流发言。

中国海员建设工会主席丁小岗，中央党校、大连海事大学、重庆交通大学、武警部队、中国交通建设股份有限公司以及四川、青海、西藏、重庆4省市交通运输部门，部机关相关司局和部属单位有关人员，以及原康藏公路修建司令部政委穰明德、一等功臣张副林烈士的亲属代表等近百人参加研讨会。　（周欣）

情系铁路　岁月留痕
——访原铁道部常务副部长孙永福

见证40年 主题访谈

本报记者 王娇娇
实习记者 张雨涵

高原反应是怎样的一种感受？

原铁道部常务副部长、中国工程院院士孙永福依旧清晰地记得2000年59岁初上青藏高原时的情景——在海拔4500米的沱沱河兵站一下车，发现"一脚踩不到地"，飘飘忽忽的一阵难受。工作人员准备了氧气罐，请他上二楼休息。"我是真想去吸氧啊，可是腿不听话。"孙永福说。因为血氧饱和度过低，2004年10月，他在检查一座桥梁工程时忽然全身虚脱，天上飘着雪花，他的额头上却不断渗出豆大的汗珠。他说，那一次，知道人在濒死状态下在想什么，觉得自己这回扛不过去了。

他已经记不清在青藏高原上经历了多少次危险状况。青藏铁路是世界上海拔最高、线路最长的高原铁路线，5年建设期，他以花甲之龄来来回回往现场跑了50多趟。通车之后，3个月又跑了3趟。

孙永福。　实习记者 王泽宇 摄

43岁受命任铁道部副部长，一直到65岁卸任，都在铁道部领导岗位工作。如今位于北京西长安街的中国铁路总公司大院办公室里见到他，记者感受到了那股热情洋溢的豪迈劲儿。这位从技术员做起，当过工程师、科长、处长、局长、副部长的"老部头"，2005年当选为中国工程院院士，如今77岁仍在为"交通强国，铁路先行"贡献力量。他说自己一辈子只干了一件事——学铁路、修铁路、管铁路。

"逼"出发展新思路

由蒸汽机车到内燃机车、电力机车，再到高速动车组，中国铁路一路飞奔。孙永福正是这场伟大变革的亲历者和实践者。作为一名专家型铁路建设领导者，他不仅重视我国铁路技术进步，更关注铁路改革与发展问题。

1984年年底，孙永福从铁道部主管铁路建设的两位副部长手上接过了重担，主管全国铁路建设等工作。经过一段时间了解，他深感国家铁路发展非常滞后，与国民经济发展很不适应。"本来应该是先行的，现在成了滞后了，制约了国民经济的发展，人民群众也很不满意。"孙永福说。

当时，全国都在贯彻党的十一届三中全会精神，把工作重点转移到经济建设上来。但是，由于历史原因，铁路发展面临着巨大压力，进一步发展也有很大困难。

困难到什么程度呢？铁路货运是一车难求，每天申请要车数量只能满足三分之一。铁路客运是一票难求，到春运期间更是难上加难。客车不够用，在货运棚车里面设置个简易便池就投入客运。一节客车定员是120多人，实际要挤进300多人，最后没办法，连洗脸间都要挤六七个人。从车门挤不进去，就从车窗爬进去，能找到地方站着就算好了。铁路运输能力已经饱和，必须加快新线建设和既有线改造，发展铁路装备工业，提高运输能力。　（下转4版）

16艘大船有了当地身份证
海南海事"一船一办"两天办结

特约记者 何志成 汪蓉

日前，海南海事局政务中心主任林拓收到了一份特殊的礼物——一面印有"勤政高效服务企业，齐心合力建设海南"的锦旗。"不停航、零待时办理船舶登记手续，为我们节约了一大笔运营成本。"海南海盛航运有限公司总经理朱火孟对此赞不绝口。

这一切还要从16艘船舶的划转"落户"说起。为助推海南自贸区航运业发展，海南省政府与中国远洋海运集团有限公司（简称中远海运）签订了合作协议。中远海运决定将旗下"新旺海"轮等14艘大型散货船划转至其海南子公司海南海盛航运有限公司，并为另一子公司海南中远海运沥青运输有限公司建造2艘大型沥青运输船。16艘船舶总运力达157万吨。

然而，由于船舶船期安排较满，如果停航办理相关船籍迁转手续，会给公司带来巨大经济损失。怎么办？

海南海事局决定在不违反法定程序的前提下，采取"内紧外松""一船一办"方式为企业办理船舶相关迁转手续。

利用每艘船舶停靠港口装卸货物的1至2天时间，海南海事局加急为其办理相关登记手续。正常需要14天办结的船舶所有权、国籍等手续，2天内就完成办结，为企业节省了大量时间和运营成本。

近年来，海南海事局在政务服务方面推行零距离、零等待、零差错、零投诉、零容忍"五零服务"，持续优化营商环境，不断提升服务质量和工作效率，为助力海南自贸区联通世界增加了新引擎。

陇桂机场集团深化合作

本报讯　（驻甘肃首席记者 石琰 通讯员 张海涛 张先鹏 郑毓元）近日，广西机场管理集团有限公司与甘肃省民航机场集团有限公司在广西南宁签署战略合作框架协议。双方将在联合搭建"南向通道"和"进疆通道"网络布局、建立长期稳定的人才交流学习机制等方面开展合作。

双方的合作将进一步助力兰州中川国际机场成为广西壮族自治区内各地进出疆内、通达中西亚各国的重要空中通道，助力南宁吴圩国际机场打造面向东盟的门户枢纽机场，共同推进陇桂两省区航空市场发展壮大和"一带一路"建设取得更大进展。

据了解，双方将在巩固现有航线的基础上，持续加密兰州—南宁直达航班，大力拓展两省区支线网络通达区域，联合搭建甘肃经南宁、桂林至新加坡等国的"东盟通道"网络，更好地服务两省区经济社会发展。

□值班编委 韩弢　本版副主编 卢锐　责编 王俊宿　□E-mail:xw1b@zgjtb.com　□新闻热线：(010)64255441　□发行热线：(010)64256206　□广告热线：(010)64250642　□培训热线：(010)65299681

2018年12月4日 星期二 4版
电话：010-65293632 64252864 E-mail:zgjtb@126.com
见证40年 主题访谈
中国交通报 CHINA TRANSPORT NEWS

情系铁路 岁月留痕

——访原铁道部常务副部长孙永福

（上接1版）

孙永福经过认真思考和分析，认为发展的压力来自三个方面——资金奇缺、装备不足、管理落后。"到处运能告急，各地都在搞建设，但国家财政安排的铁路投资有限。1985年，全国铁路基建投资只有65亿元，很多工程项目不能开工。大型施工机械也很少，相当多的工作量是半机械化或靠人工完成。"孙永福向记者描述。

最迫切的压力还有管理理念。在计划经济体制下，铁路行业完全按行政办法管理，由铁道部分配任务，成建制调动队伍。"同先进国家相比，我们铁路建设理念、技术、管理方面都有很大差距。怎么办？"孙永福说，"后来我想，这些矛盾和国家经济体制相关，所以大方向肯定要依靠改革开放。"

1985年，时任铁道部部长丁关根在研究编制铁路"七五"规划时，提出了铁路改革发展新思路，经国务院批准后，实行铁路建设投资大包干。

"投资大包干是什么意思呢？就是铁路运输盈利不上交国家财政，用于铁路建设，国家财政也不再安排铁路建设投资。这样可以调动铁路自身积极性，大家干得越多、干得越好，利润就越高，用来搞铁路建设的资金就越多。"孙永福解释说。

在铁路建设管理方面，改革也在稳步推进。大胆尝试项目法施工管理，实行招投标制、合同制、监理制等，推动合资铁路试点，调动中央和地方两个积极性。随着改革深化，实行政企分开，政府管理职能进一步加强，企业与铁道部脱钩，增强了在市场竞争中发展的动力。中国铁路慢慢找到了适合自己的发展道路，从"瓶颈制约"，到"总体缓解"，再到"基本适应"。

1996年2月25日，孙永福（中）在京九线蕲村站微机连锁开通现场调研。

百年圆梦大京九

"在'七五'计划时期，当时状况是钱少、事多，怎么办？"孙永福紧握拳头，"只能是把钱用在刀刃上，集中人力、物力、财力打歼灭战，铁道部组织三大战役，也就是南攻衡广、北战大秦、中取华东。"

孙永福担任衡广铁路全线总指挥，坐阵一线，组织实施。经过3年奋斗，1988年衡广复线铺通，1989年全线投入运营，解决了南北大干线京广铁路"卡脖子"地段运能问题，运能从每年1000多万吨，提高到每年3000多万吨，远期可达每年5000万吨。大秦铁路是我国按照系统工程建设的第一条重载铁路，设计年运煤1亿吨，经过技术改造最高达到年运煤4.45亿吨，建成后共运送煤炭60亿吨。"中取华东"则是进行了多通道铁路建设，增强进出华东的铁路运输能力，为华东地区加快改革发展提供运力支持。

"七五"期间三大战役为支持国家经济社会发展作出了巨大贡献。但是随着国民经济持续快速发展，铁路运输紧张状况仍未根本缓解，南北方向运能制约尤为突出。

在此情况下，铁道部党组研究作出了"八五"期间"强攻京九、兰新，速战侯月、宝中，再取华东、西南，配套完善大秦"的总体部署，孙永福负责组织以京九铁路建设为重点的"八五"铁路建设大会战，同时负责高速铁路技术研究和京沪高速铁路建设准备工作。

举世瞩目的大京九，曾澎湃过几代人的激情。早在上世纪初，孙中山《建国方略》首提经由"鄱阳湖入口西端、长江右岸"（即现九江市）之南北大铁路构想。作为京九铁路建设总指挥，孙永福深刻体会到党中央、国务院作出这一战略决策意义重大。

京九铁路自北京南下深圳，连接九龙，途经九省市，全长2397公里，加上联络线总长达2553公里。这是我国铁路建设史上规模最大、投资最多、一次建成线路最长的大干线。3年铺通，第4年全线投入运营，任务十分艰巨。孙永福抓科技攻关、抓质量创优、抓投资控制，建设质量之好、投资效益之高、科技进步成果之大，都是铁路建设史上少有的。

建成后的京九铁路，不仅缓解了南北运输紧张状况，更带动了沿线地区经济社会飞跃发展。"沿线大多是老革命根据地贫困地区。调查表明，铁路自身经济效益很好，运营10年已偿还全部建设资金；社会效益、环境效益显著，包括产业布局、城镇化、就业环境等。京九铁路每收入1元钱，就会拉动地方相关产业收入5元7角的增加值，GDP拉动作用为1:5.7。这说明这条线真是条扶贫线。我们修铁路不光是运东西，更多的还是为地方服务，为老百姓服务，最终是要让人民享受到这样一个现代运输工具带来的实惠。"孙永福动情地说。

挑战"生命禁区"

提到孙永福，就不得不提青藏铁路。

到铁道部任职后，孙永福就接触到青藏铁路方案研究问题。为贯彻1994年7月20日中央召开的第三次西藏工作座谈会精神，他主持中铁第一、第二勘察设计院开展大面积选线。从诸多方案中，专家们比选出青藏、甘藏、川藏、滇藏4条线路，之后又从4条线路方案中选出青藏、滇藏两个方案，对这两个方案作深入研究，并进行现场考察。

那时，他还不知道有民谣这样唱："到了西大滩，气短腿发软；过了五道梁，哭爹又喊娘……"

2000年7月31日清晨天没亮，孙永福带领考察组同前来迎接的时任西藏自治区常务副主席杨传堂一道，从格尔木启程。中午时，车队到达沱沱河兵站。孙永福坐了6个多小时越野车，下车时就已经有了强烈的高原反应，觉得头胀得又大又重像戴了个大帽子，脚像踩在棉花包上一样松软。面对列队欢迎的兵站指战员，"使劲"讲了几句感谢的话。当时他就想："咱上来还没干活，就这种状况，工人们要进行繁重劳动，怎么适应？如何保证大家健康安全？"这个问题在他心上打了个结，他一路走一路考虑以后该怎么应对。

返京后，孙永福向国务院领导作了汇报，提出了建设青藏铁路的建议。2000年11月10日，江泽民总书记对青藏铁路建设作出重要批示，提出"这是我们进入新世纪应该作出的一个大决策，一个政治决策，要抓紧考虑"。青藏铁路建设前期工作进一步加快步伐。2001年2月7日，国务院总理朱镕基主持总理办公会议，审议青藏铁路项目建议书。朱镕基总理宣布，"修建青藏铁路，时机已经成熟，条件已经基本具备，可以批准立项"。

"同意立项建设，这是第二天《人民日报》头版头条，通栏大标题是《国务院批准建设青藏铁路》。这个决定，让国人振奋，也让世界震惊。在世界屋脊上修建铁路，在许多人看来是不可能的事。"孙永福回忆起十几年前的情景，依旧历历在目。"后来，总理当面对我交代任务说，青藏铁路是载入史册的伟大工程，由我担任总指挥。我临阵受命，心情激动，深感使命光荣，责任重大，机会难得。"

就这样，孙永福受命青藏铁路建设领导小组副组长（正部长级），作为中央交给的专项任务，负责青藏铁路建设。

青藏铁路是通往西藏腹地的第一条铁路，也是世界上海拔最高、线路最长的高原铁路。多年的研究，加上现场考察，使他清楚地意识到，青藏铁路建设将会遇到许多困难，包括工程地质方面的多年冻土、大断层、滑坡、泥石流、地震，气候方面的高严寒、强辐射、强雷电、大风、缺氧，生态方面的植被脆弱、野生动物濒危，还有高原机械设备和新技术方面的难题……经过一段时间思考，他决心迎接严峻挑战，突出解决三个世界性大难题：高寒缺氧、生态脆弱和多年冻土。

青藏铁路沿线氧气含量大约为平原地区的50%至60%，建设青藏铁路就要挑战"生命极限"。队伍不仅要上得去，还得站得稳、干得好，这是青藏铁路建设要解决的首要问题。为此，青藏铁路建立了完整的医疗卫生保障体系。

队伍站得稳，首先要过心理这道关。

青藏铁路开工之初，原来的军用通信线路已拆除，新建铁路无线通信系统尚未完成，这时，奋战在高原上的建设队伍通信联系十分困难。"我觉得通信是个大问题，大家心思不安，都惦记着家里边，家人也惦记着高原上的亲人。在铁路通信没建成前，我们搞了个'温馨三分钟'，把卫星通信接通，一个职工可以有三分钟时间同家里通话报平安，话费由单位支付。高原反应难过的时候大家挺着，饥渴缺衣少食的时候大家忍着，可是通了电话，大家哭眼泪了。高原施工不比平常，心里特别难过。"说到工程建设初期的艰难，孙永福数度哽咽，一个"三分钟"的温情电话，让工人禁不住泪奔。

上高原之前，中国科学院的一位老研究员给孙永福写了一封信，叫他警惕高原疾病突袭。"甚至夜间到露天厕所解手，都可能引发急性高原病"。有个青年晚上在高原上厕所感冒了，引起急性肺水肿、脑水肿，经抢救无效去世了。这件事让孙永福很震惊，他意识到保护建设人员的措施要落到微小细节上，提出要解决这样的问题。不久，中铁十二局在清水河基地创造性地搞了个箱子一样的活动厕所，晚上把厕所移过来同住房走廊的门对接上，这样再也不用到露天上厕所了。

用汽车运送到高原上的氧气瓶，是必备的急救物品。为解决氧气瓶供应难题，奋战在风火山的中铁二十局与北京科技大学联合研制成功高原制氧机，在海拔4900米工地上，一个小时可以制24立方米氧气。把氧气送到隧道里，结果掌子面上比外边氧气环境还好，大家干起活来就没那么难受了，发病率降低，功效大大提高。工人们休息时，也可以有2小时吸氧恢复体力。

与此同时，孙永福着手解决生态脆弱和多年冻土问题。他要求大家依法环保、科技环保、全员环保，把环保变成自觉行动，成功解决了野生动物迁徙通道和高原植被恢复再造技术。多年冻土问题，他花了更多心思推动技术创新，决策建设具有代表性的冻土工程试验段，改变过去"盖被子保温"的被动方式，通过调控辐射、对流、传导，冷却地基。如利用片石路基把大气冷能储存到地表以下，形成主动降温的良好效果。在国务院领导下，各部门和青藏两省区政府大力支持，广大建设者艰苦奋斗，攻克"三大难题"，取得丰硕成果，使青藏铁路达到世界一流水平。

2016年，在青藏铁路运营10周年之际，孙永福主持研究了"青藏铁路对经济社会发展重大作用研究"，同青藏铁路建设之初相比，认识更加深刻。作为主要运输通道，青藏铁路为进出藏提供了全天候、大能力、快速度的运输方式，完成全社会进出藏货运量近80%，客运量近35%，对经济发展拉动作用十分明显，特别是促进旅游业大幅度增长。青藏铁路也强化了西部大开发的基础设施，为推进"一带一路"建设创造了条件，发挥了对国家重大战略的支撑作用。"综合评价青藏铁路的经济效益、社会效益、环境效益、国防效益，充分说明党中央、国务院关于建设青藏铁路的重大决策十分英明正确。我们要弘扬'挑战极限，勇创一流'的青藏铁路精神，努力实现中国铁路现代化。"孙永福说。

孙永福（前排右二）在青藏铁路建设现场看望参加机车运行试验的科技人员。

中国铁路"走出去"

20世纪70年代，孙永福参加过中国援建坦赞铁路建设，后来又在铁道部主持过援外工作，曾荣获中国援外奉献奖金奖。进入新的历史节点，孙永福依旧在中国铁路"走出去"的路程上奔波。在他看来，改革开放40年的成绩和经验告诉我们，应重视两个市场、两种资源的利用："交通强国是党中央做出的战略决策，是交通运输系统的崇高使命。成为一个真正的交通强国，不仅铁路自身要强大、要领先，而且要为国家发展和安全提供有力保障，要让人民享受现代化铁路的实惠，还要有广泛的国际影响。以前我们引进来比较多，实力增强后，更要着力'走出去'，充分利用好国内和国际市场。"

经过研究，孙永福认为中国铁路"走出去"有几个关键要素。首先要加强统筹协调，发挥铁路全产业链优势。铁路"走出去"要服务于国家重大战略，企业要依靠改革创新，加强企业联合、银企联合，实行"合作联盟"战略。

除此之外，他建议抓好示范工程建设，如中老铁路、印尼高铁等。要实施"咨询先行"，实施"本土运作"，宣传中国标准，扩大中国影响。他向记者解释说："我们在研究中国铁路'走出去'过程中发现，很多工程是别人先做了咨询，拿出了设计方案以后我们去承包工程，这等于是按照别人的标准给人家打工。所以要提前介入咨询，把绿色智能的中国标准宣传出去抢占先机。同时，要充分利用本土资源，形成优势互补，取得东道国的支持。"

谈及未来，孙永福说，改革开放40年的成就说明，只有思想大解放，才有改革开放的大举措，才有铁路交通的大发展。孙永福说："我的梦想就是中国铁路领先世界。只要敢创新放手干，就能实现高质量大发展，就能使中国铁路雄姿勃发，站在全世界面前！"

青藏铁路。 本版图片由受访者提供

地址：北京市朝阳区安华西里三区13号楼 邮编：100011 总编室：(010)65293633 通联部：(010)65293561 (010)64252114(传真) 采编中心：(010)64255441 公路中心：(010)65293615 水运中心：(010)64255824 运输中心：(010)65293641 新媒体中心：(010)64255469 培训中心：(010)65299681 广告部：(010)64250642 (010)64255452(传真) 北京中通广告公司：(010)64252934 广告经营许可证：京朝工商广字0142号 每年定价：460元 每月定价：38.34元 零售每份：1.92元 中国青年报印刷厂印刷

思想解放路更宽

——访原交通部副部长刘锷

本报记者　林　芬

见报日期　2018年12月6日

“这些访谈，我都剪下来了，有的还复印了，勾起了我的回忆。我亲身经历了改革开放的时代，这是一个伟大的时代，回想起来也很激动，也想说点什么。”82岁的原交通部副部长刘锷手里拿着一叠《中国交通报》“见证40年主题访谈”的剪报和用别针整整齐齐别起来的小纸片，对记者说，“我还找出黄镇东部长、李盛霖部长主编的改革开放30周年的那套丛书，内容很丰富、很翔实，第一线的同志体会得比我深，感觉我所知道的真的就像一滴水。”

一滴水能折射出太阳的光芒，老部长珍藏在记忆中的“一滴水”是交通运输改革开放澎湃大潮的缩影。

思想解放突破禁区　交通发展接轨市场

“改革开放40年，在我印象里感触最深的变化有两个。第一个是交通部从只管直属企业变为管行业，脱胎换骨。第二个是多方筹资、强身健体。”刘锷说，“改革开放首先是要突破思想禁区。没有这个，不可能有现在的成果。”

时代是思想之母。这两大变化的背后，是交通运输行业深远的思想大解放。

1983 年，“有河大家走船，有路大家走车”首次在全国交通工作会议上提出，成为开启公路水路运输市场放开搞活的最经典的宣言。而当时，刘锷还不太理解。

刘锷回忆，1983 年，是他刚从交通部水运局调度室，调任交通部内河运输管理局副局长不久。1978 年以前，甚至到 80 年代初期，交通部是个“大老板”，主要管直属港航单位的营运、安全，负责组织生产、完成任务、上缴利润。当时水运管理实行“三统”——统一货源、统一运价、统一调度。一个月有一次月度平衡会，中央的粮食部、冶金部、煤炭部、电力部等大的货主，以及交通部直属的港航单位，在北京市朝阳区的黄寺，产销运各方“面对面”。

“你有多少东西要运，运到哪里，什么时候到达我们的港口。这边就组织承运，把任务领回去。直属水运运价是交通部水运局管，全国统一。航运局把船期排出来，什么时候哪艘船，到哪个港口，运载多少货物，交通部水运局调度室监督这个计划执行。所以 1983 年刚提出‘有河大家走船，有路大家走车’，我就想国家重点物资运输怎么保证，调度室将来干什么?”回忆往事，刘锷由衷地佩服时任交通部党组书记、部长李清。

1983 年 3 月 17 日《人民日报》头版刊发消息《李清谈交通部门改革：打破独家经营一统天下局面　支持地方办海洋船队建港口》，记载了这一里程碑的事件。李清提出：我国的交通运输存在着某些独家经营、一统天下的做法，影响了整个交通运输的发展。因此，必须坚持国营运输的主导地位和发展多种运输形式的原则。

“从只管直属企业到面向全行业服务，这个思想转变是很大的。这个思想不转变，交通部的行业管理是没法实现的。李清同志提出这个思想，非常难能可贵。”刘锷动情地说。

思想激荡，醍醐灌顶。这一理念的提出，冲破了社会主义只能搞单一所有制结构的羁绊和“一家办交通”的部门垄断局面，交通运输的发展开始和市场接轨。公路、水路运输领域形成了多形式、多层次、多成分的运输经济新格局，个体和联户运输大量涌现，车船运力迅速增加。

市场开放之后，1984 年，又出现了一件事，更让人觉得“交通部没事干了”——“直属管理的港口要下放”。当年，港口下放地方的试点在天津港拉开序幕。从 20 世纪 80 年代中期开始，交通部开始对沿海和内河重要港口的管理体制分期分批地进行改革，先后将沿海 13 个港口和长江 25 个港口下放给所在城市，实行以地方为主的管理体制，并相应地扩大了港口企业的经营自主权。

“企业下放，转向管理行业，这又是一个很大的改变。”刘锷说。各级政府交通部门实行“转、分、放”（转变职能、政企分开、下放权力），把主要精力用到制定规划、政策法规、组织协调、监督服务上来，并运用经济、法律和行政手段，加强对运输市场的管理，以建立统一开放、竞争有序的交通运输市场。

刘锷印象最深的第二个变化——多方筹资、强身健体背后，同样也是思想解放的结果。1983 年，秦皇岛港和连云港港开始使用日元贷款；次年，陕西西安至三原公路开始利用世界银行贷款。这先后开创了我国港口、公路利用外资的先河。

对外资的利用，经历了激烈的思想交锋。“记得我们还完了苏联的贷款以后，周总理讲过一句话‘一无内债，二无外债，我们现在一身轻’。现在又要向国外贷款了，我想，这刚还完债，怎么又借债，不光借世界银行的钱，还借日本的钱。这些都要向外方提供详细的资料，很厚一沓子，包括港口周边、公路沿线的地形地貌、地质情况、经济情况、水文情况。当时很怕泄露机密，不放心，想不开。”刘锷回忆。利用外资，打破了“闭关自守”的状态，要和外国人打交道，不打破思想禁区，不可能实现改革开放。

1984 年，国务院第 54 次常务会议批准同意提高养路费征收标准、开征车辆购置附加费，允许“贷款修路，收费还贷”，这使公路建设有了稳定的资金来源和快速发展的环境。1986 年，国家决定对 26 个沿海港口的货物征收港建费，实行“以港养港，以收抵支”政策，港口建设资金有了稳定渠道……一系列的政策创新，使交通发展形成了“国家投资、地方筹资、社会融资、利用外资”的投融资新局面。

多年来，国家每年仅有 2 亿元左右投入国防边防公路建设，其他公路没有预算投资。1988 年，刘锷任交通部计划司司长时，国家计划安排交通部的基本建设资金（包括国家预算内资金、外资、自筹资金、银行贷款）只有 33 亿元。全国交通都在吃这么一块“蛋糕”，想让国家多切一点很难。而 2017 年公路水路交通固定资产完成投资 2.27 万亿元。变化之巨，今非昔比！

“部里每一次改革开放的举措，对我来讲都是一次思想的教育、认识的提高。”回顾思想大解放的历程，刘锷心潮澎湃。

抓住机遇乘势而上　顶层设计兼顾中央地方

“抓住机遇，乘势而上，才能取得这么好的局面。”刘锷说，40 年来，交通运输行业在多个关键时期抓住了机遇，用好了机遇，实现了跨越式发展。

1972 年，在交通部五七干校待了 3 年之后，刘锷重新回到部里工作。那时港口经常压船压货。1973年年初，周恩来总理提出“三年改变港口面貌”。“周总理下了这个决心，我们的港口建设顺势而上，成为国家建设的重点，成为各个部支持的重点。”后来在高等级公路建设中，交通部做得更主动。

刚出现高等级公路的时候，外界批评声音很多，认为不适合中国国情，交通部压力很大。“1989年7月在辽宁沈阳召开的全国高等级公路建设现场经验交流会上，国务委员邹家华亲自与会并讲话，交通部部长钱永昌还邀请了16个省（市）主管交通的领导。当时规定，国务院各部门的专业会议不得邀请国务院领导出席，不得邀请省市领导出席。这是交通部历史上第一次‘违规破格’开会。”刘锷回忆。

参加会议的代表，在沈阳开完第一天的动员会之后，坐上十几辆大巴车，沿着即将竣工的沈大高速公路，从沈阳直奔大连，亲身体验高速公路的快速、安全、舒适。许多分管交通的省（市）长、交通厅（局）长第一次乘车在中国的高速公路上行驶，大家惊讶、赞叹不已。

在那次会议上，邹家华指出，高速公路不是要不要发展的问题，而是必须要发展。发展高速公路不仅要着眼于今天，而且要着眼于明天。

“这样，交通部在建设高等级公路上有了话语权，这才突破了思想障碍。”刘锷说。

1998年，亚洲发生金融危机，中央提出了扩大内需的方针，交通部又一次抓住了机遇，高速公路和公路网建设全面加快。

当时公路建设对拉动GDP是有贡献的。时任国务院副总理吴邦国参加1998年6月在福建福州召开的全国加快公路建设工作会议。刘锷记得，他讲得很细——“公路建设与国民经济发展的相关系数是0.4，1998年投资1600亿元，将带动国内生产总值增加640亿元，可以为工业企业提供152万吨钢材、60万立方米木材、1.72亿吨水泥、208万吨沥青的订单。”

“为什么副总理要到交通部的会议上来讲这个，就是国家要公路建设来拉动GDP，保证就业。那个时候国内有些地方水泥、钢铁产能过剩，但公路建设发展起来后，这些长线产品有了新的强有力的需求。各省之所以重视交通，除了加速流通，就是因为交通真正拉动了这些产业，立竿见影。交通部抓住机遇，公路建设服从了国家发展大局，为国家作出了贡献，牢牢把握了发展的战略机遇期。”刘锷说。

除了抓住机遇、珍惜机遇、用好机遇外，刘锷认为，顶层设计一定要兼顾中央和地方的利益，才能充分调动地方的积极性，从而形成全国一盘棋，这一点非常关键。

哪些地方有漏洞　哪些地方围“篱笆”

从1986年到2002年退休，刘锷在纪检岗位上连续工作了16年，先后任交通部党组纪检组副组长、组长，部党组成员、副部长、中央纪律检查委员会驻交通部纪检组组长，中央纪律检查委员会委员。他对交通运输廉政建设有着深刻的思考，他说：“在担任计划司司长后，对抓一把手、一把手抓有了更深刻的体会。”

什么地方有漏洞，就在什么地方围“篱笆”。刘锷介绍，当时有句话叫“跑部钱进”。怎么进，就是上项目。所以计划部门成为寻租的重点。交通部采取严格的制度堵住漏洞，如压缩年度基建计划的自由度。按照“三主一支持”长远规划，列入长远规划的项目，优先进入五年计划，进入五年计划的项目，具备开工条件的优先进入年度计划。这样一层一层控制下来，年度计划的自由度就小了。

又如，计划内的项目，部里安排的建设资金，由从价（概算、决算）改为从量，按工程量大小确定。一公里安排多少，是个死数。有多少公里，部里就安排多少资金，有一公里算一公里。特殊情况需要浮动，承办人要作出文字说明，一并归档。而且上浮封顶，最多10%。

此外，当时公路欠账较多，一些老同志批条子的项目不好处理。革命老前辈为了新中国作出巨大牺牲，而数十年后他们的家乡仍然贫穷落后，想为乡亲们修条路，不答应于情于理难容。但这也需要制度规范，因此对于这样的特殊限额下小型项目，部里规定：一是资金总量封顶，年度限额安排；二是受理了以后，要征求所在省交通厅意见，省交通厅同意建设并安排配套资金后，才列入部的计划草案，详细注明项目是谁推荐的、准备安排多少资金等；三是一年两次提交部务会审定后，才列入计划。

“制度的笼子扎紧了，直到我退休，计划司没有发生过干部职务违纪违法案件。”刘锷感到非常欣慰。

历史照亮未来，历史启迪未来。刘锷1960年到交通部工作，42年的时光都奉献给了新中国的交通运输事业。年逾八旬，他依然时刻心系交通运输，观察热点、剖析难点、冷静思考、憧憬未来。

他认为，交通运输行业管理大致经历了两个阶段。第一阶段是“三统一”，直接管理直属单位的人、财、物，彻底的计划经济管理模式。第二阶段，依靠规划和投资进行管理，实行的是与地方共治的管理模式。在新的情况下有必要及早考虑新的模式。

他建议，下一步要把信息化抓起来，掌控、共享信息，建设全国交通运输系统的“大脑”。第一，要掌握全国交通运输大数据。这只有交通运输部能够做到，任何一个省都完成不了。第二，在掌握大数据的基础上，依托云计算，根据需求进行信息分析、开展导向预测、提出应对策略，为各地提供科学指导。“交通运输主管部门，要成为交通运输系统的‘大脑’，才能凝聚全行业。”刘锷语重心长地说。

CHINA TRANSPORT NEWS
2018年12月6日 星期四 http://www.zgjtb.com | 第6871期 今日8版 | 邮发代号 1－72 国内统一连续出版物号 CN 11－0122 交通运输部主管 中国交通报社主办

中欧班列（西安）累计开行超千列

截至今年10月底，中欧班列（西安）累计开行量突破1000列，这是陕西西安大力发展枢纽经济、门户经济、流动经济的里程碑事件，成为服务"一带一路"建设的新起点。

近5年来，西安市主动融入"一带一路"建设，打造中国最大内陆港——西安国际港务区，推动以中欧班列（西安）为代表的对外开放和贸易跑出"加速度"，开创年度重载率、货运量、实际开行量、单月开行量4项全国第一。

▶相关报道详见3版

全国交通运输系统深化"放管服"改革优化营商环境视频会召开

持续深化"放管服"改革持续优化营商环境 久久为功推动新时代交通运输高质量发展

在习近平新时代中国特色社会主义思想指引下——新时代新作为新篇章

本报讯 （记者 毛升）12月5日，交通运输部召开全国交通运输系统深化"放管服"改革优化营商环境视频会议。党组书记杨传堂出席会议并强调，要以习近平新时代中国特色社会主义思想为指导，深入贯彻党中央、国务院决策部署，坚持问题导向，加快转变政府职能，持续深化"放管服"改革，持续优化营商环境，推进国务院大督查发现问题整改，促进交通运输治理体系和治理能力现代化，持续发力、久久为功，推动新时代交通运输高质量发展。部长李小鹏主持会议。

杨传堂指出，深化"放管服"改革、优化营商环境是坚持基本经济制度和"两个毫不动摇"的必然要求，是全面深化交通运输改革开放的必然要求，是推动交通运输高质量发展的必然要求，是狠抓落实、建设人民满意交通的必然要求。要切实把思想和行动统一到习近平总书记重要指示精神上来，深化"放管服"改革、优化营商环境，推动政府职能深刻转变，使市场在资源配置中起决定性作用和更好发挥政府作用。

杨传堂要求，要深入剖析"放管服"改革、优化营商环境方面存在的突出问题，以抓好国务院大督查发现问题整改为契机，狠抓改革落实，为经济社会持续健康发展提供坚强交通运输服务保障。

一是切实加强党的领导。增强"四个意识"，坚定"四个自信"，践行"两个坚决维护"，把党的领导贯穿落实到全面正确履行职责的各个领域、各个环节。结合实际细化实化目标任务，完善政策法规，加强协同联动，坚决将交通运输部门这场自我革命进行到底。

二是切实推进问题整改。聚焦企业群众办事创业的堵点痛点问题，压实工作责任，加快整改进度。举一反三，以点带面，全面查找工作中不扎实、不协调、不到位的地方，下大力气补短板、兜底线、建机制。尊重基层首创精神，总结推广典型经验做法。

三是切实优化营商环境。加快完善落实鼓励支持民营企业发展的政策措施，进一步清理、精简各类涉企收费，规范服务性收费，坚决治理乱收费乱罚款行为。加快道路货运车辆检验检测改革，规范公路行政执法行为，完善交通运输投融资体制机制。

四是切实转变政府职能。将"放管服"改革、优化营商环境的要求深度嵌入深化机构改革、转变政府职能中，深化综合交通运输管理体制机制改革和综合行政执法改革，创新监管方式，大力发展"互联网+政务服务"，提高政策执行水平，构建亲清政商关系。

五是切实加强作风建设。严格贯彻执行中央八项规定及其实施细则精神，驰而不息整治"四风"，巩固发展交通运输领域反腐败斗争压倒性态势，加强对权力的制约和监督，健全制度体系，切实保护企业和人民群众合法权益。

李小鹏强调，要深入贯彻落实习近平总书记重要指示精神，统一思想、提高认识，敢于担当、攻坚克难，加快转变政府职能，创新和完善事中事后监管，提高政府服务效能，以督查发现的问题整改为契机，举一反三，进一步查找深化"放管服"改革落实不到位、营商环境优化不到位等方面的问题，统筹推进各项工作，以大局意识和工匠精神推进各项改革措施落地，营造公平竞争环境，激发市场活力，增强内生动力，把是否促进交通运输高质量发展、是否给人民群众带来实实在在的获得感作为评价标准，持续发力、久久为功，确保深化"放管服"改革、优化营商环境取得实实在在的成效。

部领导李建波、何建中，安全总监成平出席会议。浙江、黑龙江、山东三省交通运输厅和部海事局作交流发言。部内各司局，在京部属单位主要负责同志，部机关处级以上干部在主会场参加会议；各省（区、市）、新疆生产建设兵团交通运输厅（局、委），京外部属单位主要负责同志在分会场参加会议。

李小鹏会见希腊客人

本报讯 （记者 毛升）12月5日，交通运输部部长李小鹏在京会见了希腊船东乔治·普罗科匹奥，双方就深化中希航运、造船等领域合作交换了意见。

李小鹏对普罗科匹奥一行表示欢迎。他指出，习近平主席近期在多个场合郑重宣示了中国进一步扩大开放的坚定决心和重大举措，为交通运输行业深化对外开放合作指明了方向，交通运输部和整个交通运输行业都要认真贯彻落实。普氏家族企业是中国造船业的重要客户，普罗科匹奥本人是中国船级社（CCS）地中海委员会主席，也是中国企业在希腊当地发展的支持者、推动者。希望双方继续保持在国际航运事务上的对话与合作，欢迎普罗科匹奥等希腊船东在华订造更多先进船舶，推动两国在航运和造船领域的合作，为两国友谊作出新贡献。

普罗科匹奥表示，非常荣幸能够与希腊航运界一起参与实施"一带一路"倡议，也很高兴首为推动中希企业合作提供帮助，其家族企业已在中国建造了52艘船舶，未来会继续在中国建造更多先进船舶，并愿与中国航运企业开展多种形式的互利合作。

普罗科匹奥为希腊家族企业DANACOM集团创始人，其企业目前管理着122艘约963万总吨的船舶。

中越深化铁公水空合作

本报讯 （特约记者 李富艺 通讯员 关境）近日，广西壮族自治区交通运输厅厅长陈鸿起应邀率团赴越南广宁省下龙市，与越南广宁省交通运输代表团、越南海防市交通运输代表团举行2018年中越国际道路运输工作年会。

会上，三方就落实1994年签署的中越两国政府汽车运输协定、2011年签署的修改与实施运输协定的议定书和国际道路运输领域合作所取得的成果进行了交流，并签署了会谈纪要。三方一致同意全面加强包括铁、公、水、空在内的交通运输合作，特别是投资发展交通基础设施领域的合作。

广西代表团还赴越南河内与越南交通运输部公路总局副总局长潘氏秋贤进行座谈。在座谈会上，中越双方互相通报了广西与越南边境省高速公路对接及公路、桥梁连接点情况，就中越直达运输开行在通关手续、担保、司乘人员签证等方面存在的问题进行了交流。双方提出共同提高国际道路运输便利化水平，加快我国广西百色市、防城港市、崇左市所在口岸与越方对应口岸连接公路、桥梁的互联互通，推动中越自驾车辆进一步往来。

交通运输精神文明建设先进集体及个人获表彰

本报讯 日前，交通运输部发布《关于表彰2016—2017年度全国交通运输行业精神文明建设先进集体先进个人的决定》，旨在大力弘扬"两路"精神和新时代交通精神，进一步推动交通运输行业精神文明建设工作，自觉承担起举旗帜、聚民心、育新人、兴文化、展形象的使命任务。

神华包神铁路有限责任公司等198个单位荣获"全国交通运输行业文明单位"称号，中国国际航空股份有限公司北京地面服务部旅客值机爱心柜台等217个单位（班组）获"全国交通运输行业文明示范窗口"称号；中国交通报社资深编辑记者杨红岩等213人荣获"全国交通运输行业文明职工标兵"称号，北京市交通委员会运输管理局办公室副主任科员卢晶晶等94人荣获"全国交通运输行业精神文明建设先进工作者"称号。

交通运输部希望受表彰的先进集体和个人不忘初心、牢记使命，珍惜荣誉、再接再厉，继续发挥示范引领作用，为推进交通强国建设再立新功。全国交通运输行业各单位和广大干部职工要将榜样的力量融入交通运输改革发展的伟大事业之中，以践行社会主义核心价值观为引领，大力发扬逢山开路、遇水架桥的精神，在新时代展现新气象、新担当、新作为，加快推进交通强国建设，为实现中华民族伟大复兴的中国梦不懈奋斗。 （王俵荷）

▶详细名单见中国交通新闻网（www.zgjtb.com）

近日，在河北曹妃甸海事局"海巡0492"轮全程护航下，载货11.4万吨的LNG（液化天然气）船舶"利亚"轮成功靠泊曹妃甸LNG码头。今冬保供工作启动2个月以来，河北海事局已成功组织13艘次LNG船舶安全进出港口，接卸天然气99.88万吨，外输11.8亿立方米，有力保障了京津冀地区特别是北京民生用气。 姜立强 文 特约记者 魏伟 图

大交通小循环 方竹笋鲜美出深山

彭光杰

时下，贵州省遵义市桐梓县的许多山村热闹非凡。公路两旁新鲜的方竹笋堆成小山，收笋的车辆穿梭其中。笋农们有的忙着整理装箱，有的忙着过秤称重，田野乡间一派繁忙景象。

"前些年，我家采的鲜方竹笋只卖2元一斤，自从去年村里的公路修好后，方竹笋的价格最高涨到每斤3.5元。今年收入预计可以增加1万多元。"刚刚卖完一背篓方竹笋的楚米镇高山村村民杨志强说。

方竹笋是桐梓当地特产，以其特有的鲜、香、嫩、脆得到很多人的喜爱。一直以来，由于新鲜的方竹笋不容易储存，再加上当地交通运输条件差，方竹笋都以笋干和盐渍笋形式销往外地。

让更多的人能吃上鲜笋、拓宽方竹笋的销路，成了桐梓县许多村民的愿望。2014年至2017年，桐梓县筹资100亿元推进"大交通"建设，帮助方竹笋"走"出村庄。

通过5年的努力，桐梓县建成通组公路2230公里、通村水泥（沥青）路16634公里，改造国道147公里，新建通乡二级公路50公里，25个乡（镇、街道）基本实现了"乡乡二级路、村村硬化路、户户连户路"目标。去年渝黔高铁开通，在桐梓县设桐梓东、桐梓北2个车站，桐梓跨入"高铁时代"。

"大交通"飞速发展，"小循环"通达万家。新鲜方竹笋风味佳，借助路网优势，其销量比起笋干和盐渍笋大为提升。2017年，桐梓县方竹笋产量达3万吨，竹产业产值达4亿元，笋农年人均收入有1万多元。

便利的交通不仅让桐梓方竹笋"走"上食客的餐桌，还吸引了众多游客来此欣赏竹海生态景观。

今年夏天，大批游客从重庆等地到桐梓避暑纳凉。逛竹海花海，吃农家饭菜，买笋干、竹工艺品，游客尽兴而归。目前，该县的乡村旅游点达到30个，拥有乡村旅馆1545家，夏天日均游客达10万多人，830户建档立卡贫困户依靠乡村旅游成功脱贫。

今年9月21日，桐梓县正式脱贫摘帽。"下一步，桐梓县交通运输局将着力规划一批竹旅发展产业路，完善旅游配套设施。"桐梓县交通运输局局长张元平说。

见证40年 主题访谈

思想解放路更宽

——访原交通部副部长刘锷

本报记者 林芬

"这些访谈，我都剪下来了，有的还复印了，勾起了我的回忆。我亲身经历了改革开放的时代，这是一个伟大的时代，回想起来也很激动，也想说点什么。"82岁的原交通部副部长刘锷手里拿着一叠《中国交通报》"见证40年主题访谈"的剪报和用别针整整齐齐别起来的小纸片，对记者说，"我还找出黄镇东部长、李盛霖部长主编的改革开放30周年的那套丛书，内容很丰富、很翔实，第一线的同志体会得比我深，感觉我所知道的真的就像一滴水。"

一滴水能折射出太阳的光芒，老部长珍藏在记忆中的"一滴水"是交通运输改革开放澎湃大潮的缩影。

思想解放突破禁区 交通发展接轨市场

"改革开放40年，在我印象里感触最深的变化有两个。第一个是交通部从只管直属企业变为管行业，脱胎换骨。第二个是多方筹资、强身健体。"刘锷说，"改革开放首先是要突破思想禁区。没有这个，不可能有现在的成果。"

时代是思想之母。这两大变化的背后，是交通运输行业深远的思想大解放。

1983年，"有河大家走船，有路大家走车"首次在全国交通工作会议上提出，成为开启公路水路运输市场放开搞活的最经典的宣言。而当时，刘锷还不太理解。

刘锷回忆，1983年，他刚从交通部水运局调度室，调任交通部内河运输管理局副局长不久。1978年以前，甚至到80年代初期，交通部是个"大老板"，主要管直属港航单位的营运、安全，负责组织生产、完成任务、上交利润。当时水运管理实行"三统"——统一货源、统一运价、统一调度。一个月有一次月度平衡会，中央的粮食部、冶金部、煤炭部、电力部等大的货主，以及交通部直属的港航单位，在北京市朝阳区的黄寺，产销运各方"面对面"。

刘锷。 本报记者 林芬 摄

"你有多少东西要运，运到哪里，什么时候到达我们的港口。这边就组织承运，把任务领回去。直属水运运价是交通部水运局管，全国统一。航运局把船期排出来，什么时候哪艘船，到哪个港口，运载多少货物，交通部水运局调度室监督这个计划执行。所以1983年刚提出'有河大家走船，有路大家走车'，我就想国家重点物资运输怎么保证，调度室将来干什么？"回忆往事，刘锷由衷地佩服时任交通部党组书记、部长李清。

1983年3月17日《人民日报》头版刊发消息《李清谈交通部门改革：打破独家经营一统天下局面 支持地方办海洋船队建港口》，记载了这一里程碑的事件。李清提出：我国的交通运输存在着某些独家经营、一统天下的做法，影响了整个交通运输的发展。因此，必须坚持国营运输的主导地位和发展多种运输形式的原则。

"从只管直属企业到要面向全行业服务，这个思想转变是很大的。这个思想不转变，交通部的行业管理是没法实现的。李清同志提出这个思想，非常难能可贵。"刘锷动情地说。 （下转4版）

□值班编委 林平 本版副主编 卢帆 责编 马士岩 □E-mail:xw1b@zgjtb.com □新闻热线：(010)64255441 □发行热线：(010)64256206 □广告热线：(010)64250642 □培训热线：(010)65299681

2018年12月6日 星期四 | 4版 | 主编 王满清 责编 | 电话：010-65293632 64252864 E-mail:zgjtb@126.com
见证40年 主题访谈
中国交通报 CHINA TRANSPORT NEWS

思想解放路更宽

——访原交通部副部长刘锷

（上接1版）

思想激荡，醍醐灌顶。这一理念的提出，冲破了社会主义只能搞单一所有制结构的羁绊和"一家办交通"的部门垄断局面，交通运输的发展开始和市场接轨。公路、水路运输领域形成了多形式、多层次、多成分的运输经济新格局，个体和联户运输大量涌现，车船运力迅速增加。

市场开放之后，1984年，又出现了一件事，更让人觉得"交通部没事干了"——"直属管理的港口要下放"。当年，港口下放地方的试点在天津港拉开序幕。从上世纪80年代中期开始，交通部开始对沿海和内河重要港口的管理体制分期分批地进行改革，先后将沿海13个港口和长江25个港口下放给所在城市，实行以地方为主的管理体制，并相应地扩大了港口企业的经营自主权。

"企业下放，转向管理行业，这又是一个很大的改变。"刘锷说。各级政府交通部门实行"转、分、放"（转变职能、政企分开、下放权力），把主要精力用到制定规划、政策法规、组织协调、监督服务上来，并运用经济、法律和行政手段，加强对运输市场的管理，以建立统一开放、竞争有序的交通运输市场。

刘锷印象最深的第二个变化——多方筹资、强身健体背后，同样也是思想解放的结果。

1983年，秦皇岛港和连云港港开始使用日元贷款；次年，陕西西安至三原公路开始利用世界银行贷款。这先后开创了我国港口、公路利用外资的先河。

对外资的利用，经历了激烈的思想交锋。"记得我们还完了苏联的贷款以后，周总理讲过一句话'一无内债，二无外债，我们现在一身轻'。现在又要向国外贷款了，我想，这刚还完债，怎么又借债，不光借世界银行的钱，还借日本的钱。这些都要向外方提供详细的资料，很厚一沓子，包括港口周边、公路沿线的地形地貌、地质情况、经济情况、水文情况。当时很怕泄露机密，不放心，想不开。"刘锷回忆。利用外资，打破了"闭关自守"的状态，要和外国人打交道，不打破思想禁区，不可能实现改革开放。

1984年，国务院第五十四次常务会议批准同意提高养路费征收标准、开征车辆购置附加费，允许"贷款修路，收费还贷"，这使公路建设有了稳定的资金来源和加快发展的环境。1986年，国家决定对26个沿海港口的货物征收港建费，实行"以港养港，以收抵支"政策，港口建设资金有了稳定渠道……一系列的政策创新，使交通发展形成了"国家投资、地方筹资、社会融资、利用外资"的投融资新局面。

多年来，国家每年仅有2亿元左右投入国防边防公路建设，其他公路没有预算投资。1988年，刘锷任交通部计划司司长时，国家计划安排交通部的基本建设资金（包括国家预算内资金、外资、自筹资金、银行贷款），只有33亿元。全国交通都在吃这么一块"蛋糕"，想让国家多切一点很难。而2017年公路水路交通固定资产完成投资2.27万亿元。变化之巨，今非昔比！

"部里每一次改革开放的举措，对我来讲都是一次思想的教育、认识的提高。"回顾思想大解放的历程，刘锷心潮澎湃。

原交通部副部长刘锷（左）接受"见证40年主题访谈"采访组采访。　本报记者 林卉 摄

上世纪80年代初，刘锷考察长江航道整治工程。

沈大高速公路。

抓住机遇乘势而上　顶层设计兼顾中央地方

"抓住机遇，乘势而上，才能取得这么好的局面。"刘锷说，40年来，交通运输行业在多个关键时期抓住了机遇，用好了机遇，实现了跨越式发展。

1972年，在交通部五七干校待了3年之后，刘锷重新回到部里工作。那时港口经常压船压货。1973年年初，周恩来总理提出"三年改变港口面貌"。"周总理下了这个决心，我们的港口建设顺势而上，成为国家建设的重点，成为各个部支持的重点。"后来在高等级公路建设中，交通部做得更主动。

刚出现高等级公路的时候，外界批评声音很多，认为不适合中国国情，交通部压力很大。"1989年7月在辽宁沈阳召开的全国高等级公路建设现场经验交流会上，时任国务委员邹家华亲自与会并讲话，时任部长钱永昌还邀请了16个省（市）主管交通的领导。当时规定，国务院各部门的专业会议不得邀请国务院领导出席，不得邀请省市领导出席。这是交通部历史上第一次'违规破格'开会。"刘锷回忆。

参加会议的代表，在沈阳开完第一天的动员会之后，坐上十几辆大巴车，沿着即将竣工的沈大高速公路，从沈阳直奔大连，亲身体验高速公路的快速、安全、舒适。许多分管交通的省（市）长、交通厅（局）长第一次乘车在中国的高速公路上行驶，大家惊讶、赞叹不已。

在那次会议上，邹家华指出，高速公路不是要不要发展的问题，而是必须要发展。发展高速公路不仅要着眼于今天，而且要着眼于明天。

"这样，交通部在建设高等级公路上有了话语权，这才突破了思想障碍。"刘锷说。

1998年，亚洲发生金融危机，中央提出了扩大内需的方针，交通部又一次抓住了机遇，高速公路和公路网建设全面加快。

当时公路建设对拉动GDP是有贡献的。时任国务院副总理吴邦国参加1998年6月在福建福州召开的全国加快公路建设工作会议。刘锷记得，他讲得很细——"公路建设与国民经济发展的相关系数是0.4，1998年投资1600亿元，将带动国内生产总值增加640亿元，可以为工业企业提供152万吨钢材、60万立方米木材、1.72亿吨水泥、208万吨沥青的订单。"

"为什么副总理要到交通部的会议上来讲这个，就是国家要公路建设来拉动GDP，保证就业。那个时候国内有些地方水泥、钢铁产能过剩，但公路建设发展起来后，这些长线产品有了新的强有力的需求。各省之所以重视交通，除了加速流通，就是交通真正拉动了这些产业，立竿见影。交通部抓住机遇，公路建设服从了国家发展大局，为国家作出了贡献，牢牢把握了发展的战略机遇期。"刘锷说。

除了抓住机遇、珍惜机遇、用好机遇外，刘锷认为，顶层设计一定要兼顾中央和地方的利益，才能充分调动地方的积极性，从而形成全国一盘棋，这一点非常关键。

哪些地方有漏洞　哪些地方围"篱笆"

从1986年到2002年退休，刘锷在纪检岗位上连续工作了16年，先后任交通部党组纪检组副组长、组长，部党组成员、副部长、中纪委驻交通部纪检组组长，中央纪律检查委员会委员。他对交通运输廉政建设有着深刻的思考，他说："在担任计划司司长后，对抓一把手、一把手抓有了更深刻的体会。"

什么地方有漏洞，就在什么地方围"篱笆"。刘锷介绍，当时有句话叫"跑部钱进"。怎么进，就是上项目。所以计划部门成为寻租的重点。交通部采取严格制度堵住漏洞，如压缩年度基建计划的自由度。按照"三主一支持"长远规划，列入长远规划的项目，优先进入五年计划，进入五年计划的项目具备开工条件的优先进入年度计划。这样一层一层控制下来，年度计划的自由度就小了。

又如，计划内的项目，部里安排的建设资金，由从价（概算、决算）改为从量，按工程量大小确定。一公里安排多少，是个死数。有多少公里，部里就安排多少资金，有一公里算一公里。特殊情况需要浮动，承办人要作出文字说明，一并归档。而且上浮封顶，最多10%。

此外，当时公路欠账较多，一些老同志批条子的项目不好处理。革命老前辈为了新中国作出巨大牺牲，而数十年后他们的家乡仍然贫穷落后，想为乡亲们修条路，不答应于情于理难容。但这也需要制度规范，因此对于这样的特殊限额下小型项目，部里规定：一是资金总量封顶，年度限额安排；二是受理了以后，要征求所在省交通厅意见，省交通厅同意建设并安排配套资金后，才列入部的计划草案，详细注明项目是谁推荐的、准备安排多少资金等；三是一年两次提交部务会审定后，才列入计划。

"制度的笼子扎紧了，直到我退休，计划司没有发生过干部职务违纪违法案件。"刘锷感到非常欣慰。

历史照亮未来，历史启迪未来。刘锷1960年到交通部工作，42年的时光都奉献给了新中国的交通运输事业。年逾八旬，他依然时刻心系交通运输，观察热点、剖析难点、冷静思考、憧憬未来。

他认为，交通运输行业管理大致经历了两个阶段。第一阶段是"三统一"，直接管理直属单位的人、财、物，彻底的计划经济管理模式。第二阶段，依靠规划和投资进行管理，实行的是与地方共治的管理模式。在新的情况下有必要及早考虑新的模式。

他建议，下一步要把信息化抓起来，掌控、共享信息，建设全国交通运输系统的"大脑"。第一，要掌握全国交通运输大数据。这只有交通运输部能够做到，任何一个省都完成不了。第二，在掌握大数据的基础上，依托云计算，根据需求进行信息分析、开展导向预测、提出应对策略，为各地提供科学指导。"交通运输主管部门，要成为交通运输系统的'大脑'，才能凝聚全行业。"刘锷语重心长地说。

本文图片除署名外为 本报资料片

安徽速度

驻安徽首席记者　吴敏

提起安徽凤阳，说到改革，人们的第一印象是，这里是我国农村改革开放的发源地。1978年的一个寒夜，安徽省凤阳县小岗村18户村民立下生死状，按下"红手印"。谁他们自己都没有想到，在暗夜擦亮的一根火柴，原本只想相互取暖，竟然引发燎原之势，不但温暖了凤阳的百姓，照亮了中国的天空，更拉开了我国农村改革的时代大幕。

改革激活交通运输发展

我祖籍凤阳，工作在安徽省城合肥。作为一名交通运输行业记者，我深深地感受到：改革开放不仅唤醒了这块沉睡的土地，也激发了交通运输事业发展的活力。

很多年里，我用时间长短和速度快慢来判断路途的远近。父辈们说，上世纪70年代，凤阳至合肥要走一天的时间。当时，客运班车是老解放，车速每小时64公里左右。早晨6点从凤阳府城出发，驶上唯一通往省城的道路，颠簸成了主题，身体像随风扬起的麦粒，一颠一颠，抛起又落下，傍晚时分才到合肥，为了省钱还要准备途中午餐。

上世纪90年代初，我调到合肥工作。此时101省道等级提升，路也平坦了许多，班车车型已更换成东风牌。同样早晨6点从凤阳出发，11点就能到合肥，车速提高了，时间也缩短了一半。

2001年，G3高速公路建成，这时班车已更新为凯斯鲍尔、宇通等高档大巴，运行时间在2个小时内。2016年G36高速公路凤阳支线的贯通，更一下子缩短了合肥至凤阳的时空距离，疾驰在宽展的高速公路上，轿车如一叶扁舟，穿梭于繁茂的花木丛中，让人沉醉于"速度"盛宴，心旷神怡、感慨万千！

满眼生机转化物，天工人巧日争新。从合肥到凤阳，从普通干线到高等级公路，路网的纵横交织和日新月异，早已颠覆了我儿时心目中的时间、速度或距离的认知。现实中的风物星移，总是飞速超越着固有观念。现在回家，不仅乘车轻松便捷，还有一种更惬意的走法，那就是自己驾车，一个小时也就到了。

时异世移，如今凤阳交通可谓斗转星移。合徐、宁洛、蚌淮、徐明高速公路和京沪高铁、京福高铁、水蚌铁路、淮南铁路穿境而过，现有高速公路出入口5个，蚌埠高铁南站距离县城仅16公里。

跨越时空阻隔，交通网络不断扩容。时间和空间，全都被压缩。漫长与遥远，转瞬在眼前。过去，面对路途的遥远和交通的艰难，古人只能空叹："行路难！行路难！多歧路，今安在？"如今，依靠便利的交通工具，行驶在通衢大道上，"关山度若飞"变为现实。

交通带动经济社会发展

我工作所在城市合肥，从40年前的交通"孤岛"发展为全国性综合交通枢纽。这些年来，我沿着密集的交通网采访，走遍了安徽16个市60多个县区和上千个乡镇村，亲眼目睹了安徽交通运输翻天覆地的变迁。交通建设年投资量从1978年的不足亿元攀升至2017年的842亿元，交通基础设施总量快速增长，交通网络不断健全，通达深度大幅提高，综合运输能力显著增强，交通瓶颈制约有效缓解，全国综合交通枢纽地位确立巩固。

今日安徽，以高速公路为骨架，以国省道干线公路为支撑，以农村公路为基础的综合交通网络基本形成，纵横交织，与水路、铁路、航空衔接有序，南北6小时，东西3小时过境，公路路网结构明显改善，服务水平大幅提高，提升了安徽经济社会发展速度。

安徽速度不仅来自交通基础设施的完善，也源于交通工具的日新月异。如今，我回家乡基本是自驾，驾车让人感受到速度的动感，这是车的速度，是日子的速度，更是国家繁荣富强的发展速度。

专题

2019年京交会将突出新服务业态

11月28日，2019年中国（北京）国际服务贸易交易会推介会（简称2019年京交会推介会）在四川成都举行，这是京交会启动的国内省（区、市）首场专题推介活动。京交会组委会办公室主任、北京市商务局副局长倪岳明，四川省商务厅副厅长于湛出席并讲话，来自服务贸易、医疗、物流快递、文化、体育等领域的相关机构及企业代表就行业发展态势和历届京交会上取得的成绩进行了阐述。

2019年京交会将于明年5月28日至6月1日在北京国家会议中心举行。本届京交会将紧密结合制造业服务化、服务业数字化的发展趋势，以"开放、创新、智慧、融合"为主题，突出数字化、新经济、新服务业态等内容，聚焦科技服务、文化服务、健康服务、商务服务四大重点领域。

同时，2019年京交会将继续举办展览展示、论坛会议、洽谈交易三大类活动，并进一步加大贸易匹配服务，努力打造"5+365"永不落幕京交会平台，提升京交会线上平台的功能性和便利性；拓宽专业媒体合作渠道，提升京交会官网、微博、微信公众号、手机App等传播渠道功能，搭建更高规格、更高水准的国际服务贸易交流合作平台。

2019年京交会推介会。

据悉，2019年京交会推介会首日即有12个项目成功签约，涉及文化、健康、物流快递、运动、会展等多个领域。其中，中国服务贸易协会分别与中旭天下教育集团、四川国际商会非遗文化交流专委会、四川会众兴国际物流有限公司签署京交会中国服务贸易协会展区合作协议，也正在申请设立"中国服务国家品牌展区"并举办项目大赛等活动。

作为全球首个专门为服务贸易搭建的国家级、国际性、综合型服务贸易交易平台，经过五届培育，京交会共吸引三大主要国际经济组织，79个境外国家和地区组团办展办会，近200个国际组织及商协会组团参展参会，促进了国际交流合作。2019年京交会将继续大力开拓境内外招商招展渠道，吸引更多境内外组展机构、商协会办展办会和更多服务贸易领军企业、特色企业参展参会；更广泛地借助市场机制，多渠道开拓专业客商尤其是专业买家资源；开拓和提升一批有影响力的综合型服务贸易论坛会议，提升会议活动的国际化、专业性和引领作用。

此外，京交会还得到各兄弟省（区、市）的大力支持，重庆、云南、贵州等近20个省（区、市）组织了41场次专题推介活动，31个省（区、市）和新疆生产建设兵团组团参展参会。五届京交会以来，四川、重庆、贵州、云南共530家企业参展，推介了当地文化、旅游、中医药等特色服务领域和发展前景，达成意向签约项目41个，意向签约额126.2亿美元。

京文　文/供图

往届京交会邮政速递物流展区。

地址：北京市朝阳区安华西里三区13号楼　邮编：100011　总编室：(010)65293633　通联部：(010)65293561 (010)64252114(传真)　采编中心：(010)64255441　公路中心：(010)65293615　水运中心：(010)64255824　运输中心：(010)65293641　新媒体中心(010)64255469　培训中心：(010)65299681　广告部：(010)64250642 (010)64255452(传真)　北京中通广告公司：(010)64252934　广告经营许可证：京朝工商广字0142号　每年定价460元　每月定价38.34元　零售每份：1.92元　中国青年报印刷厂印刷

没有改革开放　就没有快递业的今天

——访交通运输部原副部长、中国快递协会会长高宏峰

本报记者　王珍珍

见报日期　2018年12月7日

2018年的“双11”，快件量再创新高，11月11日至16日，全国邮政、快递企业共处理（邮）快件量达到18.82亿件，11月11日当天处理量达到4.16亿件，再次刷新了我国快递最高日处理量的纪录。与数量同步增长的是快递行业的处理能力。与10年前频频爆仓相比，面对“双11”这样体量的“大练兵”，快递行业整体实现了从容应对。

“没有改革开放，就没有快递业的今天。”在交通运输部原副部长、中国快递协会会长高宏峰看来，在改革开放的大浪潮中，快递是个典型，从无到有，从小到大，伴随着改革开放全过程不断成长和壮大。

《邮政法》修订为民营快递敞开了大门

我国快递的历史要从1979年说起，当年，中国对外贸易运输公司与日本海外新闻普及株式会社（OCS）签订了快件代理协议，成为第一家代理国际快递业务的企业。紧

随其后，1980 年，中国邮政开办国际邮政特快专递业务。

“那时候大家还没有‘快递’这种意识，所以改革开放初期的快递业务以对外为主，主要服务于国内与国外间寄递服务，离普通大众的生活比较远。”高宏峰回忆，“20 世纪 90 年代初期，早期民营快递企业雏形显现，这些企业往往只有几名员工、几辆车，运送的货物包括海关报关单、商业合同等。这些单据、合同的时效性要求高，要是走邮局的话得十几天半个月才能到。正是这种需求出现，催生了快递产业。”

当时对这样的快递并没有明确的政策支持，有人甚至戏称为“黑快递”，但得益于改革开放的大环境和民营企业的灵活机制，这些企业还是得到了快速发展。深圳的顺丰、桐庐系的“四通一达”，都是在这个时候发展起来的。

快递业迅速发展的大背景下，1987 年施行的《邮政法》已经远远不能适应行业发展的需要，《邮政法》修订被提上日程。“我当时在交通运输部分管政策法规工作，参与了《邮政法》的修订工作。”高宏峰告诉记者，关于《邮政法》修订，当时行业内和社会上都有很多不同的观点，比如如何确定邮政专营业务范围，如何明确民营快递企业的地位、作用等。

尽管存在分歧，但鉴于改革开放的大趋势、我国经济社会发展进步对邮政体制改革的迫切要求、人民群众对邮政和快递日益增加的需求、中央支持民营经济的政策措施，《邮政法》的修订工作得以加快推进。

2009 年，《邮政法》（2009 修订）终于获得通过并施行。修订后的《邮政法》建立了快递市场准入制度，明确了民营快递企业的法律地位，允许民营企业进入快递市场，民营企业终于从幕后走到台前。在高宏峰看来，《邮政法》的修订，为民营快递企业敞开了大门。此后，民营快递企业适应市场需求，走市场化发展的道路，闯出了一条具有中国特色的快递企业经营发展之路。“如今，民营快递企业已经成为我国快递事业主体，是邮政体制改革和我国经济发展进步造就了他们的今天。可以说，没有改革开放，就没有快递业的今天。”高宏峰说。

中国经济的“黑马”

早期，快递业务主要集中于商务快件，2000 年以后，电子商务的出现，极大地促进了快递业的发展。电子商务与快递互为支撑，相互促进，形成了一个新业态，改变着人们的生活。2017 年，快递业支撑了超过 5 万亿元的网络零售额，占社会消费品零售总额的比重超过 15%，对消费增长的贡献率超过 30%。近些年来，各快递企业还积极开展供应链业务，服务生产制造业，为制造业减少流通环节、节约成本、提高生产效率。《中国快递业社会贡献报告 2017》显示，2017 年快递支撑制造业产值达 2375 亿元。

经过30多年的发展，我国快递业务量规模已经连续4年位居世界第一，超过美国、日本等发达经济体的总和，对全球快递行业增长贡献率超过50%，中国已经成为名副其实的快递大国。因此，李克强总理评价快递业是中国经济的“黑马”。

2017年，快递业务收入在GDP中占比0.6%，业务收入增速是GDP增速的3.5倍，在服务业中占比1.16%，在物流总费用中占比4.1%，在物流总收入中占比5.6%，在交通运输、仓储和邮政业中占比13.47%，在邮政业中占比74.5%……《中国快递业社会贡献报告2017》中这样一组数据直观反映了快递业对经济的贡献，在高宏峰看来，快递业的贡献更多地体现在推动经济社会发展上：助力工业品下乡、农产品进城，服务生产型企业降本增效，促进居民消费方式转型升级，带动上下游关联创业协同发展……

江苏苏州的阳澄湖大闸蟹、宁夏中卫的枸杞、广西百色的杧果、内蒙古锡林郭勒的羊肉……在“快递向西向下”拓展的大背景下，快递企业通过与电子商务协同发展，畅通农产品销售通道。仅2017年，快递业带动全国农村地区农副产品进城和工业品下乡超过6000亿元，激发了农村市场活力。

高宏峰介绍，能够成为“黑马”，还得益于近年来快递行业不断构建高效网络、加强服务管理、保障寄递安全、创新多元服务。一方面，各快递企业通过加快仓储、枢纽、中心、网点等快递物流基础设施建设，形成覆盖广泛的网络节点，另一方面，通过健全干线、支线等运输线路，打通节点之间的物流连接，形成点线结合的快递运输网络，促进快递服务向外、向下延伸。

科技创新和应用是快递业不断提升服务能力和水平的关键。以互联网、大数据、云计算等现代信息技术为引导，通过信息联通、资源共享、智能化应用等措施，使快递行业逐渐从原来的“劳动密集型”向“技术密集型”转变。在快件收寄、分拣、运输、投递等业务全流程，自动分拣设备、分拣机器人、智能快递箱、电子面单等多项智能科技及设备得到应用，降低人力成本的同时明显提升快递效率，给用户带来更加便捷智能的体验。

在政府和企业的共同努力下，快递业服务质量稳步提升。2017年，全国快递服务72小时准时率为78.7%，快递服务满意度达到75.7分，消费者申诉处理满意率达到98.2%，时限准时率相对稳定，快递服务满意度逐年提高，用户有效申诉率逐年下降。

从高速发展转向高质量发展

“经过30多年的发展，我国已成为名副其实的快递大国，但还不是快递强国。”在高宏峰看来，快递行业要实现可持续发展，依然要坚持改革开放。

首先，尽快实现高速发展向高质量发展的转变。连续10年年均增长率38.8%的速度，对快递企业来说是巨大的机遇。在高宏峰看来，在巨大的需求刺激下追求速度无可厚非，但是盲目扩张、粗放发展的弊端也逐渐显现，由追求速度转变为高质量发展是一条必由之路。如今，不少企业已经在转型路上。目前各快递公司纷纷抓住上市的契机，不断提升管理水平，建立现代企业制度，提高服务质量。

高宏峰介绍，目前快递市场60%的业务量来自电商快递，产品结构比较单一。针对这一情况，近年来各快递企业积极拓展业务领域，开展供应链物流、大件快递、物流金融等业务，调整产品结构，推进单一快递企业向综合物流服务企业的转型升级。比如百世集团构建的“端到端”智慧供应链版图已初具规模，集合了供应链、快递、快运、国际物流、优货、百世云、店加、物流金融等成员，可提供一体化全渠道供应链服务。

“快递行业原来是劳动密集型行业，未来要更多地运用科技手段来扩大产能、提升服务，要以科技创新来推动行业实现更好更快发展。”高宏峰介绍，他在调研中发现，很多快递企业已经结合需求开展了一些探索，在快递转运中心应用无人化分拣、在客服领域采用机器人、在山区海岛利用无人机配送……新技术、新产品的应用帮助快递企业节省了成本、提升了效率。

“快递企业应该在现有基础上推进经营和服务方式的转变，向西、向外、向下。”高宏峰说，得益于快递企业不断延伸服务网络，现在大量农产品有了更多进城通道，未来，快递在西部地区、在农村地区还将大有可为。

其次，快递企业要与交通运输行业紧密合作，推动效率提升。综合运输体系建设对快递高质量发展至关重要，快递行业与交通运输行业紧密合作，可以推动快递行业效率提升，同时也可以推动综合运输体系的建设。

“目前82%的快递运输是依靠公路来完成的，运输结构不够合理。今后应该大力推进铁路和航空开展快递运输业务，发挥铁路成本低、污染少，航空快捷等优势，更要加快推进多式联运，发挥综合交通运输体系的作用。”高宏峰说，目前看，在快递运输中，无论公路、铁路、水路和航空，在各自的运输环节都没有问题，问题主要存在于各种交通运输方式的衔接上。各种交通运输方式的管理方式、标准、作业方式都存在差异，难以做到无缝对接，影响了综合交通运输体系的形成，难以提高运输效率。

“我们应该适应市场需求，通过快递物流将各种交通运输方式串联起来，促进各种交通运输方式的有效对接，加快推动综合交通运输体系发展。”2018年8月底，中国铁路总公司下属的中铁快运股份有限公司与顺丰控股下属的深圳顺丰泰森控股（集团）有限公司共同组建中铁顺丰国际快运有限公司，实现了快递物流企业与铁路运输企业的合作。“我们寄希望于这家公司对推进公铁联运、多式联运及综合运输体系建设作出有益的探索。”

“建设综合交通运输体系仍然在路上，还有很多问题没有解决。但是，综合交通运输体系是必然趋势，想不想做都得往前走。”展望综合运输体系建设，高宏峰语气沉重但信念坚定。

“习近平总书记说，改革开放是实现中华民族伟大复兴的关键一招。改革开放也是推动交通运输由小到大、由弱到强的关键一招。进一步改革不是一句话就能说清楚的，有很大难度。改革了这么多年，好改的能改的都改得差不多了，接下来的改革将深入骨髓。”采访尾声，谈起改革，高宏峰深切勉励众人，要以超常的毅力，保持艰苦奋斗、艰苦拼搏的精神，坚持不懈地走下去。

中国交通报

CHINA TRANSPORT NEWS

2018年12月7日 星期五 http://www.zgjtb.com | 第6872期 今日8版 | 邮发代号1-72 国内统一连续出版物号 CN 11-0122 交通运输部主管 中国交通报社主办

2018年感动交通年度人物推选宣传活动启动

本报讯 近日，交通运输部、中华全国总工会联合发出通知，共同开展"2018年感动交通年度人物"推选宣传活动，深入挖掘、广泛宣传交通运输行业先进人物和感人事迹，积极营造共同建设交通强国的良好舆论氛围，激励广大干部职工新时代新担当新作为。

此次活动面向全国交通运输行业基层干部职工或从业人员，个人或团队均可以参加。参选人物的先进事迹原则上应发生在今年，或在今年得到良好社会评价，具备典型性、时代性、引领性和感动性。推选活动由交通运输部和中华全国总工会联合主办，中国交通报社、中国海员建设工会、新华社新华网及新媒体中心共同承办。

根据通知，今年12月1日至2019年2月1日为候选人物推荐阶段。各地交通运输部门推荐的候选人物材料汇总至省（区、市）交通运输厅（局、委），报送至活动组委会办公室。部管国家局、部直属单位、交通行业学会协会、中央交通运输企业等推荐的候选人物材料可直接报送至活动组委会办公室。社会公众也可直接向活动组委会办公室推荐先进人物。

联系电话：010－65293460、65299681

（王晓霞）

有力支撑"一带一路"建设更高层次对外开放 凝心聚力共同推进国家便利运输向纵深发展

李小鹏在国家便利运输委员会第三次全体会议上强调

本报讯 （记者 彭训）12月6日，国家便利运输委员会（简称国家便利委）第三次全体会议在交通运输部召开，会议总结了2018年国家便利运输工作，研究部署2019年工作任务。交通运输部部长、国家便利运输委员会主席李小鹏主持会议并强调，要以习近平新时代中国特色社会主义思想为指导，高举新时代改革开放旗帜，凝心聚力，持之以恒，共同推进国家便利运输向更高层次、更大范围、更广领域高质量发展，为推进"一带一路"建设、实施更高层次对外开放提供强有力支撑保障。

李小鹏指出，去年以来，国家便利委各成员单位认真贯彻落实党中央、国务院决策部署，积极落实第二次全体会议工作任务，研究解决了《1975年国际公路运输公约》（TIR公约）实施、"单一窗口"建设、国际道路运输协定签署等一系列重大事项，在对外交流合作、基础设施建设、市场空间拓展、通关环境优化等方面开展了大量卓有成效的工作，为支撑"一带一路"建设、推动更高水平开放作出了积极贡献。

李小鹏强调，今年是改革开放40周年，"一带一路"建设5周年，携手推进国家便利运输高质量发展是新一轮高水平开放、推动"一带一路"高质量发展、促进贸易便利化、加快建设交通强国的必然要求，各成员单位要勇于担当，积极作为。一要始终坚持以人民为中心的发展思想，聚焦人民群众关心关注的问题，着力优化通关流程，着力完善基础设施，着力升级运输装备，强化信息支撑，提升运输服务品质，使群众运输更经济、更高效、更便捷。二要始终坚持服务国家战略的发展目标，以支撑"一带一路"六大经济走廊建设为重点，进一步强化国际运输交流合作，加快畅通国际运输通道走廊，同时要促进"一带一路"建设与西部大开发、东北振兴等战略对接。三要始终坚持共商共建共享发展理念，加强与"一带一路"参与国家和地区的沟通协商，寻求合作最大公约数，找到利益契合点，让国际运输便利化成果惠及各方。四要始终坚持以市场主体创新为发展动力，着力减轻国际道路运输相关企业税费负担，营造公平竞争环境，构建亲清政商关系，大力支持民营企业做大做强做优。

李小鹏要求，要共同发挥好国家便利委议事协调机制作用，议事协调对策，群策群力出实招，共同落实好中方司乘人员签证便利、根据需求扩大TIR运输覆盖面、推进边境口岸汽车出入境运输管理财政事权与支出责任划分改革，加快推行"联合查验、一次放行"通关模式以及双多边国际道路运输协定签署实施等2019年各项重点任务，共同推进便利运输工作再上新台阶。

交通运输部副部长、国家便利运输委员会副主席刘小明代表国家便利委作工作报告。会议审议了国家便利委成员名单，并就明年重点工作进行了部署。公安部、海关总署，黑龙江省、广西壮族自治区、云南省、新疆维吾尔自治区政府作交流发言。

广西壮族自治区政府副主席费志荣，云南省副省长王显刚，中国铁路总公司副总经理刘振芳出席会议。外交部、国家发展改革委、财政部、商务部以及有关省份人民政府、国家铁路局、中国民航局、国家邮政局和中国道路运输协会等国家便利委各成员单位有关负责同志参加会议。

安徽省港航集团公司揭牌 优化整合全省港航资源

本报讯 （驻安徽首席记者 吴敏）12月6日，安徽省港航集团暨省港航集团公司成立会议在合肥召开。安徽省委书记李锦斌作出批示，省长李国英与省委常委、常务副省长邓向阳共同为省港航集团公司揭牌。

李锦斌在批示中强调，推动安徽省港口资源整合，是贯彻落实习近平总书记关于推动长江经济带发展的重要战略思想的必然要求，也是抢占新一轮港口经济竞争制高点的现实选择。全省各级各相关部门要抢抓长三角更高质量一体化发展上升为国家战略的重大历史机遇，提高政治站位，聚焦重点任务，谋深谋实、落细落好各项政策举措，推动全省港航事业绿色发展、安全发展、创新发展。省港航集团公司要按照"保护好、体制顺、有活力、大而强"的要求，深入推进全省港口一体化、港航协同化发展，深化与沿江上下游港口合作，积极打造安徽经济对外开放统一平台，加快建设水清岸绿产业优美丽长江（安徽）经济带。

李国英在讲话中指出，全省各级各部门要认真贯彻落实习近平总书记关于推动长江经济带发展的重要战略思想，深入贯彻《全面打造水清岸绿产业优美丽长江（安徽）经济带的实施意见》，切实履行负起推进港航资源整合、港口一体化发展的新使命新任务，深化安徽省港航改革发展，推动全省港航资源优化组合，为安徽打造内陆开放新高地、推动长三角更高质量一体化发展提供有力支撑。

（下转2版）

交通运输部和中华全国总工会联合决定

深入开展向英雄机组英雄机长学习活动

本报讯 （记者 马士莉）近日，交通运输部联合中华全国总工会印发《关于认真贯彻落实习近平总书记重要指示深入开展向"中国民航英雄机组""中国民航英雄机长"学习活动的决定》（简称《决定》），号召全国交通运输行业进一步深入学习英雄事迹、弘扬英雄精神，将非凡的英雄精神体现在平凡的工作岗位上，凝聚思想共识，以实际行动助力交通强国建设。

《决定》指出，习近平总书记高度评价了英雄机组在危急关头表现出来的沉着冷静和勇敢精神，以及平时养成的强烈责任意识、严谨工作作风、精湛专业技能，充分体现了以习近平同志为核心的党中央对广大交通运输干部职工的重视与关爱、重托与期待，在全社会引起广泛共鸣，成为激励广大劳动者爱岗敬业、不断奋进的强大动力。

《决定》强调，"中国民航英雄机组""中国民航英雄机长"是交通运输职工队伍的优秀代表，宣传弘扬"中国民航英雄机组""中国民航英雄机长"的先进事迹和英雄精神，对于全行业凝聚思想共识，加快推进现代综合交通运输体系建设具有十分重要的意义。

为认真贯彻习近平总书记重要指示精神，进一步深入学习英雄事迹、弘扬英雄精神，将非凡的英雄精神体现在平凡的工作岗位上，全国交通运输行业要在广大党员、干部群众和劳动者中深入开展向"中国民航英雄机组""中国民航英雄机长"学习的活动。

要学习他们忠诚担当、忠于职守的政治品格和职业操守。坚决维护习近平总书记的核心地位，坚决维护党中央权威和集中统一领导，牢固树立"四个意识"，坚定"四个自信"，在思想上政治上行动上同以习近平同志为核心的党中央保持高度一致，以守土有责、守土负责、守土尽责的责任担当，尽职尽责、尽心竭力，努力作出无愧于时代、无愧于人民、无愧于历史的业绩。

要学习他们对人民生命安全高度负责的责任意识。牢固树立以人民为中心的思想，正确处理安全与发展、安全与效益的关系，始终把安全作为头等大事来抓。要从解决人民群众普遍关心的突出问题入手，以深化供给侧结构性改革为主线，以改革、创新、开放为动力，推动交通运输高质量发展，为人民群众提供更加安全、便捷、高效、绿色、经济的运输服务，在交通运输改革发展中不断增强人民群众的获得感幸福感安全感。

要学习他们在危急关头表现出来的沉着冷静和勇敢精神。以不畏艰险、攻坚克难的勇气，以昂扬向上、奋发有为的锐气，以时不我待的紧迫感、舍我其谁的责任感，面对矛盾敢于迎难而上，面对危机敢于挺身而出，面对失误敢于承担责任，在关键时刻"冲得上、顶得住、打得赢"，做新时代的坚定者奋进者搏击者。

要学习他们严谨的工作作风和精湛的专业技能。拿出奋力拼搏的干劲、奋勇当先的闯劲、奋发有为的钻劲，在日常工作中注重培养严谨科学的专业精神、团结协作的工作作风和扎实过硬的技术能力，确保交通运输安全高效运行。

《决定》强调，交通运输各部门各单位要高度重视、提高站位，将深入贯彻落实习近平总书记重要指示精神作为当前的首要政治任务，教育引导广大干部职工以英雄为榜样、以英雄为标杆。要积极谋划、主动作为，探索方法手段，形成全方位、立体化学习宣传格局，传递鲜活的价值观、有形的正能量，造就更多忠诚担当、作风过硬、技能精湛、团结协作的先进集体和个人，为实现"两个一百年"奋斗目标、实现中华民族伟大复兴的中国梦贡献智慧和力量。

12月6日，318国道金沙江竹巴笼大桥钢架桥向社会小型车辆分时段试通行。下阶段，将完成护栏设施安装等收尾工作。

11月14日，金沙江竹巴笼大桥因堰塞湖泄洪导致垮塌交通中断。经过四川、西藏公路部门与武警部队23天的艰苦奋战，318国道川藏交界处恢复通行。

截至12月6日20时，由于金沙江竹巴笼大桥钢架桥连接段——318国道巴塘至竹巴笼段受损23公里正在开展部分应急便道边坡处置，在边坡危险未处置完成前，该路段和竹巴笼大桥钢架桥仅对小型车辆开放，暂不对大型货车开放。

特约记者 郑永杰 张建军 文 通讯员 汪毅 图

将非凡的英雄精神体现在平凡工作岗位上

——论向"中国民航英雄机组""中国民航英雄机长"学习

本报评论员

时光流转，以生命的名义样卫最高职责的英雄史诗，深深镌刻在无数中国人的脑海中，历久弥新。5月14日，川航3U8633航班飞机34分钟备降过程惊心动魄的生死考验和履险如夷的英雄行为，感动了无数人，鼓舞了无数人，在全社会引起广泛共鸣。

习近平总书记专门邀请"中国民航英雄机组"全体成员参加庆祝中华人民共和国成立69周年招待会，在人民大会堂亲切接见他们，赞扬他们在处理险情时表现出来的英雄行为，并对学习英雄事迹、弘扬英雄精神和做好交通运输工作作出重要指示。庄严会见是以国家的名义礼敬英雄，英雄的礼赞是交通运输行业共同的荣光，英雄的精神是交通运输行业共同的珍宝。新时代中国特色社会主义伟大事业需要千千万万个英雄群体、英雄人物。

深入学习英雄事迹、弘扬英雄精神，就是要学习他们忠诚担当、忠于职守的政治品格和职业操守，尽职尽责、勇于担当。近万米高空，每小时八百公里的速度，低温缺氧可能致人迅速失去知觉，瞬时狂风足以将人吸出舱外，每一分每一秒都是煎熬，都是对信心和意志的极大考验。而英雄机组没有丝毫慌乱，这份镇定和自信就是担当。他们担当的是坚守安全第一的最高职责，展现的是忠于职守的政治品格。每一位交通人，都要有守土有责、守土负责、守土尽责的责任担当，因为有了这样的担当和信念，就算千难万险，也会迎难而上、破浪前行，就算千辛万苦，也要逢山开路、遇水架桥。只有尽职尽责、尽心竭力，才能在看似平凡的岗位上建功立业，实现不平凡的人生价值，努力作出无愧于时代、无愧于人民、无愧于历史的业绩。

深入学习英雄事迹、弘扬英雄精神，就是要学习他们对人民生命安全高度负责的责任意识，学习他们在危急关头表现出来的沉着冷静和勇敢精神。英雄机组临危不乱、果断应对、正确处置，在生命受到威胁的情况下没有一人表现惊慌，在环境极端恶劣的情况下没有一人脱离岗位。生死关头，是保障旅客安全的义不容辞的责任感使他们克服恐惧，沉着冷静、自信专业。英雄机组临危不乱的无畏勇气背后，是勇当人民生命守护者的敬业奉献。这种无私无畏、舍身奉献的勇敢精神，是一代代交通人用血汗铸就的精神丰碑。勇气因责任而生、因无私而强，只有坚守时不我待的紧迫感、舍我其谁的责任感，才能以不畏艰险、攻坚克难的勇气，涉险滩、闯难关、啃硬骨头，关键时刻"冲得上、顶得住、打得赢"。

深入学习英雄事迹、弘扬英雄精神，就是要学习他们严谨的工作作风和精湛的专业技能，一点点积累、一遍遍琢磨、一次次总结，用日积月累、持之以恒的努力，培育精益求精、追求完美的工匠精神。飞行工作年复一年、日复一日，看似平凡，但保障每一个航班安全就是不平凡。每一个判断、每一条指令、每一步操作都没有一个失误，是专业在闪光。英雄机长刘传健堪称完美的应对，是他长期勤学苦练、日积月累在关键时刻的自然反应。干一行、爱一行、专一行，交通运输行业的每一个岗位，都可以是"精雕细琢"的科学和艺术，要拿出干劲、闯劲和钻劲，在日复一日、年复一年的工作中培养严谨科学的专业精神、团结协作的工作作风和扎实过硬的技术能力，追求有价值的人生、成就不平凡的事业。

习近平总书记在会见"中国民航英雄机组"时指出："伟大出自平凡，英雄来自人民。把每一项平凡工作做好就是不平凡。"让我们以英雄为榜样、以英雄为标杆，以实际行动投入到交通强国建设的新征程中。交通运输行业必将涌现出更多忠诚担当、作风过硬、技能精湛、团结协作的先进集体和个人，为实现"两个一百年"奋斗目标、实现中华民族伟大复兴的中国梦贡献更大智慧和力量！

没有改革开放 就没有快递业的今天

——访交通运输部原副部长、中国快递协会会长高宏峰

本报记者 王珍珍

今年的"双11"，快件量再创新高，11月11日至16日，全国邮政、快递企业共处理（邮）快件量达到18.82亿件，11月11日当天处理量达到4.16亿件，再次刷新了我国快递最高日处理量的纪录。与数量同步增长的是快递行业的处理能力。与10年前频频爆仓相比，面对"双11"这样体量的"大练兵"，快递行业整体实现了从容应对。

"没有改革开放，就没有快递业的今天。"在交通运输部原副部长、中国快递协会会长高宏峰看来，在改革开放的大浪潮中，快递是个典型，从无到有，从小到大，伴随着改革开放全过程不断成长和壮大。

《邮政法》修订 为民营快递敞开了大门

我国快递的历史要从1979年说起，当年，中国对外贸易运输公司与日本海外新闻普及株式会社（OCS）签订快件代理协议，成为第一家代理国际快递业务的企业。紧随其后，1980年，中国邮政开办国际邮政特快专递业务。

高宏峰。 王博宇 摄

"那时候大家还没有'快递'这种意识，所以改革开放初期的快递业务以对外为主，主要服务于国内与国外间寄递服务，离普通大众的生活比较远。"高宏峰回忆，"上世纪90年代初期，早期民营快递企业雏形显现，这些企业往往只有几名员工、几辆车，运送的货物包括海关报关单、商业合同等。这些单据、合同的时效性要求高，要是走邮局的话得十几天半个月才能到。正是这种需求出现，催生了快递产业。"

当时对这样的快递并没有明确的政策支持，有人甚至戏称为"黑快递"，但得益于改革开放的大环境和民营企业的灵活机制，这些企业还是得到了快速发展。深圳的顺丰、桐庐系的"四通一达"，都是在这个时候发展起来的。

快递业迅速发展的大背景下，1987年施行的《邮政法》已经远远不能适应行业发展的需要，《邮政法》修订被提上日程。"我当时在交通运输部分管政策法规工作，参与了《邮政法》的修订工作。"高宏峰告诉记者，关于《邮政法》修改，当时行业内和社会上都有很多不同的观点，比如如何确定邮政专营业务范围，如何明确民营快递企业的地位、作用等。

尽管存在分歧，但鉴于改革开放的大趋势、我国经济社会发展进步对邮政体制改革的迫切要求、人民群众对邮政和快递日益增加的需求、中央支持民营经济的政策措施，《邮政法》的修订工作得以加快推进。

（下转4版）

□值班编委 林琳 本版副主编 卢帆 责编 王晓霞 □E-mail:xw1b@zgjtb.com □新闻热线:(010)64255441 □发行热线:(010)64256206 □广告热线:(010)64250642 □培训热线:(010)65299681

2018年12月7日 星期五 4版
主编 王振宏 责编 张雨涵 实习生 杜阿 电话:010-65293632 64252864 E-mail:zgjtb@126.com
见证40年 主题访谈
中国交通报 CHINA TRANSPORT NEWS

没有改革开放 就没有快递业的今天

——访交通运输部原副部长、中国快递协会会长高宏峰

高宏峰为"快递小哥"点赞。

(上接1版)

2009年,《邮政法》(2009修订)终于获得通过并施行。修订后的《邮政法》建立了快递市场准入制度,明确了民营快递企业的法律地位,允许民营企业进入快递市场,民营企业终于从幕后走到台前。在高宏峰看来,《邮政法》的修订,为民营快递企业敞开了大门。此后,民营快递企业适应市场需求,走市场化发展的道路,闯出了一条具有中国特色的快递企业经营发展之路。"如今,民营快递企业已经成为我国快递事业主体,是邮政体制改革和我国经济发展进步造就了他们的今天。可以说,没有改革开放,就没有快递业的今天。"高宏峰说。

快递企业投入使用的全自动分拣系统。

本文图片为 本报资料片

中国经济的"黑马"

早期,快递业务主要集中于商务快件,2000年以后,电子商务的出现,极大地促进了快递业的发展。电子商务与快递互为支撑,相互促进,形成了一个新业态,改变着人们的生活。2017年,快递业支撑了超过5万亿元的网络零售额,占社会消费品零售总额的比重超过15%,对消费增长的贡献率超过30%。近些年来,各快递企业还积极开展供应链业务,服务生产制造业,为制造业减少流通环节、节约成本,提高生产效率。《中国快递业社会贡献报告2017》显示,2017年快递支撑制造业产值达2375亿元。

经过30多年的发展,我国快递业务量规模已经连续4年位居世界第一,超过美国、日本等发达经济体的总和,对全球快递行业增长贡献率超过50%,中国已经成为名副其实的快递大国。因此,李克强总理评价快递业是中国经济的"黑马"。

2017年,快递业务收入在GDP中占比0.6%,业务收入增速是GDP增速的3.5倍,在服务业中占比1.16%,在物流总费用中占比4.1%,在物流总收入中占比5.6%,在交通运输、仓储和邮政业中占比13.47%,在邮政业中占比74.5%……《中国快递业社会贡献报告2017》中这样一组数据直观反映了快递业对经济的贡献,在高宏峰看来,快递业的贡献更多地体现在推动经济社会发展上:助力工业品下乡、农产品进城,服务生产型企业降本增效,促进居民消费方式转型升级,带动上下游关联创业协同发展……

江苏苏州的阳澄湖大闸蟹、宁夏中卫的枸杞、广西百色的芒果、内蒙古锡林郭勒的羊肉……在"快递向西向下"拓展的大背景下,快递企业通过与电子商务协同发展,畅通农产品销售通道。仅2017年,快递业带动全国农村地区农副产品进城和工业品下乡超过6000亿元,激发了农村市场活力。

高宏峰介绍,能够成为"黑马",还得益于近年来快递行业不断构建高效网络、加强服务管理、保障寄递安全、创新多元服务。一方面,各快递企业通过加快仓储、枢纽、中心、网点等快递物流基础设施建设,形成覆盖广泛的网络节点,另一面,通过健全干线、支线等运输线路,打通节点之间的物流连接,形成点线结合的快递运输网络,促进快递服务向外、向下延伸。

科技创新和应用是快递业不断提升服务能力和水平的关键。以互联网、大数据、云计算等现代信息技术为引导,通过信息联通、资源共享、智能化应用等措施,使快递行业逐渐从原来的"劳动密集型"向"技术密集型"转变。在快件收寄、分拣、运输、投递等业务全流程,自动分拣设备、分拣机器人、智能快递箱、电子面单等多项智能新技术及设备得到应用,降低人力成本的同时明显提升快递效率,给用户带来更加便捷智能的体验。

快递企业的智能机器人分拣系统。

在政府和企业的共同努力下,快递业服务质量稳步提升。2017年,全国快递服务72小时准时率为78.7%,快递服务满意度达到75.7分,消费者申诉处理满意率达到98.2%,时限准时率相对稳定,快递服务满意度逐年提高,用户有效申诉率逐年下降。

从高速发展转向高质量发展

"经过30多年的发展,我国已成为名副其实的快递大国,但还不是快递强国。"在高宏峰看来,快递行业要实现可持续发展,依然要坚持改革开放。

首先,尽快实现高速发展向高质量发展的转变。连续10年年均增长率38.8%的增长速度,对快递企业来说是巨大的机遇。在高宏峰看来,在巨大的需求刺激下追求速度无可厚非,但是盲目扩张、粗放发展的弊端也逐渐显现,由追求速度转变为高质量发展是一条必由之路。如今,不少企业已经在转型路上。目前各快递公司纷纷抓住上市的契机,不断提升管理水平,建立现代企业制度,提高服务质量。

高宏峰介绍,目前快递市场60%的业务量来自电商快件,产品结构比较单一。针对这一情况,近年来各快递企业积极拓展业务领域,开展供应链物流、大件快递、物流金融等业务,调整产品结构,推进单一快递企业向综合物流服务企业的转型升级。比如百世集团构建的"端到端"智慧供应链版图已初具规模,集合了供应链、快递、快运、国际物流、优货、百世云、店加、物流金融等成员,可提供一体化全渠道供应链服务。

"快递行业原来是劳动密集型行业,未来要更多地运用科技手段来扩大产能、提升服务,要以科技创新来推动行业实现更好更快发展。"高宏峰介绍,他在调研中发现,很多快递企业已经结合需求开展了一些探索,在快递转运中心应用无人化分拣、在客服领域采用机器人、在山区海岛利用无人机配送……新技术、新产品的应用帮助快递企业节省了成本、提升了效率。

"快递企业应该在现有基础上推进经营和服务方式的转变,向西、向外、向下。"高宏峰说,得益于快递企业不断延伸服务网络,现在大量农产品有了更多进城通道,未来,快递在西部地区、在农村地区还将大有可为。

其次,快递企业要与交通运输行业紧密合作,推动效率提升。综合运输体系建设对快递高质量发展至关重要,快递行业与交通运输行业紧密合作,可以推动快递行业效率提升,同时也可以推动综合运输体系的建设。

"目前82%的快递运输是依靠公路运输来完成的,运输结构不够合理。今后应该大力推进铁路和航空开展快递运输业务,发挥铁路成本低、污染少,航空快捷等优势,更要加快推进多式联运,发挥综合交通运输体系的作用。"高宏峰说,目前看,在快递运输中,无论公路、铁路、水路和航空,在各自的运输环节都没有问题,问题主要存在于各种交通运输方式的衔接上,各种交通运输方式的管理方式、标准、作业方式都存在差异,难以做到无缝对接,影响了综合交通运输体系的形成,难以提高运输效率。

"我们应该适应市场需求,通过快递物流将各种交通运输方式串联起来,促进各种交通运输方式的有效对接,加快推动综合交通运输体系发展。"今年8月底,中国铁路总公司下属的中铁快运股份有限公司与顺丰控股下属的深圳顺丰泰森控股(集团)有限公司共同组建中铁顺丰国际快运有限公司,实现了快递物流企业与铁路运输企业的合作。"我们寄希望于这家公司对推进公铁联运、多式联运,对推进综合运输体系作出有益的探索。"

"建设综合交通运输体系仍然在路上,还有很多问题没有解决。但是,综合交通运输体系是必然趋势,想不想做都得往前走。"展望综合运输体系建设,高宏峰语气沉重但信念坚定。

"习近平总书记说,改革开放是实现中华民族伟大复兴的关键一招。改革开放也是推动交通运输由小到大、由弱到强的关键一招。进一步改革不是一句话就能说清楚的,有很大难度。改革了这么多年,好改的都改的差不多了,接下来的改革将深入骨髓。"采访尾声,谈起改革,高宏峰深切勉励众人,要以超常的韧劲,保持艰苦奋斗、艰苦拼搏的精神,坚持不懈地走下去。

眼中有事儿 心中有责

——记辽宁海事局船员管理处邢永恒

相娜 特约记者 李现峰

企业说,他是免费的咨询师,有什么问题和难处,想找到答案,他都能给出一个权威而又实用的解答。

船员说,他是体贴的好帮手,总能在第一时间了解大家的困难和需求并思考解决办法。

同事说,他是船员管理领域行走的"百科全书",有关公约法规的问题,问他准没错儿。

他就是辽宁海事局船员管理处的一名普通职工,邢永恒。

邢永恒。 辽宁海事局 供图

专业追求从未止步

滴水穿石非一日之功。邢永恒到船员管理处8年,书桌上那本厚厚的中英文公约已经不知道被他翻了多少遍,时至今日,虽不说倒背如流,但也早已烂熟于心。

2012年,初到船员管理处的邢永恒就遇到了一个大难题。辽宁海事局作为唯一的直属海事局代表,接受欧盟海事安全局按照国际标准针对中国船员考试、评估和发证以及质量管理体系相关工作的全面检查评估。他作为辽宁海事局负责迎审的主要业务人员,经过近一个半月的加班加点,从迎审前、审核中、后评估三个方面认真策划、周密部署,制定了详细的工作方案,在各部门和同事积极配合协作下,圆满地完成了检查评估任务。

这个难题的成功解决,使他迅速成长,对工作也有了更深的认识。在展示中国海事良好的履约形象同时,也为欧盟27个成员国继续承认我国海事主管机关签发适任证书并输入雇用我国海员奠定了基础,有效改善了外派海员的总体就业环境。

中国大连国际经济技术合作集团有限公司是我国较早开展海员外派的公司之一。2016年国庆节期间,其公司的外派船员在巴西接受港口国监督(PSC)检查时,港口国检查官要求船员提供电子海图(ECDIS)培训证明,并对其开具了缺陷项:"没有证据表明驾驶员按照国际海事组织(IMO)示范课程1.27完成了电子海图的培训,要求开航前纠正。"问题一天不解决,船就一天不能开,多一刻的滞留都将给航运企业带来巨大的经济损失。

总经理李其斌给辽宁海事局打去了求助电话。了解到具体情况后,邢永恒根据对《海员培训、发证和值班标准国际公约》(STCW公约)的研究情况,意识到国外PSC检查官的此项要求是不合理的。

据了解,根据国际公约的要求,辽宁海事局会将所有船员的培训记录存档,并根据培训内容和IMO的要求重新颁发新的职务证书。中国海员只要拿到新版的职务证书,就证明其已经通过了所有应有的培训。

经过艰难的沟通,一个星期后这艘船顺利起航。但是有个问题却一直在邢永恒脑海里萦绕,如果以后我国其他船舶在接受PSC检查时遇到相同的情况怎么办?

他决定从IMO层面解决我国船员受到的不公正待遇,开始着手撰写《制定向港口国监督官员和其他第三方检查机制提供书面证明相关指南的评论》提案。

2017年1月,该提案被IMO通过采纳,并作为基础文件进入工作组讨论,最终形成一致意见,决定立即发布一个通函(STCW.7/Circ.24),进一步明确书面证明的范围,明确根据STCW公约及其修正案签发的适任证书、培训合格证书和书面证明都是表明充分满足了公约适任要求的证据。PSC检查官根据STCW公约第1/4条,核实书面证明时不应要求船员提供STCW公约所未要求的书面证明,根据公约签发的船员证书或书面证明不应要求包含涉及的IMO示范课程。

李其斌说:"此次提案的成功,一方面体现了中国在世界海事舞台上的话语权,我们发出了正义的声音,参与国际规则的制定和解释,起到了主要推动作用;另一方面也彻底解决了我国船员在接受国外PSC官员检查时被要求提供不合理证明的问题,维护了我国船员的权益,为船东争取了利益。"

近年来,邢永恒一直密切跟踪,深入开展履约研究工作,他参与起草了《中国政府履行STCW公约独立评价报告》及IMO提出的澄清事项编写工作,表明我国关于STCW公约规定已得到充分和完全实施,为我国连续纳入IMO"白名单"作出了积极贡献;连续四年获推荐入选中国代表团参加国际海事组织人的因素、培训和值班分委会会议,完成或参与完成向IMO成功提交5个提案。

除此之外,邢永恒还牵头承担了多项交通运输部海事局的专项工作,其中完成交通运输部部令《中华人民共和国船员培训管理规则》修订工作,既能达到满足履行STCW公约修正案的需要,推动船员以应用为导向,改革船员教育和培训方式,强化船员实际操作能力和综合素质教育培训,又与当前深化行政体制改革,创新监管方式,加快推进现代职业教育相适应。

"船员的事就是我的事"

大连市长海县是东北地区唯一的海岛县,其中居民海岛有18个,总人口达10万人,岛内居民出行和生活物资的运输都必须依靠船舶往来。陆岛运输关乎民生,更关系着岛内的经济命脉,所以其安全监督管理的责任大。

在一次跟岛上船员聊天的过程中,船员们对邢永恒抱怨道:"取得证书不容易啊,耗时长而且证书的适用性又不强,受吨位和功率限制,我们要换到大船工作就要重新参加考试,这个考试对我们来说难度很大。但是我们长期在长海县跑船舶运输,又不去其他地方,考这个证书对我们来说,意义也不太大。"

船员们只是随口抱怨的几句,邢永恒却记在了心里。他主动深入海岛调查研究,并找辽宁辖区的陆岛运输企业了解情况,发现陆岛运输船舶存在船员短缺的情况,制约了地方经济发展和人民群众出行。辽宁海事局辖区有着众多的陆岛运输船舶,如何根据陆岛运输特点,在满足船员适任、促进船舶安全的前提下,从根本上解决船员和企业的问题呢?

邢永恒和同事们从本职工作出发,因地制宜地起草了《辽宁海事局本港海船船员考试发证办法》及配套文件。通过制定该办法,将陆岛运输船舶船员纳入到本港海船船员管理当中,建立海洋渔业船员转本港海船通道。通过培训,提高船员技术素质,强化船员实际操作能力,同时适当调整理论考试难度。由于本港海船船员证书不受吨位和功率限制,这一方法有效地缓解了陆岛运输船舶船员紧缺的局面。

大连长山群岛客运有限公司办证专员刘官鹏对这个办法赞不绝口:"我自己总结了三点好处,就是简便、快捷和实用。比如我是一个新人,通过培训两个月就可以拿到证上船工作,在甲板工作12个月之后,不需要培训和考试,就能拿到本港普通船员证书,担任普通船员12个月之后就可以考本港驾驶员。这对客船、陆岛运输都是非常实用的。"

在了解到陆岛运输船员白天需承担海岛居民的日常出行,没有时间完成过渡期培训的问题后,邢永恒主动跟上级领导请示,积极沟通,组织师资将培训送到岛上,为船员办起了"夜校"。把法规宣贯送上海岛,把服务送到家门口,赢得了岛上船员的一致称赞。

后来,邢永恒又了解到水产品船船员和鲜销船船员大都是从渔业船员转过来的,既不是渔业船员,又不是真正意义的运输船(商船)海船船员。该类船员因其适任证书的适用限制使得他们无法到其他商船上获取海上服务资历,造成此类船员证书无法通过正常的海上服务资历来实现证书再有效,影响此类船舶的正常运转和船员工作。

参考此前的经验,他又向领导提出了水产品运输船、国际鲜销水产品运输船船员在此类船上的服务资历可以作为申请适任证书再有效服务资历等解决措施,经向部海事局请示沟通最终得以圆满解决。既扩大了渔民再就业途径,又为岛上居民出行便利、社会和谐稳定作出了积极贡献。

庄河寿龙岛驿顺海上客运公司人事部经理兼办证员张道福说:"小邢政策水平很高,人又很随和,解答问题百问不烦,我们遇到什么问题第一个想到的就是他。不管是在休息还是开会,任何时候他都会接我们电话,告诉我们解决办法。"

同时,邢永恒还积极推动便民利民政策的出台,尤其是推进船员业务电子政务,无纸化办理业务,让企业和船员足不出户就可以查询和办理相关业务,既提高了海事业务办理能力和效率,又为企业和船员提供高质量的服务。

□采访手记

热爱是最好的动力

主动、热情、随和,这是在没见到邢永恒之前,从不同人嘴里听到的关于他的评价。初次见到邢永恒,这个80后的小伙子还稍有腼腆,但是一说起自己的专业问题,却滔滔不绝。

作为邢永恒的领导,又是7年的同事,辽宁海事局船员处副处长刘景升说:"他这个人就是较真儿,对于公约条款可谓是字斟句酌,有时候规则准则中的一个词、一句话的意思都能跟你辩论半天。"

不管是对公约规则的逐字解读,还是主动为船员服务,都是出于对工作的热爱。诚如辽宁海事局党组书记、局长郑京兵所言:"我们不能去爬冰卧雪,也不能像经刑侦一样去上关,但是你选择了这个职业,就有很多的事情让你去做,这就看你眼里有没有事儿。"

邢永恒不仅把事情看在了眼里,更放在了心里。工作和生活早已融合在一起,本来是工作需要学习的英语,现在已经成为了他最大的爱好,完成了一种习惯。他经常说,社会在发展,知识更新越来越快,只有不断学习,才能更好地为人民服务。

今年,邢永恒还被部海事局党组授予了"直属海事系统十大杰出青年"的称号。在这个竞争激烈的时代,我们正需要像邢永恒这样的普通职工,持之以恒地把本职工作做好,在平凡的岗位上,演绎不一样的精彩。 相娜

地址:北京市朝阳区安华西里三区13号楼 邮编:100011 总编室:(010)65293633 通联部:(010)65293561 (010)64252114(传真) 采编中心:(010)64255441 公路中心:(010)65293615 水运中心:(010)64255824 运输中心:(010)65293641
新媒体中心:(010)64255469 培训中心:(010)65299681 广告部:(010)64250642 (010)64255452(传真) 北京中通广告公司:(010)64252934 广告经营许可证:京朝工商广字0142号 每年定价:460元 每月定价:38.34元 零售每份:1.92元 中国青年报印刷厂印刷

顺应潮流释放活力　初心不变奉献如歌

——访原交通部副部长洪善祥

本报记者　姜秋华

见报日期　2018 年 12 月 10 日

40 年来，改革开放的时代浪潮波澜壮阔，奋力谱写出一曲曲气势如虹的交响乐章。

40 年来，勇立潮头的水运人，踏浪先行，深情演绎了一段段激昂奋进的时代华彩。

40 年来，作为我国对外开放最早的领域，水运行业实现了根本性的巨变：从严重制约国民经济发展的“瓶颈”到航运大国的辉煌跨越。

40 年来，不变的是水运人搏击风浪、开拓创新的精神本质。一代代水运人奋发有为、无私奉献，将涓涓细流汇聚成磅礴的滚滚波涛，成为推动时代进步的中流砥柱。

今年 77 岁的洪善祥就是其中一位重要代表。他与水结缘颇深。1961 年从大连海运学院船舶驾驶专业毕业后，洪善祥留校任教 4 年。1965 年，他被调到交通部广州远洋运输公司投身远洋运输事业，从驾船远航到运筹帷幄，历经了 30 年风雨洗礼。1995 年至 2004 年，在担任原交通部党组成员、副部长的 9 年时间里，他忠诚履职、尽心尽力，在海事与救捞体制改革、保障水上交通安全、船舶定线制的制定等方面倾注了大量心血。作为我国水运事业改革发展的重要见证者、参与者和推动者，低调的他并不想多谈往事。“我所做的工作都是分内之事，主要应归功于部党组的正确领导和各位同事的大力支持与积极配合。”洪善祥说。

破除体制束缚　有效激发事业发展活力

2018 年 11 月 18 日，2019 年海事工作务虚会在交通运输部党校召开，记者见到了洪善祥。他应邀参加海事系统庆祝改革开放 40 周年集中座谈，当天正好是全国水监体制改革 20 周年的特殊日子。

作为部海事局首任局长，看到海事事业历史性的发展成果，洪善祥很欣慰也很激动。他深知，这一路走来很不容易。

海事的改革可以追溯到 1985 年。随着港口下放，海事从地方港务监督局的一个科室独立出来，中央和地方分工负责的水上交通安全监督管理体制建立。经过十几年的发展，出现了“中央船舶中央管，地方船舶地方管”水上安全监管体制不统一的现象，形成了同一水域、同一港口设置“一水二监”或“一水三监”等多家安全管理机构并存的局面，导致水上安全监管能力非常薄弱，管理体制的障碍无法满足我国推进政企分开、建立社会主义市场经济体制的迫切需求。

改革势在必行。“1998 年，中央批准了海事体制改革方案。”洪善祥说，当年 11 月 18 日中华人民共和国海事局（原交通部海事局）挂牌成立，海事事业由此驶入了发展的快车道。此次改革，将原来分散、多头管理的水上安全监管体制，改为全国实施垂直管理的水监新体制，明确界定了中央与地方对相关水域的管理分工，在同一水域、同一港口和同一地区不得重复设立水上安全监督管理机构，并实行“一水一监”“一港一监”。

“改革的最大难题就是中央管辖水域和地方管辖水域的划界以及人、财、物的合并划转等问题。”洪善祥回忆，此次改革难度很大，原计划 5 年内完成，最终用了 7 年时间。至 2005 年 6 月 23 日，西藏自治区地方海事局挂牌成立，标志着全国水监体制改革圆满结束。

此次改革组建了交通部海事局，建立了 20 个部直属海事局和 28 个省级地方海事局，实行“一水一监”“一港一监”，统一政令、统一布局、统一监督管理，逐步建立了与社会主义市场经济体制相适应的水上安全监督管理新体制。在部党组的正确领导下，海事系统以水上交通安全监管为中心，保障水上交通安全，保护水域环境清洁，保障船员整体权益，维护国家海上主权，开创了安全监管新局面，开拓了服务发展新境界，树立了大国海事新形象。

作为交通运输行业的另一重大改革——救助打捞体制改革也正紧锣密鼓地进行。洪善祥回忆，1999年11月24日“大舜”轮海难，是新中国成立以来发生的最大海难事故，这给救捞行业敲响了警钟：中国救捞的装备实力和传统体制，与国家快速发展的形势不相适应。改革救捞合一体制，加大投入，组建我国海上专业救助队伍，加快我国海上专业打捞力量建设，全面提升海上综合救捞能力已刻不容缓。

2003年，国家六部委联合发布《救助打捞体制改革实施方案》，我国救捞开启了具有历史性意义的体制改革：由交通部救助打捞局实行统一垂直领导和管理，以“救助与打捞分开”为原则，分别组建北海、东海、南海3个救助局，烟台、上海、广州3个打捞局，以及北海第一救助飞行队、东海第一救助飞行队、东海第二救助飞行队、南海第一救助飞行队4个救助飞行队，担负起我国沿海人命救助、财产救助、环境救助、清障打捞和应急抢险救灾等公益性职责。

救捞体制的改革，为我国救捞事业实现历史性转变提供了强劲动力。截至目前，我国救捞形成了三个“三位一体”的特色发展模式，即救助、打捞和飞行“三位一体”的队伍建制，人命、环境、财产救助“三位一体”的岗位职责，空中立体救助、水面快速反应、水下抢险打捞“三位一体”的综合功能，走出了一条符合我国国情的独具特色的中国救捞发展之路。

“无论是海事、救捞体制改革还是港口、引航体制改革，都是适应改革开放历史潮流、谋定而后动的成功探索与大胆革新，有效破除了不适应社会主义市场经济的体制束缚，极大释放了发展活力。”洪善祥表示。

开拓创新　为经济社会发展注入不竭动力

回首改革开放40年，改变的不只是体制机制，还有发展思路和管理理念的不断突破。2003年7月1日交通部正式发布实施《长江江苏段船舶定线制规定》（简称《规定》）就是一个有力佐证。

长江江苏段拥有长江干线90%以上的万吨级泊位，占整个长江干线货运量的60%，是我国乃至世界最繁忙、最复杂的河段之一。然而，作为长江黄金水道的龙头，长江江苏段通航水域的安全问题长期以来受通航密度大、船型多种多样、原航路航法落后的困扰。

“《规定》的实施具有里程碑式的重要意义。”洪善祥回忆说，这是我国首次创造性地将适用于沿海的船舶定线制规则引入内河，用以规范船舶航行行为，改善通航环境，解决海轮进江航行难和进江海轮无法夜航等问题。

然而，长江江苏段船舶定线制在制定之初却面临着巨大压力，既有坚定的支持声，也有强烈的反对意见。交通部党组一直十分关心和支持长江江苏段航路改革工作，洪善祥多次到现场实地考察调研、指导和推动航路改革。

创新意味着变革。长江江苏段船舶定线制改变了千百年来“上行走缓流，下行走主流”的习惯航法，以实现“大船分道、小船分流，避免交叉、各自靠右，责任明确、便停易走，促进先进、照顾落后，保障安全、管控一流”为目标，使上、下行的大小船舶严格按照规定分道航行。这从根本上改善了通航秩序，长江江苏段由此成为名副其实的“水上高速公路”。

据统计，2001 年至 2012 年，长江江苏段进出港船舶艘次由每年 35.2 万上涨为每年 87.9 万，增长 149.8%。与此同时，水上事故发生次数反而明显下降，由 2001 年的 124 次降低到 2012 年的 28 次。“畅通、安全的通航环境，有力推动了沿江地区经济社会的发展和繁荣，经济和社会效益非常显著。对此，江苏省的领导非常满意。”洪善祥表示。

长江江苏段船舶定线制的成功实施和示范效应，推动了长江其他河段和我国其他水域船舶定线制的快速发展。截至目前，我国航路规划网络更为完善，共在 17 个重要水域实施船舶定线制，这是我国水上交通总体安全水平得到大幅提升的一个缩影。一组对比鲜明的数据更好地进行了诠释。40 年来，在水路货运量增长 13 倍、沿海港口吞吐量增长 42 倍、内河港口吞吐量增长 49 倍的背景下，我国水上交通安全形势总体保持稳定。据统计，与 1978 年相比，2017 年全国发生水上交通事故件数和死亡人数，分别降低了 96.5% 和 84.4%。1998 年以来，搜救成功率始终保持 90% 以上。

一以贯之　用奉献诠释行业魅力

虽然改革开放 40 年来我国水运事业取得了翻天覆地的巨变，但是我国水运人坚持以人民为中心，无私奉献、担当有为的精神本色并未改变。

有一件事，让洪善祥至今难忘。2002 年“5·7”空难事故发生后，交通部门迅速出动，全力投入海上搜救。交通部党组书记、部长黄镇东当晚赶赴大连，参与现场指挥救助。8 日中午，洪善祥也赶到搜救现场。

在党中央、国务院的领导下，在国务院“5·7”空难处理小组、交通部的统一组织协调下，参加搜救抢险打捞的各单位以对党和人民高度负责的精神，认真组织协调各方力量，全力以赴投入到搜救抢险打捞工作中。特别是在难以想象的困难条件下搜寻打捞起两个飞机“黑匣子”，为事故处理作出了重要贡献。

“此次空难，海上搜救的规模之大、难度之高、任务之重是新中国成立以来的首次。”洪善祥回忆说，飞机失事海域水深 9 米，淤泥 2 米，水质较差。如何把“黑匣子”打捞起来，是一个很大的问题。通常，“黑匣子”和信标是连在一起的。而此次事故中，

“黑匣子”和信标却脱开了。“我们救捞局的潜水员是好样的。找到了信标，可是找不到‘黑匣子’，他们就在漆黑的海底一点点探摸，终于把‘黑匣子’摸出来了。这种精神让美国专家非常惊讶，他们说你们这支队伍很了不起！”洪善祥自豪地说。

随着我国首部交通救捞题材电视剧《碧海雄心》的热播，“把生的希望送给别人，把死的危险留给自己”的中国救捞精神和默默无闻、不求回报的救捞英雄们走进了公众的视野。洪善祥希望，有越来越多以交通人为题材的文化作品被搬上荧屏。“默默奉献的海事人也是值得挖掘的群体，在我国经济社会发展中，海事的作用和地位非常重要，他们身上有着很多不为人知的感人故事。”

以长江江苏段船舶定线制的实施为例，要改变船民千百年来的习惯，非常难。为了保证定线制的各项规定落到实处，江苏海事人几乎是全员出动，主动上门到辖区航运企业、造船企业进行讲解宣传，海巡艇现场督导交通……这样的日子差不多持续了两年。

“曾有中央领导问我，江面上没有分隔栏，如何进行管理？我回答说，有我们的海事人在兢兢业业地管理。”洪善祥举例说，每天船舶安全、便捷地进出港口，都要和VTS打交道，背后离不开交管的精心管理和优质服务。“这些只有船上管理人员最清楚，普通民众并不知道，希望能够出现更多更好的文化作品，展现我们的行业魅力。”对此，洪善祥充满了期待。

CHINA TRANSPORT NEWS

2018年12月10日 星期一 | 第6873期 | 邮发代号 1-72 国内统一连续出版物号 CN 11-0122
http://www.zgjtb.com | 今日8版 | 交通运输部主管 中国交通报社主办

扫除过度竞争、产能过剩等“拦路虎”

辽宁港口整合转型经济贸易港

本报记者 姜晨晨

辽宁省港口整合工作取得实质性进展。11月3日，辽宁省政府与招商局集团有限公司（简称招商局集团）在北京签署了《辽宁省港口合作项目增资协议》（简称《增资协议》）和《辽宁港口合作工作备忘录》，标志着辽宁省港口资源正式进入一体化运作模式。

近年来，辽宁省委、省政府在港口资源整合中进行了多方探索。2006年，启动港口整合工作；2014年，研究提出多套方案；2017年，与招商局集团正式会商，签署《港口合作框架协议》……一系列的动作，加快了辽宁港口转型升级、提质增效的步伐。

合力构建“前港—中区—后城”模式

辽宁省港口资源丰富，拥有全国12%的大陆岸线和4.4%的岛屿岸线，海岸线总长2732公里，目前已形成以大连港、营口港为主要港口，丹东港、锦州港、盘锦港、葫芦岛港为地区性重要港口的分层次发展格局。

然而，港口资源配置不合理，港口企业之间尚未形成有效的合作机制，甚至在个别地区、个别货种出现了过度竞争和产能过剩等问题，成为制约辽宁港口发展的“拦路虎”。港口整合势在必行。

2017年，辽宁组建东北亚港航发展有限公司，使之成为大连港集团和营口港集团的控股股东。根据《增资协议》，招商局集团将通过增资方式入股辽宁东北亚港航发展有限公司，并取得49.9%的股权。招商局集团投资入股后，将与辽宁省政府在港口运营、物流运输、园区开发、金融服务等多个领域开展深入合作，并推动“前港—中区—后城”的“蛇口模式”落地大连太平湾新区。

央企、地方的市场化合作，正推进辽宁省港口整合向着积极方向发展。下一步，招商局集团将加快与辽宁港口在集装箱、油品、矿石等主要运输领域的合作，引导港口企业逐步从装卸、储存等传统服务提供商，转变为航运服务、国际物流、临港工业等高端综合服务提供商，推动港口由运输港向经济贸易港转型。一个立足辽宁、辐射东北、影响东北亚的国际航运中心正在崛起。

定位明确促进港口错位发展

改革并非一朝一夕，而是一个长期探索的过程。放眼辽宁，各个港口凭借自身定位大力实施供给侧结构性改革，在区别中寻发展。

依托区位优势和发展基础，外贸优势突出的大连港已经成为东北地区最大的集装箱枢纽港，在油品转运分拨、矿石分拨、专业化汽车码头及邮轮业务方面，优势明显。目前，大连港已成为最大的海上客运港以及最具成长性的专业化汽车海运港。

营口港是东北三省和内蒙古自治区最便捷的出海通道之一，是国内第二大内贸集装箱枢纽港。近年来，营口港积极发展多式联运特别是海铁联运，成为“一带一路”中欧物流海铁联运重要的中转港和大宗散杂货区域物流中心。

锦州、葫芦岛、盘锦等区域港口的功能定位也逐渐清晰。 （下转2版）

坚决守好交通运输安全“生命线”

——二论向“中国民航英雄机组”“中国民航英雄机长”学习

本报评论员

第一时间作出备降决定，第一时间传递出备降成都的关键信息，第一时间设置应答机编码7700，第一时间执行高原释压检查单程序和动作，第一时间改用手动驾驶，第一时间终止餐饮服务，第一时间执行释压处置程序……一系列正确的“第一时间”，完美诠释了什么是“以生命的名义保障安全”。

英雄机组、英雄机长在万分紧急状况下，将自己的生死置之度外，一心保障广大旅客的生命财产安全，履行飞行安全的最高职责，成功化险为夷，体现出强烈的责任意识和无畏的担当精神。交通运输行业承载着客货运输的重要使命，每一架航班、每一辆车、每一艘船都肩负人民群众生命财产的安全重托。交通运输安全生产与人民群众的美好生活需要息息相关，事关经济社会发展与稳定大局。学习英雄事迹，弘扬英雄精神，不仅要把非凡英雄精神体现在平凡工作岗位上，而且要体现在对人民群众生命财产安全高度负责的责任意识上，以对人民极端负责的态度，从严从实抓好安全生产工作。

从英雄的壮举中，我们要深刻领会并牢固树立以人民为中心的发展思想，正确处理安全与发展、安全与效益的关系，始终把安全作为头等大事来抓，始终坚持“发展绝不能以牺牲安全为代价”。必须深刻认识到交通运输安全的极端重要性，认识到“安全是1，其他是0”。要牢固树立安全发展理念，始终把安全生产工作放在首位，坚持生命至上、安全第一，优先考虑、优先部署、优先保障，确保交通运输安全发展。

从英雄的壮举中，我们要深刻领会并牢固树立安不忘危的忧患意识，防范安全事故发生，保障生命财产安全。全行业在大力弘扬学习英雄精神的同时，更要站在人民群众的角度想问题，居安思危、警钟长鸣，把重大风险隐患当成事故来对待，做到守土有责、守土尽责，以强烈的忧患意识和责任意识，以对人民极端负责的态度，从严从实抓好安全生产工作。要立足本职岗位，从自身做起，把平凡岗位上的每项平凡工作抓好做实，真正把安全生产工作落到实处。

从英雄的壮举中，我们要深刻领会并牢固树立安全“生命线”的底线、红线意识，敬畏生命、敬畏责任、敬畏制度。要坚持问题导向，从解决人民群众普遍关心的突出问题入手，加大隐患排查和整治力度，完善风险防控体系，健全监管工作机制，加强队伍作风和能力建设。切实把安全责任落实到岗位、落实到人头，确保交通运输安全高效运行，用具体行动回应社会关切，让人民群众安心、放心。要以深化供给侧结构性改革为主线，以改革、创新、开放为动力，推动交通运输高质量发展，确保交通运输安全高效运行。

安全是交通运输业的“生命线”，任何时候任何环节都不能麻痹大意。我们要像英雄机组、英雄机长那样，牢固树立安全发展理念，弘扬生命至上、安全第一的思想，从我做起、从现在做起、以零为起点，为人民群众提供更加安全、便捷、高效、绿色、经济的运输服务，在交通运输改革发展中不断增强人民群众的获得感、幸福感、安全感！

交通运输部加强LNG海上运输安全保障

本报讯 （记者 余牧宇）近日，交通运输部办公厅印发《关于进一步加强LNG海上运输安全保障的通知》（简称《通知》），要求按照加强天然气产供储销体系建设的部署，切实做好LNG（液化天然气）海上运输特别是今冬明春北方地区海上运输保障。

《通知》要求，有关交通运输主管部门、海事管理机构要进一步落实安全责任，督促有关港航企业加强源头风险管控和隐患排查，严格执行作业规程，强化对LNG船舶运输和港口作业的现场监督检查；进一步加强运输组织，继续实施优先保障LNG船舶运输的各项措施，在保障安全的前提下，进一步提升LNG船舶进港、装卸作业效率；进一步完善应急预案，加强预警和应急处置，及时解决运输中的问题；进一步加大力度，积极推进LNG码头规划建设，稳步提升LNG海上运输保障能力。

进入采暖季用气高峰期，LNG运输保障任务事关人民群众的切身利益和经济平稳运行。《通知》强调，有关交通运输主管部门、海事管理机构，要切实强化责任担当，把做好天然气产供储销工作摆在更加突出的位置，采取有力有效措施，切实保障LNG海上运输安全畅通。

据了解，今年以来，交通运输部认真落实中央领导指示批示精神，按照加强天然气产供储销体系建设的部署，印发《环渤海港口液化天然气码头重点布局方案（2022年）》，完善国内沿海省际液货危险品船运输市场宏观调控政策，开展LNG罐箱试点运输，加强LNG海上运输保障，有力支撑LNG进口量快速增长。根据海关数据，今年1月至10月，我国进口LNG达4156万吨，同比增长43%。

港珠澳大桥岛隧工程连获三项国际工程大奖

本报讯 （记者 郭雪岩）12月7日，英国土木工程师学会（ICE）的核心期刊《NEW CIVIL ENGINEER》（NCE）评选的年度最佳项目揭晓，中国交建承建的港珠澳大桥岛隧工程获评“2018年度隧道工程奖（10亿美元以上）”。这是我国内地工程首次获此殊荣，也是港珠澳大桥岛隧工程继获评《美国工程新闻记录》“全球最佳桥隧项目”和国际隧道协会“2018年度重大工程奖”后一年内获得的第三个国际工程大奖。

ICE是国际土木工程界唯一具有学术交流和专业资质认证两重功能的学术机构，其授予的土木工程方面的资质在国际上得到广泛承认。NCE是国际知名土木工程行业期刊杂志，在欧洲乃至世界土木工程行业极具影响力。中国交建团队经过现场讲演、答辩等环节的层层考验，精彩解答了深插钢圆筒快速成岛、深厚软土地基加固、曲线段沉管工厂法预制、最终接头、中华白海豚保护及国际性团队合作等提问，赢得了现场41位隧道权威专家评委的认可和赞美，最终在参评的项目中脱颖而出。

中国交建承建的岛隧工程在2018年连获三个国际工程大奖，不仅体现了中国工程的品质和质量达到了世界一流水平，也体现出全世界对我国工程建设的高度关注和广泛认可，增强了我国交通工程在国际上的“中国自信”。

钟海锋荣膺IMO海上特别勇敢奖

本报讯 当地时间12月6日，国际海事组织（IMO）在其海上安全委员会第100届会议期间，举行了2018年海上特别勇敢奖颁奖典礼，IMO秘书长林基泽为我国广州打捞局高级潜水员钟海锋颁发“2018海上特别勇敢奖”奖章。中国驻英国大使馆公使衔参赞陈尝出席颁奖仪式。

“海上特别勇敢奖”是IMO设立的国际海事领域重要奖项，每年评选一次，主要表彰那些在面临生命危险情况下，采取特别勇敢的行动，以挽救生命或保护海洋环境的个人。今年，共有15个成员国和2个非政府间国际组织推荐的22名候选人参加了竞争。

2017年11月27日，钟海锋在珠江口伶仃航道海域营救沉没的“锦泽”轮7名被困船员的勇敢事迹，得到评审委员会的一致肯定。此外，上海打捞局“桑吉”轮碰撞燃爆事故应急处置小分队（徐军林、徐营涛、卢平、冯亚军）和“南海救116”轮船长郭添新获表扬信。 （李莉 张显朝）

十个项目晋级行业增效升级创新大赛总决赛

本报讯 （记者 郑一郁）12月7日，2018年中国（小谷围）“互联网+交通运输”创新创业大赛之高灯杯·“交通运输+互联网”行业增效升级创新大赛（简称创新大赛）复赛在广东省广州市落下帷幕。经过2天的角逐，10个项目从来自全国各地的40余个复赛项目中脱颖而出，晋级总决赛。

此次创新大赛复赛项目，既有ETC一体化、道路养护、智能停车等传统技术领域项目，也有轮胎全生命周期管理、防酒驾系统等立意新颖的项目。创新大赛复赛采取“现场路演+评委互动”的评审方式，每个参赛项目有10分钟路演展示和5分钟与专家评委交流时间，最终根据评分排序，确定10个晋级总决赛的项目和2个备选项目。

据了解，2018年中国（小谷围）“互联网+交通运输”创新创业大赛总决赛将于12月20日至21日在广州举行，晋级项目将角逐特等奖以及一、二、三等奖。

除雪保畅通

12月7日起，受冷空气影响，浙江多地迎来降雪。浙江省交通运输厅密切关注雪情，及时部署应对，确保公路安全畅通。

这是“吹雪王”清雪车在杭州机场路段进行清雪作业（如图）。此类清雪车单次吹雪宽度可达20米，吹雪速度每小时5公里至15公里。即使路面结冰，吹雪车依然可靠发动机出风口喷出的高温气流融化冰雪，并吹干路面。

目前，浙江全省共配备公路应急抢险队伍239支1.1万余人，机械设备1600余台（套）。

特约记者 陈俊克 夏丽 通讯员 韩婷 文 程王华 图

广西首批8个普通公路服务区开通运营

本报讯 （特约记者 吴洪涛 通讯员 刘富权）12月6日，广西壮族自治区河池市境内首批8个普通国省干线公路服务区正式投入使用，实现了广西普通公路服务区“零”的突破，公益服务能力和保障民生水平得到明显提升。

2016年，广西壮族自治区公路管理局启动普通国省干线公路服务设施建设规划，加快服务设施建设和运营管理。依托普通公路废弃设施、闲置用地、已取消的收费站、养护站改造建设，广西计划到2020年在普通国省干线公路按照规范标准建成52个服务区（停车区）。

目前，广西已累计投入4030万元实施了3批共计40个项目，在12条重要国省干线公路上建成18个服务区，计划年底前将全部开通运营，另有22个停车区也将于年底前建成。

据悉，此次开通的服务区可为途经210国道、323国道、242国道和317省道的车辆，提供全天候开放式服务，满足广大过往人员途中停车、休息、如厕和信息导引等基本需求。

见证40年 主题访谈

顺应潮流释放活力 初心不变奉献如歌

——访原交通部副部长洪善祥

本报记者 娄秋华

40年来，改革开放的时代浪潮波澜壮阔，奋力谱写出一曲曲气势如虹的交响乐章。

40年来，勇立潮头的水运人，踏浪先行，深情演绎了一段段激昂奋进的时代华彩。

40年来，作为我国对外开放最早的领域，水运行业实现了根本性的巨变，从严重制约国民经济发展的“瓶颈”到航运大国的辉煌跨越。

40年来，不变的是水运人搏击风浪、开拓创新的精神本质。一代代水运人奋发有为、无私奉献，将涓涓细流汇聚成磅礴的滚滚波涛，成为推动时代进步的中流砥柱。

今年77岁的洪善祥就是其中一位重要代表。他与水结缘颇深。1961年大连海运学院船舶驾驶专业毕业后，洪善祥留校任教4年。1965年，他调到交通部广州远洋运输公司投身远洋运输事业，从驾船远航到远洋管理，历经了30年风雨洗礼。1995年至2004年，在担任原交通部党组成员、副部长的9年时间里，他忠诚履职、尽心尽力，在海事与救捞体制改革、保障水上交通安全、船舶法规的制定等方面倾注了大量心血。作为我国水运事业改革发展的重要见证者、参与者和推动者，他谦逊地说：“我所做的工作都是分内之事，主要应归功于部党组的正确领导和各位同事的大力支持与积极配合。”洪善祥说。

洪善祥。 赵昊 摄

破除体制束缚 有效激发事业发展活力

今年11月18日，2019年海事工作会议在交通运输部党校召开，记者见到了洪善祥。他应邀参加海事系统庆祝改革开放40周年集中座谈，当天正好是全国水监体制改革20周年的特殊日子。

作为部海事局首任局长，看到海事事业历史性的发展成果，洪善祥很欣慰也很激动。他深知，这一路走来很不容易。

海事的改革可以追溯到1985年。随着港口下放，海事从地方港务监督局的一个科室独立出来，中央和地方分工负责的水上交通安全监督管理体制建立。经过十几年的发展，出现了“中央船舶中央管，地方船舶地方管”水上安全监管体制不统一的现象，形成了同一水域、同一港口设置“一水二监”或“一水三监”等多家安全管理机构并存的局面，导致水上安全监管能力非常薄弱，管理体制的障碍无法满足我国推进政企分开、建立社会主义市场经济体制的迫切需求。 （下转4版）

□值班编委 韩涛 本版副主编 卢锐 责编 马士丹 □E-mail:xw1b@zgjtb.com □新闻热线:(010)64255441 □发行热线:(010)64256206 □广告热线:(010)64250642 □培训热线:(010)65299681

2018年12月10日 星期一 | 4版
主编 责编 美编
电话:010-65293632 64252864 E-mail:zgjtb@126.com
见证40年 主题访谈
中国交通报 CHINA TRANSPORT NEWS

顺应潮流释放活力 初心不变奉献如歌

——访原交通部副部长洪善祥

（上接1版）

改革势在必行。"1998年，中央批准了海事体制改革方案。"洪善祥说，当年11月18日中华人民共和国海事局（原交通部海事局）挂牌成立，海事事业由此驶入了发展的快车道。此次改革，将原来分散、多头管理的水上安全监管体制，改为全国实施垂直管理的水监新体制，明确界定了中央与地方对相关水域的管理分工，在同一水域、同一港口和同一地区不得重复设立水上安全监督管理机构，并实行"一水一监""一港一监"。

"改革的最大难题就是中央管辖水域和地方管辖水域划界以及人、财、物的合并划转等问题。"洪善祥回忆，此次改革难度很大，原计划5年内完成，最终用了7年时间。至2005年6月23日，西藏自治区地方海事局挂牌成立，标志着全国水监体制改革圆满结束。

此次改革组建了交通部海事局，建立了20个部直属海事局和28个省级地方海事局，实行"一水一监""一港一监"，统一政令、统一布局、统一监督管理，逐步建立了与社会主义市场经济体制相适应的水上安全监督管理新体制。在部党组的正确领导下，海事系统以水上安全监管为中心，保障水上交通安全，保护水域环境清洁，保障船员整体权益，维护国家海上主权，开创了安全监管新局面，开拓了服务发展新境界，树立了大国海事新形象。

作为交通运输行业的另一重大改革——救助打捞体制改革也正紧锣密鼓地进行。洪善祥回忆，1999年11月24日"大舜"轮海难，是新中国成立以来发生的最大海难事故，这给救助打捞业敲响了警钟：中国救助的装备实力和传统体制，与国家快速发展的形势不相适应。改革救捞合一体制，加大投入，组建我国海上专业救助队伍，加快我国海上专业打捞能力建设，全面提升海上综合救捞能力已刻不容缓。

2003年，国家六部委联合发布《救助打捞体制改革实施方案》，我国救捞开启了具有历史性意义的体制改革：由原交通部救助打捞局实行统一垂直领导和管理，以"救助与打捞分开"为原则，分别组建北海、东海、南海3个救助局，烟台、上海、广州3个打捞局，以及北海第一救助飞行队、东海第一救助飞行队、东海第二救助飞行队、南海第一救助飞行队4个救助飞行队，担负起我国沿海人命救助、财产救助、环境救助、清障打捞和应急抢险救灾等公益性职责。

救捞体制的改革，为我国救捞事业实现历史性转变提供了强劲动力。截至目前，我国救捞形成了三个"三位一体"的特色发展模式，即救助、打捞和飞行"三位一体"的队伍建制，人命、环境、财产救助"三位一体"的岗位职责，空中立体救助、水面快速反应、水下抢险打捞"三位一体"的综合功能，走出了一条符合我国国情的独具特色的中国救捞发展之路。

"无论是海事、救捞体制改革还是港口、引航体制改革，都是适应改革开放历史潮流、谋定而后动的成功探索与大胆革新，有效破除了不适应社会主义市场经济的体制束缚，极大释放了发展活力。"洪善祥表示。

开拓创新 为经济社会发展注入不竭动力

回首改革开放40年，改变的不只是体制机制，还有发展思路和管理理念的不断突破。2003年7月1日交通部正式发布实施《长江江苏段船舶定线制规定》（简称《规定》）就是一个有力佐证。

长江江苏段拥有长江干线90%以上的万吨级泊位，占整个长江干线货运量的60%，是我国乃至世界最繁忙、最复杂的河段之一。然而，作为长江黄金水道的龙头，长江江苏段通航水域的安全问题长期以来受通航密度大、船型多种多样、原航路航法滞后的困扰。

"《规定》的实施具有里程碑式的重要意义。"洪善祥回忆说，这是我国首次创造性地将适用于沿海的船舶定线制规则引入内河，用以规范船舶航行行为，改善通航环境，解决海轮进江航行难和进江海轮无法获航等问题。

然而，长江江苏段船舶定线制在制定之初却面临着巨大压力，既有坚定的支持声，也有强烈的反对意见。交通部党组一直十分关心和支持长江江苏段航路改革工作，洪善祥多次到现场实地考察调研、指导和推动航路改革。

创新意味着变革。长江江苏段船舶定线制改变了千百年来"上行走缓流，下行走主流"的习惯航法，以实现"大船分道、小船分流，避免交叉、各自靠右，责任明确、便得易走，保进先进、照顾滞后，保障安全、管控一流"为目标，使上、下行的大小船舶严格按照规定分道航行。这从根本上改善了通航秩序，长江江苏段由此成为名副其实的"水上高速公路"。

据统计，2001年至2012年，长江江苏段进出港船舶艘次由每年35.2万艘次上涨为每年87.9万艘次，增长149.8%。与此同时，水上事故发生次数反而明显下降，由2001年的124次降低到2012年的28次。"畅通、安全的通航环境，有力推动了沿江地区经济社会的发展和繁荣，经济和社会效益非常显著。对此，江苏省的领导非常满意。"洪善祥表示。

长江江苏段船舶定线制的成功实施和示范效应，推动了长江其他河段和我国其他水域船舶定线制的快速发展。截至目前，我国航路规划网络更为完善，共在17个重要水域实施了船舶定线制，这是我国水上交通安全水平得到大幅提升的一个缩影。一组对比鲜明的数据更好地进行了诠释。40年来，在水路货运量增长13倍、沿海港口吞吐量增长42倍、内河港口吞吐量增长49倍的背景下，我国水上交通安全形势总体保持稳定。据统计，与1978年相比，2017年全国发生水上交通事故件数和死亡人数，分别降低了96.5%和84.4%。1998年以来，搜救成功率始终保持90%以上。

一以贯之 用奉献诠释行业魅力

虽然改革开放40年来我国水运事业取得了翻天覆地的巨变，但是我国水运人坚持以人民为中心，无私奉献、担当有为的精神本色并未改变。

有一件事，让洪善祥至今难忘。2002年"5·7"空难事故发生后，交通部门迅速出动，全力投入海上搜救。时任交通部党组书记、部长黄镇东当晚赶赴大连，参与现场指挥救助。8日中午，洪善祥也赶到搜救现场。

在党中央、国务院的领导下，在国务院"5·7"空难处理小组、交通部的统一组织协调下，各参加搜救抢险打捞的单位以对党和人民高度负责的精神，认真组织协调各方力量，全力以赴投入到搜救抢险打捞工作中。特别是在难以想象的困难条件下搜寻打捞起两个飞机"黑匣子"，为事故处理作出了重要贡献。

"此次空难，海上搜救的规模之大、难度之高、任务之重是新中国成立以来的首次。"洪善祥回忆说，飞机失事海域水深9米，淤泥2米，水质较差。如何把"黑匣子"打捞起来，是一个很大的问题。通常，"黑匣子"和信标是连在一起的。而此次事故中，"黑匣子"和信标却脱开了。"我们救捞局的潜水员是好样的。找到了信标，可是找不到'黑匣子'，他们就在漆黑的海底一点点探摸，终于把'黑匣子'摸出来了。这种精神让美国专家非常惊讶，他们说你们这支队伍很了不起！"洪善祥自豪地说。

随着我国首部交通救捞题材电视剧《碧海雄心》的热播，"把生的希望送给别人，把死的危险留给自己"的中国救捞精神和默默无闻、不求回报的救捞英雄们走进了公众的视野。洪善祥希望，有越来越多以交通人为题材的文化作品被搬上荧屏。"默默奉献的海事人也是值得挖掘的群体，在我国经济社会发展中，海事的作用和地位非常重要，他们身上有着很多不为人知的感人故事。"

以长江江苏段船舶定线制的实施为例，要改变船民千百年来的习惯，非常难。为了保证定线制的各项规定落到实处，江苏海事人几乎是全员出动，主动上门到辖区航运企业、造船企业进行讲解宣传，海巡艇现场督导交通……这样的日子差不多持续了两年。

"曾有中央领导问我，江面上没有分隔栏，如何进行管理？我回答说，有我们的海事人在兢兢业业地管理。"洪善祥举例说，每天船舶安全、便捷地进出港口，都要和VTS打交道，背后离不开交管的精心管理和优质服务。"这些只有船上管理人员最清楚，普通民众并不知道，希望能够出现更多更好的文化作品，展现我们的行业魅力。"对此，洪善祥充满了期待。

长江水道。 本报资料片

逝者如斯

慈善好人曹榕

毛宪明

11月2日，"长航老宣阁"在微信朋友圈晒出了一张慈善公益事业收据，引来一片点赞。收据中捐赠人为"曹榕生前众好友"，捐赠金额为3.15万元。

曹榕生前曾在上海长航轮船公司和上海市总工会电视制作中心工作，共产党员。8月3日晚，因突发心脏病去世，年仅58岁。这笔捐赠是曹榕去世后，亲朋好友送来的全部帛金，也是根据曹榕生前的遗愿，家人捐出的最后一笔慈善捐款。

11月16日，曹榕儿子小曹告诉笔者，父亲生前热衷慈善事业，早在上世纪90年代初就开始扶贫。当时，他陪妻子回老家浙江天台，那里人多地少，老百姓尤其是孤老户，生活艰难。于是，两人商量决定，从每月不多的工资中省下100元，资助5位孤老，每人每月20元。后来，小曹参加工作，父亲"规定"他每月一起出200元参与其中。这一寄就是近30年，直到孤老去世，去世一个，补充一个，现在受赠人仍是5人，但资助钱款已增加到每人每月100元。

曹榕生前喜欢交朋友，手机中存储的朋友多达近千人，绝大多数是工作伙伴，但也有不少是向他求助的弱势人群。对这些帮困对象，诚如他为自己起的微信昵称"可许则许"，曹榕总是尽力相助。他家弄堂里有一家水果摊，家庭负担较重，唯一的儿子小周待业在家，曹榕得知他曾学过摄像，有一技之长，就介绍他到工人文化宫电视制作中心工作，全家很快摆脱了困境。一个偶然的机会，曹榕认识了一位外地来沪收购旧书的商贩，由于人生地不熟，一时经济困难，曹榕急人所急，主动为他介绍业务，牵线搭桥，很快打开了局面，现在已成为身价千万元的书商。

作为一名电视制作专业人士，曹榕工作繁重而紧张，但即便如此，他也不忘慈善。有一年，他在苏北响水县拍摄专题片《太阳河》，该片以扶贫为主题，而响水县又是国家级贫困县，但当地老百姓人穷志不短，为了改变贫困面貌，奋发图强、艰苦奋斗，这让他得到鼓舞，更激起他更大的扶贫热情。拍摄结束前，曹榕主动提议并带头捐出5000元，一共筹得3万元，以摄制组的名义捐给当地政府。《太阳河》播出后好评如潮，与此同时，由他担任制片的另外两部电视剧《无暇人生》《大潮汐》一起荣获中央电视台"五个一工程"一等奖。

曹榕热心慈善事业乐善好施，始终如一，至死不渝，而且做了善事从不声张。他不止一次叮嘱妻子，去世后，凡是个人财产统统捐给需要的人，骨灰海葬。

曹榕出生在一个革命家庭，他的父亲是离休干部，也是个热爱慈善的老人。9年前去世后留给子女的一笔遗产，如今成了家庭慈善基金，在帮困扶贫中发挥作用。

我的救捞 我的船

大国重器 行业标杆

——记大型打捞抢险工程船"华天龙"

相娜

谈起"华天龙"，已经退休的"华天龙"老政委吴体康仍然十分激动。"当年，广州打捞局倾全局之力造了这艘船。船体总长167.5米，型宽48米，设计最大起重能力4000吨，全回转起重能力2000吨，可在8至300米水深、7级风、45摄氏度至零下20摄氏度温度条件下作业，圆了几代打捞人的梦。"

作为我国当年自行设计与建造的、亚洲最大的现代化起重打捞和海洋工程船，"华天龙"自投产以来，不仅在执行应急救助和抢险打捞任务中发挥了至关重要的作用，还在海洋工程市场中转战南北、屡战屡胜，卓越不凡，在业界闯出了响当当的"华天龙"品牌。

"华天龙"工程人员在番禺5-1项目的导管架上打码。

破釜沉舟 亚洲第一浮吊横空出世

体制改革之初，广州打捞局设备老旧，资金紧缺，历史包袱沉重。全局面临着如何求生存谋发展的问题。不发展就是死路一条！广州打捞局决定背水一战，自筹资金，建造4000吨全回转大型起重工程船"华天龙"。

2007年3月17日，随着一声震彻天宇的启航鸣笛声，耗资6亿元、历时766天建造的亚洲第一浮吊"华天龙"正式建成投产。它的价值超过当年广州打捞局净资产的一半，不仅承载着全局的未来，也寄托着包括离退休人员在内的3000名广州打捞人的期望。

"华天龙"投产之初，船上还有100多项不合格项目来不及整改，没有相应的安全措施和管理规范，新装备也需要磨合，"华天龙"人面临着严峻挑战。作为"华天龙"的第一任总监，张潮水立下军令状：决不辜负局领导和职工的期望，一定管好、用好、经营好"华天龙"。

机器有故障，自己去排除；导缆器常断缆，自己去改造；几千平方米的甲板和两舷护木，自己铺设安装……诸如此类大大小小的改造项目，每年都有上百项。"华天龙"人积极作为、齐心协力，抓紧施工间隙的点滴时间完成项目改造，使"华天龙"随时保持良好状态，创造了出厂后从未因为自身原因停工的奇迹。

"华天龙"是国内首造的大型起重工程船，给管理人员带来了不少困难和挑战。"华天龙"人发挥自己的聪明才智，积极探索并总结经验，在很短的时间里，就制定了一套具有自身特点的"华天龙"管理办法。他们从建章立制入手，制定了从起重作业到个人卫生、涵盖船上方方面面的规章制度470项，其内容之详尽仅从简单的工作手套发放、领用、以旧换新和采购等8项管理规定中就可见一斑。正因如此，"华天龙"才在海洋工程市场上创造出一个又一个奇迹。

"华天龙"设备先进、性能优越，船员们充满了自豪。面对各种挑战，一代又一代"华天龙"人，咬紧牙关往前冲，闯出了一片新天地。团结拼搏、攻坚克难、开拓创新、主动作为、高度负责、争创一流的"华天龙"精神也随之慢慢形成并传承下来。

不辱使命 沧海蛟龙屡建奇功

"华天龙"投入营运第一年，就成功地将沉睡海底800多年的宋代古沉船"南海1号"整体吊装到半潜驳上，水下起吊重量达到4000多吨，创造了不可替代、前无古人的奇迹，向世人充分展示了"华天龙"的雄厚实力和专业精神。

之后，在香港水域，将倒扣180度的乌克兰籍沉船整体打捞出水，为清除香港海域水下障碍物和污染源作出了重要贡献。此外，"华天龙"还协助局应急潜水小分队，将遇难的18名外籍船员遗体全部打捞出水，受到我国香港特区政府和乌克兰政府的高度赞誉。这再次证明了"华天龙"在实现快速打捞沉船中所发挥的关键作用。

此外，"华天龙"人南下乐东、西进涠洲、东收西江、北取锦州，在北起辽东湾、南至北部湾的万里海岸线上，打出了一块海洋工程的"金字招牌"。西江23-1项目的首次吊装，"华天龙"人创造了零误差就位的奇迹；乐东22-1项目中，"华天龙"人创造了在深水海域利用工作母船进行隔水套管安装的套管长度纪录；文昌8-3项目中，"华天龙"人仅用11天，就完成了深水导管架所有构件的安装，一举刷新了此前由中海油保持了几十年的进度纪录。对此，中海油客户经理由衷赞叹："'华天龙'这样的队伍，是广州打捞局的一笔巨大的财富；能和这样的队伍合作，是我们的荣幸。"

生命不息，奋斗不止。"华天龙"人没有满足于目前取得的成绩，他们还在不断超越，不断进步。2017年"华天龙"完成"DP2"深海动力定位系统改造后，积极投入海上风电市场，在首个风电项目总承包工程——惠州测风塔安装项目中初战告捷，并实现了3项技术创新。目前，"华天龙"正在实施福建海上风电重点项目，力争在海上风电市场同样树立自己的品牌。

本系列报道刊发完毕

"华天龙"单平台模块吊装。 本文图片由广州打捞局提供

地址:北京市朝阳区安华西里三区13号楼 邮编:100011 总编室:(010)65293633 通联部:(010)65293561 (010)64252114(传真) 采编中心:(010)64255441 公路中心:(010)65293615 水运中心:(010)64255824 运输中心:(010)65293641
新媒体中心:(010)64255469 培训中心:(010) 65299681 广告部:(010)64250642 (010)64255452(传真) 北京中通广告公司:(010)64252934 广告经营许可证:京朝工商广字0142号 每年定价:460元 每月定价:38.34元 零售每份:1.92元 中国青年报印刷厂印刷

高速公路运输从零起步

——访长安大学原校长陈荫三

本报记者　曹文娟

见报日期　2018 年 12 月 11 日

早上 6 时 53 分，记者从北京坐上高铁，4 小时 31 分钟之后，抵达千里之外的陕西古城西安。甫一见面，已经 78 岁的长安大学原校长陈荫三给记者倒上一杯热水，便打开了话匣子。

“怎么过来的?”

“坐高铁来的。”

“现在快了，我 40 来岁的时候，有一次去武汉开会，排了一夜的队才买到卧铺票，又整整坐了 30 个小时的火车才到武汉，现在 4 个钟头就到了。”

改革开放初期，我国没有高速公路，铁路运力紧张，一票难求，普通公路上的车辆行驶速度慢，相近两个城市之间往往要走 10 余小时。

为缓解旅客长途乘车的疲劳，20 世纪 80 年代中期，陈荫三主持研究公路卧铺客车，首开中国人体卧姿受振舒适性试验先河。2002 年卸任长安大学校长一职之后，陈荫三带领团队倡导推行公路计重收费，开展高速公路运输量调查统计分析。“回顾 40 年公路运输发展，这两件事给我的印象最深刻。”陈荫三说。

市场放开以后商旅需求无法满足

1983 年，全国交通工作会提出“有河大家走船，有路大家走车”，允许私人买拖拉机、汽车从事运输及长途贩运，调动各方面的积极性。

“市场放开以后，生产力就释放出来了，这时出现了一个比较复杂的情况。一方面，供需双方地位发生明显变化，运输市场从卖方市场变成买方市场。”陈荫三解释，就是货主、旅客从被动地位转为主动地位，可以根据自己的需求选择运输企业、方式，这有利于促进公路运输生产力水平、生产效率、效益和质量的提高。

“另一方面，商旅活动逐渐活跃，但很多需求满足不了。”陈荫三回忆，“当时解放牌汽车最高时速70公里，能开到50公里就算很快了。有一次我出差，从六盘水到毕节，200公里多的路程，坐汽车走了两天。”

“因为当时没有高速公路，普通公路等级都比较低，多数都是相当于现在的三级路，二级路都很少。”陈荫三回忆，在这种情况下，公路上都是混合交通，车辆开不快、配置低，运输距离也较短。

20世纪80年代，公路旅客和货物的平均运距在50公里左右。长距离公路客货运输需求满足不了，大量旅客运输由铁路承担，但铁路运力不足、一票难求。

那时候从西安到武汉直达的只有一个慢车班次，行程30个小时，整列车只有一节卧铺车厢。陈荫三告诉记者：“当时西安的火车票售票点每天早晨8点开始卖票，一个人最多能买两张票，我当时出差，要前一天晚上12点去排队，才能确保买到票。”

“这段时期，供需矛盾主要集中在城市群里，如北京到天津、广州到深圳、上海到南京、成都到重庆。”陈荫三说，“当时上海到南京的火车最快需5个小时，成都到重庆约需12个小时。”

卧姿如何承受较长时间振动

20世纪80年代中后期，我国很多地方开始出现夜班车。夜班车不误白天工作、节省了旅宿费用，得到了迅速发展。

“当时夜班车都是座位车，乘客容易疲劳，我们就考虑能不能像火车那样，在汽车上装卧铺，这样大家就能躺着。”陈荫三说，“出于这种考虑，20世纪80年代中期，我们开始研发卧铺客车。”

乘客乘坐卧铺车是躺着的，叫“卧姿”，振动通过与支撑面接触的部位传递到人体，时间长了同样会产生疲劳。陈荫三说：“当时没有国际卧姿受振舒适性标准，我们把德国的标准拿来看，但是发现根据我国道路和车辆的状况，最多半小时，乘客就疲劳了。”

在当时的交通条件下，我国乘客躺在车上能够承受什么程度的振动，是研发卧铺客车首先考虑的问题。陈荫三带领的团队通过研究发现，假设铺位完全是平的，在有振动的情况下，舒适性比较差，如果铺位稍微有一点倾斜呈半躺式，像医院的床位一样摇起来一部分，乘客能够经受住较长时间的振动。

“我们就在学校医院找了一个病床，搁在一辆面包车上，请魏朗（长安大学教授）躺在上面，从西安到宝鸡，再从宝鸡到西安，一晚上打了个来回。回来以后马上进行测试，提问、跟他交谈，测试完之后发现他还能正常工作。”陈荫三解释说，具备工作能力是当时的最低要求。

方案定下来以后，第二步要考虑如何放置比较多的卧铺。卧铺客车一出来就是上下铺的形式，每个铺位后面都撑起一部分，车厢里可以多放置一些铺位。

为什么是纵向布局，不是横向布局？“开始想学火车，横向布置。但后来发现我们汽车不像火车那么平稳，经常刹车，如果横向布局，乘客容易滚落。”陈荫三说，确定方案以后，当时并没有把握让车企立即生产。

“大客车的使用周期里，有一次大修，会把座椅全部拆掉，整修完后再装上。”陈荫三说，“我们当时找到了浙江金华汽车修造厂，跟对方商量车辆大修后不放置座椅，先安装卧铺，看看好不好用，如果不好用，再把这些卧铺拆掉、换上座椅。当时两辆装了卧铺的客车投入运输，生意很红火。”

1990 年，浙江金华汽车修造厂的 ZJ662AW 型长途卧铺客车参加了北京国际汽车及工艺装备展览会，得到与会代表的高度关注。大家认为该车新颖独特、别具匠心，为改善夜间旅行条件提供了一种新型运输工具。随后，扬州客车厂（现扬州亚星客车股份有限公司）就开始生产卧铺客车。

1990 年之后，卧铺客车逐步实现市场化，在 2000 年前后其市场规模达到顶峰。总结卧铺客车发展历程，陈荫三认为，它是以市场需求为导向的客车产品。“这就像我们需要解决温饱问题一样，它的出现完全是国情需要，市场需求迫使我们去研发这个产品。”

陈荫三表示，高速公路还没有形成规模效应的时候，卧铺客车很受欢迎，随着高速公路的发展，邻近城市高速公路通行时间大幅缩短，大量旅客不再需要乘夜班车出行，卧铺客车逐渐淡出市场。

分步有序推进高速公路计重收费

1988 年 10 月 31 日，沪嘉高速公路建成通车，结束了我国大陆没有高速公路的历史；1990 年 9 月 1 日，沈阳至大连高速公路通车……到 1999 年年末，我国高速公路里程突破 1 万公里。

“20 世纪 90 年代中期，一些大城市间的高速公路相继开通，高速公路快速客运缓解了公众出行困难，尤其是南京到上海、广州到深圳、成都至重庆等地。”陈荫三认为，这个时期高速公路在方便城市群之间的人员、物资流通方面发挥了关键作用。

随着高速公路的发展，旅客出行更加便捷，而货运市场竞争逐渐激烈，私营车主们想尽办法多载、超载，以获取更多利润。

“高速公路运输发展初期，货运车辆按标记吨位收取通行费，一些车辆通过‘大吨小标’的手段来逃漏通行费。”陈荫三告诉记者，当时有的车辆标记吨位为 2.99 吨，但一眼看过去就会发现能装十几二十吨货物。

车辆超限超载缩短了公路使用寿命，对交通安全构成了严重威胁。以沪宁高速公路为例，按照设计年限，1996年9月建成通车的沪宁高速公路应于15年后大修，但江苏东段于2003年就实施了大修工程，提前了7年。

“当时公路管理部门为此很头痛。”陈荫三说，“2002年，江苏省交通厅公路局路政总队政委汪学君告诉我，天津有一座桥装了动态称重设备，可以不停车称重控制上桥，这启发了我们。”

江苏省交通厅公路局在104国道江苏宜兴大港收费站安装了一套称重设备，陈荫三带领团队开始试验。“这条路贴着太湖走，谁都绕不过去，我们就在大港收费站蹲守了十几天。”陈荫三说，这期间统计了很多数据，并同称重设备生产厂家反复调试提高设备的精度，最终达到可用的程度。

2003年3月，江苏省交通厅公路局正式在104国道宜兴大港收费站试行计重收费。“我们共同制定了计重收费的原则和费率，当时主要是坚持公平合理、大型车辆优惠、简便易行和不增加社会负担的原则。”陈荫三说。

经过一段时间的试运行，收费系统设备运行稳定，社会反响普遍良好，恶意超限超载车辆明显减少。江苏决定在全省27个普通干线公路收费站和高速公路北网各收费站实行计重收费。

确定了收费原则和费率，关键问题是怎么顺利推进这项工作。“公路部门要收费，物价、财政等部门得同意，另外假设山东的车开到江苏，多交了通行费，回去告你状怎么办?”陈荫三解释，江苏推行计重收费之前征得了物价、财政等相关部门的同意，并向相邻省份交通运输部门通报了有关情况。

“通报完了以后，河南省交通厅觉得这主意好，不等江苏开始，就抢先干了。”陈荫三笑着跟记者描述当时的情形。

2003年8月5日，河南省在5个干线公路收费站开始进行计重收费试点，9月起在全省主干公路、高速公路收费站同时实施计重收费。2003年12月9日，江苏省正式启动计重收费。

2004年以后，安徽、山东、青海、四川等省（区、市）陆续在部分收费公路上开展计重收费试点工作，取得了初步成效。交通部在总结部分地区开展计重收费试点工作经验的基础上，于2005年10月出台了《收费公路试行计重收费指导意见》。

“这以后，计重收费就在全国铺开。”陈荫三总结，计重收费整个过程是分步有序推进，各地根据实际情况陆续开展，现已在27个省（区、市）的高速公路上实施。

高速公路助力乡村振兴

“虽然是回顾改革开放40年，但可能年轻人觉得离他们很远，最关心现在的发展，我也谈一些自己的看法。”陈荫三一直关注高速公路运输的发展，卸任校长一职后带领长安大学运输科学研究院开展全国高速公路运输量调查统计分析工作，这项工作一直持续至今。

近年来，高铁迅速发展，吸引了大量客源。“因为公布的公路运输量统计结果仅限于营业性客运，所以给公众留下了‘高速公路客运不景气’的印象。”陈荫三认为，把乘用车旅客周转量纳入统计后，高速公路旅客周转量 2009 年就超过了铁路，去年高速公路旅客周转量是铁路旅客周转量的 1.25 倍。

2000 年后，我国乘用车保有量增长迅速。高速公路乘用车出行的旅客周转量从 2011 年的 5222 亿人公里，跃升到 2017 年的 11003 亿人公里，增加了一倍多。

截至 2017 年年底，我国高速公路里程已达 13.65 万公里。“高速公路已是我国客货运输的动脉和骨干方式之一，还将直接关系到脱贫攻坚和乡村振兴。”陈荫三告诉记者，高速公路收费站点不只分布在大中城市区域，更多分布在县乡区域。

据长安大学运输科学研究院统计，2008 年，从县乡区域收费站点进入高速公路的客、货运量分别为 26.1 亿人次、26.5 亿吨，分别占当年高速公路客、货运总量的 36%、45%。

随着高速公路里程的增加、网络的加密，县乡区域收费站点迅速增多。陈荫三介绍，2017 年，从县乡区域收费站点进入高速公路的客货运量分别达到 136.3 亿人次、118.3 亿吨，分别是 2008 年的 5.22 倍、4.46 倍，在高速公路客、货运总量中的比重均提升了 24 个百分点。

如今，高速公路近七成的货运量和六成的客运量来自县乡区域。“近年来，交通运输行业着力建设农村公路，客货车辆可以通过县乡区域的高速公路收费站点方便地深入广大农村。”陈荫三认为，高速公路和农村公路实现“零距离”衔接，扩大了农村“交通圈”，对脱贫攻坚和乡村振兴具有重要意义。

“30 年来，高速公路运输从零起步，成长成为我国客货运输的动脉和骨干方式之一。”寄语新时代，陈荫三期待进藏高速公路大通道能早日建成通车，届时西藏将接入全国高速公路网。

中国交通报
CHINA TRANSPORT NEWS
2018年12月11日 星期二 | 第6874期 今日8版 | 邮发代号 1－72 国内统一连续出版物号 CN 11－0122
http://www.zgjtb.com | 交通运输部主管 中国交通报社主办

全国交通运输成就摄影大赛评选结果公示

本报讯 （记者 韩丹）日前，"辉煌·见证——改革开放40周年全国交通运输行业发展成就摄影大赛"评选工作正式结束。经过多轮评选，共124幅（组）作品获奖，其中特等奖1组，一等奖3幅（组），二等奖10幅（组），三等奖30幅（组），优秀奖80幅（组）。同时，大赛评选出组织奖10名。

本届大赛由交通运输部政策研究室主办，中国交通报社、中国交通报刊协会承办。大赛自8月启动以来，反响强烈，共收到参赛作品9895幅，涉及铁路、公路、水运、民航、邮政等交通运输各领域。经过初选、初评、终评3个环节的认真评选，共评选出124幅（组）获奖作品。中国摄影家协会主席李前、中国新闻摄影学会会长徐祖根等大赛评委，对获奖作品予以高度肯定。

根据摄影大赛评选程序，获奖作品名单将在交通运输部政府网站（www.mot.gov.cn）、中国交通新闻网（www.zgjtb.com）公示。公示日期为2018年12月10日至12月15日。在此期间，各方面可通过电话、电子邮件等方式发表意见。大赛组委会将认真受理，并根据实际情况报评委会处理。

组委会电话：010－65293633
电子邮箱：zgjt40@163.com

中国速度彰显大国气象

部领导参观改革开放40周年大型展览

在习近平新时代中国特色社会主义思想指引下——新时代新作为新篇章

本报讯 （记者 毛勇 马士若）复兴号动车组模拟驾驶平台、港珠澳大桥、C919国产大飞机模型、通乡通村的"四好农村路"、中国自主设计建造的20000箱超大型集装箱船……近期，交通运输部党组书记杨传堂、部长李小鹏等部领导同直属机关干部职工千余人分批前往国家博物馆，参观"伟大的变革——庆祝改革开放40周年大型展览"。

此次展览以改革开放40年光辉历程为主线，安排设计了"伟大的变革""壮美篇章""关键抉择""历史巨变""大国气象""面向未来"6个主题展区，运用历史图片、文字视频、实物场景、沙盘模型、互动体验等多种手段和元素，多角度、全景式展示40年来特别是党的十八大以来，党和国家各项事业的伟大成就和人民群众生产生活发生的巨大变迁，展现了中华民族从站起来、富起来到强起来的伟大飞跃。

在"大国气象"主题展区"基础设施建设突飞猛进"展厅，一幅幅气势磅礴的桥梁、高速公路、航道港口、高铁建设的照片和精美逼真的实物模型，充分展示了中国速度、中国智慧、中国标准，吸引着参观人员驻足观看，在交流、讨论的同时纷纷拍照留念。

伟大的变革，激励着每一个人。大家表示，我国改革开放40年来交通运输取得的显著成就和发生的巨大变化振奋人心，一致认为要以习近平新时代中国特色社会主义思想为指导，牢固树立"四个意识"，坚定"四个自信"，切实做到"两个坚决维护"，不忘初心、牢记使命，开拓进取、勇于担当，以更高的政治站位、更强的责任担当、更实的工作举措，推动新时代交通运输高质量发展，推进交通强国建设，为服务决胜全面建成小康社会、夺取新时代中国特色社会主义伟大胜利提供坚强服务保障。

第三批超限超载失信人名单公布

本报讯 12月6日，依据国家发展改革委、中国人民银行、交通运输部等36个部门联合签署的《关于对严重违法失信超限超载运输车辆相关责任主体实施联合惩戒的合作备忘录》，交通运输部通过"信用交通"网站，正式发布2018年第三批严重违法超限超载失信当事人信息。 （闻欣）

▶汇总表详见3版

制度规范保障权益 中国方案助力发展

辽宁海事以实际行动支持民企发展

实习记者 杨淞 特约记者 李现锋

"船长，你好！海运出口至日本的绿泥石已按规定进行了三方协定，你轮船舶状况良好，货物积载、隔离合理，祝一路顺风。"营口港鲅鱼圈港区26号泊位，在完成了对多哥籍散货船"天泰"轮的现场检查后，海事执法人员对该轮船长说。随后，货主对营口海事局全程帮助办理三方协定、避免船期延误，表示了衷心感谢。

据悉，绿泥石等散装货物的出口，由于未列入《国际海运固体散装货物规则》（IMSBC规则）货物明细表，在装船前必须进行三方协定。今年9月，在国际海事组织货物和集装箱运输分委会第5次会议及编辑和技术工作组第30次会议上，辽宁地区出产的最重要的两种矿石资源水镁石和绿泥石正式被写入IMSBC规则货物明细表。这意味着，待修正案生效后，散货出口的绿泥石和水镁石将无需办理三方协定，可大大提高运输效率。

据了解，这是自2011年IMSBC规则强制生效以来，我国首次成功通过提交提案在规则中增加新货物，也是我国海事又一次在国际海事组织发出了响亮的声音，标志着我国海事部门在固体散装货物管理方面的履约水平迈上新台阶，彰显了我国海事部门在国际舞台上的形象和风采。

"尽管这是个小小的提案，但也是个大大的进步。"辽宁海事局党组书记、局长郑东兵说。

（下转5版）

近日，贵州省自主研发的"通村村"农村客运智能服务平台已实现全省88个县（市、区）全覆盖，建成村服务站1500余个，累计服务近30万人次。

"通村村"平台集打车、包车、小件物流、定制班车等服务为一体，群众可以通过手机App预约相关出行服务。目前，"通村村"项目已被纳入交通运输部《智慧交通让出行更便捷行动方案（2017—2020年）》示范项目，2020年将在全国农村客运示范县普遍应用。

图为苗族群众在雷山县报德村"通村村"平台服务点咨询。 特约记者 刘叶琳 摄

青海新增4条公路通车

本报讯 （驻青海首席记者 冯龚 特约记者 杨青山 马青季）日前，青海省大力加山至循化高速公路、大通经湟中至平安公路、347国道都兰至德令哈段、315国道乌兰至德令哈段4条公路建成通车，标志着青海"东部成网、西部便捷、青南通畅、省际联通"公路网建设取得重要进展。

据悉，此次通车的4条公路总长约461公里，总投资约87亿元。大力加山至循化高速公路连接青海、甘肃两省，是青海通往东部及西南地区的重要出省通道。该高速公路建成后，从青海循化撒拉族自治县到甘肃临夏回族自治州可不再翻越山高弯急、冬季冰封雪阻的大力加山，车程由原来的2个多小时缩短至1个小时。

大通经湟中至平安公路按照二级公路标准建设，通车后与平安经互助至大通公路连接，形成全长193.7公里的西宁绕城环线，对发挥西宁核心城市的辐射带动作用、实现以西宁为中心的"1小时经济圈"具有重要意义。

高速公路运输从零起步

——访长安大学原校长陈荫三

本报记者 曹文娟

早上6时53分，记者从北京坐上高铁，4小时31分钟之后，抵达千里之外的陕西古城西安。甫一见面，已经78岁的长安大学原校长陈荫三给记者倒上一杯热水，便打开了话匣子。

"怎么过来的？"

"坐高铁来的。"

"现在快了，我40来岁的时候，有一次去武汉开会，排了一夜的队才买到卧铺票，又整整坐了30个小时的火车才到武汉，现在4个钟头就到了。"

改革开放初期，我国没有高速公路，铁路运力紧张，一票难求，普通公路上的车辆行驶速度慢，相近两个城市之间往往要走10余小时。

为缓解旅客长途乘车的疲劳，上世纪80年代中期，陈荫三主持研究公路卧铺客车，首开中国人体卧姿受振舒适性试验先河。2002年卸任长安大学校长一职之后，陈荫三带领团队倡导推行公路计重收费，开展高速公路运输量调查统计分析。"回顾40年公路运输发展，这两件事给我的印象最深刻。"陈荫三说。

市场放开以后商旅需求无法满足

1983年，全国交通工作会提出"有河大家走船，有路大家走车"，允许私人买拖拉机、汽车从事运输及长途贩运，调动各方面的积极性。

"市场放开以后，生产力就释放出来了，这时出现了一个比较复杂的情况。一方面，供需双方地位发生明显变化，运输市场从卖方市场变成买方市场。"陈荫三解释，就是货主、旅客从被动地位转为主动地位，可以根据自己的需求选择运输企业、方式，这有利于促进公路运输生产力水平、生产效率、效益和质量的提高。

"另一方面，商旅活动逐渐活跃，但很多需求满足不了。"陈荫三回忆，"当时解放牌汽车最高时速70公里，能开到50公里就算很快了。有一次我出差，从六盘水到毕节，200公里多的路程，坐汽车走了两天。"

"因为当时没有高速公路，普通公路等级都比较低，多数都是相当于现在的三级路，二级路都很少。"陈荫三回忆，在这种情况下，公路上都是混合交通，车辆开不快、配置低，运输距离也较短。

上世纪80年代，公路旅客和货物的平均运距在50公里左右。长距离公路客货运输需求满足不了，大量旅客运输由铁路承担，但铁路运力不足、一票难求。

那时候从西安到武汉直达的只有一个慢车班次，行程30个小时，整列车只有一节卧铺车厢。陈荫三告诉记者："当时西安的火车票售票点每天早晨8点开始卖票，一个人最多能买两张票，我当时出差，要前一天晚上12点去排队，才能确保买到票。"

"这段时期，供需矛盾主要集中在城市群里，如北京到天津、广州到深圳、上海到南京、成都到重庆。"陈荫三说，"当时上海到南京的火车最快需5个小时，成都到重庆约需12个小时。"

（下转3版）

交通运输行业媒体发展研讨会举行

本报讯 （记者 姚锋）12月6日至7日，由中国交通报刊协会主办的交通运输行业媒体发展研讨会在深圳召开，来自全国铁路、公路、水运、民航、邮政、城市公交等行业媒体的百余名代表参加会议。

会议期间，交通运输部政策研究室副巡视员李占川为与会代表作专题辅导，中国记协法律专员阚敬侠作《移动互联网时代行业媒体的生存和发展》专题报告。交通建设报社总编辑查长苗、中国铁道建筑报社副总编辑汪元章、中国水运报社副社长赵虎、四川省交通宣传中心副主任周显仁分别作交流发言，《中国邮政报》等媒体代表围绕"守正创新，融合发展"主题进行深入探讨。

会议期间，还举办了"第七届全国交通运输优秀新闻作品推选展示活动"启动仪式。

以严谨作风专业精神投身交通强国建设新征程

——三论向"中国民航英雄机组""中国民航英雄机长"学习

本报评论员

从风挡玻璃爆裂到安全落地，川航3U8633航班飞机"惊魂时刻"的34分钟，彰显着专业。紧急时是每一分每一秒都不能犹豫，漫长时是每一分每一秒都是对专业和技术的极大考验。"创新"和"见证"背后，是严谨作风和专业精神、千锤百炼的精湛技术在支撑、在护航。

英雄机组、英雄机长在处置险情时，无论是飞机状态判断还是安全备降保障，无论是紧急情况处置还是机组协同配合，无论是机组资源管理还是机上旅客组织，每一个判断、每一条指令、每一步操作都经得起推敲和检验，没有一个失误。时间紧迫到分秒，协同配合丝毫无差。学习英雄机组、英雄机长，就要学习他们干一行爱一行、专一行精一行的专业精神，在日常工作中注重培养严谨的作风、专业的精神和扎实的能力，以严谨作风、专业精神投身交通强国建设新征程。

严谨作风、专业精神，来源于对事业发自肺腑、专心如一的热爱，铸就交通强国的卓越品质。"欲木之长者，必固其根本；欲流之远者，必浚其泉源。"专业精神厚植的行业，一定是一个积淀深厚、活力涌流、行稳致远的行业。交通强国的新征程将以怎样的面貌被历史书写，取决于每一位交通人的表现。要在每一个岗位、每一个环节，培育精益求精、追求完美的工匠精神，形成"干一行、爱一行、专一行"的浓厚氛围，使严谨、专业的要求从目标和追求真正转化为自觉和习惯。

严谨作风、专业精神，唯有经过千锤百炼才能铸成，需要在实践中不断磨砺检验。"骐骥一跃，不能十步；驽马十驾，功在不舍。"从事飞行工作27年来，英雄机长刘传健始终追求做有"思想"的飞行专家，始终坚持系统学习各种飞行知识，几乎把飞行之外的所有业余时间，都用在了对飞行理论和飞行技术的刻苦钻研上，有着近14000小时的安全飞行纪录。这样的日积月累、持之以恒，事事坚持、处处上心，才能实现"平时多流汗，战时少流血"。无论是高技术、高风险的复杂岗位，还是贴近一线、日复一日的服务工作，都要做精益求精的"有心人"，"再坚持一下"就可以"再完美一点"，人民群众就可以"更满意一点"。

严谨作风、专业精神，需要攻坚克难的勇气、勇毅笃行的定力，才能超越重重险阻、化解种种挑战。有有以憋气方式锻炼意志力，最长能憋4分钟；当兵时在零下二三十摄氏度的严寒中身穿短裤背心万米长跑……这是刘传健挑战生理极限的训练，很苦很累，可能也很孤独。然而，奋斗之路，从无坦途。有时要走别人没有走过的路，做前人没有做过的事，难免荆棘丛生、困难重重。惟其艰难，才更显勇毅；惟其笃行，才弥足珍贵。要以勇敢无畏、一往无前的进取精神，发挥埋头苦干、甘于寂寞的钻研精神，为交通强国强筋健骨，为交通发展立根固本。

让我们深入贯彻落实习近平新时代中国特色社会主义思想和党的十九大精神，向英雄机组、英雄机长学习，以他们为榜样，以严谨作风、专业精神投身交通强国建设新征程，不断攻坚克难，砥砺奋进，开拓创新，为实现中华民族伟大复兴作出应有贡献！

（本系列评论刊发完毕）

今日看点

□值班编委 韩璐　本版副主编 卢锐　责编 王映霞 马士若　□E-mail:xw1b@zgjtb.com　□新闻热线：(010)64255441　□发行热线：(010)64256206　□广告热线：(010)64250642　□培训热线：(010)65299681

2018年12月11日 星期二 | 3版 主编 王雍腾 责编 杨红岩 电话:010-64252287 E-mail:xw3b@zgjtb.com
见证40年 主题访谈
中国交通报 CHINA TRANSPORT NEWS

高速公路运输从零起步

——访长安大学原校长陈荫三

(上接1版)

卧姿如何承受较长时间颠动

上世纪80年代中后期,我国很多地方开始出现夜班车。夜班车不误白天工作、节省了旅宿费用,得到了迅速发展。

"当时夜班车都是座位车,乘客容易疲劳,我们就考虑能不能像火车那样,在汽车上装卧铺,这样大家就能躺着。"陈荫三说,"出于这种考虑,上世纪80年代中期,我们开始研发卧铺客车。"

乘客乘坐卧铺车是躺着的,叫"卧姿",振动通过与支撑面接触的部位传递到人体,时间长了同样会产生疲劳。陈荫三说:"当时没有国际卧姿受振舒适性标准,我们把德国的标准拿来看,但是发现根据我国道路和车辆的状况,最多半小时,乘客就疲劳了。"

在当时的交通条件下,我国乘客躺在车上能够承受什么程度的振动,是研发卧铺客车首先考虑的问题。陈荫三带领的团队通过研究发现,假设卧铺位完全是平的,在有振动的情况下,舒适性比较差,如果铺位稍微有一点倾斜呈半躺式,像医院的床位一样抬起来一部分,乘客能够经受住较长时间的振动。

"我们就在学校医院找了一个病床,搁在一辆面包车上,请魏朗(长安大学教授)躺在上面,从西安到宝鸡,再从宝鸡到西安,一晚上打了个来回。回来以后马上进行测试,提问、跟他交谈,测试完之后发现他还能正常工作。"陈荫三解释说,具备工作能力是当时最低要求。

方案定下来以后,第二步要考虑如何放置比较多的卧铺。卧铺客车一出来就是上下铺的形式,每个铺位后面都撑起一部分,车厢里可以多放置一些铺位。

为什么是纵向布局,不是横向布局?"开始想学火车,横向布置。但后来发现我们汽车不像火车那么平稳,经常刹车,如果横向布局,乘客容易滚落。"陈荫三说,确定方案以后,当时并没有把握让车企立即生产。

"大客车的使用周期里,有一次大修,会把座椅全部拆掉,整修完后再装上。"陈荫三说,"我们当时找到了浙江金华汽车修造厂,跟对方商量车辆大修后不放置座椅,先安装卧铺,看看好不好用,如果不好用,再把这些卧铺拆掉、换上座椅。当时两辆装了卧铺的客车投入运输,生意很红火。"

1990年,浙江金华汽车修造厂的ZJ662AW型长途卧铺客车参加了北京国际汽车及工艺装备展览会,得到与会代表的高度关注。大家认为该车新颖独特、别具匠心,为改善夜间旅行条件提供了一种新型运输工具。随后,扬州客车厂(现扬州亚星客车股份有限公司)就开始生产卧铺客车。

1990年之后,卧铺客车逐步实现市场化,在2000年前后其市场规模达到顶峰。总结卧铺客车发展历程,陈荫三认为,它是以市场需求为导向的客车产品。"这就像我们需要解决温饱问题一样,它的出现完全是国情需要,市场需求迫使我们去研发这个产品。"

陈荫三表示,高速公路还没有形成规模效应的时候,卧铺客车很受欢迎,随着高速公路的发展,邻近城市高速公路通行时间大幅缩短,大量旅客不再需要乘夜班车出行,卧铺客车逐渐淡出市场。

分步有序推进高速公路计重收费

1988年10月31日,沪嘉高速公路建成通车,结束了我国大陆没有高速公路的历史;1990年9月1日,沈阳至大连高速公路通车……到1999年年末,我国高速公路里程突破1万公里。

"上世纪90年代中期,一些大城市间的高速公路相继开通,高速公路快速客运缓解了公众出行困难,尤其是南京到上海、广州到深圳、成都至重庆等地。"陈荫三认为,这个时期高速公路在方便城市群之间的人员、物资流通方面发挥了关键作用。

随着高速公路的发展,旅客出行更加便捷,而货运市场竞争逐渐激烈,私营车主们想尽办法多载、超载,以获取更多利润。

"高速公路运输发展初期,货运车辆按标记吨位收取通行费,一些车辆通过'大吨小标'的手段来逃漏通行费。"陈荫三告诉记者,当时有的车辆标记吨位为2.99吨,但一眼看过去就会发现能装十几二十吨货物。

车辆超限超载缩短了公路使用寿命,对交通安全构成严重威胁。以沪宁高速公路为例,按照设计年限,1996年9月建成通车的沪宁高速公路15年后大修,但江苏东段于2003年就实施了大修工程,提前了7年。

"当时公路管理部门为此很头痛。"陈荫三说,"2002年,江苏省交通厅公路局路政总队政委汪学君告诉我,天津有一座桥装了动态称重设备,可以不停车称重控制上桥,这启发了我们。"

江苏省交通厅公路局在104国道江苏宜兴大港收费站安装了一套称重设备,陈荫三带领团队开始试验。"这条路贴着太湖走,谁都绕不过去,我们就在大港收费站蹲守了十几天。"陈荫三说,这期间统计了很多数据,并同称重设备生产厂家反复调试提高设备的精度,最终达到可用的程度。

2003年3月,江苏省交通厅公路局正式在104国道宜兴大港收费站试行计重收费。"我们共同制定了计重收费的原则和费率,主要是坚持公平合理、大型车辆优惠、简便易行和不增加社会负担的原则。"陈荫三说。

经过一段时间的试运行,收费系统设备运行稳定,社会反响普遍良好,惩罚超限超载车辆明显减少。江苏决定在全省27个普通干线公路收费站和高速公路北网各收费站实行计重收费。

确定了收费原则和费率,关键问题是怎么顺利推进这项工作。"公路部门要收费,物价、财政等部门得同意,另外假设山东的车开到江苏,多交了通行费,回去告你状怎么办?"陈荫三解释,江苏推行计重收费之前征得物价、财政等相关部门的同意,并向相邻省份交通运输部门通报有关情况。

"通报完了以后,河南省交通厅觉得这主意好,不等江苏开始,就抢先干了。"陈荫三笑着跟记者描述当时的情形。

2003年8月5日,河南省在5个干线公路收费站开始进行计重收费试点,9月起在全省主干公路、高速公路收费站同时实施计重收费。2003年12月9日,江苏省正式启动计重收费。

2004年以后,安徽、山东、青海、四川等省(区、市)陆续在部分收费公路上开展计重收费试点工作,取得了初步成效。交通部在总结部分地区开展计重收费试点工作经验的基础上,于2005年10月出台了《收费公路试行计重收费指导意见》。

高速公路促进客货高效流通。 本报资料片

"这以后,计重收费就在全国铺开。"陈荫三总结,计重收费整个过程是分步有序推进,各地根据实际情况陆续开展,现已在27个省(区、市)的高速公路上实施。

高速公路助力乡村振兴

"虽然是回顾改革开放40年,但可能年轻人觉得离他们很远,最关心现在的发展,我也谈一些自己的看法。"陈荫三一直关注高速公路运输的发展,卸任校长一职后带领长安大学运输科学研究院开展全国高速公路运输量调查统计分析工作,这项工作一直持续至今。

近年来,高铁迅速发展,吸引了大量客源。"因为公布的公路运输量统计结果仅限于营业性客运,所以给公众留下了'高速公路客运不景气'的印象。"陈荫三认为,把乘用车旅客周转量纳入统计后,高速公路旅客周转量2009年就超过了铁路,去年高速公路旅客周转量是铁路旅客周转量的1.25倍。

2000年后,我国乘用车保有量增长迅速。高速公路乘用车出行的旅客周转量从2011年的5222亿人公里,跃升到2017年的11003亿人公里,增加了一倍多。

截至2017年年底,我国高速公路里程已达13.65万公里。"高速公路已是我国客货运输的动脉和骨干方式之一,还将直接关系到脱贫攻坚和乡村振兴。"陈荫三告诉记者,高速公路收费站点不只分布在大中城市区域,更多分布在县乡区域。

据长安大学运输科学研究院统计,2008年,从县乡区域收费站点进入高速公路的客、货运量分别为26.1亿人次、26.5亿吨,分别占当年高速公路客、货运总量的36%、45%。

随着高速公路里程的增加、网络的加密,县乡区域收费站点迅速增多。陈荫三介绍,2017年,从县乡区域收费站点进入高速公路的客货运量分别达到136.3亿人次、118.3亿吨,分别是2008年的5.22倍、4.46倍,在高速公路客、货运总量中的比重均提升了24个百分点。

如今,高速公路近七成的货运量和六成的客运量来自县乡区域。"近年来,交通运输行业着力建设农村公路,客货车辆可以通过县乡区域的高速公路收费站点方便地深入广大农村。"陈荫三认为,高速公路和农村公路实现"零距离"衔接,扩大了农村"交通圈",对脱贫攻坚和乡村振兴具有重要意义。

"30年来,高速公路运输从零起步,成长成为我国客货运输的动脉和骨干方式之一。"寄语新时代,陈荫三期待进藏高速公路大通道能早日建成通车,届时西藏将接入全国高速公路网。

权威发布

2018年第三批严重违法超限超载运输失信当事人名单

依据国家发展改革委、中国人民银行、交通运输部等36个部门联合签署的《关于对严重违法失信超限超载运输车辆相关责任主体实施联合惩戒的合作备忘录》,12月6日,交通运输部通过"信用交通"网站(http://credit.mot.gov.cn/)正式发布2018年第三批严重违法超限超载失信当事人信息。

1年违法超限运输超过3次的货运车辆信息汇总表

序号	货运车辆车牌号	道路运输证号	来源
1	冀A228AZ	130182046177	河北
2	冀A270AZ	130131014700	河北
3	冀A321AX	130128005680	河北
4	冀A345AF	130185013310	河北
5	冀A569AD	130127007604	河北
6	冀A413AS	130123022849	河北
7	冀B0556C	223317563	河北
8	冀B0567E	204310376	河北
9	冀B0580E	283321126	河北
10	冀B0590H	201321924	河北
11	冀B0635B	203382269	河北
12	冀B0639A	204308864	河北
13	冀B0639F	207323209	河北
14	冀B0652Q	205314862	河北
15	冀C15333	321305198	河北
16	冀C22680	322325312	河北
17	冀C23197	324312723	河北
18	冀C25321	322317687	河北
19	冀C25537	324314997	河北
20	冀C25730	321304245	河北
21	冀C33555	324307468	河北
22	冀C79870	324314717	河北
23	冀C79889	322316584	河北
24	冀C88262	322320099	河北
25	冀C98882	302338170	河北
26	冀CA9383	323317645	河北
27	冀CB3829	302322870	河北
28	冀CB9862	323320426	河北
29	冀CD0669	321304222	河北
30	冀CD1292	322319954	河北
31	冀CD1413	322320812	河北
32	冀CD2051	324312788	河北
33	冀CD3011	321304546	河北
34	冀CD3128	324313502	河北
35	冀CD3910	322325194	河北
36	冀CD4044	323324783	河北
37	冀CH7645	322324540	河北
38	冀CH7690	322324609	河北
39	冀CH7997	322326019	河北
40	冀R38080	2324541	河北
41	冀R73728/冀CNQ19挂	28308200/721394453	河北
42	辽K28126	10106753	辽宁
43	黑AN6411	230111041651	黑龙江
44	黑AN3930	230100160027	黑龙江
45	黑AE7429	230100163466	黑龙江
46	苏D59336	320412316209	江苏
47	浙DJ9667	330681008328	浙江
48	皖C25008	340700243128	安徽
49	甘FM3262	623322529	福建
50	皖SA7075	341601215105	福建
51	津C22176	120110126171	福建
52	闽AM6298	350103200441	福建
53	甘FJ6196	622312728	福建
54	豫AR7252	410181004626	河南
55	豫C77090	410782013364	河南
56	豫A5038Y	410184032285	河南
57	豫A7998L	410183018980	河南
58	豫A2295L	410183016997	河南
59	豫A1055M	410185016444	河南
60	豫A9289C	410183014927	河南
61	豫A0518M	410183020443	河南
62	豫A8637B	410183018840	河南
63	豫A3879X	410183019129	河南
64	豫A7677A	410183018725	河南
65	豫A7326W	410183015090	河南
66	豫A3878X	410183019144	河南
67	豫D81577	410481000552	河南
68	豫RC2899	411322022777	河南
69	豫CB8795	410704000961	河南
70	豫C76593	410782008819	河南
71	豫C75073	410782012539	河南
72	豫CC3830	410782019619	河南
73	豫CC9839	410782018242	河南
74	豫KB0666	411001016033	河南
75	豫K01875	411001015986	河南
76	豫K54508	411002006489	河南
77	豫K94537	411025003680	河南
78	豫K51758	411025004094	河南
79	豫K62846	411025004136	河南
80	豫K27728	411082011487	河南
81	豫LF8185	411102011996	河南
82	豫N79898	411402006262	河南
83	豫SA8059	411502008921	河南
84	豫SB7007	411503010682	河南
85	豫S66388	411527004735	河南
86	豫SB6978	411503010222	河南
87	豫SB2120	411503004541	河南
88	豫SA6116	411503010438	河南
89	豫SA8191	411503010697	河南
90	豫NY6019	411481024047	河南
91	豫NY0056	411481017842	河南
92	豫N73672	411481007376	河南
93	鄂FJR620	420606200814	湖北
94	鄂FTC839	420606207430	湖北
95	鄂FTT811	420606207409	湖北
96	鄂FJV919	420606202016	湖北
97	鄂E68074	420682200652	湖北
98	湘A9A916	430124202453	湖南
99	湘AA4059	430124200559	湖南
100	湘AA6115	430124202370	湖南
101	湘AA9298	430124201027	湖南
102	湘AF7818	430124203526	湖南
103	湘A68261	430104016216	湖南
104	湘AC2835	430104016720	湖南
105	湘AF4699	430122205119	湖南
106	湘C60213	430301200005	湖南
107	湘C15783	430304200648	湖南
108	湘J66910	430726201374	湖南
109	湘J66962	430726201179	湖南
110	湘K11567	431302201807	湖南
111	湘KD0686	431302E+11	湖南
112	湘KC0729	431302E+11	湖南
113	湘KC8106	431302E+11	湖南
114	湘KC7158	431302E+11	湖南
115	湘H00607	430903E+11	湖南
116	湘H17788	430903E+11	湖南
117	湘H17865	430903E+11	湖南
118	湘H25611	430903E+11	湖南
119	湘H27517	430903E+11	湖南
120	湘H28933	430903E+11	湖南
121	湘H30639	430903203250	湖南
122	湘H30725	430903203330	湖南
123	湘H30788	430903203402	湖南
124	湘H30917	430903203441	湖南
125	湘H59215	430903204866	湖南
126	湘H78950	430903203927	湖南
127	湘H86349	430903203977	湖南
128	湘HA0015	430903204483	湖南
129	湘HA0156	430903204288	湖南
130	湘HA1367	430903205165	湖南
131	湘HA1919	430903204195	湖南
132	湘HA2468	430903204756	湖南
133	湘HA2897	430903205107	湖南
134	湘HA3365	430903204884	湖南
135	粤HH7042	2682917	广东
136	粤CW2561	2908476	广东
137	粤E22735	2996518	广东
138	粤JQ9406	2894315	广东
139	粤K12005	3021593	广东
140	粤MW4233	2484076	广东
141	粤R02106	2958194	广东
142	粤R44335	2901240	广东
143	粤R48848	2750819	广东
144	粤R48888	2942537	广东
145	粤R88096	2909680	广东
146	粤R88216	2914624	广东
147	粤RL6955	2368311	广东
148	粤RL6990	2368301	广东
149	粤RP3023	2840798	广东
150	粤RQ9302	2597096	广东
151	粤W06555	2943549	广东
152	桂AQ6768	450108167881	广西
153	桂J66808	451102703497	广西
154	琼A60532	460100061591	海南
155	琼B20332	4602000013540	海南
156	赣CR1218	360922891788	海南
157	琼A61093	460100061964	海南
158	赣K61619	360502223037	海南
159	贵AB1740	111536313	贵州
160	鄂FL1859	420621045449	贵州
161	琼C67187	460323616548	贵州
162	川F60045	510603009799	贵州
163	贵DC1588	520603100703	贵州
164	赣CSH320	360983291708	贵州
165	贵DC7525	522235100289	贵州
166	陕E80106	610528001897	陕西
167	陕E95495	610523054759	陕西
168	陕E97700	610528005010	陕西
169	陕E97861	610523025480	陕西
170	陕EA6018	610502016473	陕西
171	陕EA6800	610526011603	陕西
172	陕EB0232	610528005017	陕西
173	陕EC1040	610528004841	陕西
174	陕EC3248	610525052923	陕西
175	陕EC3411	610525052916	陕西
176	陕EC3419	610525052818	陕西
177	陕EC3429	610525052819	陕西
178	陕EC5158	610502017307	陕西
179	陕EC5223	610502014564	陕西
180	陕EC7181	610525053879	陕西
181	陕EC8988	610525053906	陕西
182	陕EC9811	610528004965	陕西
183	陕EC9832	610525053887	陕西
184	陕EC9978	610525053830	陕西
185	陕ED1209	610523137606	陕西
186	陕KE3294	610828013522	陕西
187	宁E62552	640522003694	宁夏
188	宁E69239	640521024421	宁夏

1年内违法超限运输超过本单位货运车辆10%的道路运输企业信息汇总表

序号	道路运输企业名称	统一社会信用代码	道路运输许可证号	法人代表	身份证号
1	北京悦华兴益超市	92110116L22161553D	110116008567	孙悦华	110227********0024
2	北京富利海达建材城	92110117L19407284Y	110117004056	王富伶	110226********3328
3	介休市龙辉物流有限公司	91140781MA0H8T1CXX	140781006745	赵辉	
4	涞州县超运工贸有限公司	91140525MA0GU9HO8K	140525008668	崔建平	140521********7614
5	垣曲县坤达物流有限公司	91140827MA0JT33L1H	140827001906	李浩杰	142733********5717
6	河南鸿梁运输有限公司	91410500MA40PNJUX5	410506910224	张慧彦	410504********0081
7	安阳县佳和交通运输有限公司	9.14105E+17	410522702794	刘新永	410522********0091
8	重庆百里物流有限公司	91500231MA5UK6BU49	500231012957	谭西	512322********0223
9	重庆满冠物流有限公司	91500231MA5UBE37BF	500231012852	胡益华	500231********0036
10	重庆市隆润物流有限公司	91500231MA5U7L5R14	500231012664	米小兵	512322********0416
11	重庆伟之源物流有限公司	91500231MA5UUUKW8R	500231013124	程伟	500231********6241

指使、强令车辆驾驶人超限运输货物当事人信息汇总表

序号	企业名称	统一社会信用代码	法人代表	法人身份证号	当事人姓名	当事人身份证号
1	南昌裕昌砂石有限公司进贤县分公司	91360124MA37UDHX66	龚吉	360102********2818	龚吉	360102********2818
2	进贤海螺水泥有限责任公司	91360124063454886K	李固友	342524********1710	罗立	360121********6958

隐瞒有关情况或者提供虚假材料申请超限运输行政许可的当事人信息汇总表

序号	企业名称	统一社会信用代码	法人代表	法人身份证号	当事人姓名	当事人身份证号
1	西安平泰物流有限公司	91610135099149592L	史花立	610403********156X	李余新	500239********4864

1年内违法超限运输超过3次的货运车辆驾驶人信息汇总表

序号	驾驶人姓名	身份证号	来源
1	杨荣东	339011********3792	浙江
2	李荣旺	352123********7553	福建
3	张景华	350783********0235	福建
4	阮隆华	352202********6935	福建
5	王胜	350322********0570	福建
6	吕学丰	130622********2216	福建
7	张波	130625********0513	福建
8	孟献良	342126********8611	福建
9	黄洪春	350322********7430	福建
10	黄吉新	350583********5436	福建
11	卢丽财	350221********0010	福建
12	魏振峰	410182********4539	河南
13	孙志勇	410126********1415	河南
14	吴建波	410126********3311	河南
15	崔俊强	410125********205X	河南
16	赵战亭	410126********457X	河南
17	张建国	410126********3315	河南
18	张雨卫	410182********6515	河南
19	魏嘉华	410182********4513	河南
20	杨钢福	411025********507X	河南
21	许海岭	410324********3115	河南
22	孙耀超	413023********4530	河南
23	张旭仁	432321********8098	湖南
24	王岳华	432301********5531	湖南
25	吴正波	430903********5010	湖南
26	谢俊平	432321********4150	湖南
27	谢正邦	430903********241X	湖南
28	曾军	432321********6774	湖南
29	侯光辉	430124********6494	湖南
30	梁程瑜	440883********1136	广东
31	李德强	522227********4417	贵州
32	赵绍勇	450324********2277	贵州
33	田水刚	622621********2010	贵州
34	吴延彬	433026********6039	贵州
35	殷吉磊	610621********1253	陕西
36	耿立刚	642222********1000	宁夏

拒绝检查、堵塞交通、强行闯卡、暴力抗法、破坏相关设施违法当事人信息汇总表

序号	姓名	身份证号	来源
1	杜明焕	342222********0039	安徽
2	唐进良	220421********2719	辽宁
3	王轶祥	210922********2434	辽宁
4	钟刚	210782********3414	辽宁
5	伊宝和	211402********4616	辽宁
6	张荣胜	211121********0614	辽宁
7	刘智	210304********0218	辽宁
8	潘子军	210623********3252	辽宁
9	王立鑫	210623********0954	辽宁
10	苗胜利	210623********3559	辽宁
11	解恒书	370728********7230	辽宁
12	顾洪宇	210321********5031	辽宁
13	欧文虎	150430********1490	辽宁
14	赵吉辉	210921********6410	辽宁
15	孙冬冬	210921********5211	辽宁
16	吕万君	210213********3917	辽宁
17	孙文华	210213********3311	辽宁
18	沃德龙	210782********0413	辽宁
19	全兆斌	420803********3352	湖北
20	钟锦远	522625********2139	贵州
21	陈应洲	522625********2199	贵州
22	白光辉	532226********0915	贵州
23	陈俊	530324********0958	贵州
24	陈俊商	530324********0952	贵州
25	陈俊元	530324********0959	贵州
26	吕文林	530324********2330	贵州
27	严宇湘	530324********0916	贵州
28	陈荣生	530324********1036	贵州
29	彭超伟	530324********1532	贵州
30	谢鹏林	530324********251X	贵州
31	赵鹏明	530324********0951	贵州

“救助神鹰” 无愧人民重托

——访交通运输部救助打捞局总工程师潘伟

本报记者 王 楠

见报日期 2018 年 12 月 13 日

头戴一顶大头盔，身着蓝色连体飞行服，坐在直升机驾驶舱内的潘伟脸朝右侧微转，神情中充满坚毅，肩章上鲜艳的黄色四道杠显示出他的机长身份，也代表着所应具备的专业、知识、技术和责任……这是潘伟的微信头像，也是他最喜欢的一张照片。

2003 年，从空军转业的潘伟放弃了商业公司的高薪聘请，来到交通部救助打捞局，2005 年调至交通部北海第一救助飞行队，任救助机长。作为我国首批自主培养的飞行教员机长，近 10 年里，潘伟不仅在极端危险的情况下成功驾机救助 500 余名遇险群众，演绎了一幕幕绝境中拯救生命的奇迹，也见证了我国海上救助飞行队从无到有、从小到大的发展历程。

在潘伟看来，海上救助飞行队的建立，得益于改革开放以来党和国家对海上救助事业的重视与投入，体现出“以人为本”的执政理念和以人民为中心的发展思想，得益于历届部党组对海上救助事业的关心和支持，成为我国救捞发展史上的一个重要里程碑，也开启了我国救捞空中、水面、水下“三位一体”应急抢险能力特色发展的新纪元。

"十几年来，这支队伍无数次在危急关头'逆风而飞'，在惊涛骇浪中奋力挽救了数千个生命以及背后数千个家庭。可以说，我们做到了不辱使命，没有辜负党和人民的重托!" 今年57岁的潘伟已任交通运输部救助打捞局（简称部救捞局）总工程师，虽然已离开飞行救助一线多年，但谈起救助飞行队的故事时他依然饱含深情。

对标香港　高起点建设

直升机救助是海上人命救助最快捷、最有效的现代化救助手段之一。随着改革开放以来我国经济的不断发展和海上安全形势的日趋严峻，发展立体救援体系成为当务之急。

1996年7月，交通部党组决定在上海筹建我国第一个海上救助直升机机场，向海空立体救助的最前沿进军。2001年，我国第一支海上专业救助飞行队——隶属于上海救捞局的上海海上救助飞行队（东海第一救助飞行队的前身）成立，我国自此有了空中救助手段。2003年至2004年，交通部又先后组建了3支救助飞行队，即北海第一救助飞行队、南海第一救助飞行队、东海第二救助飞行队，初步形成了覆盖我国沿海的空中救助飞行体系。

潘伟记得，自己转业之初来到救捞系统工作时，救助飞行队刚组建不久，仅有两架刚从美国引进的S76C+中型救助直升机，机场200米的跑道无法满足救助直升机滑跑所需的长度要求，从国外请来的飞行教练一看跑道的长度就不干了："200米太短了，不安全!"

创建之初，面临的困难可远不止这些。以北海第一救助飞行队为例，在蓬莱刚成立的时候，没有机库，无论是严寒还是酷暑，机务维修和定检都只能在户外作业；外场值班人员都没有休息的场所；由于在国内属于新的工种，薪资体系还不完善，当时飞行员的收入和地面人员相差无几。最令潘伟担心的是由于当时通信保障手段落后，直升机一旦在恶劣条件下出动，如果时间过长，在返航时会有短暂时间与地面中断通信，往往使地面人员处于高度紧张状态。

"当时飞行队没有驾驶技术过硬的救助机长，也没有机务、航务方面的专业技术人员，仅有的两名飞行员都是从部队转业来的，之前是开战斗机的。" 潘伟说，救助直升机需要适应在复杂气象条件下超低空飞行并执行救助任务，配有专用救助器材，技术要求高，整个运行系统也非常复杂。于是部救捞局想通过当时国内通用航空托管公司代管，可这家公司主要负责陆路运输，并不懂海上救助。随后，他们又找到香港特区政府飞行服务队（简称香港飞行队），双方商定，内地的救助飞行队向香港学习。而他本人也主动提出申请调离机关前往一线，直接承担救助值班任务。

潘伟始终认为，创建之初就比照技术实力雄厚且同样从事人命救助等工作的香港飞行队的运控模式进行管理，将先进成熟的经验“请进来”，为救助飞行队高起点建设奠定了坚实基础。

据介绍，救助飞行队成立17年来，部救捞局与香港飞行队签署了两个《技术合作五年规划意向书》，举行了20次技术磋商会。香港方面先后派出多位专家协助参与救助飞行队的筹建、管理、培训和运行工作，并按照香港飞行队的理念和标准进行飞行员的选拔、培养和考核。

如今，4支救助飞行队共有20架救助直升机、2个救助机场、8个救助飞行基地、59个救助起降点，基本建成大型机和中型机相结合的救助值班待命机队，实现我国近海海域全覆盖，总人数达到563人，其中专业技术人员占到三分之二。

更让人感到欣慰的是，目前，救助飞行队已经建立了飞行、机务、救生员3支专业教学队伍，基本具备了教学条件，完全具备了人员自我培养、自我考核的能力，可以满足救捞飞行系统飞行员、机务人员、救生员的发展需求。“这支专业人才队伍，是救助飞行队发展的最大成就，也是最宝贵的资源。”潘伟感慨道。

专业队伍要有专业能力和水平

作为海上救助打捞的“国家队”，中国救捞是我国唯一一支国家海上专业救助打捞力量。“专业意味着什么？意味着在遇到各种急难险重的救助任务时，当其他救援力量束手无策时，我们这支队伍能够冲得上去，救得下来，关键时刻发挥关键作用。”潘伟说，救助飞行队17年的发展过程中虽然历经改革，但始终保持专业地位和专业特色，不断提高队伍整体素质和装备技术水平，人命、环境、财产的救助能力得到明显提升。

参加救助飞行值班后执行的首个救援任务，让潘伟终生难忘。2005年11月底，正在上海高东机场值班的潘伟接到救援指令，一艘工程船前一天夜里在江苏启东东部水域翻沉，8人遇险。机组迅速备航出发，抵达事发海域后即刻展开搜寻，大约在20分钟内先后发现4具遗体。“当时天气很冷，水面温度只有零上几摄氏度，我们到达现场时已经距离事发时间过去10个小时了，整个机组都觉得找到生还者的希望极其渺茫。”潘伟回忆道，但为了不放弃任何一丝可能，作为副驾驶的潘伟和机长商定，搜寻至油量最低值时再返航。就在搜寻时间还剩最后5分钟的时刻，潘伟突然发现前方隐约有个目标，待直升机飞过去时，他看到水中有个人向上挥了一下手。“那人还活着！”潘伟激动地喊出来，随后直升机悬停，救生员顺着钢索滑下，几经周折终于将遇险者从生死边缘救回。

“救活了一条人命啊！”潘伟感叹地说，之后整个机组兴奋了好多天，让他真切地感受到自己所从事的这项事业了不起，从而也想着要加快提升专业能力，能去救更多的人。

17 年来，救助飞行队依托严格、科学的训练程序，在能力建设上不断突破，救助飞行的覆盖范围由原来的 80 海里提高到现在的 110 海里，飞行准备时间由原来的 45 分钟缩短到 35 分钟；完成了从昼间简单气象条件到昼间复杂气象条件救助的转变，初步具备夜间简单气象条件救助能力；“舰载机”技术形成应急能力，并成功应用到神舟十一号飞船发射应急保障任务中，把飞行救助由近海推进到了远海。

在致力于海上人命救助的同时，救助飞行队还创造性地在全国沿海建立了陆岛救援网络，发挥海岛在重大救助中的跳板作用。潘伟告诉记者，通过与当地政府沟通，北海第一救助飞行队陆续在山东长岛、辽宁长海设立了 24 个救助直升机临时起降点，在岛上小孩儿生病、孕妇难产等急需直升机救援的时刻发挥了重要作用，成为海岛百姓的民生工程。

实施沿海空中巡航救助联动，探索性地开展森林防火、医疗救助、高速公路救援和港口应急救援，以及在汶川地震、辽宁与湛江抗洪抢险和重大政治、军事保障任务中，国家专业应急救援队伍的专业能力和顽强作风经受住了一次次检验，向党和人民交出了一份份令人满意的答卷。

没有安全，一切皆不可能

飞行安全自救助飞行队成立起就是最大的考验和挑战。有经验的飞行员少，入职的新员工多，基本都是救捞系统自己培养的“菜鸟”。在艰苦的飞行条件下如何提高抵御风险的能力，将不安全的隐患降到最低，是摆在大家面前的一道难题。

海上救助飞行具有高风险、高技术、高难度、高标准等特点，用潘伟的话说，每一次救援都像是踩在刀刃上，那场景不亚于美国大片儿。“恶劣条件下，既要保证有效救助遇险人员，又得保证机组安全，就必须练就过硬的看家本领。”

虽然已经习惯了在惊涛骇浪中“演大片儿”，但干救助的人心里都懂，有时候差那么一点儿就可能是生死相隔。正因为如此，对救助飞行队来说，安全的重要性不言而喻，“有了安全，才有可能给人送去生的希望，没有安全，一切都没了可能。”在潘伟看来，救助飞行队取得了建队以来连续 17 年的安全飞行纪录，建设发展形成了自身的管理规范和安全文化，这与严格管理、狠抓安全密不可分，也是飞行队在管理方面的最大业绩。

对于飞行救助安全，潘伟总结出三点经验：一是坚持对标国际先进；二是严格遵守规章制度；三是强化实战训练。因为飞行运控管理不同于一般管理，标准要求高、程序性要求严。救捞系统擅长船舶管理，对于飞行队的管理，一开始是摸着石头过河。“我们注重学习香港飞行队的好经验、好做法，制定了 20 多部规章制度，全面推广安全管理体系（SMS），同时还自我加压，积极向民航管理靠拢，主动要求纳入民航管理体系，接受民航的规范、检查和考核。”他说。

据介绍，目前，4 个救助飞行队按照民航 CCAR-135 部和 CCAR-145 部要求，分别建立了飞行、机务、航管、机场、安全管理等规章体系以及培训、考核、监督、安全监管等机制，形成了民航局强制检查、部救捞局半年普查、聘请第三方检查和各救助飞行队自查相结合的安全检查模式。此外，他们授予机长绝对权力，能不能起飞并执行任务，由机长根据气象、海况以及身体状况等条件研判并决定，杜绝了行政命令妨碍机长决定的现象。

“救助飞行是高危行业，安全这根弦任何时刻都不能有丝毫放松。”潘伟表示，只有全员树立安全意识，锤炼过硬的飞行救助技术，建立完善规范、高效、科学的运控机制，营造团结和谐的团队氛围，实现持续安全，才能促进救捞事业健康发展，更好地履行海上救助的神圣使命。

没有什么比救人生命更崇高更值得

尽管现在已经不在救助飞行一线岗位，但只要有机会回到飞行队，潘伟总会尽量多参加一些救助值班，组织飞行员进行各种训练，哪怕在严寒时节，强大的寒流使得全身冻透、手脚僵硬，到了盛夏，又要在座舱内忍受高温，还有震得人双耳疼的直升机强噪音……

“飞行对您来说真的充满无穷魅力。”记者不禁感慨。

“不，应该说是救助飞行，因为她不同于普通飞行。救助飞行不仅是个职业，更是一份事业，一份值得全心付出的崇高事业。”潘伟说。

的确，这是一个与怒海争锋、随时待命、守护生命的群体，他们中每个人的经历都称得上“传奇”，更何况有着 400 余次驾机执行应急救援任务的潘伟。

烟台海域救助遇险渔民任务中，当钢索被渔船桅杆缠住，直升机被拽得左摇右晃，绞车手两次请求切断钢索时，他没有轻易放弃，反而命令绞车手将钢索全部放出，并操纵直升机沿着渔船逆时针飞行绕开钢索，最终让救生员和渔民全部脱险；丹东抗洪救灾任务中，他带领整个机组千里驰援，在峡谷地区驾机绕飞穿云，3 天之内飞行 20 架次，解救遇险群众 38 人，其中包括一位即将临盆的孕妇；从东营海域一艘即将沉没的货轮上营救 14 名被困船员时，面对风速较大、气流不稳的情况，他在难船 30 米上空稳稳地控制住直升机，果断采用高空引导绳实施救助，连续飞行长达 7 小时，终将遇险人员全部救起，救助任务飞行时间之长、救助人数之多，在当时创造了我国海上飞行救助的纪录……

回忆起自己多年来这些在风口浪尖的“舞蹈”，虽然每一次都堪称惊心动魄，但潘伟很淡然。反而是回想起自己曾救过的那些人时，他难掩内心的激动：“我们在飞机上能看到的，都是船上的人仰着头、挥着手，盼着我们，想到他们在风浪中渴求活下去的眼神，我觉得就是冒再大的风险也要将他们救起来。当我将濒临绝境的遇险者一次次从死神手里拉回来的时候，我会感到自己所从事的事业特别值得，因为世界上没有比救人生命再崇高的事情了！”

如今，潘伟已经记不清收到过多少面锦旗，记不清有多少人在获救后和他拥抱致谢，更记不清有多少被救群众长跪不起，感谢党和政府的恩情。他笑着对记者说，自己的人生也因为救助而大不同。“那种绝处逢生的大悲大喜，只有亲身经历过，才会懂得生命的可贵。”

据了解，截至 2018 年 11 月底，这支被誉为“救助神鹰”的队伍已经安全飞行 111397 架次、77169 小时，执行救助任务 4506 起，从生死线上挽救了 4504 名遇险人员的生命。

诚然，他们有着鹰一般高超的飞行技巧，但又和鹰有所不同。鹰通常飞得很高，挥动翅膀翱翔于天空，在云端俯瞰这个世界；他们却要飞得很低，巨浪翻滚中送去生的希望，在浪尖温暖这个世界，将一个国家尊重生命、爱护生命的承诺与大爱播撒人间！

中国交通报
CHINA TRANSPORT NEWS
2018年12月13日 星期四 http://www.zgjtb.com | 第6876期 今日12版 | 邮发代号1-72 国内统一连续出版物号 CN 11-0122
交通运输部主管 中国交通报社主办

中国运输生产指数正式发布

本报讯 (记者 王兴举) 12月12日，交通运输部科学研究院(简称部交科院)在京召开新闻发布会，正式发布中国运输生产指数(CTSI)。该指数从综合交通角度出发，以铁路、公路、水路、民航等运输方式客货运量为基础指标，通过加权合成，反映交通运输行业总体运行状况。

记者在会上了解到，CTSI指数于2013年开始研究编制，经过5年的试运行和科学评估后正式发布，填补了我国交通运输行业长期缺乏综合性指标的空白，成为研判行业经济运行形势的重要指标之一。CTSI指数对服务宏观经济形势研判也具有重要作用。随着经济发展进入新常态，交通运输实物量指标支撑研判宏观经济形势的重要性日益凸显。据研究，从绝对量看，CTSI指数与GDP之间具有高度的相关性，相关系数在0.95以上。

下一步，部交科院将形成CTSI指数常态化发布机制，将于每月8日(节假日顺延)通过多个权威媒体渠道发布。

黑龙江大桥架设中俄发展新通道

特约记者 陈忠光 本报记者 綦久明

登上平台眺望，位于黑龙江省黑河市的国境线两侧，中俄两国的工程队正在分别修建施工，他们建造的是跨越中俄两境的黑龙江大桥。该项目总工程师刘观介绍，黑龙江大桥已完成46米钢梁拼装焊接和两座江中临时墩的建设，正在进行钢梁顶推。

目前，大桥项目整体累计完成投资17.7亿元，占整体总投资的73.7%；完成试验检测共1748组(批次)，合格率达100%。

作为黑龙江省融入"一带一路"建设的精彩之笔，黑龙江大桥将于明年3月实现合龙。随着一个个建设难点不断突破，这条新的跨境通道将成为中俄跨境基础设施建设的示范性工程，助力黑龙江省迈向对俄发展新前沿。

高寒地区首座矮塔斜拉桥 可适应零下60摄氏度低温

黑龙江大桥为六塔叠合梁矮塔斜拉桥，是在我国寒冷地区首次使用的桥型。记者走进大桥项目部实验室，科研人员正在进行高强螺栓扭矩系数试验。中铁山桥集团有限公司理化中心主任顾晓勇介绍，黑龙江大桥将6万套耐候钢螺栓用于钢梁连接，这也是我国公路桥首次大规模使用耐候钢螺栓。

据悉，这种材质的螺栓能在短时间内在钢表面形成保护膜，从而防止腐蚀，提高桥梁的耐久性。顾晓勇说："一个生产批次有3000套螺栓，从中取8套进行试验，通过系数测试检验现场螺栓预拉力是否合格，进而增加螺栓的摩擦，使其连接得更稳定。"

大桥工程的另一亮点是在施工中使用F级耐候钢，同样在我国属首次。刘观介绍，大桥全线建设在高寒地区，大桥所在地黑河市历史最低温度可达零下50摄氏度。F级耐候钢能保证钢材的使用力学性能，在零下60摄氏度极寒低温下保障大桥的建设质量。

针对这种特殊钢材，项目部在全国范围内进行了考察筛选，设计出一套具有低温韧性、高耐候性和良好焊接性能的工艺标准。桥梁钢板的创新带动了焊材、螺栓等配套材料及焊接方法的创新，填补了该领域技术空白。

密切沟通信息共享 开创跨境基础设施建设新模式

11月9日，在黑龙江大桥项目中俄合资公司(简称合资公司)，中俄双方十几位专家就俄方6号墩施工技术进行讨论，最终初步解决了水下封底的技术难题。

(下转2版)

部党组成员在督导所属单位党委(党组)中心组集体学习时强调

深入学习习近平新时代中国特色社会主义思想 提高学用水平指导和推动交通运输高质量发展

本报讯 (记者 毛彬) 近期，按照中央有关规定和交通运输部党组贯彻落实《中国共产党党委(党组)理论学习中心组学习规则》实施办法，部党组书记杨传堂，部党组副书记、部长李小鹏等部党组成员分别到所联单位督导党委(党组)中心组学习情况，强调各单位党委(党组)要系统深入学习习近平新时代中国特色社会主义思想，提高学用水平，切实增强"四个意识"，坚定"四个自信"，践行"两个坚决维护"，坚决贯彻落实党中央、国务院各项决策部署，以时不我待、只争朝夕的精神状态投身交通运输改革发展事业，全力以赴推动交通运输高质量发展，为决胜全面建成小康社会、实现中华民族伟大复兴的中国梦服务。

杨传堂指出，党委(组)中心组学习是各级领导班子和领导干部在职学习的重要组织形式，是加强各级领导班子思想政治建设的重要制度，是学习贯彻中央决策部署、谋划发展思路举措的重要平台，是提高党的执政能力、建设学习型政党的重要途径。

杨传堂在督导人民交通出版社党委中心组集体学习时指出，近年来，出版社党委认真贯彻落实部党组决策部署，锐意进取、开拓创新，各方面工作成绩显著。他强调，要以中心组学习为契机，进一步提高政治站位，认真落实"两个责任"，严肃党内政治生活，推动党建与业务工作深度融合。要牢牢把握正确出版导向，传播好党的声音和主张，讲好交通故事展示交通形象。要深化改革创新，有序推进公司制改制工作，进一步把企业做大做强做优。要推进全面从严治党向纵深发展，驰而不息整治"四风"，不断巩固深化落实中央八项规定及实施细则精神成果。要加强党员干部队伍建设，全面贯彻新时代党的组织路线，切实增强干部职工的获得感、幸福感、安全感。

李小鹏在督导部海事局党组中心组集体学习时指出，今年以来，海事局围绕水上交通安全做了大量工作，取得了明显成效，但水上交通安全总体形势仍然比较严峻。他要求，要坚持强化习近平新时代中国特色社会主义思想理论武装，深入学习领会习近平总书记关于安全生产工作的重要指示精神，深刻认识当前和今后一个时期水上交通安全形势的严峻性，始终坚持如临深渊、如履薄冰的危机感，不断增强政治自觉和责任自觉，牢固树立安全发展理念，深化法治海事建设，以改革为动力提升安全监管保障能力，加强风险管控和隐患治理，加强自身能力建设，构建齐抓共管的工作格局，以对人民负责、对国家负责、对行业负责的态度，为交通强国建设提供可靠的水上交通安全保障。

部党组副书记王正谱，部党组成员李建波、马军胜、何建中、宋福杰、戴东昌、刘小明、杨宇栋分别到中国民用航空局、部交科院、中国邮政快递报社、部水科院、中央纪委国家监委驻交通运输部纪检监察组、部规划院、部职业资格中心、国家铁路局规划与标准研究院等单位党组织开展了督导工作。

民航局：进一步加大改革力度 实现行业平稳较快发展

本报讯 12月11日，交通运输部党组副书记、中国民用航空局党组书记、局长冯正霖在京主持召开民航工作征求意见座谈会，广泛听取行业内外对民航发展的意见建议，谋划2019年工作思路。

座谈会上，近20位行业单位代表和业内外专家围绕航空安全、深化改革、航班正常、服务质量、枢纽建设、通用航空、支线航空、国际航权分配、行业信息化建设、科技创新等多个热点议题展开了深入讨论，积极为推动民航高质量发展建言献策。

冯正霖向参加座谈会的代表和专家表示感谢。他指出，2018年是改革开放40周年，习近平总书记今年先后三次对民航工作作出重要批示指示，在民航发展史上具有里程碑意义。在这一年，民航工作大事多、要事多、亮点多，实现了安全态势总体可控、结构调整成效明显、航班正常稳步提升、服务举措落实到位、重大工程取得突破、改革工作推进有力、政治生态明显改善，行业发展保持了总体平稳、稳中有进的良好态势。在看到成绩的同时，也要充分意识到2019年行业发展中可能出现的风险挑战，增强预见性，做好政策储备，积极主动应对。

冯正霖强调，由高速增长阶段转向高质量发展阶段是新时代民航发展的基本要求，必须坚持以新发展理念为引领，把推动民航高质量发展作为当前和今后一个时期确定工作思路、制定发展政策、实施宏观调控的根本要求，确保行业发展理念新、发展目标明、发展动力足、发展路径清、发展效益好，使高质量发展在民航落地生根。

冯正霖说，发展理念新，就是要把"创新、协调、绿色、开放、共享"新发展理念融入各项工作，发挥民航业的比较优势，引领促进提高综合交通运输体系效能；发展目标明，就是在制定战略目标、阶段性目标、年度目标时，要结合实际、统筹考虑，既不能轻轻松松、躺着就能实现，也不能不切实际、好高骛远，要做到"跳起来""够得着"；发展动力足，就是要以贯彻落实习近平总书记重要批示指示精神为引领，不断推进深化供给侧结构性改革，更好激发市场活力，增强高质量发展的思想动力、精神动力、内生动力和科技推动力等；发展路径清，就是要坚持"一二三三四"民航总体工作思路，坚持稳中求进，始终把安全摆在首要位置，坚持问题导向，注重提升服务品质，加强科技创新支撑，坚持协同发展，始终以坚强的党建为保障；发展效益好，就是要看服务国家战略是否到位，看行业比较优势是否得到发挥，看规章标准建设是否符合民航强国要求，看人民群众是否有获得感，看业内单位和从业人员是否从发展中受益。全行业要以新发展理念为引领，坚持改革创新和不断扩大开放，扎实推动民航高质量发展。 (吴铁)

▶相关报道见2版

交通运输创客大赛圆满落幕

本报讯 12月12日，2018年中国(小谷围)"互联网+交通运输"创新创业大赛之金溢杯中国大学交通运输创客大赛(简称创客大赛)颁奖大会在西南交通大学举行，来自行业主管部门、交通运输相关企业、参赛团队的200余名代表参会。

本届创客大赛共有100多所高校的756个项目参赛，涉及交通大数据、无人驾驶、物联网等领域，覆盖了交通运输全行业和产业链。12月11日，创客大赛决赛在西南交通大学举行，22所高校的36支参赛团队展示了对交通运输领域的创新思考和创业项目。公交医生——城市公交健康分析与智能诊断系统等4个项目获得创客大赛一等奖。基于人工智能算法的高级驾驶辅助系统等8个项目获得创客大赛二等奖。

创客大赛决赛同期还组织了创业项目对接会，多个企业、投资机构与参赛团队进行了积极沟通交流，部分企业已与参赛团队达成创业合作意向，为项目后期孵化落地打下基础。

(韩光亮)

广东新(丰)博(罗)高速公路将于近日通车(如图)，标志着武汉至深圳高速公路广东段全线贯通。

据悉，武汉至深圳高速公路全线约1083公里，广东段长约435公里。全线通车后，将缓解京港澳高速公路的交通运输压力，从武汉驾车至深圳的路程可缩短至约9小时。

本报记者 王俊峰 文 本报记者 姜晋平 图

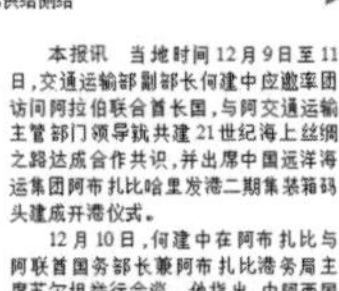

何建中率团访问阿联酋

以港航合作为起点推进中阿共建"海丝"

本报讯 当地时间12月9日至11日，交通运输部副部长何建中应邀率团访问阿拉伯联合酋长国，与阿交通运输主管部门领导就共建21世纪海上丝绸之路达成合作共识，并出席中国远洋海运集团阿布扎比哈里发港二期集装箱码头建成开港仪式。

12月10日，何建中在阿布扎比与阿联酋国务部长兼阿布扎比港务局主席苏尔坦举行会谈。他指出，中阿两国人民友谊源远流长，两国交通运输主管部门应传承友谊，加强在海运、港口和物流等领域的深度友好交流与合作，为中阿共建21世纪海上丝绸之路作贡献。中方感谢阿方对中国企业参与哈里发港建设和经营的信任与支持，希望双方以该港的成功合作为新起点，共同开启中阿交通运输合作新篇章。苏尔坦表示，阿联酋高度重视与中国发展友好关系，支持并积极参与"一带一路"建设，愿与中方进一步密切在港口、海运和物流等方面的既有合作，在政府和企业层面加强直接联系，促成更多合作，夯实两国友谊，推动共同发展。

会谈结束后，何建中与苏尔坦共同出席了中国远洋海运集团获得35年特许经营权的阿布扎比哈里发港二期集装箱码头开港仪式并分别致辞。何建中在致辞中表示，今年7月，习近平主席在阿联酋国事访问期间，两国元首发表《联合声明》，把两国关系提升为"全面战略伙伴关系"，两国政府签署了共建"一带一路"谅解备忘录。阿布扎比码头的建成，是中阿港航业落实两国元首共识的最直接行动，也是共建21世纪海上丝绸之路的最新成果，相信双方企业会秉持"和平合作、开放包容、互学互鉴、互利共赢"的丝路精神，继续精诚合作，将该港打造成为中东地区的集装箱门户口岸和重要枢纽港口。中国交通运输部将在"一带一路"倡议引领下，始终积极履行作为海运大国的职责和使命，以更加积极的态度、更加开放的姿态、更加务实的举措，与包括阿联酋在内的世界各国交通运输部门加强政策对话、促进技术交流、共享发展经验，实现合作共赢。阿布扎比酋长国王室代表、中国国家发展改革委副主任宁吉喆、中国驻阿联酋大使倪坚出席了开港仪式。

在阿期间，围绕"一带一路"倡议下的中国交通运输企业"走出去"，何建中与在阿经营的海运、空运和交通基建中资企业代表进行了座谈，听取企业汇报和对国内交通运输部门的意见和建议。此外，何建中还赴迪拜港进行了调研。

(张培炎)

见证40年 主题访谈

"救助神鹰"无愧人民重托

——访交通运输部救助打捞局总工程师潘伟

本报记者 王楠

头戴一顶大头盔，身着蓝色连体飞行服，坐在直升机驾驶舱内的潘伟脸朝右侧微转，神情中充满坚毅，肩章上鲜艳的黄色四道杠显示出他的机长身份，也代表着所应具备的专业、知识、技术和责任……这是潘伟的微信头像，也是他最喜欢的一张照片。

2003年，从空军转业的潘伟放弃了商业公司的高薪聘请，来到交通部救助打捞局，2005年调至交通部北海第一救助飞行队，任救助机长。作为我国首批自主培养的飞行教员机长，近10年里，潘伟不仅在极端危险的情况下驾机成功救助500余名遇险群众，演绎了一幕幕绝境中拯救生命的奇迹，也见证了我国海上救助飞行队从无到有、从小到大的发展历程。

潘伟。 部救捞局 供图

在潘伟看来，海上救助飞行队的建立，得益于改革开放以来党和国家对海上救助事业的重视与投入，体现出"以人为本"的执政理念和以人民为中心的发展思想，得益于历届部党组对海上救助事业的关心和支持，成为我国救捞发展史上的一个重要里程碑，也开启了我国救捞空中、水面、水下"三位一体"应急抢险能力特色发展的新纪元。

"十几年来，这支队伍无数次在危急关头'逆风而飞'，在惊涛骇浪中奋力挽救了数千个生命以及背后数千个家庭。可以说，我们做到了不辱使命，没有辜负党和人民的重托！"今年57岁的潘伟已任交通运输部救助打捞局(简称部救捞局)总工程师，虽然已离开飞行救助一线多年，但谈起救助飞行队的故事时他依然饱含深情。

对标香港 高起点建设

直升机救助是海上人命救助最快捷、最有效的现代化救助手段之一。随着改革开放以来我国经济的不断发展和海上安全形势的日趋严峻，发展立体救援体系成为当务之急。

1996年7月，交通部党组决定在上海筹建我国第一个海上救助直升机机场，向海空立体救助的最前沿进军。2001年，我国第一支海上专业救助飞行队——隶属于上海救捞局的上海海上救助飞行队(东海第一救助飞行队的前身)成立，我国自此有了空中救助手段。2003年至2004年，交通部又先后组建了3支救助飞行队，即北海第一救助飞行队、南海第一救助飞行队、东海第二救助飞行队，初步形成了覆盖我国沿海的空中救助飞行体系。

(下转4版)

□值班编委 韩瑞 本版副主编 卢锐 责编 王晓菲 □E-mail:xw1b@zgjtb.com □新闻热线:(010)64255441 □发行热线:(010)64256206 □广告热线:(010)64250642 □培训热线:(010)65299681

“救助神鹰”无愧人民重托

——访交通运输部救助打捞局总工程师潘伟

2018年12月13日 星期四 | 4版 | 见证40年 主题访谈 | 中国交通报 CHINA TRANSPORT NEWS
电话:010-65293632 64252864 E-mail:zgjtb@126.com

『救助神鹰』无愧人民重托

——访交通运输部救助打捞局总工程师潘伟

潘伟。

（上接1版）

潘伟记得，自己转业之初来到救捞系统工作时，救助飞行队刚组建不久，仅有两架刚从美国引进的S76C+中型救助直升机，机场200米的跑道无法满足救助直升机滑跑所需的长度要求，从国外请来的飞行教练一看跑道的长度就不干了：“200米太短了，不安全！”

创建之初，面临的困难可远不止这些。以北海第一救助飞行队为例，在蓬莱刚成立的时候，没有机库，无论是严寒还是酷暑，机务维修和定检都只能在户外作业；外场值班人员都没有休息的场所；由于在国内属于新的工种，薪资体系还不完善，当时飞行员的收入和地面人员相差无几。最令潘伟担心的是由于当时通信保障手段落后，直升机一旦在恶劣条件下出动，如果时间过长，在返航时会有短暂时间与地面中断通信，往往使地面人员处于高度紧张状态。

“当时飞行队没有驾驶技术过硬的救助机长，也没有机务、航务方面的专业技术人员，仅有的两名飞行员都是从部队转业来的，之前是开战斗机的。”潘伟说，救助直升机需要适应在复杂气象条件下超低空飞行并执行救助任务，配有专用救助器材，技术要求高，整个运行系统也非常复杂。于是部救捞局想通过当时国内通用航空托管公司代管，可这家公司主要负责陆路运输，并不懂海上救助。随后，他们又找到香港特区政府飞行服务队（简称香港飞行队），双方商定，内地的救助飞行队向香港学习。而他本人也主动提出申请调离机关前往一线，直接承担救助值班任务。

潘伟始终认为，创建之初就比照技术实力雄厚且同样从事人命救助等工作的香港飞行队的运控模式进行管理，将先进成熟的经验“请进来”，为救助飞行队基础起点建设奠定了坚实基础。

据介绍，救助飞行队成立17年来，部救捞局与香港飞行队签署了两个《技术合作五年规划意向书》，举行了20次技术磋商会。香港方面先后派出多位专家协助参与救助飞行队的筹建、管理、培训和运行工作，并按照香港飞行队的理念和标准进行飞行员的选拔、培养和考核。

如今，4支救助飞行队共具有20架救助直升机，两个救助机场，8个救助飞行基地，59个救助起降点，基本建成大型机和中型机相结合的救助值班待命机队，实现我国近海海域全覆盖，总人数达到563人，其中专业技术人员占到三分之二。

更让人感到欣慰的是，目前，救助飞行队已经建立了飞行、机务、救生员3支专业教学队伍，基本具备了教学条件，完全具备了人员自我培养、自我考核能力，可以满足救助飞行系统飞行员、机务人员、救生员的发展需求。“这支专业人才队伍，是救助飞行队发展的最大成就，也是最宝贵的资源。”潘伟感慨道。

专业队伍要有专业能力和水平

作为海上救助打捞的“国家队”，中国救捞是我国唯一一支国家海上专业救助打捞力量。“专业意味着什么？意味着在遇到各种急难险重的救助任务时，当其他救援力量束手无策时，我们这支队伍能够冲得上去，救得下来，关键时刻发挥关键作用。”潘伟说，救助飞行队17年的发展过程中虽然历经改革，但始终保持专业地位和专业特色，不断提高队伍整体素质和装备技术水平，人命、环境、财产的救助能力得到明显提升。

参加救助飞行值班后执行的首个救援任务，让潘伟终生难忘。2005年11月底，正在上海高东机场值班的潘伟接到救援指令，一艘工程船前一天夜里在江苏启东东部水域翻沉，8人遇险。机组迅速备航出发，抵达事发海域后即刻展开搜寻，大约在20分钟内先后发现4具遗体。“当时天气很冷，水面温度只有零上几摄氏度，我们到达现场时已经距离事发时间过去10个小时了，整个机组都觉得找到生还者的希望极其渺茫。”潘伟回忆道，但为了不放弃任何一丝可能，作为副驾驶的潘伟和机长商定，搜寻至油量最低值时再返航。就在搜寻时间还剩最后5分钟的时刻，潘伟突然发现前方隐约有个目标，待直升机飞过去时，他看到水中有个人向上挥了一下手。“那人还活着！”潘伟激动地喊出来，随后直升机悬停，救生员顺着钢索滑下，几经周折终于将遇险者从生死边缘救回。

“救活了一条人命啊！”潘伟感叹地说，之后整个机组兴奋了好多天，让他真切地感受到自己所从事的这项事业了不起，从而也想着要加快提升专业能力，能去救更多的人。

17年来，救助飞行队依托严格、科学的训练程序，在能力建设上不断突破，救助飞行的覆盖范围由原来的80海里提高到现在的110海里，飞行准备时间由原来的45分钟缩短到35分钟；完成了从昼间简单气象条件到昼间复杂气象条件救助的转变，初步具备夜间简单气象条件救助能力；“舰载机”技术形成应急能力，并成功应用到神舟十一号飞船发射应急保障任务中，把飞行救助由近海推进到了远海。

救助受洪水围困群众。

在致力于海上人命救助的同时，救助飞行队还创造性地在全国沿海建立了陆岛救援网络，发挥海岛在重大救助中的跳板作用。潘伟告诉记者，通过与当地政府沟通，北海第一救助飞行队陆续在山东长岛、辽宁长海设立了24个救助直升机临时起降点，在岛上小孩儿生病、孕妇难产等急需直升机救援的时刻发挥了重要作用，成为海岛百姓的民生工程。

实施沿海空中巡航救助联动，探索性地开展森林防火、医疗救助、高速公路救援和港口应急救援，以及在汶川地震、辽宁与嫩江抗洪抢险和重大政治、军事保障任务中，国家专业应急救援队伍的专业能力和顽强作风经受住了一次次检验，向党和人民交出了一份份令人满意的答卷。

没有安全，一切皆不可能

飞行安全自救助飞行队成立起就是最大的考验和挑战。有经验的飞行员少，入职的新员工多，基本都是救捞系统自己培养的“菜鸟”，在艰苦的飞行条件下如何提高抵御风险的能力，将不安全的隐患降到最低，是摆在大家面前的一道难题。

海上救助飞行具有高风险、高技术、高难度、高标准等特点，用潘伟的话说，每一次救援都像是踩在刀刃上，那场景不亚于美国大片儿。“恶劣条件下，既要保证有效救助遇险人员，又得保证机组安全，就必须练就过硬的看家本领。”

虽然已经习惯了在惊涛骇浪中“演大片儿”，但干救助的人心里都懂，有时候差那么一点儿就可能是生死相隔。正因为如此，对救助飞行队来说，安全的重要性不言而喻。“有了安全，才有可能给人送去生的希望，没有安全，一切都没了可能。”在潘伟看来，救助飞行队取得了建队以来连续17年的安全飞行纪录，建设发展形成了自身的管理规范和安全文化，这与严格管理、狠抓安全密不可分，也是飞行队在管理方面的最大业绩。

对于飞行救助安全，潘伟总结出三点经验，一是坚持对标国际先进；二是严格遵守规章制度；三是强化实战训练。因为飞行运控管理不同于一般管理，标准要求高、程序性要求严。救助系统擅长船舶管理，对于飞行队的管理，一开始是摸着石头过河。“我们注重学习香港飞行队的好经验、好做法，制定了20多部规章制度，全面推广安全管理体系(SMS)，同时还自我加压，积极向民航管理靠拢，主动要求纳入民航管理体系，接受民航的规范、检查和考核。”他说。

据介绍，目前，4个救助飞行队按照民航CCAR-135部和CCAR-145部要求，分别建立了飞行、机务、航管、机场、安全管理等规章体系以及培训、考核、监督、安全监管等机制，形成了民航局强制检查、部救捞局半年普查、聘请第三方检查和各救助飞行队自查相结合的安全检查模式。此外，他们授予机长绝对权利，能不能起飞并执行任务，由机长根据气象、海况以及身体状况等条件研判并决定，杜绝了行政命令妨碍机长决定的现象。

“救助飞行是高危行业，安全这根弦任何时刻都不能有丝毫放松。”潘伟表示，只有全员树立安全意识，锤炼过硬的飞行救助技术，建立完善规范、高效、科学的运控机制，营造团结和谐的团队氛围，实现持续安全，才能促进救捞事业健康发展，更好地履行海上救助的神圣使命。

没有什么比救人生命更崇高更值得

救助遇险船舶。

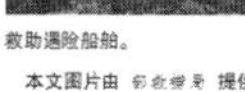

本文图片由 [illegible] 提供

尽管现在已经不在救助飞行一线岗位，但只要有机会回到飞行队，潘伟总会尽量多参加一些救助值班，组织飞行员进行各种训练，哪怕在严寒时节，强大的寒流使得全身冻透、手脚僵硬，到了盛夏，又要在座舱内忍受高温，还有震得人双耳疼的直升机强噪音……

“飞行对您来说真的充满无穷魅力。”记者不禁感慨。

“不，应该说是救助飞行，因为她不同于普通飞行。救助飞行不仅是个职业，更是一份事业，一份值得全心付出的崇高事业。”潘伟说。

的确，这是一个与怒海争锋、随时待命、守护生命的群体，他们中每个人的经历都称得上“传奇”，更何况有着400余次驾机执行应急救援任务的潘伟。

烟台海域救助遇险渔民任务中，当钢索被渔船桅杆缠住，直升机被拽得左摇右晃，绞车手两次请求切断钢索时，他没有轻易放弃，反而命令绞车手将钢索全部放出，并操纵直升机沿着渔船逆时针飞行绕开钢索，最终让救生员和渔民全部脱险；丹东抗洪救灾任务中，他带领整个机组千里驰援，在峡谷地区驾机绕飞穿云，3天之内飞行20架次，解救遇险群众38人，其中包括一位即将临盆的孕妇；从东营海域一艘即将沉没的货轮上营救14名被困船员时，面对风速较大、气流不稳的情况，他在难船30米上空稳稳地控制住直升机，果断采用高空引导绳实施救助，连续飞行长达7小时，终将遇险人员全部救起，救助任务飞行时间之长、救助人数之多，在当时创造了我国海上飞行救助的纪录……

回忆起自己多年来这些在风口浪尖的“舞蹈”，虽然每一次都堪称惊心动魄，可潘伟很淡然，反而是回想起自己曾救过的那些人，他却难掩内心的激动：“我们在飞机上能看到的，都是船上的人仰着头、挥着手，盼着我们，想到他们在风浪中渴求活下去的眼神，我觉得就是冒再大的风险也要将他们救起来。当我将濒临绝境的遇险者一次次从死神手里拉回来的时候，我会感到自己所从事的事业特别值得，因为世界上没有比救人生命再崇高的事情了！”

如今，潘伟已经记不清收到过多少面锦旗，记不清有多少人在获救后和他拥抱致谢，更记不清有多少被救群众长跪不起，感谢党和政府的恩情。他笑着对记者说，自己的人生也因为救助而大不同。“那种绝处逢生的大悲大喜，只有亲身经历过，才会懂得生命的可贵。”

据了解，截至今年11月底，这支被誉为“救助神鹰”的队伍已经安全飞行111397架次、77169小时，执行救助任务4506起，从生死线上挽救了4504名遇险人员的生命。

诚然，他们有着鹰一般高超的飞行技巧，但又和鹰有所不同。鹰通常飞得很高，挥动翅膀翱翔于天空，在云端俯瞰这个世界；他们却要飞得很低，巨浪翻滚中送去生的希望，在浪尖温暖这个世界，将一个国家尊重生命、爱护生命的承诺与大爱播撒人间！

庆祝改革开放40周年 1978—2018 先行 北海航保

他们，从未停下探索的脚步

——北海航海保障中心海事测绘“走向深蓝”纪实

相娜 冯能瑞

首次对沿海重要商港进行全面测量，首次登上高原地区开展湖泊测量，首次随船赴北极东北航道进行考察……北海航海保障中心天津海事测绘中心从沿海走向近海，探索内陆、迈向深蓝，立足北海、面向系统、放眼世界，努力成为航海保障的主力军、海事监管的支撑者、航运发展的助推器。

从六分仪、经纬仪到微波定位仪，再到GPS、北斗定位系统；从三爪砣、回声测深仪到四波束测深仪，再到多波束测深系统，天津海测人紧随改革开放的步伐，及时掌握跟踪国内外最新技术和装备，善谋实干，锐意进取，创造了数十个“全国第一”。

挑战河湖 服务流域经济发展

随着改革开放的不断推进，内河航运和湖泊水上旅游快速发展，海事测绘也逐渐向内陆拓展。

2003年，三峡大坝实现135米蓄水后，水深和航宽大幅增加，原来的航道设置和航行规则已不适合库区航行，需进行航路改革，实行分道通航。

为使航路改革顺利进行，天津海测人按要求对蓄水前后航道发生变化的河段、分道通航后航道内有不明碍航物的河段和浅区、标识连线范围内存在碍航物的水域和河心礁石水域进行扫测。

这是天津海测人第一次进行内河测量，“与海上作业完全不同，海上测量路线是可以预知的，而内河路线则多变。”天津海事测绘中心质量管理科科长黄东武说，“长江地形本就狭长复杂，蓄水后水下地形未知，水流变化多端，多波束探测设备易受影响，参数修正难度大，流速大的时候，船都几乎不动。而且长江流域的控制点大多分布在山上，不易攀爬。”尽管如此，这些困难都没有挡住万里海疆探路先锋们的脚步。

有了长江扫测的经验，天津海测人又对黄河河道进行了大面积、全覆盖扫测，并在国内率先将星站差分GPS定位技术用于内河测量，采用多波束测深系统和单波束测深仪相结合的方法，与导航软件组成自动化数据采集系统，顺利完成小浪底库区的扫测任务。

2013年以来，北海航海保障中心深入贯彻新发展理念，大力支持重点河湖的旅游航运设施建设，相继安排天津海事测绘中心开展了青海湖海图测绘工程和呼伦湖海图测绘工程，首次利用现代海洋测绘技术进行大面积湖泊测量，第一次以海图形式绘制湖区电子图，推动了内陆湖泊海事监管高质量发展，为湖区旅游开发创造了良好的发展环境。

走向近海 服务环渤海扩大开放

近年来，船舶超大型化的趋势日益明显，渤海水深自然条件对超大型船舶（VLCC）通行形成了潜在的制约，准确掌握习惯航路和定线制水域的水深资源已成为当务之急。

北极东北航道考察——抵达北极桑尼科夫海峡。 刘言 摄

天津海事测绘中心成优高工李宝森介绍，“扫测能走向近海，除为满足日益增长的船舶航行、港口建设和海事监管需求外，更得益于潮位控制技术研发取得了重大突破。”

伴随港口建设规模的持续扩大，测量区域向近海延伸，天津海测人顺势开展“沿海港口潮汐分析、处理系统”的研发，设计了深度基准面计算、平均海面传算、潮汐特征值计算等功能模块；构建了渤海海域高分辨率的潮汐场模型，为渤海海域潮汐推算和开展渤海海陆海高程基准无缝转换奠定了基础。

在2001年辽东湾满载VLCC推荐航线项目中，沿线潮汐性质变化极为复杂，天津海测人借助该系统的潮位预报功能，仅设立了4个海上验潮站，结合部分陆上站点，就实现了整个测量区域的潮位控制。经检验，水位改正误差小于0.15米，节约成本以百万元计。

北海航海保障中心成立后，提出了构建“信息全面、装备先进、反应快速、服务高效”综合航海保障体系的目标，天津海测人积极落实中心发展战略，年复一年开展重要航路扫测工程，在潮汐规律分析研究、多波束测深水位改正、海量数据的组织管理等方面取得了重大技术突破，填补了我国沿海大范围、长距离、高精度、全覆盖航路扫测的空白。

2012年至2013年成山角船舶定线制测量、2014年长山水道船舶定线制测量、2015年烟大航路测量、2015年至2016年老铁山—秦皇岛航路测量、2017年至2018年成山角至老铁山航路（部分）测量……一个个重大测绘工程项目，留下了天津海测人的探海足迹，有力保障了区域港口、航运规划发展建设，为交通强国和海洋强国建设写下了精彩注脚。

挺进深蓝 服务“冰上丝绸之路”

随着全球变暖、北极航线破冰，每年冰融期借道北极航道，成为缩短中欧航行时间、降低运输成本的重要选择。2017年，中国与俄罗斯提出开展北极航道合作，共同打造“冰上丝绸之路”。但航道沿线高纬高寒，条件恶劣，地磁环境复杂，传统航海保障手段无法适应北极航海需求。北海航海保障中心以此为己任，顺应国家开发利用北极航道的战略需求，主动开展北极航海保障研究，保障中国商船利益。

2016年和2017年，天津海事测绘中心分3批派遣5名专业技术人员随船对北极东北航道及其沿线航海保障资源开展实地考察和调研，较为全面地了解了北极东北航道水深、水文、气象、航标、通信等航海保障相关信息。

考察先后跨越太平洋、北冰洋、大西洋和印度洋，绕行欧亚大陆一圈，单航次航程超过19000海里。随船技术人员克服恶劣的海上条件、枯燥的生活环境，以及通信不畅等困难，穿越北冰洋高纬度冰寒区、比斯开湾风暴区、索马里海盗高危区等风险水域，圆满完成考察任务。

“中国商船航行北极东北航道期间多使用英版海图，部分水深数据比较陈旧。”黄东武介绍，天津海事测绘中心现正在探索“冰上丝绸之路”俄罗斯版航海图的汉化工作，服务北极商船安全通行，为中国远洋航海事业和“冰上丝绸之路”建设提供有力的航海保障技术支持。

地址:北京市朝阳区安华西里三区13号楼 邮编:100011 总编室:(010)65293633 通联部:(010)65293561 (010)64252114(传真) 采编中心:(010)64255441 公路中心:(010)65293615 水运中心:(010)64255824 运输中心:(010)65293641
新媒体中心:(010)64255469 培训中心:(010)65299681 广告部:(010)64250642 (010)64255452(传真) 北京中通广告公司:(010)64252934 广告经营许可证:京朝工商广字0142号 每年定价:460元 每月定价:38.34元 零售每份:1.92元 中国青年报印刷厂印刷

服务是交通运输的本质属性

——访交通运输部原部长李盛霖

本报记者　刘兴增

见报日期　2018 年 12 月 14 日

学生时代，他曾在港口苦苦排队，购买一张江苏南通到镇江的船票；工作以后，他曾通宵徘徊在火车站广场，等候从上海北上天津的列车。改革开放之初，他深深感受到几乎所有发展问题背后都有交通瓶颈制约；担任部长之后，他全力以赴推进交通运输由传统产业向现代服务业转型。他就是交通部最后一任、交通运输部首任部长李盛霖。

"从 2005 年年底到 2012 年 8 月，我担任部长前后不到 7 年，在我 48 年的工作生涯中仅占七分之一。但我对交通运输有深厚的感情，我一直感到自己是交通人。"日前，李盛霖接受了本报记者的采访。他动情地说："我亲身感受到了交通人的狠劲、巧劲、韧劲、闯劲，也深切体会到建成交通大国靠的是改革开放、建设交通强国仍然要靠改革开放。"

"我对港口改革发展的酸甜苦辣都有体会。"

"虽然在交通运输系统工作时间不算长，但我对 40 年来港口改革发展过程中的酸甜苦辣都有体会。”李盛霖说，“我体会过交通特别是港口作为瓶颈制约的苦恼，也感受到港口瓶颈得到初步缓解后的喜悦；我体会过港口大发展时期推动解决每个具体问题的艰难，也感受到港口发展适应了经济社会发展需求的自豪；我体会过港口大发展后面临新问题的困惑，也感受到在习近平新时代中国特色社会主义思想指引下港口新发展的希望。”

李盛霖与港口结缘，是从 1983 年担任天津市政府副秘书长开始的。“那时候天津港压港严重，每天都有三四十艘船在锚地等待进港装卸。时任国务院副总理万里多次到天津主持疏港。”李盛霖回忆，“当时我在分管经济工作的副市长领导下做一些具体工作。但是港口是中央管理的，地方政府推不动，我也很苦恼。”

在疏港过程中，改革思路也逐步梳理清楚——港口下放，调动地方政府积极性，扩大港口企业自主权。

1984 年 5 月，经党中央、国务院批准，天津港在交通部直属沿海港口中率先实行“双重领导、地方为主”的体制改革和“以港养港、以收抵支”的财政政策。

1985 年 3 月，国务院在天津市召开港口体制改革座谈会，肯定了天津港试点的做法和成效，部署其他交通部直属沿海港口分期分批下放。

1986 年 8 月 21 日，邓小平视察天津港时，了解到天津港的巨大变化后说，天津港下放两年来经济效益显著提高。人还是这些人，地还是这块地，一改革效益就上来了。

港口陆续下放极大地调动了地方政府的积极性，我国港口进入了大发展时期。1991 年到 2002 年间，李盛霖先后担任了天津市副市长、常务副市长、市长，直接参与了天津港长远发展规划的制定以及各项扶持政策的研究出台，协调解决了天津港大发展过程中遇到的大量具体问题。

“那些年天津港的货物吞吐量增长了 5 倍多，集装箱吞吐量增长了 6 倍。以天津港为依托，我们推进了天津开发区、保税区、高科技园区、港口工业区的发展，也为滨海新区建设打下了很好的基础。”李盛霖自豪地说，如今滨海新区已经纳入国家发展战略，被誉为“中国经济的第三增长极”。

2002 年调任中央部委工作后，李盛霖得以从国家经济、社会、贸易、国防等发展的战略高度和全局角度，参与推进我国港口快速、健康、持续发展。2006 年，交通部和国家发展改革委联合编制了《全国沿海港口布局规划》。2011 年，交通运输部出台了《关于促进沿海港口健康持续发展的意见》。“在这期间，我们还按照中央的要求全力配合上海市加快建设国际航运中心。”李盛霖告诉记者。

统计数据显示，截至 2012 年，我国已经拥有万吨级及以上专业化泊位 997 个、通用散货泊位 379 个、通用件杂货泊位 340 个，全国亿吨大港达到 29 个，全年港口货物吞吐量超过 107 亿吨、集装箱吞吐量达到 1. 77 亿标箱。无论是能力规模还是实际吞吐量，我国港口都稳居世界首位，港口的服务功能极大提升、服务水平不断提高。

以城兴港，港兴城兴。当城市政府希望港口有更大发展、发挥更大作用的时候，港城关系也不可避免出现一些新问题。“主要是城市之间争岸线、争货源、争腹地、争区域航运中心，往往影响到港口的统一规划、科学布局、合理配置。”李盛霖意识到，必须要通过建立新型港城关系来推进港口新一轮发展。

李盛霖在全国人大财经委工作期间，仍然十分关注港口发展。“党的十八大以来，在新发展理念引领下，交通运输部引导推动部分省份开展了以资产为纽带的区域港口一体化改革。”李盛霖告诉记者，他对河北、江苏、浙江等省的港口整合做过调查，印象最深的是习近平总书记曾亲自推进的宁波、舟山港口一体化，充分体现了区域经济发展规律和市场经济发展要求，取得了明显成效。

“从港口下放到政企分开再到资源整合，我国港口行业取得长足发展的根本原因，是始终坚持了中国特色社会主义港口发展道路。”李盛霖认为，进入新时代，必须继续深化改革、扩大开放，充分发挥市场的决定性作用，更好地发挥政府统一规划和依法监督作用，按照区域协调发展的要求，实现资源优化配置，形成港口发展新的优势，为客户提供更加便捷、高效的服务。

“难忘取消政府还贷二级公路收费的艰难。”

“贷款修路、收费还贷”是我国公路基础设施建设投融资政策的一项重大改革。这项政策自1984年实施以来，有效缓解了我国公路建设资金不足的矛盾，极大地加快了我国公路建设步伐，奠定了经济社会快速发展的重要基础。

统计数据显示，截至2008年年底，全国公路总里程达373.02万公里，其中高速公路6.03万公里、一级公路5.42万公里、二级公路28.52万公里。全国公路网中，95%的高速公路、61%的一级公路、42%的二级公路都是靠收费公路政策发展起来的。

伴随着公路交通发展突飞猛进，收费规模大、收费结构不合理等问题也随之而来。“说到收费公路，有两件事对我触动很大。”李盛霖回忆，“一件是我在天津当市长的时候，时任交通部部长黄镇东有次路过天津蓟县，给我打电话问农村公路怎么也收费。另一件是我刚到交通部工作的时候，收到好几封群众来信说，现在到处都是收费公路，公路还姓不姓公。”

李盛霖特地在一次全国交通工作会议上读了群众的来信，引发了交通干部职工的深入思考。大家认为，根据我国经济社会发展水平，今后一个时期内，收费公路政策仍是我国筹建公路交通建设资金的重要渠道，要坚持下去，同时要抓紧解决收费规模大、收费结构不合理等突出问题。

经过大量的调查研究，2008年年底到2009年年初，在中央直接领导下，利用成品油价格和税费改革的机遇，交通运输部开始推进取消政府还贷二级公路收费。“二级公路是以地方为主投资建设的公路，涉及很多利益主体和相关部门，意见分歧很大。”李盛霖回忆，“当时国务院总理、副总理都分别主持召开会议统一思想认识，最后省长们都签字同意。这充分体现了党的领导和社会主义制度的优越性。”

根据国务院批准的实施方案，取消政府还贷二级公路收费采取地方自愿原则，分期分批实施。中央财政每年安排260亿元专项补助资金用于地方的债务偿还。国务院还印发了一系列配套文件，确保改革平稳有序实施。2009年全国有13个省份取消了政府还贷二级公路收费，撤销站点1430个，占全国同类站点的74%。截至2017年年底，全国仅剩5000公里政府还贷二级公路尚未取消收费。

“逐步有序取消政府还贷二级公路收费，有力解决了收费公路规模过大等突出问题，为公路交通可持续发展夯实了基础。”李盛霖说，“现在跟很多老同志聊起来，大家都忘不了取消政府还贷二级公路收费的复杂和艰难。如果当时不下狠心解决，拖到现在可能就更难了，成本也更高。”

在调整和完善收费公路政策的过程中，交通运输部党组遵循兼顾公平和效率的原则，提出了构建“两个公路体系”的发展思路，即以普通公路为主的非收费公路体系和以高速公路为主的收费公路体系。“当时设想，收费公路里程不能超过公路总里程的3%，在高速公路上行车条件好些、效率高些，应交费。一个人从一个地方开车到另一个地方，不愿走收费公路的话，应该有不收费公路可以到达。”李盛霖说。

按照这个思路，交通运输部会同国家发展改革委向国务院作了专项报告，中央财政增加了对非收费公路建设的资金投入，加大了对体现基本公共服务均等化的农村公路建设的支持力度。同时，交通运输部组织研究编制了国家公路网规划，调整扩大高速公路网，优化完善普通公路网，着手推动《收费公路管理条例》的修订等。

党的十八大以来，交通运输部一直致力于深化收费公路制度改革。“在中国特色社会主义市场经济条件下，现在解决医疗、养老、住房等民生问题，都强调基本公共服务和市场服务两个方面。”李盛霖说，“就公路交通而言，非收费公路具有基本公共服务性质，而收费公路则具有市场服务性质。”

“转型是当时一项紧迫工作也是长期任务。”

“我到交通部工作的时候，我国交通运输正处于大发展的阶段。国家‘十一五’规划纲要明确把交通运输定位为服务业，并作为服务业中优先发展的领域。”李盛霖说，交通运输如何加快向现代服务业转型，是当时的一项紧迫任务。

2006年，交通部党组通过总结交通运输发展的基本经验，并在深化认识交通运输本质属性的基础上提出，交通运输要服务国民经济和社会发展全局、服务社会主义新农村建设、服务人民群众安全便捷出行。“三个服务”的理念得到很多交通运输干部职工的认可。

李盛霖告诉记者，之所以强调“三个服务”，是因为交通运输不仅是基础性产业，更是服务性行业。在过去很长一段时期，交通运输处于对经济社会发展的瓶颈制约状态，基础设施严重不足，大家注重基础设施建设是应该的，但有时对发挥现有设施的效率和提高服务水平关注不够。

2008年，面对国际金融危机的严峻挑战，行业转型变得愈发紧迫。按照中央的要求，结合交通运输工作实际，李盛霖和部党组成员开展了一系列调查研究，听取各方意见。大家认为，改革开放以来交通运输发展成绩显著，但矛盾和问题也很突出。特别是交通运输结构不尽合理、发展方式总体粗放的格局没有根本转变。

李盛霖对当时反映我国交通运输业与发达国家差距的3组数据记忆犹新：我国社会物流总成本占GDP的18%，发达国家仅为10%；我国运输费用占GDP的9%，发达国家仅为6%左右；我国载重汽车油耗比世界先进水平高30%，内河运输船舶油耗比世界先进水平高20%以上。

“在这种情况下，往往是短期问题和长期问题交织在一起，使得解决问题的难度很大。必须加快推进交通运输结构调整，切实转变交通运输发展方式。”李盛霖说。

推进交通运输结构调整，就是大力发展现代交通运输业，加快实现由传统产业向现代交通运输业的转型。主要是，积极推进综合运输体系发展；用现代科学技术、管理技术改造和提升交通运输，提高基础设施、运输装备的现代化水平和运营效能；适应现代服务业发展要求，不断拓展交通运输服务领域；积极探索资源节约、环境友好发展之路；建立健全完善的安全保障体系。

推进交通运输发展方式转变，就是努力做到“三个转变”，即由主要依靠基础设施投资建设拉动向建设、养护、管理和运输服务协调拉动转变；由主要依靠增加物质资源消耗向科技进步、行业创新、从业人员素质提高和资源节约环境友好转变；由主要依靠分散的单一运输方式的发展向综合运输体系发展转变。

在这些发展理念和工作思路的指导下，交通运输面貌发生了新的历史性变化。基础设施保障能力明显增强，运输服务水平明显提升，安全监管和应急处置能力明显加强，超额完成了“十一五”规划确定的目标任务，为保持全国经济平稳较快增长、改善民生、增加就业、提高综合国力作出了重要贡献。

“应该讲，转变发展方式、加快发展现代交通运输业，是当时的一项紧迫工作，也是一项长期的任务。”李盛霖认为，过去的高速发展是在比较低的基础上实现的。到了现在这个阶段，如果不继续在结构上作调整、在发展方式上作转变，就很难实现高质量发展。

党的十八大以来，习近平总书记多次对交通运输发展作出重要指示批示，强调“十三五”是交通运输基础设施发展、服务水平提高和转型发展的黄金时期。党的十九大提出了建设交通强国的宏伟目标，这是新时代赋予交通运输行业的新使命。

“交通运输部党组认真贯彻落实习近平总书记关于交通运输发展的重要指示批示和党的十九大精神，就推进交通强国建设作出了一系列工作部署。我对交通运输行业履行新使命、实现新目标充满信心。”李盛霖说。

“现在交通基础设施越来越多，很多指标都位列世界第一，我们已经是名副其实的交通大国，为什么还算不上交通强国?”李盛霖自问自答，“我们的差距很重要的是在服务方面。服务是交通运输的本质属性。把服务水平提高了，交通才能更加强起来。”

李盛霖认为，老百姓对美好生活的向往，在交通运输方面，一个是安全，另一个是便捷。一定要针对老百姓的愿望和要求继续做好服务。“我觉得现在最大的潜力是综合交通运输体系建设。要坚持统一规划、优化组合，同时充分利用互联网、物联网等先进技术，当然前提是绿色和安全。”李盛霖说。

采访结束时，李盛霖坚定地说：“我相信在交通运输部党组的坚强领导下，全体交通人锐意进取、接续奋斗，一定能够实现交通强国的宏伟目标。作为一名老交通人，我也期待着交通强国带给我们新的喜悦和美好体验。”

中国交通报
CHINA TRANSPORT NEWS
2018年12月14日 星期五 http://www.zgjtb.com | 第6877期 今日8版 | 邮发代号1-72 国内统一连续出版物号 CN 11-0122 交通运输部主管 中国交通报社主办

天津海事三大治理行动强化安全保障

本报讯（特约记者 [illegible] 通讯员 [illegible]）12月11日，据天津海事局"天津辖区水上交通安全形势媒体通气会"消息，该局今年以来开展的中小型船舶专项治理行动、平安交通百日专项行动、典型事故案例进航运公司进船员培训机构行动"三大治理行动"取得良好成效。1月至11月，天津海事局辖区共发生水上交通事故9起，同比下降43.8%，水上交通安全形势持续稳定。

在中小型船舶专项治理行动中，天津海事局现场检查船舶633艘次，航运公司264次，督促船舶整改缺陷2110项，督促航运公司整改问题518项；在平安交通百日专项行动中，排查发现船舶安全、公司安全管理等方面问题和隐患共计6167项，安全隐患目前已全部整改落实。该局执法人员还深入83家航运公司及60余家港航公司、船员服务机构等，发放宣传材料1430余份，送典型事故案例进航运公司、进船员培训机构，促进航运企业和船员提高预防能力。

天津海事局还联合相关部门清理处置了大批非法从事海上运输的内河船舶，召回3艘内河船舶；配合岸线、陆上工作组对非法卸砂点精准打击，取缔多个非法卸砂点。

据介绍，今年1月至11月，天津海事局辖区共处置海上险情37次，救助遇险船舶34艘，救助遇险人员376名。与去年同期相比，险情次数增加32.1%，救助遇险船舶数量增加100%，救助遇险人员数量增加79.0%。

全国交通运输综合行政执法改革工作推进视频会召开

不折不扣高标准高质量地完成改革各项任务 切实把思想和行动统一到中央决策部署上来

本报讯（记者 毛剑 实习记者 [illegible]）12月13日，全国交通运输综合行政执法改革工作推进视频会在部召开，传达贯彻《中共中央办公厅国务院办公厅印发〈关于深化交通运输综合行政执法改革的指导意见〉的通知》（简称《指导意见》）精神，全面部署和推进交通运输综合行政执法改革工作。部党组书记杨传堂出席会议并强调，要以习近平新时代中国特色社会主义思想为指导，切实增强"四个意识"，坚定"四个自信"，践行"两个坚决维护"，把思想和行动统一到中央决策部署上来，攻坚克难，担当作为，不折不扣高标准高质量地完成改革任务，为开启交通强国建设新征程提供有力的体制机制保障。部长李小鹏主持会议。

杨传堂指出，深化交通运输综合行政执法改革是党中央对全国交通运输系统部署的一项重大政治任务，是推进交通运输治理体系和治理能力现代化的一场深刻变革，是推动交通运输高质量发展的客观需要，是建设人民满意交通的必然要求。要准确把握中央深化交通运输综合行政执法改革的精神实质，将推进综合行政执法改革工作作为当前重大政治工作来抓，必须坚持整合组建执法队伍，大幅减少执法队伍类别，必须坚持着力解决多头多层重复执法问题，必须坚持严格规范公正文明执法，做到思想不乱、工作不断、队伍不散、干劲不减，确保行业安全和大局稳定。

杨传堂强调，要扎实推进交通运输综合行政执法改革各项重点任务。一要梳理精简执法事项。整合、精简行政检查事项，减少检查频次，制定执法事项清单，对于没有法律法规规章依据的执法事项一律予以取消。二要推进执法职责整合。严格按照《指导意见》要求，组建综合执法队伍，以交通运输部门名义实行统一执法。三要明确层级职责分工。厘清省、市、县（区）执法界限，省级要强化统筹协调和监督指导职责，设区市和市辖区原则上只保留一个执法层级，县级交通运输部门要积极探索落实"局队合一"体制。四要加强执法保障。将综合执法经费纳入同级财政预算，根据执法实际需要，合理配备执法执勤用车和船艇，大力推进非现场执法和信息化移动执法。五要严格队伍管理。严把执法人员准入关，坚持"凡进必考"，严格执行执法资格考试和持证上岗制度，切实优化执法队伍结构，实行执法队伍准军事化管理。六要加强作风建设。树立执法为民、依法行政的责任感和使命感，着力解决人民群众反映强烈的执法不规范问题，加强综合执法队伍的党组织建设，确保全面从严治党在基层落地落实。七要完善协作机制。建立交通运输执法跨区域联动联合协作机制，实现审批服务与执法监管信息开放共享、互联互通，健全行政执法和刑事司法衔接机制，完善案件移送制度，增强刑事打击效力。

杨传堂要求，要坚持正确改革方向，坚定信心，抓住机遇，把握好改革发展稳定关系，切实加强领导，强化责任担当，扎实细致推进，确保改革与安全监管两不误。

李小鹏强调，要切实把思想和行动统一到以习近平同志为核心的党中央的决策部署上来，深刻认识到完成改革任务是深化党和国家机构改革、推进治理体系和治理能力现代化、实现长治久安的需要，是深化交通运输改革，更好服务决胜全面建成小康社会、建设交通强国的需要，认真学习《指导意见》精神，准确把握改革要求，围绕改革目标，抓好改革任务落实，严明改革纪律，确保改革平稳有序，勇于担当，确保2019年3月底前完成交通运输综合行政执法队伍整合组建工作。

在京部领导，部总师，中央编办、司法部、人力资源和社会保障部有关司局负责同志出席会议。部内相关司局、部属在京相关单位负责同志在主会场参加会议，各省级交通运输主管部门设分会场参加会议。

今日看点
科学施救本领强 应急先锋勇担当 3版

服务是交通运输的本质属性

——访交通运输部原部长李盛霖

见证40年 主题访谈

本报记者 刘兴增

学生时代，他曾在港口苦苦排队，购买一张江苏南通到镇江的船票；工作以后，他曾通宵徘徊在火车站广场，等候从上海北上天津的列车。改革开放之初，他深深感受到几乎所有发展问题背后都有交通瓶颈制约；担任部长之后，他全力以赴推进交通运输由传统产业向现代服务业转型。他就是交通部最后一任、交通运输部首任部长李盛霖。

"从2005年年底到2012年8月，我担任部长前后不到7年，在我48年的工作生涯中仅占七分之一。但我对交通运输有深厚的感情，我一直感到自己是交通人。"日前，李盛霖接受了本报记者的采访。他动情地说："我亲身感受到了交通人的狠劲、巧劲、韧劲、闯劲，也深切体会到建成交通大国靠的是改革开放、建设交通强国仍然要靠改革开放。"

"我对港口改革发展的酸甜苦辣都有体会。"

"虽然在交通运输系统工作时间不算长，但我对40年来港口改革发展过程中的酸甜苦辣都有体会。"李盛霖说，"我体会过交通特别是港口作为瓶颈制约的苦恼，也感受到港口瓶颈得到初步缓解后的喜悦；我体会过港口大发展时期推动解决每个具体问题的艰难，也感受到港口发展适应了经济社会发展需求的自豪；我体会过港口大发展后面临新问题的困惑，也感受到在习近平新时代中国特色社会主义思想指引下港口新发展的希望。"

李盛霖接受专访。 [illegible] 摄

李盛霖与港口结缘，是从1983年担任天津市政府副秘书长开始的。"那时候天津港压港严重，每天都有三四十艘船在锚地等待进港装卸。时任国务院副总理万里多次到天津主持疏港。"李盛霖回忆，"当时我在分管经济工作的副市长领导下做一些具体工作。但是港口是中央管理的，地方政府推不动，我也很苦恼。"

在疏港过程中，改革思路也逐步梳理清楚——港口下放，调动地方政府积极性，扩大港口企业自主权。

1984年5月，经党中央、国务院批准，天津港在交通部直属沿海港口中率先实行"双重领导、地方为主"的体制改革和"以港养港、以收抵支"的财政政策。

1985年3月，国务院在天津市召开港口体制改革座谈会，肯定了天津港试点的做法和成效，部署其他交通部直属沿海港口分期分批下放。

1986年8月21日，邓小平同志视察天津港时，了解到天津港的巨大变化后说，天津港下放两年来经济效益显著提高。人还是这些人，地还是这块地，一改革效益就上来了。

港口陆续下放极大地调动了地方政府的积极性，我国港口进入了大发展时期。1991年到2002年间，李盛霖先后担任了天津市副市长、常务副市长、市长，直接参与了天津港长远发展规划的制定以及各项扶持政策的研究出台，协调解决了天津港大发展过程中遇到的大量具体问题。

"那些年天津港的货物吞吐量增长了5倍多，集装箱吞吐量增长了6倍。以天津港为依托，我们推进了天津开发区、保税区、高科技园区、港口工业区的发展，也为滨海新区建设打下了很好的基础。"李盛霖自豪地说，如今滨海新区已经纳入国家发展战略，被誉为"中国经济的第三增长极"。

（下转4版）

李建波出席大连海事大学科技创新大会，强调

在"双一流"建设中争取科技创新与成果转化"双丰收"

本报讯 12月13日上午，大连海事大学科技创新大会在校召开。交通运输部党组成员李建波出席会议并强调，要认真学习贯彻习近平总书记关于科技创新的重要论述和党的十九大精神，充分发挥学校科研优势，主动融入和服务国家战略，全面提升科研供给能力和水平，让"双一流"建设与科技创新相互辉映、互相促进。

李建波指出，近几年来，大连海事大学科技创新工作取得了明显成效，在技术、人才和智力等方面为交通运输事业发展发挥了有力支持作用。在谋划开启交通强国建设的重要历史节点上，要准确把握当前交通运输事业发展面临的新形势新任务，深刻认识中美贸易摩擦背景下出现的新情况新问题，进一步增强责任感、危机感和使命感，瞄准世界科技前沿，坚持创新驱动引领，聚焦关键核心技术研发，将科技创新与国家战略、行业需求、区域发展协调衔接，为交通强国奉献优异的科技创新成果。

李建波强调，结合大连海事大学实际，要重点做到"五个聚焦"。一是聚焦交通科技前沿，提前谋划布局，深入研究智能航运、智慧港口、无人船舶、深远海运载作业等在交通运输领域应用；二是聚焦"人才强校"战略，坚持"引培并举"，加大创新型人才特别是科研领军人才的培养力度；三是聚焦科技成果转化，落实关于项目管理、技术路线决策、预算调剂、成果转化收益分配等方面的政策，允许转制院所和事业单位管理人员、科研人员以"技术股+现金股"形式持有股权，充分激发科研人员的创新创业热情；四是聚焦军民融合，加强与军工单位的科技合作和成果转化，尽快成长为国防科技创新体系中独具优势的"方面军"；五是聚焦办学定位和学科特色，不断优化科研管理机制，推动校内科研仪器设备以市场化方式运营，增强自身创新活力和"造血"功能。

会议还表彰了2018年度学校优秀科技成果，发布了2018年度学术进展成果，启动建立智慧海洋军民融合研究院。交通运输部科技司、科技部高新司、国防科工局科技司、辽宁省科技厅有关负责同志参加会议，大连海大校领导班子、全体中层干部、教师职工代表、学生代表等900余人参加会议。 （闫欣）

邮乐购助脱贫

江西省吉安市遂川县创新扶贫方式，利用"邮乐购"帮助农民脱贫。

遂川县高坪镇车下村地处罗霄山脉，2013年村党支部书记张冬梅带领村民成立专业合作社，种植高山油茶、茶叶，并通过"邮乐购"电商站点把土特产销往各地。

图为村民拎着土特产到"邮乐购"电商站点销售。 [illegible] 文/图

十二城获评"国家公交都市建设示范城市"

奋力推进城市交通高质量发展

本报讯（记者 [illegible]）12月13日，2018年全国城市交通工作暨"公交都市"建设推进会在广东广州召开，交通运输部副部长刘小明、广东省副省长陈良贤出席会议并讲话。

刘小明指出，城市交通对城市经济具有全局性、先导性的影响，是城市经济实现高质量发展的重要内容。要以习近平新时代中国特色社会主义思想为指引，准确把握城市交通发展面临的新形势新要求，主动顺应新时代发展新趋势，加快建立以规划先行为核心的城市交通发展格局、以公交都市为标杆的城市交通出行服务系统、以绿色出行为特征的城市交通服务供给模式、以安全稳定为底线的城市交通服务保障系统，以及以法律、经济、技术手段为主，行政手段为辅的城市交通管理体系，加快形成以新老业态融合为导向的城市交通协调发展局面，奋力推进城市交通高质量发展，为开启交通强国建设新征程、更好地满足人民群众美好出行需要作出新的更大贡献。

陈良贤表示，广东近年来紧紧围绕城市优先发展公共交通战略，以打造人民满意的交通为根本出发点，以建设交通强省为目标，加快推进高快速交通网、港航等现代化交通基础设施建设，加快形成安全、便捷、高效、绿色、经济的综合交通运输体系，推动行业从大规模、高速度发展向高质量、高效益发展转变，为保障人民群众日常出行和促进城市经济社会发展发挥了重要作用。当前，广东正深入学习贯彻习近平总书记视察广东重要讲话精神，总结改革开放40年历史和实践，全面推进粤港澳大湾区建设，以新担当新作为奋力把改革开放不断推向深入。广东将以此为契机，努力破解城市交通发展阶段所遇到的重点、难点问题，推动城市交通发展迈入新阶段。

会议通报了2018年第三批"公交都市"建设督导情况，并授予北京、天津、大连、苏州、杭州、宁波、郑州、武汉、长沙、广州、深圳、银川12个城市"国家公交都市建设示范城市"称号。

温州市交通运输局人事处处长周海波

"最多跑一次"改革的急先锋

特约记者 [illegible]

当浙江"最多跑一次"改革的春风吹过瓯越大地，温州交通在勃勃生机中收获了令人欣喜的改变。"一联五変六批"通过让"数据多跑腿"，实现了老百姓"少跑腿"；"全城通办""一窗受理、综合服务""掌上办"等11项举措全国首创，获得交通运输部、浙江省交通运输厅和温州市委、市政府的高度肯定。

全市平均办件从改革前的跑2.8次降为0.13次，平均办事时长比改革前减少5天，每年为社会减轻负担3亿多元，温州成为交通运输系统"最多跑一次"改革中的"样板"。在亮眼的成绩背后，有一个默默奉献在一线、被誉为改革"急先锋"的人，他就是温州市交通运输局人事处处长周海波。

敢为人先 将办证大厅"搬"到网上

"敢为人先""爱折腾"，是周海波身上最鲜明的标签。去年3月，浙江"最多跑一次"改革拉开序幕，周海波正式接手相关任务。

"两眼一摸黑，一开始谁也不知道怎么做。"周海波一面召集温州交通运输系统各个审批部门的负责人据席协商，一边寻找着突破点。一个想法逐渐在他的脑海中形成：怎么样才能让百姓"一次都不用跑"？

一天晚上，周海波接到了温州市港航管理局审批处处长庄才华的电话。谈话中，周海波得知现行的船舶营运证换发制度不合理，海运企业必须派人带申报材料及原件到审批中心办理。办理过程中，船舶不能运营，一艘5万吨级散货船停在港口一天要耗费成本7万元，待审核下来至少损失20万元。如果船从外海开回来，损失还会更多。

（下转2版）

□值班编委 [illegible] 本版副主编 [illegible] 责编 [illegible] □E-mail:xw1b@zgjtb.com □新闻热线:(010)64255441 □发行热线:(010)64256206 □广告热线:(010)64250642 □培训热线:(010)65299681

服务是交通运输的本质属性

——访交通运输部原部长李盛霖

2018年12月14日 星期五 4版
主编 王金岩 责编 于点 电话：010-65293632 64252864 E-mail:zgjtb@126.com
见证40年 主题访谈
中国交通报 CHINA TRANSPORT NEWS

服务是交通运输的本质属性

——访交通运输部原部长李盛霖

回忆过往，李盛霖娓娓道来。 李然 摄

（上接1版）

2002年调任中央部委工作后，李盛霖得以从国家经济、社会、贸易、国防等发展的战略高度和全局角度，参与推进我国港口快速、健康、持续发展。2006年，交通部和国家发展改革委联合编制了《全国沿海港口布局规划》。2011年，交通运输部出台了《关于促进沿海港口健康持续发展的意见》。"在这期间，我们还按照中央的要求全力配合上海市加快建设国际航运中心。"李盛霖告诉记者。

统计数据显示，截至2012年，我国已经拥有万吨级及以上专业化泊位997个、通用散货泊位379个、通用件杂货泊位340个，全国亿吨大港达到29个，全年港口货物吞吐量超过107亿吨、集装箱吞吐量达到1.77亿标箱。无论是能力规模还是实际吞吐量，我国港口都稳居世界首位，港口的服务功能极大提升、服务水平不断提高。

以城兴港，港兴城兴。当城市政府希望港口有更大发展、发挥更大作用的时候，港城关系也不可避免出现一些新问题。"主要是城市之间争岸线、争货源、争腹地、争区域航运中心，往往影响到港口的统一规划、科学布局、合理配置。"李盛霖意识到，必须要通过建立新型港城关系来推进港口新一轮发展。

李盛霖在全国人大财经委工作期间，仍然十分关注港口发展。"党的十八大以来，在新发展理念引领下，交通运输部引导推动部分省份开展了以资产为纽带的区域港口一体化改革。"李盛霖告诉记者，他对河北、江苏、浙江等省的港口整合做过调查，印象最深的是习近平总书记曾亲自推进的宁波、舟山港口一体化，充分体现了区域经济发展规律和市场经济发展要求，取得了明显成效。

"从港口下放到政企分开再到资源整合，我国港口行业取得长足发展的根本原因，是始终坚持了中国特色社会主义港口发展道路。"李盛霖认为，进入新时代，必须继续深化改革、扩大开放，充分发挥市场的决定性作用，更好地发挥政府统一规划和依法监督作用，按照区域协调发展的要求，实现资源优化配置，形成港口发展新的优势，为客户提供更加便捷、高效的服务。

1998年，从天津港下水的煤炭达3000多万吨，那时，天津港已成为我国第二大能源港。

如今的天津港服务功能更加完善。

“难忘取消政府还贷二级公路收费的艰难。”

"贷款修路、收费还贷"是我国公路基础设施建设投融资政策的一项重大改革。这项政策自1984年实施以来，有效缓解了我国公路建设资金不足的矛盾，极大地加快了我国公路建设步伐，奠定了经济社会快速发展的重要基础。

统计数据显示，截至2008年年底，全国公路总里程达373.02万公里，其中高速公路6.03万公里、一级公路5.42万公里、二级公路28.52万公里。全国公路网中，95%的高速公路、61%的一级公路、42%的二级公路都是靠收费公路政策发展起来的。

伴随着公路交通发展突飞猛进，收费规模大、收费结构不合理等问题也随之而来。"说到收费公路，有两件事对我触动很大。"李盛霖回忆，"一件是我在天津当市长的时候，时任交通部部长黄镇东有次路过天津蓟县，给我打电话问农村公路怎么也收费。另一件是我刚到交通部工作的时候，收到好几封群众来信说，现在到处都是收费公路，公路还姓不姓公。"

李盛霖特地在一次全国交通工作会议上读了群众的来信，引发了交通干部职工深入思考。大家认为，根据我国经济社会发展水平，今后一个时期内，收费公路政策仍是我国筹建公路交通建设资金的重要渠道，要坚持下去，同时要抓紧解决收费规模大、收费结构不合理等突出问题。

经过大量的调查研究，2008年年底到2009年年初，在中央直接领导下，利用成品油价格和税费改革的机遇，交通运输部开始推进取消政府还贷二级公路收费。"二级公路是以地方为主投资建设的公路，涉及很多利益主体和相关部门，意见分歧很大。"李盛霖回忆，"当时国务院总理、副总理都分别主持召开会议统一思想认识，最后省长们都签字同意。这充分体现了党的领导和社会主义制度的优越性。"

根据国务院批准的实施方案，取消政府还贷二级公路收费采取地方自愿原则，分期分批实施。中央财政每年安排260亿元专项补助资金用于地方的债务偿还。国务院还印发了一系列配套文件，确保改革平稳有序实施。

2009年全国有13个省份取消了政府还贷二级公路收费，撤销站点1430个，占全国同类站点的74%。截至2017年年底，全国仅剩5000公里政府还贷二级公路尚未取消收费。

"逐步有序取消政府还贷二级公路收费，有力解决了收费公路规模过大等突出问题，为公路交通可持续发展夯实了基础。"李盛霖说，"现在跟很多老同志聊起来，大家都忘不了取消政府还贷二级公路收费的复杂和艰难。如果当时不下狠心解决，拖到现在可能就更难了，成本也更高。"

在调整和完善收费公路政策的过程中，交通运输部党组遵循兼顾公平和效率的原则，提出了构建"两个公路体系"的发展思路，即以普通公路为主的非收费公路体系和以高速公路为主的收费公路体系。"当时设想，收费公路里程不能超过公路总里程的3%，在高速公路上行车条件好些、效率高些，应交费。一个人从一个地方开车到另一个地方，不愿走收费公路的话，应该有不收费公路可以到达。"李盛霖说。

按照这个思路，交通运输部会同国家发展改革委向国务院作了专项报告，中央财政增加了对非收费公路建设的资金投入，加大了对体现基本公共服务均等化的农村公路建设的支持力度。同时，交通运输部组织研究编制了国家公路网规划，调整扩大高速公路网，优化完善普通公路网，着手推动《收费公路管理条例》的修订等。

党的十八大以来，交通运输部一直致力于深化收费公路制度改革。"在中国特色社会主义市场经济条件下，现在解决医疗、养老、住房等民生问题，都强调基本公共服务和市场服务两个方面。"李盛霖说，"就公路交通而言，非收费公路具有基本公共服务性质，而收费公路则具有市场服务性质。"

2018年7月，湖北省高速公路全线开通"银联无感支付"服务。

“转型是当时一项紧迫工作也是长期任务。”

"我到交通部工作的时候，我国交通运输正处于大发展的阶段。国家'十一五'规划纲要明确把交通运输定位为服务业，并作为服务业中优先发展的领域。"李盛霖说，交通运输如何加快向现代服务业转型，是当时的一项紧迫任务。

2006年，交通部党组通过总结交通运输发展的基本经验，并在深化认识交通运输本质属性的基础上提出，交通运输要服务国民经济和社会发展全局、服务社会主义新农村建设、服务人民群众安全便捷出行。"三个服务"的理念得到很多交通运输干部职工的认可。

李盛霖告诉记者，之所以强调"三个服务"，是因为交通运输不仅是基础性产业，更是服务性行业。在过去很长一段时期，交通运输处于对经济社会发展的瓶颈制约状态，基础设施严重不足，大家注重基础设施建设是应该的，但有时对发挥现有设施的效率和提高服务水平关注不够。

2008年，面对国际金融危机的严峻挑战，行业转型变得愈发紧迫。按照中央的要求，结合交通运输工作实际，李盛霖和部党组的同志开展了一系列调查研究，听取各方意见。大家认为，改革开放以来交通运输发展成绩显著，但矛盾和问题也很突出。特别是交通运输结构不尽合理、发展方式总体粗放的格局没有根本转变。

李盛霖对当时反映我国交通运输业与发达国家差距的3组数据记忆犹新：我国社会物流总成本占GDP的18%，发达国家仅为10%；我国运输费用占GDP的9%，发达国家仅为6%左右；我国载重汽车油耗比世界先进水平高30%，内河运输船舶油耗比世界先进水平高20%以上。

"在这种情况下，往往是短期问题和长期问题交织在一起，使得解决问题的难度很大。必须加快推进交通运输结构调整，切实转变交通运输发展方式。"李盛霖说。

福银高速公路庐山服务区咖啡厅。

推进交通运输结构调整，就是大力发展现代交通运输业，加快实现由传统产业向现代交通运输业的转型。主要是，积极推进综合运输体系发展；用现代科学技术、管理技术改造和提升交通运输，提高基础设施、运输装备的现代化水平和运营效能；适应现代服务业发展要求，不断拓展交通运输服务领域；积极探索资源节约、环境友好发展之路；建立健全完善的安全保障体系。

推进交通运输发展方式转变，就是努力做到"三个转变"，即由主要依靠基础设施投资建设拉动向建设、养护、管理和运输服务协调拉动转变；由主要依靠增加物质资源消耗向科技进步、行业创新、从业人员素质提高和资源节约环境友好转变；由主要依靠分散的单一运输方式的发展向综合运输体系发展转变。

在这些发展理念和工作思路的指导下，交通运输面貌发生了新的历史性变化。基础设施保障能力明显增强，运输服务水平明显提升，安全监管和应急处置能力明显加强，超额完成了"十一五"规划确定的目标任务，为保持全国经济平稳较快增长、改善民生、增加就业、提高综合国力作出了重要贡献。

"应该讲，转变发展方式、加快发展现代交通运输业，是当时的一项紧迫工作，也是一项长期的任务。"李盛霖认为，过去的高速发展是在比较低的基础上实现的。到了现在这个阶段，如果不继续在结构上作调整、在发展方式上作转变，就很难实现高质量发展。

党的十八大以来，习近平总书记多次对交通运输发展作出重要指示批示，强调"十三五"是交通运输基础设施发展、服务水平提高和转型发展的黄金时期。党的十九大提出了建设交通强国的宏伟目标，这是新时代赋予交通运输行业的新使命。

"交通运输部党组认真贯彻落实习近平总书记关于交通运输发展的重要指示批示和党的十九大精神，就推进交通强国建设作出了一系列工作部署。我对交通运输行业履行新使命、实现新目标充满信心。"李盛霖说。

"现在交通基础设施越来越多，很多指标都位列世界第一，我们已经是名副其实的交通大国，为什么还算不上交通强国？"李盛霖自问自答，"我们的差距很重要的是在服务方面。服务是交通运输的本质属性。把服务水平提高了，交通才能更加强起来。"

李盛霖认为，老百姓对美好生活的向往，在交通运输方面，一个是安全，另一个是便捷。一定要针对老百姓的愿望和要求继续做好服务。"我觉得现在最大的潜力是综合交通运输体系建设。要坚持统一规划、优化组合，同时充分利用互联网、物联网等先进技术，当然前提是绿色和安全。"李盛霖说。

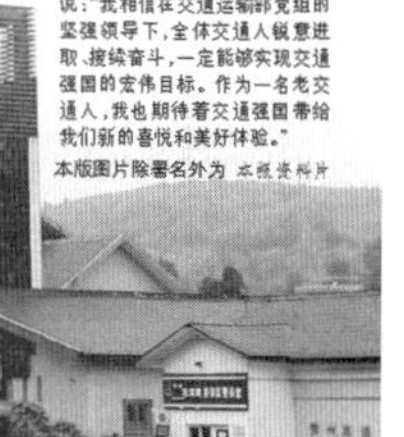

采访结束时，李盛霖坚定地说："我相信在交通运输部党组的坚强领导下，全体交通人锐意进取、接续奋斗，一定能够实现交通强国的宏伟目标。作为一名老交通人，我也期待着交通强国带给我们新的喜悦和美好体验。"

本版图片除署名外为 本报资料片

杭瑞高速公路贵州境内遵义至毕节段服务区。

地址：北京市朝阳区安华西里三区13号楼 邮编：100011 总编室：(010)65293633 通联部：(010)65293561 (010)64252114(传真) 采编中心：(010)64255441 公路中心：(010)65293615 水运中心：(010)64255824 运输中心：(010)65293641
新媒体中心(010)64255469 培训中心：(010)65299681 广告部：(010)64250642 (010)64255452(传真) 北京中通广告公司：(010)64252934 广告经营许可证：京朝工商广字0142号 每年定价460元 每月定价38.34元 零售每份1.92元 中国青年报印刷厂印刷

凝心聚力　鹏程万里

——访中国民用航空局原副局长李军

本报记者　毛　剑　实习记者　张雨涵

见报日期　2018 年 12 月 17 日

“现在打‘飞的’已经是群众出行的常规操作了，可在改革开放前，坐飞机是一件很奢侈的事情，甚至有一段时期，县团级以上干部凭介绍信才能购买机票！”今昔对比，中国民用航空局原党组副书记、副局长，中国航空运输协会理事长李军如是说。

改革开放犹如一个巨大的引擎，助力我国民航展翅高飞、鹏程万里。李军给记者列出了一组数据：1978 年，全行业旅客运输量 230 万人，世界综合排名仅为第 37 位，旅客运输量在国家综合交通体系中的比重很小；2017 年，全行业累计完成运输总周转量约 1083 亿吨公里、旅客运输量约 5.5 亿人次、货邮运输量约 706 万吨，分别约是 1978 年的 362 倍、239 倍和 110 倍，旅客运输量在国家综合交通运输体系中的比重已经从 1978 年的 1.6% 上升到 2017 年的 29%。40 年来，我国民航业实现了举世瞩目的快速发展，为国民经济建设和社会发展作出了积极贡献。

从 1977 年 9 月任原中国民用航空总局政治部干事，到 2014 年 4 月离任中国民用航空局副局长，李军在民航局机关和中央企业先后工作30多年，目睹了民航改革发展的全过程，深度参与了部分改革工作。在庆祝改革开放40周年之际，李军接受本报记者专访，分享了他了解的民航重大改革。

解放思想有阻力　三轮改革渐深入

改革开放40年来，民航经历了三轮重大改革。第一轮是1977年至1980年，由归军队管理改为用经济的办法来管理；第二轮是1984年至1992年，政企分开，航空公司、机场和服务保障系统分设；第三轮是2001年至2004年，航空企业与原民航总局脱钩，机场移交地方管理。

李军表示，民航过去政企不分，实行的是四级管理，即民航总局—地区管理局—省（区、市）管理局—航站。经过几轮改革，先后实现了政企分开，进行了机构精简，形成国家层面的中国民航局，按六大区域和新疆维吾尔自治区划设的地区管理局，并在除此以外的省（区、市）设立安全监管局。

从国家层面来说，民航管理机构多次更名，曾称中国民用航空总局或中国民用航空局。1980年改归国务院直接领导时，称民航总局，后改为民航局。1993年改称总局，并升格为正部级。2008年实行大部制改革，改为民航局，为归口交通运输部管理的国家局。

回忆起三轮重大改革，李军十分感慨："改革过程真是非常不容易，需要冲破一些阻力、破除一些障碍。但在党中央、国务院的坚强领导下，大家还是凝心聚力，攻坚克难，坚持问题导向，积极稳妥地迈出了坚定的改革步伐。"

1977年起，民航第一轮重大改革——军政分管企业化，开始酝酿。邓小平是中国改革开放的总设计师，他亲自谋划并推动了民航的体制改革。据资料记载，在改革开放初期，邓小平每年都对民航作出重要指示，要求民航加快发展，改革开放要走在前面。

我国改革开放拉开序幕，是以1978年党的十一届三中全会为标志。不过，在1977年4月18日，邓小平即将恢复工作之时，就听取了原民航总局主要领导的汇报，明确指出，民航要集中抓好训练、整顿和改革。1978年10月9日，十一届三中全会召开前夕，邓小平对原民航总局主要领导说，民航在现代社会是不可缺少的部门，要想办法把步子迈得大一些。他特别强调："按经济的办法来管理经济，要按企业来办。要把军队的一套改过来。"这一重要指示，为推动民航发展指明了方向，确定了民航改革的基调。1979年10月和1980年2月，他又专门谈到民航的改革与发展，并在1980年明确指出"民航一定要企业化"。

“邓小平同志所讲的企业化，是针对当时民航的军事化管理。”李军说，此前一段时间，民航纳入军队建制，在当时情况下对保持行业稳定和正常运转起到了重要作用，“但随着党和国家的工作重点转为以经济建设为中心，原有体制就不合时宜了。”

尽管过程中因为一些阻力，改革出现过停滞，但按照邓小平确定的方针，国务院、中央军委于1980年3月5日发出《关于民航总局不再由空军代管的通知》，民航系统对组织体制、规章制度、核算办法等进行了全面调整，民航第一轮重大改革顺利完成。

民航的第二轮重大改革，实行政企分开，航空公司、机场和服务保障系统分设。从1984年酝酿至1992年基本完成，持续8年。

在此期间，时任国务院副总理李鹏主管工交工作，对民航发展高度重视。李军介绍，针对当时民航发展很快，改革处于关键阶段，安全压力很大，需要加强领导，各方面需给予大力支持的情况，李鹏还提议专门设立“国务院民航工作办公会议”，研究解决民航重大问题。

李军回忆，1984年8月底至9月初，原民航局党委常委召开扩大会议，重点讨论了体制改革问题，会后向国务院报送了改革意见。1984年10月，党的十二届三中全会作出《中共中央关于经济体制改革的决定》。1985年1月7日，国务院批转《关于民航系统管理体制改革的报告》。国务院批准报告后，民航局局长的胡逸洲从1986年4月17日起，亲自带领工作组到原民航成都管理局进行试点，目的是调查论证在政企分开、航空公司与机场等分设中，职能、业务、人员、资产如何合理配置。

据《李鹏经济日记》记载，他于1986年连续4次召集研究民航体制改革问题。8月17日的日记记录了所确定的三项原则：“（一）政企分开。（二）力量不过于分散。（三）保持竞争。”11月13日，李鹏副总理主持召开国务院民航工作办公会议，研究同意民航系统改革方案和实施步骤，1987年1月国务院正式行文批准。

1987年10月15日，中国民航西南地区管理局、中国西南航空公司、成都双流机场宣布成立。当年12月，进行了华东地区民航的改革。1988年至1990年相继完成华北、西北和东北地区民航的改革。1991年和1992年分步实施了中南地区民航改革。至此，民航新型管理体制架构基本形成，第二轮改革基本完成。

“李鹏同志组织反复研究改革实施方案，其中一个焦点，是成立几个航空公司为宜。原民航局报告并经中央原则同意的，是以原来6个地区管理局为基础，组建6个公司。但到正式实施时，大家对此有不同意见，有的主张只成立2个或3个公司。经过反复论证，仍然维持成立6个公司的方案。”李军告诉记者，应该看到，虽然后来又进行了重组，但在当时情况下，就地组建公司有利于平稳过渡，保持安全运行。

“当然，改革也很有难度，军企分开的改革推迟了一年，对政企分开认识也不完全一致，但改革潮流是大势所趋，我们要与世界接轨，就必须顺势而为。”李军笑着说。

民航第三轮重大改革，从2001年开始准备，2004年基本完成。主要是实施企业重组，与民航行业管理部门脱钩；在各省、自治区、直辖市将行政管理机构与机场分离，绝大多数机场移交地方管理。

李军回忆，这次企业重组是按“企业自愿、政府引导、发挥集团优势”的原则进行的。在原民航总局组织协调、企业通过沟通达成重组意向的基础上，国务院于2002年3月3日批准了民航体制改革方案。10月11日，国家计委和民航总局在北京人民大会堂召开民航企业改革重组大会，宣布中航、东航、南航三大航空集团公司和中航油、中航信、中航材三大服务保障集团公司成立。

他表示，实施这项改革，包含了三个方面的重要意义。一是进一步推进政企分开，也包括政资分开。二是扩大企业规模，支持做大做强。三是按照专业化要求，促进服务保障集团的发展。

“本轮改革的另一个重头戏，是对各省、区、市的民航单位，分别组建机场管理机构和航空安全监管办公室。除北京首都机场集团公司和西藏机场外，机场统一移交地方管理。先在山东、湖南、青海三省进行了试点，然后全面铺开。”李军回忆，他参加了重庆民航的体制改革和机场移交。

市场取向放运价　航空出行大众化

从普通消费群体坐不起飞机到航空出行常态化，李军说，除了国民经济发展、人民生活水平提高外，民航价格也逐步市场化。“民航运价形成机制改革，非常值得回味。”李军说。

李军介绍，我国民航国内航线自1950年8月开航到1997年9月，一直实行政府定价。民航国际航线运价则按照国际运价规则确定，明显高于国内运价。至1997年，国内航线运价每客公里平均水平，一类票价（境内乘客）为0.66元，二类票价（境外乘客）为0.94元。随着民航管理体制改革，特别是政企分开，实施企业化管理后，国家同意民航逐步提高价格水平。

1997年6月，国家计委和民航总局联合发出通知，自当年7月1日起，两种票价按每客公里平均0.75元，实行就中偏低并轨。由此，境外旅客运价降低了20%，境内旅客运价提高了13.6%。为减少对市场需求的影响，民航总局决定，从当年9月份开始，试行运价幅度管理，即允许航空公司打折销售。

“实行国内航线运价幅度管理，是完全符合改革方向的，但在当时却没有坚持下去。”李军告诉记者，其主要原因是大家（主要为境内旅客）不能马上适应运价提高。

同时，1997年发生亚洲金融危机，国内经济也在治理整顿，航空运输市场比较疲软，名义上提高运价抑制了需求。在这种情况下，航空公司竞争加剧，放松运价管理后竞相削价，收益水平大幅度下降，导致经济效益严重滑坡。为了扭转这种局面，国家计委和民航总局于1999年1月发出通知，要求航空公司按公布运价销售，不允许擅自降低或提高。这一通知当时被新闻媒体称为“禁折令”，实际上是中止了运价幅度管理。

李军于2001年4月担任民航总局副局长，分管财务工作。“那时直属企业还没有脱钩，我们的一项重要任务是继续抓好扭亏增盈。所采取的一项主要措施，是制止暗扣销售。”他解释说，“所谓暗扣销售，是指航空公司不执行政府的限价政策，采取向销售代理返还收入等办法，由销售代理降价售票。”通过对这种行为进行查处，制止了收入流失，再加之其他措施，2001年民航总局实现了一些盈利。2002年5月，民航总局、国家计委、公安部、税务总局、工商总局联合发出《关于坚决打击暗扣销售和非法经营销售国内机票行为、规范航空运输市场秩序的通知》，进一步强化整治，取得了更大效果。

李军坦言，采取以上措施，是当时情况下的权宜之计，既是必要的，也是被迫的。从根本上来说，还是要按市场化方向，改革运价管理体制。实际上，在稳定市场的同时，民航总局在国家计委的指导下进行研究，2002年就形成了一个草案，准备召开听证会听取意见，修改完善后推出。但是，2003年年初因“非典”受到耽搁。7月份疫情过后，全国第一个价格听证会召开，会后经国务院批准，民航总局和国家发展改革委联合印发了《民航国内航空运输价格改革方案》，2004年4月20日开始实施。

“这次改革的基点，是由政府定价转变为政府指导价。具体来说就是政府确定基准价和浮动幅度，航空公司在此框架内自行决定销售价格。”李军说。

2004年出台的改革方案，对省区内与其他交通方式形成竞争的短途航线，实行了市场调节价，但数量很少。实施几年以后，在更大范围陆续放开。到目前为止，只有一少部分尚未形成充分竞争的航线实行政府指导价，总体上已过渡到市场调节的运价体制。与此同时，进行了机场收费、航油价格和其他收费管理的改革。

李军表示，民航不断深化价格体制改革，转换价格形成机制，成效逐步显现。对国家来说，航空运输得到了快速发展。对企业来说，增强了经营活力，扩大了市场空间，增加了运输收益。尤其是对广大消费者来说，更是极大的利好，相当多的旅客是以低于平均运价水平购买机票的，越来越多的人坐得起飞机了，航空运输走向了大众化。

无论是三轮重大改革，还是蕴含其中的运价形成机制改革，民航为何能够一直在深化改革的道路上不断积极探索前进？李军认为，主要是因为现代化和国际性。

一方面，民航是一种现代化的交通运输方式，国家高度重视，改革开放也对其提出了极大需求，这都为民航发展提供了充足动力。另一方面，民航的国际属性非常强，需要积极与世界先进水平接轨，客观上促进了民航快速发展。

李军表示，进入新时代，中国民航局认真学习贯彻党的十九大精神，落实“一二三三四”总体思路，民航局机关和全行业全力施展新作为，处处呈现新气象，作为一个老民航人，感到十分欣慰。

采访尾声时，李军谈起了这些年来对写作的热爱。多年来，他笔耕不辍，编写了《中国民航年谱（1949—2010）》《民航研究论丛》《民航发展改革文稿》等多部作品。他表示，文字是机关的一个门面，是机关干部必备的能力，写东西有利于促进思考、深化学习，提高自身综合素质，长年累月的坚持最终源于爱与责任，是对行业情结、事业感情的真实记录。

CHINA TRANSPORT NEWS

2018年12月17日 星期一 http://www.zgjtb.com | 第6878期 今日8版 | 邮发代号1-72 国内统一连续出版物号 CN 11-0122 交通运输部主管 中国交通报社主办

部党组今年第二轮巡视反馈工作完成

本报讯　经中共交通运输部党组批准，9月至11月，部党组巡视组开展2018年第2轮巡视工作，对部水科院、部职业资格中心、长江海事局、辽宁海事局和中国船级社武汉分社、大连分社6家单位党组织进行了常规巡视。12月10日至14日，部党组巡视组陆续向6家单位党组织反馈巡视情况，传达了中央关于巡视工作的重要精神和部党组巡视工作有关要求。

反馈直接指出被巡视单位党组织存在的问题和不足，对抓好整改工作提出要求，切实体现了巡视的公信力和严肃性。被巡视单位党政主要负责同志对反馈问题照单全收，并表示将严格按照部党组要求，落实主体责任，扎实推进巡视整改工作，切实做好巡视"后半篇"文章。部党组巡视工作领导小组、巡视办派员参加巡视反馈。部海事局、长江航务管理局和中国船级社有关负责同志参加相关单位反馈，并就配合做好巡视工作，举一反三，加强自身管理作了表态。

按照要求，被巡视单位应在书面反馈之日起两个月内，报送整改情况报告、党政主要负责人组织落实情况报告以及专题民主生活会召开情况，部党组巡视办将对整改落实情况进行监督检查。（俞洪昌）

畅通天下 便利全球

——改革开放四十周年交通运输开放发展综述

本报记者 房红岩 曹文强

"北京至俄罗斯全境、至乌克兰，货物源源不断，走起"莫斯科持续分货中，兄弟们辛苦了"……上海靖航国际物流有限公司北京分公司经理田胜君每天都将新成果——堆积成小山一样的外贸包裹照片分享在微信朋友圈中。首届中国国际进口博览会结束不久，上海靖航国际物流公司新成立的国际贸易子公司就迎来"开门红"——11月21日，首批两票外贸货物顺利抵沪，一票是从西班牙进口的高档水晶灯，另一票是从日本进口的光学镜片。

田胜君的三姐田聚君白手起家，2007年经交通运输部、商务部、海关总署批准，在上海市虹口区创办了上海靖航国际物流有限公司。依托全面对外开放的综合立体交通运输网，该公司10余年将物流服务做到了全球市场。

"运输和通关越来越便捷。我们的外贸货物开始用船、飞机、汽车运输，近几年中欧班列不断开通，选择铁路运输的国内外贸主渠道增多。随着国家深入推进'一带一路'建设，公司业务重心也发生了变化，对美国的外贸货运量有所减少，往非洲、中亚、东南亚等地的基建材料、机械设备等货运量大增。"田聚君认为全面深化的开放环境对民营企业意味着莫大的商机。

改革让中国与世界接轨，开放让中国深度融入世界。1978年，我国货物进出口总额为206亿美元，位居世界第29位；2017年，货物进出口总额达到4.1万亿美元，比1978年增长197.9倍，居世界第一位。

如今，市场经济深入人心，中国为全世界提供了60%的水泥、45%的钢铁、25%的汽车、70%的智能手机、90%的笔记本电脑、80%的空调。首届中国国际进口博览会吸引了来自五大洲的172个国家、地区和国际组织参会，成交额达578亿美元。

中国买全球，卖全球，利惠全球，而这有赖于面向世界、全面开放、立体发达国际交通运输网络的强大支撑。（下转2—3版）

杨传堂在部党组中心组第十四次集体学习时强调

加快交通运输行业人工智能健康发展 为行业高质量发展添薪续力增强动能

本报讯　12月14日，交通运输部党组中心组举行今年第十四次集体学习（扩大），主题是深入学习习近平总书记在中央政治局第九次集体学习时的重要讲话精神，深刻认识加快发展新一代人工智能的重大意义，促进人工智能与交通运输深度融合，加快建设交通强国。部党组书记杨传堂主持学习。部党组副书记李小鹏，部党组成员李建波、何建中、杨宇栋参加学习。

清华大学人工智能研究院常务副院长孙茂松应邀授课，讲解了人工智能的发展现状及其带来的机遇挑战。大家纷纷反映，授课理论水平高、指导性强，为下一步行业推进人工智能发展应用提供了借鉴。

杨传堂指出，习近平总书记在中央政治局第九次集体学习时强调，加快发展新一代人工智能是我们赢得全球科技竞争主动权的重要战略抓手，要加强基础理论研究，加快突破新一代人工智能关键技术，加强人工智能和产业发展融合，加强人工智能同保障和改善民生的结合。总书记的重要论述，深刻回答了人工智能"为谁发展、发展什么、怎么发展"等重大理论和现实问题，具有很强的前瞻性、战略性、指导性，我们要认真学习领会，坚决贯彻落实。

杨传堂强调，要深刻认识到加快人工智能发展是实现高质量发展的强大动力，将为交通运输发展带来宝贵机遇。要加快交通运输行业人工智能发展和应用，为行业高质量发展添薪续力、增强动能。

一要推动人工智能与基础设施建设深度融合。着力推动高分遥感、地理信息系统等技术在交通规划中的综合运用，推进智能化信息化基础设施建设，加快发展工程智能制造。着力开展工程监测检测的数字化、智能化和维修养护无人化技术与装备的研发应用，特别是将港珠澳大桥打造成人工智能技术在交通基础设施实施运维管理的典型示范工程。

二要推动人工智能与运输装备研发应用深度融合。提前谋划布局运输装备研发和应用，着力打造具有国际竞争力的运输装备产业集群。大力发展自动驾驶技术和轨道交通系统，在智能化、高端化运输装备制造方面主动作为，加快发展，切实将关键核心技术掌握在自己手中。

三要推动人工智能与运输服务深度融合。推动新一代旅客联程运输发展，大力推进不同运输方式、不同区域之间货运服务信息共享、标准衔接，打造智能多式联运系统。以人工智能推进运输服务产业变革，在创新引领、绿色低碳、共享经济、现代供应链等领域培育新的增长点、形成新动能。

四要推动人工智能与行业治理深度融合。建立健全适应人工智能发展的法规制度、规划战略、产业政策、标准规范等，确保交通运输领域人工智能安全、可靠、可控。推进开发适用于行业服务和决策的人工智能系统，提升交通运输治理能力和现代化水平。

部总师、部机关处级以上干部、部属在京单位领导班子成员参加学习。（钟欣桂）

上合组织国际道路运输便利化联委会第一次会议厦门召开

共同推动区域国际道路运输便利化和互联互通合作

本报讯　12月13日至14日，上海合作组织国际道路运输便利化联合委员会（简称联委会）第一次会议在福建省厦门市举行。会议由交通运输部副部长、联委会中方国家代表刘小明主持，9个《上海合作组织成员国政府间国际道路运输便利化协定》（简称《协定》）当事国的国家代表参加了会议。上合组织秘书处副秘书长纳西罗夫出席会议并致欢迎辞。联合国亚洲及太平洋经济社会委员会也派专家参加了会议。会议各方签署了《国际道路运输便利化联合委员会第一次会议纪要》。

会议期间，上合组织秘书处和《协定》各当事国分别就《协定》附件1中线路开放期限，许可证配额和实施方法、印制、发放、使用统计报表格式，司乘人员驾照互认、签证、海关、检验检疫和协调车辆技术标准等便利化措施等议题进行了审议，并就《协定》下一步实施方案达成一致意见。

刘小明在致辞中表示，本次会议的召开体现了各国对推动上合组织区域国际道路运输便利化和互联互通合作的高度重视和迫切愿望，希望各方能充分利用会议平台，推动《协定》的实施，充分发挥交通运输在亚欧互联互通合作中的先导作用，以促进共同经贸发展，为实现各国的经济繁荣和社会发展作出积极贡献。

参会各方表示将以更加积极的态度、更加务实的举措推动《协定》的实施工作，加强上合组织地区交通运输领域深度合作和友好交流。

据悉，中方代表团由交通运输部、外交部、国家移民管理局、海关总署、新疆维吾尔自治区交通运输厅等机构相关人员组成。联委会根据《协定》第17条成立，旨在协调和简化各缔约国国际道路运输文件、程序和要求。《协定》的当事国有印度、哈萨克斯坦、吉尔吉斯斯坦、中国、巴基斯坦、俄罗斯、塔吉克斯坦、乌兹别克斯坦和白俄罗斯。（晏艳）

12月15日，在被誉为"川藏第一桥"的雅康高速公路泸定大渡河兴康大桥上，68辆总重达2040吨的大货车正在进行为期4天的荷载试验，为大桥通车前做最后一道质量检验工作。

改革开放40年来，四川交通领域诞生了万县长江大桥、兴康大桥、雅西高速公路等一大批重大工程，有力支撑了当地经济社会发展。

特约记者 周孟仁 文 权鑫 图

▶相关报道详见6—7版

首届公路水运工程试验检测师职业发展研讨会南京举行

本报讯　（记者 薛彩云）12月13日至14日，由交通运输部职业资格中心主办，苏交科集团股份有限公司、中国交通国际合作事务中心协办的首届中国公路水运工程试验检测师职业发展研讨会在江苏南京举行。会议以"诚信·创新·发展"为主题，来自全国省级交通质监机构、试验检测机构的近180名代表参加了会议。

交通运输部职业资格中心副主任刘鹏在致辞中表示，行业之强在于强人。公路水运工程试验检测从业人员是交通建设海量数据的提供者、安全运营的监测者、风险隐患的排查者，是交通运输基础设施建设发展的重要人力资源保障。

会上发布了《交通运输职业系列丛书（公路水运工程试验检测专业技术人员）》和《中国交通运输从业人员发展报告（公路水运工程试验检测专业技术人员）》两项研究成果，将对公路水运工程试验检测从业人员拓宽职业通道、提升职业地位、增强职业归属感、实现职业上的全面发展发挥重要作用。

部职业资格中心水运职业资格处副处长刘欣介绍，《丛书》共6个章节，从职业价值、职业知识、职业能力等方面剖析了公路水运工程试验检测师的职业胜任素质，从新工具、新技术应用的角度分析了公路水运工程试验检测这一职业发展未来可能发生的变化。

江苏省交通运输厅、部安全与质量监督管理司相关负责同志出席会议。研讨会上，行业专家围绕公路水运工程试验检测师职业道德与职业保护、职业工具与技术、职业发展等进行了主题报告和交流。

六大行动协同推进 长三角港航一体化

本报讯　近日，交通运输部与上海市、江苏省、浙江省、安徽省政府联合印发《关于协同推进长三角港航一体化发展六大行动方案》（简称《方案》），深入贯彻落实习近平总书记关于推动长三角更高质量一体化发展的重要指示精神，以内河航道网络化、区域港口一体化、运输船舶标准化、绿色发展协同化、信息资源共享化、航运中心建设联动化六大行动为抓手，协同推进港航一体化发展、绿色发展、率先发展，完善上海国际航运中心"一体两翼"格局，推动形成上海国际航运中心、舟山江海联运服务中心和南京长江区域性航运物流中心联动发展格局，发挥示范引领作用，更好服务交通强国建设和长江经济带发展。

《方案》确定了六大行动13项主要任务：内河航道网络化行动方面，协同推进长三角内河高等级航道网建设，合力加快推进淮河出海通道建设；区域港口一体化行动方面，进一步优化港口功能布局，完善江海直达、江海联运配套港口设施，加强港口资源整合，提升港口资源利用效率；运输船舶标准化行动方面，深入推进内河船型标准化，加快江海直达船型研发和推广应用；绿色航运协同发展行动方面，强化港口船舶污染防治，积极推进新能源和清洁能源应用；信息资源共享化行动方面，大力提升海事港口服务效率，推进港航物流公共信息平台建设；航运中心建设联动化行动方面，全面提升现代航运服务能级，推动整合航运指数资源。

《方案》明确，力争2019年年底前开工建设小洋山北侧支线码头，2020年年底前基本完成安徽、江苏沿江港口相关码头技术改造和锚地建设，增加大型船舶公共锚地数量。协同推进400总吨以下内河运输货船加装生活污水存储装置，江苏省、安徽省纳入长江干线水上洗舱站布局方案的水上洗舱站力争于2020年6月底前建成并投入使用，长三角区域力争提前1年完成《港口岸电布局方案》并率先对大型客船实施靠港强制使用岸电措施，试点施行沿海港口码头大容量高压变频岸电设施首次投入使用前检验检测制度，力争2020年年底前全部淘汰长三角国一和国二标准的港口作业机械和车辆。沿江主要港口2019年年底前实现外贸集装箱设备交接单电子化；2020年年底前，外贸集装箱港口作业主要单证基本实现电子化，主要外贸集装箱港口接入东北亚物流信息服务网络（NEAL-NET），基本建成具有全球航运资源配置能力的上海国际航运中心。

《方案》强调，将充分发挥上海组合港管委会统筹协调、整体推进和督促落实的作用，形成各方共同支持参与、高效务实的工作机制。上海组合港管委会办公室建立考核机制，并鼓励地方政府出台相应的扶持政策。（祁娜）

凝心聚力 鹏程万里

——访中国民用航空局原副局长李军

本报记者 毛剑 实习记者 张雨涵

"现在打'飞的'已经是群众出行的常规操作了，可在改革开放前，坐飞机是一件很奢侈的事情，甚至有一段时期，县团级以上干部凭介绍信才能购买机票！"今昔对比，中国民用航空局原党组副书记、副局长，中国航空运输协会理事长李军如是说。

改革开放犹如一个巨大的引擎，助力我国民航展翅高飞、鹏程万里。李军给记者列出了一组数据：1978年，全行业旅客运输量230万人，世界综合排名仅为第37位，旅客运输量在国家综合交通体系中的比重很小；2017年，全行业累计完成运输总周转量约1083亿吨公里、旅客运输量约5.5亿人次、货邮运输量约706万吨，分别约是1978年的362倍、239倍和110倍，旅客运输量在国家综合交通运输体系中的比重已经从1978年的1.6%上升到2017年的29%。40年来，我国民航业实现了举世瞩目的快速发展，为国民经济建设和社会发展作出了积极贡献。

李军。　本报记者 吴恢 摄

从1977年9月任原中国民用航空总局政治部干事，到2014年4月离任中国民用航空局副局长，李军在民航局机关和中央企业先后工作30多年，目睹了民航改革发展的全过程，深度参与了部分改革工作。在庆祝改革开放40周年之际，李军接受本报记者专访，分享了他了解的民航重大改革。

解放思想有阻力 三轮改革渐深入

改革开放40年来，民航经历了三轮重大改革。第一轮是1977年至1980年，由归军队管理改为用经济的办法来管理；第二轮是1984年至1992年，政企分开，航空公司、机场和服务保障系统分设；第三轮是2001年至2004年，航空企业与原民航总局脱钩，机场移交地方管理。

李军表示，民航过去政企不分，实行的是四级管理，即民航总局—地区管理局—省（区、市）管理局—航站。经过几轮改革，先后实现了政企分开，进行了机构精简，形成国家层面的中国民航局，按六大区域和新疆维吾尔自治区划设的地区管理局，并在除此以外的省（区、市）设立安全监管局。（下转4版）

□值班编委 孙宝夫　本版副主编 卢锐　责编 王晓蓉　□E-mail:xw1b@zgjtb.com　□新闻热线：(010)64255441　□发行热线：(010)64256206　□广告热线：(010)64250642　□培训热线：(010)65299681

2018年12月17日 星期一 | 4版 电话:010-65293632 64252864 E-mail:zgjtb@126.com
见证40年 主题访谈
中国交通报 CHINA TRANSPORT NEWS

凝心聚力 鹏程万里
——访中国民用航空局原副局长李军

（上接1版）

从国家层面来说，民航管理机构多次更名，曾称中国民用航空总局或中国民用航空局。1980年改归国务院直接领导时，称民航总局，后改为民航局。1993年改称总局，并升格为正部级。2008年实行大部制改革，改为民航局，为归口交通运输部管理的国家局。

回忆起三轮重大改革，李军十分感慨："改革过程真是非常不容易，需要冲破一些阻力、破除一些障碍。但在党中央、国务院的坚强领导下，大家还是凝心聚力，攻坚克难，坚持问题导向，积极稳妥地迈出了坚定的改革步伐。"

1977年起，民航第一轮重大改革——军政分管企业化，开始酝酿。邓小平同志是中国改革开放的总设计师，他亲自谋划并推动了民航的体制改革。据资料记载，在改革开放初期，邓小平每年都对民航作出重要指示，要求民航加快发展，改革开放要走在前面。

我国改革开放拉开序幕，是以1978年党的十一届三中全会为标志。不过，在1977年4月18日，邓小平即将恢复工作之时，就听取了原民航总局主要领导的汇报，明确指出，民航要集中抓好训练、整顿和改革。1978年10月9日，十一届三中全会召开前夕，邓小平对原民航总局主要领导说，民航在现代社会是不可缺少的部门，要想办法把步子迈得大一些。他特别强调："按经济的办法来管理经济，要按企业来办。要把军队的一套改过来。"这一重要指示，为推动民航发展指明了方向，确定了民航改革的基调。1979年10月和1980年2月，他又专门谈到民航的改革与发展，并在1980年明确指出"民航一定要企业化"。

"邓小平同志所讲的企业化，是针对当时民航的军事化管理。"李军说，此前一段时间，民航纳入军队建制，在当时情况下对保持行业稳定和正常运转起到了重要作用，"但随着党和国家的工作重点转为以经济建设为中心，原有体制就不合时宜了。"

尽管过程中因为一些阻力，改革出现过停滞，但按照邓小平确定的方针，国务院、中央军委于1980年3月5日发出《关于民航总局不再由空军代管的通知》，民航系统对组织体制、规章制度、核算办法等进行了全面调整，民航第一轮重大改革顺利完成。

民航的第二轮重大改革，实行政企分开，航空公司、机场和服务保障系统分设。从1984年酝酿至1992年基本完成，持续8年。

在此期间，时任国务院副总理李鹏主管工交工作，对民航发展高度重视。李军介绍，针对当时民航发展很快，改革处于关键阶段，安全压力很大，需要加强领导，各方面需给予大力支持的情况，李鹏还提议专门设立"国务院民航工作办公会议"，研究解决民航重大问题。

李军回忆，1984年8月底至9月初，原民航局党委常委召开扩大会议，重点讨论了体制改革问题，会后向国务院报送了改革意见。1984年10月，党的十二届三中全会作出《中共中央关于经济体制改革的决定》。1985年1月7日，国务院批转《关于民航系统管理体制改革的报告》。国务院批准报告后，时任原民航局局长的胡逸洲从1986年4月17日起，亲自带领工作组到原民航成都管理局进行试点，目的是调查论证在政企分开、航空公司与机场等分设中，职能、业务、人员、资产如何合理配置。

据《李鹏经济日记》记载，他于1986年连续4次召集研究民航体制改革问题。8月17日的日记记录了所确定的三项原则："（一）政企分开。（二）力量不过于分散。（三）保持竞争。"11月13日，李鹏副总理主持召开国务院民航工作办公会议，研究同意民航系统改革方案和实施步骤，1987年1月国务院正式行文批准。

李军。

1987年10月15日，中国民航西南地区管理局、中国西南航空公司、成都双流机场宣布成立。当年12月，进行了华东地区民航的改革。1988年至1990年相继完成华北、西北和东北地区民航的改革。1991年和1992年分步实施了中南地区民航改革。至此，民航新型管理体制架构基本形成，第二轮改革基本完成。

"李鹏同志组织反复研究改革实施方案，其中一个焦点，是成立几个航空公司为宜。原民航局报告并经中央原则同意的，是以原来6个地区管理局为基础，组建6个公司。但到正式实施时，大家对此有不同意见，有的主张成立两个或三个公司。经过反复论证，仍然维持成立6个公司。"李军告诉记者，应该看到，虽然后来又进行了重组，但在当时情况下，就地组建公司有利于平稳过渡，保持安全运行。

"当然，改革也很有难度，军企分开的改革推迟了一年，对政企分开认识也不完全一致，但改革潮流是大势所趋，我们要与世界接轨，就必须顺势而为。"李军笑着说。

民航第三轮重大改革，从2001年开始准备，2004年基本完成。主要是实施企业重组，与民航行业管理部门脱钩；在各省、自治区、直辖市将行政管理机构与机场分离，绝大多数机场移交地方管理。

李军回忆，这次企业重组是按"企业自愿、政府引导、发挥集团优势"的原则进行的。在原民航总局组织协调、企业通过沟通达成重组意向的基础上，国务院于2002年3月3日批准了民航体制改革方案。10月11日，原国家计委和原民航总局在北京人民大会堂召开民航企业改革重组大会，宣布中航、东航、南航三大航空集团公司和中航油、中航信、中航材三大服务保障集团公司成立。

他表示，实施这项改革，包含了三个方面的重要意义。一是进一步推进政企分开，也包括政资分开。二是扩大企业规模，支持做大做强。三是按照专业化要求，促进服务保障集团的发展。

"本轮改革的另一个重头戏，是对各省、区、市的民航单位，分别组建机场管理机构和航空安全监管办公室。除北京首都机场集团公司和西藏机场外，机场统一移交地方管理。先在山东、湖南、青海三省进行了试点，然后全面铺开。"李军回忆，他参加了重庆民航的体制改革和机场移交。

市场取向放运价 航空出行大众化

从普通消费群体坐不起飞机到航空出行常态化，李军说，除了国民经济发展、人民生活水平提高外，民航价格也逐步市场化。"民航运价形成机制改革，非常值得回味。"李军说。

李军介绍，我国民航国内航线自1950年8月开航到1997年9月，一直实行政府定价。民航国际航线运价则按照国际运价规则确定，明显高于国内运价。至1997年，国内航线运价每客公里平均水平，一类票价（境内乘客）为0.66元，二类票价（境外乘客）为0.94元。随着民航管理体制改革，特别是政企分开，实施企业化管理后，国家同意民航逐步提高价格水平。

1997年6月，原国家计委和原民航总局联合发出通知，自当年7月1日起，两种票价按每客公里平均0.75元，实行统一中偏低并轨。由此，境外旅客运价降低了20%，境内旅客运价提高了13.6%。为减少对市场需求的影响，原民航总局决定，从当年9月份开始，试行运价幅度管理，即允许航空公司打折销售。

"实行国内航线运价幅度管理，是完全符合改革方向的，但在当时却没有坚持下去。"李军告诉记者，其主要原因是大家（主要为境内旅客）不能马上适应运价提高。同时，1997年发生亚洲金融危机，国内经济也在治理整顿，航空运输市场比较疲软，名义上提高运价抑制了需求。在这种情况下，航空公司竞争加剧，被动运价管理后竞相削价，收益水平大幅度下降，导致经济效益严重滑坡。为了扭转这种局面，原国家计委和原民航总局于1999年1月发出通知，要求航空公司按公布运价销售，不允许擅自降低或提高。这一通知当时被新闻媒体称为"禁折令"，实际上是中止了运价幅度管理。

李军于2001年4月担任原民航总局副局长，分管财务工作。"那时国有企业还没有脱钩，我们的一项重要任务是继续抓好扭亏增盈。所采取的一项主要措施，是制止暗扣销售。"他解释说，"所谓暗扣销售，是指航空公司不执行政府的限价政策，采取向销售代理返还收入等办法，由销售代理降价售票。"通过对这种行为进行查处，制止了收入流失，再加之其他措施，2001年原民航总局实现了一些盈利。2002年5月，原民航总局、原国家计委、公安部、原税务总局、原工商总局联合发出《关于坚决打击暗扣销售和非法经营销售国内机票行为，规范航空运输市场秩序的通知》，进一步强化整治，取得了更大效果。

李军坦言，采取以上措施，是当时情况下的权宜之计，既是必要的，也是被迫的。从根本上来说，还是要按市场化方向，改革运价管理体制。实际上，在稳定市场的同时，原民航总局在原国家计委的指导下进行研究，2002年就形成了一个草案，准备召开征求意见会，修改完善后推出。但是，2003年年初因"非典"受到耽搁。7月份疫情过后，全国第一个价格听证会召开，会后经国务院批准，原民航总局和国家发展改革委联合印发了《民航国内航空运输价格改革方案》，2004年4月20日开始实施。

"这次改革的基点，是由政府定价转变为政府指导价。具体来说就是政府确定基准价和浮动幅度，航空公司在此框架内自行决定销售价格。"李军说。

2004年出台的改革方案，对省区内与其他交通方式形成竞争的短途航线，实行了市场调节价，但数量很少。实施几年以后，在更大范围陆续放开。到目前为止，只有一少部分尚未形成充分竞争的航线实行政府指导价，总体上已过渡到市场调节的运价体制。与此同时，进行了机场收费、航油价格和其他收费管理的改革。

2002年10月，六大集团公司在人民大会堂举行成立大会。

1987年10月15日，原民航成都管理局分设为中国民航西南地区管理局、中国西南航空公司和成都双流机场。

2003年7月召开的民航国内航空运输价格改革方案听证会。

李军表示，民航不断深化价格体制改革，转换价格形成机制，成效逐步显现。从国家来说，航空运输快速发展。从企业来说，增强了经营活力，扩大了市场空间，增加了运输收益。尤其是对广大消费者来说，更是极大的利好，相当多的旅客是以低于平均运价水平购买机票的，越来越多的人坐得起飞机了，航空运输走向了大众化。

无论是三轮重大改革，还是蕴含其中的运价形成机制改革，民航为何能够一直在深化改革的道路上不断积极探索前进？李军认为，主要是因为现代化和国际性。

民航是一种现代化的交通运输方式，国家高度重视，改革开放也对其提出了极大需求，这都为民航发展提供了充足动力。另一方面，民航的国际属性非常强，需要积极与世界先进水平接轨，客观上促进了民航快速发展。

李军表示，进入新时代，中国民航局认真学习贯彻党的十九大精神，落实"一二三三四"总体思路，民航局机关和全行业全力施展新作为，处处呈现新气象，作为一个老民航人，感到十分欣慰。

采访尾声时，李军谈起了这些年来对写作的热爱。多年来，他笔耕不辍，编写了《中国民航年谱（1949—2010年）》《民航研究论丛》《民航发展改革文稿》等多部作品。他表示，文字是机关的一个门面，是机关干部必备的能力，写东西有利于促进思考、深化学习，提高自身综合素质，长年累月的坚持最终源于爱与责任，是对行业情结、事业感情的真实记录。

本文图片由李军提供

庆祝改革开放40周年 先行 北海航保

技术革新亮航程 航海保障谱新篇
——北海航海保障中心40年冰标创新纪实

相娜 赵梓辰

72岁的退休航标专家王汶，记忆力特别好，现在仍能准确说出改革开放之初海河两岸岸标的具体分布地点和数量。

作为改革开放的亲历者，他一直从事航标工作，对北方冰冻港口冬季航标的发展感受颇深："对比过去的航标和现在的航标，数量增加了，质量提升了，技术也进步了，但是航标维护人员却减少了，可见变化之大、发展之快。"

冬季航标从无到有，从不发光到有光，从仅冬季使用到四季通用，一系列新的航标技术和产品投入应用，不仅大幅提高了航标作业效率、提升了航保服务水平，也让航标维护管理工作从"汗水型"向"智慧型"转变。

40年改革开放，创新早已融入北海航保人的血液中，推动着航标管理水平由量变到质变，为支持国家海洋战略实施和助力区域经济社会发展提供了有力保障。

冬季夜航有了光

"过去，受到北方高纬度冰况的影响，天津港冬季是不通航的。冬天冰把锚'抱住'，灯船无法抛锚，就要拖回港，进行年度保养和维护。"王汶回忆。

而为了避免重新定位，航标工作者会在原位置放一个杆状木质无灯的棒形浮标，这就是最初的冰期浮标（简称冰标）。

"棒标体积小，能较好地避免冰的冲击力，但它经常会被海绵流冰所覆盖，也没有灯光。白天如果不被流冰压倒，尚可起助航作用，但是一到晚上，仅有的助航作用也消失了。"王汶说。

冰冻港口冬季通航时间长短，直接影响着当地航运经济的发展。随着改革开放的发展，如何让北方港口实现冬季安全夜航成了航标管理人员必须面对的问题。

1982年，原交通部航测处提出研制冰标，活节式灯桩应运而生。

"它就像'不倒翁'一样。"王汶画了一张活节式灯桩的结构图，"你看，标体和沉石之间没有锚链，而是万向铰接旋转件，可以实现360度旋转。冰挤到灯桩时，它就倒下，等冰漂走再立起来。"

王汶介绍，活节式灯桩受风、水、潮流及潮汐的影响很小，位置准确，具有良好的水密性和抗冰能力，浮力室的隔板设置能保证标体在失去一半浮力时不沉没，且投放简单、维护方便、使用周期长，一次投放可使用5至6年。

1987年，天津港航道单侧全线布设了11座活节式灯桩，改变了天津港航道冬季航标没灯光的状态。

新型冰标效能佳

活节式灯桩虽维护方便、位置稳定，有一定的抗冰能力，但其需要克服水深、潮差，技术难度大的问题，在冰情严重的年份，仍会受到影响。因此冰冻港口冬季夜晚灯光助航的问题，未能彻底解决。

2003年，天津港开始进行冬季航标更换工作，一艘韩国籍轮船驾驶人员发现将部分灯浮标更换成不发光的杆形浮标后，韩国政府向中国政府提出了照会，指出使用不发光的杆形浮标与亿吨大港很不相称。

于是，天津航标处加快冰标研制步伐，在结构性能、防冰水密和低温长效电池方面深入研究，并于当年年底成功研究出φ1.1米的小型冰标和φ1.4米的锥形冰标。2003年12月24日，第一批新研制的5座冰标布设于天津港水域抛设试用。

经过连续6年的使用，冰标位置、灯光均使用正常且目视效果较好，基本解决冬季用标问题，有效提高了冬季航标助航效能，保障了船舶航行安全。

2009年冬季，渤海湾遭遇30年一遇的严重冰情，北方冰冻港口在岗冰标大范围出现灯器、灯罩损坏等现象，导致冰标无法发挥正常的助航效能。

为进一步提高冬季冰标的抗冰、导冰能力，确保冬季水上助航标志的效能和港口的正常生产，天津航标处根据原有冰标性能，对φ1.4米冰标灯器、冰标顶部材质及外观等实施实质性技术改造，历时一年，研制出新型冰标和冰标用灯器。

天津航标处黄骅港航标管理站站长马爱民介绍："新型冰标与原冰标相比，在灯器和电池等方面都有很大改进。比如，灯器新增北斗卫星、GPRS遥测遥控系统功能，以及倾斜一定角度可自动关闭电源的功能，当冰标被压入冰面或在陆地存放时，能自动关闭电源，达到节能目的。"

新型冰标在北方海区冰冻港口大面积推广使用，截至2012年年底，先后在天津、营口、烟台航标处投放使用500余座次。在30至50厘米厚的大面积流冰和最大叠冰厚度近1米的恶劣环境下，未出现灯罩损坏和浮标移位的失常现象，保证了浮标发挥正常的助航效能。

天津航标处"海巡153"轮进行冬季换标作业。 赵梓辰 摄

冰区浮标四季通

每年冬春两季的换标工作都是一场大战。45天的时限，时间紧、任务重。为了抢好天气，赶大潮水，航标作业人员经常天刚亮就出发了。

为提高航标管理维护效率，减轻航标作业人员及船舶的作业强度，北海航海保障中心成立后，就立即组织开展长效灯浮标研究，实施"冰区四季通用灯浮标研究"项目，开发能够满足冰冻港口一年四季助航服务需求的长效灯浮标。

2015年研制出样标后在天津港、黄骅港及潍坊港等港口进行样标试验并取得成功。经过冬季在岗使用，冰区四季通用灯浮标抵抗住了流冰影响，没有出现浮标漂移、灯光熄灭等故障，导(抗)冰性能较高，得到了越来越多用户的认可。

据介绍，冰区四季通用灯浮标采用高分子量聚乙烯材质，该材质具有超高的耐磨性、耐低温性和表面非附着性，解决了长期以来钢制浮标受外力作用锈蚀褪色无法识别的弊端。同时，标体重量轻、重心低、浮心高、结构稳定，能有效抵御一般流冰的冲击和碰撞。从显形面积、目视效果、灯光射程、雷达扫测效果等方面完全可以替代常规季节使用的灯浮标。

"冰区四季通用灯浮标满足标位准确、灯质正常、涂色鲜明、结构良好的要求，它的成功研发，既解决了任务量大却人手少的矛盾，又大幅提高了冬季航标助航效能，保障了北方冰冻港口的通航能力和进出港船舶的航行安全。"马爱民表示。

服务无止境，创新不止步。今年，新研制的内置太阳能板结构冰区四季通用灯浮标已经在天津港下水试用，继续为港口的成长壮大提供最有力的"后方"支撑。

地址：北京市朝阳区安华西里三区13号楼 邮编：100011 总编室：(010)65293633 通联部：(010)65293561 (010)64252114(传真) 采编中心：(010)64255441 公路中心：(010)65293615 水运中心：(010)64255824 运输中心：(010)65293641 新媒体中心：(010)64255469 培训中心：(010)65299681 广告部：(010)64250642 (010)64255452(传真) 北京中通广告公司：(010)64252934 广告经营许可证：京朝工商广字0142号 每年定价：460元 每月定价：38.34元 零售每份：1.92元 中国青年报印刷厂印刷

中国水运发展前所未有的四十年

——访交通运输部原副部长徐祖远

本报记者　彭　燕　孙　妍

见报日期　2018 年 12 月 18 日

1976 年参加工作，从船员到船长；上岸后做过货代，当过航运企业高管；担任交通运输部副部长期间一直分管水运行业，卸任后担任中国航海学会理事长、中国航海博物馆馆长。交通运输部原副部长徐祖远有着丰富的水运行业工作经历，我们的采访就从他的工作经历聊起。

“今年我退休了，我的职业生涯一直在水运行业，主要是在改革开放 40 年中走过来的，亲眼看见、亲身经历了水运发展的巨大变化，可以说，我的全部工作经历融入了祖国水运事业发展最快的阶段。”徐祖远用 10 个“前所未有”来描述 40 年水运行业的发展变化：

一是船队规模的发展速度前所未有。改革开放初期，我国船队规模只有 1600 多万吨，现在已经达到约 2. 57 亿吨。

二是港口能力的发展速度前所未有。改革开放初期，全国万吨级以上泊位只有 133 个，现在万吨级以上泊位已达 2366 个。

三是内河航运的发展速度前所未有。改革开放初期，我国内河港口没有万吨级泊位，现在有418个，全国内河航道通航里程约12.7万公里，内河船平均吨位成倍增加。

四是海员队伍的发展速度前所未有。改革开放初期，没有详细的船员统计数据，大约是25万名左右。截至2017年年底，注册船员已达148.3万名，位居全球第一，其中每年外派海员13.9万人次。

五是海事和海上救助的发展速度前所未有。海事、救捞队伍快速发展，水上安全监管和救助打捞水平快速提升。目前，海事监管范围由港区延伸至专属经济区，拥有各类海事巡逻船、航标船等1200多艘；海上专业救助船已经达到78艘，救助直升机20架，在我国沿海初步构建起完善的海空立体救援体系。

六是船舶检验的发展速度前所未有。截至2017年年底，国内船舶检验机构共检验登记船舶22万多艘，总吨位超1.8亿吨；全国共有注册验船师7828名。中国船级社的入级船总吨位已达1.4亿多吨，114个检验服务网点跨越四大洲。

七是水运科技的发展速度前所未有。深水码头建设、巨型复杂河口航道整治技术等达到国际先进水平，集装箱自动化码头装卸技术取得突破性进展，大型集装箱港口机械研发与制造走在世界前列。

八是航海文化的发展速度前所未有。创建了设施一流的中国航海博物馆和中国港口博物馆，中国航海日已确立了14年，通过航海日的一系列活动，广泛宣传了航海及海洋知识，普及了航海技术，弘扬了航海文化。

九是内地与港澳、大陆与台湾地区的水运界交流合作发展深度前所未有。

十是国际海事的参与力度前所未有。中国已连续15次担任国际海事组织A类理事国，2017年，我国代表首次当选国际海事组织理事会主席，国际海事话语权显著提升。

“看起来这些数字呈现的是发展速度的变化，其中也体现了水运行业发展的质量和水平。”徐祖远说。

改革开放是我国集装箱运输发展最鲜明的特点

改革开放之初，徐祖远做过集装箱船船长，主要跑中日航线。他驾驶的船不到500标箱，经常停靠日本码头。看到那里的码头可以停靠上千标箱的全集装箱船，先进的港机作业代替了码头工人的肩背手扛，非常令人羡慕。

随着改革开放后我国对外经济贸易的发展，进出口货物快速增长，集装箱运输也因此迅速发展起来。

1978年9月，中远集团“平乡城”轮装载162个集装箱从上海驶往澳大利亚，开辟了我国第一条国际集装箱班轮航线。

从1979年到1990年的11年间，是我国集装箱运输市场逐步形成并初具规模的时期。在这期间，诞生了我国第一个集装箱专业码头公司——上海港国际集装箱运输公司，第一个集装箱专业码头——天津港三港池21段集装箱泊位。在国际集装箱快速发展的同时，内贸集装箱运输从无到有，也逐步进入了快速发展阶段。

徐祖远谈起我国沿海第一条集装箱班轮航线开通的情景，至今记忆犹新。那时他在广州海运集团任职，这是一家以沿海运输为主要业务的航运企业。1997年4月5日上午，从广州开往上海的集装箱班轮起航，开启了纵贯我国沿海南北航线的集装箱班轮运输。

2007年11月28日，10年之后，我国港口集装箱年吞吐量达到1亿标箱。彼时，徐祖远已任交通部副部长。在天津港五洲国际集装箱码头，交通部部长李盛霖和天津市市长戴相龙共同按下按钮，我国港口2007年第1亿个集装箱缓缓起吊。徐祖远在现场致辞中表示，我国集装箱运输从被动适应对外经贸发展需要，到覆盖全球形成远洋干线班轮网络、支撑国际经贸发展；从支线喂给港到干线枢纽港地位全面提升；从远洋、沿海运输到中西部内河航运协调发展，加快了我国水路运输结构调整和升级现代化进程，集装箱运输发展始终与时代同步前进。

“我一直认为，改革开放是我国集装箱运输发展最鲜明的特点。我国集装箱运输的发展历程，见证了我国改革开放的伟大历程。”徐祖远特意向记者展示了一组数据：

1979年至1989年，我国集装箱吞吐量从1万标箱发展到100万标箱用了10年；1989年至1998年，从100万标箱到1000万标箱用了9年；1998年至2004年，从1000万标箱到5000万标箱用了6年；2004年至2007年，从5000万标箱到1亿标箱用了3年；2007年至2014年，从1亿标箱到2亿标箱只用了7年时间。

2018年8月，英国劳氏日报发布了2017年全球100大集装箱港口排名，中国有24个港口入围。世界港口集装箱吞吐量排名前十位的港口，中国有7个，其中上海港连续八年居全球第一，成为国际集装箱港口发展的领跑者。

“改革开放40年来，我国港口集装箱吞吐量增速是连三跨五、突飞猛进，如果没有这样超常规的发展速度，就会严重制约经济贸易的快速发展。”徐祖远说。

随着集装箱运输的发展，我国集装箱大型现代装卸设备也从依赖进口发展到自主创新、主导世界市场；港口建设从学习国外起步，到自力更生建成世界一流现代化集装箱码头；集装箱港口装卸作业从效率低下，到屡创世界纪录，直至青岛港、洋山港等全自动化码头建成营运，已处于世界领先水平。

推动船员体面劳动　中国得到国际认可

海运业有这样一句话，“没有海员的贡献，世界上一半的人会受冻，另一半人会挨饿”。徐祖远做过12年海员、16年船东，对海员有着非常深的感情。回顾40年水运发展历程，他一定要谈谈船员发展，特别是事关船员体面劳动的一件大事。

2006年2月，第94届国际劳工（海事）大会在日内瓦召开，交通部副部长徐祖远和我国常驻联合国日内瓦办事处代表沙祖康大使率领我国政府、船东、船员三方代表团出席了这次会议。为期三周的大会最终通过了《2006年海事劳工公约》（简称《公约》），为海运业制定了全球统一的海员社会和劳动保护国际标准。

我国是最早参与《公约》制定的国家之一，在《公约》制定过程中，结合自身实践及海运业发展趋势，通过长期的艰苦工作对《公约》的形成产生了积极影响。最终大会以314票赞同、0票反对、4票弃权的结果正式通过《公约》。“这说明，绝大多数与会代表非常认可这一公约。”回忆起那个场景，徐祖远仍难掩喜悦之情。

“我当过船员，做过船东，在政府部门、行业协会都工作过，还担任了国际海事组织首届海事大使，我不仅了解船员，更知道让船员能够‘体面工作’、维护好他们权益的重要性。”徐祖远说，我国是海员大国，也是海员劳务贸易大国，加入《公约》对维护我国海员权益以及我国航运业的健康发展十分重要。

《公约》通过后，交通运输部同相关部门投入了大量的人力物力，制定实施文件，完善履约措施，发挥全国海上劳动关系三方协调机制作用，积极推进《公约》在我国落地。

“我们在充分研究的基础上，逐步完善了我国海员劳动立法，同时着手建立有效的劳工监察机制。”徐祖远回忆说。

2007年3月28日，国务院第172次常务会议通过《中华人民共和国船员条例》，自2007年9月1日起施行。

2015年8月29日，经第十二届全国人大常委会第十六次会议审议通过，并向国际劳工组织国际劳工局递交《公约》批准书，次年11月12日，《公约》对中国生效。我国成为第68个批准《公约》的国际劳工组织成员国。

随后，在全国海上劳动关系三方协调机制框架下，中国籍国际航行和国内沿海航行商船船员的上船工作最低要求、就业条件、健康保护和社会保障等方面逐步与国际接轨，船员权益得到进一步保护。

“《公约》的批准和实施，彰显了我国以人为本的执政理念，宣示了我国切实维护海员劳动者权益、致力于构建航运业公平竞争环境的意愿和决心。”徐祖远说，从现在实施情况看，《公约》取得了良好的效果，船员权益得到了保障，体现了我国负责任的大国形象，在国际海事界受到普遍赞誉。

这是最好的圣诞礼物

在改革开放40年我国远洋运输发展过程中，有一件特殊的重要事件，与远洋船舶及船员的安全密切相关，这就是自2008年开始的我国海军在印度洋、亚丁湾海域的护航行动。

徐祖远回忆，2007年，印度洋海域的亚丁湾、索马里地区海盗猖獗，使这一地区的航行安全受到极大威胁。我国每年约有1000多艘商船通过亚丁湾经苏伊士运河前往欧洲，这条横跨印度洋的航线对我国的石油、粮食、集装箱运输来说，是非常重要的海上通道。当时联合国安理会及国际海事组织先后通过了4个决议，呼吁有海上保障能力的国家参与该海域的护航。党中央、国务院和中央军委领导审时度势，决定派出海军舰艇赴该海域执行护航任务。

“中国是国际海事组织A类理事国，中国政府正式决定派军舰参与护航，这个消息必须要告知国际海事组织。”徐祖远告诉记者，我国海军护航第一次编队出航时间定在2008年12月26日，中国驻英国使馆海事处唐国梅参赞提前将这一决定通报给国际海事组织，时任秘书长米乔普勒斯激动地站起来说，这是他收到的最好的圣诞礼物。

按照党中央、国务院和中央军委的统一部署，交通运输部和海军等有关部门积极沟通协调，协助落实参与护航行动的各项工作。海事部门、中国船级社、中国航运企业驻外机构等都积极为护航行动提供支持和服务。交通运输部还选派了优秀船长作为联络员，构建起被护商船和护航军舰之间的联系平台，他们也因此被誉为“亚丁湾护航的无名英雄”。

“从2008年年底到现在，我国海军护航行动整整十年了，这一行动是保障我国国际贸易和海上运输安全的重大决策，是依据国际法有关规定和联合国安理会有关决议行使权利、履行责任的正义之举，也是对我国包括港澳台远洋运输船舶、广大海员和渔民最切实的关怀和最有效的保护。通过护航行动，为我国参与国际海上运输保障、共同维护海上安全积累了宝贵经验，谱写了军政、军民团结的新篇章。”徐祖远说。

据统计，截至2018年10月，我国海军护航舰队已完成1181批次6573艘船舶的护航任务。

中国水运发展未来更美好

40年来，我国水运发展的速度和质量创造了世界水运发展的奇迹，之所以能够实现跨越式发展，徐祖远认为，主要原因是交通运输部历届党组在党中央、国务院领导下，把握了“五个始终坚持”：

一是始终坚持以服务经济社会发展的需要为方针，不断探索改革发展的新举措，走出一条通过改革开放使中国水运发展突飞猛进的新路子；

二是始终坚持以世界经济发展的总趋势为导向，抓住世界经济带来的新机遇，攻坚克难，排除干扰，持续加快水运发展的速度；

三是始终坚持以交通行业发展的总要求为目标，找准改革发展的突破口，聚焦对外开放的新变化，走外延式快速发展与内涵式结构调整相结合的路子，逐步达到高质量发展的要求；

四是始终坚持以行业科技抢先发展为引领，加快培养行业人才队伍，创新技术进步，使水运发展有可持续的驱动力；

五是始终坚持以水运安全保障为基础，不断健全安全法规，完善安全体系，使水运快速发展有牢固的保障力。

对于中国水运未来的发展前景，徐祖远表示，40 年来的改革开放，我国水运发展的成就令世界瞩目、国人鼓舞，但应当看到，在当前世界经济发展不确定性、不稳定性日益凸显，行业转型发展、结构调整的机遇和挑战同在的形势下，我国水运行业依然存在不少需要解决的问题。为此，他提出五点希望：

一是希望水运行业抓住交通强国建设的重大机遇，加快水运行业在综合交通建设中的深度融合进程，使其发挥更好、更优、更强的支撑作用。

二是希望水运行业抓住全球性调整的战略机遇，加快国际化的进程，加固发展中的底板，拔高发展中的长板，补足发展中的短板，牢固树立中国特色的发展理念，加大国际海事人才培养力度，稳步扩大我国水运在世界海运业的影响力、带动力和竞争力。

三是希望水运行业抓住科技革命的转化机遇，加快培养行业领军人才，抢占科技发展的制高点，注重基础性研究，鼓励探索和创新，不断发展航运生产力，不断提升产学研用的融合能力，为行业的可持续发展不断集聚驱动力。

四是希望水运行业抓住国际海员队伍结构调整的难得机遇，加快完善海员职业政策，提高海员的福利待遇，保障海员的权益，鼓励更多的年轻人从事航海职业，提高海员劳务在国家服务贸易中的比重，为扩大就业走出新路径。

五是希望水运行业抓住平安交通建设的关键时期，不断提升水上安全保障能力，积极参与国际合作，重视海上风险的防控管理，使装备建设与治理能力相统一，参与国际海事开放合作与强化内部管理相统筹，确保海上人命安全和环境安全，为海洋强国建设提供可靠保障。

2018 年 11 月 6 日至 7 日，习近平总书记在考察上海期间强调，经济强国必定是海洋强国、航运强国。要有勇创世界一流的志气和勇气，要做就做最好的，努力创造更多世界第一。

“未来中国水运的发展，必须贯彻落实习近平总书记的重要指示精神，按照党的十九大的战略决策，围绕‘两个百年’目标，以交通强国、航运强国建设为总任务，用勇创世界一流的信心和勇气，努力创造更多的世界第一，为实现中华民族伟大复兴的中国梦作出新贡献！”徐祖远说。

2018年12月18日 星期二 http://www.zgjtb.com | 第6879期 今日8版 | 邮发代号1-72 国内统一连续出版物号CN 11-0122 交通运输部主管 中国交通报社主办

勇向潮头立 奋发当先行

——改革开放40周年交通运输改革发展综述

本报记者 卢锐 马士茹
实习记者 闫名伊 王博宇 王奂莉

沧海桑田，辉煌巨变！泱泱中华的澎湃力量被唤醒，从站起来、富起来再到强起来，创造了波澜壮阔的东方奇迹。

逢山开路，遇水架桥！交通运输探索先行，从破解制约到与经济社会发展相适应，书写了大踏步迈向交通强国的壮丽史诗。

1979年1月3日，党的十一届三中全会闭幕后16天，交通部与广东省就联合向中央提出由招商局在蛇口开发创建外向型工业园区，首开改革开放的窗口，拉开了以开放促改革的序幕。

坚持市场配置资源的改革方向不动摇，坚持治理体系现代化的管理体制改革方向不动摇，坚持多元化投融资的改革方向不动摇……40年来，面对改革大潮，交通运输行业勇当改革的弄潮儿，怀着强烈的历史担当精神，围绕服务经济社会发展，积极稳妥地进行了一系列改革，在解决交通运输发展中的深层次问题上进行了不懈探索。

改革，极大地解放和发展了交通运输生产力。高速公路里程从零起步、突飞猛进达到13.65万公里，高铁里程从无到有、后来居上超过2.5万公里，民用机场从78个快速增长至229个，快递业务量迅猛发展到年业务量超400亿件……无限的发展活力、前所未有的创造力喷涌而出，交通运输发展成就举世瞩目。

（下转2—3版）

畅美荆楚路 振兴新动能

本报记者 潘庆芳

一排排农家别墅依路而建，一处处美丽村庄沿路布局，一片片产业基地鳞次栉比……初冬时节，记者走进湖北省大别山、幕阜山、大洪山等贫困地区，听当地群众讲述产业因路兴、群众因路富、乡村因路美的动人故事。

截至今年11月底，湖北新改建农村公路24222公里，提前超额完成省政府1万公里的年度目标，全省农村公路总里程超过24万公里。"四好农村路"如毛细血管串联起村落，为当地群众脱贫致富奔小康铺平了道路，成为激发荆楚大地乡村振兴的新动能。

政策资金为精准脱贫护航

"道路是村民脱贫的基础保障，要实现脱贫摘帽，只有修路，没有退路。"这是咸宁市崇阳县委书记杭莺在实践中的感悟。

湖北省交通运输厅围绕打通农村群众出行的"最后一公里"，制定了《湖北省"十三五"交通扶贫规划》，破解制约贫困地区发展的交通运输瓶颈。

在顶层设计方面，湖北交通实施贫困地区规划考虑、政策支持、项目安排、资金拨付、绩效评估、调整到位"六个优先"保障机制，保障资金总量、补助标准、计划规模优先投向贫困地区交通扶贫工作。

在实施过程中，湖北交通出台相关配套奖励政策，哪个县市的发展快、群众满意度高、"四好农村路"创建成效明显，哪里就是交通奖补资金的重点。

"越贫困的地方，修路的需求越大，哪里群众热情高，我把示范路修到哪里。"黄冈市浠水县县长付宇说。2017年以来，浠水县建设"四好农村路"920公里、危桥改造31座、安防工程1050公里、绿化工程550公里，成功创建全省"四好农村路"示范县，充分发挥了奖补资金的导向作用。

"公路+"释放乡村经济活力

湖北"四好农村路"吸引了大批资本下乡，让资源变成产业、劳动变成运动、产品变成商品、茶山变成金山，带动了村民脱贫致富，向绿水青山就是金山银山目标迈进。一条村路，为当地群众带来"公路+"的综合效益。

"公路+旅游"的可行性在崇阳县金塘镇得到印证。金塘镇副镇长王京华介绍，柃蜜小镇今年国庆长假接待游客16.6万人次，创下了咸宁旅游业界新纪录。回乡创业建设柃蜜小镇的沈亚明说："家乡这么美，过去没有路，没人来。现在有了旅游路，自驾车、旅游车能开进来，我们回乡开发才有信心。"

咸宁市咸安区大幕乡双拢村村民陈千盛则是尝到了"公路+产业"带来的甜头。"以前只有手脚并用的山间小道，要把山上竹子变成钱只有肩挑背扛，一根成本要七八元，利润只有两三元。"陈千盛说，如今路修通了，一根竹子砍伐成本变成两三元，利润却能有七八元。

浠水县白莲镇长岭村党总支书记毛关怀说："如果没有道路的畅通，就没有产业发展，就不能脱贫出列，村里更不会成为'全国文明村'，去年全村人均收入达到了13160元。"

"全省各地农村公路的提档升级，不仅方便了村民出行、美化了路域环境，还提升了交通运输部门对外形象，成为乡村振兴的一大亮点。"湖北省交通运输厅副厅长王本举表示，一条条"四好农村路"在荆楚大地延伸，助力乡村振兴，引领荆楚农民脱贫致富，迈向幸福生活。

国家邮政局吸纳意见建议 推动快递包装可循环发展

本报讯 12月13日，交通运输部党组成员，国家邮政局党组书记、局长马军胜带队拜访全国政协常委、民建中央副主席李世杰，双方就共同关心的打赢污染防治攻坚战问题深入交换意见，达成广泛共识。

马军胜对民建中央关心和支持邮政业建设发展表示了衷心感谢。他指出，民建中央专门就减少快递包装污染问题进行专题调研，给行业绿色发展提出了很多很好的建议和意见。下一步，国家邮政局将认真贯彻落实习近平生态文明思想，听取和吸纳社会各界的意见建议，坚持问题导向，健全规制、规范流程、加强监管、上下联动、共商共治，推动快递包装的减量化和可循环发展，坚决打好邮政业污染防治攻坚战。欢迎民建中央对行业建设发展常关心、常问效、常监督。

李世杰指出，双方沟通交流增强了民建中央对国家邮政局和我国邮政业的认识了解，从了解到理解再到形成共识，成果积极明显。开展调查研究、积极参政议政是民建中央的职责。提出问题是为解决问题，希望邮政业将绿色发展行动真正落到实处，见到实效，经得起监督，经得起检验；希望国家邮政局对民建中央开展的工作一如既往地提供帮助和支持。

（董超飞）

任免动态

李天碧任 交通运输部安全总监

本报讯 日前，交通运输部研究决定，任命李天碧为部安全总监。（闻欣）

▶12月16日，京秦高速公路二期工程河北省玉田县大安镇（津冀界）至遵化市平安城路段通车，标志着从北京东六环到承唐高速公路全线贯通，为京津冀三地增加了又一快速连接通道。

京秦高速公路大安镇至平安城段西连京秦高速公路天津段，东连京秦高速公路一期工程清东陵高速公路，全长38.4公里，双向6车道，设计时速120公里。

特约记者 谭高 通讯员 赵刚 文 史诗 图

省市领导关注交通

江苏省省长吴政隆要求 咬定发展目标 高质量建设交通强省

本报讯 （黄伟 驻江苏首席记者 施科）近日，江苏省省长吴政隆主持召开交通建设专题会。他强调，要深入贯彻学习习近平新时代中国特色社会主义思想，全面落实新发展理念，坚持稳中求进工作总基调，抢抓多重国家战略在江苏叠加的机遇，咬定发展目标，顺应群众期待，以新时代奋斗精神高质量建设交通强省。

在听取全省交通建设以及明年投资计划总体安排情况汇报后，吴政隆指出，当前正处在推动高质量发展走在前列的关键时期，也是交通运输基础设施发展、服务水平提高和转型发展的黄金时期。要抓紧抓好"一带一路"建设、长江经济带发展以及长江三角洲区域一体化上升为国家战略等在江苏叠加的重大机遇，衔接好江苏省"1+3"重点功能区战略，以更高站位更宽视野谋划好推进好全省交通建设，充分发挥交通运输对经济社会发展的基础性、战略性、先导性作用。要围绕"六稳"工作要求，坚持尽力而为、量力而行，坚持质量第一、效益优先，加大交通有效投资力度，加快补齐高铁、航空、过江通道、高速公路主通道扩容等短板，抓好立体综合枢纽、"四好农村路"以及干线航道等重点项目建设，提高互联互通水平，更好满足群众出行需求，努力建设人民满意交通。

吴政隆强调，各地各部门要在严守生态红线和耕地保护红线等基础上，为交通建设提供有力保障，强化规划引领，做好前期工作，完善资金、用地等各类要素保障，主动及时为项目建设排忧解难，创造良好环境，形成工作合力，加快建成安全、便捷、高效、绿色的现代综合交通运输体系，奋力书写新时代交通强国建设江苏篇章。

四川兴文震区主要道路均可通行

本报讯 （记者 李洁心）12月16日，四川省宜宾市兴文县发生5.7级地震，造成部分道路阻断。经过交通运输部门及时抢通作业，通往震中的主要道路目前均可通行。

震后，通往震中兴文县周家镇的3条主要通道未发生阻断，个别农村公路时有飞石、边坡垮塌、路面开裂等阻断交通情况。宜宾市、兴文县交通运输部门第一时间组织人员、设备开展道路抢通保通工作，清除路面坍方，保障救援力量、设备、物资及时到达救灾现场。四川省交通运输厅派出工作组到达现场，了解情况，组织救援。

截至17日17时，通往震中兴文县周家镇的主要通道均可通行，受灾农村公路可保证及时抢通便道。

今日看点

摇钱树初长成 富裕村显富态

本报记者 朝霞 特约记者 马小惟 赵小雪

位于渝黔交界太阳山深处的重庆市秀山土家族苗族自治县隘口镇富裕村，曾经不仅不富裕，还被称作"光棍村"，没有多少人愿意嫁到这里。

富裕村第一书记赵茂兴说："这里地处偏远贫困山区，基础设施建设滞后，给人民群众带来了诸多不便。以前村民只能依靠传统农业和外出务工维持生活。"这个远近闻名的穷村子共有248户1468人，其中有贫困户37户214人。

富裕村的窘境代表了秀山县许多村镇。秀山县地处贫困山区，农民一大愿望是有一条通畅的进村公路。

"打赢脱贫攻坚战，交通人义不容辞。"秀山县交通委员会相关负责人表示，近年来，秀山县把通畅农村公路作为交通部门最重要的一项任务来完成。

2016年至2017年，秀山县交通委员会下达"村村寨寨通水泥路"工程建设计划219个项目610公里。今年上半年，下达"四好农村路"工程建设计划105个项目284公里。截至今年6月底，全县1881个村民小组已全部实现通达，其中85%的村民小组实现通畅。全县自然村通达率实现100%，自然村通畅率达到70%。

富裕村的路也畅通了。2016年，该村利用扶贫专项资金，将从九道河到大龙门组4.5公里长的机耕道拓宽为4.5米，并进行了硬化。村里其余的15.5公里通组公路也陆续得到硬化。

公路不仅连通了外界，更带来了产业发展思路的转变。"如果只靠种植玉米、红苕、洋芋'三大坨'，富裕村很难富裕。"赵茂兴建议根据村里的地理优势种植核桃，将特色农副产品卖出去。

为了消除村民们的顾虑，老党员熊朝发决定先"试验"。2015年，他在自家20亩地里种植了330多株核桃树。核桃树长势良好，成了"摇钱树"，不少村民也动了心。"2016年冬季，村里核桃树种植面积就扩展到了2100亩。"赵茂兴说。

许多贫困村利用便利的交通运输条件发展产业，助力脱贫。屯堡村正在规划实施茶旅融合发展项目，太阳山村启动了特色村寨建设，富裕村将继续扩大核桃种植面积，充分利用农村物流将核桃远销全国。2017年11月1日，秀山县正式脱贫摘帽。

"四好农村路"、高速公路、普通干线公路建设和改造……接下来，秀山县将加快建成"覆盖广泛、能力充分、便捷通畅、安全舒适"的普通干线公路网，为奔向全面小康提供更强劲的交通力量。

青海新增通客车建制村73个

本报讯 （驻青海首席记者 冯泽 特约记者 杨贵山）日前，记者从青海省交通运输综合行政执法监督局获悉，截至11月底，青海已提前超额完成了本年度交通运输部、青海省交通运输厅下达的建制村通客车工作任务，全省建制村通客车率达88.81%。

据悉，今年交通运输部要求青海省新增通客车建制村30个，青海省交通运输厅下达省交通运输综合行政执法监督局新增50个通客车建制村任务。截至11月底，青海已新增通客车建制村73个，分别为部、省目标任务的243%和146%。

今年以来，青海省交通运输综合行政执法监督局因地制宜、多措并举，督促各市、州运输管理机构坚持农村客运通达情况月报工作。该局还加强建制村通班车工作指导和跟踪问效，进一步明确建制村通客车条件，建立通客车工作目标台账，优化客运运营组织模式，保障农村居民基本出行，持续推进建制村通客车工作。

见证40年 主题访谈

中国水运发展前所未有的四十年

——访交通运输部原副部长徐祖远

本报记者 彭燕 孙妍

1976年参加工作，从船员到船长；上岸后做过货代，当过航运企业高管；担任交通运输部副部长期间一直分管水运行业，卸任后担任中国航海学会理事长、中国航海博物馆馆长。交通运输部原副部长徐祖远有着丰富的水运行业工作经历，我们的采访就从他的工作经历聊起。

"今年我退休了，我的职业生涯一直在水运行业，主要是在改革开放40年中走过来的，亲眼目睹、亲身经历了水运发展的巨大变化，可以说，我的全部工作经历融入了祖国水运事业发展最快的阶段。"徐祖远用10个"前所未有"来描述40年水运行业的发展变化：

一是船队规模的发展速度前所未有。改革开放初期，我国船队规模只有1600多万吨，现在已经达到约2.57亿吨。

二是港口能力的发展速度前所未有。改革开放初期，全国万吨级以上泊位只有133个，现在万吨级以上泊位已达2366个。

三是内河航运的发展速度前所未有。改革开放初期，我国内河港口没有万吨级泊位，现在有418个，全国内河航道通航里程约12.7万公里，内河船平均吨位成倍增加。

四是海员队伍的发展速度前所未有。改革开放初期，没有详细的船员统计数据，大约是25万名左右。截至2017年年底，注册船员已达148.3万名，位居全球第一，其中每年外派海员13.9万人次。

五是海事和海上救助的发展速度前所未有。海事、救捞队伍快速发展，水上安全监管和救助打捞水平快速提升。目前，海事监管范围由港区延伸至专属经济区，拥有各类海事巡逻船、航标船等1200多艘；海上专业救助船已经达到78艘，救助直升机20架，在我国沿海初步构建起完善的海空立体救援体系。

徐祖远。 实习记者 王博宇 摄

六是船舶检验的发展速度前所未有。截至2017年年底，国内船舶检验机构共检验登记船舶22万多艘，总吨位超1.8亿吨；全国共有注册验船师7828名。中国船级社的入级船总吨位已达1.4亿多吨，114个检验服务网点跨越四大洲。

七是水运科技的发展速度前所未有。深水码头建设、巨型复杂河口航道整治技术等达到国际先进水平，集装箱自动化码头装卸技术取得突破性进展，大型集装箱港口机械研发与制造走在世界前列。

八是航海文化的发展速度前所未有。创建了设施一流的中国航海博物馆和中国港口博物馆，中国航海日已确立了14年，通过航海日的一系列活动，广泛宣传了航海及海洋知识，普及了航海技术，弘扬了航海文化。

（下转4版）

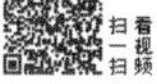
扫一扫 看视频

□值班编委 乔宝夫 本版副主编 卢锐 责编 王晓莉 □E-mail:xw1b@zgjtb.com □新闻热线:(010)64255441 □发行热线:(010)64256206 □广告热线:(010)64250642 □培训热线:(010)65299681

2018年12月18日 星期二 | 4版
主编 王建建 责编 于淼 | 电话:010-65293632 64252864 E-mail:zgjtb@126.com
见证40年 主题访谈
中国交通报 CHINA TRANSPORT NEWS

中国水运发展前所未有的四十年

——访交通运输部原副部长徐祖远

(上接1版)

九是内地与港澳、大陆与台湾地区的水运界交流合作发展深度前所未有。

十是国际海事的参与力度前所未有。中国已连续15次担任国际海事组织A类理事国，2017年，我国代表首次当选国际海事组织理事会主席，国际海事话语权显著提升。

"看起来这些数字呈现的是发展速度的变化，其中也体现了水运行业发展的质量和水平。"徐祖远说。

改革开放是我国集装箱运输发展最鲜明的特点

改革开放之初，徐祖远做过集装箱船船长，主要跑中日航线。他驾驶的船不到500标箱，经常停靠日本码头。看到那里的码头可以停靠上千标箱的全集装箱船，先进的港机作业代替了码头工人的肩背手扛，非常令人羡慕。

随着改革开放后我国对外经济贸易的发展，进出口货物快速增长，集装箱运输也因此迅速发展起来。

1978年9月，中远集团"平乡城"轮装载162个集装箱从上海驶往澳大利亚，开辟了我国第一条国际集装箱班轮航线。

从1979年到1990年的11年间，是我国集装箱运输市场逐步形成并初具规模的时期。在这期间，诞生了我国第一个集装箱专业码头公司——上海港国际集装箱运输公司，第一个集装箱专业码头——天津港三港池21段集装箱泊位。在国际集装箱快速发展的同时，内贸集装箱运输从无到有，也逐步进入了快速发展阶段。

徐祖远谈起我国沿海第一条集装箱班轮航线开通的情景，至今记忆犹新。那时他在广州海运集团任职，这是一家以沿海运输为主要业务的航运企业。1997年4月5日上午，从广州开往上海的集装箱班轮起航，开启了纵贯我国沿海南北航线的集装箱班轮运输。

2007年11月28日，10年之后，我国港口集装箱年吞吐量达到1亿标箱。彼时，徐祖远已任交通部副部长。在天津港五洲国际集装箱码头，时任交通部部长李盛霖和天津市市长戴相龙共同按下按钮，我国港口2007年第1亿个集装箱缓缓起吊。徐祖远在现场致辞中表示，我国集装箱运输从被动适应对外经贸发展需要，到覆盖全球形成远洋干线班轮网络、支撑国际经贸发展；从支线喂给港到干线枢纽港地位全面提升，从远洋、沿海运输到中西部内河航运协调发展，加快了我国水路运输结构调整和升级现代化进程，集装箱运输发展始终与时代同步前进。

"我一直认为，改革开放是我国集装箱运输发展最鲜明的特点。我国集装箱运输的发展历程，见证了我国改革开放的伟大历程。"徐祖远特意向记者展示了一组数据：

1979年至1989年，我国集装箱吞吐量从1万标箱发展到100万标箱用了10年；1989年至1998年，从100万标箱到1000万标箱用了9年；1998年至2004年，从1000万标箱到5000万标箱用了6年；2004年至2007年，从5000万标箱到1亿标箱用了3年；2007年至2014年，从1亿标箱到2亿标箱只用了7年时间。

2018年8月，英国劳氏日报发布了2017年全球100大集装箱港口排名，中国有24个港口入围。世界港口集装箱吞吐量排名前十位的港口，中国有7个，其中上海港连续八年居全球第一，成为国际集装箱港口发展的领跑者。

"改革开放40年来，我国港口集装箱吞吐量增速是连三跨五、突飞猛进，如果没有这样超常规的发展速度，就会严重制约经济贸易的快速发展。"徐祖远说。

随着集装箱运输的发展，我国集装箱大型现代装卸设备也从依赖进口发展到自主创新、主导世界市场；港口建设从学习国外起步，到自力更生建成世界一流现代化集装箱码头；集装箱港口装卸作业从效率低下，到屡创世界纪录，直至青岛港、洋山港等全自动化码头建成营运，已处于世界领先水平。

推动船员体面劳动 中国得到国际认可

1978年徐祖远在广州远洋公司"永丰海"轮任二副。

海运业有这样一句话，"没有海员的贡献，世界上一半的人会受冻，另一半人会挨饿"。徐祖远做过12年海员、16年船东，对海员有着非常深厚的感情。回顾40年水运发展历程，他一定要谈谈船员发展，特别是事关船员体面劳动的一件大事。

2006年2月，第94届国际劳工(海事)大会在日内瓦召开，时任交通部副部长徐祖远和我国常驻联合国日内瓦办事处代表沙祖康大使率领我国政府、船东、船员三方代表团出席了这次会议。为期三周的大会最终通过了《2006年海事劳工公约》(简称《公约》)，为海运业制定了全球统一的海员社会和劳动保护国际标准。

我国是最早参与《公约》制定的国家之一，在《公约》制定过程中，结合自身实践及海运业发展趋势，通过长期的艰苦工作对《公约》的形成产生了积极影响。最终大会以314票赞同、0票反对、4票弃权的结果正式通过《公约》。"这说明，绝大多数与会代表非常认可这一公约。"回忆起那个场景，徐祖远仍难掩喜悦之情。

"我当过船员，做过船东，在政府部门、行业协会都工作过，还担任了国际海事组织首届海事大使，我不仅了解船员，更知道让船员能够'体面工作'、维护好他们权益的重要性。"徐祖远说，我国是海员大国，也是海员劳务贸易大国，加入《公约》对维护我国海员权益以及我国航运业的健康发展十分重要。

《公约》通过后，交通运输部同相关部门投入了大量的人力物力，制定实施文件，完善履约措施，发挥全国海上劳动关系三方协调机制作用，积极推进《公约》在我国落地。

"我们在充分研究的基础上，逐步完善了我国海员劳动立法，同时着手建立有效的劳工监察机制。"徐祖远回忆说。

2007年3月28日，国务院第172次常务会议通过《中华人民共和国船员条例》，自2007年9月1日起施行。

2015年8月29日，经第十二届全国人大常委会第十六次会议审议通过，并向国际劳工组织国际劳工局递交《公约》批准书，次年11月12日，《公约》对中国生效。我国成为第68个批准《公约》的国际劳工组织成员国。

随后，在全国海上劳动关系三方协调机制框架下，中国籍国际航行和国内沿海航行商船船员的上船工作最低要求、就业条件、健康保护和社会保障等方面逐步与国际接轨，船员权益得到进一步保护。

"《公约》的批准和实施，彰显了我国以人为本的执政理念，宣示了我国切实维护海员劳动者权益、致力于构建航运业公平竞争环境的意愿和决心。"徐祖远说，从现在实施情况看，《公约》取得了良好的效果，船员权益得到了保障，体现了我国负责任大国形象，在国际海事界受到普遍赞誉。

这是最好的圣诞礼物

在改革开放40年我国远洋运输发展过程中，有一件特殊的重要事件，与远洋船舶及船员的安全密切相关，这就是自2008年开始的我国海军在印度洋、亚丁湾海域的护航行动。

徐祖远回忆，2007年，印度洋海域的亚丁湾、索马里地区海盗猖獗，使这一地区的航行安全受到极大威胁。我国每年约有1000多艘商船通过亚丁湾经苏伊士运河前往欧洲，这条航线对我国的石油、粮食、集装箱运输来说，是非常重要的海上通道。当时联合国安理会及国际海事组织先后通过了4个决议，呼吁有海上保障能力的国家参与该海域的护航。党中央、国务院和中央军委领导审时度势，决定派出海军舰艇赴该海域执行护航任务。

"中国是国际海事组织A类理事国，中国政府正式决定派军舰参与护航，这个消息必须要告知国际海事组织。"徐祖远告诉记者，我国海军护航第一次编队出航时间定在2008年12月26日，中国驻英国使馆海事处随即得到参赞指示前往将这一决定通报给国际海事组织，时任秘书长米乔普洛斯激动地站起来说，这是他收到的最好的圣诞礼物。

按照党中央、国务院和中央军委的统一部署，交通运输部和海军等有关部门积极沟通协调，协助落实参与护航行动的各项工作。海事部门、中国船级社、中国航运企业驻外机构等都积极为护航行动提供支持和服务。交通运输部还选派了优秀船长作为联络员，构建起被护商船和护航军舰之间的联系平台，他们也因此被誉为"亚丁湾护航的无名英雄"。

"从2008年年底到现在，我国海军护航行动整整十年了，这一行动是保障我国国际贸易和海上运输安全的重大决策，是依据国际法有关规定和联合国安理会有关决议行使权利、履行责任的正义之举，也是对我国包括港澳台远洋运输船舶、广大海员和渔民最切实的关怀和最有效的保护。通过护航行动，为我国参与国际海上运输保障、共同维护海上安全积累了宝贵经验，谱写了军政、军民团结的新篇章。"徐祖远说。

据统计，截至2018年10月，我海军护航舰队已完成1181批次6573艘船舶的护航任务。

中国水运发展未来更美好

40年来，我国水运发展的速度和质量创造了世界水运发展的奇迹，之所以能够实现跨越式发展，徐祖远认为，主要原因是交通运输部历届党组在党中央、国务院领导下，把握了"五个始终坚持"：

一是始终坚持以服务经济社会发展的需要为方针，不断探索改革发展的新举措，走出一条通过改革开放使中国水运发展突飞猛进的新路子；

二是始终坚持以世界经济发展的总趋势为导向，抓住世界经济带来的新机遇，攻坚克难，排除干扰，持续加快水运发展的速度；

三是始终坚持以交通行业发展的总要求为目标，找准改革发展的突破口，聚焦对外开放的新变化，走外延式快速发展与内涵式结构调整相结合的路子，逐步达到高质量发展的要求；

四是始终坚持以行业科技抢先发展为引领，加快培养行业人才队伍，创新技术进步，使水运发展有可持续的驱动力；

五是始终坚持以水运安全保障为基础，不断健全安全法规，完善安全体系，使水运快速发展有牢固的保障力。

2003年7月，上海港集装箱吞吐量突破500万标箱。

对于中国水运未来的发展前景，徐祖远表示，40年来的改革开放，我国水运发展的成就令世界瞩目、国人鼓舞，但应当看到，在当前世界经济发展不确定性、不稳定性日益凸显，行业转型发展、结构调整的机遇和挑战同在的形势下，我国水运行业依然存在不少需要解决的问题。为此，他提出五点希望：

一是希望水运行业抓住交通强国建设的重大机遇，加快水运行业在综合交通建设中的深度融合进程，使其发挥更好、更优、更强的支撑作用。

二是希望水运行业抓住全球性调整的战略机遇，加快国际化的进程，加固发展中的底板，拔高发展中的长板，补足发展中的短板，牢固树立中国特色的发展理念，加大国际海事人才培养力度，稳步扩大我国水运在世界海运业的影响力、带动力和竞争力。

三是希望水运行业抓住科技革命的转化机遇，加快培养行业领军人才，抢占科技发展的制高点，注重基础性研究，鼓励探索和创新，不断发展航运生产力，不断提升产学研用的融合能力，为行业的可持续发展不断集聚驱动力。

四是希望水运行业抓住国际海员队伍结构调整的难得机遇，加快完善海员职业政策，提高海员的福利待遇，保障海员的权益，鼓励更多的年轻人从事航海职业，提高海员劳务在国家服务贸易中的比重，为扩大就业走出新路径。

五是希望水运行业抓住平安交通建设的关键时期，不断提升水上安全保障能力，积极参与国际合作，重视海上风险的防控管理，使装备建设与治理能力相统一，参与国际海事开放合作与强化内部管理相统筹，确保海上人命安全和环境安全，为海洋强国建设提供可靠保障。

今年11月6日至7日，习近平总书记在考察上海期间强调，经济强国必定是海洋强国、航运强国。要有勇创世界一流的志气和勇气，要做就做最好的，努力创造更多世界第一。

"未来中国水运的发展，必须贯彻落实习近平总书记的重要指示精神，按照党的十九大的战略决策，围绕'两个百年'目标，以交通强国、航运强国建设为总任务，用勇创世界一流的信心和勇气，努力创造更多的世界第一，为实现中华民族伟大复兴的中国梦作出新贡献！"徐祖远说。

扫一扫 看视频

本文图片为 本报资料片

"阿波丸"轮打捞 为交通救捞积累宝贵财富

开栏的话

浩瀚的大海深处埋藏着许多沉船、宝藏、历史文物和故事。改革开放40年来，随着救捞队伍的逐步壮大，救捞人走向深蓝，他们凭借精湛的技术和无畏的勇气，完成了一次次不可能完成的救捞行动。

从今日起，本报开辟《40年救捞宝藏》专栏，通过4个救捞老物件，挖掘历史足迹背后的珍贵宝藏，寻找救捞人挑战深海的精神力量。

本报记者 姜秋华 实习记者 柏娜

走进中国救捞陈列馆，一个个摆放有序的老物件在静静地诉说着中国救捞厚重的历史。在一个不太引人注目的角落有一个展台，里面摆放着"阿波丸"轮的船钟，看上去只是一座普通的船钟，然而，其富有传奇色彩的经历，在中国救捞事业史册上，占有重要地位。

"要把中央派下来的任务完成好"

"阿波丸"轮是一艘万吨级日本籍客货船。当时光的指针重新拨至1945年4月1日深夜，由新加坡驶往日本的"阿波丸"轮满载9812吨货物，航行至福建省牛山岛以东海域，被美国巡航潜艇发出的鱼雷击中沉没。2009名乘客和船员除1人获救外，其余人员全部随船葬身海底，引起国际社会的巨大震惊。

经国务院、中央军委批准，1977年3月，由交通部、海军共同组织实施，开始正式独立自主打捞"阿波丸"轮。这一打捞工程被命名为"7713工程"。

牛山海域终年狂风肆虐，波涛汹涌，每年7至9月是台风登陆最多的季节，对打捞作业构成了很大的挑战，沉船海域浪大风急，打捞难度大，沉船最浅的部位距离水面45米，最深处距离水面69米。整个船体陷进海底淤泥15米深，船内各舱灌满了泥沙。按照相关规定，潜水员空气潜水最深只能达到50米，这样艰巨的任务，在我国潜水史上还是第一次。

打捞"阿波丸"轮船头。

打捞首先需要确定沉船位置，需要潜水员下水探摸。"阿波丸"轮沉没海底32年，已经深陷在淤泥里，沉船被渔网缠绕，沉船区域充满了未知的凶险，当时身为队长的马玉林第一个下水。"之所以第一个下水就是因为会很危险。我的潜水级别是最高的，时间也最长。"原上海救捞局3301船潜水大队队长马玉林回忆说。

1977年5月4日，打捞正式开始，600多名潜水员参加了水下作业，由于当时潜水装备条件简陋，马玉林和队员们穿戴的一套潜水装备总重达130多公斤。穿着这么笨重的设备在海流中爬行，既要承受海水的压力，又要进入沉船摸摸探捞，需要潜水员具备超强的体能和心理承受力，有时潜水员还要冒着付出生命代价的风险。

为了避免风险，马玉林和同事们一天只能下水一次，一次不能超过30分钟，最深只能潜到水下50米，因此潜水员被分成4个组，每组七八个潜水员轮番下水作业。

尽管条件艰苦，但是打捞队员们热情高涨，几个打捞小组争先恐后开展打捞竞赛。潜水员在船舱里找到了大量橡胶和锡锭，每块锡锭重37公斤，每桶橡胶重50公斤，一个潜水员潜水一次就要搬几百公斤的锡锭。原交通部上海救捞局潜水员顾明宏最多一次搬了39块锡锭。他说："我搬完以后，就像喝了一斤半老白干一样，人都糊涂了。唯一的意识就是想赶快上来。"

"大家憋着一口气，要把中央派下来的任务完成好，不要给国家丢脸。"马玉林说。

"打捞时间之长规模之大，世界罕见"

传说中，"阿波丸"轮上装有白金10吨、黄金40吨、锡锭17吨、橡胶17吨、珍宝50箱等货物。马玉林回忆说，他当时想抱金娃娃上来。

从1977年至1980年，打捞工程进行了3年多，600名潜水员共进行空气潜水作业136004人次、6138小时。下潜次数、深度及水下作业时间，在我国潜水史上还从未有过。

他们打捞起大量死难者、遗物和货物。据统计，共打捞"阿波丸"沉船死难者的遗骨370具和私人遗物218项、计1683件，这些遗骨、遗物分三批移交给了日本，彰显了国际人道主义精神。此次打捞还捞出5418吨货物，其中仅锡锭一项就达2872吨。1979年打捞上来的物资拍卖了5000万美元，这笔钱用来购买了起重量为2500吨的海上自航浮吊船"大力号"。

1980年一只船钟被打捞出水，上面清晰地刻着三个字"阿波丸"，证明了在水下沉睡32年之久的沉船正是"阿波丸"轮。1980年7月6日，打捞领导小组决定，把"阿波丸"轮驾驶舱局部起吊出水，沉没海底35年的"阿波丸"轮船头破水而出。马玉林说，他们拼命地找，也没找到黄金，只发现了一枚很小的黄金戒指。

历时近4年的打捞"阿波丸"轮工程，虽然没有打捞到传说中的贵重物品，但收获还是很大。

这是当时我国打捞历史上最大的打捞工程，打捞时间之长、规模之大，在世界打捞史上都是非常罕见的。通过此次打捞，还锻炼、培养了一支深水打捞队伍，提高了潜水员的作业技能，为我国打捞事业积累了宝贵财富。比如，作业人员大胆革新，采取了多船同时作业，创造了大揭盖、抓斗捞货等新方法；采取了深水分段解体沉船，首次使用2500吨大浮吊吊起船艏，突破了传统的作业方式，大大提高了工作效率等。

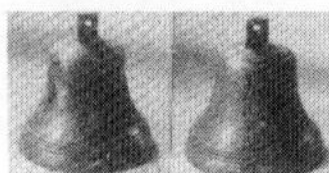

"阿波丸"轮船钟。

本文图片由 上海打捞局 提供

地址:北京市朝阳区安华西里三区13号楼 邮编:100011 总编室:(010)65293633 通联部:(010)65293561 (010)64252114(传真) 采编中心:(010)64255441 公路中心:(010)65293615 水运中心:(010)64255824 运输中心:(010)65293641 新媒体中心:(010)64255469 培训中心:(010)65299681 广告部:(010)64250642 (010)64255452(传真) 北京中通广告公司:(010)64252934 广告经营许可证:京朝工商广字0142号 每年定价:460元 每月定价:38.34元 零售每份:1.92元 中国青年报印刷厂印刷

改革激活长江航运

——访原交通部长江航务管理局局长唐国英

特约记者　李　璐

见报日期　2018 年 12 月 20 日

“改革开放 40 年来，我国发生了翻天覆地的变化。长江航运与改革开放同步，也发生了沧桑巨变。1978 年，长江干线货物通过量 4000 万吨，到 2017 年已达到 25 亿吨，早已超越了美国密西西比河。长江已成为世界上货运量最大、通航最为繁忙的河流。”回顾长江航运发展的非凡历程，84 岁的原交通部长江航务管理局（简称长航局）局长唐国英感慨，“如今长江航运取得的历史性飞跃，都离不开 1984 年开始的长江航运管理体制改革。”

唐国英，1951 年参加长江航运工作，1983 年年底任长航局局长，成为改革开放后长江航运首次管理体制改革的执行者。在他看来，长江航运取得的举世瞩目成就，正是源于几代长航人砥砺奋进、接力前行，不断推进长江航运管理体制改革，释放长江航运生产力。

“长江航运是交通运输系统改革开放的排头兵”

20 世纪 70 年代后期，“三打 3000 万”的口号响彻长江全线，其意思就是要用 3 年时间来实现长江干线年货运量3000万吨的目标。1977年12月31日，长航系统在湖北武汉召开祝捷会，庆祝目标实现。

“3000万，纵向来看还算可观。但这个数字与同时期的欧洲莱茵河相比差距甚远，与美国密西西比河相较更是悬殊。”唐国英介绍，1978年7月，交通部指派长航负责人考察莱茵河航运，并向中共中央政治局提交了考察报告。“之后，中央领导多次来长江考察，都提到了长江航运没有发挥好作用，让一江春水白白向东流。沿江各省也纷纷反映，长江航运不能搞独家经营，各省的航运发展不起来。”

1978年12月18日，党的十一届三中全会召开，会议决定以经济建设为中心，实行改革开放。会议刚结束，交通部组团奔赴美国密西西比河考察，在考察报告中，考察组建议改革长江航运管理体制，实施政企分开。

“改革开放以前，长江航运实行的是政企合一、高度集中的托拉斯体制。”唐国英回忆，“虽然在一定历史时期，这种体制发挥了积极作用。但是，在开放搞活的新要求下，这种体制变得僵化，制约了航运的进一步发展。”

1980年5月，国务院听取交通部汇报后，决定由国家经委和交通部牵头、沿江省市和长航局参加，组建长江航运体制改革调研组，长江航运改革呼之欲出。随后，调研组用3个月的时间从四川到上海，对长江航运现状、发展需求、体制模式进行了全面调研和论证，提交了一份事关长江航运改革方向、路径与举措的建议。在这份建议的基础上，交通部形成了长江航运体制改革方案。

1983年3月，《国务院批转交通部关于长江航运体制改革方案的通知》（简称《改革方案》）正式发布。《改革方案》要求，按照“政企分开，港口、航政和航运分管，统一政令，分级管理”的原则，推进行政管理体制、运输企业体制、港口体制三大改革。《改革方案》还要求在国家计划指导下，长江实行多家经营，港口对所有船舶开放，鼓励各种新形式的竞争与联合，推行经济责任制。长江航运改革开放的大幕徐徐拉开。

“回顾长江航运体制改革的起因与动议过程，长江航运在部党组的坚强领导下，顺应历史潮流，率先在交通运输领域举起改革开放的大旗。可以说，长江航运是交通运输系统改革开放的排头兵。”唐国英表示。

理顺长江航运体制机制

1984年1月1日，《交通部关于长江航运体制改革方案（摘要）》正式施行，撤销长江航运管理局，组建长江航务管理局，成立长江轮船总公司。自此，以政企分开作为第一步的长江航运体制改革揭开了新篇章，长江航运全面向商品经济和市场经济转轨。

转变并非易事。上任长航局局长之初，摆在唐国英面前的第一大难题就是港航分管。“港口与航运企业分开后，彼此不习惯。以前长江港口与干线航运都由长航总调度指挥，对于港口而言，生产考核指标是发运量，财务上实行统收统支两条线，对船舶的服务费实行内部包干。对于航运企业而言，船舶到了港口，锚一抛就完了，港口来取送。”唐国英说。

通过大量调研，长航局实施了一系列改革措施。明确了港口收费费率，新征船舶港务费和货物港务费，改内部核算为独立核算，改考核指标为吞吐量，加快基础设施建设以适应对所有船舶开放等，港航分管的机制开始高效运行。随后，港口管理体制改革继续推进。由交通部和地方政府双重领导的长江干线港口管理权逐步下放，实行一城一港、政企分开。到2002年，长江干线25个港口的管辖权完全下放给地方政府管理。

1983年，交通部宣布长江“有河大家走船”，沿江地方开始参与干线运输，但到1984年6月，运输市场矛盾凸显。“出现了地方船舶过葛洲坝船闸难，小吨位船舶绞滩难，进干线船舶因缺乏专业组织引航难，船舶跨省供油难等情况。”谈到破解之法，唐国英记忆犹新。长航局成立了小闸管理处、10个小轮绞滩站、5个引航中心以及供油站，用半年的时间一一理顺。长江航运逐步形成了多层次、多渠道、多元化的运输市场新格局。

“改革开放之初，人们的思想观念还是停留在计划经济年代，要变过来很不容易。但随着我们一往无前地推动改革开放，用智慧和双手解决一个又一个难题，人们的思想也越来越解放，对改革开放的认识也越来越深。”唐国英告诉记者，长航局按照“政企、事企、政事”分开原则继续推动改革前行，到21世纪初，先后完成了海事统一管理、公安离企归政、航道疏养分开等一系列改革。

促进航运生产力发展

“长江航运的改革、开放和开发建设，目的是搞活港航企业，促进航运生产力的发展。长航局作为交通部派驻机构，其主要任务就是为港航企业创造条件、营造环境、维护秩序、促进发展。”谈到《改革方案》，唐国英充满激情。

随着长江航运市场双向开放，航运市场呈现百舸争流的新局面。1984年年底，400多家航运企业进入长江；到1985年，长江水系已拥有航运企业800多家，运输船舶7.7万余艘。1983年5月，第一艘外轮停靠张家港港后，长江港口陆续对外轮开放，长江内河航道成为对外籍船舶开放的国际水道。

港口下放后，激发了地方政府和企业发展建设港口的积极性。吊桥林立、繁忙有序的港口逐渐成为沿江城市的名片。

同时，长江航运行政管理体制的不断理顺，使得国家对引领长江航运发展的能力不断增强。一方面，国家对长江航运基本建设的投资显著增长，另一方面，长航局系统在航运管理、安全保障、治安防控等方面的手段能力也显著增强，为长江航运科学、有序、快速发展提供了坚强保障。

改革永远在路上。2016 年，交通运输部党组作出了深化长江航运行政管理体制改革的重大决定，进一步强化长航局作为部派出机构的地位和作用，理顺长江干线海事和航道管理体制，推进长江通信和引航体制改革，在长江干线实行水上综合执法，对长江航道管理实行政事企分开。经过改革，长江航运“统一政令、统一规划、统一标准、统一执法、统一管理”的行政管理体制和“一体化管理、一条龙服务”的管理模式正式确立。如今，长江干线年货物通过量已经连续多年领跑世界内河，船舶平均吨位已达世界先进水平，亿吨大港从无到有，增长到 14 个……

“长江航运改革开放要靠一代代长航人接续前行。正是因为几代长航人向着改革发展这同一个目标而努力奋斗，才使得长江航运一改落后面貌，生机勃发。”唐国英欣慰地说。

CHINA TRANSPORT NEWS
2018年12月20日 星期四 http://www.zgjtb.com | 第6881期 今日8版 | 邮发代号 1-72 国内统一连续出版物号 CN 11-0122 交通运输部主管 中国交通报社主办

票根开具的通行费电子发票可抵扣税额突破11亿元

本报讯 据交通运输部路网监测与应急处置中心（简称部路网中心）公布的数据显示，截至今年12月15日，全国收费公路通行费电子发票服务平台——票根，开具的通行费电子发票可抵扣税额已达11亿元，进一步促进了物流成本降低和企业减负增效。

据了解，自今年1月1日起，用户使用ETC卡或用户卡交纳的通行费，以及ETC卡充值费可以开具通行费电子发票，不再开具纸质票据。7月1日起，高速公路通行费纸质发票不能再抵扣，仅通行费增值税电子普通发票可以抵扣进项税额。

票根通过票根网、票根App、票根微信小程序，为全国ETC用户提供开具通行费电子发票服务，其中标注有“通行费”字样且税率栏次显示税率的电子发票可以抵扣进项税额。

票根的开票用户主体大量集中于交通运输业，随着营改增政策的进一步普及和开票量的增加，开具的通行费电子发票可抵扣额度将实现大幅度增长，进一步为企业节约运营成本。

下一步，在交通运输部与国家税务总局、财政部的指导下，部路网中心将进一步提升发票服务平台服务质量，不断优化公众服务体验，丰富服务渠道，使公路出行者获得发票更便利，使纳税人真正享受到改革红利，不断助推交通运输供给侧结构性改革，提升社会公众满意度。

（姜钒）

河南双千工程驱动『高速引擎』

以大交通谋大发展

本报记者 周爱娟 实习记者 楼童

计划开工14个高速公路项目，总里程1002公里，总投资1086亿元……这是河南高速公路的2019年建设蓝图——“双千工程”，彰显出河南以大交通谋大发展的决心。

“我们咬定青山不放松，坚持用宽肩膀和铁肩膀挑住、挑稳、挑好交通基础设施建设这副重担，把‘双千工程’谋划好、建设好、管理好、完成好，为全省经济社会发展作贡献当先行。”河南省交通运输厅厅长刘兴彬说。

高速公路成网成环成串

据介绍，“双千工程”中，服务郑州大都市区的交通建设项目有两个，即兰原高速公路封丘至原阳段和沿太行高速公路新乡段。它们的总长度虽不足100公里，却对厚植郑州大都市区交通优势、提升郑州国家中心城市辐射能力、打造国际化综合交通枢纽具有重要意义。

而两个京港澳高速公路分流通道项目——安罗高速公路上蔡至罗山段、许昌至信阳高速公路，将成为国家高速公路主干线——京港澳高速公路的“左膀右臂”，大大缓解京港澳高速公路河南段的通行压力，加速物流南北向流动。

目前，河南省拥有29个高速公路省际出口。阳新高速公路濮阳段等7条高速公路的建设，将有利于河南高速公路成网、成环、成串，有助于加强省际交流与合作，带动沿线区域经济社会发展。

预计到2022年，“双千工程”的14个项目将全部建成通车。“中原通则一通百通”的作用日益明显，河南的枢纽地位日益巩固，届时“高速引擎”将驱动河南发展再升级。

三方合创投建新模式

14个高速公路项目大部分位于“三山一滩”（太行山、伏牛山、大别山和黄河滩区）等贫困地区。社会效益好，但是项目投资大、经济效益差，对资本的吸引力不够大。

为了解决资金困境，河南省交通运输厅协助地方政府积极向综合实力强、信誉好的社会资本打包推介项目，成功引进了中国建筑、中国铁建等6家社会资本与河南省属企业组成联合体投资建设高速公路，确立了“地方政府+省属高速公路企业+大型社会资本”三方合作的建设模式。

在前期工作推进方面，河南省交通运输厅建立了“省厅统筹、地市协作、统一代办”的工作机制，采取前期审批要件统一代办的方式，与项目所在地交通运输主管部门共同推进。

为规范招投标行为，河南省交通运输厅还制定了全省通用的投资人招标文件、投资协议、特许经营协议范本，严格准入和退出机制。

刘兴彬介绍，在推进“双千工程”中，河南省交通运输厅将注重统筹谋划，做到“三个结合”：将实施重点交通项目与完善综合交通运输体系结合起来、推进交通设施建设与强化交通监管职能结合起来、发展多式联运与改善交通运输服务结合起来。

未来，河南将继续按照“企业主体、市场运作、多元投资、规范经营”的原则，在高速公路投资建设模式的创新上再下功夫。

在12月18日举行的庆祝改革开放40周年大会上，中共中央、国务院授予100名同志改革先锋称号，其中包括7位交通运输行业的杰出代表——改革开放试验田“蛇口模式”的探索创立者袁庚、港口装卸自动化的创新者包起帆、践行“工匠精神”的优秀代表许振超、远洋运输体制改革的推动者许立荣、“复兴号”高速列车研制的主持者孙永才、知识型企业职工的优秀代表巨晓林、厦门航空事业的开拓者吴荣南。

图为出席大会表彰仪式的巨晓林、许振超、许立荣、孙永才、包起帆（由左至右）在照片墙前合影。 马国栋 摄

创出一片新天地

——改革开放四十周年海事系统创新发展成就综述

本报记者 周献恩
实习记者 王肖丰

从“一水多监”到“一水一监，一港一监”，全国水上安全监管“三统一”；从“三个一”建设，到“三化”建设；从进出港需要提前提交纸质材料的船舶签证，到可用手机客户端直接在线报告即可；从跟脚丈量港区和望远镜监管船舶到CCTV（中央视频监控系统）、AIS（船舶自动识别系统）、VTS（船舶交通管理系统）等功能多合一的“千里眼”远程监控……40年来，一代代海事人将锐意改革创新的蓝色基因，融进了1.8万公里的海岸线、300万平方公里海域和大江大河中。

强化整体设计，实施改革创新、理念创新、科技创新，不断引来发展“活水”，用愈来愈强的公共服务能力和水平，书写了一篇篇改革创新促发展的恢弘篇章。

改革创新 破除体制障碍激发新活力

改革创新，成为交通海事人紧随全国改革开放和水运经济发展步伐，破除障碍，激发活力，更好地服务经济社会发展的基本底色。

1979年7月2日，深圳南头半岛炸响了建港填海的“开山炮”，我国第一个外向型工业区蛇口工业区开工建设，蛇口港成为我国第一个对外开放的前沿阵地。

作为港口发展的服务者、保障者，当时的海事机构却遇到难题：刚刚恢复的水上安全监管部门业务分散，社会地位边缘，水上安全监管能力尤其是基层监管能力薄弱。这显然无法跟上港口发展、对外开放的步伐。怎么解决？

海事人用改革创新行动给出了答案。

1980年，全国海事（船政）系统进行了机构改革：内设水上安全监督局，沿海各主要港口设港务监督。这次适应改革开放需要的探索，打破了原来各地区机构设置参差不齐、基层力量薄弱的水上安全监管局面，大幅改善了水上安全监管尤其各主要港口的安全监管局面。基层力量的充实、水上监管的恢复与加强，营造了相对稳定的水上环境。

随着首批14个沿海开放城市的设立，远洋巨轮络绎不绝，进出口贸易迅速发展。1985年的改革，建立了中央和地方分工负责的水上交通安全监督管理体制。

1986年，交通部着手在沿海港口组建14个海上安全监督局；长江、珠江和黑龙江由交通部设置港航监督机构；其他内河水域由各地方负责，建立中央和地方分工负责的水上安全监督管理体制。而这一时期，《海上交通安全法》《内河安全管理条例》等法律法规的颁布，从法律上确定了海事（船政）部门的性质，立起了水上交通法规体系建设的主梁。

（下转4版）

今日看点

京津冀共商交通一体化执法协作

本报讯 （特约记者 张海洋 通讯员 安津良）近日，京津冀交通一体化法制与执法协作第四次联席会议在石家庄召开，进一步融合交通运输治理理念、深化立法协同、密切执法联动，保障和促进京津冀交通一体化发展。

会上，京津冀三地交通运输部门围绕制度建设协同、京津冀毗邻区域执法协同、工作机制协同三大专题11个小议题进行了讨论研究。三地还共同审议了《京津冀跨境高速公路工程质量安全联合督查办法》《京津冀信用治超协作工作办法》《京津冀区域内河船员管理协同发展框架协议》等文件，对京津冀有关毗邻区域执法协作机制以及执法文书统一、有关失信主体联合惩戒、公路工程质监信息沟通共享等进行了深入研讨。

据悉，2019年，京津冀三地将重点加强沟通交流，深化立法协同工作，继续落实好规范性文件备案制度；加强三地执法协作，深化联合执法机制，为三地交通运输协同发展提供制度支撑和体制机制保障。

周到服务暖人心

特约记者 杨天骏 通讯员 陈小平 李毅榕

近日，浙江嘉兴大雪突袭了赶路人。为了帮助过往人员抵御严寒，杭州湾大桥北岸服务区的党员志愿者在活动广场设立了驿站，提供免费姜茶。热腾腾的姜茶，暖胃又暖心，党员志愿岗全员上岗，为人们提供全方位的帮助。

作为嘉兴首家五星级文明服务区，这样的志愿者服务在杭州湾大桥北岸服务区是“日常标配”。不间断的咨询服务、免费量血压、送承茶送姜茶送祝福，到过这里的人都对他们的“五星级服务”印象深刻。

和五星级服务配套的是五星级的设施。服务区内经营有便利店、名品店、咖啡馆和儿童游乐区，购物街两侧的餐饮花样繁多。整体布局设计也别具匠心，公共卫生间在整个服务区建筑的正中央，上层配以绿化，避免气味污染。卫生间外侧是温馨的母婴室，巧妙的内外双门设置可以更好地保护隐私。

杭州湾大桥服务区也带动着当地高速公路服务区品质不断提升。目前，嘉兴市高速公路辖区内共有9对服务区，其中包括2个“五星级服务区”、2个“四星级服务区”。

今年，嘉兴对辖区内的高速公路服务区提出了新要求。嘉兴市公路管理局印发了《嘉兴市高速公路服务区高质量发展三年行动计划》，重点从服务区软硬件提升工作、品质提升工程、管理专业化水平、公众满意度调查4个方面加大指导力度，提升全市高速公路服务区的服务质量、管理能力和星级标准。

到2020年，嘉兴将力争实现辖区高速服务区四星级全覆盖，将全市高速公路服务区打造成全国排名前列的优质高速公路服务区网，为过往人员提供更便捷的服务设施和更优质的服务水准。

改革激活长江航运

——访原交通部长江航务管理局局长唐国英

特约记者 李璐

“改革开放40年来，我国发生了翻天覆地的变化。长江航运与改革开放同步，也发生了沧桑巨变。1978年，长江干线货物通过量4000万吨，到2017年已达到25亿吨，早已超越了美国密西西比河。长江已成为世界上货运量最大、通航最为繁忙的河流。”回顾长江航运发展的非凡历程，84岁的原交通部长江航务管理局（简称长航局）局长唐国英感慨，“如今长江航运取得的历史性飞跃，都离不开1984年开始的长江航运管理体制改革。”

唐国英，1951年参加长江航运工作，1983年年底任长航局局长，成为改革开放后长江航运首次管理体制改革的执行者。在他看来，长江航运取得的举世瞩目成就，正是源于几代长航人砥砺奋进、接力前行，不断推进长江航运管理体制改革，释放长江航运生产力。

“长江航运是交通运输系统改革开放的排头兵”

上世纪70年代后期，“三打3000万”的口号响彻长江全线，其意思就是要用3年时间来实现长江干线年货运量3000万吨的目标。1977年12月31日，长航系统在湖北武汉召开祝捷会，庆祝目标实现。

“3000万，纵向来看还算可观。但这个数字与同时期的欧洲莱茵河相比差距甚远，与美国密西西比河相较更是悬殊。”唐国英介绍，1978年7月，交通部指派长航负责人考察莱茵河航运，并向中共中央政治局提交了考察报告。”之后，中央领导多次来长江考察，都提到了长江航运没有发挥好作用，让一江春水白白向东流。沿江各省也纷纷反映，长江航运不能搞独家经营，各省的航运发展不起来。”

唐国英。 杨可 摄

1978年12月18日，党的十一届三中全会召开，会议决定以经济建设为中心，实行改革开放。会议刚结束，交通部组团奔赴美国密西西比河考察，在考察报告中，考察组建议改革长江航运管理体制，实施政企分开。

“改革开放以前，长江航运实行的是政企合一、高度集中的托拉斯体制。”唐国英回忆，“虽然在一定历史时期，这种体制发挥了积极作用。但是，在开放搞活的新要求下，这种体制变得僵化，制约了航运进一步发展的活力。”

（下转7版）

□值班编委 乔宝夫 本版副主编 卢锐 责编 王筱宵 □E-mail:xw1b@zgjtb.com □新闻热线：(010)64255441 □发行热线：(010)64256206 □广告热线：(010)64250642 □培训热线：(010)65299681

2018年12月20日 星期四 | 民航 | 7版 电话：010-65293632 64252864 E-mail:zgjtbmhzk@126.com
中国交通报 CHINA TRANSPORT NEWS

见证40年 主题访谈

改革激活长江航运

——访原交通部长江航务管理局局长唐国英

川江航道，风景如画。

（上接1版）

1980年5月，国务院听取交通部汇报后，决定由国家经委和交通部牵头，沿江省市和长航局参加，组建长江航运体制改革调研组，长江航运改革呼之欲出。随后，调研组用3个月的时间从四川到上海，对长江航运现状、发展需求、体制模式进行了全面调研和论证，提交了一份事关长江航运改革方向、路径与举措的建议。在这份建议的基础上，交通部形成了长江航运体制改革方案。

1983年3月，《国务院批转交通部关于长江航运体制改革方案的通知》（简称《改革方案》）正式发布。《改革方案》要求，按照"政企分开，港口、航政和航运分管，统一政令，分级管理"的原则，推进行政管理体制、运输企业体制、港口体制三大改革。《改革方案》还要求在国家计划指导下，长江实行多家经营，港口对所有船舶开放，鼓励各种新形式的竞争与联合，推行经济责任制。长江航运改革开放的大幕徐徐拉开。

"回顾长江航运体制改革的起因与动议过程，长江航运在部党组的坚强领导下，顺应历史潮流，率先在交通运输领域举起改革开放的大旗。可以说，长江航运是交通运输系统改革开放的排头兵。"唐国英表示。

理顺长江航运体制机制

1984年1月1日，《交通部关于长江航运体制改革方案（摘要）》正式施行，撤销长江航运管理局，组建长江航务管理局，成立长江轮船总公司。自此，以政企分开作为第一步的长江航运体制改革揭开了新篇章，长江航运全面向商品经济和市场经济转轨。

转变并非易事。上任长航局局长之初，摆在唐国英面前的第一大难题就是港航分管。"港口与航运企业分开后，彼此不习惯。以前长江港口与干线航运都由长航总调度指挥，对于港口而言，生产考核指标是发运量，财务上实行统收统支两条线，对船舶的服务费实行内部包干。对于航运企业而言，船舶到了港口，锚一抛就完了，港口来取送。"唐国英说。

通过大量调研，长航局实施了一系列改革措施。明确了港口收费费率，新征船舶港务费和货物港务费，改内部核算为独立核算，改考核指标为吞吐量，加快基础设施建设以适应对所有船舶开放等，港航分管的机制开始高效运行。随后，港口管理体制改革继续推进。由交通部和地方政府双重领导的长江干线港口管理权逐步下放，实行一城一港、政企分开。到2002年，长江干线25个港口的管辖权完全下放给地方政府管理。

1983年，交通部宣布长江"有河大家走船"，沿江地方开始参与干线运输，但到1984年6月，运输市场矛盾凸显。"出现了地方船舶过剩、港埠货源不足，小吨位船舶经营难，进干线船舶因缺乏专业组织引航难，船舶拥挤、低效等情况。"谈到破解之法，唐国英记忆犹新。长航局成立了小闸管理处、10个小轮控调站、5个引航中心以及供油站，用半年的时间一一理顺。长江航运逐步形成了多层次、多渠道、多元化的运输市场新格局。

"改革开放之初，人们的思想观念还是停留在计划经济年代，要变过来很不容易。但随着我们一往无前地推动改革开放，用智慧和双手解决一个又一个难题，人们的思想也越来越解放，对改革开放的认识也越来越深。"唐国英告诉记者，长航局按照"政企、事企、政事"分开原则继续推动改革前行，到本世纪初，先后完成了海事统一管理、公安离企归政、航道疏养分开等一系列改革。

促进航运生产力发展

"长江航运的改革、开放和开发建设，目的是为了搞活港航企业，促进航运生产力的发展。长航局作为交通部派驻机构，其主要任务就是为港航企业创造条件、营造环境、维护秩序、促进发展。"谈到《改革方案》，唐国英如数家珍。

随着长江航运市场双向开放，航运市场呈现百舸争流的新局面。1984年年底，400多家航运企业进入长江；到1985年，长江水系已拥有航运企业800多家，运输船舶7.7万余艘。1983年5月，第一艘外轮停靠张家港后，长江港口陆续对外轮开放，长江航道成为对外籍船舶开放的国际水道。

港口下放后，激发了地方政府和企业发展建设港口的积极性。吊桥林立、管控有序的港口逐渐成为沿江城市的名片。

同时，长江航运行政管理体制的不断理顺，使得国家对引领长江航运发展的能力不断增强。一方面，国家对长江航运基本建设的投资显著增长，另一方面，长航局系统在航运管理、安全保障、治安防控等方面的手段能力也显著增强，为长江航运科学、有序、快速发展提供了坚强保障。

改革永远在路上。2016年，交通运输部党组作出了深化长江航运行政管理体制改革的重大决定，以进一步强化长航局作为部派出机构的地位和作用，理顺长江干线海事和航道管理体制，推进长江通信和引航体制改革，在长江干线实行水上综合执法，对长江航道管理实行政事企分开。经过改革，长江航运"统一政令、统一规划、统一标准、统一执法、统一管理"的行政管理体制和"一体化管理、一条龙服务"的管理模式正式确立。如今，长江干线年货物通过量已经连续多年领跑世界内河，船舶平均吨位已达世界先进水平，亿吨大港由无到有，增长到14个……

"长江航运改革开放要靠一代代长航人接续前行。正是因为几代长航人向着改革发展这同一个目标而努力奋斗，才使得长江航运一改落后面貌，生机勃发。"唐国英欣慰地说。

一带一路这5年·民航篇

丝路交响 空中乐章

于淼

一场说走就走的旅行，背后是什么在支持？近年来，俄罗斯、阿联酋、老挝等国积极响应"一带一路"倡议，对我国游客实行免签、落地签、团队免签政策。越南的咖啡、菲律宾的芒果干、保加利亚葡萄酒……即便不出门，也能在自家餐桌上体验一场别具风味的舌尖之旅。

"一带一路"倡议提出5年来，民航依靠自身的国际化属性，充分发挥基础性先导性作用，深耕与沿线国家的合作，为"一带一路"建设插上了翅膀，民航业正加速国际化的引擎，在这场丝路交响中，编制空中乐谱，奏响壮丽乐章。

互联互通 拉近时空

6月16日，瑞典当地时间6时15分，东方航空公司MU289航班顺利降落在瑞典首都斯德哥尔摩的阿兰达国际机场，上海—斯德哥尔摩航线顺利首航，这是东航首条北欧航线。

合肥新桥国际机场的全货机航线，为"一带一路"沿线的货运周转插上翅膀。　合肥新桥国际机场 供图

等待这次航班的除了迎接贵宾的水门仪式，还有一个熟悉的身影——瑞典著名乒乓球运动员瓦尔德内尔。他曾多次代表瑞典乒乓球队征战世乒赛，和中国的几代选手进行过较量，被我国观众亲切地称为"老瓦"。

"老瓦"的到来让我们看到，瑞典各界对这条新航线满怀热情。已经成功举办的首届中国国际进口博览会上，瑞典政府派出代表团参加了国家贸易投资综合展，许多瑞典企业和商家也报名参加了企业商业展。东航的上海—斯德哥尔摩直航航班发挥了关键作用。东航相关负责人介绍，近年来，"一带一路"已成为东航运力投入的主要方向，除了欧洲航线外，新西兰奥克兰、印度尼西亚雅加达、斯里兰卡科伦坡、马尔代夫马累……空中丝路上的站点正不断增多。这些"一带一路"航线在经过培养期后，大部分客座率可达到七成以上，还有不少甚至会超过九成。

"相知无远近，万里尚为邻。"这些"一带一路"航线的开通渐渐编织成网，这张航线网络到底有多密集？据统计，我国已与"一带一路"沿线45国开通了直飞航班，每周有5100个班次，通航能力覆盖我国83.87%的省份。

为了编织这张日益加密的互联互通网络，加强与"一带一路"沿线国家民航管理当局沟通，加快提升航权开放水平是至关重要的一步。截至目前，我国已与125个国家和地区签署了双边政府间航空运输协定。其中，与"一带一路"沿线62个国家签订了双边政府间航空运输协定，与东盟签订了首个区域性的航空运输协定，与俄罗斯、亚美尼亚、印度尼西亚、马来西亚、埃及等沿线国家举行双边航空会谈并扩大了航权安排。

如今，各国民航的互联互通，已不再局限于航线的开通，更向着航空产品合作甚至资本合作的深度迈进。

我国和智利相隔25000公里，几乎是地球上国与国之间最遥远的距离，但我们两国之间的贸易却发展迅速。

2015年，一种叫"冰糖脆"的智利樱桃在我国电商中悄然走红。在这之前，这种美味的樱桃由于价格昂贵，在我国并不受欢迎。短短几年间，我国已成为智利樱桃出口第一大市场。全货机、机场货站、以及地面运输的完整物流体系，为两国之间的贸易往来插上羽翼。投资与贸易合作的加快推进，推动了我国经济健康积极发展。

强基固本 打卡全球

基础设施联通是"一带一路"建设的核心内容和优先领域。5年来，高效畅通的国际大通道加快建设，我国民航"打卡"全球。

人的互通带来货物的流转与文化的交融，提升和完善国际航空枢纽功能，是"一带一路"建设的重要基础和支撑。

早上还在广州茶楼喝早茶，傍晚就飞抵澳大利亚布里斯班抱考拉……随着广州白云国际机场国际航空枢纽建设步伐加快，从广州出发，"打卡"全球不再是梦想。

广州白云机场是"一带一路"建设中重要的核心枢纽机场之一。2015年2月成功启用第三跑道、2017年10月启用新停机坪、2018年4月启动第二航站楼……白云机场硬件设施全面升级，航线网络辐射能力得到进一步释放，依托广州地处华南、毗邻东南亚的优势，深耕亚洲市场，大力发展澳新、非洲、欧美等新航线。

近年来，民航局加快推进国际航空枢纽建设，进一步提升国际枢纽功能，提高国际航线网络辐射能力，努力构建结构优化、多元平衡、枢纽导向型的航空开放格局。截至目前，民航局分别与新疆维吾尔自治区政府、云南省政府、黑龙江省政府共同制定了乌鲁木齐、昆明、哈尔滨国际航空枢纽战略规划，且已启动了成都、重庆国际航空枢纽战略规划的编制工作。此外，为落实"支持建设郑州—卢森堡空中丝绸之路"，今年6月，民航局与河南省政府共同制定了郑州国际航空货运枢纽战略规划。

对外，8月27日，由中国企业承建的马尔代夫维拉纳国际机场新跑道全面摊铺完工。扩建后将有效提升维拉纳国际机场的运输接待能力，同时，建设项目将带来约9000个就业岗位，完成后能带动旅游相关产业创造约7.5万个就业岗位。

广州白云机场T2航站楼内秩序井然，来自各地的游客从这里出发，"打卡"全球。

在尼泊尔，一批工程师正在博卡拉新机场建设中挥斥方遒。老博卡拉机场于1958年投入使用，如今，设施已很陈旧，不能满足尼泊尔航空运输和经济发展的需求。"这是目前中国援建尼泊尔的最大项目，它将使尼泊尔的航空运输业一举实现与世界接轨。"一位参建工程师这样说。今年5月，中尼签署"一带一路"合作谅解备忘录，双方愿在"一带一路"框架下加强合作。新机场便是合作孵化的成果。

深耕合作 润物无声

7月10日，库里巴里·谢亚卡和他的另外4名伙伴从中国民航飞行学院毕业了。毕业典礼上，谢亚卡说："'地面苦练，空中精飞'已经成为了我们的座右铭。非常感谢技术精湛、责任心强的教员和热情的同学们，感谢中飞院的培养。我们会一直想念母校，想念中国。"

谢亚卡与伙伴们是来自非洲马里共和国的留学生，如今已完成近两年的飞行训练，回到自己的祖国从事民航飞行工作。还有许多像谢亚卡一样的外籍学生，他们来自中亚、非洲、东南亚等地区，或是当地航空公司的机务维修人员，或是当地航空院校的学生。来到我国，他们接受了涉及航空安全、交通管理、机场管理、飞行标准、航空气象等各个领域的专业培训，成为"一带一路"的蓝天使者。

中国智慧不仅闪耀在民航教育领域，通过对中亚合作平台、对非洲地区合作平台、中国—东盟航空区域合作平台等机制，我国民航不断推进与"一带一路"沿线国家和地区的全面合作，深化合作水平，拓展合作范围，丰富合作内容。

2015年6月，民航局在中国民航发展论坛上提出的与"一带一路"沿线国家和地区"构建区域民航合作新模式"的倡议，得到了各方积极响应。2017年5月，在"一带一路"国际合作高峰论坛期间，中国民航局与国际民航组织签署了关于"一带一路"合作意向书，合力推动"一带一路"沿线国家和地区的民航发展。2018年1月举行的首届亚太地区民航部长级会议上，我国与19个国家和国际组织举行了21场双边会议，通过了《北京宣言》，助力"一带一路"倡议在全球和地区民航领域的推进落实。与捷克、哈萨克斯坦、新西兰、澳大利亚等多个国家和地区签署的加强民航全面合作的文件纷纷落地。

更重要的是，由此搭建起来的合作平台为我国和"一带一路"沿线国家带来了真真切切的福利。"一带一路"倡议如同一场春霖，滋润了四面八方渴望发展与合作的种子，所到之处生根发芽。

航迹

云南完成飘降验证飞行 法空中支线飞机公司

本报讯 （记者 王兴楠）近日，在云南机场集团有限责任公司及所属机场共同保障下，法国空中支线飞机公司ATR42-600型飞机，顺利完成昆明—文山—丽江—香格里拉—西双版纳—昆明的飞行展示活动。

经批准，法国空中支线飞机公司于11月来到昆明和广东珠海开展巡演，并在昆明、文山、丽江、香格里拉及西双版纳的机场进行飞行展示活动。为确保本次飞行展示活动安全有序，云南机场集团组织有关部门及下辖机场召开多次协调会，制定并细化保障方案。

在云南机场集团的配合下，ATR42-600型飞机完成单发飘降验证飞行，检验了该机型高原、高高原飞行性能。这是法国空中支线飞机公司在全球范围内首次开展高原、高高原飞行性能验证飞行，此举将有利于推动七彩云南通航开展接下来的短途运输飞机选型工作，为解决偏远和地面交通欠发达地区民众出行难问题提供了解决方案。

厦航与GE开拓 数字化领域合作

本报讯 （记者 龚仁智 通讯员 吕彬）日前，厦门航空与GE（通用电气公司）签署了基于航空大数据分析系统的飞行分析服务合作协议。双方将携手探讨如何运用大数据提高飞行安全性，提升燃油效率，优化机队运营成本，进一步开拓双方在数字化领域的战略合作。

厦航与GE的合作，可以追溯到1992年。当时，厦航引进的第一架B737-500就选用了GE合资公司CFM国际发动机公司生产的发动机。今年2月1日，厦航与GE签署了战略合作谅解备忘录，标志着厦航与GE的合作关系上升到新高度，双方将展开更加密切的战略合作。

GE的数字化系统可以集成飞行数据、天气、导航、飞行计划和其他操作等数据源，通过分析，为客户提供有价值的参考。厦航相关负责人表示，厦航将携手GE，加强在数字领域的合作，为厦航进一步发展注入活力。

航海保障　最早改变的是航标

——访交通运输部海事局原副局长郑和平

本报记者　吴　楠　实习记者　相　娜

见报日期　2018年12月21日

“那时沿海港口航标设施还比较薄弱，船舶快到港口时，船员拿着望远镜寻找航标，在漆黑一片的大海上，只能看到一个针头大的亮点在闪。那就是当初的航标。”谈起改革开放初期我国沿海航标发展的情况，交通运输部海事局原副局长郑和平饱含深情地回忆，“1984年，交通部提出‘让航标灯亮起来’，进而提出了‘使航标成链’的工作目标。经过几代航标人的努力，我国沿海航标灯亮起来之后，不仅数量增加，效能增强了，其他导助航设施也得到了发展，海员的安全感更强了。”

航标亮起来，只是改革开放以来，我国航海保障发展的一个缩影。回顾我国航海保障40年的发展历程，郑和平说，“从初期助导航能力的完善到后来的进一步提升，再到综合服务能力的增强，是伴随着改革开放的进程，并以国家的逐步强大为基本前提的。”

让航标灯亮起来

一个国家港口航标的设置和管理水平，直接体现出这个国家航标管理部门的能力，很多时候甚至代表这个国家的形象，因为外国船舶到达一个国家时，首先看到的往往是航标。郑和平笑着说："在外行人看来，那也许就是很普通、很小的一个东西，但是它对于船舶航行却有很大作用。"

所以在改革开放之初，为适应港口海运业发展的需求，最早发生改变的就是航标。

根据航标发展的需求，我国开始引进国外先进的航标技术和设备，陆续优选进口了先进航标器材，安装在沿海干线航道和重要港口水域的重要部位，使沿海航标真正亮起来，有效地保障了国内外船舶在我国海域航行的安全。

"20世纪90年代，我国航标在前期布局完善、基本覆盖的基础上，开始进行技术提升。"在郑和平看来，我国航标建设进入了"引进、消化、吸收创新"三大阶段。他介绍："有关航标运行维护部门和科研生产单位通过消化、吸收、创新，目前我国已经能生产与同类产品具有同等性能和技术指标的各款灯器、雷达应答器等航标设施。一些技术发明已经达到了世界先进水平，比如研制成功的大型智能化航标旋转灯器。"

新光源、新能源、新材料、新技术的应用，使航标的可靠性和助导航能力进一步提升。"早期的航标灯用的是笨重的蓄电池和白炽灯泡，后来改用发光二极管、太阳能光电系统。这样既保证了航标的使用寿命、节能环保，又提高了工作效率，还为加装其他助航器材和遥测遥控提供了条件。"郑和平说。

"在测绘方面，引进了海道测量生产数据库。"通过储存汇总数据，无形中就把海道测绘数据进行了综合管理，可以根据需要生产产品。郑和平打了个比方："以前绘制港口航道图就像做工程图纸，要一幅幅画。现在，依靠数据库，随时就能做出来，而且可以同时绘制不同比例、不同形式的航海和专项服务图纸。"航保服务形式的多样化，为港航生产效率提高起到了重要的支撑作用。

"以前，我们掌握一艘船舶的情况，需要船舶报告。比如，船舶到港口，要先预报什么时候进港，港口、调度和海事等相关部门再进行相关安排。现在，只要船舶装有自动识别系统（AIS），我们就可以从数据平台知道来往船舶的航行动态及船舶的基础数据。"郑和平说，AIS的诞生，使船舶航行进入了电子化、信息化时代。"近年来，从船载AIS到岸基AIS台站，船舶数据中心逐步建立，助导航、海道测绘和通信实现融合发展，打造了综合航海保障服务平台，为海上作业和船舶航行提供了更加优质和安全的服务。"郑和平说。

人民有所需　航保有所应

人民有所需，航保有所应。郑和平回忆：“进入 21 世纪，随着交通运输部提出方便群众安全便捷出行的号召，航保部门迅速行动，加大了岛屿区、群岛区的航标建设力度，同时，提升了船舶航行要素的收集与管理系统，进一步丰富了港口航道图和相应的航海图书资料，便于公众掌握相应的航海信息。”

改革开放以来，航保的应急能力迅速提升，参与了许多重大突发事件的应急扫测。无论在台风等自然灾害造成的大规模损失测定，还是内河、大洋的沉船、航空器记录仪搜救方面，都发挥了积极作用。郑和平骄傲地说：“在国外，没有哪家海道测量机构能随时从事这方面的事情，这是中国特色。”

随着经济社会的快速发展，在确保传统航海保障工作的基础上，我国航保部门积极作为，主动与各相关国家级重点实验室、科研院所、有关电子导航产品制造商等单位合作，研究开发高品质、快捷化、差异化、定制化的航保服务产品，为海事监管、港航经济发展提供了强有力的保障，其中代表性的产品有 E 航海系统、AIS 信息服务平台和电子航海仪器的推广和使用等。

“随着信息化技术的发展，通过发展 E 航海系统，在船上和岸上，收集、综合、交换、显示和分析航行要素和海事信息，以增强船舶泊位到泊位的全程航行能力，增强相应的海上服务、安全和保安能力以及海洋环境保护的能力。”郑和平说，“洋山深水港区 E 航海示范工程，就是航保部门为上海洋山深水港区量身定制的服务产品。”先进的定位、导航和信息服务等技术手段，化解了大型船舶操纵和自然天气不良情况下船舶安全航行等技术问题，为往来洋山深水港区的世界各大航运公司提供了便利，服务于上海国际航运中心的核心竞争力和安全保障能力。而长江口 E 航海示范工程，则保障了长江口深水航道边坡水深利用工作的安全有效开展。

“社会公众可以根据自己的需要，在 AIS 信息服务平台上自行组合查询，了解船舶实位、航速、船名、船舶尺度等相关信息。”郑和平表示，这都归功于 2015 年 2 月 AIS 信息服务平台正式上线运营并向社会公众公开。“这一平台将船舶 AIS 数据与船舶登记信息、船员动态信息、船载危险品信息相融合，拓展了传统 AIS 数据应用。”

“电子航海仪器的使用，带动了电子海图的发展。”2006 年，中国海事电子海图发布系统建成并开始使用，实现了电子海图网上发布。郑和平介绍，航保部门依托电子海图已经上线 App，更方便快捷地为社会公众提供服务。比如，东海航海保障中心与有关单位联合推出了“海 e 行智慧版”App，实现了“让电子海图到手机”、电子海图浏览、航线绘制、海上定位及导航等功能，用户能够在线或离线下载电子海图，实时获取定期更新的港口、岛屿、礁石、水深、航标等航海数据，在移动端实现电子海图浏览、下载、航线绘制、导航及航迹查询等功能。

国际航标界迎来首位中国主席

“航保要为中国籍船舶航行到世界各地提供服务，为在中国海域航行的所有船舶服务。”2000年，郑和平任交通部海事局航保处处长，这句话成了他工作的动力和方向。

改革开放以来，从跟踪国际公约、国际标准，到积极参与国际组织活动，逐步提高话语权，再到主动作为，用我们的经验影响国际组织相关标准的制修订，中国力量一步步彰显。

回顾改革开放之初，郑和平告诉记者：“中国虽然已经恢复了在国际航标协会（IALA）的活动，但在国际航标界还基本听不到中国的声音。直到中国对国际航标协会海上浮标系统‘A’制式的采用，才逐步走上航标业界国际交流的舞台。”

“2006年，第十六届IALA大会在中国上海浦东国际会议中心召开，时任交通部海事局领导当选IALA理事会主席，这是IALA自成立以来，也是国际航标界迎来的首位中国主席。”在郑和平看来，这次会议意义很大，表明我国航保事业的飞速发展，得到了国际同行的认可。

国际培训合作也是中国航保“走出去”的一大亮点。2015年以来，交通运输部海事局与IALA合作，至今已举办了6次国际一级航标管理人员培训班。郑和平介绍：“这是国际上唯一一个有实体承载的IALA培训班，在这里，学员除了可以参加专题讲座、案例分析、技术交流，深入学习海事国际公约与标准、综合航海知识、海上导助航设计与管理、海上导助航前沿技术等专题之外，还可以去实训基地开展技术考察与实践培训，学习中国航保发展的经验。”

培训班的开办得到了国际航标协会的高度认可，同时也获得了学员的一致好评。郑和平回忆起学员对国际一级航标管理人员培训班的评价说：“学员们认为，这是‘一带一路’各国相互学习、促进合作、交流思想、分享经验的好平台。”

通过开办国际培训班，有效加深了各国航标管理和技术人员对中国多层次海上导助航体系的认识，为“21世纪海上丝绸之路”航行安全保障建设提供了强有力的支持。郑和平说：“开办培训班，不仅搭建了沟通交流的平台，还提供了遵循国际规则开放合作的范例。长期以来航保部门还积极开展航保领域国际多边双边合作，参与了马六甲海峡航行安全的有关合作项目，包括航道测量、印尼海啸后灯塔航标的恢复等；帮助澜沧江—湄公河沿岸国家开展航行安全的项目，把我国在AIS应用中的成型经验，逐步应用到四国通航、信息互通、航行安全等方面，已经取得了一定的成果。”

“北斗的应用，也是我国‘走出去’的重要一步。”郑和平说，“2014 年，国际海事组织海事安全委员会在第 93 和 94 次会议上，分别通过了船载北斗系统的接收机设备性能标准和北斗卫星导航系统在航海界可以应用的文件，在程序上完成了我国北斗系统在航海领域应用的相关工作。北斗卫星导航系统成为继全球卫星定位系统（GPS）、格洛纳斯卫星导航系统（GLONASS）后的第三个全球卫星导航系统，服务世界航海用户；2018 年 9 月搭载中轨道搜救系统载荷的北斗卫星已经发射升空，相信在不久的将来，北斗可以为全球用户提供遇险报警及定位服务，为搜救提供技术支持。”与此同时，国内也开展了北斗沿海地基增强系统的建设，包括改造沿海 22 座差分台站实现北斗差分信号的播发，以及在沿海建设北斗 CORES 站等，向广大用户提供高精度定位服务。

“改革开放 40 年，航海保障取得了跨越式发展。在践行交通强国、海洋强国等国家战略的进程中，航保人定会作出新的贡献，建立起强大的航海保障能力，不断扩展航海保障的服务领域，为航运产业和海洋经济发展提供智慧航保服务，真正实现‘让航海者在任何时候、任何地点都可以享受到所需的航海保障服务’。”访谈结束时，这位老航保工作者对未来的发展充满信心。

中国交通报
CHINA TRANSPORT NEWS
2018年12月21日 星期五 http://www.zgjtb.com | 第6882期 今日8版 | 邮发代号 1－72 国内统一连续出版物号 CN 11－0122 交通运输部主管 中国交通报社主办

广西2020年实现市市通高铁

本报讯 近日发布的《广西铁路建设"十三五"规划（修编）》（简称《规划》）提出，加快推进"五纵""五横"干线铁路网建设，预计到2020年，广西壮族自治区铁路运营里程将达到5500公里，高速铁路达到2000公里。

根据《规划》，未来2年，广西将进一步拓展高速铁路网，发展城际客运铁路，进一步完善普速铁路网，实施既有线扩能改造，补充完善支线和专用线铁路，完善枢纽配套建设，强化运输组织。预计到2020年，全区基本实现"市市通高铁"，基本建成以南宁为中心的"12310"高速铁路交通圈，即1小时通达南宁周边城市，2小时左右通达区内其他设区市，3小时左右通达周边省会城市，10小时左右通达长三角和环渤海地区主要中心城市。

据悉，"五纵"分别为：张家界至桂林至玉林至湛江至海口铁路、衡阳至桂林至柳州至南宁至北部湾沿海（含怀化至柳州）铁路、贵阳至河池至南宁至北部湾沿海铁路、昆明至百色至南宁至北部湾沿海铁路、永州至贺州至梧州至玉林至北海铁路。"五横"分别为：柳州（三江）至桂林至贺州至广州铁路、河池至柳州至贺州至韶关（含柳州至广州）铁路、南宁至玉林至江门至深圳铁路、凭祥至南宁至贵港至梧州至广州铁路、东兴至防城港至钦州至北海至湛江铁路。 （黄婉蓉）

"一法两条例"公开征求意见

本报讯（记者 毛剑 张媛媛）12月20日起，《公路法修正案（草案）》《收费公路管理条例（修订草案）》《农村公路条例（征求意见稿）》在交通运输部网站公布，开始向社会公开征求为期1个月的公开征求意见。

近年来，随着国家财税体制、投融资体制等改革的深入推进，收费公路发展环境发生了深刻变化。面对新形势，为贯彻落实中央关于"深化收费公路制度改革，降低过路过桥费用"的部署要求，经深化研究，交通运输部形成了《公路法修正案（草案）》《收费公路管理条例（修订草案）》征求意见稿。修订坚持以习近平新时代中国特色社会主义思想为指导，以推进供给侧结构性改革为主线，基于"用路者付费、差别化负担"的理念，创新收费公路制度，促进收费公路控规模、调结构、降成本、防风险、强监管，使公路事业发展不断满足人民群众日益增长的美好生活需要。

《公路法修正案（草案）》充分考虑不同公路用户的需求，确立了"两个公路体系"的发展思路，即未来公路发展坚持以非收费公路为主，适当发展收费公路。明确村道为公路的组成部分，将县道、乡道、村道统称为农村公路，并明确了村道规划的编制主体、责任主体以及规划和命名编号等要求，为村道发展提供法律保障。此外，进一步规范了收费公路融资渠道。

《收费公路管理条例（修订草案）》是对现行条例的继承与发展，共分7章64条，主要变化体现在以下几个方面：一是提高收费公路设置门槛，规定今后新建收费公路必须达到高速公路技术标准，新建一、二级公路和独立桥梁、隧道不得收费，车辆通行费收入无法满足债务利息和养护管理支出需求的省份不得新建收费高速公路。二是明确政府收费高速公路债务偿还期限应当按照覆盖债务还本付息需求的原则合理设置；经营性公路项目经营期限按照收回投资并有合理回报的原则确定。三是按照预算管理制度改革要求对现行条例规定的"统贷统还"进行了完善，将统借统还的主体由省级交通运输主管部门修改为"省、自治区、直辖市人民政府"，将现行《条例》规定的"统一贷款、统一还款"修改为"统一管理"，即统一举借债务、统一收费机制、统筹债务清偿、统一支出安排，将统借统还的范围限定为"偿债期届满的政府收费高速公路，经营期届满由政府收回的高速公路以及处于偿债期的政府收费高速公路"。四是政府收费高速公路债务偿清的，按照满足基本养护、管理支出需求和保障通行效率的原则，重新核定收费标准，实行养护管理收费，保障养护管理资金需要。五是明确车辆通行费收费标准确定因素，建立差异化收费、收费标准动态评估调整机制。六是落实国务院推动取消高速公路省界收费站要求，调整了收费站设置的相关规定，推行不停车收费，逐步减少人工收费方式。进一步加强对收费公路的监管，保障和提高服务质量。进一步规范完善收费公路转让行为，明确经营期届满后由政府收回纳入统一管理的经营性公路以及对债务偿还作出妥善安排的政府收费公路，收费权不得转让。加强政府对收费公路技术状态和通行服务水平的监管，明确和落实收费公路相关信息向社会公示的主体、内容、形式及相关责任。

此次征求意见的还包括新起草的《农村公路条例（征求意见稿）》。条例确定了村道范围，明确了县级人民政府的主体责任，完善了农村公路公共财政保障体系，推行农村公路工作目标责任制和绩效管理，实行"先建后补""以奖代补"等投资奖补制度，建立农村公路管理县级、乡级人民政府行政首长负责制。条例重点解决地方政府主体责任难以落实、农村公路资金难以保障、养护能力不足等问题。该条例共分总则、建设、养护、管理、运营、法律责任和附则7章，共54条。该条例的起草为贯彻落实习近平总书记重要指示批示精神、推进农村公路依法治理、促进农村公路高质量发展提供了法律保障。

目前，《公路法修正案（草案）》《收费公路管理条例（修订草案）》《农村公路条例（征求意见稿）》已在交通运输部网站公布。征求意见期限为2018年12月20日至2019年1月20日。

公众可以通过以下方式提建议

登录交通运输部网站（网址：http://www.mot.gov.cn），进入首页右侧的"意见征集"，点击"关于《公路法修正案（草案）》《收费公路管理条例（修订草案）》《农村公路条例（征求意见稿）》公开征求意见的通知"，提出意见。

电子邮箱：jtbtfc@mot.gov.cn

通信地址：北京市建国门内大街11号交通运输部法制司条法一处（100736）

交通运输综合应急指挥中心联合党支部成立，何建中要求
努力打造坚强战斗堡垒 提供可靠综合应急保障

本报讯 （实习记者 赵腾飞 记者 毛剑）12月20日，交通运输综合应急指挥中心联合党支部（简称联合党支部）成立大会暨第一次党员大会在交通运输部举行。部党组成员、副部长何建中出席会议并强调，要讲政治、守纪律、敢担当、做表率，决不辜负部党组的期望，切实发挥好联合党支部作用，努力打造坚强战斗堡垒，推进交通运输应急工作再上新台阶，为交通强国建设提供更加可靠的综合应急保障。

何建中指出，成立联合党支部是深入贯彻落实习近平新时代中国特色社会主义思想、创新党建工作机制的有益尝试，是"支部建在连上"、建在急难险重任务一线的光荣传承，是完善综合应急指挥中心整体功能、提升内生合力的有效举措。他要求，一是充分发挥战斗堡垒作用。联合党支部要把讲政治作为首要任务，带头增强"四个意识"，践行"两个坚决维护"，把思想和行动统一到以习近平同志为核心的党中央决策部署上来，按照部党组部署扎实推进相关工作；坚决遵守政治纪律、组织纪律、廉洁纪律、群众纪律、工作纪律、生活纪律，做到统一指挥、统一管理、统一协调；树立坚强责任意识，敢于担当，敢于负责。联合党支部要做表率，党员干部要身先士卒，把支部好做法好经验发扬光大。二是努力创建基层党建品牌。立足思想领先、工作领先、作风领先"三个领先"，在党的组织生活、党建和业务工作融合、支部特色活动及发挥党员先进性作用等方面下功夫，创造性地开展各项工作，让广大党员干部在规范的组织建设和急难险重任务中履职担当、锻炼成长。三是部直属机关党委要加强对联合党支部的帮助和指导，部救捞局、部路网监测与应急处置中心、中国交通通信信息中心3家单位党委要全力支持联合党支部工作。

部直属机关党委有关负责同志、3家单位党委负责同志和联合党支部党员参加成立大会。

据了解，联合党支部由中国海上搜救中心、部救捞局、部路网监测与应急处置中心、中国交通通信信息中心相对固定在交通运输综合应急指挥中心参加值守人员中的党员组成。

刘小明在部直属机关党组织学习贯彻《中国共产党支部工作条例（试行）》座谈会上指出
深入学习贯彻落实《条例》 切实推进各领域党支部建设

本报讯 （实习记者 赵腾飞 记者 毛剑）12月20日，按照中共交通运输部党组部署要求，部直属机关党组织学习贯彻《中国共产党支部工作条例（试行）》（简称《条例》）座谈会召开，旨在进一步抓好党支部工作、加强党支部建设。部党组成员、直属机关党委书记刘小明出席会议并强调，要牢固树立"四个意识"，按照做到"一个带头"、做好"三个表率"、建设"模范机关"的要求，切实把《条例》学习宣传、贯彻落实好，把部直属机关各领域党支部建设好，为加快推进交通强国建设提供坚强保障。

刘小明指出，《条例》是我们党历史上第一部关于党支部工作的基础骨干法规，其制定和实施，对于加强党的组织体系建设，推动全面从严治党向基层延伸，全面提升党支部组织力，强化党支部政治功能，巩固党长期执政的组织基础，具有十分重要的意义。他要求，一要继续深化学习提高认识。各级党组织要深入领会《条例》精神，提升政治站位，把党支部建设放在更加突出的位置，弘扬"支部建在连上"光荣传统，总结实践经验做法，深刻把握党支部建设规律。二要不断加强党支部标准化、规范化建设。做到党支部组织设置、任务落实、工作运行标准化、规范化，全面提高党支部建设质量，充分发挥党支部战斗堡垒作用。三要着力增强党支部书记本领。党支部书记要定位明确善谋略、民主集中有威信、示范带头树形象，将党建与业务深度融合，发挥好党支部的"主心骨""领头雁"作用。四要切实扛稳管党治党责任。各级党委要强化组织领导，切实履行主体责任，加强督导考核，增强对党支部工作的支持保障。

10家部直属机关党组织负责同志在会上作了发言。

部管国家局机关党委负责人、机关党委有关部门负责同志，部内各司局和部属在京各单位党组织负责人、从事党务工作的部门负责同志参加会议。

浙江综合交通 完成投资2427亿元

本报讯 （特约记者 夏雨）据浙江省交通运输厅消息，今年1月至11月，浙江省综合交通建设累计完成投资2427亿元，占年度投资任务的105.6%，同比增长14.9%。

其中，铁路与城市轨道建设完成投资774亿元，占年度投资任务的85.3%，同比增长27.8%。公路（含站场）建设完成投资1396亿元，占年度投资任务的121.7%，同比增长7.7%。水运建设完成投资188亿元，占年度投资任务的119.3%，同比增长17.5%。民用机场建设完成投资45.6亿元，占年度投资任务的114.1%，同比增长30.7%。管道建设完成投资23.4亿元，占年度投资任务的49.6%，同比增长43.6%。

据悉，今年前11个月，浙江公路、水运和民用机场建设完成投资总额约1630亿元，占年度投资任务的121.2%，同比增长9.3%。公路水路完成投资总额居全国第二位、东中部地区首位。

今日看点

12月18日，历经3年建设的马（迹塘）安（化）高速公路通车试运营。自此，"黑茶之乡"湖南省益阳市安化县彻底告别不通高速公路的历史。

据悉，马安高速公路总里程达67公里，对改善湘中腹地投资环境、加快经济高质量发展具有重要意义。

本报记者 李宇 特约记者 江若 通讯员 夏建明 文 董达 图

黄果柑引路 宾客喜盈门

通讯员 张超 本报记者 李浩心

"有了这条路太好了，原本2个多小时的山路现在只需要20多分钟。"11月21日，在四川省雅安市石棉县挖角彝族藏族乡大渡河畔一条全新的通组公路上，村民喜悦之情溢于言表。作为挖角乡最后建成的通组公路，公路这头连着挖角乡挖角村9组48户村民，那头连接着217省道。

据悉，该通组公路全长约7.4公里、宽4.5米，是全乡50多条"组组通"公路中建设难度最高的一条。"这条路极大解决了群众的出行难、上学难的问题，也为群众脱贫致富打好了基础。"挖角乡副乡长山丹梅介绍，挖角村9组是一个纯彝族村组，精准扶贫户28户148人，现在路通了，产业优势能发挥出来了，脱贫指日可待。

如今的挖角村，一派崭新气象。村道弯弯曲曲盘旋在高山上，延伸到村民的屋门外。漫山遍野的黄果柑树，成为群众增收的支柱产业。出门水泥路、抬脚上客车，道路运输水平不断提升，村民可以坐在家中等着商贩上门收购农产品。

近年来，挖角村的"乡村游""民宿游"也迅速兴起。在七里坝新村聚居点内，五彩经幡迎风飘扬，三角梅绽放正浓，黄果柑芳香弥漫，一幢幢藏式高楼矗立，30多户藏族同胞在这里享受着幸福生活。

游客在感受藏家民宿的同时，还能采摘鲜果、游览湖光山色。"今年国庆节期间，我家的民宿连续几天客满，忙不过来时，我们还请了亲戚来帮忙。"今年64岁的朱贵荣介绍，他和儿子的2幢房屋共有13间客房。

今年1月至11月，四川省新增45个乡镇、1282个建制村通硬化路。全省在加快建设贫困地区产业路、旅游路、资源路的同时，不断拓展服务功能和提升发展品质，全力建设一批红色旅游、乡村旅游示范公路和幸福美丽乡村路。到2020年，四川每个县（市、区）将至少建成1个"路旅融合"发展示范项目，为打赢脱贫攻坚战和实施乡村振兴战略提供更加坚实的交通支撑和保障。

见证40年 主题访谈

航海保障 最早改变的是航标
——访交通运输部海事局原副局长郑和平

本报记者 吴楠 实习记者 桂郑

"那时沿海港口航标设施还比较薄弱，船舶快到港口时，船员拿着望远镜寻找航标，在漆黑一片的大海上，只能看到一个针头大的亮点在闪。那就是当初的航标。"谈起改革开放初期我国沿海航标发展的情况，交通运输部海事局原副局长郑和平饱含深情地回忆，"1984年，交通部提出'让航标灯亮起来'，进而提出了'使航标成链'的工作目标。经过几代航标人的努力，我国沿海航标灯亮起来之后，不仅数量增加，效能增强了，其他导助航设施也得到了发展，海员的安全感更强了。"

航标亮起来，只是改革开放以来，我国航海保障发展的一个缩影。回顾我国航海保障40年的发展历程，郑和平说，"从初期助导航能力的完善到后来的进一步提升，再到综合服务能力的增强，是伴随着改革开放的进程，并以国家的逐步强大为基本前提的。"

让航标灯亮起来

一个国家港口航标的设置和管理水平，直接体现出这个国家航标管理部门的能力，很多时候甚至代表这个国家的形象，因为外国船舶到达一个国家时，首先看到的往往是航标。郑和平笑着说："在外行人看来，那也许就是很普通、很小的一个东西，但是它对于船舶航行却有很大作用。"

郑和平。 实习记者 王贤丰 摄

所以在改革开放之初，为适应港口海运业发展的需求，最早发生改变的就是航标。

根据航标发展的需求，我国开始引进国外先进的航标技术和设备，陆续优选进口了先进航标器材，安装在沿海干线航道和重要港口水域的重要部位，使沿海航标真正亮起来，有效地保障了国内外船舶在我国海域航行的安全。 （下转3版）

□值班编委 乔宣夫 本版副主编 卢帆 责编 马士茹 □E-mail:xw1b@zgjtb.com □新闻热线：(010)64255441 □发行热线：(010)64256206 □广告热线：(010)64250642 □培训热线：(010)65299681

2018年12月21日　星期五　3版
主编 王俭俭　责编 俭仁言　电话:010-65293632 64252864 E-mail:zgjtb@126.com

中国交通报
CHINA TRANSPORT NEWS

航海保障　最早改变的是航标

——访交通运输部海事局原副局长郑和平

本报记者 吴瑛　实习记者 程郑

（上接1版）

"上世纪90年代，我国航标在前期布局完善、基本覆盖的基础上，开始进行技术提升。"在郑和平看来，我国航标建设进入了"引进、消化、吸收创新"三大阶段。他介绍："有关航标运行维护部门和科研生产单位通过消化、吸收、创新，目前我国已经能生产与同类产品具有同等性能和技术指标的各款灯器、雷达应答器等航标设施。一些技术发明已经达到了世界先进水平，比如研制成功的大型智能化航标旋转灯器。"

新光源、新能源、新材料、新技术的应用，使航标的可靠性和助导航能力进一步提升。"早期的航标灯用的是笨重的蓄电池和白炽灯泡，后来改用发光二极管、太阳能光电系统。这样既保证了航标的使用寿命、节能环保，又提高了工作效率，还为加装其他助航器材和遥测遥控提供了条件。"郑和平说。

"在测绘方面，引进了海道测量生产数据库。"通过储存汇总数据，无形中就把海道测绘数据进行了综合管理，可以根据需要生产产品。郑和平打了个比方："以前绘制港口航道图就像做工程图纸，要一幅幅画。现在，依靠数据库，随时就能做出来，而且可以同时绘制不同比例、不同形式的航海和专项服务图纸。"航保服务形式的多样化，为港航生产效率提高起到了重要的支撑作用。

"以前，我们掌握一艘船舶的情况，需要船舶报告。比如，船舶到港口，要先预报什么时候进港，港口、调度和海事等相关部门再进行相关安排。现在，只要船舶装有自动识别系统（AIS），我们就可以从数据平台知道来往船舶的航行动态及船舶的基础数据。"郑和平说，AIS的诞生，使船舶航行进入了电子化、信息化时代。"近年来，从船载AIS到岸基AIS台站，船舶数据中心逐步建立，助导航、海道测绘和通信实现融合发展，打造了综合航海保障服务平台，为海上作业和船舶航行提供更加优质和安全的服务。"郑和平说。

为国际学员演示模拟航行。

人民有所需　航保有所应

人民有所需，航保有所应。郑和平回忆："进入21世纪，随着交通运输部提出方便群众安全便捷出行的号召，航保部门迅速行动，加大了岛屿区、群岛区的航标建设力度，同时，提升了船舶航行要素的收集与管理系统，进一步丰富了港口航道图和相应的航海图书资料，便于公众掌握相应的航海信息。"

改革开放以来，航保的应急能力迅速提升，参与了许多重大突发事件的应急扫测。无论是台风等自然灾害造成的大规模损失测定，还是内河、大洋的沉船、航空器记录仪搜救，都发挥了积极作用。郑和平骄傲地说："在国外，没有哪家海道测量机构能随时从事这方面的事情，这是中国特色。"

随着经济社会的快速发展，在确保传统航海保障工作的基础上，我国航保部门积极作为，主动与各相关国家级重点实验室、科研院所、有关电子导航产品制造商等单位合作，研究开发高品质、快捷化、差异化、定制化的航保服务产品，为海事监管、港航经济发展提供了强有力的保障，其中代表性的产品有E航海系统、AIS信息服务平台和电子航海仪器的推广和使用等。

"随着信息化技术的发展，通过发展E航海系统，在船上和岸上，收集、综合、交换、显示和分析航行要素和海事信息，以增强船舶泊位到泊位的全程航行能力，增强相应的海上服务、安全和保安能力以及海洋环境保护的能力。"郑和平说，"洋山深水港区E航海示范工程，就是航保部门为上海洋山深水港区量身定制的服务产品。"先进的定位、导航和信息服务等技术手段，化解大型船舶操纵和自然天气不良情况下船舶安全航行等技术问题，为往来洋山深水港区的世界各大航运公司提供便利，服务于上海国际航运中心的核心竞争力和安全保障能力。而长江口E航海示范工程，则保障了长江口深水航道边坡水深时用工作的安全有效开展。

工作人员商讨虚拟AIS航标配布方案。

"社会公众可以根据自己的需要，在AIS信息服务平台上自行组合查询，了解船舶实位、航速、船名、船舶尺度等相关信息。"郑和平表示，这都归功于2015年2月AIS信息服务平台正式上线运营并向社会公众公开。"这一平台将船舶AIS数据与船舶登记信息、船员动态信息、船舶危险品信息相融合，拓展了传统AIS数据应用。"

"电子航海仪器的使用，带动了电子海图的发展。"2006年，中国海事电子海图发布系统建成并开始使用，实现了电子海图网上发布。郑和平介绍，航保部门依托电子海图已经上线App，更方便快捷地为社会公众提供服务。比如，东海航保中心与有关单位联合推出了"海e行智慧版"App，实现了"让电子海图到手机"，电子海图浏览、航线绘制、海上定位及导航等功能，用户能够在线或离线下载电子海图，实时获取定期更新的港口、岛屿、礁石、水深、航标等航行数据，在移动端实现电子海图浏览、下载、航线绘制、导航及航迹查询等功能。

国际航标界迎来首位中国主席

"航保要为中国籍船舶航行到世界各地提供服务，为在中国海域航行的所有船舶服务。"2000年，郑和平任交通部海事局航保处处长，这句话成为了他工作的动力和方向。

改革开放以来，从跟踪国际公约、国际标准，到积极参与国际组织活动，逐步提高话语权，再到主动作为，用我们的经验影响国际组织相关标准的制修订，中国力量一步步彰显。

回顾改革开放之初，郑和平告诉记者："中国虽然已经恢复了在国际航标协会（IALA）的活动，但在国际航标界还基本听不到中国的声音。直到中国对国际航标协会海上浮标系统'A'制式的采用，才逐步走上航标世界国际交流的舞台。"

"2006年，第十六届IALA大会在中国上海浦东国际会议中心召开，时任交通部海事局领导当选IALA理事会主席，这是IALA自成立以来，也是国际航标界迎来的首位中国主席。"在郑和平看来，这次会议意义很大，表明我国航保事业的飞速发展，得到了国际同行的认可。

国际培训合作也是中国航保"走出去"的一大亮点。2015年以来，交通运输部海事局与IALA合作，至今已举办了6次国际一级航标管理人员培训班。郑和平介绍："这是国际上唯一一个有实体承载的IALA培训班，在这里，学员除了可以参加专题讲座、案例分析、技术交流，深入学习海事国际公约与标准、综合航海知识、海上导助航设计与管理、海上导助航前沿技术等专题之外，还可以去实训基地开展技术考察与实践培训，学习中国航保发展的经验。"

培训班的开办得到了国际航标协会的高度认可，同时也获得了学员的一致好评。郑和平回忆起学员对国际一级航标管理人员培训班的评价说："学员们认为，这是'一带一路'各国相互学习、促进合作、交流思想、分享经验的好平台。"

通过开办国际培训班，有效加深了各国航标管理和技术人员对中国多层次海上导助航体系的认识，为"21世纪海上丝绸之路"航行安全保障建设提供了强有力的支持。郑和平说："开办培训班，不仅搭建了沟通交流的平台，还提供了普遍国际规则开放合作的范例。长期以来航保部门还积极开展航保领域国际多边双边合作，参与了马六甲海峡航行安全的有关合作项目，包括航道测量，印尼海啸后灯塔航标的恢复等；帮助湄沦江—澜沧江沿岸国家开展航行安全的项目，把我国在AIS应用中的成型经验，逐步应用到四国通航、信息互通、航行安全等方面，已经取得一定的成果。"

"北斗的应用，也是我国'走出去'的重要一步。"郑和平说，"2014年，国际海事组织海事安全委员会在第93和94次会议上，分别通过了船载北斗系统的接收机设备性能标准和北斗卫星导航系统在航海界可以应用的文件，在程序上完成了我国北斗系统在航海领域应用的相关工作。北斗卫星导航系统成为继全球卫星定位系统（GPS）、格洛纳斯卫星导航系统（GLONASS）后的第三个全球卫星导航系统，服务世界航海用户；今年9月搭载中轨道搜救系统载荷的北斗卫星已经发射升空，相信在不久的将来，北斗可以为全球用户提供遇险报警及定位服务，为搜救提供技术支持。"与此同时，国内也开展了北斗沿海地基增强系统的建设，包括改造沿海22座差分台站实现北斗差分信号的播发，以及在沿海建设北斗CORES站等，向广大用户提供高精度定位服务。

"海e行"App。

"改革开放40年，航保事业取得了巨大的发展。在践行交通强国、海洋强国等国家战略的进程中，航保人定会作出新的贡献，建立起强大的航海保障能力，不断扩展航保业务的服务领域，为航运产业和海洋经济发展提供智慧航保服务，真正实现'让航海者在任何时候、任何地点都可以享受到所需的航保保障服务'。"访谈结束时，这位老航保工作者对未来的发展充满信心。

本文图片除署名外为 本报资料库

海事在线

五联共建保驾　亲清服务护航

——三亚海事局旅游船安全监管纪实

蒋家乐　刘义

每年冬季，当北国收敛起热情进入银装素裹，长夏无冬的三亚迎来了旅游高峰。良好的地理优势，得天独厚的气候，加上海南自贸区（港）建设，如今的三亚，载客潜水器、半潜船、香蕉船、摩托艇、游艇等各种水上新业态成为全国水上旅游发展的风向标。

海上旅游市场蓬勃发展的同时，也使旅游安全风险不断增加。三亚海事局作为水上交通安全监管的重要力量之一，面对辖区规模大小不一、安全管理水平参差不齐的26家旅游航运公司，意识到必须转变管理思路、创新监管模式，实现由单纯依靠人力、强调现场的"追、赶、查、堵"到强化源头管理、切实提升企业安全意识和安全管理水平，才能更好地适应水上旅游新业态的发展，更好地为海南打造国际旅游消费中心服务。

先行先试　创建全新管理机制

今年7月，由三亚海事局创建的旅游船安检"131"机制，被交通运输部安全委员会评选为"平安交通"创新案例重点推荐案例，这是对该局旅游船安全监管工作的充分肯定。据了解，该机制试运行一年来，三亚辖区旅游船安检管理水平稳步提高，公司安全管理意识和能力显著增强，有效保障了水上旅游活动的安全。

成如容易却艰辛。据三亚海事局局长翁建才介绍，目前辖区旅游船公司安全管理经验和能力仍处于较低水平，内部专业性管理人才匮乏。管理人员对于船舶安全检查的理解仅停留在应付和被动接受检查的层面，对安检发现的缺陷整改工作能拖就拖，主体意识淡薄，责任落实不到位。"以往我们把精力集中于现场安全检查，投入了大量的人力、物力，加大蹲点、夜查、海上抽查的力度，但效果不是特别明显，没有完全实现对旅游船安全隐患的标本兼治。"他说。

如何提升对辖区旅游船的监管服务质量，更好地为海南自贸区（港）建设贡献海事力量？"我们联合船检机构对辖区内旅游船公司进行深度走访、调研，了解公司安全管理现状和急需解决的问题，尝试创建了旅游船安检'131'机制。"三亚海事局副局长邓伟志说，即通过整合海事安检员、验船师和公司自查员三方力量，制定一套旅游船安全检查及处理标准，实现提高旅游船公司安全管理水平的目的。

据介绍，在"131"机制下，辖区水上旅游船的安检实行企业自查为主、海事部门抽查为辅，该安检模式有力促进了企业从"等着检"到"自己检"的意识转变，为水上旅游新业态的发展提供了良好的监管环境。"'131'机制通过培养内部检查人员，督促旅游船公司自查自纠，它是针对个别船舶安全检查的机制，而我局最新探索建立的'五联共建'旅游船管理机制则转向公司管理，实现从个体到整体的转变。"翁建才表示。

海事人员与旅游船公司安全管理人员交流管理经验。

海事巡逻艇护航沃尔沃环球帆船赛船只进港。

据了解，为促使公司安全观念从被动强制"要我安全"到主动自觉"我要安全、我会安全、我能安全"的转变，今年4月，三亚海事局正式启动与航运公司的"五联共建"活动。"该活动是辖区涉客航运公司由管理粗放型向本质安全型发展的一次重大转变，对辖区涉客航运公司管理水平提档升级是一次质的飞跃，也是我们局在非体系公司管理和服务能力提升方面的一次有益尝试。"翁建才说。

主动作为
提供"家庭医生式"服务

三亚辖区旅游水域点多线长，一线安检人员力量严重不足，加之船舶开航频率高，严重影响安检工作效率，导致旅游船漏检、检后复查不及时、执法尺度不一等情况时有发生。如何破解这一监管瓶颈？

"'131'机制突出源头治理，压实企业安全主体责任，将隐患控制在萌芽阶段，既解放了一线执法力量，又提升了安检效率。"该局海巡执法支队支队长吴一亮介绍。据了解，在"131"机制下，公司推荐一至两名自查员，海事船检机构为其精心筹备安检知识授课。"课堂教学加现场实操为企业培养了一批具备专业技能的人才，增强了企业开展旅游船舶自查、互查的能力，还增进了海事、船检、公司的技术沟通互动。"吴一亮说。

而以"发展联谋、制度联建、人才联培、难题联解、安全联促"为核心的"五联共建"模式，则更强调与企业建立互通有无的安全监管共享模式。该活动从全局范围内挑选了10名海事共建联系人，每人负责两到三家公司，他们以"安全顾问"的角色不定期座谈、列席公司安全生产月（季）度例会，及时全面地了解公司的发展规划、运营情况、安全与防污染管理现状、发展过程中遇到的问题以及对海事工作的意见和建议等。

"'五联共建'充分发挥共建联系人的桥梁纽带作用和专业优势，为公司发展规划、安全管理等提供海事业务支持和指导，确保公司发展思路清晰、目标定位准确、安全管理可控。它促使海事部门由之前的站'门外'监管到参与企业内部安全管理的转变，通过提供'家庭医生式'服务，真正做到安全共抓。"作为10名共建联系人之一的该局船舶监督处副处长田世洪说。

安检提质增效　营商环境更优化

"我们公司的安全管理人员有学习专业管理知识的意愿，但一直没有机会实现。最近，海事部门提供了平台，让我们对安全管理有了更加清晰系统的认识。"天岭公司（该辖区一家旅游船公司）船务经理陈发辉说。

其实，三亚海事局一直致力探索旅游船公司安全管理机制，他们以人为本，搭建交流合作平台，寻求构建新型海事政商关系，以促进三亚水上旅游更加安全健康发展。据统计，"131"机制试运行一年多来，该局共开展了4期免费培训，累计培训公司自查员84人次，开展三方联合安检3次，共协同检查46艘船舶。当前，辖区旅游船自查覆盖率已达100%，海事部门抽查合格率90%以上，辖区旅游船舶安检滞留率从实施前的10%降低至5.5%，因安检缺陷未纠正被处罚案件降低了75%，为企业节省了大量的时间和金钱成本。

同时，经海事和船检联合培训的公司自查员，回到岗位工作后充分发挥所学知识，以点带面逐步提升旅游船公司内部船舶安全管理水平，公司安全管理意识得到稳步增强，安全管理主体责任得到进一步落实。

"'131'机制和'五联共建'机制，让旅游船公司内部管理人员通过培训、检查等平台，加强与海事部门的交流，使他们对海事和船检工作的看法有了较大的改变，为今后日常工作的相互配合、建立亲清的政企关系打下了良好的基础。"翁建才表示。

本文图片由 三亚海事局 提供

蹚出大交通发展之道

——访海南省交通运输厅原厅长陈求熙

特约记者　陈　涛　本报记者　罗利明　特约通讯员　潘彤彤

见报日期　2018年12月24日

海南因改革而生，因改革而兴。作为经济特区，海南在体制改革中发挥了“试验田”作用，在对外开放中发挥了重要“窗口”作用。

在全国率先实行大交通管理体制、率先实行燃油附加费改革……海南交通也在全国首开了许多改革的先河。日前，82岁的海南省交通运输厅原厅长陈求熙接受了本报记者专访，讲述他见证的海南交通改革发展故事。

率先实行大交通管理体制

陈求熙曾于1993年至1998年任海南省交通运输厅厅长，亲历了海南1988年建省后的交通变革，深刻感受到海南交通发生的沧桑巨变。

海南是我国最大的经济特区，地理位置独特，拥有全国最好的生态环境，具有成为全国改革开放“试验田”的独特优势。提起当年海南在全国率先实行大交通管理体制，陈求熙娓娓道来。

陈求熙说，海南最初实行“小政府，大社会”独具特色的体制，最主要目标就是通过精简机构，减少税负和行政成本，努力按照发展社会主义市场经济的需要配置行政资源。

“路不通、电灯不明、电话不响、看不了电视、喝不上自来水。”陈求熙回忆说，建省办特区前，海南基础设施建设起点低、底子薄，“五不通”的艰苦环境在当时很普遍。尤其是道路不畅，给群众出行带来了极大不便。

为了迅速改变这些状况，1988 年建省时，海南实行大交通管理体制，成立了海南省交通运输厅，加大了交通运输建设规划力度。

按照当时制定的“用政策，打基础，抓落实，求效益”的方针，1988 年上半年开始，海南制定了一个五年交通邮电发展的大交通规划——从 1988 年到 1992 年的五年规划。

陈求熙回忆说，概括来讲是“一条铁路、二个机场、三纵四横、四方七港、五年赶超”。“一条铁路”是指西环铁路，“二个机场”是指海口美兰国际机场和三亚凤凰国际机场，“三纵四横”是指公路，“四方七港”是指海南的东南西北要建 7 个港口，“五年赶超”是争取电信服务 3 年内超过全国平均水平，5 年赶上国际水平。

“实行大交通管理体制，就是为了促进铁路、公路、水路、航空、管道等立体全方位交通统筹规划建设，实现更高效的交通出行和物流。”陈求熙说，在大交通管理体制下，海南交通迎来了发展的春天。

1992 年 8 月，海南创办了国内第一家规范化的股份制航空运输企业；1993 年 4 月，在全国率先实行交通基础设施股份制试点改革，以省高速公路建设工程指挥部办公室为基础筹建海南高速公路股份有限公司，面向社会定向募股，仅 3 个月时间，就筹措了 16.65 亿元投入环岛东线高速公路的建设；1994 年 4 月，海南省人大出台了《海南经济特区基础设施投资综合补偿条例》，通过立法，对交通建设投资实行政策倾斜。

1997 年 4 月，海南省交通运输厅审时度势，向中国农业银行海南省分行贷款 9 亿元修建西段高速公路，为环岛高速公路 1999 年 9 月全线贯通提供了重要的资金保障。

“海南大交通体制改革，对推动国家、地方层面综合运输体系建设和进一步深化大部制改革具有积极意义。”陈求熙说，虽然后来海南交通领域机构改革历经变化，但当年海南在全国率先实行大交通管理体制的尝试，对综合交通发展影响深远。

在全国率先实行燃油附加费改革

海南实行公路规费征收制度改革，当时在全国是绝无仅有的。对机动车辆征收燃油附加费，减少公路规费费种，简化征收环节，取消公路上所有的收费站卡，使海南成为全国“一脚油门踩到底”省份，成为国家燃油税费改革的排头兵。

陈求熙回忆，1988年海南建省办经济特区后，经济发展迅速，全省机动车保有量迅速增长，使海南原本就拥挤的公路不堪重负，但交通基础设施建设资金瓶颈问题却很突出。“公路上还普遍存在‘乱设卡、乱收费、乱罚款’的现象，影响了海南道路的畅通，与特区发展明显不匹配。”陈求熙说。

1993年年初，海南省委书记、省长阮崇武到海南省交通运输厅调研。他指出，公路设站卡太多，汽车跑不快，要想办法将速度提起来。随后，在当年5月24日召开的海南省政府常务会议专题对海南省公路养路费、征收管理实施细则进行了讨论研究。会议决定，支持燃油附加费改革并要求按有关原则制定改革实施方案，拉开了海南燃油附加费改革的序幕。

1993年5月25日，陈求熙专门到交通部汇报改革有关工作并得到了支持。交通部部长黄镇东说：“海南四面环海，率先搞起来很有条件。”随即，海南省交通运输厅成立了改革方案起草小组，在交通部的指导下，拟订了《海南经济特区机动车辆燃油附加费征收管理办法》（简称《管理办法》）。

1993年12月10日，海南省政府召开常务会议，审议修改《管理办法》草案条款，并原则通过。1993年12月19日，阮崇武签署了经过多次修改的《管理办法》（海南省人民政府第39号令），将养路费、过路费、过桥费、运输管理费“四费合一”征收燃油附加费。1993年12月20日，海南省交通规费征稽局成立，负责开征机动车辆燃油附加费工作。海南在全国率先实行公路规费征收管理体制改革，路上的收费卡全部撤除，司机可以“一脚油门踩到底”，从源头上解决了公路“三乱”问题。

“摸着石头过河的探索创新精神是成功的决定因素，没有这点，‘一脚油门踩到底’根本不可能实现。”陈求熙说，改革持续焕发的生命力，更彰显出海南交通人的改革意识和敢闯敢试、敢为人先的特区精神。

2008年12月，为了与国家实施的成品油与税费改革有效衔接，经国务院及有关部门批准，停征燃油附加费，改征车辆通行附加费，“一脚油门踩到底”的改革成果得以巩固。

自《管理办法》实施以来，海南省完成交通规费征收累计达200多亿元，用于争取国家投资和银行贷款担保资本金，保障交通基础设施建设。截至目前，海南公路通车总里程从1993年的1.3万公里发展到3万公里，公路网密度为90.5公里每百平方公里，增长2倍多，已形成以环岛高速公路和中线高速公路为主骨架，“三纵四横”国省道为主干线，县乡村道支干相连，贯通东西南北、辐射全岛的公路网络。彻底改变了海南公路建设滞后的状况，为经济社会长远发展奠定了坚实基础。

“田”字形高速公路网从构想到现实

海南建省办特区以来，高速公路从无到有，从“断头路”到环岛高速公路全线贯通，再到2020年“田”字形高速公路网全面建成。30年来，一代又一代海南交通人全力以赴，为提升海南基础设施水平，拉动投资增长，形成“南北并进、东西互动”良好局面，及海南省经济社会发展提供了良好的交通基础支撑。

陈求熙告诉记者，1988年到1992年实施的5年交通邮电发展的大交通规划，其中提到建设“三纵四横”公路路网。

1988年，国家计委批准海南东线高速公路立项兴建，拉开了海南高速公路建设的大幕。1989年，全长250公里的环岛东线高速公路右幅作为海南首条高速公路开建，并于1995年建成通车。

“东线高速公路右半幅的修建，采取了分段实施的方案，先是海口至黄竹，再是黄竹至陵水，最后由陵水通到三亚。”陈求熙介绍，最先通车的是海口至黄竹段，由于只有一幅，车道的划分方式和现在的高速公路完全不同。当时划分为三个车道，两侧车道为对向行驶，中间为超车道。“双向行驶的车辆不是什么时候都可以使用超车道的，它采取分段交替的方式，解决双向行驶的超车问题。”陈求熙说。

东线高速公路右幅海口至黄竹段，是海南高速公路上唯一设置过收费站的高速公路，但是时间不长，在海南推行“一脚油门踩到底”的燃油附加费改革后，便取消了收费站。

1993年8月，在海南省委、省政府和交通部的支持下，海南省交通运输厅制定了今后15年海南公路建设总目标：建设与环岛沿海产业人口密集地区经济发展相适应的环岛高速公路，沟通各市县与主骨架相连接的干线公路、县乡公路，消除“断头路”，大力发展疏港公路、机场公路，以逐步形成一个“田”字形为主骨架的全方位、大立交、大循环、高速、安全、舒适、便利的，具有热带雨林滨海风光特色的，四通八达的公路交通运输网络。

到1996年12月，交通部印发《全国公路网规划图集（1991—2020）》，将海南省“田”字形公路主骨架纳入国家规划。当时“田”字形指的是海口至三亚东、中、西三条高速公路及海南岛中部沟通东部与西部万宁经琼中至儋州的一级汽车专用路。

陈求熙深感欣慰地说：“在1998年卸任后，继任者越干越出色！”此后10余年里，环岛高速公路西线、海文高速公路、海口绕城高速公路、三亚绕城高速公路等相继建成通车，大大改善了海南沿海地区、西部市县和海口、三亚等重点城市的交通和投资环境。

2009 年，《国务院关于推进海南国际旅游岛建设发展的若干意见》出台，要求加快建设海口—五指山—三亚地方高速公路和万宁—儋州—洋浦地方高速公路。

2010 年 8 月，属国家高速公路网的海南省原东线高速公路、西线高速公路、海口绕城高速公路和三亚绕城高速公路被统一命名为 G98 海南环岛高速公路，形成一个环形闭合圈，是海南最重要的交通大动脉。

2015 年，全长 46 公里的中线高速公路屯昌至琼中段顺利建成通车；2018 年，全长 128.8 公里的琼中至五指山至乐东高速公路建成通车。目前，文昌至琼海、横线万宁至洋浦高速公路项目正加快建设，加上环岛高速公路，海南“田”字形高速公路构想顺利实施。

“从大交通管理体制改革到率先实施交通基础设施综合补偿条例，从‘田’字形高速公路路网规划到‘丰’字形高速公路主骨架的提升，从‘一脚油门踩到底’的车辆通行附加费改革到构建交通基础设施投融资平台，从自我设计、自我建设、自我监理到率先推行代建制、BOT 投融资改革，海南交通人一任接着一任干，一张蓝图绘到底。”陈求熙颇有感慨地说。

改革，海南交通人大胆试出了新效率，闯出了新天地，改出了新标杆。

如今，海南经济社会发展已进入新时代，在加快建设自贸区和自贸港的大背景下，海南交通运输发展的先行官、排头兵作用必将更加凸显。昔日的天涯海角，封闭落后；今天的发展热土，生机勃勃！今昔对比，陈求熙希望海南交通人以更加奋进的精神，当好海南交通运输发展的先行官、排头兵，全力推进海南高质量建设现代综合交通运输体系，积极探索建设自由贸易试验区和中国特色自由贸易港，打造深化交通运输改革开放试验区、交通强国建设先行区，推进海南交通运输全面深化改革扩大开放。海南交通走到今天，正是由于一代代交通人勇于改革的魄力和迎难而上的勇气，面对建设自贸区和自贸港的新机遇，海南交通人要不忘初心，砥砺奋进，继续高扬改革开放的大旗，齐心开创海南交通运输事业更美好的明天。

2018年12月24日 星期一 http://www.zgjtb.com | 第6883期 今日8版 | 邮发代号 1－72 国内统一连续出版物号 CN 11－0122 交通运输部主管 中国交通报社主办

交通运输部召开干部大会学习贯彻庆祝改革开放40周年大会精神

深入学习贯彻习近平总书记重要讲话精神 深化改革扩大开放加快推进交通强国建设

本报讯 （记者 毛剑 通讯员 郭永亮）12月21日，交通运输部召开干部大会，学习贯彻习近平总书记在庆祝改革开放40周年大会上的重要讲话精神，全面回顾40年来交通运输发展光辉历程，认真总结40年发展经验。部党组书记杨传堂出席会议并强调，要深入贯彻落实习近平总书记重要讲话精神，不忘初心、牢记使命，坚定不移全面深化行业改革开放，齐心协力加快推进交通强国建设，为实现"两个一百年"奋斗目标、实现中华民族伟大复兴的中国梦而努力奋斗。部长李小鹏主持会议。

杨传堂指出，习近平总书记在庆祝改革开放40周年大会上的重要讲话，全面回顾了40年来党和国家事业取得的伟大成就，深刻总结了40年来积累的宝贵经验，明确提出要不断把新时代改革开放推向前进。这一重要讲话精神，是我们在新时代新起点上不断深化改革开放的行动指南，也为决胜全面建成小康社会、夺取新时代中国特色社会主义伟大胜利、实现中华民族伟大复兴的中国梦指明了方向。

杨传堂强调，交通运输是经济社会发展的先行官。40年来，在党中央正确领导下，交通运输行业认真践行职责使命，始终坚持改革创新、开放发展，交通基础设施从量的积累到质的提升，综合运输服务保障能力不断增强，行业创新从跟踪追赶向并跑领跑持续转变，行业治理体系日趋完善、治理能力不断提升，对外开放水平和国际影响力不断提高，实现了跨越式发展和历史性巨变，有力支撑了经济发展、社会进步，有力支撑了民生福祉、人的全面发展，有力支撑了世界进步、和谐世界建设。在40年的创造性实践中，经过艰辛探索，我国交通运输发展形成了独具特色的中国经验，即：必须始终坚持党的领导，牢牢把握正确政治方向；必须始终坚持以人民为中心，努力建设人民满意交通；必须始终坚持围绕中心、服务大局，在服务大局中加快发展；必须始终坚持改革创新、扩大开放，不断增强交通运输发展新动能；必须始终坚持凝聚各方合力，充分调动好各方积极性；必须始终坚持社会主义市场经济改革方向，发挥好政府和市场的优势；必须始终坚持战略规划引领，确保交通运输发展"一张蓝图干到底"；必须始终坚持全面从严治党，不断提高党的创造力、凝聚力、战斗力。

杨传堂要求，要牢牢把握交通运输经济社会发展先行官的发展定位，继往开来、创新发展，加快新时代改革开放步伐，以新担当新作为推进交通运输高质量发展，在我国社会主义现代化强国建设中发挥更大支撑和引领作用。一要提高政治站位，进一步坚定新时代改革开放的信心。二要坚持问题导向，着力解决制约交通运输发展的问题。三要坚持以人民为中心，为全面建成小康社会当好先行。四要坚持以发展为第一要务，扎实推进交通强国建设。五要营造好推进交通运输高质量发展的良好氛围。六要坚持全面从严治党，在抓工作落实上下更大力气。

李小鹏强调，要以高度的政治责任感，精心组织、周密安排，迅速兴起学习宣传贯彻落实习近平总书记重要讲话精神的热潮，同落实习近平新时代中国特色社会主义思想和党的十九大精神结合起来，在学懂弄通做实上下功夫，在营造浓厚氛围上下功夫，在加强组织领导上下功夫，切实把思想和行动统一到讲话精神上来，把智慧和力量凝聚到落实改革开放各项任务上来。要结合交通运输工作实际，切实抓好行业改革开放各项重点工作，不断细化工作思路，夯实各项工作举措，引导广大党员干部在结合实际、融会贯通上求突破，努力把新时代交通运输改革开放不断推向前进。

在京部领导，部总师出席会议。部内各司局主要负责同志、部属各单位党政主要负责同志参加会议。

12月19日，总投资37亿元的长江武汉至安庆段6米水深航道整治工程全面开工建设。工程建成后，武安段386.5公里的航道最低维护水深将由现在的4.5米提高至6米。

据悉，工程建成后，武汉至安庆段航道可实现13000吨级内河船舶、10000吨级江海船舶常年直达武汉，极大提升武汉长江中游航运中心及沿线港口的辐射能力，促进江海联运发展及口岸功能提升，为湖北自贸区建设和长江经济带发展提供更为强劲的航运支撑。据测算，该工程对沿江区域GDP的增长贡献约458亿元，综合经济效益2767亿元。

特约记者 李翔 殷泰 通讯员 刘志 文 郭凯 图

中共交通运输部党组召开会议

传达学习中央经济工作会议精神

部党组书记杨传堂主持会议

本报讯 12月22日，中共交通运输部党组召开会议，传达学习贯彻中央经济工作会议精神。部党组书记杨传堂主持会议。部党组副书记李小鹏、冯正霖，部党组成员李建波、何建中、宋福龙、戴东昌、刘小明、杨宇栋出席会议。部机关有关司局主要负责同志列席有关会议。

会议指出，中央经济工作会议是在我国推进新时代改革开放、推动高质量发展的关键时期召开的一次十分重要的会议。会议全面总结了今年经济工作成绩，进一步增强了做好明年各项工作的信心；科学分析了我国发展面临的机遇挑战，为充分把握经济工作主动权奠定了坚实基础；就明年经济工作作出了全面部署，为推进经济高质量发展指明了方向；对交通运输工作提出了明确要求，为明年行业发展各项工作提供了行动指南。

会议强调，要认真学习、深刻领会中央经济工作会议精神，切实把思想和行动统一到中央关于明年经济工作的决策部署上来，准确把握明年经济工作的总体要求和目标任务，准确把握战略机遇期的新内涵，准确把握以"巩固、增强、提升、畅通"为管总要求的供给侧结构性改革的要求，准确把握对交通运输工作的各项要求，不折不扣落实中央部署，使交通运输更好服务经济社会发展，更好服务民生福祉和人的全面发展，更好服务"两个一百年"奋斗目标和中华民族伟大复兴的中国梦。

会议要求，明年是中华人民共和国成立70周年，是全面建成小康社会的关键之年，交通运输工作任务十分繁重。要以习近平新时代中国特色社会主义思想为指导，切实提高政治站位，聚焦主要矛盾、突出重点任务，按照"巩固、增强、提升、畅通"的要求推进深化供给侧结构性改革，坚定不移推动交通运输高质量发展，以优异成绩迎接中华人民共和国成立70周年。一要继续打好三大攻坚战，加大工作力度，咬定目标、倒排工期，针对突出问题，打好重点战役。二要深化交通运输供给侧结构性改革，加大交通基础设施补短板力度，促进物流降本增效，优化营商环境，提升运输服务质量，发展交通运输新动能，提升综合运输效率。三要为乡村振兴战略实施当好先行，统筹交通脱贫攻坚和服务乡村振兴战略两个任务目标，加快"四好农村路"建设，推进农村交通基础设施和公共服务提档升级。四要持续优化区域协调发展格局，服务国家重大战略，加快基础设施互联互通，提升交通运输整体效能，加快完善长江经济带综合立体交通走廊，加快城际交通运输网络规划建设。五要加快构建完善现代综合交通运输体系，构建立体化、网络化基础设施格局，坚持创新引领，深入推进"互联网+交通"发展，提升运输通道规模，注重发挥各种运输方式比较优势和组合效率。六要进一步深化交通运输改革开放，推动交通运输全面深化改革，继续完善现代综合交通运输体制机制，推动全方位开放，不断开创交通运输对外开放新格局。七要着力建设人民满意交通，坚持以人民为中心的发展思想，不断满足人民群众多样化、个性化、多层次的出行需求，办好交通运输更贴近民生实事，守住安全生产底线，坚决遏制重特大事故发生。八要不断加强和改进党的领导，增强"四个意识"，坚定"四个自信"，坚决做到"两个维护"，持续加强作风建设，选好用好干部，激励干部担当作为。

会议还研究了其他事项。 （张党文）

全力做好交通运输各项工作 深入贯彻落实中央决策部署

李小鹏主持召开部务会，强调

本报讯 （记者 毛剑 通讯员 步荟）日前，交通运输部部长李小鹏主持召开部务会，传达学习中央经济工作会议精神，研究2019年交通运输重点工作。

会议指出，习近平总书记在中央经济工作会议上发表重要讲话，总结2018年经济工作，分析当前经济形势，部署2019年经济工作。李克强总理在讲话中对明年经济工作作出具体部署，并作了总结讲话。这次中央经济工作会议，为做好明年和今后经济工作指明了方向，也为做好交通运输各项工作提供了根本遵循。我们要认真学习，深刻领会，切实抓好贯彻落实，把思想和行动统一到中央对经济形势的分析判断和对经济工作的决策部署上来。

会议强调，中央经济工作会议指出世界面临百年未有之大变局，我国发展仍处于并将长期处于重要战略机遇期，要紧扣重要战略机遇期新内涵，牢牢抓住战略机遇期，实现高质量发展。当前交通运输行业正处于基础设施发展、服务水平提高和转型发展的黄金时期，要深刻认识到深化改革、扩大开放、创新驱动、推动高质量发展带来了新机遇。同时，也要看到交通运输经济运行稳中有变，风险和挑战明显增多，安全发展任重道远。要善于化危为机、转危为安，锐意进取、埋头苦干，变压力为加快推动交通运输高质量发展的动力，真正抓住用好这个重要战略机遇期。

会议指出，明年是中华人民共和国成立70周年，是全面建成小康社会的关键之年。我们要以习近平新时代中国特色社会主义思想为指导，全面贯彻党的十九大和十九届二中、三中全会精神，落实中央经济工作会议精神，统筹推进"五位一体"总体布局，协调推进"四个全面"战略布局，坚持稳中求进工作总基调，坚持新发展理念，坚持推动高质量发展，以交通运输供给侧结构性改革为主线，坚持深化市场化改革、扩大高水平开放，推动科技创新，促进降本增效，稳住安全稳定，确保安全稳定，继续打好三大攻坚战，为服务全面建成小康社会收官打下决定性基础，加快推进现代化综合交通运输体系建设，推动交通强国建设迈好第一步，以优异成绩迎接中华人民共和国成立70周年。

会议要求，做好明年的工作要紧紧围绕高质量发展这个主题，牢牢抓住供给侧结构性改革这条主线，贯彻落实好"巩固、增强、提升、畅通"八字方针，着力深化市场化改革，着力扩大高水平开放，着力推动科技创新，着力促进降本增效，着力稳住行业发展，着力确保安全稳定。要按照中央经济工作会议的部署，切实做细做实各项工作：切实增加交通固定资产有效投资，补基础设施短板；切实深化"放管服"改革，优化营商环境；切实服务国家战略，打好三大攻坚战；切实服务人民、服务大局、服务基层，做好岁末年初工作；切实加强党的领导，增强"四个意识"，坚定"四个自信"，坚决做到"两个维护"，持续加强作风建设，选好用好干部，激励干部担当作为。

会议还研究了其他事项。

在京部领导，部总师出席会议。部内各司局负责同志列席会议。

今年交通运输更贴近民生实事全部完成

本报讯 （实习记者 赵鹏飞 记者 毛剑）12月21日，记者从交通运输部例行新闻发布会上获悉，今年12项交通运输更贴近民生实事目标任务已全部完成，其中6项超额完成。从评估情况看，农村公路建设、乡道及以上公路安防工程和危桥改造、"司机之家"建设、实现长江口大型船舶超宽交会4件民生实事满意度超过90%，其余民生实事的满意度也都在85%以上。

6项超额完成的民生实事分别为：一是新改建农村公路20万公里，新增5000个建制村通硬化路，新增5000个建制村通客车，实际新改建25万公里，新增通硬化路建制村5560个，新增7000个以上的建制村通客车；二是实施乡道及以上公路安全生命防护工程18万公里、危桥改造2500座，实际完成18.7万公里，改造危桥4263座；三是新增ETC专用车道2000条、ETC用户1500万，实际新增ETC专用车道2104条、ETC用户1726万；四是年底前在20个以上的省份推进汽车维修电子健康档案系统建设，目前全国汽车维修电子健康档案系统已经覆盖28个省（区、市）365个地市；五是年底前在15个省份，实行普通货运车辆在本省份辖区范围内异地办理检验检测，目前已有25个省份实现省内综检联网和异地检测；六是推进"司机之家"建设，在5个省份开展试点，目前已在10个省份建成32个"司机之家"。

发布会上，部新闻发言人、政策研究室副主任吴春耕、法制司司长魏东，部公路局副局长孙永红还就"一法两条例"、支持民营企业发展等问题回答了记者提问。

▶发布会集萃见2版

2018年"互联网+交通运输"双创大赛广州收官

折桂项目 引领创新创业新风向

本报讯 （特约记者 林健秀 记者 廖晋子 朱怡 通讯员 郭小辉）12月21日，经过持续三个月的报名、初选、复赛及紧张、精彩的总决赛，2018年中国（小谷围）"互联网＋交通运输"创新创业大赛（简称双创大赛）在广东省广州市揭晓最终赢家。来自高德软件的"智慧锥桶"、小马智行科技的"小马智行L4自动驾驶全栈式技术解决方案"过关斩将，分别夺得高灯杯·"交通运输＋互联网"行业增效升级创新大赛、中运传媒杯·"互联网＋交通运输"行业融合创业大赛的特等奖。

由广东省交通运输厅、中国交通报社、广州市番禺区政府、广东省交通集团有限公司主办的"双创大赛"已经连续举办4届，赛事主题、内容和项目技术、热点逐年出新，且更加务实、更具推广应用价值。今年的多数获奖项目与当下炙手可热的人工智能、自动驾驶、产业互联网等密切相关，引领了交通运输创新创业新风向。

（下转2版）

12328上月服务考评结果公布

本报讯 （记者 毛剑）日前，交通运输部公布了全国12328交通运输服务监督电话省级系统今年11月份的运行考评结果，总体考评评分最高的3个省份为江苏省、河北省、江西省。

11月份，全国12328电话系统共受理有效业务312.06万件。信息咨询、意见建议、投诉举报三类业务分别为293.1万件、7.55万件和11.41万件。

全国12328电话系统拨通平均等待时长约为30秒（含导航语音提示时间），信息咨询类即时答复率为99.29%，限时办结率为94.7%，抽查回访率为47.82%，回访满意率为96.41%。

▶评分表详见2版

今日看点

庆祝改革开放40周年 先行

南粤交通庆祝改革开放40周年特别报道

5—8版

蹚出大交通发展之道

——访海南省交通运输厅原厅长陈求熙

见证40年 主题访谈

特约记者 陈涛
本报记者 罗利明 特约通讯员 潘彤彤

海南因改革而生，因改革而兴。作为经济特区，海南在体制改革中发挥了"试验田"作用，在对外开放中发挥了重要"窗口"作用。

在全国率先实行大交通管理体制、率先实行燃油附加费改革……海南交通也在全国首开了许多改革的先河。日前，今年82岁的海南省交通运输厅原厅长陈求熙接受了本报记者专访，讲述他见证的海南交通改革发展故事。

率先实行大交通管理体制

陈求熙曾于1993年至1998年任海南省交通运输厅厅长，亲历了海南1988年建省后的交通变革，深刻感受到海南交通发生的沧桑巨变。

海南是我国最大的经济特区，地理位置独特，拥有全国最好的生态环境，具有成为全国改革开放"试验田"的独特优势。提起当年海南在全国率先实行大交通管理体制，陈求熙娓娓道来。

陈求熙说，海南最初实行"小政府，大社会"独具特色的体制，最主要目标就是通过精简机构，减少税负和行政成本，努力按照发展社会主义市场经济的需要配置行政资源。

"路不通、电灯不明、电话不响、看不了电视、喝不上自来水。"陈求熙回忆说，建省办特区前，海南基础设施建设起点

陈求熙。 特约记者 陈涛 供图

低、底子薄，"五不通"的艰苦环境在当时很普遍。尤其是道路不畅，给群众出行带来了极大不便。

为了迅速改变这些状况，1988年建省时，海南实行大交通管理体制，成立了海南省交通输厅，加大了交通运输建设规划力度。

按照当时制定的"用政策，打基础，抓落实，求效益"的方针，1988年上半年开始，海南制定了一个五年交通邮电发展的大交通规划——从1988年到1992年的五年规划。

陈求熙回忆说，概括来讲是"一条铁路、二个机场、三纵四横、四方七港、五年赶超"。"一条铁路"是指西环铁路，"二个机场"是指海口美兰国际机场和三亚凤凰国际机场，"三纵四横"是指公路，"四方七港"是指海南的东南西北要建7个港口，"五年赶超"是争取电信服务3年内超过全国平均水平，5年赶上国际水平。

（下转4版）

☐值班编委 孙宜夫 本版副主编 卢锐 责编 徐音 ☐E-mail:xw1b@zgjtb.com ☐新闻热线：(010)64255441 ☐发行热线：(010)64256206 ☐广告热线：(010)64250642 ☐培训热线：(010)65299681

2018年12月24日 星期一 | 4版 | 电话:010-65293632 64252864 E-mail:zgjtb@126.com

见证40年 主题访谈

中国交通报 CHINA TRANSPORT NEWS

上世纪80年代公路养护。

蹚出大交通发展之道

——访海南省交通运输厅原厅长陈求熙

（上接1版）

"实行大交通管理体制，就是为了促进铁路、公路、水路、航空、管道等立体全方位交通统筹规划建设，实现更高效的交通出行和物流。"陈求熙说，在大交通管理体制下，海南交通迎来了发展的春天。

1992年8月，海南创办了国内第一家规范化的股份制航空运输企业；1993年4月，在全国率先实行交通基础设施股份制试点改革，以省高速公路建设工程指挥部办公室为基础筹建海南高速公路股份有限公司，面向社会定向募股，仅3个月时间，就筹措了16.65亿元投入环岛东线高速公路的建设；1994年4月，海南省人大出台了《海南经济特区基础设施投资综合补偿条例》，通过立法，对交通建设投资实行政策倾斜。

1997年4月，海南省交通运输厅审时度势，向中国农业银行海南省分行贷款9亿元修建西段高速公路，为环岛高速公路1999年9月全线贯通提供了重要的资金保障。

"海南大交通体制改革，对推动国家、地方层面综合运输体系建设和进一步深化大部制改革具有积极意义。"陈求熙说，虽然后来海南交通领域机构改革历经变化，但当年海南在全国率先实行大交通管理体制的尝试，对综合交通发展影响深远。

在全国率先实行燃油附加费改革

海南实行公路规费征收制度改革，当时在全国是绝无仅有的。对机动车辆征收燃油附加费，减少公路规费费种、简化征收环节、取消公路上所有的收费站卡，使海南成为全国"一脚油门踩到底"省份，成为国家燃油税费改革的排头兵。

陈求熙回忆，1988年海南建省办经济特区后，经济发展迅速，全省机动车保有量迅速增长，使海南原本就拥挤的公路不堪重负，但交通基础设施建设资金短缺问题却很突出。"公路上还普遍存在'乱设卡、乱收费、乱罚款'的现象，影响了海南道路的畅通，与特区发展明显不匹配。"陈求熙说。

1993年年初，时任海南省委书记、省长阮崇武到海南省交通运输厅调研。他指出，公路设站卡太多，汽车跑不快，要想办法将速度提起来。随后，在当年5月24日召开的海南省政府常务会议专题对海南省公路养路费、征收管理实施细则进行了讨论研究。会议决定，支持燃油附加费改革并要求按有关原则制定改革实施方案，拉开了海南燃油附加费改革的序幕。

1993年5月25日，陈求熙专门到交通部汇报改革有关工作并得到了支持。时任交通部部长黄镇东说："海南四面环海，率先搞起来很有条件。"随即，海南省交通运输厅成立了改革方案起草小组，在交通部的指导下，拟订了《海南经济特区机动车辆燃油附加费征收管理办法》（简称《管理办法》）。

1993年12月10日，海南省政府召开常务会议，审议修改《管理办法》草案条款，并原则通过。1993年12月19日，阮崇武签署了经过多次修改的《管理办法》（海南省人民政府第39号令），将养路费、过路费、过桥费、运输管理费"四费合一"征收燃油附加费。1993年12月20日，海南省交通规费征稽局成立，负责开征机动车辆燃油附加费工作。海南在全国率先实行公路规费征收管理体制改革，路上的收费卡全部撤除，司机可以"一脚油门踩到底"，从源头上解决了公路"三乱"问题。

"摸着石头过河的探索创新精神是成功的决定因素，没有这点，'一脚油门踩到底'根本不可能实现。"陈求熙说，改革持续焕发的生命力，更彰显出海南交通人的改革意识和敢闯敢试、敢为人先的特区精神。

2008年12月，为了与国家实施的成品油与税费改革有效衔接，经国务院及有关部门批准，停征燃油附加费，改征车辆通行附加费，"一脚油门踩到底"的改革成果得以巩固。

自《管理办法》实施以来，海南省完成交通规费征收累计达200多亿元，用于争取国家投资和银行贷款担保资本金，保障交通基础设施建设。截至目前，海南公路通车总里程从1993年的1.3万公里发展到3万公里，公路网密度为90.5公里每百平方公里，增长2倍多，已形成以环岛高速公路和中线高速公路为主骨架，"三纵四横"国省道为主干线，县乡村道支干相连，贯通东西南北、辐射全岛的公路网络。彻底改变了海南公路建设滞后的状况，为经济社会长远发展奠定了坚实基础。

2007年，海南高速公路一景。

"田"字形高速公路网从构想到现实

海南建省办特区以来，高速公路从无到有、从"断头路"到环岛高速公路全线贯通，再到2020年"田"字形高速公路网全面建成。30年来，一代又一代海南交通人全力以赴，为提升海南基础设施水平、拉动投资增长、形成"南北并进、东西互动"良好局面，为海南省经济社会发展提供了良好的交通基础支撑。

陈求熙告诉记者，1988年到1992年实施的5年交通邮电发展的大交通规划，其中提到建设"三纵四横"公路网。

1988年，国家计委批准海南东线高速公路立项实施，拉开了海南高速公路建设的大幕。1989年，全长250公里的环岛东线高速公路右幅作为海南首条高速公路开建，并于1995年建成通车。

"东线高速公路右半幅的修建，采取了分段实施，先是海口至黄竹，黄竹至陵水，最后由陵水通到三亚。"陈求熙介绍，最先通车的是海口至黄竹段，由于只有一幅，车道的划分方式和现在的高速公路完全不同。当时划分为三个车道，两侧车道为对向行驶，中间为超车道。"双向行驶的车辆不是什么时候都可以使用超车道的，它采取分段交替的方式，解决双向行驶的超车问题。"陈求熙说。

东线高速公路右幅海口至黄竹段，是海南高速公路上唯一设置过收费站的高速公路，但是时间不长，在海南推行"一脚油门踩到底"的燃油附加费改革后，便取消了收费站。

1993年8月，在海南省委、省政府和交通部的支持下，海南省交通运输厅制定了今后15年海南公路建设总目标：建设与环岛沿海产业人口密集地区经济发展相适应的环岛高速公路，沟通各市县与主骨架相连接的干线公路、县乡公路，消除"断头路"，大力发展疏港公路、机场公路，以逐步形成一个"田"字形为主骨架的全方位、大立交、大循环、高速、安全、舒适、便利，具有热带雨林滨海风光特色的、四通八达的公路交通运输网络。

到1996年12月，交通部印发《全国公路网规划图集（1991—2020）》，将海南省"田"字形公路主骨架纳入国家规划。当时"田"字形指的是海口至三亚东、中、西三条高速公路及海南岛中部沟通东部与西部万宁经琼中至儋州的一级汽车专用路。

陈求熙深感欣慰地说："在1998年卸任后，继任者越干越出色！"此后10余年里，环岛高速公路西线、海文高速公路、海口绕城高速公路、三亚绕城高速公路等相继建成通车，大大改善了海南沿海地区、西部市县和海口、三亚等重点城市的交通和投资环境。

2009年，《国务院关于推进海南国际旅游岛建设发展的若干意见》出台，要求加快建设海口—五指山—三亚地方高速公路和万宁—儋州—洋浦地方高速公路。

2010年8月，属国家高速公路网的海南省原东线高速公路、西线高速公路、海口绕城高速公路和三亚绕城高速公路被统一命名为G98海南环岛高速公路，形成一个环形闭合圈，是海南最重要的交通大动脉。

2015年，全长46公里的中线高速公路屯昌至琼中段顺利建成通车；今年，全长128.8公里的琼中至五指山至乐东高速公路建成通车。目前，文昌至琼海、横线万宁至洋浦高速公路项目正加快推进，加上环岛高速公路，海南"田"字形高速公路构想顺利实施。

"从大交通管理体制改革到率先实施交通基础设施综合补偿条例，从'田'字形高速公路网规划到'丰'字形高速公路主骨架的提升，从'一脚油门踩到底'的车辆通行附加费改革到构建交通基础设施投融资平台，从自我设计、自我建设、自我监理到率先推行代建制、BOT投融资改革，海南交通人一任接着一任干，一张蓝图绘到底。"陈求熙颇有感慨地说。

改革，海南交通人大胆试出了新效率，闯出了新天地，改出了新标杆。

如今，海南经济社会发展已进入新时代，在加快建设自由贸易区和自由贸易港的大背景下，海南交通运输发展的先行官、排头兵作用必将更加凸显。昔日的天涯海角，封闭滞后；今天的发展热土，生机勃勃！今昔对比，陈求熙希望海南交通人以更加奋进的精神，当好海南交通运输发展的先行官、排头兵，全力推进海南高质量建设现代综合交通运输体系，积极探索建设自由贸易试验区和中国特色自由贸易港，打造深化交通运输改革开放试验区、交通强国建设先行区，推进海南交通运输全面深化改革扩大开放。海南交通走到今天，正是由于一代代交通人勇于改革的魄力和迎难而上的勇气，面对建设自由贸易区和自由贸易港的新机遇，海南交通人要不忘初心，砥砺奋进，继续高扬改革开放的大旗，齐心开创海南交通运输事业更美好的明天。

本文图片由 特约记者 张涛 提供

"济远"舰主炮打捞 唤醒沉睡的记忆

本报记者 金牧宇 通讯员 虞璐

走进中国甲午战争博物馆，陈列在原清朝北洋海军提督署院内的两门巨炮令人过目不忘。它们是北洋水师"济远"舰前双主炮，被鉴定为国家近现代一级文物，也是甲午战争博物馆的"镇馆之宝"，正是由于当年救捞人在艰苦作业环境下的不懈努力，才使它们重见天日。

沦为侵略者的武器

说起两门大炮，就要从其所属的"济远"舰说起。1880年，清政府从德国伏尔铿厂订购"济远"舰。它是一艘装备精良的钢甲巡洋舰，排水量2300吨，马力2800匹，时速15海里，配置海水淡化设施，装备火炮23门。其中口径最大、威力最强的就是前双主炮，其炮身长7.35米，口径210毫米，有效射程5000米，每门重达20余吨，代表了当时海军近代化装备的先进水平。

北洋水师成军时，"济远"舰被编为中军左营，曾随舰队出访过朝鲜、日本、俄罗斯等地，所到之处令当地华人振奋不已。北洋水师成军时的军事实力称冠亚洲。然而，成军后的第六年，日本发动了侵略中国的甲午战争，此时日本海军的实力已超过北洋水师。

作为北洋水师主力巡洋舰，"济远"舰先后参加了丰岛海战、黄海大战和威海卫保卫战。由于清政府避战求和，致使北洋水师在甲午战争中全军覆没。"济远"舰被日军俘获，后编入日本海军服役。1904年，日俄战争爆发，"济远"舰以日本侵略者的身份参战，同年冬，于旅顺口羊头洼海域触雷沉没。

如果说中国近代史是中华民族的屈辱和血泪写成的，那么"济远"舰的经历就是近代史的一个缩影。甲午战争中，它被日军俘获，成为清政府妥协投降的牺牲品；日俄战争中，它又沦为侵略者的武器，最终带着屈辱沉入海底。

1986年，"济远"舰主炮成功打捞。　烟台打捞局 供图

接力式探捞

1986年，交通部烟台海难救助打捞局（烟台打捞局前身）接到一个特殊的任务——打捞"济远"舰上的文物。打捞行动从当年5月开始，一直持续到8月。其间烟台海难救助打捞局救捞工程队共出动"烟捞一号""烟捞五号"两艘救捞船、27名潜水员，对沉没在海中的"济远"舰进行初步探摸，潜水员总计潜水123人次，潜水时间近3900分钟。

"除了部分甲板面暴露在水中，'济远'舰的大部分船体都深陷在海底的淤泥里。"如今已经退休的"烟捞五号"原政委胡广礼回忆，受制于当时的打捞能力，这次行动没能打捞出整艘"济远"舰。然而，有遗憾也有收获，沉睡海底82年之久的"济远"舰前双主炮，以及缆桩、导缆孔等多件舰上物品终于重见天日。

由于当时的作业水深达46米，已经接近普通空气潜水的60米作业极限，再加上作业水域海流湍急，工作人员要时刻检测水温、水流、水深，每一次潜水都必须打起十二分的精神。"那时没有水下摄影机等先进器材，潜水设备也十分笨重。"胡广礼说，每班作业不能超过20分钟，经过3至4班的接力，才能打捞起一个普通物件，打捞出一个大炮则要用上10多个班。

为了让文物尽早得到保护，打捞工程队为每件文物都设计了一套独特的打捞方案，同时组织起30多人的青年突击队。每打捞起一件文物，打捞队员们都抑制不住内心的喜悦，第一时间为文物冲洗、打油、包装。

经过争分夺秒的精心打捞，这些珍贵的历史文物终于找到了"家"。

历史的见证者

全国青少年教育基地、全国中小学爱国主义教育基地、山东省国防教育基地……甲午战争博物馆每天都迎接着一批又一批的参观者。作为"镇馆之宝"的"济远"舰前双主炮更是引人驻足。它是目前出水吨位最大的舰炮，也是世界仅存的19世纪80年代的德国克虏伯大炮。

如今的"济远"舰前双主炮早已失去御敌安邦的作用，但作为见证者，它时刻在向后人诉说着百年前那段悲壮的历史，它像一座警钟，时刻告诫着后人——落后就要挨打！

"希望孩子从小培养起爱国主义情怀，做一个正直、勇敢、勤奋的人。"带着儿子前来参观的刘女士说，通过与文物的近距离接触，自己和孩子对甲午战争的历史有了更加直观和深刻的认识，也感受到新时代下的使命感，"实现中国梦离不开每个中国人"。

见证历史的"济远"舰前双主炮。

本报记者 金牧宇 摄

地址:北京市朝阳区安华西里三区13号楼　邮编:100011　总编室:(010)65293633　通联部:(010)65293561 (010)64252114(传真)　采编中心:(010)64255441　公路中心:(010)65293615　水运中心:(010)64255824　运输中心:(010)65293641
新媒体中心:(010)64255469　培训中心:(010)65299681　广告部:(010)64250642 (010)64255452(传真)　北京中通广告公司:(010)64252934　广告经营许可证:京朝工商广字0142号　每年定价:460元　每月定价:38.34元　零售每份:1.92元　中国青年报印刷厂印刷

中国船检跨越发展四十载

——访中国船级社原总裁李科浚

本报记者　彭　燕　连　萌

见报日期　2018 年 12 月 25 日

卸任中国船级社总裁后，李科浚出任中国交通企业管理协会会长，依然忙碌着。为做好这次报道，我们进行了两次交流、采访。第一次约在位于北京东二环的中国船级社总部，听说老领导来了，很多人来到会议室，热情地和他打招呼，像是一场久别重逢的叙旧。第二次是在中国船级社海南分社，面对我们的采访镜头，李科浚娓娓道来，如数家珍。

从 1978 年进入交通部船舶检验局担任验船师，到出任船检局副局长，中国船级社副社长、总裁，兼任国际船级社协会（IACS）理事会主席，李科浚经历了中国船检 40 年改革开放发展的大部分历程。

“和各行各业一样，中国船检的快速发展得益于国家改革开放的政策。开放促进了船检内部改革，改革又推动了中国船检快速发展、走向国际。”李科浚对记者说。

回顾中国船检 40 年发展历程，他引用了《中国通往海洋文明之路》一书中对中国改革开放三个阶段的描述：第一阶段是“请进来”，实际上是“单边开放”，这个时期，外国船级社纷纷进入我国开拓业务，面对竞争压力，中国船检必须通过改革谋求发展空间；第二阶段是“接轨”，标志性事件是中国加入世界贸易组织（WTO），对于中国船检来说，则是加入了IACS；第三阶段是“走出去”，国际化发展，目前，中国船级社的客户已经遍布全球，技术、标准、规范走向世界，服务网点覆盖主要国家和港口，在国际海事界发挥着越来越重要的作用。

“这40年的快速发展，承载了几代船检人的梦啊！”李科浚感慨地说。

中国船检“鲤鱼跃龙门”

20世纪初，中国船舶检验发证资格曾一度掌握在外国船检机构手中。新中国成立后，我国的船舶检验规范基本沿袭苏联，难以进入由西方发达国家主导的海洋技术标准体系和国际市场。

李科浚回忆，改革开放初期，香港船王包氏兄弟提出，造船必须满足国际标准规范，由外国船级社检验合格发证。“当时我国船检的规范标准、技术能力、服务理念等并没有得到业界的广泛认可，存在不少质疑的声音。”李科浚说，“中国船检一定要在国际上验船，不再落后于人、受制于人！要为中国航运业、造船业的发展提供技术支撑！这不仅是几代船检人的梦想，也是中国走向航运大国、造船大国乃至航运强国、造船强国的渴望。”

1978年，经报请交通部党组同意，船检局确定了“加强基础、健全体系、适应发展、面向全国、走向世界”的20字发展方针，对内完善船检体系，对外拓展国际业务能力。但实现梦想的道路并非一帆风顺。

1980年，船检局准备在外国设立办事处，对方提出，中国船检局作为政府机构，在其他国家派出机构需要外交对等设置。

同一年，船检局申请加入IACS被婉拒，理由是中国船检没有英文版的规范、船舶名录和验船师名录，入级船舶吨位、海外办事机构等方面差距也较大，要先当15年副会员才能转正入会。“当时的船检局领导拒绝了这一要求，说我们中国要当就当正式会员。”李科浚回忆说。

这一系列事件，促成了中国船检的第一次改革。在交通部的大力支持下，船检局提出建议，在东京、汉堡等国际港口设立检验机构，在入级检验工作的基础上成立中国船级社，一个机构两块牌子，用于开展对外业务，报告获得中央领导批准。

1986年，经国务院批准，中国船级社正式挂牌成立，和船检局“一个机构两块牌子”“局社并称”开展各项业务。1988年，成立两年的中国船级社经过不懈努力，成功加入IACS。

“正是因为改革开放，才有了中国船级社，才有了中国船级社的快速发展，才有了中国船级社的今天。”李科浚说。

李科浚向记者展示了当年日本船级社赠送礼物的照片，一个雕刻着两条鲤鱼的深红色雕漆盘。“这个鲤鱼跃龙门的图案，寓意很深。加入 IACS 意味着中国船级社拿到了重要的国际通行证，并获得国际保险商协会的认可，船舶拿到中国船级社的入级证书，可以航行到世界各地。日本船级社主席曾对我说，中国船级社从此走出国门、走向国际。跃过这个龙门，确实非常不容易。”李科浚说。

但鲤鱼跃过龙门，并不是一劳永逸。1991 年 6 月，IACS 理事会决定实施质量体系认证计划（QSCS），各会员必须参照国际标准化组织（ISO）发布的 ISO9000 系列标准建立质量管理体系，并通过 IACS 的认证审核，以此作为保留会员资格的强制性条件。

“刚刚加入 IACS，不能座位还没有坐热就被除名啊！”李科浚告诉记者，那段时间，大家一起加班干，目标只有一个，一定要建立好质量体系，拿到质量体系认证合格证书。

这项工作的难点在于，不仅要建立质量管理体系，而且必须在具体检验工作中严格履行，所有检验记录必须是可核查、可追索的，在 IACS 组织的年审中达不到要求就要被除名。曾有一家外国船级社因为船舶检验责任事故而被除名，对该国造船业、航运业造成重大负面影响。

1994 年 1 月，中国船级社通过审核，拿到了符合 IACS 要求的质量体系认证合格证书。自此，中国船级社一直认真严格按照质量体系的要求，规范现场检验和内部管理，不仅加强了自身业务管理现代化和国际化进程，而且对中国航运、造船和相关行业发展的国际化起到了积极推动作用。

水监体制改革　建设国际一流船级社

1998 年，改革开放 20 年之际，水上安全监督管理体制改革启动，促使中国船检在第一步“局社并称”之后，进一步“局社分开”“政事分开”，中国船检的行政管理职能划归交通部海事局，既当运动员又当裁判员的时代不复存在了。许多船检局的干部职工穿着藏青色制服、戴上大檐帽，依依不舍地到船检局办公楼前拍照留念。

那段时期，中国船级社安全质量形势严峻，业务停滞不前，港口国检查（PSC）滞留率居高不下，船舶入级吨位逐年下降。摘了船检局的牌子，未来的路怎么走？中国船级社能不能吃上饭？能不能吃饱饭？人们不禁发出疑问。

1999 年，招商局集团副总裁的李科浚在离开船检系统 5 年后回归，出任改革后的中国船级社总裁。

“没有观念的转变和体制机制的改革，让大家吃上饭、吃好饭是不可能的。”回忆起那段经历，李科浚说。核心是解放思想、转变观念，摒弃“大檐帽”情结、官本位思想、机关化作风，把服务摆在第一位，同时，着手进行船级社内部的体制机制改革。

1999年8月6日，李科浚在《中国交通报》发表署名文章，认为重组后的中国船级社，其检验服务工作更加贴近市场和用户，将以全新的观念、全新的检验服务质量、全新的管理和经营理念、全新的精神风貌出现在航运界、造船界和海事界。文章标题为《雄姿大展，扬帆天涯》，显示了他对中国船级社的发展充满信心。

“未来的国际船舶检验拼的是安全质量，只要牢牢把好安全质量关，把内功练好，技术和服务两手硬，中国船级社不愁没有用武之地。”李科浚当时说。

自此，中国船级社开始按照市场化要求铸造国际化品牌。

2003年，中国船级社开展以“用工、激励、分配、约束”为内容的4项机制改革，激发了整个机构的活力，充分调动了职工的积极性，中国船级社进入发展的“快速路”。

2007年，中国船级社首次提出“走以科研技术为先导的道路，服务于国家相关行业的发展大局，建设创新型国际一流船级社”，并将“技术立社、诚信为本、与众不同、国际一流”作为新的建社方针。

2017年1月，交通运输部印发《关于建设国际一流中国船级社的意见》，提出到2025年，中国船级社将在规模、技术、服务、管理和国际化等5个方面达到国际领先水平。

截至2018年10月，中国船级社入级检验船舶达3.4万多艘、1.4亿多总吨，114个检验服务网点跨越四大洲，得到45个国家和地区政府授权，入级船舶业务涵盖了各类运输船舶和高技术船舶，船队平均船龄9.25年，是IACS成员中船龄最小的，也是港口国检查中船舶质量最好的船级社之一。同时，在海工领域异军突起，成为全球少数几个开展深海设施检验业务的船级社之一。

三度出任IACS主席　彰显中国船检影响力

改革开放40年来，中国船级社三度出任国际船级社协会主席的经历，称得上是中国交通运输“走出去”的标志性事件。

1996年7月10日，IACS常任秘书在伦敦发表新闻公告，宣布中国船级社自当年7月起至1997年6月30日担任IACS主席。国务院总理李鹏等党和国家领导人题词祝贺。

第一次担任主席，正值国际海事界整治老旧船舶，国际海事组织明确表示要将散货船新的技术标准纳入国际海上人命安全公约。面对各方不同意见和争论，中国船级社与各成员船级社、航运、保险、救助、金融等方面积极沟通联系，成功化解矛盾，不仅如期提交公约修正案并获通过，而且通过一系列活动进一步扩大了我国在国际海事界的影响，国外媒体在报道中称“中国取得领导地位”。

2006 年，中国船级社再次当选 IACS 主席。当年 7 月 6 日，李科浚在伦敦接受英国《劳氏日报》资深专栏作家迈克·格雷的独家专访，创造性地提出船级社在国际海事领域的作用相当于“海事技术银行”这一全新理念，在国际海事界产生巨大反响。担任主席期间，中国船级社积极参与并协调推动了 IACS 有史以来首次研发制定的散货船、油船共同结构规范，共同享有共同规范的知识产权。成功组织了国际船东、船级社和船厂的“三方会议”，推动了我国造船工业、船级社业务进一步与国际接轨。

2016 年，中国船级社三度出任 IACS 主席，成功组织召开国际海事战略高层研讨会，推动海事网络系统安全和新检验技术应用研究，国际影响力进一步提升。

“中国船级社在国际海事界的出色作为，巩固和加强了我国作为海运大国和国际海事组织 A 类理事国的地位。”李科浚说。

掌握核心技术　树立良好口碑

中国船级社在国内、国际树立了口碑，得到了更多船东和客户的认可，业务不断拓展，靠的是什么秘诀？李科浚告诉记者，作为船级社，要生存发展，摆脱发达国家的技术控制，就必须掌握核心技术，参与国际技术规则的制定。

中国船级社一直将科研、规范和信息技术视为发展的重中之重。李科浚告诉记者，当年为了筹建北京科研中心，曾一口气招收了 10 多位博士。仅靠自己的力量还远远不够，他们又联合政府主管部门、造船界、航运界、海洋工程、工业产品、科研院所、检验检疫、海军等各方专家、学者，卓有成效地运行了中国船级社技术委员会。

1999 年，中国船级社发布了第一个拥有自主版权的船舶专用结构设计和强度分析软件“海虹之彩”。

2003 年，中国船级社参与研发制定 IACS 散货船、油船共同结构规范（简称共同规范）；2006 年，完成研发并与其他 9 家船级社共享这一专利成果，研发了具有自主知识产权的共同规范船舶设计审核软件，在拥有核心技术能力方面向前跨越了一大步。

李科浚特别强调：“共同规范对于造船业来说，就好比 5G 技术标准对于移动通信业的重要性，拥有这一核心技术规范，我国的造船业才能步入国际先进行列，否则将永远受制于人！”

中国船舶工业总公司原总经理王荣生曾经对李科浚说，中国造船业的发展，中国船级社功不可没。

经过40年不断努力，中国船级社的规范标准体系、技术服务能力已经被国内、国际业界广泛接受，吸引了越来越多的航运巨头走进中国船级社的服务行列。

展望未来，李科浚表示，中国船检40年跨越发展成果丰硕，但船检人永远不能满足。希望中国船级社进一步解放思想，深化改革，扩大开放，加强技术积累和研究，不断提升自主创新能力和水平，加强验船师队伍建设，加强质量体系管控，有效应对新的挑战。相信中国船级社在建设国际一流船级社的征程中将继续阔步前进，更好地服务"一带一路"建设，为建设交通强国、海洋强国作出新的更大贡献。

2018年12月25日 星期二 http://www.zgjtb.com | 第6884期 今日24版 | 邮发代号 1－72 国内统一连续出版物号 CN 11－0122 交通运输部主管 中国交通报社主办

八闽交通 壮丽画卷

改革开放40年来，福建省交通运输发展取得了辉煌成就，发生了沧桑巨变，在八闽大地上铺展了壮丽画卷。如今，福建实现了"市市通动车、县县通高速、镇镇通干线、村村通客车"。图为沈海复线高速公路蓉川枢纽互通。

本报记者 [name] 供图

▶详细报道见12版

建设品质工程 推动高质量发展

全国公路水运工程质量安全监管取得长足进步

特约记者 [illegible] 本报记者 [illegible]

今年2月初，交通运输部印发了《品质工程攻关行动试点方案（2018—2020年）》。各地依托相关项目开展实践，积累了大量经验，极大推动了交通基础设施建设领域由量向质的转变。交通运输部通过现场督察与开展工程质量数据监测，约1.35万组（个）抽检数据显示，今年全国公路水运工程建设质量保持平稳态势，稳中趋好，总体可控，全国公路水运工程建设质量安全监管工作取得长足进步，为交通运输行业高质量发展夯实了基础。

质量安全总体可控 品质攻关有序推进

在今年开展的品质工程攻关行动中，交通运输部组织广东、四川、甘肃、贵州、宁夏、辽宁、湖南、云南等17个试点省（区、市）、19个试点工程项目、44家试点企业、6家部属科研院所、中国交通建设集团和中国公路建设行业协会等单位，聚焦"两区三厂"建设安全标准化、桥梁预制构件质量提升、隧道施工质量安全管控能力提升等6个方面，开展为期3年试点攻关，全力推动交通运输建设领域高质量发展。

各省（区、市）积极响应，制定了切实可行的品质工程攻关行动方案，积极开展新技术、新材料、新工艺、新设备的推广应用和创新，提升项目管理水平，推动工程建设向高质量发展。

贵州省成立了"质量安全'微创新'攻关行动"领导小组；广东省积极探索管理新思路、新举措，惠清高速公路引入"6S"管理，有效提升了工程质量安全管理水平；四川仁沐新高速公路建立"以业主为主导、设计为前提、施工为中心、监理为控制、检测为手段、地方为保障"的六位一体高效管理体系；辽宁沈康高速公路紧密围绕"匠心智造、精品沈康"的建设目标，全面扎实推进"两区三厂"建设安全标准化试点工作，项目全线安全生产水平有了显著提高。目前，围绕工地形象、工艺工法、管理行为3个关键环节标准化的港口工程、船闸工程施工标准化建设指南以及水运工程项目质量管理体系建设指南等已相继出版。

（下转品质工程特1版）

首届浙江国际智慧交通产业博览会暨未来交通大会圆满落幕

搭建全方位交流聚合平台 培育交通产业世界级高地

本报讯（特约记者 [illegible]）12月21日至23日，首届浙江国际智慧交通产业博览会暨未来交通大会在杭州国际博览中心举行。此次博览会有131家国内外企业参展，参观人数达3.6万人次，现场签约16个重大产业项目，总投资达200亿元。浙江省副省长高兴夫，全国人大常委、中国公路学会理事长翁孟勇，浙江省交通运输厅厅长陈利幸等出席开幕式。

高兴夫表示，每一次科技革命都会引发综合交通产业的大变革，进而带来交通运输行业的大变革，推动经济社会发展的大飞跃，推进人类物质文明的大提升。当前综合交通产业发展已经处在新一轮科技与产业大变革的历史转折期，面临着重大的机遇。本届博览会充分展示综合交通产业新产品、新业态、新模式，交流智慧交通、产业研究成果、理论进展、科技创新和政策动态，对接项目、战略、成果、资本和人才。他宣布，第二届浙江国际智慧交通产业博览会将于明年12月6日至8日在杭州举办。

本次博览会经浙江省委、省政府批准，由浙江省交通运输厅、浙江省经济和信息化厅与杭州市萧山区政府联合主办。大会以"交通产业 智引未来"为主题，采取"1+6+1"模式举办，即：1个开幕式暨主旨论坛、6个主题论坛、1个重大项目推介及签约活动。博览会设置综合交通成果及规划、轨道交通、快速及现代物流、智能装备、航空、智慧交通六大展区。

作为长三角区域一体化发展上升为国家战略后第一个立足长三角、面向国际、以综合交通产业为主题的博览会，浙江国际智慧交通产业博览会紧紧围绕"办出特色、办出新意、办出高质量"目标，突出"国际性、先进性、实效性、引领性"，全力搭建产业应用互动、科技成果转化、产业合作共赢和高端交通产业全球竞争"四个平台"。

翁孟勇说，交通要强，交通产业一定要强，浙江把论坛和产业博览会结合起来，相互促进，对于未来交通的发展和交通产业的发展至关重要。

陈利幸说，此次博览会的成功举办为浙江综合交通产业发展带来一系列正向效应，将助力浙江综合交通产业接轨国际，成为综合交通产业国际化的新窗口，成为落实"核心技术浙江造"战略、补齐交通综合产业短板的新平台，助力综合交通产业示范区建设。我们一定会坚持办好博览会，力争一届更比一届好。

据了解，此次博览会得到了国内外各方广泛关注，积极参与和高度赞誉，总体上取得了圆满成功，各方面成果超出了预期。参展企业层次超预期，吸引了34家国际及港澳台企业、76家国内龙头企业参展，占参展企业总数的80%。展品亮点超预期，展出新产品、新技术共500余项，其中设计时速超600公里真空高温超导磁悬浮技术列车、管联网等系首次发布。市民设计超预期，充分运用AR、VR等科技手段，为观众提供互动体验，设立车路协同、管联网等体验区，现场体验突破5000人次。合作成效超预期，除16个重点产业项目签约外，浙江省交通投资集团、浙江省机场集团、浙江省海港投资运营集团等还与国内外参展商达成了20余项合作意向。100余家参展商表示将继续参展，另有近百家企业来电来函提出参加明年展会。

▶相关报道详见13—16版

四川省华蓥市在实施乡村振兴战略中，加大农村公路建设力度，在阳和、高兴、永兴等纯农业乡镇建起了2.6万亩大棚，种植葡萄、草莓、西瓜和食用菌等果蔬，既促进了农业增效和农民增收，又扮靓了乡村。

今年以来，华蓥市按照"路网进乡村，田园变公园"的目标，改扩建农村公路182公里。

图为整洁的农村公路环绕着阳和镇祝家坝村设施农业基地。 [illegible] 摄

凝聚合力苦干实干 众志成城脱贫攻坚

六盘山片区脱贫攻坚部际联系会议召开，戴东昌指出

本报讯（实习记者 [illegible] 记者 毛[illegible]）12月24日，六盘山片区脱贫攻坚部际联系会议在交通运输部召开，深入贯彻落实党的十九大精神和习近平总书记关于扶贫工作的重要指示精神，总结片区今年脱贫攻坚工作，共同研究明年重点工作。交通运输部副部长戴东昌出席会议并强调，要充分发挥部际联系会议机制优势，凝心聚力、精诚合作，咬定目标、苦干实干，为六盘山片区打赢脱贫攻坚战作出更大贡献。

戴东昌指出，一年来，六盘山片区陕西、甘肃、青海、宁夏四省（区）脱贫攻坚主体责任落实到位，各部委帮扶举措到位，片区脱贫成果显著，今年片区预计减贫超过70万人，贫困发生率预计下降到4.5%左右。当前，片区脱贫攻坚进入冲刺阶段，要以习近平总书记关于扶贫工作的重要论述为根本遵循，进一步增强责任感、使命感和紧迫感，准确把握片区脱贫攻坚的总体方向，坚持精准扶贫精准脱贫方略，众志成城完成脱贫攻坚目标，推动片区与全国同步建成小康社会。

戴东昌强调，建立部际联系会议机制，是聚合各部门力量、共同推进脱贫攻坚工作的重要平台和有效方式。希望联系会议各成员单位统筹考虑片区脱贫攻坚实际需求，在政策支持、项目安排、资金分配、智力帮扶等方面对片区进一步倾斜。四省（区）要加大资源整合和统筹协调力度，加强政策支持，充分利用好部际联系会议平台，加强省际工作衔接，加强与各部委对接，主动争取支持。下一步，交通运输部作为片区牵头联系单位，将充分发挥行业优势，全力帮助片区抓好交通扶贫脱贫工作，夯实片区脱贫攻坚交通运输保障基础。一是进一步做好政策支持和保障。二是进一步补齐交通基础设施短板。三是进一步提升运输服务能力和公路管养水平。四是进一步强化交通人才智力帮扶，继续选派优秀干部挂职扶贫，加强教育培训和技术支持。

会上，四省（区）扶贫和交通运输主管部门负责同志介绍了片区脱贫攻坚工作情况。国务院扶贫办公室、国家发展改革委等部际联系会议成员单位有关部门负责同志出席会议并介绍了各单位对片区脱贫攻坚工作的支持情况，交通运输部机关有关司局负责同志参加会议。

西江跃 激活一江春水

——西江助力广西经济社会发展述评

本报记者 [illegible]
特约记者 [illegible]

岁月如歌，春华秋实。1978年，与中国改革开放同行，以桂平航运枢纽建设为序幕，西江内河航运建设迎来了万物更新的春天。40年，大江奔腾不息，1000吨级、2000吨级、3000吨级，西江内河水运不断提级扩能的背后，是一代代西江人敢为人先、躬身耕耘的探索与担当。

龙腾八桂，先导先行。改革开放40年，西江连云贵湘粤、达港澳东盟，有力支撑了区域经济协调发展。进入新时代，激发"江"的活力，成为国家发展战略赋予西江的历史使命。构建现代水运物流体系，西江发展接续华章。

"航电结合，以电促航"建养模式开先河

一干线三通道，延绵4000多公里，流经南宁、贵港、梧州、百色、来宾、柳州、崇左7市，全国内河航道布局规划主骨架"两横一纵两网"中的一横。这是西江在广西版图上的地理坐标。

大江奔流，时光荏苒。西江，作为我国仅次于长江的水运大动脉，起源云贵两省，横跨广西、广东，千百年来一直是我国西南地区出海水运主通道。在广西，西江独特的区位优势使之成为沟通广东及港澳的重要纽带。改革开放以来，得益于观念突破、体制机制创新、政策利好等因素叠加，西江水运始终与改革开放同频共振，焕发出前所未有的活力，成为广西经济社会发展新引擎。

（下转5版）
▶相关报道详见5—8版

我国内河首个专业海事司法鉴定机构成立

本报讯（特约记者 [illegible]）12月21日，由武汉航运交易所和大连海事大学联合组建的大连海事大学海事司法鉴定中心武汉办事处（长江海事司法鉴定中心（筹））和大连海事大学海法研究院武汉分院（长江海法研究院）正式挂牌成立。这是我国内河首次成立专业海事司法鉴定机构和海法研究机构，标志着武汉航运中心对标国际，开始提供高端航运法律服务。

长江海事司法鉴定中心（筹）的成立填补了长江专业海事司法鉴定服务的空白，借助大连海事大学的专业优势，为海事纠纷提供权威的技术鉴定和评估服务。其服务对象涵盖海事相关的公检法机构和金融保险机构，服务范围覆盖长江流域及全国内河。这对提升长江航运尤其是内河运输的话语权，推动长江航运服务国际化、法治化发展具有重要意义。

长江海法研究院是大连海事大学海法研究院在长江流域的唯一分支机构，重点针对航运中心和长江航运产业的现实问题，研究长江及内河涉水法律问题，并为市场主体提供法律咨询服务。

▶相关报道详见9版

河北交通投资超额完成年度任务

本报讯（特约记者 [illegible]）记者从河北省交通运输厅获悉，截至今年11月底，河北省交通固定资产投资完成860.8亿元（不含国铁），同比增长21.5%，占年度计划的101.3%，增速、进度均为近5年之最。其中，公路水路固定资产投资完成753亿元，同比增长23.1%，占年度计划的117.7%，增速在全国交通运输系统中位于前列。

今年以来，河北省交通运输厅超前谋划、精心组织、狠抓落实，强力推进全省交通基础设施建设，太行山高速公路、延崇高速公路等重点项目加快推进，预计年内高速公路建成通车里程将超过580公里。前11个月，河北省建成普通干线公路639公里、农村公路7005公里，均已超额完成年度目标任务；港口新增泊位5个、通过能力4400万吨，总通过能力达到11亿吨；地方铁路建成通车77公里；6个通用机场加快建设，中捷通用机场已通航，其余5个均已开工。

见证40年 主题访谈

中国船检跨越发展四十载

——访中国船级社原总裁李科浚

本报记者 [illegible]

卸任中国船级社总裁后，李科浚出任中国交通企业管理协会会长，依然忙碌着。为做好这次报道，我们进行了两次交流、采访。第一次约在位于北京东二环的中国船级社总部，听说老领导来了，很多人来到会议室，热情地和他打招呼，像是一场久别重逢的叙旧。第二次是在中国船级社海南分社，面对我们的采访镜头，李科浚娓娓道来，如数家珍。

从1978年进入原交通部船舶检验局担任验船师，到出任船检局副局长、中国船级社副社长、总裁，兼任国际船级社协会（IACS）理事会主席，李科浚经历了中国船检40年改革开放发展的大部分历程。

"和各行各业一样，中国船检的快速发展得益于国家改革开放的政策。开放促进了船检内部改革，改革又推动中国船检快速发展、走向国际。"李科浚对记者说。

回顾中国船检40年发展历程，他引用了《中国通往海洋文明之路》一书中对中国改革开放三个阶段的描述：第一阶段是"请进来"，实际上是"单边开放"，这个时期，外国船级社纷纷进入我国开拓业务，面对竞争压力，中国船检必须通过改革谋求发展空间；第二阶段是"接轨"，标志性事件是中国加入世界贸易组织（WTO），对于中国船检来说，则是加入了IACS；第三阶段是"走出去"，国际化发展。目前，中国船级社的客户已经遍布全球，技术、标准、规范走向世界，服务网点覆盖主要国家和港口，在国际海事界发挥着越来越重要的作用。

李科浚。 本报记者 [illegible] 摄

"这40年的快速发展，承载了几代船检人的梦想！"李科浚感慨地说。

中国船检"鲤鱼跃龙门"

20世纪初，中国船舶检验发证资格曾一度掌握在外国船检机构手中。新中国成立后，我国的船舶检验规范基本沿袭前苏联，难以进入由西方发达国家主导的海洋技术标准体系和国际市场。

（下转3版）

□值班编委 [illegible]　本版副主编 [illegible]　责编 [illegible]　□E-mail:xw1b@zgjtb.com　□新闻热线:(010)64255441　□发行热线:(010)64256206　□广告热线:(010)64250642　□培训热线:(010)65299681

2018年12月25日　星期二　3版　见证40年 主题访谈　中国交通报 CHINA TRANSPORT NEWS

中国船检跨越发展四十载

——访中国船级社原总裁李科浚

（上接1版）

李科浚回忆，改革开放初期，香港船王包氏兄弟在国内造船，提出必须满足国际标准规范，由外国船级社检验合格发证。"当时我国船检的规范标准、技术能力、服务理念等并没有得到业界的广泛认可，存在不少质疑的声音。"李科浚说，"中国船检一定要在国际上验船，不再落后于人、受制于人！要为中国航运业、造船业的发展提供技术支撑！这不仅是几代船检人的梦想，也是中国走向航运大国、造船大国乃至航运强国、造船强国的渴望。"

1978年，经报请交通部党组同意，船检局确定了"加强基础、健全体系、适应发展、面向全国、走向世界"的20字发展方针，对内完善船检体系，对外拓展国际业务能力。但实现梦想的道路并非一帆风顺。

1980年，船检局准备在外国设立办事处，对方提出，中国船检局作为政府机构，在其他国家派出机构需要外交对等设置。

同一年，船检局申请加入IACS被婉拒，理由是中国船检没有英文版的规范、船舶名录和验船师名录，入级船舶吨位、海外办事机构等方面差距也较大，要先当15年副会员才能转正入会。"当时的船检局领导拒绝了这一要求，说我们中国要当就当正式会员。"李科浚回忆说。

这一系列事件，促成了中国船检的第一次改革。在交通部的大力支持下，船检局提出建议，在东京、汉堡等国际港口设立检验机构，在入级检验工作的基础上成立中国船级社，一个机构两块牌子，用于开展对外业务，报告获得中央领导批准。

1986年，经国务院批准，中国船级社正式挂牌成立，和船检局"一个机构两块牌子""局社并称"开展各项业务。1988年，成立两年的中国船级社经过不懈努力，成功加入IACS。

"正是因为改革开放，才有了中国船级社，才有了中国船级社的快速发展，才有了中国船级社的今天。"李科浚说。

李科浚向记者展示了当年日本船级社赠送礼物的照片，一个雕刻着两条鲤鱼的深红色雕漆盘。"这个鲤鱼跃龙门的图案，寓意很深。加入IACS意味着中国船级社拿到了重要的国际通行证，并获得国际保险商协会的认可，船舶拿到中国船级社的入级证书，可以航行到世界各地。日本船级社主席曾对我说，中国船级社从此走出国门、走向国际。跃过这个龙门，确实非常不容易。"李科浚说。

但鲤鱼跃过龙门，并不是一劳永逸。1991年6月，IACS理事会决定实施质量体系认证计划(QSCS)，各会员必须参照国际标准化组织(ISO)发布的ISO9000系列标准建立质量管理体系，并通过IACS的认证审核，以此作为保留会员资格的强制性条件。

"刚刚加入IACS，不能座位还没有坐热就被除名啊！"李科浚告诉记者，那段时间，大家一起加班干，目标只有一个，一定要建立好质量体系，一定要拿到质量体系认证合格证书。

这项工作的难点在于，不仅要建立质量管理体系，而且必须在具体检验工作中严格履行，所有检验记录必须是可核查、可追索的，在IACS组织的年审中达不到要求就要被除名。曾有一家外国船级社因为船舶检验责任事故而被除名，对该国造船业、航运业造成重大负面影响。

1994年1月，中国船级社通过审核，拿到符合IACS要求的质量体系认证合格证书。自此，中国船级社一直认真严格按照质量体系的要求，规范现场检验和内部管理，不仅加强了自身业务管理现代化和国际化进程，而且对中国航运、造船和相关行业发展的国际化起到了积极推动作用。

水监体制改革　建设国际一流船级社

1998年，改革开放20年之际，水上安全监督管理体制改革启动，促使中国船检在第一步"局社并称"之后，进一步"局社分开""政事分开"，中国船检的行政管理职能划归交通部海事局，既当运动员又当裁判员的时代不复存在了。许多船检局的干部职工穿着藏青色制服、戴上大檐帽，依依不舍地到船检局办公楼前拍照留念。

那段时期，中国船级社安全质量形势严峻，业务停滞不前，港口国检查(PSC)滞留率居高不下，船舶入级吨位逐年下降。摘了船检局的牌子，未来的路怎么走？中国船级社能不能吃上饭？能不能吃饱饭？人们不禁发出疑问。

1999年，时任招商局集团副总裁的李科浚在离开船检系统5年后回归，出任改革后的中国船级社总裁。

"没有观念的转变和体制机制的改革，让大家吃上饭、吃好饭是不可能的。"回忆起那段经历，李科浚说。核心是解放思想、转变观念，摒弃"大檐帽"情结、官本位思想、机关化作风，把服务摆在第一位，同时，着手进行船级社内部的体制机制改革。

1999年8月6日，李科浚在《中国交通报》发表署名文章，认为重组后的中国船级社，其检验服务工作更加贴近市场和用户，将以全新的观念、全新的检验服务质量、全新的管理和经营理念、全新的精神风貌出现在航运界、造船界和海事界。文章标题为《雄姿大展，扬帆天涯》，显示了对中国船级社的发展充满信心。

"未来的国际船舶检验拼的是安全质量，只要牢牢把好安全质量关，把内功练好，技术和服务两手硬，中国船级社不愁没有用武之地。"李科浚当时说。

自此，中国船级社开始按照市场化要求铸造国际化品牌。

2003年，中国船级社开展以"用工、激励、分配、约束"为内容的4项机制改革，激发了整个机构的活力，充分调动了职工的积极性，中国船级社进入发展的"快速路"。

2007年，中国船级社首次提出"走以科研技术为先导的道路，服务于国家相关行业的发展大局，建设创新型国际一流船级社"，并将"技术立社、诚信为本、与众不同、国际一流"作为新的建社方针。

2017年1月，交通运输部印发《关于建设国际一流中国船级社的意见》，提出到2025年，中国船级社将在规模、技术、服务、管理和国际化等5个方面达到国际领先水平。

截至今年10月，中国船级社入级检验船舶达3.4万多艘、1.4亿多总吨，114个检验服务网点跨越四大洲，得到45个国家和地区政府授权，入级船舶业务涵盖了各类运输船舶和高技术船舶，船队平均船龄9.25年，是IACS成员中船龄最小的，也是港口国检查中船舶质量最好的船级社之一。同时，在海工领域异军突起，成为全球少数几个开展深海设施检验业务的船级社之一。

中国船级社实业公司监理的港珠澳大桥青洲航道桥合龙。

中国船级社检验的大型钻井平台。

三度出任IACS主席　彰显中国船检影响力

改革开放40年来，中国船级社三度出任国际船级社协会主席的经历，称得上是中国交通运输"走出去"的标志性事件。

1996年7月10日，IACS常任秘书在伦敦发表新闻公告，宣布中国船级社自当年7月起至1997年6月30日担任IACS主席。时任国务院总理李鹏等党和国家领导人题词祝贺。

第一次担任主席，正值国际海事界整治老旧船舶，国际海事组织明确表示要将散货船新的技术标准纳入国际海上人命安全公约。面对各方不同意见和争论，中国船级社与各成员船级社、航运、保险、救助、金融等方面积极沟通联系，成功化解矛盾，不仅如期提交公约修正案并获通过，而且通过一系列活动进一步扩大了在国际海事界的影响，国外媒体在报道中称"中国取得领导地位"。

验船师检验船舶。

2006年，中国船级社再次当选IACS主席。当年7月6日，李科浚在伦敦接受英国《劳氏日报》资深专栏作家迈克·格雷的独家专访，创造性地提出船级社在国际海事领域的作用相当于"海事技术银行"这一全新理念，在国际海事界产生巨大反响。担任主席期间，中国船级社积极参与并协调推动了IACS有史以来首次研发制定的散货船、油船共同结构规范，共同享有共同规范的知识产权。成功组织了国际船东、船级社和船厂的"三方会议"，推动了我国造船工业、船级社业务进一步与国际接轨。

2016年，中国船级社三度出任IACS主席，成功组织召开国际海事战略高层研讨会，推动海事网络系统安全和新检验技术应用研究，国际影响力进一步提升。

"中国船级社在国际海事界的出色作为，巩固和加强了我国作为海运大国和国际海事组织A类理事国的地位。"李科浚说。

掌握核心技术　树立良好口碑

[illegible]

日本船级社赠送的鲤鱼跃龙门雕漆盘。

本文图片除署名外由中国船级社提供

传奇"德大"轮　一代上海打捞人的集体记忆

本报记者 姜秋华　实习记者 相娜

[illegible]

开启远洋救助先河

[illegible]

开创多个远洋拖航历史纪录

[illegible]

1989年5月，"德大"轮拖带56万吨的超大型油船"海上巨人"号。　上海打捞局 供图

劈波斩浪归来时

——原交通部副部长刘松金回忆在亚洲金融危机的日子里

本报记者　李春晓　廖西平　姚　锋

见报日期　2018 年 12 月 28 日

2018 年 2 月 5 日上午，招商局集团董事长李建红登门看望原董事长刘松金，在了解到集团资产总额突破 7 万亿元时，长期在交通行业担任领导职务的刘松金深表赞许，脱口连连说：“没想到，没想到，你们干得好！”

12 月 5 日下午，在深圳蛇口刘松金静养的家中，听这位曾分管报社工作的老领导回忆招商局集团在亚洲金融危机中经历的惊涛骇浪，记者惊呼：“没想到会那么难！”

招商局集团第二十四任“掌门人”李建红说，是前面几任主要负责人把水烧到 99 摄氏度，现任班子接着把水烧开，他们感谢刘松金在关键时候为招商局这家“百年老店”作出的重大贡献。

风起云涌时，迎着浪顶上去

今天的招商局集团旗下，利润超百亿元的二级企业就有 4 家，实施园区地产板块重大无先例重组，吸收合并招商地产，千亿级的招商蛇口上市，创造了一个资本市场和国企改革的经典案例。在央企重组改革中，中国外运长航集团整体并入招商局集团，根据发展战略增持招商银行股份，复牌老字号“招商局仁和保险”，积极参与“一带一路”建设，跨越欧亚的中国—白俄罗斯工业园、东非吉布提国际自贸区、印度洋航运枢纽斯里兰卡科伦坡南港和汉班托塔港、土耳其伊斯坦布尔港康普特码头等项目高度契合国家发展战略，吸引了世人的目光，受到国家领导人的高度关注。

而在1997年金融风暴席卷亚洲的时候，招商局集团的命运也曾牵动着国家领导人的心。1998年6月，刘松金卸任交通部党组副书记、副部长，被国务院派往香港担任招商局集团常务副董事长，主持招商局工作。临行前，国务院总理朱镕基叮嘱刘松金，稳住招商局，不要出乱子，稳住就是成绩。

20世纪90年代，招商局集团快速扩张发展，公司的负债率也随之快速增高。

“金融风暴一来，原来的资产不值钱了”，彼时的招商局集团，流动性风险凸显，还债压力十分沉重。我国香港地区当时的中资企业，日子都很艰难，保证资金链不断成了当务之急。

为支持招商局集团渡过难关，交通部党组作出决定，将华建交通经济开发中心整建制划归招商局集团。为了尽快办完划拨手续，拿到这笔“救命”资产，刘松金大清早就来到当时的国家经贸委主任盛华仁办公室门口堵人。盛华仁一见很诧异：“老刘，你怎么来了?”刘松金急切地说：“招商局一个百年企业，不能垮在我们手里!”刘松金的恳切打动了经贸委领导，盛华仁叫来了财务司司长和办公厅主任，交代“特事特办，抓紧办妥”。

拿到经贸委的划转批文，刘松金又马不停蹄跑到财政部。财政部一看说，划转资产属财政部管，不经财政部就发文划转行文，不符合审批程序，这不算数，得走正规程序。“时间来不及了，招商局要出大问题，你得出手相救呀!”刘松金缠着财政部领导说，“你再给我行个文不就更好了嘛?”财政部领导说：“一件事两家出文，没这样办事的。”“这不是特事特办嘛。”刘松金苦苦相求。

“招商局若是在香港破了产，对不起朱镕基总理的嘱托，有负黄镇东部长的信任。”沉重紧迫的环境，逼迫着刘松金不得不特事特办。20年后，他仍然感念相关部委和领导鼎力协助他带领招商局集团渡过难关。挽救百年企业，需要胆略，需要担当，更需要同舟共济。

实际上，在20世纪八九十年代，交通行业中被刘松金挽救了命运的何止一家。

黑龙江航道局过年发不出工资，局长找交通部副部长刘松金借1000万元。报告批给当时的交通部财务司司长，司长好意提醒借不得。“不行，一定得借给他。要是不借，万一出了事，我就派你去处理。”

软硬兼施的，远不止这一桩。刘松金找刚刚履新的烟台救捞局局长谈话，新局长表示，缺钱，周转不开。“你得借给我钱，让我先发工资，我半年保证还上。”然后，新局长也写了个报告，借款300万元。

借出去的钱，半年后还上了。借出去的信任，没有被辜负。

礁石险滩处，绕得开行得远

今天的招商局集团，持续保持两位数增长，规模在央企中排名第一，去年集团利润超过1200亿元。李建红介绍经验：治理结构至关重要，选人用人机制为企业发展保驾护航，坚持市场化资源配置是制胜关键。

20年前，刘松金主政招商局集团做了三件大事：调战略、定制度、选干部。招商局集团编印的《刘松金文集》收入的一篇篇讲话、一份份批示，生动地记录了不平凡的往事。

20年今昔对比，反映出招商局集团传承招商血脉、弘扬蛇口基因的企业文化，也凸显了我国改革开放的伟大成果。

今天，招商局集团想要录用一名二级公司的总经理，要按照市场化、专业化、国际化的要求进行全球竞聘。而20年前的情况，让你绝对想不到。

当时受大环境影响，流失了很多从各地调来的精兵强将，“人都走得差不多了，还干什么事业?”此时又值亚洲金融危机，刘松金心力交瘁。人员紧张，勉强维持着局面，更严重的是，部分干部缺少向心力和归属感。

从强化外派干部轮换开始，刘松金着手开展了一系列的整顿和改革。职工住房水电全部包干，花超了自己掏钱。刘松金带头管理层降薪，提高职工收入。在此基础上，严格工作纪律，打卡上下班。刘松金坦言，都是被逼出来的。当时大家的纪律意识不强，经常有迟到早退的现象。“一开始，我去门口看着，他们说没用，人家来晚了，又知道你在，干脆就去逛大街了。”说到此处，刘松金又发出过来人的笑声。

“李建红来看我，给我介绍招商局的布局、定位、打算，我真是高兴，但也没忘了给他泼点冷水。招商局太大了，把好舵最重要。”看到招商局集团今天取得的成就，想想当初的岁月，刘松金由衷地感到欣慰，连呼“没想到”，并嘱咐李建红要稳健发展。

刘松金爽朗幽默：“我这一辈子，净遇到困难的事。”

1986年12月，刘松金任中国远洋运输总公司总经理，领导着600多艘远洋轮船走向世界，到1991年任交通部副部长时，船队已成为拥有1500万吨级，以集装箱、散杂货、油轮、滚装船运输为主业，从事多种经营，机构遍及世界的跨国经营型特大国有企业。这段发展史，被他一句“我做了几年扭亏的工作，管了7年，好起来了”做了简单总结。

听海观涛的日子，风轻海平

也许是因为10年远航的经历，看惯了风起云涌、惊涛骇浪，刘松金可以笑谈历史时刻的举步维艰，正如他可以云淡风轻地向别人讲述开腹手术中的化险为夷。

2018年5月，他的胰腺上长了东西，7月入院手术，如今还不足5个月的调养时间。采访当天，刘松金精神很好，面色红润。记者问他，是不是海上的职业给他打下了良好的身体底子？他说不是，“因为我现在不打球，改遛弯儿了。”说完自己笑了。

之前，拒绝了很多来访的老部下、老朋友，因为“话都说不出来”。此番提及，话匣子打开了。

老部下“小胡”在招商局集团位于白俄罗斯的中国—白俄罗斯工业园项目上承担着重要使命，同时也承受着巨大压力。刘松金常提醒他：累了就歇歇。提起“小胡”，尽管过去了很多年，但他何时参军退伍、何时在中国人民大学和中央党校学习，又是何时去我国香港地区攻读MBA学位，刘松金都记得真真切切。

不仅如此，“小蔡”“小邓”“小卞”……这些早已成就了各自事业的他口中的小字辈，他们的工作、经历、甚至是年龄，他都记得十分清楚。

在采访过程中，记者能深切感受到刘松金对下属的关心与担待，对家人的责任与深情。

熟悉刘松金的人都知道，以前他抽烟“很凶”，烟不离手，一打听才知道，现在已经戒了5年。“我倒没有因为抽烟引起咳嗽等不适，但大儿子抽烟都有点气管炎了。我劝他别抽了，不听，那么我先戒，我说不抽就不抽了。”原来抽烟不是“标志”，爱才是。

刘松金是山东泰安人，从1965年大学毕业入职广州远洋运输公司，到1986年北上京城任中国远洋运输总公司总经理。他在广州生活了20多年，之后，在北京生活得更久。1998年从交通部副部长岗位上卸任，又在香港工作了3年。

老伴是同乡，半个多世纪跟着他从北到南，又从南到北，乡音无改初心不变。刘松金请出老伴介绍：“这是我爹给我娶的农村媳妇，一个大字不识。”如今，医生不让他打球了，老两口晚饭后就在院子里走走，“她腿不好，我们走得慢，每天一个半小时。”两位北方老人，在“南国”小院里相携遛弯，也是小区的一道风景。

刘松金在蛇口的家离海边很近，他大部分的工作履历也都与海、与航运相关，与海有不解之缘。

大学毕业后，刘松金到中国最早的远洋运输公司做轮机实习生。10年时间，先后任轮机助理、三管轮、政治干事、船政委，远航欧洲、非洲、东亚、东南亚等地区。1975

年起进入管理岗位，直至担任中国远洋运输总公司总经理。

就任交通部副部长期间，刘松金主持完成了《海商法》的出台，主持了《港口法》起草和一系列水运法规的建立，多次率团代表国家参加国际海运合作事务谈判和国际交流活动，为我国的交通运输业健康发展作出了贡献。

从交通部副部长岗位卸任后，刘松金赴我国香港地区驾驭着招商局集团这个具有100多年历史、400多亿港元资产的“大型企业”，在国际市场上搏击奋进。

从企业到政府，从内地到香港，交通人身上有着罕见的耐受力，和敢于为未来承担开拓的使命。

岁月流逝，弹指挥间，一代人有一代人的使命与责任，一代人有一代人的欣慰与骄傲。采访刘松金使记者感受到了那一代人朴实无华、坦然淡定的心境。在轻松的谈笑间，记者深切地体会到了他们劈波斩浪的顽强意志和执着追求，拥抱大洋的宽广胸怀和开放眼界，还有他们那创新、开拓、接受新事物的激情四射，这也许就是改革开放的交通人领风气之先的精神气质。

要知松高洁，待到雪化时。

2018年12月28日 星期五 | 第6887期 今日8版 | 邮发代号 1-72 国内统一连续出版物号 CN 11-0122
http://www.zgjtb.com | 交通运输部主管 中国交通报社主办

7省市共享春运路网大数据

本报讯 （记者 张召学 特约记者 蒋先平 詹红伟）日前，湖南省高速公路路网运行监测指挥中心主办2019年湖南及周边省(市)高速公路春运路网运行研判会。湖南、广东、广西、江西、湖北、贵州、重庆7省(市)协同合作，共享大数据分析成果，探索高速公路协作新机制，为出行者提供更高水平的出行服务。

会议分析了7省(市)高速公路近3年的春运车流量等有关数据，预测2019年春运流量，研讨湖南过境车辆的诱导、管制、分流措施，并就春运形势整体研判情况和需要支持配合的事项进行磋商。7省(市)将借助"互联网+""云平台"等先进科技，打破手工操作、各自为战的模式，打造一个全方位、立体式的围绕绿通车辆管理、稽查、运营为一体的绿通车综合信息管理服务体系。

7省(市)高速公路管理部门共同签署了以"湘粤赣鄂渝贵桂省际高速公路2019年春运工作协作配合备忘录""联网收费管理跨区域车辆数据共享"为主题的合作备忘录。各方将建立联络会商机制，深化应急联动和交流合作，择期组织召开邻省间联席会议，共同研判春运新形势和新问题；建立信息共享机制，相邻省际间高速公路交换历年春运有关数据，研讨湖南过境车辆的诱导、管制、分流措施，交流春运形势整体研判情况。

江苏交通科技创新动能强劲

实习记者 唐益杰
驻江苏首席记者 施科

建成多条智慧公路，建成一批智慧港口、无人码头、智慧船闸……日前，江苏省交通运输科技创新工作会议描绘了一幅未来交通的发展图景。江苏还发布《江苏省交通运输科技创新发展战略纲要》《江苏省交通运输厅关于加强科技创新推动交通运输产业高质量发展的意见》《江苏省交通运输科技创新三年行动计划》等一系列文件抓好顶层设计和任务落实。

"下一阶段，我们将通过深化科技创新，实现更多'零'愿景。"江苏省交通运输厅厅长陆永泉表示，江苏交通将努力在基础设施规划建设、运输装备、安全管理、运输组织等方面，以科技创新赋予交通运输发展新动能。

绿色安全实现更多"零"愿景

江苏交通深入实施创新驱动战略，努力实现"零距离"换乘，推动实现"零排放""零死亡""零库存"。

在推动"零排放"方面，江苏积极推广LNG船舶应用。截至2017年年底，共建成24艘LNG燃料动力船舶。在实现"零死亡"方面，江苏在全国率先研究并试点应用车辆主动安全智能防控技术，进一步提升道路运输车辆安全运行水平。

据了解，江苏省交通运输厅已与5所重点高校、4家院所分别签订了创新发展战略合作协议，动员全省交通运输行业深入实施创新驱动发展战略，加快培育发展新动能。

三年行动树立智能高效新标杆

在"中国最繁忙的高速公路"沪宁高速公路上，江苏开展超大流量路段通行保障关键技术研究与工程示范，三年后通行能力将提升20%以上。

苏(州)(无)锡常(州)南部高速公路太湖隧道，长10.79公里，是目前国内最长水下隧道。通过运用BIM技术，该工程减少设计变更，提高施工效率。到2020年，江苏将有90%以上的国家和省重点工程应用BIM技术。 (下转4版)

全国交通运输工作会议闭幕，李小鹏作总结讲话时强调

深化供给侧结构性改革推动行业高质量发展 同心协力狠抓落实确保完成明年各项目标任务

本报讯 （记者 毛科 通讯员 刘宝明）12月27日，全国交通运输工作会议闭幕。交通运输部党组书记杨传堂、部长李小鹏，在京部领导李建波、何建中、宋福龙、戴东昌、刘小明出席会议。李小鹏在作总结讲话时强调，要以习近平新时代中国特色社会主义思想为指导，深入贯彻落实党的十九大和十九届二中、三中全会精神和中央经济工作会议精神，紧紧抓住并全面用好战略机遇期，落实"巩固、增强、提升、畅通"八字方针总要求，围绕推动交通运输高质量发展，以供给侧结构性改革为主线，提高综合交通运输网络效率，降低物流成本，确保安全稳定，优化营商环境，加大固定资产投资力度，做好岁末年初工作，同心协力、狠抓落实，确保完成明年各项目标任务，以优异成绩庆祝中华人民共和国成立70周年。

会议期间，与会代表深入学习领会习近平总书记等中央领导同志关于交通运输工作的重要指示批示和中央经济工作会议精神，听取杨传堂、李小鹏关于2018年交通运输工作、当前形势以及2019年重点工作的讲话，并进行了分组学习讨论。大家一致认为，本次全国交通运输工作会议贯彻党中央决策部署坚决有力，对交通运输发展面临的形势认识和分析准确深刻，对明年交通运输工作作出了部署，对深化交通运输供给侧结构性改革、推动高质量发展具有十分重要的指导意义。

李小鹏强调，做好明年工作，一要牢固树立"安全第一，生命至上"的理念，切实落实安全责任，举一反三，吸取教训，千方百计采取措施，坚决遏制重特大事故。二要进一步降低物流成本，深入调查研究，找准问题症结，采取有效措施，取得实实在在的降本增效成效。三要加快优化营商环境，深化"放管服"改革，对国务院大督查发现的问题加强整改。四要加大固定资产投资力度，不断扩大有效投资，继续争取相关部门支持，部省双向加力，加快前期工作。五要加快推进《公路法》《收费公路管理条例》《农村公路条例》制修订工作，争取最大公约数，加强宣传引导，及时回应社会关切。六要促进货运行业健康稳定发展，着力改善道路货运经营环境，鼓励货运企业创新发展，坚决维护行业稳定。七要加强新业态监管，强化责任担当，健全法规制度体系，创造性开展工作。八要加强规划衔接，编制符合交通强国建设需要的未来30年综合立体交通网规划纲要，坚持规划引领，整体设计，加快建设长江经济带综合立体交通走廊。

李小鹏要求，明年工作的指导思想、预期指标和主要原则及重点任务已经明确，各级交通运输部门要狠抓工作落实，尽快向各地党委、政府汇报，及时组织行业干部学习领会会议精神，不折不扣抓好贯彻落实。要切实转变工作作风，坚持以人民为中心的发展思想，加强学习和调查研究，提倡首创精神，勇于担当、务求实效。要做好岁末年初工作，全力组织好春运，处理好改革发展稳定的关系，提前谋划，加强统筹，强化监管，继续开展"情暖旅途"活动，创新服务举措，提升服务质量；坚持不懈正风肃纪，严格执行中央八项规定及其实施细则精神；要牢固树立过紧日子的思想，严格压缩一般性支出，严格控制"三公"经费；切实做好工程款清欠、农民工工资支付等工作；关心群众生产生活，让行业广大干部职工感受到关怀和温暖。

副部长何建中主持会议。江苏、辽宁、四川、云南、江西交通运输厅和港珠澳大桥管理局、福建省高速公路集团有限公司、南海救助局负责同志在会上作交流发言。

无愧于新时代的精彩答卷

——论学习贯彻全国交通运输工作会精神

焦蕴平

2018年注定不平凡，这是贯彻党的十九大精神的开局之年，是改革开放40周年，是决胜全面建成小康社会、实施"十三五"规划承上启下的关键一年。公路成网，铁路密布，高铁飞驰，巨轮远航，飞机翱翔，天堑变通途，刚刚闭幕的2019年全国交通运输工作会议系统总结了交通运输发展成就，向全国人民交上了一份精彩的答卷。

这源于习近平总书记对交通运输的高度重视、亲切关怀和科学指引。总书记高度肯定了我国基础设施建设显著成就，称赞港珠澳大桥是国家工程、国之重器，鼓舞交通人要弘扬非凡的英雄精神，发扬"两路"精神、青藏铁路精神和逢山开路、遇水架桥的奋斗精神，要有勇创世界一流的志气和勇气，努力创造更多世界第一。这是总书记殷切的期许，更是行业发展的不竭动力。

重任在肩，履职尽责。一年来，交通人始终牢记总书记嘱托，勇当先行官。交通基础设施加力补短板，综合交通运输网络更加完善。运输服务提品质、有温度，人民群众获得感幸福感安全感显著增强。决战全面小康聚焦三大攻坚，向脱贫完成性目标精准发力。服务国家战略作用彰显，"一带一路"陆上、海上、天上"大联通"续写古丝绸之路新传奇，12.5米长江深水航道凸显黄金效应，港珠澳大桥飞越三地铸就气势如虹的"中国跨度"，"四好农村路"为乡村振兴增添新生机。交通运输发展的壮阔画卷徐徐铺展，为全面建成小康社会夯基垒台、注入动力。

踏上新征程，扬帆再起航。让我们更加紧密地团结在以习近平同志为核心的党中央周围，高举中国特色社会主义伟大旗帜，牢牢把握重要战略机遇期，上下同心，迎难而上，奋力推进交通运输高质量发展，为决胜全面建成小康社会、实现中华民族伟大复兴的中国梦作出新的更大贡献，以优异成绩迎接中华人民共和国成立70周年！

马军胜在国家邮政局党组中心组(扩大)学习会上要求

在新起点上谱写邮政改革开放新篇章

本报讯 日前，交通运输部党组成员，国家邮政局党组书记、局长马军胜主持召开局党组中心组(扩大)学习会，深入学习习近平总书记在庆祝改革开放40周年大会上的重要讲话精神，全面回顾邮政业改革发展的光辉历程，认真总结经验，强调高举新时代改革开放伟大旗帜再出发，在新起点上谱写行业改革开放新篇章。

马军胜指出，高举旗帜再出发，要深刻把握习近平总书记重要讲话思想精髓。要充分认识改革开放40年的历史地位，坚定做到志不改、道不变；充分认识改革开放40年的时代方位，大力弘扬改革精神；充分认识40年的宝贵经验，更加坚定信仰信念信心；充分认识改革开放40年的初心使命，自觉增强砥砺复兴之志。

马军胜要求，坚定信心再出发，要深刻总结邮政业改革开放的经验启示。40年来，全行业紧紧抓住历史机遇，经过艰辛探索，积累了宝贵经验，即"五个必须"：必须始终坚持党的领导，牢牢把握正确政治方向；必须坚持人民邮政为人民，更好满足人民用邮需要；必须坚持以发展为第一要务，在服务大局中加快发展；必须坚持改革创新、扩大开放，不断增强邮政业发展新动能；必须坚持社会主义市场经济改革方向，发挥好政府与市场的优势。

马军胜强调，接力奋斗再出发，要在新起点上将邮政业改革开放进行到底。要提高政治站位，切实增强推进新时代改革开放的使命感；坚持问题导向，积极破解制约邮政业改革发展的重难点问题；着眼高质量发展，扎实推进邮政强国建设；凝聚形成合力，营造邮政业改革开放的良好氛围；大力弘扬奋斗精神，采取有效措施激励担当、强化落实。 （董域飞 翟俊）

日前，广西壮族自治区靖西至龙邦高速公路建成通车，为我国西南地区通往东南亚各国再添一条新的陆路通道，打通了中越两国连接的"最后一公里"。

靖西至龙邦高速公路主线全长28.3公里，设计时速100公里。

特约记者 李雪芝 文 黄园园 图

改革开放40年部直属机关党建工作文集出版

本报讯 近日，由中国共产党交通运输部直属机关委员会组织编纂的《改革开放40年交通运输部直属机关党建工作文集》主题出版物，已由人民交通出版传媒管理有限公司出版发行。部党组书记杨传堂、部长李小鹏为该书作序。

该书将改革开放40年来，中央和国家机关工委、部党组等领导同志关于部直属机关党建工作的讲话，历次党员代表大会、党建工作会议报告等重要材料，以及部直属机关基层党组织党建工作重要实践成果汇编成册，供交通运输部系统广大党员干部职工学习借鉴。 （焦子轩）

长江口南槽将建6米水深人工航道

本报讯 据交通运输部水运局消息，长江口南槽航道治理一期工程已完成各项审批和准备工作，将于12月29日开工建设。

长江口南槽航道是长江口"一主、两辅、一支"航道体系的组成部分，一期工程全长约86公里。工程将建设水深6米、宽度600米(口外段宽1000米)的人工航道，满足5000吨级船舶满载乘潮双向通航、1万至2万吨级船舶减载乘潮通航和大型空载船舶下行乘潮通航。

该工程总投资约18亿元，计划于2021年完工，对优化长江口通航结构、缓解长江口深水航道压力、提升长江口航道通过能力和安全水平有重要意义。 （杨子希）

见证40年 主题访谈

劈波斩浪归来时

——原交通部副部长刘松金回忆在亚洲金融危机的日子里

本报记者 李春晓 廖西平 姚锋

今年2月5日上午，招商局集团董事长李建红登门看望原董事长刘松金，在了解到集团资产总额突破7万亿元时，长期在交通行业担任领导职务的刘松金深表赞许，脱口连连说："没想到，没想到，你们干得好！"

12月5日下午，在深圳蛇口刘松金静养的家中，听这位曾分管报社工作的老领导回忆，招商局集团在亚洲金融危机中经历的惊涛骇浪，记者惊呼："没想到会那么难！"

招商局集团第二十四任"掌门人"李建红说，是前面几任主要负责人把水烧到99摄氏度，现任班子接着把水烧开，他们感谢刘松金在关键时候为招商局这家"百年老店"作出的重大贡献。

风起云涌时，迎着浪顶上去

今天的招商局集团旗下，利润超百亿元的二级企业就有4家，实施园区地产板块重大无先例重组，吸收合并招商地产，千亿级的招商蛇口上市，创造了一个资本市场和国企改革的经典案例。在央企重组改革中，中国外运长航集团整体并入招商局集团，根据发展战略增持招商银行股份，复牌老字号"招商局仁和保险"，积极参与"一带一路"建设，跨越欧亚的中国—白俄罗斯工业园、东非吉布提国际自贸区、印度洋航运枢纽斯里兰卡科伦坡南港和汉班托塔港、土耳其伊斯坦布尔港康普特(Kumport)码头等项目高度契合国家发展战略，吸引世人的目光，受到国家领导人的高度关注。

刘松金。 本报记者 廖西平 摄

而在1997年金融风暴席卷亚洲的时候，招商局集团的命运也曾牵动着国家领导人的心。1998年6月，刘松金卸任交通部党组副书记、副部长，被国务院派往香港担任招商局集团常务副董事长，主持招商局工作。临行前，时任国务院总理朱镕基叮嘱刘松金，稳住招商局，不要出乱子，稳住就是成绩。

上世纪90年代，招商局集团快速扩张发展，公司的负债率也随之快速增高。

"金融风暴一来，原来的资产不值钱了"，彼时的招商局集团，流动性风险凸显，还债压力十分沉重。香港当时的中资企业，日子都很艰难，保证资金链不断成为了当务之急。 (下转4版)

济青高铁和青盐铁路通车

本报讯 （驻山东首席记者 王赓 特约记者 戚加维 通讯员 付德水）12月26日，山东省两条重要铁路——济青高铁和青盐铁路正式通车。两条铁路打通了连接山东半岛、京津冀和长三角的快速交通大通道，初步搭建起了全省高速铁路网主骨架。

济青高铁是我国首条以地方投资为主建设、技术标准较高的高速铁路。该线路西起济南东站，东至青岛市红岛站，线路全长307.9公里。青盐铁路北起青岛北站，南至江苏境内盐城北站，线路全长428公里，其中山东境内186.6公里。

山东省交通运输厅副厅长王其峰表示，山东将以此为契机，持续加快高速铁路、高速公路、机场和港口等重大交通基础设施建设，推动不同运输方式互联互通，积极构建现代综合交通运输体系，为实施新旧动能转换重大工程，促进全省经济高质量发展提供更有力的支撑。

□值班编委 孙宝央　本版副主编 卢锐　责编 王晓雨　□E-mail:xw1b@zgjtb.com　□新闻热线：(010)64255441　□发行热线：(010)64256206　□广告热线：(010)64250642　□培训热线：(010)65299681

2018年12月28日 星期五 要闻 4版
电话:010-64256003 传真:010-64250637 E-mail:xw2b@zgjtb.com
中国交通报 CHINA TRANSPORT NEWS

劈波斩浪归来时

——原交通部副部长刘松金回忆在亚洲金融危机的日子里

(上接1版)

为支持招商局集团渡过难关，交通部党组作出决定，将华建交通经济开发中心整建制划归招商局集团。为了尽快办完划拨手续，拿到这笔"救命"资产，刘松金大清早就来到当时的国家经贸委主任盛华仁办公室门口堵人。盛华仁一见面就说："老刘，你怎么来了？"刘松金急切地说："招商局一个百年企业，不能垮在我们手里！"刘松金的恳切打动了经贸委领导，盛华仁叫来了财务司司长和办公厅主任，交代"特事特办，抓紧办理"。

拿到经贸委的划转批文，刘松金又马不停蹄跑到财政部。财政部一看说，划转资产属财政部管，不经财政部就发划转行文，不符合审批程序，这不算数，得走正规程序。"时间来不及了，招商局要出大问题，你得出手相救呀！"刘松金缠着财政部领导说。"你再给我行个文不就更好了嘛？"财政部领导说："一件事两家出文，没这样办事的。""这不是特事特办嘛。"刘松金苦苦相求。

"招商局若是在香港破了产，对不起朱镕基总理的嘱托，有负黄镇东部长的信任。"沉重紧迫的环境，逼迫着刘松金不得不特事特办。20年后，他仍然感念相关部委和领导鼎力协助他带领招商局集团渡过难关。挽救百年企业，需要胆略，需要担当，更需要同舟共济。

实际上，在上世纪八九十年代，交通行业中被刘松金挽救了命运的何止一家。

黑龙江航道局过年发不出工资，局长找时任交通部副部长的刘松金借1000万元。报告批给当时的交通部财务司司长，司长好意提醒借不得。"不行，一定得借给他。要是不借，万一出了事，我就派你去处理。"

软硬兼施的，远不止这一桩。刘松金找刚刚履新的烟台救捞局局长谈话，新局长表示，缺钱，周转不开，"你得借给我钱，让我先发工资，我半年保证还上。"随后，新局长也写了个报告，借款300万元。

借出去的钱，半年后还上了。借出去的信任，没有被辜负。

原交通部副部长刘松金夫妇与采访组合影。

当时受大环境影响，流失了很多从各地调来的精兵强将。"人都走得差不多了，还干什么事业？"又值亚洲金融危机，刘松金心力交瘁。人员紧张，勉强维持着局面，更严重的是，部分干部缺少向心力和归属感。

从强化外派干部轮换开始，刘松金着手开展了一系列的整顿和改革。职工住房水电全部包干，花超了自己掏钱。刘松金带头管理层降薪，提高职工收入。在此基础上，严格工作纪律，打卡上下班。刘松金坦言，都是被逼出来的。当时大家的纪律意识不强，经常有迟到早退的现象。"一开始，我去门口看着，他们说没用，人家来晚了，又知道你在，干脆就去逛大街了。"说到此处，刘松金又发出过来人的笑声。

"李建红来看我，给我介绍招商局的布局、定位、打算，我真是高兴，但也没忘了给他泼点冷水。招商局太大了，把好舵最重要。"看到招商局集团今天取得的成就，想想当初的岁月，刘松金由衷地感到欣慰，连呼"没想到"，并竖起大拇指为李建红点赞发展。

刘松金若有所思地说："我这一辈子，净遇到困难的事。"

1986年12月，刘松金任中国远洋运输总公司总经理，领导着600多艘远洋轮船走向世界，到1991年任交通部副部长时，船队已成为拥有1500万吨级，以集装箱、散杂货、油轮、滚装船运输为主业，从事多种经营，机构遍及世界的跨国经营特大国有企业。这段发展史，被他一句"我做了几年把子的工作，管了7年，好起来了"做了简单总结。

礁石险滩处，绕得开行得远

今天的招商局集团，持续保持着两位数增长，规模在央企中排名第一，去年集团利润超过1200亿元。李建红介绍经验：治理结构至关重要，选人用人机制为企业发展保驾护航，坚持市场化资源配置是制胜关键。

20年前，刘松金主政招商局集团做了三件大事：调战略、定制度、选干部。招商局集团编印的《刘松金文集》收入的一篇篇讲话、一份份批示，生动地记录了不平凡的往事。

20年今昔对比，反映出招商局集团传承招商血脉、弘扬蛇口基因的企业文化，也凸显了我国改革开放的伟大成就。

今天，招商局集团要聘用一名二级公司的总经理，要按照市场化、专业化、国际化的要求进行全球竞聘。而20年前的情况，让你绝对想不到。

听海观涛的日子，风轻海平

也许是因为10年远航的经历，看惯了风起云涌、惊涛骇浪，刘松金可以笑谈历史时刻的举步维艰，正如他可以云淡风轻地向别人讲述开刀手术中的化险为夷。

今年5月，他的腰椎上长了东西，7月入院手术，如今还不足5个月的调养时间。采访当天，刘松金精神很好，面色红润。记者问他，是不是海上的职业给他打下了良好的身体底子？他说不是，"因为我现在不打球，改磨弯儿了。"说完自己笑了。

之前，拒绝了很多来访的老部下、老朋友，因为"话都说不出来"。此番漫谈，话匣子打开了。

老部下"小胡"在招商局集团位于白俄罗斯的中国—白俄罗斯工业园项目上承担着重要使命，同时也承受着巨大压力。刘松金常提醒他：累了就歇歇。提起"小胡"，尽管过去了很多年，但他何时参军退伍，何时在中国人民大学和中央党校学习，又是何时去香港攻读MBA学位，刘松金都记得真真切切。

不仅如此，"小蒋""小邓""小卞"……这些早已成就了各自事业的他口中的小字辈，他们的工作、经历，甚至是年龄，他都记得十分清楚。

在采访过程中，记者能深切感受到刘松金对下属的关心与担待，对家人的责任与深情。

熟悉刘松金的人都知道，以前他抽烟"很凶"，烟不离手，一打听才知道，现在已经戒了5年。"我倒没有因为抽烟引起咳嗽等不适，但大儿子抽烟都有点气管炎了，我劝他别抽了，不听，那么我先戒，我说不抽就不抽了。"原来抽烟不是"标志"，爱才是。

刘松金是山东荣成人，从1965年大学毕业入职广州远洋运输公司，到1986年北上京城任中国远洋运输总公司总经理，他在广州生活了20多年，之后，在北京生活得更久。1998年从交通部副部长岗位上卸任，又在香港工作了3年。

老伴是同乡，半个多世纪跟着他从北到南，又从南到北，乡音无改初心不变。刘松金请出老伴介绍："这是我爹给我要的农村媳妇，一个大字不识。"如今，医生不让他打球了，老两口晚饭后就在院子里走走，"她腿不好，我们走得慢，每天一个半小时。"两位北方老人，在南国小院里相携漫步，也是小区的一道风景。

刘松金在蛇口的家离海边很近，他大部分的工作履历也都与海、与航运相关，与海有不解之缘。

大学毕业后，刘松金到中国最早的远洋运输公司做轮机实习生。10年时间，先后任轮机助理、三管轮、政治干事、船政委，远航欧洲、非洲、东亚、东南亚等地区，1975年起进入管理岗位，直至担任中国远洋运输总公司总经理。

就任交通部副部长期间，刘松金主持完成了《海商法》的出台，主持了《港口法》起草和一系列水运法规的建立，多次率团代表国家参加国际海运合作事务谈判和国际交流活动，为我国的交通运输业健康发展作出了贡献。

从交通部副部长岗位卸任后，刘松金赴香港驾驭着招商局集团这个具有100多年历史、400多亿港元资产的"大型企业"，在国际市场上搏击奋进。

从企业到政府，从内地到香港，交通人身上有着罕见的耐受力，敢于为未来求担开拓的使命。

岁月流逝，弹指挥间，一代人有一代人的使命与责任，一代人有一代人的欣慰与骄傲。采访刘松金使记者感受到了那一代人朴实无华、坦然淡定的心境。在轻松的谈笑间，记者深切地体会到了他们博大的襟怀豪志和执着追求，拥抱大洋的宽广胸怀和开放眼界，还有他们那创新、开拓、接受新事物的激情四射，这也许就是改革开放的交通人领风气之先的精神气质。

要知松高洁，待到雪化时。

刘松金在港珠澳大桥邮折上欣然留名。

本文图片由 本报记者 姜晋平 摄

港口月评

11月全国规模以上港口运行综述

2018年11月，全国规模以上港口生产运行平稳。

货物吞吐量保持增长

11月快报统计显示，规模以上港口完成货物吞吐量11.05亿吨，同比增长1%。其中，沿海港口完成7.55亿吨，同比增长3.3%；内河港口完成3.51亿吨，同比下降3.8%。外贸货物吞吐量完成3.41亿吨，同比下降0.8%。

1月至11月，规模以上港口完成货物吞吐量122.24亿吨，同比增长2.7%。其中，沿海港口完成84.71亿吨，同比增长4.3%；内河港口完成37.53亿吨，同比下降0.5%。外贸货物吞吐量完成38.22亿吨，同比增长2.2%。

集装箱吞吐量延续较快增长态势

11月，规模以上港口完成集装箱吞吐量2136万标箱，同比增长5.2%，继续保持在较快增长区间。

1月至11月，规模以上港口完成集装箱吞吐量22911万标箱，同比增长5.3%。

旅客吞吐量同比下降

11月，规模以上港口完成旅客吞吐量630万人次，同比下降6.9%。

1月至11月，规模以上港口完成旅客吞吐量9230万人次，同比增长2.7%。

2018年11月部分港口货物吞吐量

港口	货物吞吐量			外贸货物吞吐量		
	自年初累计(万吨)	本月	累计为去年同期(%)	自年初累计(万吨)	本月	累计为去年同期(%)
大连	43,036	3,596	102.8	14,533	1,459	102.0
营口	34,440	2,890	102.1	8,712	870	119.6
秦皇岛	21,455	1,771	95.6	752	20	60.6
黄骅	26,434	2,553	105.8	4,155	391	106.5
唐山	57,134	5,574	108.7	24,196	2,165	89.4
天津	46,124	4,475	99.6	25,191	2,434	97.4
烟台	41,679	2,944	115.2	11,967	781	116.8
青岛	49,351	4,858	105.7	35,893	3,328	106.4
日照	40,384	3,636	109.5	27,296	2,388	106.3
上海	62,952	5,700	97.2	36,847	3,230	97.9
连云港	19,760	1,827	104.5	10,897	950	100.3
宁波舟山	100,142	8,547	107.3	45,753	4,037	104.3
福州	16,573	1,492	122.9	6,125	427	110.2
泉州	11,806	992	98.1	3,568	246	98.0
厦门	19,978	1,793	103.6	8,539	739	99.6
深圳	22,899	2,137	103.9	17,243	1,646	100.2
广州	54,920	4,875	105.5	12,636	1,215	107.4
湛江	27,672	2,105	106.7	8,007	737	101.2
广西北部湾	22,073	2,012	111.6	12,096	1,009	110.5
南京	23,264	1,950	106.4	2,878	250	126.6
镇江	13,988	1,280	106.6	3,463	260	109.1
苏州	48,737	4,298	87.3	12,814	1,113	90.2
南通	24,204	2,600	112.5	5,563	500	103.9
江阴	16,065	1,430	111.4	4,024	300	132.2
泰州	22,143	2,000	122.2	2,031	180	124.8
嘉兴内河	9,520	952	110.6	17	2	27.4
湖州	9,631	852	100.0	156	16	93.5
岳阳	9,772	1,057	93.5	353	35	88.9
重庆	18,739	1,723	104.8	529	60	85.5

2018年11月部分港口集装箱吞吐量

港口	自年初累计(万TEU)	本月	累计为去年同期(%)
丹东	86.21	4.50	49.7
大连	907.05	70.49	100.6
营口	590.94	57.60	103.5
天津	1,478.07	124.00	106.0
烟台	275.51	24.82	110.0
青岛	1,765.18	165.67	105.4
日照	366.34	34.27	124.4
上海	3,842.99	350.00	104.2
连云港	436.68	38.88	100.4
宁波舟山	2,447.07	210.40	107.4
福州	308.30	29.94	112.8
泉州	219.23	21.02	105.0
厦门	979.82	87.87	103.3
汕头	119.52	10.50	100.6
深圳	2,362.71	230.44	102.0
虎门	301.64	40.18	95.5
广州	1,975.18	189.91	107.1
海口	168.17	18.43	113.2
南京	296.31	27.00	101.9
苏州	585.79	53.33	107.4
江阴	52.14	4.50	106.3
佛山	362.85	38.53	101.9

交通运输部综合规划司统计处、部科学研究院信息中心 供稿

省市领导关注交通

安徽省副省长何树山要求
高效率高质量推进全省港口一体化发展

本报讯 （驻安徽首席记者 吴敏）日前，安徽省推进港口一体化发展会议在芜湖召开，研究部署下一步工作。副省长何树山指出，要抢抓长江三角洲区域一体化发展上升为国家战略的重大机遇，牢记全省港航发展使命，高起点高标准规划，高效率高质量抓推进，加快港口一体化发展，引领带动安徽内河航运强省建设。

何树山强调，要按照"保护好、体制顺、有活力、大而强"的要求，将省港航集团打造成安徽经济对外开放统一平台，推动形成"一省一港、强省强港、优势互补、互动发展"的全新港口经济格局。以智慧型港口和"大数据"建设为抓手，抓好供应链整合，推进现代化港口建设。坚持生态优先、绿色发展，完善港口绿色发展体制机制，建设集约化的绿色水运。大力发展临港经济和港口物流业，健全以港口为枢纽的综合物流体系。坚持"一盘棋"，共同发力攻坚，确保港口资源整合工作平稳顺利推进，为建设现代化五大发展美好安徽提供新动力新支撑。

短信

京津冀交通一体化项目
侯玉公路通车试运行

本报讯 （特约记者 郝娟 通讯员 于波 记者 孙英利）12月24日，天津市京津冀交通一体化项目——侯玉公路通车试运行，对加强天津西北部地区与河北省三河市的联系，促进蓟州区经济快速发展与对外交流，具有重要意义。

据悉，侯玉公路起于平宝公路与侯三公路交口，止于河北省三河界泃河桥，与河北已建成的侯谭公路相接；线路全长约1.7公里，路基宽26米，采用双向四车道一级公路标准，设计时速80公里。

浙江港航举行图片展
庆祝改革开放40周年

本报讯 （特约记者 罗俊峰 通讯员 侯雨豪）日前，"潮起之江 筑梦港航"浙江港航庆祝改革开放40周年图片展在浙江省美术馆开幕。

本次图片展由浙江省港航管理局主办，展出辉煌印记、大港崛起、内河复兴、航行天下、行业管理、最美港航、大港记忆、运河记忆、钱塘江记忆、航运记忆等板块共200余张新老照片，以及浙江港航改革开放40周年摄影大赛的精品。

广西扶绥港区
将军岭一期工程通过验收

本报讯 （实习记者 黄婉蓉 特约记者 李阳 通讯员 周前良 韦明）日前，广西崇左港扶绥港区将军岭作业区一期工程通过竣工验收，为崇左港业务拓展和港口吞吐量提升提供保障。

据悉，崇左港扶绥港区将军岭作业区水路距广东广州港黄埔港区、南沙港区约950公里，毗邻扶绥至南宁二级公路及南宁至凭祥铁路，运输范围辐射北部湾经济区、珠三角经济区等地。扶绥港区将军岭作业区一期工程项目投资约1.7亿元，建有4个1000吨级码头泊位，设计年吞吐能力100万吨。

兰州中川机场
年旅客吞吐量超1300万

本报讯 （驻甘肃首席记者 石强 通讯员 仕鹏 特约通讯员 杨晓磊）近日，甘肃兰州中川国际机场年旅客吞吐量突破1300万人次，同比增长8.15%，中转旅客人数达34.2万人次。

据悉，今年以来，兰州中川国际机场围绕打造区域综合交通枢纽和西部支线枢纽的定位，加大对周边地区航空旅游市场营销开发力度，累计新开通航线70余条，新开通新疆伊宁等20余个航点。目前，兰州中川国际机场通航城市110座，执行国内客运航线205条、国际客运航线13条，运营航空公司41家。

江苏交通科技创新动能强劲

(上接1版)

江苏交通还将在跨江大桥建设和养护、路面技术、绿色建设、智慧工地等方面继续保持国内领先。根据《江苏省交通运输科技创新三年行动计划》，到2020年，江苏将争取获批新建2个国家级、3个部省级行业研发基地，建成国家智能交通产业创新中心、国家智能商用车质量监督检验中心，率先完成新一代国家交通控制网试点工程及应用示范基地等。

互联网平台满足多方需要

着眼未来，江苏交通积极培育新业态，推动传统交通运输产业转型升级。

在客运方面，江苏巴士管家App依托互联网，集聚整合人员、车辆、场站、线路等线下资源，实现协同协作。目前，该App联网售票范围已覆盖20多个省(区、市)，下载量达2800万次。

在货运方面，江苏运满满平台首创"互联网+车货匹配"模式，促进货运行业智慧化水平与效率大幅提升，空驶率、纠纷率大大降低。

"江苏将开展营运小客车运营监管服务平台科技示范工程，集巡游出租汽车、网约车、租赁小客车于一体，包含异常事件检测、移动稽查执法、运营监管等平台，满足管理者、驾驶员、乘客等多方需要。"陆永泉透露。

地址:北京市朝阳区安华西里三区13号楼 邮编:100011 总编室:(010)65293633 通联部:(010)65293561 (010)64252114(传真) 采编中心:(010)64255441 公路中心:(010)65293615 水运中心:(010)64255824 运输中心:(010)65293641
新媒体中心:(010)64255469 培训中心:(010)65299681 广告部:(010)64250642 (010)64255452(传真) 北京中通广告公司:(010)64252934 广告经营许可证:京朝工商广字0142号 每年定价:460元 每月定价:38.34元 零售每份:1.92元 中国青年报印刷厂印刷

阳光公开有力量

——访原中央纪委驻交通运输部纪检组组长杨利民

本报记者　林　芬　马士茹　实习记者　赵鹏飞

见报日期　2019 年 1 月 3 日

“那一天，在兰州大学的校园里，所有的老师、学生都集中在路上听广播——《中国共产党第十一届中央委员会第三次全体会议公报》发布。我们的心情格外激动。晚上的宿舍就像炸了锅一样，大家都在谈论这件事。”2018 年 12 月 28 日，原中央纪委驻交通运输部纪检组组长杨利民在中国交通报社接受“见证 40 年主题访谈”的采访，回想起了 40 年前的 12 月底，那个刻骨铭心的时刻。

1978 年 12 月 18 日至 22 日，党的十一届三中全会举行，高度评价关于实践是检验真理的唯一标准问题的讨论，作出把党和国家工作中心转移到经济建设上来、实行改革开放的历史性决策。

当时，杨利民是兰州大学哲学系的大一新生。“我正好经历了改革开放的辉煌岁月，这 40 年是我一生最难忘的美好时光。”杨利民感慨地说。

从党的十一届三中全会谈起，1 个小时的采访话题十分丰富：哲学与人生，“大包干”与致富，莫高窟的保护与开发，“农村公路七公开”“高速公路十公开”，集邮为交通强国增添文化底蕴……

与丰富话题对应的是他的“跨界”经历——“上山下乡”的知识青年，甘肃酒泉氮肥厂工人，兰州大学哲学系学生，酒泉地委干部，敦煌县、敦煌市领导，甘肃省、内蒙古自治区领导，中央纪委驻交通运输部纪检组组长，中华全国集邮联合会会长……不同岗位经历的经验融通，最终融入了交通运输事业。

“新事物层出不穷，每天都在亢奋中”

“我非常喜欢文学、哲学和历史。哲学最重要的是教会了人们科学的世界观和方法论，教会人们从辩证的角度看待问题。”杨利民说。

1978 年，大一新生杨利民 30 岁了，比班上年龄最小的同学大了 10 多岁。学习机遇来之不易，他倍加珍惜。

当时，改革开放的春风吹进大学校园，思想解放，处处洋溢着活力，一场场大讨论轮番上演。

“哲学系的学生将自己的学习与真理标准大讨论结合起来。”杨利民回忆，农村的“大包干”问题是当时讨论的重点之一。有一部分人引用“辛辛苦苦 30 年，一夜回到解放前”来否定“大包干”；也有一部分人认为农村经济缺乏活力，走进了一个死胡同，不改革是没有办法前进的，“大锅饭”没有出路，必须搞“大包干”。

“那时候两种思想激烈交锋，同学们几乎天天晚上都要争论到 12 点才睡觉。”杨利民笑着说。运用哲学思维，辩证看待问题、科学解决问题，在光明与黑暗、真理与谬误、前进与后退、顺境与逆境中坚持自己的原则性，这是哲学教会他的事。

大学毕业后，杨利民在甘肃酒泉、敦煌工作，担任过县委书记、市委书记，后来还担任甘肃省、内蒙古自治区的领导。回首这一路，他感慨：“我深深地感觉到改革开放是我们的富民之路、强国之路、复兴之路。”

杨利民回忆，“要致富，先修路”是他在酒泉、敦煌任职时最响亮的一个口号。“那个时候修啥路呢？就是能把农产品拉出来，到城里面来卖的路。现在我们正在由交通大国向交通强国迈进。高速公路在一些省份已经实现了‘县县通’。”

20 世纪 80 年代初，杨利民在酒泉担任地委副秘书长，曾经做过很多农村“大包干”政策的调查。“我当时要经常下乡调查农村情况，解决一些‘大包干’中存在的问题。那时提出了很多类似‘专业会’‘小基地’‘专业村’的概念，新事物层出不穷，我们每天都处在亢奋之中。”杨利民说。

杨利民和同事们深入酒泉郊区的一些乡镇，在那里一待就是半个月。他们全面了解了“大包干”过程中存在的问题，重点思考如何完善家庭联产承包责任制。“通过走访，我们发现了一批致富的专业户，总结了他们的经验。也发现了一批过去集体经济里面好的东西，把它坚持下来，转变经营方式，农民很快富了起来。”这个决策，闪烁着辩证思维。

1982年，国务院副总理万里到敦煌，首次提出要把敦煌建成国际旅游城。“当时酒泉地委和敦煌县委共同研究，提出建设敦煌旅游城的目标。这有一个重要的基础条件，就是莫高窟。”杨利民说。

开凿在鸣沙山东麓断崖上的莫高窟，是一座瑰丽的艺术宝藏，它的保护与敦煌的旅游开发，用当时的眼光来看是一种矛盾。

“怎么解决这种矛盾呢?”杨利民介绍，经过认真地思考、研究，他们与敦煌研究院达成了共识——第一是保护，第二是开发。“首先要把最宝贵的文化遗产保护好，在保护好的基础上逐步地扩大对外开放，让越来越多的人看到它。”杨利民说。

“七公开”“十公开”打造阳光工程

“交通运输真是一个大行业。”杨利民说，2006年他调任中央纪委驻交通部纪检组组长时，我国公路水路交通基础设施建设投资为7000多亿元，2018年这一数字上升到了2.3万亿元，“这说明改革开放之中，国家对交通基础设施建设非常重视。”

同时，巨大的投资，也给反腐倡廉带来了挑战。

2008年11月13日，杨利民到河北怀来调研。在存瑞镇安营堡村通村公路搅拌站旁，他望着路旁“七公开”公示栏，从头看到尾，然后问身边的村党支部书记陈志军：“你们村是怎样搞‘七公开’的?”

陈志军说：“做好工程方法只有一个，就是集中大家智慧，工作让人人明白。所以，未开工前，村民代表会就开了4次，修不修?怎样修?谁承包?全部事项进行讨论。后来县交通运输局又为我们统一制作了牌子，把农村公路建设资金补贴政策、招标过程、施工过程管理、质量监督、竣工验收、资金使用全部上了榜。”

杨利民又问：“搞‘七公开’群众有啥反映，你们又做了哪些更细致的工作?”

陈志军一一回答。

《中国交通报》的一篇通讯记载了杨利民在调研中发现基层首创的“农村公路七公开”。

“阳光操作，公开透明”，2006年担任中纪委驻交通部纪检组组长以后，杨利民积极探索交通运输廉政建设机制。2006年，交通部启动了“五年千亿元”农村公路建设工程。“这些钱能不能用好?最初我们借鉴了张家口的经验，又结合了各地好的做法，最终形成了农村公路‘七公开’。‘七公开’的逐步推广，对于保证公路建设各个环节的阳光透明、预防腐败的滋生，产生了很好的作用。”

高速公路项目投资少则几十亿元、多则上百亿元，部分省、市交通运输部门出现“工程上马、干部下马”的情况。为此，杨利民积极推动了“高速公路十公开”的推广，扎紧制度的笼子。他回忆，高速公路“十公开”是在总结了河北省和湖北省的经验基础上得来的，抓住招投标、设计变更、资金使用等高速公路建设的10个方面、90多个关键环节实行公开。

同时，杨利民还倡导了交通行业廉政风险的防控机制。“为了更加有效地防范新一轮交通大发展时期的廉政风险，交通运输部开展了建设项目廉政风险排查和防控研究，形成了包括1个建设单元、3个阶段、14个流程、60个环节、163个风险点和242项防控措施的研究成果——《交通基础设施建设项目廉政风险防控手册》。”杨利民说，这个手册后来成为交通基础设施建设过程中规范从政从业行为、防范廉政风险的实践指南。

“作为一名纪检工作者，交通运输部党组非常重视廉政建设，这让我很振奋。大家一心扑在工作上，非常勤奋敬业。各省交通运输系统那种拼搏奋斗的精神也很感人。”杨利民非常怀念在交通运输部工作的时光。

党的十八大以来，全面从严治党、党风廉政建设出现了新的局面。杨利民欣喜地说：“在中央纪委、国家监委的领导下，交通运输部党组更加重视党风廉政建设，中央纪委国家监委驻交通运输部纪检监察组有更加出色地工作。作为一个古稀之年的老同志，我由衷地高兴，也希望在改革开放新的伟大进程中，交通运输部党的建设、党风廉政建设不断开创新的局面，为交通强国建设提供坚强有力的保障。”

邮票背后是历史与文化

从前，书信很慢，车马很远，邮票记住了乡愁。如今，微信当道，书信渐少，邮票记录了时代。

杨利民与集邮的缘分穿越了近40年。

2013年4月25日，杨利民当选为中华全国集邮联合会会长后，他家乡的《酒泉日报》刊发了一篇文章——《集邮者杨利民》，介绍了他20世纪80年代在酒泉组织新中国邮票展、组织成立地区集邮协会的往事。

“当时有人很纳闷，一个党政干部，会懂集邮？有人问我，怎么跑到全国集邮联来了。我说，我内心很自豪，我与集邮的缘分很早就开始了。”杨利民说，邮政行业外的人当选全国集邮联会长他还是第一个。

目前，全国集邮联有300多万会员，会聚了1000多万名集邮爱好者，数量位居世界第一。

杨利民介绍，国际集邮联合会主席得知，我国集邮联举办的“一带一路”邮票展在130多个城市吸引了近50万人参加时，非常吃惊。“他说这是世界上其他任何一个国家都做不到的。”杨利民说。

在国外，集邮活动是少数集邮家和邮商间的“游戏”。而在我国，邮票被称为“国家名片”，集邮活动有广泛的群众性。方寸之间的大山大河、生肖画像、名人名家，背后是历史与文化。

说起我国集邮文化的特点，杨利民滔滔不绝。他介绍，我国的集邮活动体现了中国特色社会主义的文化自信。集邮文化建设始终围绕党和国家工作大局，开展了非常有影响力的主题活动。例如，为庆祝改革开放40周年，全国集邮联举办了集邮文化巡回活动，以展览、学术研究论文集、集邮大讲堂等各种各样的活动方式，让集邮进军营、进学校、进社区、进乡镇、进企业，引起了较大反响。

杨利民表示，2019年6月，“集邮界的奥林匹克盛会”——中国2019世界集邮展览将在湖北省武汉市举行。目前筹办工作顺利推进，吉祥物即将对外发布。

“党的十九大后，我国要由集邮大国走向‘集邮强国’，中国特色的集邮文化也要迈进新时代、展现新气象。”杨利民对我国集邮文化建设的未来信心满满。

接受采访前，杨利民在庆祝改革开放40周年首日封上签字，并送给报社员工留念。他说：“我非常关注《中国交通报》，你们刊登了很多宣传党风廉政建设、报道邮政发展的文章，我是你们的忠实读者。”

在报社走廊看到报纸版面时，杨利民表示，《中国交通报》版面内容更丰富了，涵盖了大交通的方方面面，特别是走进了一线交通人的生活。“版式活泼，设计非常精良，真是越办越好了！”杨利民笑着说。

CHINA TRANSPORT NEWS
2019年1月3日 星期四 http://www.zgjtb.com | 第6889期 今日8版 | 邮发代号 1－72 国内统一连续出版物号 CN 11－0122 交通运输部主管 中国交通报社主办

钱塘江中上游航道全线通航

本报讯 （特约记者 罗俊峰 通讯员 嘉嘉歌）"钱塘江中上游航道全线通航暨衢州港龙游港区开港！"1月2日，伴随着浙江省副省长高兴夫的宣布，衢州市龙游港区桥头江南到船舶鸣号开航。这标志着钱塘江中上游航道正式通航，浙江内河水运复兴计划中的"西翻兴"基本实现。

浙江省交通运输厅党组成员、省港航管理局局长胡旭铭介绍，钱塘江中上游航运开发工程历时8年建设，结束了金华、衢州两地无高等级航道的历史，实现了浙江省11个地级市全部通江达海的目标。航道的全线通航为浙中、浙西等地区对接"一带一路"建设，融入长江经济带和长三角一体化等国家战略畅通了水路通道；货运能力的提高将推动浙中、浙西大宗货物运输"弃路走水"，为加快交通运输结构调整和打赢污染防治攻坚战提供条件等。

下一步，浙江交通将与杭州、金华、衢州三市政府紧密配合，围绕全省"四大建设"和"1210交通强省行动"，加快推进钱塘江中上游沿线港口开发和临港产业园区、物流园区的建设，促进沿江产业带的形成和港产城联动发展；充分发挥沿线独特的自然景观和历史文化优势，加快美丽航道建设，全力支持打造水上旅游精品线，推进水运高质量发展。

当好先行奋力谱写新时代交通强国建设新篇章

杨传堂在二〇一九年中国铁路总公司工作会议上指出

本报讯 （记者 毛烈 通讯员 熊杰）1月2日，交通运输部党组书记杨传堂出席2019年中国铁路总公司工作会议并指出，要更加紧密地团结在以习近平同志为核心的党中央周围，紧紧抓住并全面用好我国发展的重要战略机遇期，认真落实"巩固、增强、提升、畅通"八字方针，在高质量发展、深化供给侧结构性改革、深化市场化改革、运输服务、国有企业党的建设等方面当好先行，不忘初心、牢记使命，逢山开路、遇水架桥，奋力谱写新时代交通强国建设新篇章。

杨传堂指出，过去一年，中国铁路总公司在党中央、国务院的坚强领导下，铁路建设优质高效推进，超额完成目标任务；客运服务品质持续改进，货运加快向现代物流转型；公司制改革、混合所有制改革等稳步推进，企业发展动力和活力进一步增强；智能装备、智能运营等一批关键技术取得成果，装备、标准等"走出去"步伐加快；安全生产保持稳定，为服务经济社会发展大局作出了新的贡献。

杨传堂强调，中央经济工作会议指出我国发展仍处于并将长期处于重要战略机遇期，重要战略机遇期具有新的内涵。当前，重要战略机遇期在交通运输行业的体现，就是习近平总书记强调的，"十三五"是交通运输基础设施发展、服务水平提高和转型发展的黄金时期。希望中国铁路总公司紧紧抓住并全面用好重要战略机遇期，落实八字方针总要求，当好"五个先行"。

一是在高质量发展方面当好先行。加快推进高速铁路"八纵八横"主通道项目，进一步完善铁路骨干网络。加快推进综合客运枢纽建设，大力发展旅客联程运输，大力发展多式联运。加快建设现代化综合交通运输体系，提高综合交通运输网络效率。

二是在深化供给侧结构性改革方面当好先行。按照《推进运输结构调整三年行动计划（2018—2020年）》部署，实施铁路运能提升行动。从制度、技术、管理等方面谋划推出更具含金量、更长远的新措施，实实在在提高运输效率、降低物流成本。

三是在深化市场化改革方面当好先行。按照党中央、国务院部署，加快公司股份制改造步伐，加快建立权责清晰、运作规范、管理精细、运行高效的有中国特色的现代国有企业制度。积极推进混合所有制改革，认真落实好铁路领域中央与地方财政事权和支出责任划分改革工作。

四是在运输服务方面当好先行。不断拓展服务内涵，突出便民、利民、惠民。发挥高铁成网效应，加强与其他运输方式的协同、衔接、融合。推动互联网、大数据、人工智能与旅客运输深度融合。牢牢守住安全底线，落实安全生产主体责任，确保铁路运输安全。

五是在国有企业党的建设方面当好先行。坚持党的领导，牢固树立"四个意识"，坚定"四个自信"，坚决做到"两个维护"，确保党中央决策部署不折不扣贯彻落实。深入推进全面从严治党，巩固拓展作风建设成果，严格落实国有企业党建工作责任制。

会上，中国铁路总公司党组书记、总经理陆东福作了题为《奋勇担当交通强国铁路先行历史使命 努力开创新时代中国铁路改革发展新局面》的工作报告。

李小鹏在2019年部安委会第一次全体会议上强调

树立安全发展理念防控风险消除隐患补齐短板 "六个着力"确保交通运输安全生产形势稳定

本报讯 （记者 毛烈 实习记者 赵鹏飞）1月2日，交通运输部召开2019年部安委会第一次全体会议，总结2018年交通运输安全生产工作，部署2019年重点工作。部长、部安委会主任李小鹏强调，要坚决贯彻习近平总书记关于安全生产的重要指示和中央经济工作会议精神，坚持以人民为中心的发展思想，牢固树立安全发展理念，坚持生命至上、安全第一，防控风险、消除隐患、补齐短板，着力深化平安交通建设，着力推进依法治安，着力完善安全责任体系，着力夯实安全生产基础，着力构建双重预防机制，着力构建与服务全面建成小康社会和交通强国建设相适应的安全发展支撑体系，防风险、补短板、堵漏洞、强责任、建体系，坚决防范和遏制重特大安全生产事故，持续减少安全生产事故总量，确保交通运输安全生产形势稳定，为庆祝新中国成立70周年营造良好的交通运输安全环境。

李小鹏指出，习近平总书记多次强调交通安全，充分说明交通安全在我国经济社会发展中的重要地位和做好交通安全工作的重要性，充分说明交通安全距离党中央的要求和人民群众的期待还有很大差距。要深入贯彻落实习近平总书记重要指示精神，牢固树立以人民为中心的发展思想，建立健全最严格的安全生产责任体系，加快推进安全生产改革发展，坚持举一反三，深刻吸取事故教训，狠抓基层基础基本功建设，切实把抓好交通安全工作作为树牢"四个意识"、坚定"四个自信"、坚决做到"两个维护"的具体行动。

李小鹏强调，过去一年，交通运输安全生产形势总体稳定，但风险隐患不容忽视，安全形势不容乐观。2019年交通运输安全生产形势将更趋严峻，要勇于担当作为，全力以赴做好全年交通安全工作。一是全面抓好习近平总书记重要指示精神和党中央、国务院决策部署的贯彻落实。二是全力以赴确保庆祝新中国成立70周年安全稳定。三是严格高危风险管控，坚决守住不发生重特大事故底线。四是用更大精力更大气力加固底板补齐短板。五是坚决举一反三，吸取事故教训，堵住安全漏洞。六是做好统筹督查考核评价，强化安全生产责任。七是构建与服务全面建成小康社会和交通强国建设相适应的安全发展支撑体系。

李小鹏要求，要扎实做好春运服务和安全保障工作，确保人民群众春运出行安心、舒心、放心。要超前防范，提前制定运输服务和安全保障方案。要落实责任，主要领导加强组织领导、亲自督导，强化春运一线的运输服务和安全保障。要强化监管，突出重点地区、重点车船、重点场站、重点人员，及时排查消除隐患。要做好应急准备，进一步完善应急预案，强化保通保畅。

副部长何建中主持会议，副部长戴东昌、刘小明，安全总监李天碧，中国海员建设工会副主席张景义出席会议。部安委会成员单位负责同志参加会议。

为全面建成小康社会收官打下决定性基础

——五论学习贯彻全国交通运输工作会精神

焦蕴平

打好脱贫攻坚战，是党的十九大确定的决胜全面建成小康社会三大攻坚战之一，也是实施乡村振兴战略的优先任务。中央经济工作会议提出，要为全面建成小康社会收官打下决定性基础，这就要求我们必须一鼓作气坚决打赢脱贫攻坚战。

加快实施交通脱贫攻坚，是实现精准扶贫、精准脱贫的先手棋，是破解贫困地区经济社会发展瓶颈的关键，也是打好全面建成小康社会收官决定性基础的重要支撑。全国交通运输工作会议将交通脱贫攻坚作为2019年交通运输行业打好三大攻坚战的首要任务，提出要为服务全面建成小康社会收官打下决定性基础，为我们在新时代打赢交通脱贫攻坚战指明了方向。

打好新时代交通脱贫攻坚战，要着眼全面建成小康社会目标要求。到2020年实现贫困地区国家高速公路主线基本贯通，具备条件的县城通二级及以上公路，乡镇和具备条件的建制村通硬化路、通客车的"四通"目标，是我们向党中央、向人民群众的庄严承诺，是脱贫攻坚完成的硬指标、硬任务。要进一步加大工作力度，做到项目优先安排、资金优先保障、工作优先对接、措施优先落实，确保高质量完成交通脱贫攻坚目标任务。

打好新时代交通脱贫攻坚战，要聚焦深度贫困地区这一突出短板。抓好深度贫困地区交通脱贫攻坚工作，是实现交通脱贫攻坚目标的关键所在，也是难点所在。必须牢牢抓住深度贫困地区这一突出短板，聚焦以"三区三州"等为代表的深度贫困地区脱贫攻坚，充分发挥交通运输在脱贫攻坚中的先导作用，着力改善深度贫困地区发展条件，着力解决深度贫困地区群众特殊困难，着力加大政策倾斜力度，补齐这一突出短板。

打好新时代交通脱贫攻坚战，要发挥好交通运输基础支撑作用。要下大力气改善贫困地区交通基础设施，着力提升贫困地区交通基本公共服务水平，加快推进贫困地区资源路、旅游路和产业路等建设，继续推进"交通+特色产业""交通+生态旅游""交通+电商快递"等扶贫模式，努力提升贫困地区"造血"功能。

脱贫攻坚是硬仗中的硬仗，必须付出百倍努力。现在已经到了决战决胜的关键时刻，广大交通人必须按照党中央决策部署，以时不我待的紧迫感，团结奋进、攻坚克难，坚决打赢打好交通脱贫攻坚战，为全面建成小康社会履职尽责、当好先行！

◀近日，总投资18.77亿元的长江口南槽航道治理一期工程正式开工建设。建成后可满足5000吨级船舶同向多线满载双向通航，并兼顾1万至2万吨级船舶乘潮通航和大型船舶空载下行乘潮通航，改善船舶进出长江口的通航条件。 特约记者 刘如意 文/供图

湖南港务集团挂牌成立

本报讯 （记者 张漪华 通讯员 朱运来）近日，湖南省港务集团有限公司在岳阳市挂牌成立。此举是湖南省委、省政府贯彻落实习近平总书记在深入推动长江经济带发展座谈会上和岳阳考察时的重要讲话精神、推动长江岸线整治和绿色高效利用的重大部署。

湖南省港务集团将建成全省港口的建设运营一体化平台、港口建设运营投融资平台、服务"港产园城"融合发展的支撑平台和湖南省通江达海、走向世界的开放合作平台，推动全省经济社会高质量发展，服务富饶美丽幸福新湖南建设。

下一步，湖南省港务集团将着力推进港口建设生态化、智能化、集约化、专业化发展，改变过去资源分散、各自为政、竞争无序、开发过度、生态环境破坏严重的乱象；推进全省港口资源的全面整合、港产园城发展的全面融合、"公、铁、水、空"运输的全面联动，最终形成规划布局合理、功能划分清晰、资源配置优化、运营管理高效、产业联动活跃、生态环境优美的港口经济发展新格局。

阳光公开有力量

——访原中央纪委驻交通运输部纪检组组长杨利民

本报记者 林芬 马士茹
实习记者 赵鹏飞

"那一天，在兰州大学的校园里，所有的老师、学生都集中在路上听广播——《中国共产党第十一届中央委员会第三次全体会议公报》发布。我们的心情格外激动。晚上的宿舍就像炸了锅一样，大家都在谈论这件事。"2018年12月28日，原中央纪委驻交通运输部纪检组组长杨利民在中国交通报社接受"见证40年主题访谈"的采访，回想起了40年前的12月底，那个刻骨铭心的时刻。

1978年12月18日至22日，党的十一届三中全会举行，高度评价关于实践是检验真理的唯一标准问题的讨论，作出把党和国家工作中心转移到经济建设上来、实行改革开放的历史性决策。

当时，杨利民是兰州大学哲学系的大一新生。"我正好经历了改革开放的辉煌岁月，这40年是我一生最难忘的美好时光。"杨利民感慨地说。

从党的十一届三中全会谈起，1个小时的采访话题十分丰富：哲学与人生，"大包干"与致富，莫高窟的保护与开发，"农村公路七公开"、"高速公路十公开"，集邮为交通强国增添文化底蕴……

与丰富话题对应的是他的"跨界"经历——"上山下乡"的知识青年，甘肃酒泉氮肥厂工人，兰州大学哲学系学生，酒泉地委干部，敦煌县、敦煌市领导，甘肃省、内蒙古自治区领导，中央纪委驻交通运输部纪检组组长，中华全国集邮联合会会长……不同岗位经历的经验融通，最终融入了交通运输事业。

杨利民。 赵鹏飞 摄

"新事物层出不穷，每天都在亢奋中"

"我非常喜欢文学、哲学和历史。哲学最重要的是教会了人们科学的世界观和方法论，教会人们从辩证的角度看待问题。"杨利民说。

1978年，大一新生杨利民30岁了，比班上年龄最小的同学大了10多岁。学习机遇来之不易，他倍加珍惜。

当时，改革开放的春风吹进大学校园，思想解放，处处洋溢着活力，一场场大讨论轮番上演。

"哲学系的学生将自己的学习与真理标准大讨论结合起来。"杨利民回忆，农村的"大包干"问题是当时讨论的重点之一。有一部分人引用"辛辛苦苦30年，一夜回到解放前"来否定"大包干"；也有一部分人认为农村经济缺乏活力，走进了一个死胡同，不改革是没有办法前进的，"大锅饭"没有出路，必须搞"大包干"。

（下转3版）

App安卓版

App苹果版

微信公众平台

□值班编委 刘兴增 责编 马士茹 □E-mail:xw1b@zgjtb.com □新闻热线:(010)64255441 □发行热线:(010)64256206 □广告热线:(010)64250642 □培训热线:(010)65299681

2019年1月3日 星期四 | 3版
采编中心主办 责编 [illegible] 实习生 [illegible] | 电话:010-64252287 E-mail:xw3b@zgjtb.com
见证40年 主题访谈
中国交通报 CHINA TRANSPORT NEWS

杨利民。 实习记者 [illegible] 摄

阳光公开有力量
——访原中央纪委驻交通运输部纪检组组长杨利民

(上接1版)

"那时候两种思想激烈交锋，同学们几乎天天晚上都要争论到12点才睡觉。"杨利民笑着说。运用哲学思维，辩证看待问题、科学解决问题，在光明与黑暗、真理与谬误、前进与后退、顺境与逆境中坚持自己的原则性，这是哲学教会他的事。

大学毕业后，杨利民在甘肃酒泉、敦煌工作，担任过县委书记、市委书记，后来还担任甘肃省、内蒙古自治区的领导。回首这一路，他感慨："我深深地感觉到改革开放是我们的富民之路、强国之路、复兴之路。"

杨利民回忆，"要致富，先修路"是他在酒泉、敦煌任职时最响亮的一个口号。"那个时候修啥路呢？就是能把农产品拉出来，到城里面来卖的路。现在我们正在由交通大国向交通强国迈进。高速公路在一些省份已经实现了'县县通'。"

上世纪80年代初，杨利民在酒泉担任地委副秘书长，曾经做过很多农村"大包干"政策的调查。"我当时要经常下乡调查农村情况，解决一些'大包干'中存在的问题。那时提出了很多类似'专业会''小基地''专业村'的概念，新事物层出不穷，我们每天都处在亢奋之中。"杨利民说。

杨利民和同事们深入酒泉郊区的一些乡镇，在那里一待就是半个月。他们全面了解了"大包干"过程中存在的问题，重点思考如何完善家庭联产承包责任制。"通过走访，我们发现了一批致富的专业户，总结了他们的经验。也发现了一批过去集体经济里面好的东西，把它坚持下来，转变经营方式，农民很快富起来。"这个决策，闪烁着辩证思维。

1982年，时任国务院副总理万里到敦煌，首次提出要把敦煌建成国际旅游城。"当时酒泉地委和敦煌县委共同研究，提出建设敦煌旅游城的目标。这有一个重要的基础条件，就是莫高窟。"杨利民说。

开凿在鸣沙山东麓断崖上的莫高窟，是一座瑰丽的艺术宝藏，它的保护与敦煌的旅游开发，用当时的眼光来看是一种矛盾。

"怎么解决这种矛盾呢？"杨利民介绍，经过认真地思考、研究，他们与敦煌研究院达成了共识——第一是保护，第二是开发。"首先要把最宝贵的文化遗产保护好，在保护好的基础上逐步地扩大对外开放，让越来越多的人看到它。"杨利民说。

"七公开""十公开"打造阳光工程

"交通运输真是一个大行业。"杨利民说，2006年他调任中央纪委驻交通部纪检组组长时，我国公路水路交通基础设施建设投资为7000多亿元，2018年这一数字上升到了2.3万亿元，"这说明改革开放之后，国家对交通基础设施建设非常重视。"

同时，巨大的投资，也给反腐倡廉带来了挑战。

2008年11月13日，杨利民到河北怀来调研。在存瑞镇安营堡村通村公路搅拌站旁，望着路旁"七公开"公示栏，从头看到尾，然后问身边的村党支部书记陈志军："你们村是怎样搞'七公开'的？"

陈志军说："做好工程方法只有一个，就是集中大家智慧，工作让人人明白。所以，未开工前，村民代表会就开了4次，修不修？怎样修？谁承包？全部事项进行讨论。后来县交通运输局又为我们统一制作了牌子，把农村公路建设资金补贴政策、招标过程、施工过程管理、质量监督、竣工验收、资金使用全部上了榜。"

杨利民又问："搞'七公开'群众有啥反映，你们又做了哪些更细致的工作？"

陈志军一一回答。

《中国交通报》的一篇通讯记载了杨利民在调研中发现基层首创的"农村公路七公开"。

"阳光操作，公开透明"，2006年担任中纪委驻交通部纪检组组长以后，杨利民积极探索交通运输廉政建设机制。2006年，交通部启动了"五年千亿元"农村公路建设工程。"这些钱能不能用好？最初我们借鉴了张家口的经验，又结合各地好的做法，最终形成了农村公路'七公开'。'七公开'的逐步推广，对于保证公路建设各个环节的阳光透明、预防腐败的滋生，产生了很好的作用。"

高速公路项目投资少则几十亿元、多则上百亿元，部分省、市交通运输部门出现"工程上马、干部下马"的情况。为此，杨利民积极推动了"高速公路十公开"的推广，扎紧制度的笼子。他回忆，高速公路"十公开"是在总结了河北省和湖北省的经验基础上得来的，抓住招投标、设计变更、资金使用等高速公路建设的10个方面、90多个关键环节实行公开。

同时，杨利民还倡导了交通行业廉政风险的防控机制。"为了更加有效地防范新一轮交通大发展时期的廉政风险，交通运输部开展了建设项目廉政风险排查和防控研究，形成了包括1个建设单元、3个阶段、14个流程、60个环节、163个风险点和242项防控措施的研究成果——《交通基础设施建设项目廉政风险防控手册》。"杨利民说，这个手册后来成为交通基础设施建设过程中规范从政从业行为、防范廉政风险的实践指南。

"作为一名纪检工作者，交通运输部党组非常重视廉政建设，这让我很振奋。同志们一心扑在工作上，勤奋敬业。各省交通运输系统那种扶持奋斗的精神也很感人。"杨利民非常怀念在交通运输部工作的时光。

党的十八大以来，全面从严治党、党风廉政建设出现了新的局面。杨利民欣喜地说："在中央纪委、国家监委的领导下，交通运输部党组更加重视党风廉政建设，中央纪委国家监委驻交通运输部纪检监察组有更加出色的工作。作为一个古稀之年的老同志，我由衷地高兴，也希望在改革开放新的伟大进程中，交通运输部党的建设、党风廉政建设不断开创新的局面，为交通强国建设提供坚强有力的保障。"

"农村公路七公开"。 本报资料片

邮票背后是历史与文化

从前，书信很慢，车马很远，邮票记住了乡愁。如今，微信当道，书信渐少，邮票记录了时代。

杨利民与集邮的缘分穿越了近40年。

2013年4月25日，杨利民当选为中华全国集邮联合会会长后，他家乡的《酒泉日报》刊发了一篇文章——《集邮者杨利民》，介绍了他在上世纪80年代在酒泉组织新中国邮票展、组织成立地区集邮协会的往事。

"当时有人很纳闷，一个党政干部，会懂集邮？有人问我，怎么跑到全国集邮联来了。我说，我内心很自豪，我与集邮的缘分很早就开始了。"杨利民说，邮政行业外的人当选全国集邮联合会会长他还是第一个。

目前，全国集邮联有300多名会员，会聚了1000多万名集邮爱好者，数量位居世界第一。

杨利民介绍，国际集邮联合会主席得知，我国集邮联举办的"一带一路"邮票展在130多个城市吸引了近50万人参加时，非常吃惊。"他说这是世界上其他任何一个国家都做不到的。"杨利民说。

在国外，集邮活动是少数集邮家和邮商间的"游戏"。而在我国，邮票被称为"国家名片"，集邮活动有广泛的群众性。方寸之间的大山大河、生肖画像、名人名家，背后是历史与文化。

说起我国集邮文化的特点，杨利民滔滔不绝。他介绍，我国的集邮活动体现了中国特色社会主义的文化自信。集邮文化建设始终围绕党和国家工作大局，开展了非常有影响力的主题活动。例如，为庆祝改革开放40周年，全国集邮联举办了集邮文化巡回活动，以展览、学术研究论文集、集邮大讲堂等各种各样的活动方式，让集邮进军营、进学校、进社区、进乡镇、进企业，引起了较大反响。

杨利民表示，今年6月，"集邮界的奥林匹克盛会"——中国2019世界集邮展览将在湖北省武汉市举行。目前筹办工作顺利推进，吉祥物即将对外发布。

"党的十九大后，我国要由集邮大国走向'集邮强国'，中国特色的集邮文化也要迈进新时代、展现新气象。"杨利民对我国集邮文化建设的未来信心满满。

接受采访前，杨利民在庆祝改革开放40周年首日封上签字，并送给报社员工留念。他说："我非常关注《中国交通报》，你们刊登了很多宣传党风廉政建设、报道邮政发展的文章，我是你们的忠实读者。"

在报社走廊看到报纸版面时，杨利民表示，《中国交通报》版面内容更丰富了，涵盖了大交通的方方面面，特别是走进了一线交通人的生活。"版式活泼，设计非常精良，真是越办越好了！"杨利民笑着说。

《"一带一路"国际合作高峰论坛》纪念邮票。 本报资料片

邮票上的万千气象

刘建辉 文/图

伟大的祖国拥有灿烂的历史文化、丰富的自然风光和众多的建设成就，使邮票选题有了得天独厚的沃土。这些宝贵的文化基础，正是新中国邮票能在世界邮票之林不断创造文化奇观、至今长盛不衰的重要原因。如果以党的十一届三中全会作为一个历史的节点，我们把改革开放之前30年和改革开放40年来新中国邮票做一个比较，就能清晰地看出，小小的方寸之地发生了巨大的变化，出现了很多新的特点。

《中国"神舟"飞船首飞成功纪念》纪念邮票版式二。

《亚洲—太平洋邮政联盟成立五十周年》纪念邮票。

《改革开放三十周年》纪念邮票小型张。

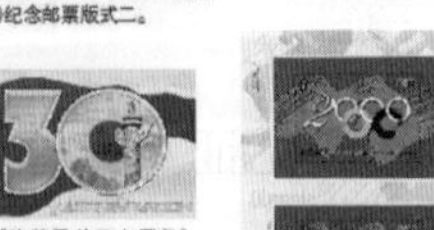
《第二十七届奥林匹克运动会》纪念邮票小型张双连张。

《君子兰》特种邮票小全张。

《神话——八仙过海》特种邮票小型张。

《孔子诞生两千五百四十周年》纪念邮票小型张。

选题 从传统到开放多元

在改革开放之前30年邮票选题中，纪念重大历史事件和著名中外人物、宣传社会主义建设成就、世界革命运动等内容，是纪念和特种邮票重要的题材，具有鲜明的时代特征，但邮票选题的范围有限。1978年以后，著名人物纪念成为中国邮票选题中十分重要的内容。之后，我党早期领导人、辛亥革命领导人及十位大将等逐渐走上了"国家名片"。这些人物纪念邮票的发行，是坚持实事求是科学态度的充分体现。

——客观、公正、全面地评价和反映历史事件

1994年6月16日发行的《纪念黄埔军校建校七十周年》、2014年6月16日发行的《纪念黄埔军校建校九十周年》纪念邮票，使第一次国共合作进行的北伐战争展现于方寸之中。

反映抗日战争胜利主题的邮票有两个显著变化。一是将以前单纯纪念中国抗日战争胜利，扩展到纪念中国人民抗日战争暨世界反法西斯战争胜利。1985年，我国发行了《抗日战争和世界反法西斯战争胜利四十周年》，这是我国邮票第一次将中国人民抗日战争放在世界反法西斯战争大背景下来纪念，意义重大。二是对为抗战胜利所作出的英勇牺牲给予充分肯定。1995年9月3日，我国发行了《抗日战争及世界反法西斯战争胜利五十周年》纪念邮票，党领导的"百团大战""敌后游击战"与"台儿庄大捷""芒友会师""华侨捐献"以及"伟大胜利"等画面同时出现在一套邮票上。该套邮票还原了历史原貌，印证了中华民族英勇不屈的伟大精神。

——传统文化的回归是改革开放以来邮票的显著特点

改革开放以来，传统文化在中国邮票上全面回归。从上世纪80年代开始，我国陆续发行了《西游记》《红楼梦》等古典文学名著邮票。李白、杜甫、韩愈、柳宗元等大文豪也被请上了"国家名片"。

民间传说是中国民间口头叙事文学，是世世代代传承的文化传统，对人类文化多样性发展有巨大贡献，是中华文化中的璀璨明珠。《民间传说——许仙与白娘子》《民间传说——董永与七仙女》《民间传说——梁山伯与祝英台》及《民间传说——柳毅传书》等四大民间传说邮票的发行，使流传了千百年的爱情故事进一步深入人心。此外，中国书法、中国古代名画、中国陶瓷、生肖等都已成为我国邮票的专门系列，成为集邮爱好者和消费者关注与喜爱的邮票种类。

——生态文明、社会和谐发展成为全新的邮票选题

在彰显精神文明建设的邮票题材中，人民安居乐业、社会保障完善、社会和谐发展是突出重点。

上世纪80年代开始，坚持绿色、健康、可持续发展的理念，保护生态、留住优美环境日益深入人心。1979年2月，全国人大常委会决定将每年的3月12日定为植树节。为此1980年发行了《植树造林，绿化祖国》特种邮票，1990年发行了《绿化祖国》特种邮票。2010年6月5日发行的《节能减排 保护环境》特种邮票一套2枚，图案分别为"低碳发展"和"绿色生活"。此后，《向海自然保护区》《梵净山自然保护区》《喀纳斯自然保护区》《南麂列岛自然保护区》《三江源自然保护区》等邮票的发行，进一步诠释了"绿水青山就是金山银山"的环保理念。

——紧扣国家重大事件，共筑中国梦

新中国邮票题材的文化核心有两部分：一是传统文化，包括无数艺术瑰宝、浓郁的地域文化和民俗风情等；二是红色文化，包括在反帝反封建、民主革命、土地革命、解放战争中形成的充满革命斗争理想的文化和艺术作品。这两个文化核心成为彰显文化自信、道路自信的精神源泉。

改革开放进入新世纪以后，随着我国由富起来到强起来，一些振奋人心的大事件接踵而来，这些国家重大事件都成为中国邮票的选题。邮票记录国家的历史，这句话十分恰当。"共筑中国梦"这一主题包含了丰富的内容，2013年发行《中国梦——国家富强》特种邮票，2014年发行《中国梦——民族振兴》特种邮票，2015年发行《中国梦——人民幸福》特种邮票。

2012年8月1日《丝绸之路》特种邮票发行；2016年9月10日《海上丝绸之路》特种邮票发行；2017年5月14日《"一带一路"国际合作高峰论坛》纪念邮票发行。邮票是时代的一面镜子，改革开放40年来邮票选题方面发生的巨大变化，印证了祖国在前进、社会在进步。

版式票型 由单调转向多品种时尚化

新中国成立以后，一直到改革开放后的上世纪90年代，我国邮票的版式基本都是60枚、80枚、100枚甚至120枚一版。国外邮政相继摒弃邮票的超大版式，以印制精美的小版吸引更多客户群的做法也引发中国邮政的思考。对近50年一成不变的邮票版式，是继续走下去，还是给收藏者带来不一样的视觉冲击，换一种思维看待邮票？

1999年下半年和2000年，邮票版式有了很大突破。1999年10月1日，《中华人民共和国成立五十周年——民族大团结》纪念邮票面世，全套56枚邮票组成超大版张。这是新中国成立以来发行的全套枚数最多的邮票、规格最大的版张。此后陆续有新的版式问世，如特殊的小型张——小型张双连张、小型张四连张，还开始创新小版张。

在票型上，长期发行以矩形为主的邮票，不仅束缚了设计者的手脚，也遭到收藏者的吐槽。设计者只能在矩形票幅的长宽比例上有所变化，求得一些突破。

邮票的票型能否有变化？当时的邮票发行管理部门首先在2000年11月20日发行了《中国"神舟"飞船首飞成功纪念》三角形异形邮票。时隔近50年，群众喜爱的三角形邮票重新回到消费者的视野中。该套邮票版式二新颖的设计，让跨入新世纪的首套三角形邮票及其版式二好评如潮。

进入新世纪，票型的创新突破常常令人耳目一新，圆形邮票、菱形邮票等，使收藏者目不暇接。

中国邮政于2002年5月16日发行了一套2枚的《2002年世界杯足球赛》纪念邮票。该套邮票的特点是，每枚邮票均有两种齿孔——圆形和方形，也就是说，邮票既可以撕成方形，也可以撕成圆形，完全由收藏者根据自己的喜好决定。这是中国邮政首次发行圆形并有两种票型齿孔的邮票。2004年7月30日发行的《神话——八仙过海》特种邮票小型张，是中国邮政首次发行异形邮票小型张。2007年12月20日发行的《第29届奥林匹克运动会——竞赛场馆》纪念邮票小型张上，首次出现五边形邮票。此后，又出现了心形、六边形、扇形、梯形等邮票。

党的十一届三中全会以来，在小小方寸上发生的巨大变化，是思想解放在中国邮政事业上的集中体现，是邮政人砥砺前行、大胆创新的最新成果，是向改革开放40年献上的一份厚礼。

（作者系国家邮政局原邮资票品管理司司长）

附录1　“见证40年”主题访谈对交通文化与交通精神传承的启示

林　芬　曹文娟

摘要：交通文化和交通精神是民族精神和时代精神在交通实践中的生动体现，是对交通运输行业先进典型精神内核的高度概括，是交通运输行业广大从业人员共同创造的精神财富。新中国成立以来特别是改革开放以来，无数交通人逢山开路、遇水架桥，创造了一个又一个奇迹。2018年，交通运输部离退休干部局与中国交通报社组织了“见证40年主题访谈”，在改革开放40周年之际，邀请40余位交通运输改革发展的重要亲历者和见证者谈历史、找规律，为接续奋斗的交通人提供精神食粮，为建设交通强国鼓舞士气、启发思路。

新闻之眼见证历史，新闻之笔记录历史。“见证40年”主题访谈报道，回顾交通历史、守望交通梦想、推动交通发展。独特视角下的交通运输改革开放史，以文字、图片和视频的融媒体报道形式，通过报纸、微信、微博、网站、手机客户端发布，引起了广泛关注。各新媒体平台的总阅读量超过1000万。读者纷纷留言，礼赞“了不起的交通人”。本文分析“见证40年”主题访谈的组织过程、特点及传播效果，研讨主题访谈对交通文化与交通精神传承带来的启示。

一、“见证40年”主题访谈组织过程

交通运输部离退休干部局与中国交通报社共同组织召开了5次“见证40年”主题访谈咨询座谈会，详细征求老部长、老专家的意见、建议。

2018年4月18日，中国交通报社纪念改革开放40周年主题访谈策划方案征求意见会在交通运输部离退休干部局举行。交通运输部老领导黄镇东、王展意、林祖乙、李居昌、胡希捷出席会议，深情回顾改革开放40年来交通运输发展重大政策、重要规划、重点改革创新以及里程碑事件和标志性工程，对策划方案提出了完善意见。

老领导们充分肯定了报社开展纪念改革开放40周年大型主题宣传工作的重要意义。他们认为，交通运输部历届党组抓住了改革开放的重大机遇，加快了交通运输事业发展

的进程，为国家经济和社会发展作出了贡献。先进的思想能够引领行业的进步，希望纪念改革开放40周年主题宣传聚焦交通运输人解放思想、实事求是的探索实践，展现交通运输人不忘初心、牢记使命的精神追求，让更多人认知行业、了解行业、热爱行业，为交通强国建设营造良好舆论环境。随后，交通运输部离退休干部局与中国交通报社又陆续召开了4次咨询座谈会。

在半年多的时间里，报社本部参与采访、写作、照相、编辑、摄像及视频制作、新媒体产品制作的人员众志成城，还发动了记者站记者、特约记者参与，工作人员达数十人。交通运输部离退休干部局、水运“一史一录”综合编撰工作委员会也鼎力相助。采访地点涵盖北京、上海、深圳、南京、大连、西安、珠海、武汉、海口、三亚10个城市。

仅靠一个部门、一个单位无法完成40余人的采访任务，借助合力才能实现共赢。一个重大主题采访尚且如此，交通文化与交通精神传承更需要发挥政府、企业、社会的合力，充分激发各级各方面的积极性。

二、“见证40年”主题访谈传播效果

独特视角下的交通运输改革开放史，以文字、图片和视频的融媒体报道形式，通过报纸、微信、微博、网站、手机客户端发布，引起了广泛关注。各新媒体平台的总阅读量超1000万。截至2019年1月3日，各平台共刊发605篇稿件，总阅读量1003.6万。

读者纷纷通过各种渠道反馈、留言，礼赞“了不起的交通人”。

“2018年7月17日报纸头版刊登的《港通天下兴——访原交通部部长黄镇东》一文，观点鲜明、内容翔实、有理有据、发人深省。我一口气读下来了，受益匪浅。”原交通部办公厅巡视员汪临发说。网友“南京老码头”在这篇报道的微信版留言：“向一代一代负重前行的港口人致敬!”

原交通部副部长林祖乙专门打电话给报社记者：“你们这么快就组织出稿件了，写得非常好!”

《厚积薄发迎来公路蝶变——访原交通部副部长、中咨公司原总经理胡希捷》的报道让“有麒如玉”“秦岭”“立春”“依林”等网友感慨万千，纷纷在微信上留言向胡老致敬。“依林”说：“了不起的交通人！为振兴我中华铸造了坚实的钢筋铁骨般的骨架！使条条致富路架通了祖国的山山水水、高山平原！使各民族有了腾飞的铁翅膀!”

许多读者看完报道纷纷表示身为交通人感到很自豪。“沧海横流，方显英雄本色。袁庚、江波这一代人，让招商局成为改革开放的先行者和收获者……”“小扁担承载的，是中华民族的大担当！衷心希望杨老的小扁担精神在我们各个领域发扬光大，为中华民

族伟大复兴贡献力量！”“敬佩这位实干家！真正懂港口的实干家。”

报道引发报纸收藏热，编辑部接到不少反馈，希望出版成书。

三、主题访谈对交通文化与交通精神传承机制的启示

主题访谈是口述史在新闻传播、文化传播领域的实践应用。口述史学兴起的最初动力是旨在弥补现存文件记录不足或档案的空白，即强调口述历史的史料价值。口述历史的重要性不仅仅在于记录过去发生的事情，还有利于今天我们对于过去的理解与解释。主题访谈，通过见证者的讲述、与记者的对话以及背景资料的补充，很好地实现了私人记忆与公共历史的衔接，让“共享记忆”在互动传播中发挥交通文化与交通精神传承的作用。

1. 交通文化与交通精神传承要高度重视老交通人的作用

老交通人口传的文化与精神尤其需要记录和保存，因为他们拥有丰富的人生经历和宝贵的职业经历，他们的经验和心得是不可多得的财富，是生动的个案记录，在一定程度上可以弥补档案、文献资料的不足，也可以印证文献资料的可靠性。

艰难困苦，玉汝于成。40年来，交通运输人解放思想、实事求是，大胆地试、勇敢地改，干出了一片新天地。主题访谈在回顾历史的同时，也对宝贵经验、发展规律进行了分析研究。这些口述历史中蕴含着具有历史意义的规律和个人观点，给人豁然开朗和醍醐灌顶之感，增强了交通文化与交通精神的穿透力、冲击力和启迪力。

例如，访谈中，有实事求是的光芒——1984年一次具有重要历史意义的会议。经反复研究并报部党组讨论，1984年，交通部在国家缺少公路建设资金的情况下，建议国务院采取征收车辆购置附加费等三项政策措施。访谈中，有辩证法的智慧——企业成功背后的天人合一。1992年，59岁的管彤贤即将从中港总公司船机处处长的岗位上退休，毅然决定和志同道合的朋友们一起，在交通部的支持下，从零开始创办振华港机公司，用10年左右的时间，让振华成为世界港机业公认的“领头羊”。

2. 要利用讲故事的方式增强文化和精神的吸引力、感染力、感召力

事实胜于雄辩，故事和事例是有血有肉的，它胜于一切空洞无物的说教，很多道理在事实面前不言自明，这就是讲故事的魅力。人们可以从这些故事和事例中，自然而然地受到交通精神的感染、得到交通文化的启迪，引发同频共振，拉近心灵距离。

老交通人访谈，讲述交通运输改革开放诸多“第一次”的故事。有些事在史书中只是淡淡的一笔，但其背后却有很多不为人知的故事，有深刻的内涵。用读者乐于接受的方式和易于理解的语言讲述，可以让文化与精神的传播更接地气。口述中的“过去”，与读者的“现在”产生关联，让读者产生跨越时空的共鸣，让读者想听、爱听、愿听，入耳入脑入心入神。

例如，访谈中，有“有河大家走船，有路大家走车”的第一声春雷。古人说，风起青萍之末。交通运输改革之风，可以说是从拖拉机能不能上路搞运输引发的。访谈中，有第一个跨几个五年的长远规划——“三主”规划诞生记，有高速公路的“第一次”——第一次引入菲迪克条款，第一次大规模利用世界银行贷款，第一次实施业主负责制、招投标制、工程监理制和合同管理制……

扛200斤麻袋的老部长、泛黄的《“五纵七横”国道主干线系统规划》手稿、老部长为“三分钟温情电话”数度哽咽等故事更是细节中见精神。

3. 交通文化与交通精神传承，要通过文字、照片、视频融合传播

中国互联网络信息中心（CNNIC）发布的第43次《中国互联网络发展状况统计报告》显示，截至2018年12月，我国网民规模为8.29亿，其中手机网民占比达98.6%，互联网普及率达59.6%。下图充分说明了网民规模和互联网普及率，以及手机网民规模及其占网民比例。

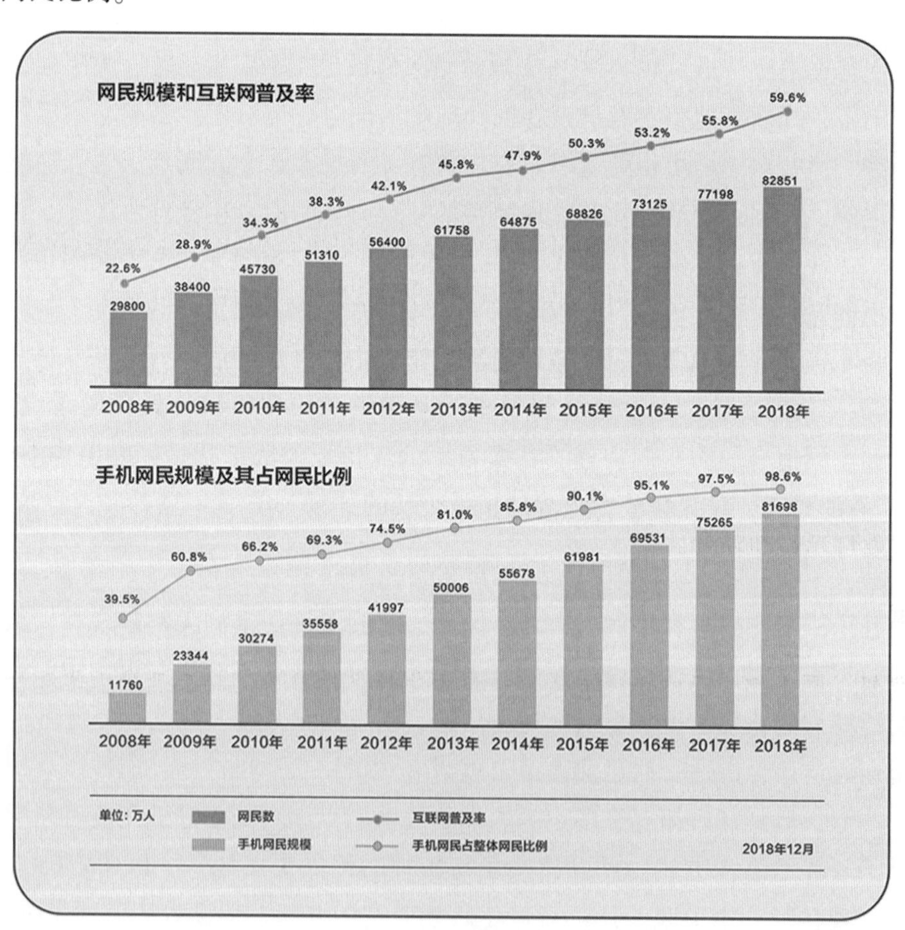

新兴媒体影响越来越大。新闻客户端和各类社交媒体成为很多干部群众特别是年轻人的第一信息源。

交通文化与交通精神传承，不仅要考虑传的一面，更要重视承的一面。了解新时代人们对交通文化与交通精神的需求，选择适合的传播载体，才能取得更好的传播效果。

融合媒体传播，可以让更多的今人、更远的后人，听到、看到承载文化和精神的声音和身影，可以形成网上网下同心圆，使大家在理想信念、价值理念、道德观念上紧紧团结在一起，让正能量更强劲、主旋律更高昂。

四、老交通人访谈存在不足，反映出交通文化与交通精神传承机制缺失问题

"见证40年"主题访谈取得了良好的传播效果，但也存在一些不足和问题。表现在以下几点：

一是受到版面容量限制，每篇文字稿件篇幅要求控制在6000字以内，把"精华"呈现出来。实际上，老交通人讲述的内容很多、很丰富，但不能向公众更充分地展现。例如，原交通部副总工王玉，前前后后接受了三次采访，时间跨度有几个月，准备了大量素材。这些素材的作用没有充分发挥出来。

二是老交通人访谈，虽然围绕改革开放40年的主题进行，但因为每个人的经历和专业领域不同，在40年这样一个大的时间跨度内，显得不够系统且较为零散。其实每一年都有一些里程碑事件、标志性工程的纪念日或纪念节点，可以围绕这些具体的主题，对历史记忆再进行充分发掘和呈现，效果可能会更好。

三是新闻到了明天就是旧闻，要想保持影响力必须创新形式，既要注重当前的影响力，又注重今后的持久性。主题访谈报道刊发后，可以结集出版，或者为博物馆提供口述历史展示素材，起到保存历史、传播知识和教育大众的社会功能和文化职责。

这些不足，反映出交通文化与交通精神传承机制缺失的问题，需要引起各方重视并在实践中进行完善和弥补。

参考文献

[1] 杨祥银，夏小娜. 西方口述史学理论与方法的发展趋势——基于对几部重要西方口述史学著作的述评［J］. 国外社会科学，2011（04）：90-97.

附录2　交通文化与交通精神传承的路径探析

卢　锐　梁熙明　王博宇

摘要：交通文化与交通精神是交通运输软实力的重要组成部分，做好交通文化与交通精神传承对加快建设交通强国具有极端重要性。没有交通文化与交通精神，就没有支撑交通强国建设的精神脊梁。结合交通运输行业发展实际，全面增强政府推力、切实凝聚社会合力、充分释放媒介引力，才能有效推进交通文化与交通精神传承，才有可能为新时代加快建设交通强国增添动力。

交通运输发展有力助推了经济发展、社会进步、文化繁荣，也积淀了许多具有时代特点的交通文化与交通精神。公路成网、铁路密布、高铁飞驰、巨轮远航、飞机翱翔的背后，是一代代交通人塑造的文化与精神在闪光，为加快建设交通强国积累了宝贵的精神财富。在贯彻落实交通强国建设战略背景下，深入研究交通文化与交通精神传承的实践路径具有重大的现实意义和历史意义。

一、交通文化与交通精神的内涵

对于交通文化与交通精神的内涵，行业的初步共识体现于2006年交通部印发的《交通文化建设实施纲要》[1]中，即："交通文化是交通行业在长期的交通发展实践中逐步形成并不断积累的，体现行业价值理念的各种精神文化、制度文化和物质文化。在整个交通文化体系中，精神文化是交通行业的核心价值理念，是交通行业的核心文化。"

事实上，交通文化与交通精神传承探索由来已久。2006年起，交通部开展交通精神提炼和讨论活动，对交通精神进行总结、提炼和宣传。2011年，交通运输部颁布《交通运输行业核心价值体系建设实施纲要》提出，交通运输行业核心价值体系主要包括行业核心价值观、行业使命、共同愿景、交通精神和职业道德。2019年9月，中共中央、国务院印发的《交通强国建设纲要》[2]明确，"弘扬以'两路'精神、青藏铁路精神、民航英雄机组等为代表的交通精神，增强行业凝聚力和战斗力。"交通精神随着时代变迁、社会发展而不断丰富。

二、充分认识交通文化与交通精神传承的极端重要性

文化兴，则行业兴；文化强，则行业强。习近平总书记深刻指出：“文化是一个国家、一个民族的灵魂。”交通文化与交通精神是民族精神和时代精神在交通实践中的生动体现。没有交通文化与交通精神，就没有支撑交通强国建设的精神脊梁。

交通文化与交通精神，是交通运输软实力的重要组成部分，是交通运输治理体系和治理能力现代化的重要指标。党的十八大以来，习近平总书记多次对“两路”精神[3]，中国民航英雄机组英雄精神[4]，港珠澳大桥建设者“逢山开路、遇水架桥”奋斗精神[5]等作出重要指示批示。《交通强国建设纲要》更是明确提出，“推进优秀交通文化传承创新，加强重要交通遗迹遗存、现代交通重大工程的保护利用和精神发掘，讲好交通故事。”

因此，必须充分认识做好交通文化与交通精神传承的极端重要性，研究分析其传承的动力机制，查找问题短板，精准发力推进交通文化与交通精神传承，服务加快建设交通强国。

三、交通文化与交通精神传承的实践路径

文化与精神的传承既是社会行动，又是个体行为，需要同时借助多种形式载体。建议政府部门采取有效对策，高度重视老交通人对交通文化与交通精神传承的特殊作用，积极发动社会力量共同参与，充分发挥以《中国交通报》为代表的行业主流媒体作用，全面挖掘融媒体时代的技术和平台优势，有效做好交通文化与交通精神传承，为新时代加快建设交通强国作出新贡献。

1. 全面增强政府推力

政府部门，是行业发展的“动车头”。传承交通文化和交通精神，必须最大限度发挥政府部门的主观能动作用，为交通文化与交通精神传承提供最坚强的全方位保障。

一是切实加强资金保障，多措并举加强交通文化建设。若缺乏经费预算，则难以将政策落到实处。建议交通运输主管部门列支“交通文化与交通精神传承”专项预算资金，扎实开展好交通文化与交通精神传承工作。

首先，围绕行业重大事件和重大工程，开展多样化主题宣传活动。结合交通运输中心工作，围绕重大事件、重大工程节点，开展主题征文、摄影、微视频、公益宣传等活动，促进交通文化历史素材更丰富、传播形式更生动。深入挖掘重大工程项目建设的精彩、感人故事以及重大社会文化价值，大力弘扬正能量，让重大工程创造物质文化的同时，丰富交通精神内涵。

其次，建立长效机制，持续开展老交通人访谈。老交通人是交通运输行业发展的宝贵资源，对交通文化与交通精神传承具有十分重要的价值。老交通人口述历史的方式，可以丰富文化印记，展现交通精神。而新闻媒体的采访，不仅可以进一步增强口述历史的精准度、有效性、价值量，还可以依托新闻媒介固有的读者群优势，定向传导行业文化与行业精神的影响力。改革开放40周年之际，交通运输部离退休干部局联合中国交通报社开展了一系列深度采访，先后访谈了40多位老交通人，为中国交通运输发展史增添了一笔宝贵的精神财富。建议交通运输主管部门建立长效访谈机制，定期开展老交通人访谈，扩大访谈覆盖面、增大访谈深度，不断丰富完善音频、视频、照片、文字等交通文化与交通精神的素材库。

二是交通智库设立交通文化与交通精神传承小组，鼓励更多老交通人建言献策。交通文化与交通精神的传承若想达到最佳效果，离不开高质量智库的支撑。面向近200位交通运输部机关离退休干部的问卷调研显示，老干部普遍对交通智库建设充满兴趣。建议吸纳更多老交通人加入交通智库，组成文化与精神传承专门小组，最大程度发挥智库对推动交通文化与交通精神传承的作用。

三是增强联学互动，密切新老交流。密切新老交流是传承交通精神的题中应有之义。近年来，交通运输部离退休干部局建立的老干部党支部联学机制，就是密切新老交通人之间的联学互动，强化交通文化与交通精神代际传承的有效探索。各级交通运输主管部门应建立完善联学互动长效机制，增强机制、人员、经费等各方面保障，密切不同层级之间的新老交流，全面激发新一代交通人干事创业的动力。

2. 切实凝聚社会合力

交通文化与交通精神传承，需要广泛依靠社会力量，使一代又一代人形成具有统一核心价值观的交通文化“集体记忆”，让更多社会公众参与到传承交通文化与交通精神的社会行动中来。

一是发挥社会组织作用，与政府推力形成优势互补。社会公众是交通运输行为的参与者。在交通文化与交通精神的传播过程中，政府部门与社会组织分工互补，政府部门侧重宏观决策和引导，社会组织可有力推动交通文化与交通精神以群众喜闻乐见的形式传播。以交通运输企业为主的经济组织，可通过不断提升服务质量，将交通文化与交通精神融入自身新服务、新技术、新工艺、特色品牌等，推动形成践行交通精神、传承交通文化的强大社会力量。

二是增强年轻一代主观能动性，壮大青年志愿者队伍。建议各地交通运输系统发动青年志愿者，通过座谈、访谈、实地考察等形式，向老一辈学习，促进交通文化与交通精神的有效传承。发挥交通院校重要作用，将交通文化与交通精神作为交通院校职业道德教育内容，编入教材。交通运输部门、企业还可以联合探索建设“中国交通博物馆”，定期推出交通知识进校园、交通文化宣讲、老交通人讲座等活动，通过一个孩子影响一个家庭、带动整个社会。

三是培树典型，形成持续感召力。2013 年以来，交通运输部已连续 5 年开展了“感动交通年度人物”推选宣传活动，树立了一大批先进典型。感动交通人物事迹平凡而伟大，闪耀着人性光辉、传递着信仰力量。每一个鲜活事迹，都是一面飘扬的旗帜，成为千千万万交通人共享的“精神史诗”。建议进一步完善机制保障，创新宣传形式，形成持续感召力，让公众进一步走近交通人，提升交通精神传播的广度和深度。

3. 充分释放媒介引力

新闻媒介是党的政策主张的传播者、时代风云的记录者、社会进步的推动者、公平正义的守望者，交通文化与交通精神传承需要充分发挥行业主流新闻媒介的作用。

一是发挥媒体融合的优势，强化传播效果。当今世界日新月异，手机、报纸、电视、广播等各类媒介日益走向融合，传播体系发生重构——传播去中心、阅读碎片化、内容娱乐化、新闻可视化、信息数据化、体验虚拟化……给传承交通文化与交通精神带来挑战的同时，也提供了重要的机遇。传播的仪式观“不是分享信息的行为，而是共享信仰的表征”[6]。仪式观视角下，交通文化与交通精神的传承变为价值观的共同确认。通过“共同参与”这一行为，人们能够更好地完成情感、价值观及信仰的确定，更好地实现交通文化与交通精神的传承。适应融媒体生态的社交分享行为可以作为探索途径，如微信、抖音等社交媒体的点赞、评论与分享转发功能，可视为营造共同意义空间的行为方式。例如，“见证 40 年主题访谈”系列报道中，交通运输部原总工周海涛对“五纵七横”珍贵手稿的深情朗读、“抓斗大王”包起帆讲述集装箱国际标准的铮铮之言、原交通部总工凤懋润畅谈中国桥梁的跨越式发展等抖音短视频均在二次传播中获得受众广泛关注，网友纷纷点赞留言向交通人致敬。

二是注重素材库“二次开发”，创新更多传播产品。交通文化与交通精神传承既要注重当前的影响力，又应注重今后的持久力。主题访谈报道刊发后，可以结集出版；视频、音频素材库可以为博物馆提供口述历史展示素材，实现保存历史、传播知识和教育大众的社会功能。这些多媒体成果还可以作为今后口述历史纪录片的素材，实现多次传播。例如，苏格兰国家博物馆中专门开辟了口述历史特色馆藏，通过个人故事、影像、音乐、诗歌和物品，让参观者发现那些广为人知和意料之外的历史和生活。建议以政府购买服务的形式给予支持，开发出更多令社会公众喜闻乐见的交通文化与交通精神传播产品，更好服务交通强国建设。

参考文献

[1] 中华人民共和国交通部. 交通文化建设实施纲要 [Z]. 2006-07-14.

[2] 中共中央国务院印发《交通强国建设纲要》[N]. 人民日报, 2019-09-20 (004).

[3] 本报评论员. "两路"精神让西藏挺起脊背 [N]. 人民日报, 2014-09-01 (001).

[4] 张洋. 习近平在会见四川航空"中国民航英雄机组"全体成员时强调学习英雄事迹弘扬英雄精神将非凡英雄精神体现在平凡工作岗位上 [N]. 人民日报, 2018-10-01 (001).

[5] 霍小光,张晓松,周强.习近平出席开通仪式并宣布港珠澳大桥正式开通 [EB/OL]. http://www.xinhuanet.com/2018-10/23/c_1123600843.htm, 2018-10-23/2019-10-04.

[6] (美) 詹姆斯·W·凯瑞 (James. W. Carey).作为文化的传播 [M]. 北京: 华夏出版社, 2005.